SV

Reinhart Koselleck

GERONNENE LAVA

Texte zu politischem Totenkult und Erinnerung

Herausgegeben von Manfred Hettling, Hubert Locher und Adriana Markantonatos

Suhrkamp

Klimaneutral
Druckprodukt
ClimatePartner.com/14438-2110-1001

Erste Auflage 2023
Originalausgabe

Umschlaggestaltung: Hermann Michels und Regina Göllner
Umschlagabbildung: Neue Wache, Unter den Linden, Berlin, Landesarchiv Berlin, F Rep. 290 (01) Nr. 0194721, Foto: Rudolf Steinhäuser, 1947
Satz: Satz-Offizin Hümmer GmbH, Waldbüttelbrunn
Druck: GGP Media GmbH, Pößneck
Printed in Germany
ISBN 978-3-518-58796-6

www.suhrkamp.de

Inhalt

I. Historische Analysen zum politischen Totenkult und zur politischen Ikonologie

Kriegerdenkmale als Identitätsstiftungen der Überlebenden[1]

I.

In jüngster Zeit liefen drei Meldungen durch die Zeitungen, die offenbar wenig beachtet wurden. Die erste bezog sich auf ein Denkmal des Ersten, die beiden anderen auf Denkmäler des Zweiten Weltkrieges. In Hamburg versuchten einige Bezirksabgeordnete, eine Inschrift zu löschen, die die Überlebenden des Infanterieregiments 76 ihren Toten gewidmet hatten. Der Spruch stammte von Heinrich Lersch aus dem Jahre 1914: »Deutschland muß leben, und wenn wir sterben müssen.« Auf Beschluß des Senats blieb die Inschrift erhalten – als Ansicht einer vergangenen Epoche.[2] Im September 1975 fand in Stukenbrock eine Gedenkfeier statt zu Ehren der Opfer des Stalag 326 VI-K. Dabei kam es vor dem Denkmal für die 65 000 sowjetischen Gefangenen, die auf dem Friedhof beigesetzt sind, und vor zahlreichen Besuchern aus dem Ostblock zu einer Schlägerei mit mehreren Verletzten. Es schlugen sich die Mitglieder der DKP und

1 Für Hinweise und Hilfen danke ich den Teilnehmern des Kolloquiums [Arbeitsgruppe zum Thema Identität von »Poetik und Hermeneutik«, 5.-11. 9. 1976], dessen Ergebnisse dieser Band enthält, und den Mitgliedern einer Arbeitsgruppe, die im Zentrum für Interdisziplinäre Forschung der Universität Bielefeld getagt hat mit der Thematik: »Totenmale und Totenbilder zwischen Kunst und Politik« [von Reinhart Koselleck geleitet am ZiF in Bielefeld, 24.-25. 6. 1977]. Die Tagung diente unter anderem der Vorbereitung einer vergleichenden Untersuchung deutscher und französischer Kriegerdenkmäler, die der Verfasser zusammen mit den Herren Lurz, Riedl, Roques und Vovelle durchführt.

2 *Zeitmagazin*, Nr. 9, 3. März 1972.

der KPD, die beide das wahre Erbe der Toten für sich beanspruchten. Die deutsche Polizei griff erst ein, nachdem die »Maoisten/Leninisten« vom Friedhof vertrieben waren.[3]

Im Juli 1976 wurde die Museumsbaracke im ehemaligen KZ-Lager Struthof/Elsaß von unbekannten Tätern verbrannt. Am Denkmal (Abb. 1, Struthof im Elsaß, Mahnmal für KZ-Lager), wie die Stifter 1960 gesagt hatten, Symbol für die Flamme des Krematoriums und als aufsteigende Spirale an die ewige Hoffnung erinnernd, war ein Datum aufgepinselt worden: der 27. Januar 1945. An diesem Tag waren – nach der Befreiung – 1100 neue Häftlinge eingeliefert worden, die der Kollaboration mit den Deutschen verdächtigt wurden.[4]

Alle drei Ereignisse verweisen uns auf einen gemeinsamen Befund. Die Denkmäler, die in die Aktionen einbezogen wurden, leisten offenbar mehr, als nur die Erinnerung an die Toten wachzuhalten, um derentwillen sie zunächst errichtet wurden. – In Hamburg suchten sich Überlebende oder Nachgeborene einer Forderung zu entziehen, die dem Betrachter seit den zwanziger Jahren angesonnen wird. – In Stukenbrock suchten zwei politische Parteien die Erinnerung an den vergangenen Tod der Russen auf heute einander ausschließende Weise für sich zu verbuchen. – In Struthof protestierten, soweit eine Deutung möglich ist, Elsässer gegen einen Denkmalskult, der die Opfer aus ihren eigenen Reihen ächtet, zumindest verschweigt. So verschieden die Reaktionen sind, gemeinsam ist die Herausforderung, die von einem Denkmal ausgeht. Denkmäler jedenfalls der genannten Art, die an einen gewaltsamen Tod erinnern, bieten Identifikationen: Erstens werden die Verstorbenen, die Getöteten, die Gefallenen in einer bestimmten Hinsicht identifiziert – als Helden, Opfer, Märtyrer, Sieger, Angehörige, eventuell auch als

3 *Neue Westfälische Zeitung*, 8. September 1975.

4 Bericht von Nikolas Benckiser in der *Frankfurter Allgemeinen Zeitung*, 22. Juli 1976. Zur Lagergeschichte und über das Denkmal siehe: *KZ-Lager Natzweiler Struthof*, zusammengestellt von dem Comité National pour l'érection et la conservation d'un mémorial de la déportation au Struthof, Nancy 1966.

1 *Struthof im Elsaß, Mahnmal für KZ-Lager*

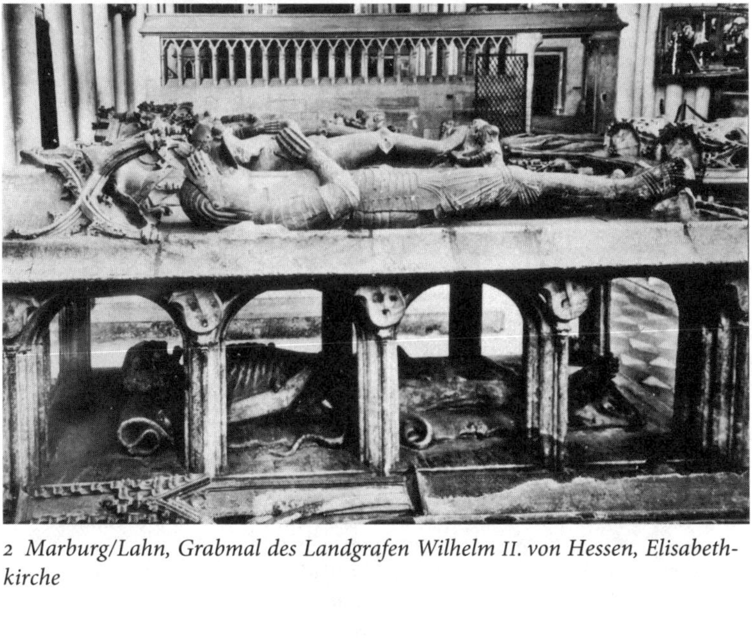

2 *Marburg/Lahn, Grabmal des Landgrafen Wilhelm II. von Hessen, Elisabethkirche*

3 Straßburg, Grabmal des Marschalls Moritz von Sachsen, Thomaskirche

4 Schlesien, Denkmal für Gefallene des Befreiungskrieges 1813

5 Waterloo, Preußisches Heldendenkmal

6 Sedan, Ehrenmal für die französischen Gefallenen 1870, errichtet 1897 durch Nationalsubskription

7 Sedan, Inschrift zum Ehrenmal

8 Hamburg-Eppendorf, Kriegerdenkmal des Inf. Reg. Nr. 76 für 1870/71

9 Béziers, Siegesmal für den Krieg 1914/18

10 *Wörth, Regimentsdenkmal für 1870*

11 *Hinderwell, England, Gemeindedenkmal für 1914/18*

12 *Torgau, Sowjetisches Ehrenmal für 1945*

13 *St. Mihiel, Gemeindedenkmal für 1914/18*

14 Péronne, Gemeindedenkmal für 1914/18

15 Schapbach im Schwarzwald, Gemeindedenkmal für 1914/18

16 Lüttich, Mémorial interallié für die Verteidiger von 1914, errichtet 1937

17 Dixmuiden, Yserturm

18 Buchenwald, Mahn- und Gedenkstätte für das KZ-Lager

19 Neuville-en-Condroz, Ardennen, US-Soldatenfriedhof, Zweiter Weltkrieg

20 Vladslo, Soldatenfriedhof 1914/18, Plastik ›Trauernde Eltern‹ von Käthe Kollwitz

21 Loretto, Ehrenmal für General Maistre und das 21. Armeekorps

22 Posen, Denkmal des 5. Armeekorps für die Schlacht bei Nachod 1866

23 Navarin-Ferme bei Reims, Alliiertes Denkmal und Ossuarium 1914/18

24 *Vimy, ›Canadian National Memorial‹ für 1914/18*

25 *Zell, Niederbayern, Mahnmal für 1939/45*

26 *Treblinka, Teil des Mahnmals für das KZ-Lager*

Besiegte; ferner als Wahrer oder Träger von Ehre, Glaube, Ruhm, Treue, Pflicht; schließlich als Hüter und Beschützer des Vaterlands, der Menschheit, der Gerechtigkeit, der Freiheit, des Proletariats oder der jeweiligen Verfassung. Die Reihen lassen sich verlängern.

Zweitens werden die überlebenden Betrachter selber unter ein Identitätsangebot gestellt, zu dem sie sich verhalten sollen oder müssen. »Mortui viventes obligant«, wie die Blindformel lautet, die je nach den oben angeführten Zuordnungen verschieden besetzbar ist. Deren Sache ist auch die unsere. Das Kriegsdenkmal erinnert nicht nur an die Toten, es klagt auch das verlorene Leben ein, um das Überleben sinnvoll zu machen.

Schließlich gibt es den Fall, der in allen genannten enthalten ist, der aber für sich genommen zugleich mehr oder weniger bedeutet: daß die Toten erinnert werden – als Tote.

Nun sind freilich Totenmale so alt wie die menschliche Geschichte. Ihnen entspricht eine dem Menschen vorgegebene Grundbefindlichkeit, die Tod und Leben ineinander verschränkt, wie auch immer sie aufeinander bezogen werden. Innozenz III. faßte ihre Nachbarschaft in die bekannten Worte: »Morimur ergo semper dum vivimus, et tunc tantum desinimus mori cum desinimus vivere«.[5] Totenmale setzen, bewußt oder nicht, diesen Befund voraus, den Heidegger später als »Sein zum Tode« analysiert hat.

Anders verhält es sich mit Kriegermalen, die an einen gewaltsamen, von Menschenhand verursachten Tod erinnern sollen. Über die Erinnerung hinaus wird die Frage nach der Rechtfertigung dieses Todes beschworen. Hier kommen Faktoren der Willkür, der Freiheit und Freiwilligkeit und ebenso des Zwangs und der Gewalt hinzu, die über den gleichsam natürlichen Tod hinaus legitimationsbedürftig und deshalb offenbar besonders erinnerungswürdig sind. So müßte der Spruch des Innozenz variiert werden: Der Mensch lebt, solange er nicht getötet wird, und erst wenn er aufgehört hat, getötet werden zu können, hat er aufgehört mit Leben. Oder in die Fraktur-

5 Lotharius Cardinalis (Innocentii III), *De Miseria Humane Conditiones*, hg. Maccarone, Rom 1955, S. 30, Cap. XXIII: De vicinitate mortis.

schrift der zwanziger Jahre übersetzt, handelt es sich beim menschlichen Sein zum Tod – auch – um ein Sein zum Totschlagen.

Gestorben wird allein, zum Töten des anderen gehören zwei. Die Fähigkeit des Menschen, seinesgleichen umzubringen, konstituiert vielleicht mehr noch menschliche Geschichte als seine Grundbestimmung, sterben zu müssen.

Es wird nicht nur gestorben, sondern ebenso gestorben für etwas. Dabei mag zunächst offenbleiben, wer darüber befindet, wofür gestorben wird: der Tötende oder der Sterbende, oder die Handlungsgemeinschaft, innerhalb derer die Beteiligten oder Betroffenen agieren, oder alle zugleich, wenn auch auf verschiedene Weise. Hier gibt es zahlreiche Varianten, mit denen sich eine historische Anthropologie beschäftigen mag.[6] Sicher ist, daß der Sinn des Sterbens für …, wie er auf Denkmalen festgehalten wird, von den Überlebenden gestiftet wird, und nicht von den Toten. Denn die Sinnleistung, die die Verstorbenen ihrem Sterben abgewonnen haben mögen, entzieht sich unserer Erfahrung. Der früher gemeinte Sinn kann mit der Sinnstiftung der Überlebenden zusammentreffen: dann wird eine gemeinsame Identität der Toten und der Lebenden beschworen. Der Spruch der Thermopylenschlacht wurde von zahlreichen folgenden politischen Handlungseinheiten im Sinne ihrer vaterländischen Moral variiert. Aber die Sinnstiftung *ex post* kann ebenso den Sinn verfehlen, den, wenn überhaupt, der Verstorbene in seinem Tod gefunden haben mag. Denn der Tod des je einzelnen ist uneinholbar.

So liegt in der Differenz zwischen dem vergangenen Tod, der erinnert wird, und dem optischen Deutungsangebot, das ein Kriegsdenkmal leistet, ein doppelter Identifikationsvorgang beschlossen. Die Toten sollen für dieselbe Sache eingestanden sein, wofür die überlebenden Denkmalsstifter einstehen wollen. Ob es dieselbe Sache ist oder nicht, ist der Verfügungsgewalt der Toten entzogen.

Aber mit Ablauf der Zeit, und das lehrt die Geschichte, entzieht sich die intendierte Identität ebenso der Verfügung der Denkmalstif-

6 Zuletzt Louis-Vincent Thomas, *Antropologie de la mort*, Paris 1976.

ter. Denkmäler, auf Dauer eingestellt, bezeugen mehr als alles andere Vergänglichkeit.

Das ist ein Widerspruch, der sich im Zuge der Darstellung auflösen wird. Die These, die ich historisch ableiten will, lautet, daß die einzige Identität, die sich hintergründig durch alle Kriegerdenkmäler durchhält, die Identität der Toten mit sich selber ist. Alle politischen und sozialen Identifikationen, die das Sterben für ... bildlich zu bannen und auf Dauer zu stellen suchen, verflüchtigen sich im Ablauf der Zeit. Damit ändert sich die Botschaft, die einem Denkmal eingestiftet worden war.

II. Der Übergang zur Moderne

Im Maße, als die biologischen Todesursachen wissenschaftlich aufgeklärt und damit die Lebensspannen verlängert worden sind, haben sich – ebenfalls dank der Naturwissenschaft – die Todesarten vervielfacht und die Todesraten durch eine gewaltsame Tötung der Menschen erhöht. Das gilt jedenfalls für die beiden letzten Jahrhunderte, deren Sterbestatistiken überblickbar sind.[7] In diese Zeit fällt auch die Entstehung und Ausbreitung der Kriegerdenkmale, die sich in fast allen Gemeinden Europas finden.

Kriegerdenkmäler bieten Identifikationen, wie sie vor der Französischen Revolution noch nicht geboten werden konnten. Deshalb seien zunächst zwei Hinweise auf Totendenkmale der vorrevolutionären Zeit gestattet. Erstens wurde das außerirdische Jenseits des Todes bildlich angezeigt, der Tod nicht als Ende, sondern als Durchgang gedeutet. Zweitens blieb der dargestellte Tod in der Blickrichtung auf das Diesseits ständisch differenziert, auch wenn er zunehmend individualisiert wurde. Beide Befunde, die grob gesprochen den Zeitraum vom 12. bis zum 18. Jahrhundert umfassen, stehen nun keineswegs im Widerspruch zueinander. Der spätmittelalter-

7 Ebd., S. 106ff.

liche Totentanz hatte zunächst keine antiständische Pointe in einem revolutionären Sinn. Jeder Stand einzeln wird gemessen an seiner menschlichen Qualität, die vor dem Tod als dem Gleichmacher sichtbar wird. Die ständische Vielfalt wird vor der Gleichheit des Todes im Diesseits markiert, im Jenseits verschluckt.

Besonders deutlich wird das an den Doppelgrabmalen (Abb. 2, Marburg/Lahn, Grabmal des Landgrafen Wilhelm II. von Hessen, Elisabethkirche), die im 15. und 16. Jahrhundert eine gewisse Verbreitung in Frankreich, England und Deutschland gefunden hatten.[8] Das irdische, aber transpersonale Amt wird auf der oberen Ebene gezeigt, wo der Fürst mit den Insignien der Herrschaft versehen in seiner Amtstracht liegend dargestellt wird. Darunter verfällt sein Leichnam, um die individuelle Seele dem ewigen Gericht freizugeben. Der Fürst repräsentiert als Fürst sein nicht sterbliches Amt, aber auch als Mensch ist der Fürst repräsentativ – für den sterblichen Menschen, für jedermann.

Derartige Grabmäler, die Amt und Individuum getrennt vorführen oder auch ineinanderblenden, waren den Fürsten und Reichen vorbehalten. Soldaten erscheinen bis in das 18. Jahrhundert allenthalben auf Siegermalen, nicht aber auf Kriegermalen. Söldner oder staatlich rekrutierte Soldaten blieben ständisch auf der untersten, eines Monumentes nicht würdigen Stufe angesiedelt. 1727 wehrt sich ein deutsches Handbuch für den Kriegerstand dagegen, daß Soldaten wie Hexen oder Falschmünzer verbrannt würden.[9] Und der alte Fritz rechnete sie zur Hefe des Volkes. Noch bei Königgrätz, also zu einer Zeit, da die Soldaten bereits denkmalswürdig waren, wurden die Toten in Bergstollen abgelegt, und nach Sedan blieben sie dürftig

8 Ernst Kantorowicz, *The King's Two Bodies. A Study in Medieval Political Theology*, Princeton 1957; Kathleen Cohen, *Metamorphosis of a Death Symbol. The Transi Tomb in the Late Middle Ages and the Renaissance*, Berkeley 1973.

9 Hans Friedrich von Flemming, *Der vollkommene Teutsche Soldat*, Leipzig 1726 (Neudr., eingel. von W. Hummelsberger, *Bibliotheca Rerum Militarium*, hg. von W. von Groote und U. von Gersdorff, Bd. 1), S. 375.

zugeschüttet zunächst liegen.[10] Wo hingegen Erinnerungsmale oder Gedächtniskapellen für die Gefallenen errichtet wurden, wie sie uns etwa aus dem Dreißigjährigen Krieg erhalten sind, dort standen sie als Sühnezeichen für menschlichen Frevel. Die christliche Transzendenz des Todes und die ständische Abschichtung des empirischen Todes verwiesen also aufeinander. Der Tod war eine Gelenkstelle zwischen Diesseits und Jenseits, die den Tod sowohl in seinem irdischen wie in seinem außerweltlichen Zusammenhang zu bestimmen erlaubte. Dabei herrschte eine Spannung, in der die Großen monumental verklärt wurden, für die Menge der gefallenen Söldner dagegen Sühnezeichen errichtet werden konnten, ohne daß der Tod der einzelnen erinnert werden mußte.

Die Wende zur Neuzeit läßt sich ebenfalls auf zwei Formeln bringen. Erstens: Während die transzendente Sinnleistung des Todes verblaßt oder verlorengeht, wächst der innerweltliche Anspruch der Todesdarstellungen. Unbeschadet des Befundes, daß christlich eingebundene Totenbilder immer auch eine innerweltliche Funktion hatten – man denke nur an die Grabmäler der Mainzer Erzbischöfe –, ändert sich jetzt die Bestimmung der Gedenkstätten. Ihre innerweltliche Funktion wird zum Selbstzweck. Es entsteht der bürgerliche Denkmalskult[11] und innerhalb dieses Kultes die eigene Gattung der Kriegerdenkmäler. Seit der Französischen Revolution und den Befreiungskriegen nehmen die Totenmale für gefallene Krieger stetig zu. Sie stehen in Kirchen und auf Friedhöfen, aber sie wandern auch

10 Ein halbes Jahr später wurden die Leichen verbrannt, siehe Stefan Fayans, »Bestattungsanlagen«, in: *Handbuch der Architektur,* 4. Teil, 8. Halbband, Heft 3, Stuttgart 1907, S. 22.

11 Alois Riegl, *Der moderne Denkmalskultus, sein Wesen und seine Entstehung,* Wien 1903; Hubert Schrade, *Das deutsche Nationaldenkmal. Idee/Geschichte/Aufgabe,* München 1934. Wegweisend für unseren Zusammenhang Thomas Nipperdey, »Nationalidee und Nationaldenkmal in Deutschland im 19. Jahrhundert«, in: *Historische Zeitschrift,* 206 (1968), S. 529-585. Aus der Editionsreihe der Thyssenstiftung sei verwiesen auf Hans-Ernst Mittig/Volker Plagemann (Hg.), *Denkmäler im 19. Jahrhundert. Deutung und Kritik,* München 1972.

aus den Kirchen aus, auf die Plätze und in die Natur. Nun ist es nicht nur der Soldatentod selbst, der politischen Zwecken dient, sondern auch die Erinnerung daran wird in politischen Dienst genommen. Das Kriegerdenkmal soll diese Aufgabe erfüllen. Es rückt das Gedächtnis an den Soldatentod in einen innerweltlichen Funktionszusammenhang, der nur noch auf die Zukunft der Überlebenden zielt. Der Schwund christlicher Todesdeutung schafft so einen Freiraum für rein politische und soziale Sinnstiftungen.

Zweitens: Im Vollzug ihrer Ausbreitung werden die Kriegerdenkmale immer mehr der überkommenen ständischen Unterschiede entblößt. Die irdische Dauer, die bisher den Großen vorbehalten war, sollte im Namen aller jedermann erfassen. Der einzelne Gefallene wird denkmalsfähig. Zur Funktionalisierung tritt die Demokratisierung. Die ehedem nur auf das christliche Jenseits bezogene Gleichheit des Todes gewinnt damit einen egalitären Anspruch auch im Hinblick auf die politische Handlungseinheit, in deren Dienst der Tod gefunden wurde. Auf den Gefallenentafeln und -denkmälern werden die Namen aller Toten einzeln, zumindest deren Zahl verzeichnet, um für die Zukunft niemanden der Vergangenheit anheimfallen zu lassen. Diese Art der Demokratisierung erfaßt unbeschadet der besonderen Verfassungsform alle Staaten der europäischen Kultur- und Traditionsgemeinschaft.

Gewiß hat die allgemeine Wehrpflicht die generelle Denkmalsfähigkeit aller Gefallenen gefördert, aber zwingende Voraussetzung ist sie nicht. Das bezeugen die zahlreichen Heldendenkmäler, die in Großbritannien, in einem Lande also ohne Wehrpflicht, für die Kriege in Übersee und den Kolonien errichtet worden sind, kulminierend in den Denkmälern für den Burenkrieg, die den Typus der Weltkriegsmale präformiert haben.

Der Prozeß der Funktionalisierung und der Demokratisierung kennzeichnet also die geschichtliche Abfolge der Kriegerdenkmäler. Sie sollen die politische Sinnlichkeit der überlebenden Betrachter einstimmen auf dieselbe Sache, um derentwillen der Tod der Soldaten erinnert werden soll. Das Ganze ist freilich nur als langfristiger Vorgang zu beschreiben, der sich nach nationalen und konfessionellen Landschaften verschieden ausfächert und der sich nur mit vielen christlichen Überhängen, Einkleidungen, Erneuerungen oder Relikten aufweisen läßt.

Dabei ist es methodisch besonders schwer, die christlichen und nationalen Elemente auseinanderzuhalten. Der Rückgriff auf das antike und ägyptische Formenarsenal, das seit der Renaissance gebräuchlich wird, später die Verwendung naturaler und geometrischer Zeichensprache gewinnen seit der Spätaufklärung einen Ausschließlichkeitsanspruch, der die christlichen Todesdeutungen bildlich außer Kraft setzt. Wenn im 19. Jahrhundert wieder zahlreiche christliche Zeichen auftauchen, so kann dieser ikonographische Befund dennoch auf einen ikonologisch anders zu lesenden Kontext verweisen. Der Sinnzusammenhang antiker Bildelemente im Zeitalter des Barock pflegt rein christlich zu sein, der Sinnzusammenhang christlicher Bildelemente im 19. Jahrhundert kann in eine andere Richtung weisen, vorzüglich auf die Identitätssicherung für eine nationale Zukunft. Anders gewendet, der ikonographisch sichtbare Befund läßt keinen unmittelbaren Schluß auf seine ikonologische Deutung zu. In jedem Fall sind die Kriegerdenkmäler selber schon ein optisches Zeichen der Neuzeit.

Als Signal der Wende darf das großartige Grabmal des Moritz von Sachsen von Pigalle (Abb. 3, Straßburg, Grabmal des Marschalls Moritz von Sachsen, Thomaskirche) angesprochen werden.[12] Das irdische Ende wird ohne Verweis auf jenseitige Vollendung hingenommen. Der in die Gruft schreitende Marschall hinterläßt als Zeichen ewiger Tugend – die Pyramide, als Zeichen seines Ruhmes – die Trophäen, und er hinterläßt die Überlebenden – als Trauernde. Sie sind vom Tod ihres Führers betroffen, den sie beklagen, ohne daraus Hoffnung schöpfen zu können.

Es gehört zur optischen Signatur des neuen Zeitalters, daß zunehmend die Trauer auf Grabmälern thematisiert wird, unübertroffen etwa von Canova in Wien oder Rom. Seitdem wird der Sinn des To-

12 Dazu Eduard Hüttinger, »Pigalles Grabmal des Maréchal de Saxe«, in: *Neue Zürcher Zeitung*, 3. August 1963.

des auf die Überlebenden zurückbezogen, seitdem treten nichtchristliche Symbole in Konkurrenz zu christlichen, um sie streckenweise völlig zurückzudrängen. Die Darstellung subjektiver Trauer ist nur die private Ausdrucksweise für eine Umdeutung des Todes, die in der politischen Bildwelt den Tod vollends in den Dienst der jeweiligen Handlungseinheiten zu nehmen erlaubte.

III. Die Funktionalisierung der Todesdarstellung zugunsten der Überlebenden

Selbstverständlich hat jeder im Krieg oder Bürgerkrieg von Menschenhand herbeigeführte Tod von jeher eine politische Funktion gehabt. Aber im Horizont der christlichen Zweiweltenlehre blieb dem Tod seine innerweltliche Endlichkeit genommen. Erst als die jenseitige Sinnleistung des Todes entschwand, konnte die politische Funktionsbestimmung einen Monopolanspruch gewinnen. Die Kriegerdenkmäler verweisen auf eine zeitliche Fluchtlinie in die Zukunft, in der die Identität derjenigen Handlungsgemeinschaft gesichert werden sollte, in deren Macht es stand, den Tod monumental zu erinnern. Das gilt vorzüglich für jene Ruhmeshallen, Ehrentempel und Supermale, deren Unkosten die Finanzkraft einer Gemeinde oder eines soldatischen Traditionsverbandes überstiegen.

Die lange Reihe der Großdenkmäler des 19. und 20. Jahrhunderts hat nun im Jahre 1808 eine theoretische Begründung gefunden. Sie stammt von William Wood, der eine Riesenpyramide bei London zu erbauen vorschlug, um den Heldenmut der merkantilen Engländer zu stimulieren.[13] Nur die außerordentlichen Maße einer Pyramide könnten die Sinne des englischen Volkes in die richtige Bahn lenken, sich nämlich für ihr Vaterland einzusetzen. Woods Ausgangsdiagnose lautete: »the ordinary feelings of men are not adequate to the pre-

13 William Wood, *An Essay on National and Sepulchral Monuments*, London 1808; dank freundlichem Hinweis von Franz Joseph Keuck und Klaus Lankheit.

sent crisis«. Um die Bevölkerung aus Lethargie und Egoismus zu reißen, komme es darauf an, die Toten des Krieges in eine irdische Unsterblichkeit zu überführen, ihnen »unceasing fame, long duration« zu sichern. Das einzige Mittel sei das Riesendenkmal, »to delight, astonish, elevate, or sway the minds of others through the medium of their senses«. Die dabei entstehenden Unkosten seien gemessen an dem zu erwartenden Gewinn gering: Nur drei Tage Kriegsausgaben seien erforderlich, um durch das Denkmal eine dauerhafte Motivation für den heldischen Tod zu sichern.

Freilich ist die psychologische Steuerungsaufgabe eines Kriegerdenkmals selten so offen formuliert worden, daß sich jede ideologiekritische Aufschlüsselung erübrigt. Erst nach dem Krieg fand der Plan Woods seine erste Erfüllung, in Waterloo, wo von Lütticher Bürgern jene Pyramide mit britischem Löwen errichtet wurde, die heute noch Ausflugsziel von Abertausenden Besuchern ist. Das damalige Identifikationsgebot, den Toten nachzueifern, ist längst entschwunden, der Napoleonkult hat sich mittlerweile in der ikonographischen Landschaft von Belle Alliance mit ihren zahlreichen Denkmälern und Zusatzdenkmälern eingenistet, und alles zusammen wird kommerziell ausgeschlachtet. Anders gewendet, der politische Erfahrungsraum der antinapoleonischen Kriege ist bereits verlassen, der ursprüngliche Funktionszusammenhang der Denkmäler gesprengt worden.

In gleicher Zeitlage wie des William Wood hat August Böckh für Friedrich Wilhelm III. eine Formel geprägt, die von den preußischen Untertanen immer wieder gelesen werden sollte. Sie erscheint zunächst auf den Erinnerungsmalen für die Freiheitskriege, dann sehr viel häufiger und in leichten Variationen auf den Denkmälern der Einigungskriege: »Den Gefallenen zum Gedächtnis, den Lebenden zur Anerkennung, den künftigen Geschlechtern zur Nacheiferung«.[14]

14 Siehe Nipperdey, »Nationalidee«, S. 541. Der Spruch, zunächst von Monarchen an das Volk gerichtet, hat sich nach dem Siebziger-Krieg verselbständigt und wurde gleichsam der gesamten Nation zugeschrieben. Erstmals erschien der Spruch auf Schinkels Kreuzberg-Denkmal in Berlin. Dabei bleibt bemer-

Die Obelisken, Sockel, Säulen, Kugeln, Kuben (Abb. 4, Schlesien, Denkmal für Gefallene des Befreiungskrieges 1813) oder die der Gotik nachempfundenen Sakramentshäuschen (Abb. 5, Waterloo, Preußisches Heldendenkmal), denen solche Mahnungen eingeschrieben wurden, entziehen sich auch vom Text her – wie die Pyramide – jeder Todestranszendenz in das christliche Jenseits. Text und nachchristliche Formensprache zielen auf die irdische Zukunft des jeweiligen Staates oder Volkes, die kraft derartiger Monumente auf Dauer gestellt werden sollte.

Das änderte sich auch nicht, als das klassizistische und romantische Formenarsenal im letzten Jahrhundertdrittel wilhelminisch oder viktorianisch überwuchert wurde. Immer zahlreicher steigen seit rund 1880 Figuren, Heroinen und Helden auf die Denkmale, die in Deutschland an die Einigungskriege, in Großbritannien an die zahlreichen Kolonialkriege erinnern sollten, um die Zukunft des Reichs bzw. des Empires abzusichern.

kenswert, daß später der Kreuzberg trotz des dort befindlichen Nationaldenkmals zugebaut werden durfte. Es handelt sich um die berühmte Entscheidung des preußischen Oberverwaltungsgerichts gegen den Einspruch des Berliner Polizeipräsidiums, dem die Zuständigkeit für die »Förderung und Erhöhung des Gemeinwohls« nach dem § 10, Tit. 17, Teil II des Allgemeinen Landrechts abgesprochen wurde (*Entscheidungen des Preuß. Oberverwaltungsgerichts*, Berlin 1883, Bd. 9, S. 353 ff.). Der Spruch, der auch die kommenden Geschlechter zur Todesbereitschaft verpflichtete, diente im gleichen Jahr zur Einweihung des Niederwalddenkmals durch Wilhelm I. (vgl. Fritz Abshoff, *Deutschlands Ruhm und Stolz*, Berlin, o. D., S. 164). Und noch Hindenburg verwendete die Formel, um bei der Einweihung des Tannenbergdenkmals die Einheit aller Deutschen in Vergangenheit, Gegenwart und Zukunft zu beschwören: »Den Gefallenen zum ehrenden Gedächtnis, den Lebenden zur ernsten Mahnung, den kommenden Geschlechtern zur Nacheiferung. An diesem Erinnerungsmal möge stets innerer Hader zerschellen, es sei eine Stätte, an der sich alle die Hand reichen, welche die Liebe zum Vaterland beseelt und denen die deutsche Ehre über alles geht«. (Vgl. Karl von Seeger, *Das Denkmal des Weltkrieges*, Stuttgart 1930, S. 24.) So hat der Spruch Böckhs allen Stilwandel der Nationaldenkmäler überdauert – Zeichen des anhaltenden Identitätsgebotes, das von den Denkmälern ausgehen sollte.

Freilich sind Sprüche wie die von Wood oder Friedrich Wilhelms III. nach den Millionenverlusten des Ersten Weltkrieges nicht mehr vorbehaltlos zitierfähig geblieben: ... den Kommenden zur Nacheiferung. Gleichwohl bleibt auch den Denkmalen nach 1918 ihre politische Funktion erhalten: Auch sie verkünden ein Identifikationsgebot. Die Toten verkörpern eine vorbildliche Haltung, sie starben für eine Aufgabe, mit der sich die Überlebenden im Einklang befinden sollen, um die Gefallenen *nicht umsonst*[15] gefallen sein zu lassen. Das gilt für alle Lager, und deshalb ist es nicht verwunderlich, daß sich das Formenarsenal, von bezeichnenden diachronen Verschiebungen zwischen den Feindstaaten abgesehen, durch alle Länder hindurch hält. Wenn man von den besonderen Identitätssignalen der Uniformen und Helme absieht, bleibt der Motivschatz der Denkmäler erstaunlich gleichförmig.

Das läßt sich nun – streckenweise – auch für die getrennten Lager der Sieger und der Besiegten zeigen. Wenn die Sieger *eo ipso* Ruhm und Ehre für sich beanspruchen dürfen, weil der Erfolg sie abschirmt, so nicht minder die Verlierer. In Sedan steht ein Denkmal – eines der relativ wenigen in Frankreich für 1870/71 –, das stilistisch den deutschen Sieges-Kriegermalen für 1871 zur Gänze gleicht (Abb. 6, Sedan, Ehrenmal für die französischen Gefallenen 1870, errichtet 1897 durch Nationalsubskription). Ein Genius bekränzt den tapferen Soldaten, und auf dem Sockel steht die Versicherung: »Impavidus numero victus« (Abb. 7, Sedan, Inschrift zum Ehrenmal). Theodor Mommsen kann die Inschrift noch nicht gekannt haben, als er 1874 den romanischen Völkern bescheinigte, »in Ermangelung von Siegen die Anniversarien der Niederlagen und die glorreichen Besiegten mit solchem Rausche zu feiern«.[16] Wir Deutschen hätten da-

15 »Ihr seid nicht umsonst gefallen« – dieser nach 1918 oft beschworene Ausruf steht z.B. auf dem Kriegerdenkmal von Kolbe in Stralsund, vgl. Siegfried Scharfe, *Deutschland über alles, Ehrenmale des Weltkrieges*, Königstein 1938, S. 55.

16 Theodor Mommsen, *Reden und Aufsätze*, Berlin 1905, S. 6, Rede bei Antritt des Rektorates 15. Oktober 1874.

zu kein Talent. Mommsen hat vermutlich die politische Funktion verkannt, die dem damaligen Denkmalsrausch innewohnte. Jedenfalls half das Denkmal von Sedan, die Niederlage moralisch zu verarbeiten, und so konnte es kraft einer Inversionslogik auch aus der Niederlage zur Identifikation mit dem Vaterland herausfordern, für das der Tod erbracht worden war. Die deutschen Denkmalsschöpfer sind nach 1918 auf dieser Bahn gefolgt. Wenn schon kein Siegesengel mehr aufgestellt wurde, so blieben doch die nackten Jünglinge des *ver sacer* und die liegenden oder trauernden Soldaten in Uniform gelegentlich unter das bekannte Motto gestellt: »Im Felde unbesiegt«, wie es in Oerlinghausen umschrieben wurde.[17] Dies freilich ist ein Spruch, der auf den Friedhöfen der ehemaligen Feindstaaten nicht

17 Mommsens Kollege Ulrich von Wilamowitz-Moellendorff überbot die Inschrift von Sedan, als er 1918 als brillanter Latinist für die Berliner Studenten den Denkmalspruch schuf: »Invictis Victi Victuri«. Die drei zeitlichen Dimensionen der Widmung verweisen auf das innerweltliche Identifikationsgebot, das die Niederlage eingesteht, aber die Ergebnisse des Ersten Weltkrieges in Zukunft zu revidieren fordert. Plumper die ideologische Suggestivformel, die Seeger in *Denkmal*, S. 146 für das Kriegerdenkmal der Technischen Hochschule Charlottenburg zitiert: »Wenn Tausend einen Mann erschlagen. / Das ist nicht Sieg, nicht Ruhm, noch Ehr! / Und heißen wird's in späten Tagen: / Gesiegt hat doch das deutsche Heer!« Hier wird – im Gegensatz zu Wilamowitz' Postulat – auch die vergangene Geschichte zum Optativ. Vgl. auch den Spruch zum Adlerdenkmal auf der Wasserkuppe: »Wir toten Flieger / blieben Sieger / durch uns allein / Volk, flieg du wieder / und du bleibst Sieger / durch dich allein.« Die Wirkung derartiger Formeln, die das Schicksal zugleich beschwören und zu revidieren heischen, ist schwer abzuwägen. Die Formensprache der deutschen Denkmäler nach 1918 läßt im Allgemeinen keine Auslegung zu, die sichtbar Rache fordert. Inwieweit sie dem unsichtbar Vorschub geleistet haben, hängt von der Intonation der Gedenkfeiern ab, die vor den Heldenmalen abgehalten wurden. Denkmäler, die offen gegen die Wiederaufnahme des Weltkrieges sinnlich einstimmen sollten, sind nicht errichtet worden. Vgl. dazu Dieter Schubert, »Das Denkmal für die Märzgefallenen 1920 von Walter Gropius in Weimar und seine Stellung in der Geschichte des neueren Denkmals«, in: *Jahrbuch der Hamburger Kunstsammlungen* 21 (1976), S. 211.

angebracht werden konnte. So herrscht eine bezeichnende Dichotomie zwischen den Heldenmälern nach 1918 zu Hause und den Denkmalsthemen und den Friedhofsinschriften, die im ehemaligen Feindesland angebracht werden durften: »Hier ruhen deutsche Soldaten«. Derselbe Tod wurde auf verschiedene Weise identifiziert, der gemeinsame Erinnerungsraum war zerbrochen – je nachdem, welches Denkmal wo stand und wie sprach. Schließlich wird deutlich, was nach 1945 offenkundig geworden ist, daß die Niederlage eher den Tod als solchen zu erinnern geneigt macht, als ihn mit weiteren Sinnleistungen zu befrachten. Auch daran läßt sich das Ende einer langen nationalen Identifikationskette ablesen. Heute wird aus politisch-moralischen, aber auch aus Kostengründen auf jedes figürliche Denkmal für Kriegerfriedhöfe im Ausland verzichtet.

Wenn eben die Rede davon war, daß der Motivschatz der Kriegerdenkmäler, unbeschadet der Anlässe und Gegnerschaften, seit der Französischen Revolution erstaunlich gleichförmig blieb, so läßt sich daran eine gemeinsame optische Signatur der Neuzeit ablesen. Sie reicht durch die meisten der europäischen Länder, deren Denkmale unter dem Vorgebot der Nationalstaatsbildung oder -erhaltung entstanden sind. Oft ist die figurale Gestaltung der Denkmäler einander so ähnlich, daß erst die Inschrift allein eine Deutung zuläßt. So gleichen zahlreiche Schweizer Denkmäler für die während der Weltkriege verstorbenen Soldaten zur Gänze den gleichzeitigen deutschen, teils weil kein Sieg zu feiern, teils weil der Schweizer Stahlhelm dem deutschen ähnlich war.[18] Nur die Inschrift vermag bei identischer Stillage den speziellen Sinn zu stiften.

Andererseits finden sich formale Ähnlichkeiten, die sich über die Zeit hinweg halten, aber von Land zu Land springen. Die Denkmalsgeschichte verläuft dann in diachronen Phasenverschiebungen. Je nachdem der Sieg weiterwanderte, entstanden Kriegerdenkmäler als Siegermale, deren Formenschatz – unbeschadet der Entstehungsdaten – verblüffend gleich bleibt (Abb. 8, Hamburg-Eppendorf, Krie-

18 Ernst Leu (Hg.), *In Memoriam. Soldatendenkmäler 1914-1918, 1939-1945*, Bern 1953.

gerdenkmal des Inf. Reg. Nr. 76 für 1870/71; Abb. 9, Béziers, Siegesmal für den Krieg 1914/18; Abb. 10, Wörth, Regimentsdenkmal für 1870; Abb. 11, Hinderwell, England, Gemeindedenkmal für 1914/18; Abb. 12, Torgau, Sowjetisches Ehrenmal für 1945). Auch stilistisch scheint hier die Zeit fast stillzustehen. Es gibt eine diachrone Reihe analoger, fast identischer Kriegermale, die von Deutschland 1871 über England 1902/1918 und über Frankreich 1918 nach Rußland 1945 reicht. Immer wieder tauchen dieselben Genien, Heroinen, Adler bzw. Hähne bzw. Löwen auf, Palmen, Fackeln, Helme und Trophäen jeder Art, die nicht nur den Sieg erinnern und die Opfer, die er gekostet, sondern in eins damit ein Anschauungsmuster politischer Schulung setzen sollen.

Offensichtlich ist das Repertoire europäischer Siegessymbole endlich begrenzt, verleitet von Land zu Land zu ähnlichen Geschmacksbildungen, die unabhängig von sonstigen Entwicklungen der bildenden Künste abrufbar bleiben. Jedenfalls muß eine politisch-sinnliche Empfangsbereitschaft vorausgesetzt werden, die in den verflossenen hundertfünfzig Jahren vergleichsweise homogen blieb, wenn die diachrone Reihe der Siegermale wirken sollte.

Im ganzen erleichtern freilich Siegermale die Identifikation, die von ihnen ausgestrahlt wird. Der Gegner wird nicht gedacht, es sei denn als Besiegte, deren Niederlage aber meistens hinter allegorischen Attributen oder verbalen Allgemeinformeln versteckt wird. Selbst der Tod der eigenen Angehörigen wird dann verschluckt: »Death is swallowed up by Victory«, wie es mit 1. Kor. 15,55 nach 1918 auf Siegesmalen britischer Gemeinden heißt,[19] wobei die nationale und die paulinische Lesart eine unlösliche Verbindung eingegangen sind.

Unbeschadet der weitreichenden formalen Gemeinsamkeiten aller Kriegerdenkmäler gibt es natürlich eine Reihe von nationalen Besonderheiten, deren spezielle Identität ja die meisten der Denkmäler hervorrufen sollen. So gering die Unterscheidungskriterien in der Formensprache der Denkmäler sein mögen, so wirksam werden sie

19 Inschrift des Gemeinde-Kriegerdenkmals in Ancrum/Schottland.

durch ihren besonderen Einsatz und ihre statistische Häufung. Es ist auffällig, daß in Frankreich nicht nur die Jeanne d'Arc als männlich-weibliches Symbol häufig auftaucht, was in den voluminösen Germanien oder Bavarien kaum eine Entsprechung findet. Frankreich geht nach dem Ersten Weltkrieg noch weiter: Hier wird das Familienschicksal (Abb. 13, St. Mihiel, Gemeindedenkmal für 1914/18), die verlassene Frau (Abb. 14, Péronne, Gemeindedenkmal für 1914/18), werden die Witwen und Waisen, die Zurückgebliebenen und die Eltern der Gefallenen gern in Stein gehauen oder Erz gegossen und auf den Sockel erhoben. Ähnliche Darstellungen, die die Wirkungen des Krieges bis in das Haus hinein verfolgen, finden sich in Deutschland (Abb. 15, Schapbach im Schwarzwald, Gemeindedenkmal für 1914/18), soweit mir bisher das Urteil möglich ist, weniger oft[20] und weniger repräsentativ, etwa auf erzählenden Reliefplatten, angebracht.

Selbstverständlich bedienen sich – und das gilt für alle Länder – verschiedene soziale und politische Gruppen der Denkmäler, um sich ihrer je eigenen Tradition zu vergewissern, indem sie den Sinn des vergangenen Todes für sich beanspruchen. So ist das graue Ossuarium beim Fort Douaumont, eine Mischung von Krypta und Bunker, eingelassen in die Hagiographie der katholischen Kirche, die den gefallenen Soldaten den Aufstieg in den Himmel bildlich zusichert. Demgegenüber dient das historisierende und festungsartige Großmonument in der Stadt Verdun der republikanischen Tradition, noch einmal im Unterschied zum Denkmal der Stadtgemeinde, die ihre Soldaten zu einer undurchdringlichen Mauer zusammengeschlossen darstellen ließ.

Vollends gespalten sind die Identifikationsangebote, die von den Großdenkmälern in Belgien ausgehen. Das wallonische Ensemble von Kirche, Turm und Aufmarschstätte in Lüttich – zur Erinnerung an den Ersten Weltkrieg errichtet – ist von Gras und Moos überzogen und wird offenbar nicht mehr staatskultisch verwendet (Abb. 16, Lüttich, Mémorial interallié für die Verteidiger von 1914 er-

20 Für das Motiv der Witwen und Waisen in Deutschland siehe Seeger, *Denkmal*, S. 78, 125, 202ff., 209f., 247.

richtet 1937). Anders das Denkmal in Dixmuiden, das – von Wallonen nach dem Zweiten Weltkrieg gesprengt – 1965 größer und höher wiedererrichtet wurde (Abb. 17, Dixmuiden, Yserturm). In zäher Ausdauer haben die Flamen durchgesetzt, daß ihr Mahnmal nicht nur ihre völkische Identität einklagt, sondern daß es als Unterpfand des Pazifismus zugleich alle Minderheiten der Welt zu erinnern und zu vereinen dient. Hier liegt ein Identifikationsangebot vor, das die nationalstaatlichen Grenzen sprengt und eine kultische Fortentwicklung über den Anlaß des Ersten Weltkrieges hinaus ermöglicht.[21]

Umgekehrt haben sich die russischen Sieger von 1945 in Ostdeutschland als Befreier dargestellt, demzufolge der deutschen gefallenen Soldaten des Zweiten Weltkrieges nur *per negationem* gedacht wird. Hier wird eine doppelte Funktion der Kriegerdenkmale deutlich, nämlich die Geschichte der Sieger so fortzuschreiben, daß sie zu Beschützern der Besiegten werden und deren ehemaligen Status der Vergessenheit überantworten. Das reicht so weit, daß selbst das zentral gelegene Mahnmal für die Opfer des Konzentrationslagers Buchenwald – von Cremer (Abb. 18, Buchenwald, Mahn- und Gedenkstätte für das KZ-Lager) – das Überleben thematisiert, nicht aber den Massentod.[22] Unter den Überlebenden herrschen die Mitglieder der KP vor, während die anderen, numerisch weit zahlreicheren Häftlinge in die Ecke rücken. So herrscht im Denkmal die Ungleichheit der Überlebenden über die Gleichheit der Toten, von der die Gesamtanlage zeugt. Der vergangene Tod wird vollends zur Funktion des Sieges, der mittels einer historischen Sichtblende auf Dauer gestellt werden soll. Deshalb geht es um bewußten Ausschluß

21 Vgl. 40 Ijzerbedevaarten, Diksmuide, o. D.

22 Zur Entstehungsgeschichte des Denkmals, das »den Besucher zu einer politischen Haltung […] aktivieren« soll, siehe Volker Frank, *Antifaschistische Mahnmale in der DDR – ihre künstlerische und architektonische Gestaltung*, Leipzig 1970, S. 11 ff. Ferner für die gesamte Denkmalspolitik Anna Dora Miethe, *Gedenkstätten, Arbeiterbewegung, Antifaschistischer Widerstand, Aufbau des Sozialismus*, hg. vom Institut für Denkmalpflege in der DDR, Leipzig 1974.

der anderen, um Verdunkeln oder Verschweigen – ein Verfahren, das mehr oder minder von allen Sieges-Kriegerdenkmalen eingehalten wird.

Die US-amerikanischen Erinnerungsmale zeichnen sich zunächst durch glanzvollen Schliff und teure Materialien aus, darin, im Unterschied zu anderen Staaten, den britischen Denkmälern nach 1918 am ähnlichsten.[23] Inhaltlich zeigen sie in den Krypten und Gedenkhallen (Abb. 19, Neuville-en-Condroz, Ardennen, US-Soldatenfriedhof, Zweiter Weltkrieg) auf marmornen Tafeln, daß der vergangene Kampf, ganz manichäisch, ein Kampf nur von Gut und Böse gewesen ist. Es sind Siegermale ohne sichtbaren Feind, der Feind wird in das Nichts der schwarzen Farbe getaucht, das vom Gold der Sieger verdrängt und überstrahlt wird.

Genug der Beispiele für nationale Sonderungen, die trotz des beschränkten Formenarsenals, das allen gemeinsam ist, eine hinreichende Identifikation der jeweiligen Völker ermöglichen.

Nur kann freilich, quer durch alle nationalen Unterschiede und entgegen einer Aufspaltung in sieghafte und sieglose Kriegerdenkmäler, nicht geleugnet werden, daß kein Monument in seiner politischen Funktionsbestimmung aufgeht. Mag noch so sehr das Sterben für etwas thematisiert werden, aus dem die jeweilige Gruppenidentität ableitbar ist, immer wird auch das Sterben selber mit gemeint.

Aufs Ganze gesehen fällt allerdings auf, daß der Vorgang des Sterbens auf den Denkmälern gerne ausgespart wird. Dabei mag man sich auf die Einwände berufen, die sich gegen eine plastische Wiedergabe des Transitorischen richten, aber für zahlreiche Denkmäler darf die Vermutung geäußert werden, daß die Erinnerung des Sterbens für …, des Sterbenmüssens zu stilistischen Selbstbeschränkungen herausfordert. Es liegt immer eine übergreifende, den Tod des einzelnen übersteigende Legitimation des Soldatentodes vor, wenn schon

23 Für Großbritannien nach 1918 siehe Fabian Ware, *The Immortal Heritage. An Account of the Work and Policy of the Imperial Ware Graves Commission during Twenty Years 1917-1937*, Cambridge 1937 und neuerdings Eric Homberger, *The Story of Cenotaph*, London 1976.

das Sterben selber selten oder gar nicht auf den Denkmälern festgehalten wird. Zum überwiegenden Teil wird der Tod verklärt, aber nicht als Tod der einzelnen, sondern ihr Tod in großer Zahl, die in den politischen Funktionszusammenhang eingerückt wird. Soundso viel zogen aus und soundso viel kehrten nicht mehr heim, wie in Deutschland nach 1918 die Inschrift gern stilisiert wurde, besonders auf Regimentsdenkmälern, die eine zusätzliche soldatische Identität zu erhalten dienen sollten.

Aber was verschlugen derartige Kontinuitätsstiftungen, deren Wirkung auf die Nachgeborenen nicht unterschätzt werden kann, gegen die spontane Trauer um das Kind, um den Sohn, um den Mann, deren Erinnerungen von den Angehörigen wachgehalten werden wollten? Der Tod blieb immer noch auch der Tod des einzelnen, um den die Überlebenden trauern. Deshalb konnten Mahnmale entstehen wie das der Käthe Kollwitz (Abb. 20, Vladslo, Soldatenfriedhof 1914/18, Plastik »Trauernde Eltern« von Käthe Kollwitz), die ihren Sohn in Langemark verloren hatte und die seitdem zu den Verlierern gehörte, gleich wie der Krieg ausgehen mochte. In fast zwanzigjähriger Meditation und Arbeit schuf sie ein Denkmal,[24] dessen Aussage seinen Anlaß zu überdauern vermag, weil es das Überleben im Hinblick auf den Tod selber, nicht auf das Sterben für etwas thematisiert.

24 Käthe Kollwitz, *Tagebuchblätter und Briefe*, hg. von Hans Kollwitz, Berlin 1948, auf den S. 56-108 die Tagebucheintragungen von Dezember 1914 bis zum August 1932, vom ersten Konzept des Denkmals bis zu seiner Aufstellung in Berlin und Belgien. Käthe Kollwitz lebt ohne Glauben an Unsterblichkeit in enger geistiger Verbindung mit ihrem gefallenen Sohn. Es ist die innere Vereinigung, die Käthe Kollwitz von ihrem anfänglichen Plan abbringt, den Sohn selber darzustellen. Der vorzeitige Tod wird thematisiert, indem unter Verzicht auf alles Beiwerk die Eltern zurückbleiben.

IV. Die Demokratisierung des Todes

Als zu Beginn der Neuzeit – im Sinne der Erfahrung einer neuen Zeit – der Wunsch nach Kriegermalen auftauchte, die an die Vorkämpfer der Zukunft erinnern sollten, da hatte Goethe die »Anforderung an den modernen Bildhauer« formuliert.[25] Er zeigte auf, wie einsichtig frühere Denkmale hatten wirken können, solange die Kampffronten und die Positionen der Kontrahenten zu einer eindeutigen Parteinahme herausforderten. Einen Christen etwa über Türken siegen zu sehen verstärke nur den berechtigten Haß gegen Sklavenhalter. Schwierig werde es aber in der Moderne, im heutigen Europa, wo die Entzweiung aus Gewerbe- und Handelsinteressen herrühre, die Gleichheit in Religion und Sitte aber kaum zu leugnen sei. Wo gar, wie bei Franzosen und Deutschen, die Gegner in der Uniform fast nicht zu unterscheiden seien, dort sei der Darstellung der kämpfenden Gegner kein eindeutiger Sinn mehr zuzumuten. Bar aller Kleidung schließlich – ein gutes Recht der Bildhauer, ihre Kämpfenden so darzustellen –, werden beide Teile »völlig gleich: es sind hübsche Leute, die sich einander ermorden, und die fatale Schicksalsgruppe von Eteokles und Polynices müßte immer wiederholt werden, welche bloß durch die Gegenwart der Furien bedeutend werden kann«.

Goethe verweist in politischer Distanzierung auf die sittliche Übereinstimmung der Gegner und auf die Gemeinsamkeit ihrer ökonomischen Konfliktlagen, eine Deutung, die von den feiernden Siegern und von den betroffenen Verlierern nach 1815 schwerlich akzeptiert wurde. Es war nicht diese geschichtlich-strukturelle Gemeinsamkeit, in der die Erinyen walten, die von den Denkmalstiftern intendiert wurde. Sie zielten auf eine Gleichheit im Innern, auf eine nationale Homogenität unter Ausschluß der anderen. Wie sehr sie

25 Johann Wolfgang Goethe, *Sämtliche Werke in 30 Bänden*, Stuttgart 1851, Bd. 25, S. 205-207, 1817 geschrieben im Zusammenhang mit der Errichtung des Blücherdenkmals in Rostock, um das sich auch Goethe bemühte.

freilich über die Grenzen hinweg einer gemeinsamen Signatur folgten, davon zeugen die zahlreichen Analogien im Formenschatz der Denkmäler.

Die Gleichheit der gefallenen Gegner im Tode war ein Motiv, das immer weniger Anklang fand. Während der Einigungskriege kam es – so 1866 in Kissingen – noch zu Denkmalen, die beider Gegner zu erinnern aufforderte, im süddeutschen Raum also, der zwischen Berlin und Wien zerspalten war. Auch gemeinsame Gräber von Deutschen und Franzosen finden sich noch zahlreich auf den Schlachtfeldern von 1870/71. Die Umbettung französischer Gefallener im Raum Metz erfolgte später unter Beteiligung französischer und deutscher Truppen. 1916 ließ Wilhelm II. bei St. Quentin ein Ehrenmal errichten, vor dem zwei Jünglinge in Bronze die feindlichen Lager repräsentieren. Es schloß einen Friedhof ab, auf dem Gefallene beider Seiten gemeinsam beerdigt wurden. Nach 1918 wurden die französischen Leichen gegen deutsche ausgetauscht, die seitdem unter französischen Namen ruhen. Gemeinsame Bestattung kam nur noch sporadisch vor. Nach 1945 blieb die Trennung der Toten im allgemeinen üblich – bis hin zur Exhumierung aller amerikanischen Gefallenen aus dem deutschen Boden.

Es ist also eine Tendenz zu registrieren, die zunehmend die Abgrenzung der gefallenen Feinde fordert. Die Feindschaft soll über den Tod hinausreichen, um nicht der Identität der eigenen Sache verlustig zu gehen. Die Gleichheit im Tode wird zurückgenommen zugunsten einer Gleichheit, die die nationale Homogenität wahrt: Es ist die Homogenität der Lebenden und der Überlebenden, und zwar in ihrer jeweiligen politischen Gruppierung. Die Erstellung von Denkmalen geschieht durch politische Handlungseinheiten, die sich im gleichen Akt von anderen absetzen. Deshalb tendiert schon die Funktionalisierung der Kriegermale auf eine *religion civile* im Sinne von Rousseau und hilft, eine demokratische Legitimität zu stiften. Sie schafft im Denkmal eine Gleichheit der Toten für das Vaterland nach innen, nicht aber nach außen. Durch diese nationalstaatliche Fundierung wird auf den Kriegerdenkmalen die Stellung der Individuen – gemessen an der ständischen Vergangenheit – verändert.

Noch in hierarchischer Tradition steht die lange Reihe von Denkmalen siegreicher Generale, ohne daß ihr Tod durch den Feind – wie bei Scharnhorst – Voraussetzung eines Mahnmals sein müßte. Auch überlebende Generale bleiben denkmalfähig, wie in preußisch-militärischer Tradition – Blücher oder Moltke, oder in hagiographischer Tradition – Maistre bei Loretto (Abb. 21, Loretto, Ehrenmal für General Maistre und das 21. Armeekorps), oder im republikanischen Pathos – Kellermann, oder monumental als Führer herausgestellt – wie General Patton. Die egalitäre Tendenz schließt bekanntlich den Führerkult nicht aus, der in der Reihung der individuellen Heldendenkmäler aus der militärischen Tradition hervorgeht.[26]

Wirklich neu ist der langfristige Trend, der die ständischen Abstufungen aufhebt, um die Gleichheit des Soldatentodes unbeschadet des Ranges herauszustellen. Der ostpreußische Oberpräsident von Schön mokierte sich über ein Denkmal, das dem General von Bülow errichtet wurde. Besser sei es, den Landsturmmann zu verewigen, der dem General sein »Leck er p.p.« zugerufen hatte, als dieser zum Rückzug blasen ließ.[27]

26 Es fällt auf, daß die Engländer in London nach 1918 kein Denkmal für eine einzelne Person errichtet haben. Im Jahre 1928 gab es dort 235 Statuen, Erinnerungshallen, Tafeln und Kriegerdenkmäler, von denen nur zwei aus der Zeit vor 1800 stammten. 149 bezogen sich auf zivile, 86 auf militärische Leistungen. Innerhalb der Militärdenkmäler wurden nur 22 (= 26 %) für Einzelpersonen errichtet, und alle stammten aus der Zeit vor dem Krieg 1914/18. Ausgezählt nach C. S. Cooper, *The Outdoor Monuments of London*, London 1928.

27 Franz, Rühl (Hg.), *Briefe und Aktenstücke zur Geschichte Preußens unter Friedrich Wilhelm III.*, Leipzig 1902, Bd. 3, S. 600. Schön an Stägemann am 30. August 1822. Er fragte weiter: Wo käme man hin, »wenn alle Freunde der Könige Bild-Säulen haben sollen, wo ist die Grenze? [...] Hätten wir einen deutschen Münster gebaut, wie ganz anders stände es heute!« Schön setzte sich – wie viele damals – für ein Nationaldenkmal ein. Dabei bediente er sich auch christlich-humanistischer Argumente: »Statuen auf öffentlichen Plätzen sind als Heidentum in der christlichen Welt nur dann duldbar, wenn sie statt Idealen stehen. Alle 500-1000 Jahre Eine, Luther und seitdem niemand« (Rühl, *Briefe*, S. 101, an Stägemann am 10. Juli 1922). Vgl. auch Hart-

Schön opponiert im Namen der allgemeinen Landwehr gegen jedes Feldherrndenkmal. Er zehrte von jenem republikanischen Pathos, das in den Befreiungskriegen auf revolutionäre Vorbilder zurückgriff. So wurde schon 1798 ein antimonarchisches Denkmal konzipiert, das dem deutschen Kaiser und dem preußischen König gewidmet werden und dessen Inschrift mit dem Satz enden sollte: »Des trauernden Vaterlandes kummervoller Dank! allen denen, deren Namen auf dieser Säule nicht stehen«.[28]

In diesem satirischen Zeugnis wird erstmals die Denkmalfähigkeit aller bisher Ungenannten angemeldet. Und zweifellos knüpft auch der politische Denkmalskult für die Kriegstoten an eine monarchisch-ständische Tradition an, die aufgegriffen, aber umbesetzt wird. Dabei erfolgt die Gleichstellung aller Kriegstoten sowohl über deren Grabanlagen wie über ihre Denkmäler. Beide verweisen aufeinander, wenn auch die Denkmalsfähigkeit der Gefallenen ihrem Recht auf eine eigene Ruhestätte vorausging.[29] Im folgenden sei beides nebeneinander behandelt.

Der Überschritt vom monarchischen zum Volksdenkmal, deren Mischformen Nipperdey deutlich herausgearbeitet hat,[30] findet seine Entsprechung in der Zunahme politisch motivierter Grabanlagen. Aufs Ganze gesehen wird das repräsentative Fürstengrab vom repräsentativen Kriegergrab zunächst ergänzt, dann – zeitlich gesprochen – überholt. An der geweihten Grabstätte sollte die Identität der politischen Handlungsträger, zunächst der Dynastien, dann der

mut Boockmann, »Das ehemalige Deutschordens-Schloß Marienburg 1772-1945. Die Geschichte eines politischen Denkmals«, in: *Geschichtswissenschaft und Vereinswesen im 19. Jahrhundert. Veröff. des Max-Planck-Instituts für Geschichte* Nr. 1, Göttingen 1972, S. 99-161.

28 »Monument des Friedens in Rastadt, im Jahre 1798«, in: *Kameleon, oder das Thier mit allen Farben. Eine Zeitschrift für Fürstentugend und Volksglück*, Nr. 1-3, S. 54.

29 Ein früher Fall der Einzelbestattung in Reihengräbern für Soldaten findet sich im Zillertal/Riesengebirge 1813. Siehe *Kriegergräber im Felde und daheim*, hg. im Einvernehmen mit der Heeresverwaltung, München 1917, S. 155.

30 Nipperdey, »Nationalidee«, bes. S. 533-546.

zu schaffenden Nation, ihren sinnfälligen Ausdruck finden. Nicht nur die Lebenden stehen für die Toten ein – wie vor dem Denkmal –, sondern auch die Toten sollen für das Leben einstehen. Welches Leben politisch gemeint ist, wird von der Grablage, vom Denkmal und dem zugeordneten Kult eingegrenzt.

Wie sehr nun beide, die Kriegergrabstätten und die Denkmalfähigkeit der Soldaten, einem revolutionären Impuls ihre Herkunft verdanken, der sich zunächst gegen die ständisch-monarchische Tradition richtete, das läßt sich literarisch zeigen.

Eine erste Kritik richtet sich gegen Ende des 18. Jahrhunderts auf die Fürstengruften, mit denen als Identifikationsstätten die späteren Soldatenfriedhöfe und Kriegerhaine konkurrieren sollten, um sie schließlich als Symbol nationaler Repräsentation zu verdrängen. Für Klopstock, einen der Inauguratoren des bürgerlichen Denkmalskultes, zählt nicht mehr die Geburt, nur das Verdienst: »Geburtsrecht zu der Unsterblichkeit / Ist Unrecht bei der Nachwelt. So bald einst die Geschichte, / Was ihr obliegt, tut: so begräbt sie durch Schweigen, und stellt / Die Könige dann selbst nicht mehr als Mumien auf. / Sie sind nach dem Tode, was wir sind. / Bleibt ihr Name; so rettet ihn nur Verdienst, / Nicht die Krone: denn sie / Sank mit dem Haupte der Sterbenden«.[31] Verbittert und mit christlich-revolutionärem Pathos richtet Schubart[32] – »Da liegen sie, die stolzen Fürstentrümmer, / Ehmals die Götzen dieser Welt!« – seinen Haß und Hohn gegen die Fürstengruft, gegen jene Stätten, die dann in St. Denis während der Revolution ausgeräumt wurden.

Aber die politische Funktion der Fürstengruften sollte übernommen und demokratisch genutzt werden. Die Grabstätten und Erinnerungsmale für die später gefallenen Bürgerkriegskämpfer dienten den neuen Legitimitätsansprüchen. 1830 forderte Béranger eine Weihestätte für die gefallenen Barrikadenkämpfer: »Bekränzt die Gräber

31 F. G. Klopstock, »Ode ›An Freund und Feind‹«, in: *Sämmtliche Werke*, Karlsruhe 1826, Bd. 6, S. 37.

32 Christian Daniel Schubart, »Die Fürstengruft«, in: Edgar Neis (Hg.), *Politisch-soziale Zeitgeschichte*, Hollfeld o. J., S. 19-21.

unsrer Julitage, / Vollbringt, schuldlose Kinder, heil'gen Brauch: / Hier Blumen, Palmen diesem Sarkophage, / Wie Kön'ge hat das Volk nun Mäler auch«.[33] – In Brüssel fand auf dem »Place des Martyrs« der Appell seine Erfüllung, während in Berlin der »Aufruf des Central-Ausschusses des Bestattungs-Komitees« für die Märzgefallenen mit dem Scheitern der 48er Revolution verhallte.[34] Stattdessen erhielten die gefallenen Regierungstruppen – wie auch in Rastatt – ihr eigenes Denkmal.

Der politische Totenkult, soweit er sich an die errichteten Kriegerdenkmäler anschließt, bleibt in der Verfügungsgewalt der jeweiligen Sieger, solange sie ihre Macht auszuüben imstande sind. Aber ungeachtet der politischen Wechsellagen hat sich seit der Revolution der Gleichheitsanspruch für alle Kriegerdenkmale durchgesetzt. Die gleiche optische Signatur zieht sich durch alle Verfassungsformen hindurch. Die Grabmale für den »unbekannten Soldaten« – einer für alle – sind die letzte Station dieser Demokratisierung des Todes. Einige der bildlichen Dokumente, die diesen Weg bezeugen, seien nachgezeichnet.

Von 1815 bis 1918 wird zunehmend die Gleichheit aller Gefallenen erinnert, unbeschadet der militärischen Ränge und Funktionen, die zum Tod geführt hatten. Bei Waterloo hatten die Hannoverschen Offiziere noch ein Denkmal gestiftet, das nur ihresgleichen, nicht aber der Unteroffiziere und Soldaten gedachte, die gefallen waren. Aber das bleibt eine Ausnahme. Im ganzen wird es üblich, besonders nach den Einigungskriegen, auf den Regiments- und Gemeindedenkmalen Offiziere, Unteroffiziere und Mannschaften zwar getrennt aufzuführen, aber auf demselben Sockel. Ein Stilmittel, um die Gleichheit zu betonen, ist die Repräsentation des gemeinen Soldaten durch den Offizier. In Posen wurden nach 1866 vier Soldaten mit den Porträts von vier Generalen versehen (Abb. 22, Posen, Denkmal des 5. Armeekorps für die Schlacht bei Nachod 1866), oder bei Navarin werden

33 »Die Gräber der drei Julitage«, in der Übersetzung von Adalbert von Chamisso, in: Max Sydow (Hg.), *Werke*, Berlin, Bd. 2, S. 121-123.

34 Adolf Wolff, *Berliner Revolutionschronik, 1851-54*.

General Gouraud und der Neffe Roosevelts, der als Leutnant gefallen war, als stürmende Soldaten gezeigt (Abb. 23, Navarin-Ferme bei Reims, Alliiertes Denkmal und Ossuarium 1914/18). So partizipieren die oberen Ränge am Ruhm aller, den sie zugleich vorbildlich repräsentieren.

Auf den Kriegerfriedhöfen selber wird freilich eine absolute Gleichheit eingeführt. Die Regel, Offiziere einzeln zu bestatten, wird verallgemeinert. Daß jedem Soldaten ein eigenes Grab und ein eigener Grabstein gebühre, haben erstmals im amerikanischen Bürgerkrieg die Nordstaaten gesetzlich festgesetzt, wenn auch die Angehörigen der Südstaaten von den Gedenkfeiern zunächst ausgeschlossen blieben.[35] Diese demokratische Norm wurde dann im Ersten Weltkrieg von den Westmächten und von den Mittelmächten allgemein eingeführt und befolgt. Das individuelle »Ruherecht« ist inzwischen eine völkerrechtliche Norm geworden,[36] ohne daß Rußland sich ihr angeschlossen hätte, aus Gründen, deren ideologische oder realistische Komponente schwer unterschieden werden kann.

Im gleichen Moment freilich, da die demokratische Regel aufgestellt wurde, jedes Soldaten individuell zu erinnern, konnte sie nicht mehr eingehalten werden. Denn die Toten, denen ein je eigenes Grab zugedacht war, wurden oft nicht mehr gefunden, oder sie konnten nicht mehr identifiziert werden. In der Sommeschlacht 1916

35 Fritz Debus, »Blüten in Gottes Wind, Ereignisse und Gestalten aus der Geschichte der Kriegsgräberfürsorge der Vereinigten Staaten«, in: *Mitteilungsblatt »Kriegsgräberfürsorge«* 1-5 (1958).

36 Vgl. zunächst die deutsch-russischen bzw. deutsch-ukrainischen Zusatzverträge vom 3.3. bzw. 9.2.1918 sowie in Art. 225 und 226 des Versailler Friedensvertrages und die entsprechenden Artikel der übrigen Pariser Vorortverträge. Zum ganzen Rudolf von Neumann, »Kriegsgräberfürsorge im Sinne der Genfer Abkommen«, in: *Revue Internationale de la Croix-Rouge,* Bd. 13, Nr. 11. Genf 1962. Zuletzt Gesetz über die Erhaltung der Gräber der Opfer von Krieg und Gewaltherrschaft (Gräbergesetz) vom 1. Juli 1965, *Bundesgesetzblatt*, 8. Juli 1965. Ferner das Abkommen zwischen der Bundesrepublik Deutschland, Großbritannien und den Commonwealth-Ländern und Frankreich vom 5. März 1956, siehe *Bundesgesetzblatt*, 13. Juni 1957.

blieben auf deutscher Seite von den Gefallenen 72 000 identifizierbar, 86 000 werden vermißt oder konnten – als Leiche – nicht wiedererkannt werden. Ähnlich sind die Relationen in Flandern oder bei Verdun, und zwar auf beiden Seiten der Front. Die technischen Vernichtungsmittel waren so sehr perfektioniert worden, daß den Toten zu finden oder beizusetzen, wie das Gesetz es vorschrieb, nicht mehr möglich war. Die Individuen wurden im Massentod verschluckt. Dieser Befund evozierte zwei Antworten, die sich in den Erinnerungsmalen ausdrücken.

Erstens wurden die Stätten des Todes schlicht in Gedenkstätten selber verwandelt, indem sie so belassen wurden, wie sie beim Waffenstillstand vorgefunden wurden. Die Höhe 60 bei Ypern ist als Schlachtfeld zum Friedhof erklärt worden, weil die rund 8000 Gegner auf wenigen Morgen Land physisch zernichtet und nicht mehr aufgefunden wurden. Damit ist in ironischer Umkehr ein Postulat von Giraud aus der Französischen Revolution erfüllt worden. Giraud plante für Paris einen Friedhofsbetrieb, der die kalzinierten Knochen der Verstorbenen in Medaillons oder in Säulen umzuprägen vorsah, so daß der Tote im Ergebnis mit seinem Erinnerungsmal identisch wurde.[37] Dieses rein innerweltliche, auf eine diesseitige Verewigung zielende Postulat, die Identität von Leichnam und Grabmal – im 18. Jahrhundert sicher noch magisch angereichert –, wurde im Ersten Weltkrieg verwirklicht. Im Fort Douaumont sind rund 700 deutsche Soldaten erstickt und eingemauert worden: die Mauer ist ihr Grabmal – ein Vorgang, der sich im Bombenkrieg 1939-1945, der jedermann unbeschadet von Alter und Geschlecht traf, wiederholen sollte.

Zweitens wurden gewaltige Monumente errichtet, wie in Ypern, Vimy (Abb. 24, Vimy, »Canadian National Memorial« für 1914/18), Thiepval oder Navarin, um nur einige zu nennen. In diese Monu-

37 Wilhelm Messerer, »Zu extremen Gedanken über Bestattung und Grabmal um 1800«, in: *Kunstgeschichte und Kunsttheorie im 19. Jahrhundert*, Berlin 1963, S. 172-194; Franz-Josef Keuck, *Politische Sinnlichkeit von Totenmalen*, Magisterarbeit Heidelberg 1974, S. 57-67.

mente wurden die Namen aller Gefallenen eingetragen, die kein Grab mehr finden konnten, deren Name aber nie vergessen werden sollte. »Their name liveth for evermore«, wie der Spruch Kiplings lautet, der auf allen Altartischen aller britischen Friedhöfe irdische Unsterblichkeit verheißt.

Somit wurde der Typus des monumentalen Siegermals aus dem vorangegangenen Jahrhundert zum unmittelbaren Totenmal. Das Staatsvolk, das sich zuvor im Siegesmal seiner Identität versicherte, gedachte jetzt aller Toten einzeln, um – in Rousseaus Bild – aus der *volonté de tous* eine *volonté générale* erstehen zu lassen. Hinzu tritt die ehedem christliche Gerichtsmetapher, die keine Seele entkommen läßt, um jetzt schicksalhaft angereichert irdische Ewigkeit zu verbürgen.

Vielleicht darf das Urteil gewagt werden, daß sich fast alle Denkmäler des Ersten Weltkrieges dadurch auszeichnen, Hilflosigkeit durch Pathos zu kompensieren. Der Tod von Hunderttausenden auf wenigen Quadratkilometern Erde, die umkämpft wurden, hinterließ einen Begründungszwang, der mit überkommenen Bildern und Begriffen schwer einzulösen war. Der Wunsch, Kontinuitäten oder Identitäten zu retten, die allenthalben – durch den Tod – zerrissen waren, stieß allzuleicht ins Leere. In Großbritannien befinden sich einige Denkmale, die die alte Todessymbolik aufgenommen haben, eine Uhr – sei es eine Sonnenuhr oder eine elektrische Uhr –, um mit dem Tod der Soldaten an den Tod schlechthin zu erinnern. In dieser Zurücknahme wird gleichwohl versucht, eine neue Identität zu evozieren, wenn etwa der Spruch – wie in Hinderwell (Abb. 11, Hinderwell, England, Gemeindedenkmal für 1914/18) – hinzugefügt wird: »Pass not this stone in sorrow but in pride / And live your lives as nobly as they died«.

Der Zweite Weltkrieg brachte eine Veränderung in der ikonographischen Landschaft der Denkmäler mit sich, die auch die politische Sinnlichkeit umstimmte. Noch in frischer Tradition steht die schlichte Erweiterung der Denkmäler durch Hinzufügung von Totentafeln für die Jahre 1939-45, die allgemein üblich, in Frankreich staatlich geboten wurde, um den Neubeginn allein durch Widerstandsdenkmäler zu markieren. Aber auch die Stillage des heroischen Realismus, in der die meisten Denkmäler der Russen oder für die *Résistence* in Frankreich oder Belgien errichtet wurden, ist formal von der offiziellen Kunst der Nationalsozialisten oft kaum zu unterscheiden. Darüber hinaus aber sind Neuerungen zu erkennen, die auf einen sichtbaren Appell zur politischen oder sozialen Identifikation mit dem Sinn des vergangenen Sterbens verzichten.

Die Vernichtung nicht nur von Lebenden, sondern auch der Leichname durch den Luftkrieg, aber mehr noch in den deutschen Konzentrationslagern führte dahin, das alte Formenarsenal der Krieger- und Siegermale aufzugeben. Opfer, die zur Sinnlosigkeit verdammt wurden, erheischten, wenn überhaupt, eine Art negatives Mahnmal. So wird in einem bayrischen Dorf der Tote zwischen drei Basaltblöcken als Hohlform symbolisiert (Abb. 25, Zell, Niederbayern, Mahnmal für 1939/45). – In Rotterdam erscheint – von Zadkine – die Zerstörung des menschlichen Leibes als Verzweiflung und Anklage, auch wenn die hilfesuchende Gestik des Sterbenden – vielleicht – einen Schimmer von Hoffnung aufleuchten lassen mag. – Zahlreich ist schließlich die lange Reihe gegenstandsloser Mahnmale, die auch auf den menschlichen Körper verzichten (Abb. 26, Treblinka, Teil des Mahnmals für das KZ-Lager).[38] Deren politische Funktion reduziert sich, wenn überhaupt, auf die Frage nach ihrer Bedeutung, ohne eine bildhafte Antwort sinnlich nahelegen zu können. Freilich bleibt auch hier gerne die Formensprache der Auferstehung erhalten, wobei es sich in den Worten Max Imdahls nicht mehr um eine Metapher der Auferstehung handelt, sondern um eine Metapher dieser Metapher.

Schließlich hat Kienholz, während des Vietnamkrieges, das Antidenkmal geschaffen, eine Parodie zum Siegesmal von Arlington. Er

38 Hans-Ernst Mittig, »Die Entstehung des ungegenständlichen Denkmals«, in: *Evolution générale et développements régionaux en historie de l'Art. Actes du XIIe. Congrès international d'histoire de l'art, Budapest 1969*, Budapest 1972, 2. Bd., S. 469-474, 3. Bd., S. 434-437; Dietrich Clarenbach, *Grenzfälle zwischen Architektur und Plastik im 20. Jahrhundert*, Diss. München 1969.

baut eine Alltagsszenerie auf, in die ein tragbares Kriegerdenkmal hineingestellt ist. Daneben steht eine Tafel, auf der – je nach neuem Kriegsbeginn – die Toten mit Kreide nachgetragen werden sollen, mit Kreide, um die Vergessenheit des Todes nicht dem Denkmal anzulasten, sondern den Menschen, die sich seiner Erinnerung entziehen.[39] So hat sich in der westlichen Welt, wenn auch nicht überall und durchgängig, eine Tendenz verstärkt, den Tod in Krieg oder Bürgerkrieg nur noch als sinnfordernd, nicht mehr als sinnstiftend darzustellen. Es bleibt die Identität der Toten mit sich selbst, deren Denkmalsfähigkeit sich der Formensprache einer politischen Sinnlichkeit entzieht.

V. Schlußbemerkung

Die Geschichte der europäischen Kriegerdenkmäler zeugt von einer gemeinsamen optischen Signatur der Neuzeit. Aber ebenso bezeugt sie einen optischen Erfahrungswandel. Er verweist auf die soziale und politische Sinnlichkeit, die ihre eigene Geschichte hat und die produktiv wie rezeptiv auf die Sprache der Denkmäler eingewirkt hat.

Der Zusammenhang zwischen politisch-sozialem Sinngebot und seiner bildlichen Ausprägung wird über die Formensprache der Denkmäler hergestellt, die die Sinnlichkeit der Betrachter erreichen soll. Beide, Formen und Sinnlichkeit, unterliegen dem geschichtlichen Wandel, aber sie ändern sich offensichtlich in verschiedenen Zeitrhythmen. Daher zerrinnen die Identitäten, die ein Denkmal evozieren soll: teils, weil sich die sinnliche Empfangsbereitschaft der angebotenen Formensprache entzieht, teils, weil die einmal gestalteten Formen eine andere Sprache zu sprechen beginnen, als ihnen anfangs eingestiftet war. Denkmäler haben, wie alle Kunstwerke, ein Überschußpotential, das sich dem Stiftungszweck entzieht. Des-

39 Dieter Ronte u. a. (Hg.), *Hurra!? Vom Unsinn des Krieges. Sechste Jugendausstellung der Kölner Museen im Wallraf-Richartz-Museum*, Köln 1971, S. 49-59.

halb sind zahllose Monumente ohne Rekurs auf Inschriften oder empirisch einlösbare Verweisungssignale nicht mehr auf ihre erste Bedeutung hin erkennbar.

Es ist eine historische Erfahrung, die sich seit der Französischen Revolution abzeichnet, daß die Kriegerdenkmäler mit dem Aussterben der Stiftergenerationen ihre Emphase verlieren. Zahlreiche Denkmäler des vergangenen Jahrhunderts sind nicht nur äußerlich von Patina überzogen, sie sind in Vergessenheit geraten, und wenn sie gepflegt und besucht werden, dann selten nur, um den ursprünglichen politischen Sinn einzulösen. Selbst in den Siegerländern von 1918 finden die Waffenstillstandsfeiern zum 11. November immer weniger Zulauf. Der politische Kult vor den Kriegerdenkmälern versiegt,[40] sobald die ehemals Überlebenden aussterben. Man mag diesen Befund auf den natürlichen Wechsel der Generationen zurückführen, ohne die Schnellebigkeit der Moderne bemühen zu müssen. Politische Erfahrungen oder Botschaften sind nur schwer über den Tod einer jeweiligen Generation hinaus tradierbar. Dazu bedarf es gesellschaftlicher Institutionen. Das Denkmal jedenfalls, das die sinnliche Vermittlung über den Tod hinaus sicherstellen soll, scheint allein diese Leistung nicht vollbringen zu können. Immer ist die bewußte Übernahme der Botschaft erforderlich.

Deshalb gibt es Ausnahmen, besonders dort, wo es sich um Nationaldenkmäler handelt, deren Pflege in die Obhut der jeweiligen politischen Handlungsgemeinschaft genommen wird. Hier werden längere Fristen der zugeordneten Kulthandlungen möglich.

Wie lange die Inschriften und Signaturen der Kriegerdenkmäler die Nachgeborenen ansprechen, davon zeugen die Denkmalsstürze. Sie erfolgen zumeist, wenn die Stiftergeneration noch nicht ausgestorben ist, noch als direkter politischer Gegner angegangen werden kann. Die Franzosen konnten es sich 1918 leisten, nachdem ein halbes Jahrhundert verflossen war, die deutschen Kriegerdenkmäler für 1870/71 in Elsaß-Lothringen unberührt stehen zu lassen – als Todes-

40 Clare Hollingworth, »Memory of the fallen begins to fade away«, in: *Daily Telegraph*, 11. November 1976, dank Hinweis von Fritz Trautz.

male der nunmehr Besiegten. Denkmäler werden gestürzt, wenn sie als Bedrohung empfunden werden, wo eine noch lebende Tradition abgeblockt werden soll. So geschah es, um nur einige Zeitfristen zwischen erinnertem Datum und Denkmalssturz zu nennen, in Celle für 1866 – schon 1869, in Düsseldorf für 1918 oder in Weimar für 1920 – im Jahre 1933, in Luxemburg oder Compiègne für 1918 – im Jahre 1940, und vielerorten in Deutschland für 1918 nach dem Zweiten Weltkrieg. Immer ging es darum, politische Identifikationsgebote zu brechen.

Denkmäler, die ihren ersten Anlaß lange überdauern, können in einer historischen Traditionsgemeinschaft aufgehoben bleiben, aber auch dann verändert sich schleichend ihre Aussagekraft. In ganz Europa gibt es die Diachronie der Siegesmale, deren formale Ähnlichkeit sich mit dem wandernden Sieg quer durch die Länder hindurchhält. Sie rücken strukturell zusammen. Dann ist es nur mehr Sieg als solcher, nicht mehr ein bestimmter Sieg, der sinnlich vergegenwärtigt wird. Die Formensprache speziell der Kriegerdenkmäler ist veraltet, ohne zu sprechen aufzuhören. Offenbar überdauert sie ihre einmaligen, politisch-sozial bedingten Anlässe, so daß die Signaturen zwar nicht mehr politisch begriffen werden, aber gleichwohl verständlich bleiben. In diese Differenz, in diese Lücke rückt gleichsam die Ästhetik ein, die die Formen auf ihre »Selbstaussage« hin befragt. Anders gewendet, die »ästhetischen«, auf die sinnliche Empfangsbereitschaft der Betrachter bezogenen Aussagemöglichkeiten überdauern die politischen Identifikationsgebote, die sie stiften sollten. Wenn man nun die Kriegerdenkmäler daraufhin befragt, welche »ästhetischen« Signale ihren Anlaß überdauert haben und welche Zeichen sich durch den Formenwandel hindurch gehalten haben, so wird man offenbar auf die Todessymbole zurückverwiesen, die – in Hoffnung oder Trauer gekleidet – länger währen als der Einzelfall. Denn der Einzelfall des erinnerten Todes mag vergangen sein: er steht gleichwohl jedem Betrachter noch bevor.

Daumier und der Tod

I.

Geburt, Liebe und Tod sind anthropologische Vorgaben menschlicher Existenz. Sie darzustellen und durch ihre Darstellung zu deuten gehört zu den dauerhaften Herausforderungen an die Kunst. Dem Tod kommt dabei eine besondere Stellung zu, denn er läßt sich nicht visualisieren. Das Sterben ist darstellbar in seiner unendlichen Vielfalt, und die Gestorbenen sind es, die Leichen, die Ermordeten, die Toten – das Skelett. Der Tod selber ist auf die Allegorie angewiesen, um sichtbar zu werden, oder auf die metaphorische Kraft eines Bildes, das sich auf eine Wirklichkeit einlassen muß, die nur *per negationem* erfahrbar ist. Denn der Tod selber entzieht sich menschlicher Erfahrung, auch wenn er im prospektiven Wissen des Sterbenmüssens enthalten ist.

Es ist nun ein Befund unserer Neuzeit, daß sich die Karikatur zunehmend des Todes bedient, um ihre moralische, politische oder soziale Botschaft dem Betrachter zu vermitteln. An Anlässen besteht kein Mangel, ihre Zahl schnellt empor. Wenn aber die Kunst der Karikatur darin besteht, ihren Gegenstand so weit von sich selbst zu entfremden, daß er – durch Übertreiben oder Weglassen – in seiner eigentlichen Gestalt sichtbar wird, dann steht diese Kunst in Anbetracht des Todes vor einer doppelten Herausforderung. Sie muß ihren Gegenstand erst bildlich konstituieren, den sie zugleich karikiert. Denn der Tod selber entzieht sich sinnlich übertragbarer Erfahrung. Der Karikaturist ist also darauf verwiesen, Allegorien oder Symbole, Zeichen oder Signale des Todes – nicht diesen selbst – zum Gegenstand seiner Übertreibung oder seines Weglassens zu machen. Siné oder Tomi Ungerer sind heute Meister dieser Kunst. Ihre Todesbilder evozieren ein Lachen, nur um es zu ersticken. So tritt bei ihnen der Tod gleichsam physisch in Erscheinung.

Freilich handelt es sich bei den Todeskarikaturen der Moderne um einen Grenzfall. Theologische oder humoristische Deutungen, die sich ebenfalls karikaturistischer Mittel bedienen können, sind imstande, sich mit dem Tode zu verbünden, um ihn zu relativieren oder zu überwinden. Es sei nur erinnert an Wilhelm Busch, der die meisten seiner Bildgeschichten in katastrophalen Todesszenen enden läßt – ein Finale zum Lachen. »Max und Moritz«, die als Körner verzehrt werden, bieten nur das geläufigste Beispiel, das dem deutschen Bürger eine fingierte Privateschatologie ins Haus lieferte. Die Phantasie von Busch, gewaltsame Todesarten zu erfinden oder scheinbare Unglücksfälle mit Hintersinn auszustatten, kannte kaum eine Grenze. Durchgängig vollziehen sich seine Bildgeschichten, die mit dem Tode enden, in ähnlicher Weise: es handelt sich um Bildgeschichten als Weltgerichte *en miniature*, um eine Hineinnahme des Schillerschen Diktums von der Weltgeschichte als Weltgericht in den Alltag der Bauern und Bürger. Die humoristische oder sarkastische Transposition ehedem theologischer, dann moralphilosophischer Lehren – mit deutlich antikatholischer, ja antichristlicher Pointe – springt in die Augen. – Gewiß hatte Busch auch von Daumier gelernt, aber nur stilistisch, nicht konzeptionell. Seine Bildgeschichten erweisen sich gerade in ihrer Drastik als gewollte Fiktion. Anders die auf die Wirklichkeit selbst bezogene politische Karikatur. Das Pathos der modernen Karikatur zielt weniger auf Bildsequenzen, als daß es Situationen aufreißt. Sofern sie nun die Grenzsituation des Todes thematisiert – hier müssen Goya und Daumier als die Inauguratoren und Meister genannt werden –, ist es weniger die Unentrinnbarkeit oder gar die Gerechtigkeit des Todes als die Art zu töten, die interessiert. Nicht der Tod, sondern das Töten, der gewaltsame Tod sind das Thema der Karikatur. Seine Anlässe, mehr noch seine Gründe will sie entlarven, der Kunst und Tücke, der List und der technischen Perfektion, sich gegenseitig zu ermorden, zu vernichten, auszutilgen. Die Macht und Möglichkeit, den Tod vorzeitig herbeizuführen, werden politisch oder sozial (Daumier) oder allgemein menschlich (Goya) enthüllt.

Damit unterscheidet sich die moderne Karikatur von den Bildsatiren der Reformationszeit, deren Todesdarstellungen eingebettet blieben in die theologische Vorgabe von Himmel und Hölle, die den Tod transzendierten. Damit unterscheidet sich die moderne Karikatur aber auch von emblematisch und allegorisch angereicherten Bildpamphleten des absolutistischen Zeitalters. Auch hier blieb der gewaltsame Tod eingebunden in vorgeordnete Gerechtigkeitslehren. Über die Rechtmäßigkeit des Tötens befanden der Staat und seine Justiz, und die zahlreichen Bilder der nie abreißenden Mordtätigkeiten und der Schlachten ließen dem Betrachter keinen Zweifel, wo Recht und Unrecht zu finden seien.

Erst mit der historischen Individualisierung der Ereignisse – der ästhetisch gerade die Karikatur Vorschub leistete – konnten die Motivation, die Art und der Akt des Tötens in seiner jeweiligen Einmaligkeit verbildlicht – und eben karikiert werden.

Diesem grob skizzierten Ablauf entspricht ein technischer, ein stilistischer und ein sozialgeschichtlicher Prozeß, auf deren gegenseitige Bedingtheit nur ein Hinweis gestattet sei. Die Bildsatire der Reformationszeit bediente sich vorzüglich des Holzschnitts. Seine Herstellung war langsam, aber billig. Die Satire erreichte einen breiten Empfängerkreis, der sich auf die theologisch vorgeprägten, dauerhaften und wiederholbaren Topoi und Bildsignale verstand. Der Tod blieb eingefaßt in apokalyptische, stets wiederholbare Erwartungen, die über ihn hinauswiesen und auf die sich die Bilder berufen konnten. Die politische Belehrung und polemische Diffamierung im frühneuzeitlichen Staat bediente sich vorzüglich des Kupferstichs. Seine Herstellung war ebenfalls langsam, aber teuer. Er erreichte zunächst die kaufkräftigen Oberschichten. Trotz technischer Raffinements blieb der Haushalt emblematischer Zuordnungen begrenzt und seiner wiederholten Anwendung sicher. Der einzelne Tod blieb zurückgebunden an eine vorausgesetzte Weltordnung. All das wandelte sich fundamental im Zeitalter der Revolution, parallel zur Einführung des Steindrucks. Dieser ist schnell und billig zugleich. Damit änderte sich sowohl die Stillage – ein beschleunigter Strich wurde seit Daumier zum Gradmesser der Perfektion – wie der Empfängerkreis. Absatz und Umsatz beschleunigten sich ebenfalls, jedermann wurde immer schneller erreichbar. Diese Ereignisse des Alltags konnten in Kürze bildlich verarbeitet und so das Publikum mit ihnen konfrontiert werden. Damit befinden wir uns im Vorfeld von Foto und Fernsehen, die eine Konvergenz von Ereignis und Bild, schließlich von Ereignis und bildlicher Wiedergabe herbeigeführt, jedenfalls ermöglicht haben.

Die symbolischen oder allegorischen Sinnvorgaben, die früher die Ereignisse im Bild strukturiert hatten, werden seitdem von den Ereignissen aufgesaugt. Die Synchronisierung von Ereignissen und ihrer bildlichen Verdoppelung setzt eine völlig neue Symbolik frei – eine Symbolik der Aktion, eine geschichtliche Symbolik, die Daumier inauguriert hat.

Schematisch läßt sich aus der grob skizzierten Entwicklung folgende Oppositionsreihe ableiten. Aus einer Kunst, die mit einer stets abrufbaren Sinnvorgabe den je einzelnen Tod zu typisieren wußte, wurde eine Kunst, die den Tod situativ erfassen lernte. Aus einer Kunst, die vom Reservoir vorgegebener Zeichen zehrte, die ihre Wiederholbarkeit signalisierten, wurde eine Kunst, die den Tod individuell zu deuten lehrte. Anders gewendet, das Verhältnis der Zeit zum Tode hat sich verändert. Ehedem eingelassen in gleichsam dauerhafte Strukturen, drückte der Tod in seiner Allgegenwärtigkeit auch dem gewaltsamen Töten seinen Stempel auf. Der Einzelfall verwies auf seine Wiederholbarkeit. Anders in der Neuzeit. Der gewaltsame Tod wurde individuell zuordnungsfähig, gewann historische Einmaligkeit, wurde von Situation zu Situation als neuartig, als provozierbar – und als verhinderbar gedeutet. Die stetigen Sinnvorgaben wichen geschichtlichen Begründungen. Diese aber sind überholbar. Die Aktualität der Gewalt zum Tode löste sich von ihren ehedem als dauerhaft erfahrenen Prämissen.

Nun verlief freilich weder die empirische Geschichte noch die Geschichte ihrer bildlichen Erfassung in gerader Linie von einem zum anderen Pol unseres Oppositionsschemas. Aber es bietet uns eine Interpretationshilfe. Die jeweiligen Zuordnungen verschieben sich, wobei die Zeichenwelt – etwa das Kreuz, das Skelett, das Schwert, die Richtstätte – auf den Einzelfall verzichten kann, ohne sinnlos zu werden, nicht aber umgekehrt. Das erweist sich besonders bei Daumier.

Bei ihm zeigt sich, wie strukturelle Dauervorgaben der tradierten Zeichenwelt in die Kunst der situationsbezogenen Karikatur eingegangen sind. Mehr noch: Ohne die überkommene Todessymbolik wäre auch die aktuelle Einmaligkeit des gewaltsamen Tötens nicht zu entlarven gewesen.

II.

Chronologisch ist die Abfolge der Daumierschen Todesbilder engstens in den Gang der Ereignisgeschichte verflochten, auf die er reflexiv und provokativ einwirken wollte. Zunächst im innerpolitischen Streit engagiert, von der Julirevolution bis zu den repressiven Gesetzen 1835, wendet er sich der indirekt politischen, der sozialen Karikatur zu – bis 1848. Dann folgen Revolutionsbilder, um unter Napoleon III. – wie eh und je auch auf den Druck der Zensur reagierend – außenpolitischen Fragen, und das nicht ohne nationales Engagement, einen gewissen Vorrang einzuräumen. Gegen Ende der Kaiserzeit, vor allem im Siebziger Krieg, überschneiden sich – fast zwangsläufig – innen- und außenpolitische Themen. Kein Wunder, daß der gewaltsame Tod eine durchgängige Herausforderung blieb, vom Attentat bis zu Massensterben und Massenschlachten. Bürgerkrieg, Revolution und Kriege, in wechselnder Verflechtung, durchziehen Daumiers gesamtes Œuvre.

Sucht man nach den Todeszeichen, vor allem nach den Signalen eines gewalttätig herbeigeführten Todes, so zeigt sich folgender Befund. Daumier bedient sich gern und häufig der abendländischen Symbolsprache und greift in den tradierten Schatz der Allegorien ebenso zurück, wie er empirische Zeichen seiner Gegenwart verwendet, um den Tod zu inszenieren. Es seien genannt Licht und Schatten, der heidnisch-humanistische Kronos/Chronos und Mars, der christliche Sensenmann und das Skelett, das Kreuz, Martyrien und

Bilder der Auferstehung oder der Apokalypse, Totengespenster oder der mythisch-literarische Gargantua, die Verbildlichung von Sprichwörtern (Der Papst grabe sich mit dem ersten Vaticanum selbst das Grab) oder der Denkmalssprache. Das führt zu den ebenso zahlreichen Zeichen der alltäglichen, unmittelbar sichtbaren Erfahrungswelt, zu den Tötungs-, Mord- und Hinrichtungsinstrumenten alter und neuester Zeit, zu Särgen und Sektionstischen, zu Friedhöfen, Ruinen, Gräbern und Schlachtfeldern samt ihren Sterbenden oder Leichen. Diese empirischen Zeichen führen schließlich nahtlos über zu den dargestellten Handlungen. Sie reichen vom Selbstmord bis zum Mord, von der Hinrichtung bis zum gewaltsamen Töten in Krieg und Bürgerkrieg.

Soweit der äußerliche Befund. Was leistet nun Daumier, wenn er die Aktualität des Tötens, die brutale Gegenwärtigkeit der Mordinstrumente mit der Zeichenwelt von wiederholbarem, dauerhaftem Anspruch verbindet? Ein Ergebnis sei vorweggenommen, das Daumier nicht immer, aber immer mehr und mit zunehmender Meisterschaft erreicht hat. Daumier hat es verstanden, die traditionelle Aussagekraft der Symbole und Allegorien so in die Unmittelbarkeit des Alltagsgeschehens einzuschmelzen, daß im Bild jede Differenz verschwindet. Die immer deutungsbedürftige und zur Erzählung und zur Übersetzung nötigende Symbolsprache wird so weit ihrer sprachlichen Elemente entkleidet, daß sie als Bild unmittelbar wirksam wird. Das aber gelingt nur, weil Daumier die Symbolik in den empirischen Ereigniszusammenhang des Bildes bruchlos integriert. Rein ästhetisch verschwindet der Unterschied (sehr im Gegensatz zu den anderen Mitarbeitern an »La Caricature« und am »Charivari«) zwischen den Signalen der Wiederholbarkeit und ihrer einmaligen individualisierten Anwendung.

Gleichwohl thematisiert Daumier diesen Unterschied. Gerade in der Differenzbestimmung zwischen den Zeichen von dauerhaftem Anspruch und der Unüberbietbarkeit einmaliger Handlungen und Leiden, die gezeigt werden, kommt die Karikatur zu ihrer Wirkung. Sei es, daß die Symbole die Wirklichkeit denunzieren, oder sei es, daß die Realität die Allegoresen entlarvt, sei es, daß sich stetige Sinnvorgaben und der Alltag des Todes gegenseitig desavouieren. Was ästhetisch vereint auftritt, wird gerade dadurch als Differenz thematisiert – karikierbar.

Die viel beschworene Verzerrung ist also nicht nur ein Element der Menschen-Darstellung – das ist sie auch –, sondern zunächst und vor allem das Prinzip der Gesamtkomposition. Das sei an zwei Bildreihen erläutert, die aus dem Anfang und aus der Endzeit der Daumierschen Karriere stammen.

1. La Caricature, 14. 8. 1834, »Voyage à travers les populations empressées«. Ritt durch die geschäftige Bevölkerung. Der massige Louis Philippe reitet mit abgewandtem Gesicht – die Zensur verbot, es zu zeigen – über ein Feld, bedeckt mit nackten Leichen, die von Totenvögeln umschwirrt werden. Ohne Stilbruch werden die Zeichen der Wirklichkeit mit denen der Todessymbolik ineinandergeblendet. Der König zeigte sich – trotz häufiger Attentate – immer wieder zu Pferde reitend seiner Bevölkerung. So hier. Im Bild wird er zugleich konfrontiert mit zahlreichen Toten, die Opfer der niedergeschlagenen Arbeiteraufstände in Lyon und Paris. Die Zeitschrift identifizierte im Kommentar sogar einzelne Personen, ohne daß die Bildaussage eine empirische Verifikation zuläßt. Vielmehr erscheinen die Toten nicht als bestimmbare Personen, etwa als gefallene Barrikadenkämpfer oder als Zufallstote blinder Polizeiwut, sondern nackt, als ausgeplünderte Kadaver, durch die der Monarch teilnahmslos hindurchreitet. Die Symbolik der nackten Leichname wird also konfrontiert mit einem empirischen König, der für ein mörderisches System einstehen muß – ohne es zu tun. Die gegenseitige Entlarvung von symbolischen und Ereignissignalen ruft noch weitere Bedeutungsschichten ab, die ineinandergeblendet werden. Der reitende Monarch verweist auch auf die alte Tradition der Königsdenkmäler – man erinnere sich des in der Restauration wiedererrichteten Reiterstandbildes von Heinrich IV. –, deren Zeichensprache eine gerechte Herrschaft auf Dauer einstellen sollte.

Das Denkmal wird jetzt in Bewegung gesetzt, in die Aktualität eingeholt, um so zum empirischen Signal einer abgründig ungerechten Herrschaft zu werden. Die Differenz zwischen symbolischer

Abb. 1: »Voyage à travers les populations empressées«

Zeichenwelt und politischer Wirklichkeit läßt noch einen weiteren Sinnhorizont aufscheinen. Die nackten Toten und das Pferd verweisen den christlich erzogenen Betrachter auf ihren apokalyptischen Zusammenhang. Symbole der Endzeit werden ihrer theologischen Bedeutung entfremdet, um als politische Signale metaphorisch in Kraft zu bleiben. Der kritische Effekt der Karikatur gründet also in einer mehrschichtig und wechselseitig sich entlarvenden Zeichensprache. Dauerhafte Symbole werden historisiert, historische Signale symbolisiert. Was bildlich auf einer Ebene zusammengehalten wird, schafft ein provokatives Mißverhältnis-Element der Karikatur.

2. La Caricature, 23.4.1834. Dies Bild, ästhetisch weniger ausgewogen und durchsetzt mit erzählenden und lesbaren Hinweisen, folgt gleichwohl dem hier entwickelten Differenzmuster. Kontrastiert wird – auf der empirischen Ebene – das Pantheon, Zentrum des republikanischen Totenkults, mit den Gestalten, die seit der Julirevolution an die Macht gelangt sind. In mehr oder minder grotesker Verzerrung sind ihre Gesichter und Körper identifizierbar. Aber

Abb. 2: »Les honneurs du Pantheon«

sie hängen allesamt am Galgen – symbolisch. Der normative, auf Dauer gestellte Anspruch, der vom Tugendtempel, dem republikanischen Totenmal ausgeht, wird in ironischer Inversion gegen die Minister dieser Republik ausgespielt.

Die »großen Männer«, denen sich das Vaterland dankbar zu erweisen hat, gehören dorthin, wo das Bild sie zeigt: an den Galgen, dauerhaftes Zeichen unaustilgbarer Schande. Die Minister – tatsächlich lebend – schänden das auf überzeitliche Dauer gestellte Denkmal. Es wird um seinen Symbolwert gebracht. Umgekehrt provoziert der Anspruch des Denkmals den Tod dieser Minister.

Es mag möglich sein, das Galgenbild in die rechtliche oder satirische Tradition der Erhängungen in effigie einzurücken – dauerhaftes Signal der verwirkten Ehre ist es allemal. Aber situationsbezogen rückt es ein in die Serie der Satiren, der Aufputsch- und Hetzbilder, deren Dosierung Philipon, der Herausgeber der Karikaturen, meisterhaft beherrschte und die nicht ohne Wirkung auf die Bürgerkriegsatmosphäre der frühen dreißiger Jahre gewesen sind. Das Bild impliziert also eine Desavouierung des republikanischen Totenkults durch die herrschenden Männer und ruft kompensatorisch auf zum politischen Mord. Der Aufruf zum politischen Mord bleibt bildlich im Doppelsinn des Wortes, sichtbar und metaphorisch. Nie wieder ist Daumier so weit gegangen, den gewaltsamen Tod als Helfer zu beschwören.

3. Le Charivari, 7. 8. 1835, »Fieschi dit Gérard«. 1835 verschärft sich die Spirale von Repression und Terror rapide. Am 26. Juli berichtete »Le Charivari« von der Rückkehr des Königs nach Paris – »ohne ermordet worden zu sein«. Zwei Tage später entkam dieser den Geschossen einer Höllenmaschine, die achtzehn Menschen tötete. Am folgenden Tage präsentierte Philipon als Gegenrechnung in roter Druckfarbe eine Liste aller Toten, die auf dem Konto der Julimonarchie zu verbuchen waren. Es war die Logik des Bürgerkrieges. Zehn Tage darauf erschien das Bild des Attentäters, des Anarchisten Fieschi, den Daumier lebend gesehen haben muß. Hingerichtet wurde Fieschi erst am 16. Februar 1836.

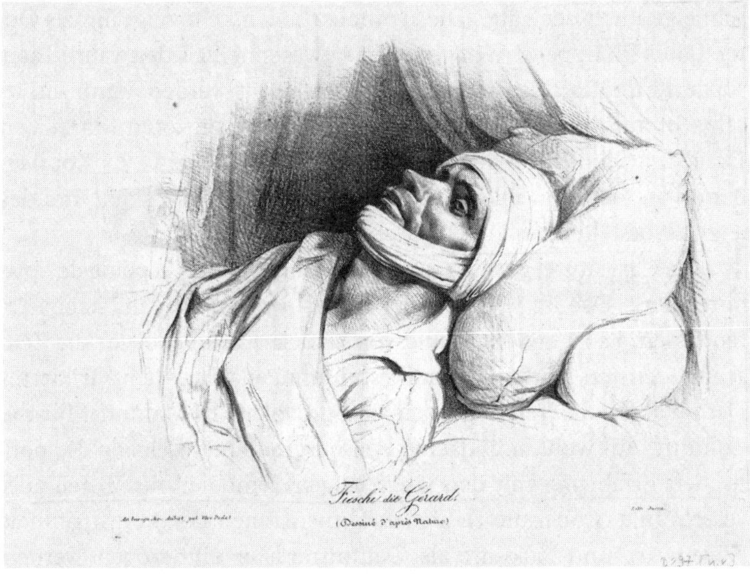

Abb. 3: »Fieschi dit Gérard«

Das Bild ist keine Karikatur im strengen Sinn – nur metaphorisch. Denn der Mörder wird als Opfer dargestellt, in sich selbst ruhend und Mitleid erweckend. Die Kinnbinde zeugt von der schweren Verletzung, die sich Fieschi bei der Explosion seiner Höllenmaschine selbst zugezogen hatte, erinnert aber auch an die übliche Kinnbinde eines gerade Verstorbenen. Sein starrer Blick richtet sich in das Dunkel des bevorstehenden Todes. Die zwielichtigen Wege des Mörders – er war auch Polizeispitzel – werden überblendet von der dauerhaften Signatur eines unschuldigen Opfers. Es handelt sich um die Inversion einer Karikatur, vollzogen nach dem gleichen Deutungsschema. Der reale Befund wird symbolisch umgedeutet. Täter und Opfer werden ausgetauscht. Die Leser der beiden Zeitschriften Philipons verstanden sich auf diese Kunst. Schon am 17. Dezember 1832 hatte der Charivari nach einem ergebnislosen Attentat auf den König ein Bild des feist grinsenden Louis Philippe auf den Markt geworfen mit dem Untertitel »Der Ermordete«.

Jedes Bild verweist auf das, was der Dargestellte nicht ist. So wenig wie Louis Philippe das Opfer des Attentats wurde, so wenig war Fieschi eigentlich der Täter. Die symbolische Umkehr zeigt ihn als Opfer. Louis Philippe wird dagegen in Abwesenheit als der wahre Täter suggeriert. Diese Deutung mag noch erhärtet werden, wenn in Fieschis Bildnis eine seitenverkehrte Replik auf den toten Marat von David erblickt wird. Der weiße Turban Marats kehrt als Kopfverband von Fieschi wieder – Zeichen des vorausgegangenen und des jetzt bevorstehenden Opfertodes.

4. La Caricature, 27. 8. 1835, »C'était vraiment bien la peine de nous faire tuer«. Das ist wahrlich der Lohn, für den wir uns haben töten lassen. Es ist das letzte Bild von »La Caricature«, bevor die Zeitschrift den verschärften Zensurbestimmungen erlag – ein karikiertes Denkmal für die Vergangenheit und provokatives Mahnmal für die Zukunft. Auf wohldurchdachte Weise werden hier Zeichen der politischen Erfahrung mit den langfristigen Symbolen des Totenkults verschränkt, wobei die zeitlichen Dimensionen der Vergangenheit, Gegenwart und Zukunft als Deutungsraster einbezogen werden. Thematisiert wird die Enttäuschung über die seit der Julirevolution

verflossenen fünf Jahre. Die Sieger der glorreichen drei Tage, Arbeiter, Bürger und Studenten, waren nicht identisch mit den Gewinnern dieser Revolution, der Finanzbourgeoisie im neuen Bündnis mit den Mächten der Tradition. Das wird zunächst empirisch gezeigt. Links eine weiterwallende Prozession, rechts eines der Massaker, das die reitende Truppe unter fliehenden Bürgern anrichtet, halbrechts ein bekränztes Kreuz, wie es den Bürgerkriegstoten 1830 am Louvre gewidmet wurde. Soweit die empirischen Daten. – In der Mitte schließlich drei Bürgerkriegskämpfer, ein überhöhter, heroisch-realistisch stilisierter Arbeiter, ein halbintellektueller Bürger und eine – vielleicht – künstlerisch anmutende Langmähne. Allen drei Bürgerkriegstoten ist die Enttäuschung ins Gesicht geschrieben.

Hier beginnt nun die empirische Anachronie – die Toten erscheinen lebendig –, die von der symbolischen Signatur aufgefangen und deutbar wird. Zentral ist die fingierte Auferstehungsszene, die sich auf einem Grabhügel abspielt. Die angehobene Grabplatte durchzieht im diagonalen Winkel das Bild.

Abb. 4: »C'était vraiment bien la peine de nous faire tuer«

Hier handelt es sich um den paradigmatischen Fall eines Säkularisates. Die angehobene Grabplatte konnte in christlicher Zeichensprache das sich öffnende Grab anzeigen, Beginn der Auferstehung. Seit der Aufklärung konnte das Bild sich verkehren, zum sich schließenden Sargdeckel, Zeichen des unwiderruflichen Todes. Diese sich abzeichnende Wende zum Realismus wird von Daumier wiederum zurückgenommen, aber jetzt mit antikirchlicher, achristlicher Pointe. Die Öffnung der Grabplatte führte die Toten nicht vor das Jüngste Gericht oder gar in den Himmel. Vielmehr kehren die Gefallenen der Julirevolution in die von ihnen ausgelöste, aber nicht mehr beherrschte Geschichte zurück. Aus dem Auferstehungssymbol wird eine geschichtliche Metapher für die permanente Revolution – samt der hintergründigen Resignation, die seit der Wortprägung in diesen provokativ gemeinten Begriff eingegangen ist. Die Revolution sollte wiederkehren, wenn ihre Ziele erreicht werden wollen. Es handelt sich also nicht mehr um ein christliches Zeichen, sondern um die Verwendung eines christlichen Zeichens, das in den ikonologischen Horizont einer geschichtsphilosophischen Deutung eingerückt wird. Ikonographisch ist die christliche Herkunft der Signatur evident. Selbst das Wundmal Christi taucht auf der rechten Brustseite des Arbeiters auf. Aber die ikonographische Dauerhaftigkeit des Zeichens wird ikonologisch umbesetzt. Die Auferstehungsszene bezieht ihren Sinn nur mehr aus der weltlichen Geschichte selber. In der Zusammenführung der unvereinbaren Ebenen liegt der Witz der Karikatur beschlossen.

Das wird erhärtet durch die Ikonologie der beiden Totenmale. Das christliche Kreuz zur Rechten stürzt um – und bedroht gar im Sturz die metzelnde Reiterei. Die republikanische Julisäule zur Linken, die sich 1835 noch im Stadium der Planung befand, erhebt sich eigentümlich schwebend, ohne schon im Boden verankert zu ein, über die staatskirchliche Prozession. Der politische Totenkult wird den religiösen verdrängen, so die Botschaft. Es handelt sich also um eine gegenseitige Blockade und gegenläufige Verwendung empirischer Daten und symbolischer Zeichen. Die Prozession, das Massaker und die Bürgerkriegskämpfer stellen die Botschaft der Denkmale in Frage – »Gefallen für die Freiheit«, aber ebendiese Denkmale verleihen – republikanisch positiv oder christlich negativ besetzt – dem Bild seinen geschichtlichen Sinn. Die sich öffnende Grabplatte vermittelt nicht mehr Diesseits und Jenseits, sondern Vergangenheit und Zukunft. Die Symbolsprache gerät unter zeitlichen Veränderungsdruck und wird als solche von Daumier bildlich inszeniert.

III.

Richten wir unseren Blick auf die Bilder rund dreißig Jahre später, so häufen sich die Motive und Metaphern des Todes. Die Serien der Napoleonischen Revisionskriege, der Kolonialkriege und schließlich der Einigungskriege boten genug Anlaß, nicht weniger die Wogen innenpolitischen Terrors und die wechselhaften Verfassungskämpfe, bis sich die Dritte Republik etabliert hatte.

Biographisch läßt sich aus der Bilderfülle ableiten, daß das parteipolitische Engagement Daumiers nachläßt. Bilder, die auf einem Totendenkmal den Aufstand als die heiligste aller Pflichten feiern (Le Charivari, 23.5.1834) oder die in der Druckerpresse eine lustig-grausame Tötungsmaschine für den zerquetschten Monarchen sehen (La Caricature, 3.10.1833), sind nicht mehr möglich. Selbst die Gemetzel Cavaignacs 1848 oder die Vernichtung der Communards 1871 fordern Daumier zu keiner kämpferischen Antwort mehr heraus. – Parteipolitische Optionen werden, unbeschadet seiner republikanischen Konsequenz, von Daumier zurückgehalten, um die allgemeine Sinnlosigkeit der Schlachtopfer situativ wechselnd mit menschlicher, individueller oder kollektiver Schuld zu konfrontieren. Das sei an einer Motivreihe gezeigt. Wieder ist dabei das Kompositionsprinzip, Wirklichkeitssignale und neugeschaffene oder alte Allegorien so gegeneinander auszuspielen, daß die Einheit des Bildes die jeweilige Differenz thematisiert.

So werden mit dem schon bekannten Leichen- oder Gräberfeld konfrontiert konkrete Personen oder allegorisierte Handlungsträger, wobei auch das Leichen- oder Gräberfeld selbst seinen Stellenwert wechseln kann.

Auf Bismarck lastet das Leichenfeld, das im August 1870 zur Wirklichkeit der Schlachtfelder geworden ist, als Alptraum, der ihm, verstärkt durch Knochenmann mit Sense, den eigenen Tod bringen wird. Der Tod dankt ihm ironisch mit »merci« (Le Charivari, 22. August 1870, Un Cauchemar de M. de Bismark). – Napoleon wird nach seinem Sturz – in absentia – für alle Zivil- und Militäropfer seiner Herrschaftszeit verantwortlich gemacht. Der nach ihm benannte Platz ist der Platz des Todes. Zahlreiche Kreuze und metaphorische Grabsteine signalisieren die Etappen des Terrors und des Scheiterns, begonnen mit dem 2. Dezember 1851, dem Tag des Staatsstreiches, in dessen Gefolge Zehntausende deportiert wurden, wofür die beiden nächsten Steine einstehen, bis zum Gedenkstein der Kapitulation nach der blutigen Schlacht von Sedan (Le Charivari, 28.11.1870, Square Napoléon). – Aber nicht nur Politiker, auch die technischen Erfinder rücken in die Reihe der Verantwortlichen ein. So wird nach dem Krieg von 1866 der Erfinder des Zündnadelgewehres – Nikolaus Dreyse hatte 1836 das Hinterladergewehr erfunden, das den Preußen 1866 zum Sieg verholfen hatte – mit einem Feld von Sterbenden und Leichen konfrontiert, das er wiederum in ironischer Inversion mephistophelisch grinsend überblickt.

Das Leichenfeld diente aber nicht nur als Realitätsbezug, sondern auch als bildliche Metapher: so in den Karikaturen zu den Wahlen vom 23. Mai 1869. Vor diesen Wahlen in Frankreich (Le Charivari, 11. Mai 1869, »La Mitrailleuse Electorale. Quelle Jonché!«) suggeriert Daumier einen Wahlsieg der Arbeiter, die mit ihren Stimmen zu schießen, zu »töten« verstehen. Zwei Tage nach der Wahlschlacht (Le Charivari, 25. Mai 1869, »Le Lendemain de la Bataille«) erscheint ein offenbar vorher konzipiertes Bild, das die Besiegten als Opfer der Stimmen zeigt. Die vordere Figur mag der um seinen Spitzbart gebrachte Napoleon III. sein – jedenfalls war die relative Mehrheit an die liberale und republikanische Opposition gewandert. – Napoleon hatte es verstanden, durch ein erneutes Plebiszit vom 8. Mai 1870 diesen Sieg der Oppositionen aufzufangen und zu revidieren. Auf diesen Vorgang bezieht sich ein hintergründiges Bild vom 9. Februar 1871. Am Tage zuvor hatte die erste Wahl zur republikanischen Nationalversammlung nach dem Sturze Napoleons stattgefunden. Jetzt erinnert Daumier daran, daß auch die Wahlstimmen für Napoleon vom Vorjahr verantwortlich zu machen sind für das tatsächliche Leichenfeld, in das sich inzwischen Frankreich verwandelt hatte. Die Allegorie Frankreichs klagt die Wahl aus dem Vorjahr ein, sie verkörpert den wahren Volkswillen (die *volonté générale*), der sich nicht in

Abb. 5: »Voyons, monsieur Réac(tionnaire), il y en a pourtant bien assez!«

der Majorität der Ja-Stimmen (der *volonté de tous*) wiedererkennen kann.

Auch die Wähler sind schuldig am Massensterben, am Massentod. Das Bild erschien im Le Charivari am 9.2.1871: »Ceci a tué cela«, als vorweggenommene Interpretation der am Vortrag stattgehabten

Abb. 6: »La Paix – Idylle«

Wahl, die zu einer großen konservativen Mehrheit geführt hatte. Das tatsächliche Totenfeld wird also mit einem tatsächlichen Wahlergebnis konfrontiert, wobei erschüttert und zornig der wahre Volkswille Frankreichs – allegorisch – beides miteinander vermittelt: Dies hat das getötet. Die »falsche« Mehrheit führte zum Tod.

Kurz darauf war es die neue Versailler Regierung, als sie sich anschickte, den Kommuneaufstand niederzutreten, die nunmehr von der allegorisierten Stadt Paris mit ihrem Gräberfeld konfrontiert wird: Das sei wohl genug (5. Le Charivari, 30.3.1871, »Voyons, monsieur Réac[tionnaire], il y en a pourtant bien assez!«).

Zuvor war es »Francia« personalisiert, die »erschüttert über die Erbschaft« – wie Medea – ihre Tränen verbirgt vor der Masse der Leichen. Schließlich ist es der Tod selber – das lebende Skelett, das bukolisch bekränzt mit einer Doppelflöte die Skelette und Knochen der Getöteten elegisch feiert (6. Le Charivari, 6.3.1871, »La Paix – Idylle«, vgl. dazu das Vergilsche Idyllenbild im Charivari vom 31.12.1842, dessen Allegorese in das Totenbild eingeblendet wird) –, der Friede ist der Tod – eine Idylle. Die ironische Inversion ist vollendet. Die Abfolge der Bilder zeigt die letztmögliche Umbesetzung: Das historische Opfer, Frankreich, und der Täter, jetzt der Tod schlechthin, lösen sich in Anbetracht der gleichen Toten einander ab.

Diese – fast wahllos herausgegriffene – Motivreihe bezeugt, wie Daumier seine Kunst, empirische Signale mit denen der Symbolwelt immer aufs neue zuzuordnen, auf die Spitze getrieben hat. Das Leichenfeld wechselt aus der Metaphorik in die Realaussage über, während umgekehrt die realen Bezugsgrößen zunehmend allegorisiert werden. Die Verantwortlichen sind konkrete handelnde Personen, kleine und größere Handlungseinheiten wie Regierungen oder das Wahlvolk. Schließlich konvergiert das Leichenfeld mit den allegorisierten Opfern, die dafür einstehen müssen: Paris, das Volk oder Frankreich, bis zum Schluß der Tod selber für alles einsteht. Das letzte Bild konkretisiert alle zuvor durchgespielten Erfahrungsausschnitte, um generell abrufbar zu bleiben.

Ästhetisch gesehen gelingt Daumier die Verschmelzung der kontrastiven Ebenen in einem Bild bis zur Ununterscheidbarkeit. Die Strukturen der Gewalttätigkeit, die Ruchlosigkeit der Menschen und zugleich ihre Hilflosigkeit, ihre Verantwortung für tödliche, von ihnen nicht mehr steuerbare Ereigniskatarakte – all dies wird empirisch und symbolisch ins Bild geblendet und kontaminiert. Verzweiflung und Trauer steigern sich gegenseitig hoch und gewinnen eine Ausdruckskraft, die schließlich von der Bildaussage her alle Anlässe überdauert.

Man könnte sagen, die Ausgangslage der Daumierschen Todesbilder hat sich seit den dreißiger Jahren gleichsam verkehrt. Die ehedem vorgegebene übergeschichtliche Symbolik und Allegorik der Todeszeichen ist von den Ereignissen eingeholt worden. Nun sind es diese selbst, die die Symbolsprache generieren. Die Einmaligkeit der technischen, politischen, militärischen und sozialen Gewaltanwendung in der neuzeitlichen Geschichte gewinnt bei Daumier erneut die Kraft struktureller Daueraussagen. Und das um so mehr, als Daumier nie darauf verzichtet, die situativen, geschichtlich unüberholbaren Anlässe mit zu thematisieren.

So werden die Innovationen zur technischen Verbesserung der Tötungsmittel ikonographisch aufgegriffen und ikonologisch eingeschmolzen. Die scheinbar traditionelle Friedensstatue wird futuristisch mit den Attributen der modernen Waffentechnik versehen. (7. Le Charivari vom 5.1.1867, »Projet de statue de la Paix pour l'Exposition Universelle«) – eine prognostische Vorwegnahme des späteren Bildes von 1871: der Friede ist der Tod. Eine Variante zeigt der Charivari vom 29.4.1868: Die Erfinder der Bombe, des Gewehrs und der Kanone werden auf drei »Denkmälern der Zukunft« verewigt. Schließlich tauscht die – allegorische – Zeit selber ihre überholten Attribute. Stundenglas und Sense gegen Bajonett und Gewehr, um dank der gesteigerten Effektivität des Tötens schneller voranzukommen. (8. Le Charivari, 10.1.1867, »Le Temps éprouvant lui aussi le besoin de s'équiper à la mode«).

Die Aktualisierung der Allegorien und die ironische Inversion der denkmalsfähigen Botschaften bezeugen den gleichen Vorgang. Alle auf Dauer eingestellten Zeichen, vor allem die des modernen

Abb. 7: »Projet de statue de la Paix pour l'Exposition Universelle«

Denkmalskultes, den Daumier wo er nur konnte mit einem unbestechlichen Blick entlarvte, werden verzeitlicht, werden in ihrer Scheinhaftigkeit und Hinfälligkeit gezeichnet, »Friede« deutet auf »Tod«. In der Differenzbestimmung zur geschichtlichen Wirklichkeit kommt die Karikatur – quasi als Ideologiekritik – in ihr Element. Aber, und das ist die karikaturistische Gegenrechnung, auch diese Wirklichkeit ist nicht besser als ihr Schein. Die Drohung der Entwirklichung, die Produktion des Massensterbens aus eigener Machtvollkommenheit der Menschen, sie nistet sich überall ein. Mit dieser Dauerbot-

Abb. 8: »Le Temps éprouvant lui aussi le besoin de s'équiper à la mode«

schaft, die Daumier der Moderne entlockt und abgeschaut hat, stößt er – ähnlich Goya – an die Grenze der Karikatur. Kein Symbol und noch weniger ein Denkmal hält dieser Drohung der stets sich überholenden Vernichtungskraft stand.

»Tote sterben schnell«, bemerkt Gottfried Benn, »und je mehr sterben, um so schneller werden sie vergessen.«

Wenn es jemand geschafft hat, die ständig wechselnde, aber andauernd wachsende Macht des Tötens ins Bild zu bannen, um sie im Auge zu behalten, dann war es Daumier.

Der Versuch stützt sich auf folgende Editionen:
Will Grohmann/Gerhart Ziller (Hg.), *Daumier*, Dresden 1947.
Honoré Daumier. Der bürgerliche Alltag, hg. vom Rheinischen Landesmuseum, Bonn 1979.
Klaus Schenk (Hg.), *Honoré Daumier. Das lithographische Werk*, 2 Bd., München (Lizenzausgabe) o. D.
Honoré Daumier, 1808-1879. Bildwitz und Zeitkritik, Sammlung Horn, hg. von den Landschaftsverbänden Westfalen-Lippe und Rheinland sowie dem westfälischen und dem rheinischen Landesmuseum, Bonn ^{3}1979.
La Caricature. Bildsatire in Frankreich 1830-1835 aus der Sammlung von Kritter, hg. von Gerd Unverfehrt, Göttingen 1980.
Le Charivari, hg. von Ursula E. Koch/Pierre-Paul Savage, Köln 1984.
Letzte zusammenfassende Darstellungen und Untersuchungen zur Theorie und Geschichte der Karikatur: Ronald Searle u. a., *La Caricature. Art et manifeste*, Genf 1974 und: *Mittel und Motive der Karikatur in fünf Jahrhunderten. Bild als Waffe*, hg. von Gerhard Langemeyer u. a., München 1984. Beide Werke mit umfassenden Literaturangaben.
[Inzwischen ist das Bildwerk am schnellsten zugänglich über ⟨https://www.daumier.de/⟩]

Besonders verpflichtet bin ich den Veröffentlichungen von Werner Busch, Klaus Herding, Werner Hofmann, André Stoll und dankbar für die Gespräche und Diskussionen, die ich mit ihnen führen konnte – last not least mit Max Imdahl.

Der politische Totenkult. Kriegerdenkmäler in der Moderne

Der Toten zu gedenken gehört zur menschlichen Kultur. Der Gefallenen zu gedenken, der gewaltsam Umgebrachten, derer, die im Kampf, im Bürgerkrieg oder Krieg umgekommen sind, gehört zur politischen Kultur. An tödliche Auseinandersetzungen, vor allem an Siege zu erinnern, zählt zu den ersten Motiven, eine zurückliegende Geschichte aufzuschreiben oder bildlich auf Dauer zu stellen. Denkmäler samt ihren Zeichen und Inschriften wurden zu geheiligten Orten, die, kultisch gepflegt, den Stiftern und ihren Nachfahren dazu dienten, sich in der Erinnerung an die Toten wiederzufinden. Insoweit ist der politische Totenkult eine anthropologisch zu nennende Vorgabe, ohne die Geschichte nicht denkbar ist.

Im Hinblick auf die immer erforderliche Rechtfertigung eines gewaltsamen Todes konvergieren Politik und Religion, so verschieden sie im Lauf der Zeiten einander zugeordnet wurden. Ob polytheistisch, monotheistisch, deistisch, pantheistisch oder atheistisch fundiert, immer enthielt der gewaltsam herbeigeführte Tod für die Handlungseinheiten ein religiöses Element ihrer Selbstkonstitution – sofern sie überlebt haben. Der gewaltsame Tod, das »Opfer« war Unterpfand des Überlebens, der Befreiung, des Sieges oder gar der Erlösung. Dieser Befund hält sich ungeachtet aller Transformationen über Jahrhunderte hinweg durch.

Deshalb verwundert es nicht, daß das Formenarsenal und die Ikonographie der politischen Totenmale, unbeschadet der geschichtlichen Ereignisse, quer durch die Zeiten hindurch vergleichsweise stabil bleiben, bis in unser Jahrhundert hinein. Gewiß, die Stillagen und die ikonologischen Deutungsvorgaben ändern sich, aber die siegenden oder sterbenden Krieger stehen immer wieder auf, die hilfreichen Götter, Engel oder Heiligen werden weiterhin abgerufen und so die Frauen in vielerlei Rollen, Kreuze werden errichtet, mythisch aufgeladene Tiere werden symbolisiert oder allegorisiert, Waffen werden verewigt, die architektonischen Signale von der Pyramide über den Obelisken zum Triumphbogen tauchen immer wieder auf, die Kolonnaden, die Sarkophage und Kenotaphe, Kapellen oder Gedenkstätten. Pathosformeln sowie Zitate aus den beiden Testamenten oder von klassischen Autoren werden über die Generationen hinweg weitergereicht.

Die ikonographischen Zeichen akkumulieren sich. Was diachron zunächst nur heidnisch, dann nur christlich begriffen werden mochte, wird seit der Neuzeit getrennt abgerufen oder – wie früher schon – ineinandergeblendet. Sowohl die Tugenden der spartanischen, der attischen oder der römischen Bürgersoldaten werden beschworen, wie auch das Erlösungsversprechen an die für das Vaterland gefallenen Soldaten visualisiert wird. Trotz seiner neuheidnischen Anreicherungen seit der Aufklärung bleibt der ikonographische Grundbestand der politischen Totenmale in seiner antik-christlichen Mischung erstaunlich konstant.

Der politische Totenkult der Neuzeit hat einen gemeineuropäischen Hintergrund, aus dem länderweise oder gruppeneigentümlich verschiedene Varianten und Kombinationen abgerufen werden, die sich inzwischen über den ganzen Globus ausgebreitet haben. Die Signatur der Totenmale ist international, ihre politische Sinnstiftung jeweils national gebrochen. Es ist das Paradox der politischen Totenkulte, daß ihre Zeichen und Funktionen identisch sind oder analog lesbar, ihre Botschaften dagegen für die jeweiligen Handlungseinheiten Ausschließlichkeit beanspruchen. Teils explizit, immer implizit wird zwischen Innen und Außen, zwischen Oben und Unten unterschieden. Feinde oder Besiegte werden ausgeblendet, oder, wenn sie auf einem Monument auftauchen, visuell nach unten oder außen verwiesen. Die strukturellen Gemeinsamkeiten sind größer, als die nationalen Besonderheiten zu erkennen geben können.

Daraus ergeben sich methodische Folgerungen. Jede einmal gefundene Form verweist auf die soziale und politische Lage, in der sie entstanden ist und für die sie einstehen soll. Aber die Formen selber wiederholen sich und verweisen – dementsprechend – zurück oder über ihren Anlaß hinaus. Anders gewendet: Die Ikonographie und die ästhetische Gestalt der Denkmäler lassen sich nicht zur Gänze auf ihre situativen Entstehungsbedingungen zurückführen. Sie haben ihre eigene Geschichte, ihre Wiederholungen enthalten andere zeitliche Rhythmen als die der Ereignisabläufe, deren Ergebnisse von Denkmälern einmal für immer festgesetzt werden sollen. Je nach Fragestellung lassen sich die Kunst- und die Sozialgeschichte aufeinander zurückführen, das aber nur, weil sie sich unterscheiden und unterschieden werden müssen.

Jede Selbstaussage eines Denkmals setzt Grenzen, innerhalb derer seine Rezeption freigegeben wird. Sie sind nicht beliebig ausdehnbar. Entweder kann die Botschaft eines Denkmals rituell wiederholt werden, oder das Denkmal wird – soweit möglich – umgewidmet, sonst gestürzt oder vergessen. Die sinnlichen Spuren der Erinnerung, die ein Denkmal enthält, und die Wege seiner Rezeption laufen – früher oder später – auseinander. Die Empfangsbereitschaft der Betrachter kann politisch – und religiös – aufgeladen bleiben oder verlöschen. Dann verliert das Denkmal seine Emphase. Zurück bleibt, aufgrund seiner Selbstaussage, die ästhetische Qualität des Denkmals. Und diese kann bekanntlich ihre ehedem vorgegebene politisch-soziale Herkunft überdauern. Das einmal gefundene und sinnlich ausgeformte Motiv bleibt deshalb zitierbar. Der »sterbende Gallier« taucht immer wieder auf, auch wenn die Gallier längst tot sind. Gewaltsam gestorben wird immer wieder aufs neue, die Formen der Erinnerung bleiben begrenzt.

Der folgende Band beschäftigt sich mit dem politischen Totenkult der Neuzeit.[1] Erst seit der Französischen Revolution, vorbereitet durch Schriften der Aufklärung, gibt es in ansteigender Zahl Denkmäler, die an den gewaltsamen Tod jedes einzelnen in Krieg und Bürger-

1 [Der Text wurde zuerst veröffentlicht als Einleitung in Reinhart Koselleck/Michael Jeismann (Hg.), *Der politische Totenkult der Neuzeit. Kriegerdenkmäler in der Moderne*, München 1994. Die Verweise beziehen sich auf die Artikel in diesem Band.]

krieg erinnern sollen. Die ästhetischen Vorgaben freilich sind älter, sie werden nur historisch variiert, Innovationen tauchen nur streifenweise auf, ein tiefgreifender Wandel zeichnet sich erst seit dem Zweiten Weltkrieg ab. Ausdrückliche Rückbindungen an die vorrevolutionäre Zeit finden sich im Beitrag zu Österreich, eine explizite Umdeutung der historischen Vorvergangenheit durch die Art ihrer Monumentalisierung wird im Beitrag zur Schweiz aufgezeigt. Implizit werden derartige Adaptionen und Transformationen in allen Artikeln behandelt. Diachron erstrecken sich die Untersuchungen auf Jahrhunderte, erfassen nur einige Jahrzehnte oder konzentrieren sich auf wenige Jahre. Dementsprechend werden Serien von Denkmälern untersucht, nur einige ausgewählt oder nur ein einziges wird thematisiert. Je nach der gewählten Tiefenschärfe werden also andere Fragen gestellt, damit ändern sich auch die Methoden.

Methodisch wechseln die Zugriffe. Teils sind sie primär sozialhistorisch und konzentrieren sich auf die gesellschaftlichen Bedingungen und politischen Absichten, die einem Denkmal seinen Sinn einstiften sollen; teils sind sie semantisch und analysieren die Aussagekraft der Inschriften und Reden; teils sind sie primär kunsthistorisch und zielen auf die Zeichenwelt der Gesamtanlagen oder auf die sinnlich und ästhetisch einzukreisenden Selbstaussagen der einzelnen Denkmäler. Oft freilich werden die Methoden zugleich verfolgt oder ergänzen einander. Jeder Beitrag steht für sich und trägt eine individuelle Handschrift, auch wo die Ergebnisse der Diskussion in ihn eingegangen sind.

Räumlich sind die meisten Arbeiten auf Deutschland und Frankreich zentriert. Denkmäler aus deutschen Ländern kommen zur Sprache, aus Preußen, Österreich, aber auch aus der Schweiz. Französische Denkmäler kommen zur Sprache und solche aus dem deutsch-französischen Grenzraum. Flankiert und kontrastiert werden diese binneneuropäischen Themen von je zwei Untersuchungen über die USA und die UdSSR. Wichtige Beiträge über Indien und Australien, die auch diskutiert worden waren, konnte Bernard S. Cohn leider nicht fertigstellen.

Alle Beiträge können – und sollten – mehrschichtig gelesen werden. Nur so werden Gemeinsamkeiten und nationale oder schichtenspezifische Besonderheiten sichtbar. Dazu einige Hinweise.

Für fast jedes Denkmal läßt sich im anderen Land ein funktionales Äquivalent finden. Dabei treten, unbeschadet empirischer Einmaligkeit, strukturelle Gemeinsamkeiten zutage. Fast jedes Denkmal hat ein – durchgängiges – Merkmal: daß die gewaltsam Gestorbenen, ob in Krieg oder Bürgerkrieg, für die Einheit ihres Vaterlandes das Leben gelassen hätten, gleich ob dieses Vaterland so genannt wird oder Republik, Nation, Staat, Heimat, Volk, Reich oder sonstwie heißt. Ständische oder konfessionelle und regionale Sonderheiten können dabei eine gleich starke und gleich ursprüngliche Motivationskraft besessen haben. Sie wirken vor allem in föderalen Staaten weiter, wie in Deutschland, in Österreich, der Schweiz und den USA, auch im Vereinigten Königreich Großbritannien – kaum in den bisherigen Ländern der sowjetischen Föderation.

Ein dominantes Signal der Inschriften, vor allem der Weihereden, heißt Einheit, wer auch immer sie beschwört, um Kontinuität zu wahren und zu stiften, um Zwietracht zu vermeiden. Das Neue des politischen Totenkults der Neuzeit besteht nun darin, daß es der gewaltsame Tod ist, der die Handlungseinheit legitimiert. Mit der ersten – von Napoleon später beseitigten – Pyramide für die gefallenen Revolutionssoldaten stand auch der erste Gegner fest. Es war der Monarch und mit der Monarchie der dynastische Totenkult, wie er bis dahin in St. Denis gepflegt wurde. Die Gräber zu St. Denis wurden ausgeräumt, ihre Grabmale aber – nunmehr als ästhetisch wertvolle, museale Kunstgüter – in die Obhut der Republik genommen. Der politische Totenkult wechselte zeitgleich hinüber zum hölzernen Obelisken, der für die beim Sturm auf die Tuilerien gefallenen Revolutionäre errichtet wurde. Und zahlreiche andere Kultstätten folgten im beschleunigten Wandel der Revolution. Aber der politische Totenkult wechselte nicht bloß die Gedenkstätten, er selber änderte sich tiefgreifend, formulierte neue Botschaften und stabilisierte damit langfristig und über die Revolution hinaus neue Inhalte.

Der dynastische Totenkult bedurfte keines gewaltsamen Todes, um die Dauer des Fürstenstaates zu legitimieren. So viele und so blutige Kriege die Erbfälle der Fürsten ausgelöst hatten, der Totenkult, wie er zeremoniell in den Fürstengruften aller europäischen Hauptstätte gepflegt wurde, diente nicht dem Erbfall, sondern der Erbfolge. Das mag eingedenk des Massensterbens in den dynastischen Kriegen ideologiekritisch relativiert werden. Gleichwohl markiert die Wende zur Neuzeit einen strukturellen Wandel. Nicht mehr der Tod schlechthin verweist auf das neue Leben, wie in der Erbfolge, es ist der gewaltsame Tod, der jetzt als Unterpfand dient, um die politische Handlungseinheit zu rechtfertigen. Seit der allgemeinen Wehrpflicht, beginnend mit der *levée en masse*, wird der Name eines jeden Gefallenen erinnerungswürdig, und seit den Weltkriegen kommen die von Frauen – und Kindern – hinzu. Alle haben mit ihrem Leben für die Nation oder das Volk einzustehen, dessen Identität mit ihrem Tode zu verbürgen – so lautet die Denkmalsbotschaft und wird, solange sie rituell gepflegt wird, so erfahren. Quer durch alle Verfassungsformen zieht sich seit 1789 ein demokratischer Trend, gleich, wer ihn verwaltet, gleich, welche zusätzlichen – royalistische, populistische, nationalistische, imperialistische – Begründungen bemüht werden. Die Gleichheit im Tode wird auch von den Lebenden gefordert: todesbereit zu sein und für dieselbe Sache einzustehen, wofür bisher schon das Leben geopfert worden sei. Dieser Totenkult unterwandert in Europa langsam den der herrschenden Dynastien, begleitet ihn zunächst, um ihn schließlich ganz abzulösen.

1792 stiftete der preußische König den siegreichen Hessen in Frankfurt ein Denkmal, das erstmals die Namen der Offiziere und der Soldaten – noch rangmäßig angeordnet – gleicherweise erinnert. Ein bisher nur sporadischer, seit dem hohen Mittelalter bezeugter, stadtbürgerlicher Brauch wird damit verstaatlicht. Eine entsprechende Inschrift findet sich 1812 im Habsburgischen, wenn auch von einem Feldmarschall nur privat gestiftet: »Den ausgezeichneten Völkern der österreichischen Monarchie gewidmet« (Beitrag Matsche-Wicht), wobei sich »Völker« dem damaligen Sprachgebrauch gemäß auf die Truppen bezogen hatte. Sie werden denkmalfähig. Selbst zu Metternichs Zeiten war es nicht zu vermeiden, daß Andreas Hofer neben den Habsburger Dynasten in der Innsbrucker Hofkirche seine Grabstätte fand. Und 1838 wurde von den Tiroler Ständen ein Denkmal hinzugefügt, das »das dankbare Vaterland« – nicht der Monarch – seinen in den Befreiungskriegen gefallenen Söhnen widmete.

Es ist die gleiche Zeit, als in Paris und in Brüssel jene Gedenksäulen entstanden, die an den siegreichen Wechsel der Monarchie, nicht ihren Sturz, erinnern sollten und unter denen die gefallenen Revolutionäre beigesetzt wurden, die für den Verfassungsstaat gekämpft hatten. Derselbe strukturelle Wandel wird von den zahlreichen Denkmälern der deutschen und italienischen Einigungskriege bezeugt. In ihrer Botschaft gegenüber den Fürsten loyal, werden die Denkmäler, um die Gefallenen zu erinnern, von den Gemeinden, Verbänden und Vereinen gestiftet, nicht mehr von den Monarchen selber – wie es noch 1813 der preußische König angeordnet hatte. Damit ändern auch die monarchistischen Inschriften ihren Status, die Souveränität des »Volkes« meldet sich an; so wie heute noch in England manche Denkmäler »pro rege et patria« gewidmet sind, ohne deshalb »undemokratisch« zu sein. Und als im deutschen Reich die bürgerlichen Stifter immer rühriger wurden und am Vorabend des Weltkrieges das Völkerschlachtdenkmal einweihten, da hielt sich der Kaiser indigniert zurück. Von Bürgern initiiert und erbaut, von den Rednern völkisch intoniert und von seiner dumpf-dräuenden, architektonisch modernen Selbstaussage her beschwor das Monument die Todesbereitschaft des ganzen Volkes. So hatte es Wilhelm II. nicht gemeint (Beitrag Hoffmann).

Auch die soziale Ausweitung der Reiterdenkmäler verweist auf denselben Vorgang. Zunächst nur Monarchen vorbehalten, dürfen im Laufe des neunzehnten Jahrhunderts auch Generale, selbst bürgerlicher Herkunft, das Denkmalspferd besteigen. Nach 1918 wurde es auch gemeinen Soldaten zugänglich. Freilich bleiben solche Denkmäler vereinzelt, erinnern sie doch an den Duellkrieg, der in unserem Jahrhundert vollends verschwunden ist. Ihr funktionales Äquivalent finden sie heute in siegreichen Panzern oder Flugzeugen, die seit den beiden Weltkriegen – unbemannt – denkmalsfähig geworden sind.

Mit dem Sturz der Monarchien wurde nur eingelöst, was sich ikonographisch und semantisch längst artikuliert hatte. Erst in den revolutionären Bürgerkriegen, dann in den Völkerkriegen rückt das »Volk« zu jenem hypostasierten Souverän auf, in dessen Namen gekämpft und für den gefallen werde. In Woroschilows Worten: »Bei uns war es, wie gesagt, anders [als in den kapitalistischen Ländern]. Das Volk brachte gerne die Opfer, weil es eben Opfer für das Volk waren.« Diese Worte fielen 1927 im Zentralkomitee der bolschewistischen Partei der UdSSR und fanden lebhaften Beifall. Sie richteten sich übrigens gegen Trotzki, der den erfolgreichen Kampf der Bolschewiki organisiert hatte: Er sollte als Kapitalistenknecht entlarvt werden.

Semantisch gleichlautend lassen sich die Worte des Woroschilow auf allen damaligen Denkmälern in jeder Nation wiederfinden. Welche zusätzlichen Bestimmungen noch beschworen werden mochten, für die Heimat, für die Gerechtigkeit, die Humanität, die Freiheit gefallen zu sein: Die demokratische Grundbestimmung, für das Volk der Nation, das Vaterland gefallen zu sein, war die allen gemeinsame Botschaft. Sie ist das strukturelle Minimum der Gemeinsamkeit. Dem entsprechen zahlreiche funktionale Äquivalente in den Denkmalsformen. Davon zeugen die analogen deutschen und französischen Denkmäler im Metzer Grenzraum (Beitrag Maas), aber davon zeugen auch Großanlagen, die ein halbes Jahrhundert auseinanderliegen. Die runde Krypta des Leipziger Völkerschlachtdenkmals (Beitrag Hoffmann) und die runde Weihehalle in Stalingrad (Beitrag Arnold) erinnern gleicherweise an jene Helden, die einen aus dem Westen aufgebrochenen Eindringling vernichtet haben. Ihre heldenhafte Todesbereitschaft sollte perpetuiert werden. So zahlreich die nationalen, ideologischen, sozialen und ästhetischen Unterscheidungen lauten, der Kern der Legitimität wird demokratisch stilisiert: die Toten sind Helden des deutschen Volkes, Helden des Sowjetvolkes.

Die wirkliche Verfassung der jeweiligen Länder geht freilich in den ästhetisch vermittelten Identifikationsgeboten nicht auf. Dennoch behalten auch diese Denkmäler einen ihnen innewohnenden Gehalt, der nicht restlos ideologisiert werden kann. Es sind die Toten, derer hier gedacht wird und die als Tote ihre Ideologisierung verhindern, wie auch immer sie politisch wahrgenommen oder vereinnahmt werden sollten. Es ist die nicht überbietbare Letztinstanz des Todes, die semantisch und ikonologisch aufgeboten wird, um den Tod für das »Volk« und damit die »Herrschaft des Volkes« zu rechtfertigen. Indem jeder Tote *per definitionem* Teil seines Volkes ist, wird diese fragwürdige Gleichung fugendicht gemacht.

Das führt zu einem zweiten Gesichtspunkt struktureller Gemeinsamkeiten. Es ist der Tod jedes einzelnen allein, der im Gedächtnis bewahrt werden sollte, gleich ob er für die Republik, das Empire, für »König und Vaterland« oder für »Kaiser und Reich«, für die Nation, für das Volk oder für die namentlich genannten Länder – Frankreich, Deutschland usw. – gefallen war. Hier liegt ein authentischer Fall der Säkularisierung vor. Die christliche Hoffnung auf die Rettung einer jeden Seele im sogenannten Jenseits wird der politischen Gemeinschaft anvertraut, die sich eines jeden Gefallenen erinnern soll. Die Jenseitshoffnung wird in die irdische Zukunftshoffnung der politischen Handlungsgemeinschaft transportiert, das Ewigkeitsversprechen verzeitlicht. Der Graf Yorck war sich vermutlich dessen gewiß, als er – wohl zum ersten Mal – den Wunsch äußerte, daß kein Toter – im Kampf gegen Napoleon – »umsonst gefallen« sein möge. Das Jüngste Gericht, das über Heil oder Unheil einer jeden Seele zu befinden hat, wird von der politischen Handlungsgemeinschaft in die eigene Verfügung übernommen: niemand darf umsonst sterben, an jeden muß erinnert werden. Was ehedem der kirchlichen Messe anvertraut war, das jenseitige Heil der Seele zu erbeten, wird zur diesseitigen Aufgabe des politischen Totenkults: Im gewaltsamen Tod jedes Einzelnen liegt bereits seine Rechtfertigung, solange er das politische Heil des ganzen Volkes für die Zukunft verbürgen hilft. Und deshalb muß an ihn erinnert werden.

Dieser strukturelle Wandel erfaßt alle Staaten, quer durch ihre – sich dauernd ändernden – Verfassungsformen. Daß jedermann für die Zukunft der Nation einzustehen und deshalb auch namentlich auf den Denkmälern zu erscheinen habe, ist der einmal von der Französischen Revolution ausgelöste Minimalkonsens. Sein Grundzug ist »republikanisch« bzw. »demokratisch«, unbeschadet des schwankenden Kurswertes dieser Bezeichnungen in der politischen Alltagssprache. Die Namen der Gefallenen, zunächst noch dem militärischen Befehlsgefälle folgend hierarchisch angeordnet, werden seit dem Ersten Weltkrieg – von den Regimentsdenkmälern abgesehen – alphabetisch oder entlang den Todesdaten einander gleichgestellt. – Nur Rußland bzw. die Sowjetunion folgte diesem Brauch nicht zur Gänze; sei es wegen der verwaltungstechnischen Unmöglichkeit, ihre unzählbaren Millionen Toter zu registrieren, sei es wegen der rigorosen stalinistischen Selektionskriterien, nur an wirkliche »Helden« zu erinnern.

Zum Recht auf den eigenen Namen kam das Recht auf das eigene Grab. Zunächst von den USA im Krieg gegen Mexiko legalisiert, wurde die gegenseitige Pflege der Gräber mit dem Frankfurter Frieden von 1871 zur internationalen Norm. Sie wurde seitdem im Westen, über alle Katastrophen hinweg, eingehalten, blieb im Osten dagegen, infolge der von den Deutschen entfesselten totalen Kriegsführung, unerfüllbar. Millionen Russen fanden kein eigenes Grab mehr. Die deutschen Leichen erhielten die Quittung.

Das führt zu einem dritten Gesichtspunkt. Gerade auch die unbekannten, die vermißten, die verschollenen Soldaten sollen erinnert werden. Auch dieses Postulat lag in der Konsequenz der demokratischen Grundentscheidung, niemanden zu vergessen, der »für alle« sein Leben gegeben habe. Daß gerade der »*soldat obscur*« seinen Namen auf dem Denkmal finden müsse, ist schon 1792 ein republikanisches Postulat. Es zielte auf die Gleichheit. Jeder General sei ein Soldat, jeder Soldat ein General. Der Soldat sollte aus der anonymen Masse heraustreten, selbst verantwortlich und haftbar gemacht werden. Aber mit der Ausweitung der Volksheere stieg in den Kriegen auch die Zahl der Vermißten. Der gefallene Soldat entschwand wieder ins Unbekannte. Der bayerische König konnte es sich noch leisten, den rund 30 000 in Rußland verbliebenen Bayern ein eigenes Denkmal zu setzen, obwohl sie – nach den seit 1813 vorherrschenden ideologischen Kriterien – auf der falschen Seite umgekommen waren.

Das fehlende Grab, der verschwundene Leichnam forderte schließlich alle Überlebenden heraus, eine angemessene Gedenkstätte zu errichten, und das um so mehr, je mehr sich die Überlebenden mit der politischen Handlungseinheit identifizierten, für die die Angehörigen, die Freunde, die Kameraden gefallen waren. Das gilt besonders für die steil angestiegenen Zahlen derer, die im amerikanischen Bürgerkrieg vermißt blieben. Für sie wurden eigene Kenotaphe errichtet, mit Widmungen an den »unknown confederate dead« wie in Baltimore, oder an die »noble army of martyrs«, wie die anonymen Toten in Arlington erinnert werden.

Seit den technischen Massenvernichtungen im Ersten Weltkrieg überschritt auf manchen Feldern der Materialschlachten die Zahl der zernichteten, nicht mehr identifizierbaren oder ganz verschwundenen Leichname die Zahl jener, die noch ihr Grab finden konnten. Massengräber, »Kameradengräber« (zu den »Brudergräbern« in Rußland siehe den Beitrag Kämpfer) wurden zu einem Denkmal *sui generis*. Und die vollends Vermißten erhielten ihre speziellen Großmonumente, auf denen nunmehr ihre Namen verzeichnet werden konnten – ein angestrengter Versuch, jeden Verschwundenen einzeln – insgesamt viele hunderttausend – der Vergessenheit zu entreißen. In Wirklichkeit gerieten die Großdenkmäler – etwa in Navarin oder Thiepval – zu Kultstätten für den anonymen Massentod. Davon zeugen nun auch die zentralen Gedenkstätten.

Der namenlose, nicht identifizierbare, der unbekannte Soldat wurde zur Symbolfigur, in der sich die Erinnerung der gesamten Nation vereinigte. In England fand der »*Unknown Warrior*« – dieser altzopfige Begriff deckte alle Waffengattungen ab – seine Ruhestätte in der Westminster Abbey. Er erhielt Zutritt in jene Weihehalle, in der bisher nur die adeligen oder bürgerlichen, die politischen, militärischen, wissenschaftlichen, literarischen und künstlerischen Größen der guten Gesellschaft unter sich geblieben waren – ein Akt der Demokratisierung gleichsam von außen und von unten her.

Über die erbitterten Parteikämpfe in Frankreich, zwischen dem republikanischen und dem katholischen Lager, berichtet Ackermann. Ob der unbekannte Soldat nur für die Republik oder für ganz Frankreich einzustehen habe, wurde »patriotisch« beantwortet. Der

Soldat fand seinen Platz außerkirchlich, unter dem Arc de Triomphe, während das Flammenritual erst später von den eher rechtslastigen Veteranenverbänden hinzugefügt wurde. Jedenfalls zielte der demokratische Minimalkonsens auf die französische Nation. Analog wurde das Grabmal des unbekannten Soldaten in fast allen europäischen Hauptstädten sowie in Übersee nachgeahmt: Zentralstätten der politischen Totenkulte.

An seine Grenzen stieß das französische Homogenitätsgebot in Elsaß-Lothringen. Wie auch immer der Krieg ausgegangen wäre, blieben die Elsaß-Lothringer im Lager der Sieger. Aber deshalb war ihr Kampf um die Heimat, so die Deutung der Autonomisten, vergeblich. Sie errichteten für ihre rd. 50 000 Gefallenen auf der Hünenburg 1938 ein Ehrenmal und widmeten es »Dem unbekanntesten Soldaten«. Ein bitterer Superlativ derer, die in keiner Nation aufgehen wollten. Ihre Gemeindedenkmäler wichen dementsprechend in die christliche Symbolik aus.

Aber auch in Deutschland stieß das nationaldemokratische – oder völkische – Homogenitätsgebot an seine Grenzen. Hier wurde gar kein Grabmal des unbekannten Soldaten errichtet, in ideologischer Schutzbehauptung, weil es eine westliche Erfindung sei, tatsächlich aber, weil die föderale Struktur des Reiches nur eine Vielzahl konkurrierender Gedenkstätten zuließ. Die preußische Schinkelwache wurde erst unter Hitler zu einem Reichsehrenmal. Aber es sind nicht nur föderale Vorgaben, die das rituelle Homogenitätsgebot in Frage stellen, weit mehr gerät es ins Wanken, wenn Bürgerkriegsdenkmäler errichtet werden. Sie feiern vorzüglich den Sieg einer Partei, die Partei der Sieger, während die Toten der Gegenseite ins Unrecht gerückt werden. Napoleon beseitigte die Revolutionsdenkmäler, um – in der Madeleine – den Totenkult seiner Armee zu inszenieren. Über seine Niederlage kam er nicht mehr dazu. Derselbe Ablauf wiederholt sich, diachron verschoben, aber strukturell analog in der deutschen Geschichte.

Soldatische Denkmäler dominieren – zwar weiterhin regional oder konfessionell bedingt und begrenzt –, aber das kolossale Tonnengewölbe, das nach Speers Entwurf alle Gefallenen der großdeutschen

Armee namentlich umfassen sollte, verschwand, bevor es zustande kam.

Gewiß haben alle Kriegsdenkmäler, auch wenn sie sich primär nach außen, gegen den (ehemaligen) Feind, abgrenzen, immer auch eine innenpolitische Funktion. Je nach den Absichten der Stifter, ob staatlich, kommunal, regional, ob militärischer oder anderer Verbände, werden verschiedene Präferenzen gesetzt, um eine innerstaatliche Einheit oder gesellschaftliche Einigkeit einzuklagen. Weit schwieriger werden derartige Programme, wenn das Denkmal von einer siegreichen Bürgerkriegspartei errichtet wird. Dann zielen die Ausschließungskriterien nach innen. Damit geraten die Stifter unter erhöhten Legitimationsdruck, müssen sie doch die Besiegten zugleich aus- und einschließen. So soll Francos Riesenanlage zum Heiligen Kreuz der gefallenen Bürgerkriegskämpfer beider Seiten, also auch aller Parteien der Republikaner, staatskirchlich gedenken.

Hettling zeigt, wie nach einer langen Vorgeschichte das preußische »National-Krieger-Denkmal« 1854 in Berlin die Herausforderungen der besiegten Demokraten von 1848 aufzunehmen sucht. Nur über das pflichtbewußte Heer, diesen Kern des Staates, werde der Bürger – als Soldat – in seinen Staat integriert – so lautet die vermeintlich einheitsstiftende Botschaft. Über die Siegesmale der Einigungskriege geriet das preußische National-Kriegerdenkmal für 1848 in Vergessenheit, um erst nach 1945 als militaristisch demontiert zu werden. Gegenläufig rückte der Friedrichhain, als Friedhof der Bürgerkriegsgefallenen, bisher Symbol des »passiven Widerstandes«, zur zentralen Gedenkstätte der ehedem Besiegten auf.

Es bedarf immer eines politischen Konstellationswechsels, bevor die gefallenen oder ermordeten Bürgerkriegsfeinde in den Gedächtniskult einbezogen werden können. In Finnland wurden die »Roten« erst nach 1945 denkmalsfähig, und in der Schweiz wurde erst nach dem Verlauf eines halben Jahrhunderts erlaubt, den im spanischen Bürgerkrieg auf republikanischer Seite gefallenen Freiwilligen ein Denkmal zu errichten (Beitrag Kreis). Aber in Frankreich, wo 1848 die Zahl der niedergemetzelten Revolutionäre die Zahl der Opfer in Deutschland bei weitem überstieg, entstand überhaupt keine Gedenkstätte. Die Zweite Republik so gut wie Napoleon III. haben das verhindert. Und den 1871 überlebenden Communards war es erst nach der Jahrhundertwende möglich, in die Außenmauer des Friedhofs Père Lachaise ein Relief einzutreiben, das an die Massenexekutionen scheinbar vorsichtig und sanft, aber desto wirksamer erinnert.

Der gleichen Zeitspanne einer Generation bedurfte es in den USA, bevor den Südstaatlern gestattet wurde, auch in Arlington, dem nationalen Veteranenfriedhof, ihr eigenes Denkmal zu errichten. Siedenhans zeigt, wie der seit dem Bürgerkrieg gespaltene Totenkult durch das amerikanische Zwei-Parteien-System relativ eingefriedet werden konnte. Aber erst nach dem gemeinsamen Sieg über Spanien 1898 war es möglich, die alten Bürgerkriegslager im Totenkult zusammenzuführen.

Ein analoges Problem stellte sich in den USA, als die schwarze Klagemauer errichtet wurde, die an die Gefallenen des Vietnamkrieges erinnert. Über Vietnam war die Nation zerspalten. Deshalb wurde die völlig unheroische Mauer erst zustimmungsfähig, nachdem die Veteranen auch ein Gegendenkmal aufstellen durften, eine verhalten heroische Soldatengruppe. Dieser Kompromiß zeugt von hoher politischer Kultur: Was sich international und ästhetisch einander widerspricht, führte im Ergebnis zur überwältigenden Akzeptanz der umstrittenen Mauer. Vor ihr hat sich die Totenklage ritualisiert (Beitrag Wagner-Pacifici und Schwartz).

Gegendenkmäler können so dazu beitragen, innenpolitische Frontstellungen zu entschärfen, den Betrachter dazu aufrufen, neue Antworten zu suchen, statt die Erinnerung an den ehemaligen innenpolitischen Feind auszulöschen. Das gilt auch für Hrdlickas Gegendenkmal in Hamburg, das den dumpf-heroischen Block des 76. Regiments zum Ersten Weltkrieg aus der Sicht des Zweiten Weltkrieges neu zu sehen herausfordert. So bezeugen selbst die Bürgerkriegsdenkmäler und die aus innenpolitischen Konflikten abgeleiteten Gegendenkmäler strukturelle Ähnlichkeiten, auch wenn sie nur spezifisch nationalgeschichtlich zu erklären sind.

Das führt uns auf die nationalen Unterschiede, die rein äußerlich schneller und leichter aufzuweisen sind. Wie sehr sich aber die deutschen und französischen Soldatendenkmäler im Metzer Raum nach 1870 glichen und selbst gemeinsame Trauerfeiern ermöglichten, zeigt Annette Maas. Die Trauermale für die Gefallenen gaben kaum einen Unterschied zwischen Siegern und Besiegten zu erkennen. Aber ebenso zeigt sie, wie nach dem Ablauf einer Generation in Frankreich die revanchistischen, in Deutschland die nationalistischen Denkmäler zunahmen. Die strukturelle Gemeinsamkeit zeigt sich nur mehr in der wechselseitigen Gegnerschaft, in der ikonographischen Steigerung der implizierten Feindbilder. Jeismann und Westheider haben diesen Vergleich über rund zwei Jahrhunderte hinweg durchgezogen. Trotz aller Korrespondenzen zwischen beiden Ländern kommen sie – zumindest für die Denkmäler zum Ersten Weltkrieg – auf den Kontrast, daß in Frankreich der Soldat eher als Bürger, in Deutschland der Bürger eher als Soldat erinnert worden sei. Oder anders gesagt, daß die Kriegerdenkmäler in Frankreich – über die Annette Becker eigens berichtet – eine Folge der nationalen Identität waren, in Deutschland dagegen ein Mittel, sie zu finden. – Und wie sehr sich die politischen Großlager in Gemeindedenkmälern wiederfinden, durch die Kommunen nur variiert werden, zeigen Kruses diachrone Studien zur Stadt Bielefeld.

Die Unterschiede steigern sich, wenn die USA und die – ehemalige – UdSSR verglichen werden. In den Vereinigten Staaten wird der politische Totenkult primär von der Gesellschaft getragen und gepflegt. Selbst auf den mehr als hundert Nationalfriedhöfen können sich Veteranen mit Angehörigen beisetzen lassen. Die Rituale, so streng wie militärisch üblich, sind gleichsam durchlässig zur zivilen Gesellschaft. Anders in der Sowjetunion, wo das staatsparteiliche Vorgebot die kultischen Formen steuert. Wo russische Traditionen nachwirken und wie seit 1965 ein Massenkult zur Verewigung der Helden, auch mit abstrakten Denkmälern, organisiert und institutionalisiert worden ist, zeigt Kämpfer.

Und Sabine Arnold untersucht in ihrer Studie zum Denkmals-Ensemble in Stalingrad, wie weit sich der öffentliche Kult von der spontanen Trauer um die Toten entfernt hat. Er wurde zur Gesinnungssteuerung und Steigerung der Arbeitsmoral der nachgeborenen Generation instrumentalisiert. Aber der verstaatlichte Heldenkult rief schon versteckten Widerstand hervor, der sich inzwischen offen ausbreiten kann. – In jedem Fall zeigt der interkontinentale Vergleich, daß die europäische Trennung zwischen Staat und Gesellschaft, die weder das liberaldemokratische Amerika kennt noch das totalitäre Rußland kannte, hilfreich ist, um zwei Welten zu unterscheiden. Das amerikanische Primat der Gesellschaft oder das bisherige russische Primat des Staates imprägniert alle Formen der politischen Totenkulte. Damit ist freilich noch nichts gesagt über die individuelle Trauer der Betroffenen und Überlebenden. Hier mögen Ähnlichkeiten obwalten, die nur ethnologisch auszumachen sind, nicht entlang den öffentlichen Ritualen vor Denkmälern.

Wurde bisher die strukturelle Gemeinsamkeit umrissen, die sich seit der Französischen Revolution im Memorialkult aufzeigen läßt, und wurden auch die nationalen Varianten skizziert, die auf je eigene Geschichten zurückverweisen – trotz aller wechselseitigen Abhängigkeiten –, so sei zum Schluß gefragt, was sich über die Zeiten hinweg grundsätzlich geändert hat.

Die Totalisierung des Krieges, die ständige Perfektionierung erst der mechanischen, dann der chemischen, schließlich der atomaren Tötungsverfahren rief neue Denkmäler, Denkmäler der Sprachlosigkeit hervor – und streckenweise auch neue Kultformen. Lehmbrucks »Gestürzter« läßt in seiner nackten Gestalt offen, welcher Nation er angehört. Ikonographisch läßt der Schwertstummel noch erkennen, daß es sich um einen Soldaten handelt, aber ikonisch gibt er verschiedene Sichtweisen frei, die sich wechselseitig erläutern: Es kann ein Verwundeter, ein Sterbender oder ein Trauernder sein – alle Erfahrungen sind dem Gestürzten eingeschrieben. Es handelt sich um ein Denkmal, entstanden im Ersten Weltkrieg, das keinen Sinn mehr stiftet, wie bislang üblich, sondern das die Frage nach dem Sinn selber in Frage stellt.

Auch Käthe Kollwitz schuf ein solches Denkmal, das des Elternpaares, das seinen gefallenen Sohn und dessen entschwundenen Leichnam nicht mehr sehen kann, versteinert in einsamer Trauer, mit der es zu überleben gilt. Und Zadkine schuf nach dem Zweiten Weltkrieg jenen zernichteten Menschen, dessen Todesverzweiflung im Vollzug des Sterbens erstarrt. Es ist der Zwang zur Reflexivität – oder zur »Besinnung« –, der von solchen Denkmälern ausgeübt wird. Er verweigert Sinnstiftung und Sinnfindung zugleich. Gewiß sind es singuläre Denkmäler einzelner Künstler, aber sie verweisen auf eine – mögliche – Wende. Sie führen über eine unmittelbar politische Botschaft hinaus, um jeden gewaltsamen Tod als solchen in Frage zu stellen – was politische Folgerungen jedenfalls zuläßt, wenn nicht beschwört.

Auch die Vietnam-Gedenkstätte der Maya Ying Lin gehört in diese Reihe. Die Granittafeln, in die aufgeschnittene Erde gesenkt, verzeichnen noch traditionellerweise die Namen aller Gefallenen und Vermißten – beider Geschlechter. Aber der Schnitt in die Erde verweist ebenso auf die verschwundenen Leichen, so daß die Granitwand zur Klagemauer wird, vor der Millionen ihren privaten Trauerkult pflegen. Zugleich aber weist die schwarze Mauer den Betrachter auf sich selbst zurück. Denn sie ist so glatt geschliffen, daß sich jeder Überlebende spiegelbildlich dort wiederfindet, wo die Toten nur mehr als Namen erinnert werden. Die Reflexion, keine Botschaft ist das Thema des Denkmals.

Aber das zwanzigste Jahrhundert brachte weitere Radikalisierungen hervor. Die Sortierung der Menschen nach Klassen, dem Marxschen Bürgerkriegsschema, führte in den marxistischen Erbfolgestaaten zur administrativen Beseitigung vieler Millionen, die erst nach der Wende, so in Rußland und den osteuropäischen Ländern (noch nicht in China und seinen vorgelagerten Staaten), denkmalsfähig und damit öffentlich erinnerungswürdig geworden sind.

Und die quasidarwinistische, scheinbar naturwissenschaftliche Zoologisierung der Menschen nach Rassekriterien führte zur »Ausrottung« ganzer Völker, der Juden, der Sinti und Roma, breiter Schichten der slawischen Völker und anderer – alles durch die Deutschen. In der Steigerung der Tötungsweisen, bis hin zur Vergasung, ist ein geschichtlicher Qualitätssprung enthalten. Nicht mehr die angesonnene oder freiwillig übernommene Bereitschaft zum Tode, zum Tode für das Vaterland, leitet das Handeln, sondern die gewollte, geplante und bewußte Vernichtung des anderen, der staatlich gesteuerte Mord, die Beseitigung des zum Feind deklarierten Nachbarn, Mitbürgers oder Fremden, die Deklassierung dieses Feindes zum Unmenschen, dessen Austilgung schlechthin wird zum Legitimitätstitel des Handelns. Archaische, vorstaatliche Verhaltensweisen werden geschürt und zugleich technisch und ideologisch überboten. Nicht mehr der gewaltsame Tod im Kampf, der bislang auf Gegenseitigkeit beruhte, sondern die Vertilgung des Übels, das der vermeintliche Feind inkarnierte, wird zur Maxime der Tat. Sie kennt keinen Sieg mehr, nur noch den »Endsieg« – eine apokalyptische Sicht in säkularem Gewand.

Die tatsächliche Geschichte, die aus dieser Mixtur von technisch-bürokratischer Perfektion und ideologischer Verblendung hervorgetrieben wurde, führte in die Katastrophe. Und es gibt Anzeichen genug, daß sich diese Katastrophe, *mutatis mutandis*, wiederholt. Damit verändert sich – ansatzweise – auch die ikonische, die ikonographische und die ikonologische Figuration der Denkmäler. Noch erfahrungskonform ist unmittelbar einsichtig, wenn Frauen und Kinder, Zivilisten, auch Deserteure, Flüchtlinge und Verschollene denkmalsfähig geworden sind: Wer wollte sich ihrer nicht erinnern? Nicht mehr Sieg wird gefragt, nur noch Rettung, die nicht mehr gefunden oder verweigert wurde. Abstrakte Denkmäler entstehen, die zur Antwort nötigen, ohne sie anzubieten; nicht personale, entleiblichte Mahnmale werden geschaffen oder solche, die den Vollzug des Sterbens und Verschwindens visualisieren; gespaltene, zerrissene Säulen, nicht mehr traditionell zerbrochene Säulen werden errichtet; Hohlformen werden gegossen für die entschwundenen Leichen; schließlich werden Denkmäler ersonnen, die ihr eigenes Verschwinden thematisieren, um sich einer Wirklichkeit anzunähern, die nur in der Reflexion einzuholen ist. Alle Holocaust-Denkmäler, rund um den Globus, wenn auch national gebrochen, suchen nach solchen Formen, die auf Aussagen überkommener Art verzichten müssen.

Die Unsäglichkeit des Menschen möglichen Tötens und seit der Moderne auch der technisch perfekten Beseitigung nicht mehr zählbarer Millionen einzelner Menschen verschlägt die Sprache, führt zur Sprachlosigkeit oder zum Verstummen. Einen schmalen Ausweg kann nur die bildnerische Kunst öffnen: Sie allein kann versinnlichen, was nicht mehr sagbar ist. Nur wenige, namentlich aufzählbare Künstler haben es geschafft, diese Wende unserer eigenen Erfahrung zu visualisieren. Ihr – möglicher – Beitrag zu einer Verhaltensänderung darf nicht unterschätzt werden, auch wenn er, wie in der Geschichte üblich, zu spät wahrgenommen wird. Ein einsamer Vorläufer dieser epochalen Wende, zumindest im Denkmalskult, ist Rodin. Schmoll gen. Eisenwerth weist nach, wie Rodins »Ehernes Zeitalter« anfangs ein übliches Kriegerdenkmal bieten sollte, einen besiegten Soldaten des Krieges von 1870/71. Aber nachdem Rodin seiner Figur die symbolische Lanze und die demonstrative Binde eines Verwundeten abgenommen hatte, blieb jener betroffene Jüngling zurück, der einer unbekannten, jedenfalls eisernen Zukunft entgegentaumelt. Rodin entsagt der Parteinahme, sein Krieger wird entmilitarisiert und entnationalisiert. Was bleibt, ist ein Besiegter, universal vermittelbar – und verkäuflich –, aber Unterpfand eines Aufbruchs. Wohin er bisher geführt hat, ist bekannt. Erst wenn es keine Besiegten und damit auch keine Sieger mehr gäbe, wäre das eherne Zeitalter beendet. Aber das ist eine Utopie. Was bleibt, sind die getöteten Toten. Ihrer zu gedenken ist das Mindeste, ohne das weiterzuleben nicht möglich sei. Ob Denkmäler und welche dazu erforderlich sind, bleibt nach aller bisherigen Erfahrung eine offene Frage.

Zur politischen Ikonologie des gewaltsamen Todes. Ein deutsch-französischer Vergleich

Über die politische Ikonologie des gewaltsamen Todes zu sprechen, und das im deutsch-französischen Vergleich, ist nicht leicht. Denn die Fragestellung rührt an Wunden, von denen wir hoffen dürfen, daß sie heilen, ohne deshalb vergessen zu werden.

Unser Thema enthält ein Paradox. Der einmal erlittene gewaltsame Tod wird primär national erinnert, die Ikonologie des Todes aber ist international. Die Sinnstiftung wird national gebrochen, die Signatur des gewaltsamen Todes bleibt übernational. Was sich politisch gegenseitig ausschließt, verweist aufeinander und gehört ikonologisch zusammen. Erlauben Sie mir zuvor drei methodische Bemerkungen. Die eine Bemerkung ist anthropologisch, die andere bezieht sich auf die Ikonologie, die dritte ist historisch.

Erstens: Der Mensch wird gerne als denkendes und sprechendes Wesen definiert. Als Historiker wissen wir freilich, daß er ebenso als das Wesen definiert werden kann, das seinesgleichen umzubringen fähig ist. Eine breite Blutspur zieht sich durch die Weltgeschichte. Immer wieder konstituieren sich politische Handlungseinheiten, indem sie die anderen ausgrenzen, unterwerfen oder umbringen. Dabei wäre es irrig zu glauben, daß der Akt des Tötens nur ein emotionaler Vorgang wäre. Vernunft und Sprache werden ebenso in den Dienst des Tötens gestellt. Die Kaltblütigkeit, ja die Emotionslosigkeit konstituiert ebenso häufig das Totschlagen wie dessen affektive Unkontrollierbarkeit. Aber beides versteht sich nicht von selbst. Ob mit Bedacht oder im Affekt getötet wird, ob jemand aus Vernunft oder aus Gefühl, aus Mut oder aus Angst bereit ist, sich für die politische Handlungseinheit töten zu lassen, in der er kämpft, das bedarf der Legitimation. Gestorben wird allemal, gewaltsam zu sterben oder zu töten ist begründungspflichtig.

Deshalb steht die institutionalisierte Memoria, der politische Totenkult am Anfang aller historischen Erinnerung. Ob polytheistisch, monotheistisch, deistisch, pantheistisch oder atheistisch fundiert, immer enthielt der gewaltsam herbeigeführte Tod für die Handlungseinheiten ein religiöses Element ihrer Selbstkonstitution – sofern sie überlebt haben. Der gewaltsame Tod, das »Opfer«, war Unterpfand des Überlebens, der Befreiung, des Sieges oder gar der Erlösung. Diese Sinnstiftung hält sich ungeachtet aller Transformationen über die Jahrhunderte hinweg durch. Wie ein unverlierbarer Schatten begleitet die politische Ikonologie des gewaltsamen Todes die menschlichen Geschichten. Das führt uns zur zweiten methodischen Vorbemerkung.

Das Formenarsenal und die Ikonographie der Totenmale bleibt quer durch die Zeiten vergleichsweise stabil, bis in das 20. Jahrhundert hinein. Auch wenn der Anlaß je einmalig war, um dessentwillen ein Denkmal errichtet wurde: ein Sieg oder der Tod, das Sterben oder das Massensterben, die erinnert werden sollen – die Sprache der Denkmäler wiederholt sich noch und noch. Der »sterbende Gallier« taucht immer wieder auf, auch wenn die Gallier längst tot sind. Gewaltsam gestorben wird immer wieder aufs neue, die Formen der Erinnerung bleiben begrenzt.

Wer einmal in Rom war, kennt den gesamten Schatz der Zeichen und Baulichkeiten, die die Ikonologie der Todesbotschaften vorprägen. Von der Cestiuspyramide über den Obelisken zurück zum Pantheon, vom Hadriansgrab zu den Kolonnaden des Petersdoms und zurück zur Trajanssäule und zum Titusbogen ist die architektonisch visualisierbare Sinnstiftung abrufbar geblieben und in den Dienst des politischen Totenkultes gestellt worden. – Das gleiche gilt für die Skulpturen: auf den Sarkophagen und Kenotaphen, von den Tempelfriesen über die Niken und Victorien zum Ares Borghese bleibt die gesamte Mars-Ikonographie der Antike präsent – bis hin zu den Tugendallegoresen und den symbolisch aufgeladenen Tieren samt wechselnden Waffen. Hinzu kommen die hilfreichen Götter, später die Engel oder Heiligen, die zur Christologie führen: Die Auferstehungssymbolik, der Leichnam Christi, die Pietà, überhaupt die Frauen in vielerlei Gestalt, der Altartisch, die Jünger und die Krypten – alles präfiguriert die Zeichensprache auch der modernen Totenkulte, so daß von einer Säkularisierung zu sprechen riskant bleibt, zumindest schwerfällt. Pathosformeln sowie Zitate aus den beiden Testamenten oder aus den klassischen Autoren werden über Generationen weitergereicht. Die heidnischen Heroen und die christlichen Märtyrer werden in immer neuen Kombinationen abgerufen.

Dieser gemeineuropäische Befund, der inzwischen auf dem ganzen Globus anzutreffen ist, hat nun für unsere Fragestellung, den französisch-deutschen Vergleich, ein erhebliches Gewicht. Deshalb unsere dritte, eine historische Vorbemerkung.

Wir müssen unterscheiden zwischen der Geschichte der Ikonographie und ihren jeweiligen politisch-sozialen Anlässen und Bedingungen. Die ikonographischen Gemeinsamkeiten sind größer, als die nationalen Besonderheiten zu erkennen geben können.

Natürlich verweist jede einmal gefundene Form auf die soziale und politische Lage, in der sie entstanden ist und für die sie einstehen soll. Aber die Formen selber wiederholen sich und verweisen dementsprechend zurück oder über ihren Anlaß hinaus. Anders gewendet: Die Ikonographie und die ästhetische Gestalt der Denkmäler lassen sich nicht zur Gänze auf ihre situativen Entstehungsbedingungen zurückführen. Sie haben ihre eigene Geschichte, ihre Wiederholungen enthalten andere zeitliche Rhythmen als die der Ereignisabläufe, deren Ergebnisse von den Denkmälern einmal für immer festgesetzt werden sollen.

Die Denkmalsbotschaft ist immer selektiv. Wer die politische Macht hat zu sagen, welche Toten wie zu erinnern sind, der hat auch die Macht darüber, was zu verschweigen ist. Alle Denkmäler zeigen, indem sie verschweigen. Was gezeigt und was verschwiegen wird, ist ein primär politischer Akt; was ikonographisch kombiniert und was zitiert wird, gehört zur politischen Geschichte. Es liegt auf der Hand, daß hier die größten Unterschiede, sogar Gegensätze zwischen Deutschland und Frankreich zu finden sind. Aber selbst auf der politischen Ebene finden wir, manchmal gleichzeitig, manchmal diachron versetzt, erstaunliche Gemeinsamkeiten. So wird fast durch-

Abb. 1 Lille à ses fusillés, 1929, sculpt. Desruelles

gängig gesagt, *wofür* gestorben worden sei: für das Vaterland, für seine Einheit und seine Freiheit allemal. Selten oder nie wird gezeigt, *wie* gestorben wurde. Der Tod wird erinnert, das Elend des gewaltsamen Sterbenmüssens, unter Bedingungen, die unsäglich und schwer darstellbar sind, das fällt meist unter den Mantel des Schweigens. Schließlich wird fast nirgends gezeigt oder gesagt, *warum* gestorben werden mußte. Die Frage nach den Gründen des gewaltsamen Todes in Krieg oder Bürgerkrieg läßt sich nur schwer visualisieren. Die sichtbare Legitimation, wofür gestorben worden sei, verschluckt die Begründung, warum gestorben worden ist.

Wollte man eine Gesamtthese aufstellen, wie sich Frankreich und Deutschland im Hinblick auf den politischen Totenkult unterscheiden, so ließe sich folgendes sagen: In Frankreich herrscht eine größere Stetigkeit; wie anwachsende Jahresringe lassen sich die Denkmäler in Paris auffinden, die bestimmten einmaligen Ereignissen die Dauer der Erinnerung sichern sollen. Zerstörungen, die auftauchen,

Abb. 2 Das 1945 wiedererrichtete Denkmal zum 11. November 1918 und zur Befreiung von Elsaß-Lothringen in Compiègne

man denke an die Vendômesäule, werden restauriert. In Deutschland dominiert die Diskontinuität, jedenfalls im 20. Jahrhundert, sowie die Heterogenität, weil die föderale Vielfalt nicht eine, sondern nur viele zentrale Gedenkstätten zuläßt, verteilt auf Berlin und Wien – bis 1866 – und auf die großen oder kleinen Hauptstädte der deutschen Bundesstaaten seitdem.

Dafür zwei Beispiele: In Lille wurde das heroische Denkmal der fünf im Ersten Weltkrieg Füsilierten von den Deutschen im Zweiten Weltkrieg zerschossen. Die reale Vernichtung wurde ikonologisch noch einmal – barbarisch – überboten. Nach 1944 wurde aber das Denkmal völlig wiederhergestellt – so wie die von Hitler zerstörte Denkmalslandschaft von Compiègne: Als hätte es die Zäsur von 1940 gar nicht gegeben.

Abb. 3 Denkmal des Füsilier-Regiments Nr. 39 (Ludendorff) in Düsseldorf, 1929, sculpt. Rübsam

Abb. 4 Die nach dem Zweitem Weltkrieg wiedererrichteten Trümmer des 1933 abgetragenen und später durch Bomben zerstörten Denkmals (siehe Abb. 3)

In Düsseldorf erstellte Rübsam das Denkmal für das Regiment Ludendorff, 1928: zwei Soldaten, einer verwundet, der andere mit schützender Gebärde, beide sphinxartig in rätselhafter Abwehrhaltung. Bei der Enthüllung entrüstete sich Ludendorff über den mangelnden Heroismus, besonders über die vermeintlich semitischen Lippen seiner Soldaten. Den sofortigen Abbau konnte der demokratische Oberbürgermeister verhindern: Der Boden war städtisches Eigentum. 1933 erfolgte der Abriß, ein heroisches Ersatzdenkmal entstand 1939, im Bombenkrieg wurde das erste – beiseite geräumte – Denkmal zerstört, dessen Reste nach 1945 wieder aufgestellt wurden. Wir haben jetzt also das Denkmal eines Denkmals. Erinnert werden von den Trümmern der Erste Weltkrieg, die Weimarer Querelen, der Naziterror und der Bombenkrieg, vier Schichten der Zerstörung und der Selbstzerstörung. Ein Denkmal der Diskontinuität schlechthin.

Aber so leicht wie hier lassen sich die Gegensätze zwischen unseren beiden Ländern nicht festschreiben.

Verfolgen wir Gemeinsamkeiten und Unterschiede entlang dreier Phasen: Erstens von Beginn des modernen, des republikanischen Totenkults in der Großen Revolution bis 1870. Zweitens von 1870 bis 1945. Und schließlich ein Ausblick auf die Herausforderungen unserer eigenen Zeit.

I.

Der Denkmalssturz eröffnet den neuzeitlichen politischen Totenkult. Zunächst werden die königlichen Reiterstandbilder beseitigt, danach werden die dynastischen Grablagen von St. Denis ausgeräumt. Dabei wurden die Grabdenkmäler sogar gerettet, durch Intervention Lenoirs und Quatremère de Quincys. Aber der dynastische Totenkult wird abrupt unterbrochen.

Schauen wir zurück auf ein Doppeldeckermal: oben die lebenden Amtsträger Heinrich II. und Katharina de Medici, beide betend auf die Ewigkeit verweisend; darunter die Leichname, bildliche Realpräsenz der Toten, ihre Sterblichkeit darstellend – worunter die wirk-

Abb. 5 Heinrich II. und Katharina von Medici, St. Denis, 1570, sculpt. G. Pilon

Abb. 6 »Hessendenkmal«, 1793, arch. Chr. Jussow, sculpt. J. Chr. Ruhl

lichen Toten lagen, bis sie von den Revolutionären in die Kalkgrube geworfen wurden. Seitdem besteht das Denkmal als museales, ästhetisches Zeugnis der französischen Nation weiter, seiner kultischen Funktion verlustig gegangen. Aus einem kultischen Mal ist ein Kulturdenkmal geworden.

Die kultische Funktion, Dauer und Legitimität der Verfassung verheißend, ist an die republikanischen Denkmäler übergegangen. Robespierre beantragte in derselben Rede, die den Tod des Königs forderte, ein Denkmal für die Erstürmer der Tuilerien. Es wurde auch errichtet, provisorisch aus Holz.

Dieser Wechsel kann nun gar nicht überschätzt werden. Der gemeineuropäische, dynastische Totenkult war ein Kult der legitimen Erbfolge, der – wie in Innsbruck zu sehen – Kontinuität von den Vorfahren auf die Nachkommen sichern sollte. So fürchterlich die dynastischen Erbfolgekriege auch waren: sie wurden durch das Erbfolgerecht legitimiert, nicht vom gewaltsamen Tod als solchem. Mit dem republikanischen Totenkult wird der gewaltsame Tod selber ein politischer Legitimitätstitel. Die Soldaten, bisher zur Hefe des Volkes gezählt und nicht denkmalsfähig, rücken auf zu Heroen und Märtyrern, wenn sie in Krieg oder Bürgerkrieg – also immer auf der gerechten Seite – gefallen sind. Ränge zählen hier nicht: jeder Soldat ein General, jeder General ein Soldat. Alle tragen die gleiche Verantwortung: jeder Bürger ein Soldat, jeder Soldat ein Bürger – wie die Parolen lauteten, die zwischen Paris und den Gemeinden ausgetauscht wurden, um den Gefallenen, mit namentlicher Erinnerung jedes einzelnen, ein Denkmal zu errichten. Das war *patriotisme en action*, der über den Tod der einzelnen nie in Vergessenheit geraten durfte. »Immortaliser, éterniser, perpétuer« – so lauten die Beschwörungsformeln, um die Unsterblichkeit, die bislang, wenn überhaupt, in Gottes Hand lag, in die Gedächtnisleistung der ständig sich erinnernden Nation zu überführen.

Nun, die Kultstätten der Revolution haben den Machtantritt Napoleons nicht überlebt, weder der Obelisk für die Tuilerienstürmer noch das Grabmal der Bastillestürmer.

Ist es nun eine Ironie oder eine Dialektik der gemeinsamen Geschichte, daß es ausgerechnet deutsche Fürsten waren, die den republikanischen Totenkult im Kampf gegen die französische Expansionspolitik übernahmen? Die Kritik am dynastischen Totenkult hatten schon die deutschen Aufklärer, Kant, Klopstock, Wieland, Schubart, mit den französischen Aufklärern geteilt. Nicht Erbrechte, nur Leistungen dürften denkmalsfähig sein. Und so stammt das älteste heute noch erhaltene Denkmal, das alle gefallenen Soldaten, samt Offizieren, namentlich erinnert, aus dem Jahr 1793. Der preußische König hat es den hessischen Soldaten gewidmet, die Frankfurt zurückerobert hatten. Die ikonographischen Beigaben, des Ares und des Herkules, werden die überlebenden Soldaten kaum verstanden haben. Wohl aber wußten sie, was das Denkmal verschwiegen hatte: daß die Öffnung der Stadttore von innen erzwungen wurde, von Handwerkern, die sich als Partisanen gegen die französische Besatzung erhoben hatten, weshalb denn auch Custine den Verlust der Stadt auf Meuchelmörder zurückführte, die ihm in den Rücken gefallen seien. Die ständische Bürgerkriegsgleichung: Krieg den Palästen, Friede den Hütten, ging in der freien Reichsstadt Frankfurt offenbar nicht auf.

Wie auch immer, der republikanische Totenkult, gerade die *soldats obscurs* – Vorläufer des *soldat inconnu* – auf das Denkmal zu erheben, wurde seit 1813 in Preußen dauerhaft installiert. Der König befahl, in allen Kirchen Tafeln aufzuhängen mit den Namen aller Gefallenen, ein Brauch, der auch in Süddeutschland nachgeahmt wurde und der seitdem nicht mehr abgerissen ist – Folge erst der *levée en masse*, dann der allgemeinen Wehrpflicht.

Trotz des zunächst noch kirchlichen Kontextes bezeugt der zentrale Mahnspruch am Berliner Denkmal für die Befreiungskriege, daß der Tod für das Vaterland – in Anlehnung an Thukydides – völlig innerweltlich begriffen wurde. Ohne Rekurs auf das Jenseits erstreckt er sich auf die drei zeitlichen Dimensionen: »Den Gefallenen zum Gedächtnis, den Lebenden zur Anerkennung, den künftigen Geschlechtern zur Nacheiferung«. Die monarchische Verfassung schloß eben keinesfalls aus, daß der Totenkult republikanisch intoniert wurde, ein von Frankreich ausgehender Trend, der schließlich

Abb. 7 Tübinger Totentafel für die Feldzüge 1812 und in Frankreich

Abb. 8 Völkerschlachtdenkmal Leipzig, Krypta, 1913, sculpt. F. Metzner

auch den dynastischen Totenkult in Deutschland unterwandern und aushöhlen sollte. Ikonologisch handelt es sich um eine schleichende Demokratisierung. Sie erfaßt nicht direkt die politische Verfassung, sondern verändert die Verhaltensweisen und Einstellungen der Bürger.

Deshalb sei ein kurzer Vorausblick gestattet. Andreas Hofer, der 1809 auf Napoleons persönlichen Befehl erschossene Tiroler Widerstandskämpfer, wurde 1823 in der Innsbrucker Hofkirche beigesetzt.

1834 erhielt der ehemalige Rebell sein Grabmal, in bäuerlicher Tracht, aber eingereiht in die legitimitätsstiftende Kette dynamischer Vorfahren.

Und die zahlreichen Gemeindedenkmäler, auf denen der Gefallenen der Einigungskriege 1864-1871 gedacht wird, übernehmen oft und gerne den Spruch: »Den Gefallenen zum Gedächtnis, den Lebenden zur Anerkennung, den Kommenden zur Nacheiferung«. Die Semantik ist die gleiche, aber das Subjekt wechselt. Ehedem ein monarchischer Befehl, wird aus ihm eine kultische Selbstverpflichtung der Gemeinden, und die Denkmäler wandern heraus aus den Kirchen auf die öffentlichen Plätze. Da mag der neue Kaiser noch im Relief auftauchen – bei Protestanten eher als bei Katholiken –, die politische Funktion des Totenkultes hat sich demokratisiert. 1913 schließlich, hundert Jahre nach der Schlacht von Leipzig, entsteht jenes Riesenmal, das, über einigen Skeletten errichtet, in dumpf-dräuender Zeichensprache das deutsche Volk zur kämpferischen Todesbereitschaft aufruft. So hatte es der Kaiser nicht gemeint. Indigniert verzichtete er auf eine Einweihungsrede: er mußte sie den Bürgern und Freimaurern überlassen, die dieses Heldenmal finanziert und errichtet hatten. Es war ein Totenmal der bürgerlichen Nation, jugendstilisiert und völkisch, das im Rückblick auf die Befreiungskriege den Massentod der kommenden Weltkriege einläutete. Der Totenkult war von den Dynastien auf das »souveräne« Volk übergegangen.

Das Leipziger Denkmal führt uns zurück zu Napoleon, der dort

Abb. 9 Anonyme Karikatur, kolorierter Kupferstich, SMPK Kunstbibliothek Berlin, zwischen 1806 und 1814

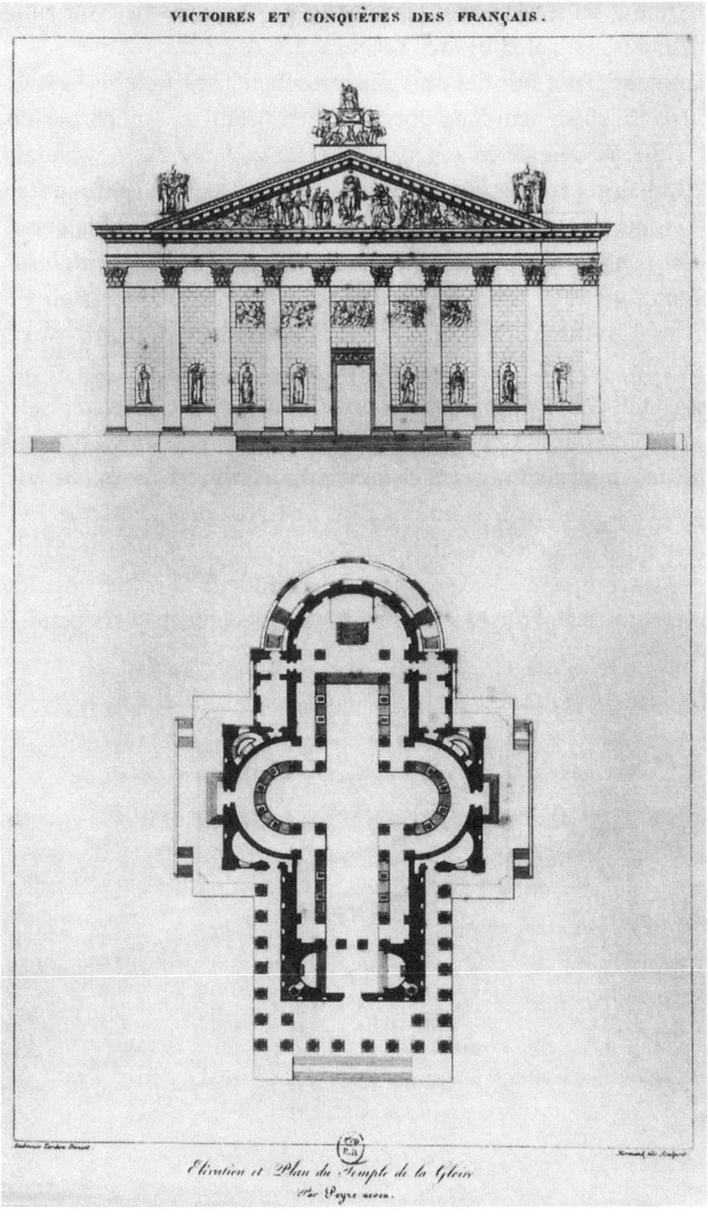

Abb. 10 Aufriß des Ruhmestempels von Peyre neveu (Madeleine)

den Anfang seines Endes erfahren mußte – auf Kosten von rund neunzigtausend Toten in drei Tagen.

Napoleon hatte mit dem republikanischen Totenkult bewußt gebrochen. Nach seinem Sieg über Preußen befahl er – noch aus Posen –, die Madeleine in einen *temple de la gloire* zu verwandeln. Der Umbau sei zu beschleunigen, da die Siege sich so sehr häuften. Der Tempel – keine Kirche – wurde vom Empereur den Soldaten seiner Großen Armee gewidmet: Lebenden wie Toten, hierarchisch wohlgeordnet. Die Marschälle erhalten Statuen, die Obersten Reliefs, der Rest Inschriften; die Toten auf Goldtafeln, die Schlachtteilnehmer in Silber. Und über dem Giebeldreieck sollte Schadows Siegesengel mit dem Pferdegespann vom Brandenburger Tor seine Fahrt antreten. Erst mit dessen Rückkehr nach Berlin, 1814, wurde hier aus dem Friedensmal von 1795 (Friede von Basel) ein Siegestor, die Victoria – dank Napoleon – um das Eiserne Kreuz bereichert.

Aber auch Napoleon erhielt sein Siegestor – *postum*. Die Madeleine wurde in eine Kirche zurückverwandelt, aber der Arc de Triomphe verewigt die Namen seiner gefallenen oder überlebenden

Abb. 11 Burgtor, Wien, 1814, arch. P.v. Nobile, Außenansicht, Zustand 1988

Abb. 12 Obelisk, München, 1833, arch. L.v. Klenze

Generale und der Hunderte ihrer siegreichen Schlachten. Nicht erwähnt werden die Millionen, die die Errichtung und die Vernichtung des Empires mit ihrem Tod besiegeln mußten. Es handelt sich um eine grandiose Rückblende aus der Niederlage in die vorangegangenen Siege, Legitimitätstitel der folgenden orléanistischen und bonapartistischen Regimes, dank des Reliefs von Rude auch für die Dritte Republik adaptionsfähig und Kontinuität verbürgend, deshalb nicht zufällig der Ort des Unbekannten Soldaten geworden – ein neues Siegesmal für 1918 erübrigend. Wäre der Arc de Triomphe schon 1814 fertig gewesen, so wäre er sicher abgerissen worden, meinte Chateaubriand.

Am Triumphbogen der schließlich besiegten Großen Armee gemessen, nehmen sich die Siegesmale in den deutschen Hauptstädten bescheiden aus. Auf dem Berliner Kreuzberg entstand, ähnlich weit von der Stadt entfernt wie die damalige Place d'étoile, Schinkels Denkmal, an ein Sakramentshaus erinnernd.

In Wien wurde ein von Franzosen zerstörtes Stadttor durch ein klassizistisches Burgtor ersetzt – zehn Jahre nach dem Pariser Frieden. Und die Waterloo-Säulen in Hannover mit Nennung aller Gefallenen sowie in Berlin entstanden erst in den dreißiger und vierziger Jahren, an französischen Vorbildern orientiert. Am eindrucksvollsten der Obelisk, den 1833 der bayerische König seinen 30 000 in Rußland gebliebenen Soldaten widmete. Nur 2000 kamen zurück. Den Tod zu erinnern wog hier mehr als Niederlage oder Sieg. Und gewiß konnte es sich nur ein souveräner König leisten, sich der ideologischen Alternative zu entziehen, ob »seine« Soldaten in Kollaboration mit Napoleon oder gegen diesen gefallen seien.

Dennoch enthalten alle Kriegerdenkmale, implizit oder explizit, durchgängig innenpolitische Botschaften. Deshalb seien einige Hinweise erlaubt, wie die Bürgerkriegsthematik immer wieder aufbricht und zwangsläufig in das 20. Jahrhundert hineinführt.

Seit den Revolutionskriegen stellte sich mit fast jedem Krieg die Frage nach der besseren Verfassung, für die gekämpft wurde. Wie denn auch die Niederlagen 1805, 1807, 1814/15, 1870/71, 1918, 1940 und 1945 jeweils zu einem Verfassungswechsel der Besiegten geführt hatten. Daher tauchen immer wieder Zeichen der Bürgerkriege auf den Denkmälern der Kriege hoch. Aber gemessen an den zahllosen Kriegerdenkmalen bleiben eindeutige Denkmäler der Bürgerkriege selber vergleichsweise selten. Sie sind auch schwerer zu gestalten, müssen sie doch die Unterlegenen im eigenen Land zugleich tabuieren und integrieren.

Schauen wir auf unsere beiden Länder. Die Wiederherstellung des dynastischen Totenkultes ist in Frankreich, schon im Hinblick auf drei konkurrierende Dynastien, nicht mehr gelungen. Das guillotinierte Königspaar wurde zwar symbolisch nach St. Denis überführt, die Stätten der »Märtyrer« wurden geweiht – so der Friedhof in Picpus und so die Chapelle Expiatoire –, aber dank den Orleanisten wurde dieser gegenrevolutionäre Totenkult wiederum überlagert von dem napoleonischen Kult. Die Dritte Republik hatte 1883 die Chapelle Expiatoire endgültig desakralisiert: Zeichen dafür, daß der seitdem herrschende, republikanische, Totenkult keine weiteren, einander ausschließenden Legitimationen mehr zuläßt. Deshalb hat die Julisäule eine für Frankreich und für alle Verfassungsstaaten in Europa entscheidende Rolle übernommen. Die Namen der im Juli 1830 und

Abb. 13 dsgl.

der später im Februar 1848 gefallenen Revolutionäre werden alle einzeln inskribiert und beziehen sich auf die darunter beigesetzten Toten. Es war ein republikanischer Totenkult, der hier siegreich inszeniert wurde und der auch die konstitutionelle Monarchie unterfangen hatte. Wie Béranger damals singen konnte: Endlich habe nun auch das Volk, wie bisher die Könige, sein Mal. Und »die Könige fragen leise und erbeben: / ›Wie ist's mit unserer Majestät bestellt?‹«, wie Chamisso, Emigrant in Berlin, den Text für die Deutschen übersetzte.

Aber seitdem wird es still um die gefallenen Revolutionäre. Sie erhalten keine Kultstätte mehr, 1848/49 weder in Frankreich noch in Deutschland. Hier werden nur die siegreichen Soldaten mit Denkmälern bedacht, und auch die 1866 gefallenen Preußen und Österreicher werden als Soldaten, nicht als Bürgerkriegskämpfer erinnert, was sie kriegsrechtlich denn auch nicht waren. Analog läßt sich die Geschichte in Frankreich lesen. Gambetta und Clémenceau setzten sich gegen Ende der napoleonischen Herrschaft für ein Denkmal Baudins ein, eines Parlamentariers und Opfers des Staatsstreichs Napoleons 1851. Aber die massakrierten Communards blieben über eine Generation hinweg offiziell tabuiert. Erst 1909 konnten die Überlebenden an der Außenmauer des Père Lachaise ein Relief eintreiben, das an die Massenexekution vorsichtig und sanft, aber desto wirksamer erinnert. Die gegenrevolutionäre Gedächtniskirche Sacré Cœur wurde dagegen erst 1919 fertig, lange nachdem die republikanische Trennung von Staat und Kirche vollzogen war. Sie verlor damit die ihr ehedem zugedachte politische Botschaft.

Die Ausweitung des Totenkultes der Commune auf die Kommunisten der dritten Internationale und schließlich auf alle Opfer des deutschen Nationalsozialismus rückte den Totenkult an der Innenmauer des Père Lachaise in neue Funktionen ein: Es entstand ein antifaschistischer Kalvarienberg der Internationale und des Stalinismus, die das Erbe der Commune für sich beanspruchten. Ein Erbe, an dem entlang der Bürgerkriegsfronten des kalten Krieges legalerweise auch die Deutsche Demokratische Republik partizipierte. Die strukturelle Analogie zwischen der aus der Niederlage des Kaisers entstehenden Dritten Republik und den Communards 1871 und

Abb. 14 Père Lachaise, Gedenkstein für Ravensbrück

Abb. 15 Weimar, Märzgefallenen-Denkmal, 1921, sculpt. W. Gropius, 1936 zerstört, nach 1945 wiedererrichtet

der aus der aus der Niederlage des deutschen Kaiserreichs entstehenden Weimarer Republik im Kampf mit der Rätebewegung 1918/19 ist offensichtlich. Dementsprechend selten sind nach 1918 die Denkmäler für die aufständischen Arbeiter auch in Deutschland geblieben: eines der eindrucksvollsten stammt von Gropius 1921 in Weimar. Es kennt keine menschlichen oder natürlichen Formen, ist insofern abstrakt. Aber es bedient sich weiterhin der christlichen Symbolsprache mit den sich öffnenden Grabplatten der Gefallenen und mit dem pfeilartig gebrochenen Blitz, der Auferstehung und Rache ankündigt. 1936 wurde das Denkmal zerstört, nach dem Kriege – schlechter – wiederhergestellt.

II.

Unser Seitenblick auf die vergleichsweise seltenen Totenmale für Bürgerkriegstote oder gefallene Revolutionäre verweist uns auf einen erdrückenden Befund. Die Masse der Denkmäler, an die sich kultische Erinnerungsweisen, Gewalt zu verarbeiten, ankristallisierten, wurde den gefallenen Soldaten gewidmet. Wie immer parteilich verschieden besetzt und gedeutet, der dominante Totenkult beider Länder war und blieb primär soldatisch stilisiert. Und er lebte – zunehmend – von der Abgrenzung gegen außen, vom Gegensatz der Nationen bzw. der Völker. Kein Wunder, daß wir unbeschadet vieler Unterschiede zahlreiche Entsprechungen finden, seien sie gleichzeitig oder seien sie, je nach Sieg oder Niederlage, zeitlich einander versetzt. Deshalb seien einige funktionale Äquivalente und strukturelle Analogien gezeigt.

Daß die Toten gemeinsam erinnert werden sollten – davon zeugt eine Grabkapelle, unter der preußische und französische Gefallene aus der Abwehrschlacht vor Berlin 1813 gemeinsam beigesetzt worden waren. 1854 erhielt dieser Friedhof den Status einer »offiziellen Gedenkstätte«. Das Recht auf ein eigenes Grab und jedenfalls auf gegenseitige Grabpflege wurde 1871 im Frankfurter Frieden festgesetzt, in Versailles 1919 bestätigt und ist bis heute in Kraft. Hinter diesem

Abb. 16 Berlin, Garnisonfriedhof, Grabkapelle für die Gefallenen, 1813-1815, Zustand 1989

Abb. 17 St. Quentin, Friedhof St-Martin, 1915, sculpt. Wandschneider, Charlottenburg

Gebot gegenseitiger Grabpflege stand immer noch das Konzept eines Duellkrieges, der von sich einander anerkennenden und gleichberechtigten Soldaten ausgetragen werde.

Deshalb waren auch gemeinsame Grablagen weiterhin möglich: aber die zunehmende Nationalisierung, wenn nicht der Soldaten, so doch ihrer ideologischen Programmierung, führte zu einer rigorosen Trennung auch der Leichen, wie in den Zeiten der Kreuzzüge. Eine so vielleicht nicht erwartete Ausnahme sei genannt: 1915 gab Kaiser Wilhelm II. zwei trauernde antike Helden in Auftrag, die er selbst entwarf und bezahlte. Die Bronze, weil selbst für den Kaiser unerreichbares Kriegsmaterial, stiftete der Bildhauer Wandschneider aus seinem Skulpturenschatz. Beide Helden schmücken bei St. Quentin einen Friedhof, auf dem französische und deutsche Soldaten nebeneinander beigesetzt worden waren. 1918 wurden die Franzosen exhumiert und durch deutsche Leichen ersetzt, die seitdem unter französischen Namenstafeln ruhen.

Tendenziell läßt sich sagen, daß Denkmäler, die von den überlebenden Truppenteilen selber errichtet wurden, schlichter und ohne Pathos vom Massensterben zeugten: waren die Denkmäler doch oft zugleich die Grabmäler der – hier darf es wohl gesagt werden – Kameraden. Das bezeugen die deutschen und französischen Regimentsdenkmäler auf den Schlachtfeldern von 1870 in Elsaß-Lothringen, wo es sogar zu einer Zusammenarbeit der Denkmalsstifter gekommen war. Seitdem gilt die Regel: Je weiter fort vom Ort des tödlichen Geschehens zeitlich oder räumlich, desto bombastischer fallen die Erinnerungsmale aus. In Frankreich motiviert vom wachsenden Revanchismus, verwaltet vom Souvenir Français, in Deutschland geleitet vom anschwellenden Nationalismus und getragen von entsprechenden Verbänden. Es sei nur erinnert an den Vers von Déroulède, der jetzt denkbar und sagbar geworden ist:

> En avant! Tant pis pour qui tombe,
> La mort n'est rien. Vive la tombe,
> Quand le pays en sort vivant.
> En avant. (1882)

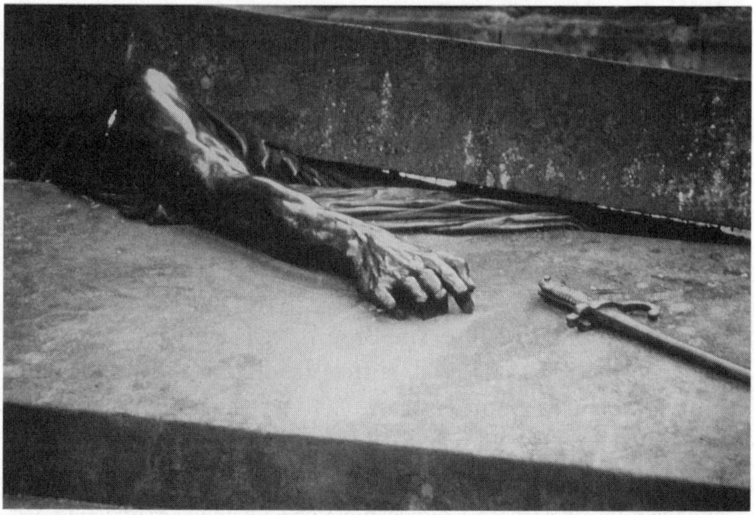

Abb. 18 Colmar, Friedhof, Grabmal, sculpt. Bartholdi

Die deutschen Äquivalente finden sich schon vor 1914, aber weit mehr nach der Niederlage 1918. Dafür zwei ikonographische Beispiele.

In Colmar befindet sich ein Grabmal für drei 1870 gefallene Nationalgardisten von Bartholdi: Der Tote wird zugleich als Auferstehender visualisiert, mit der Linken die Grabplatte anhebend, mit der Rechten nach dem entwundenen Bajonett greifend: somit in semichristlicher Metaphorik Befreiung einklagend, Freiheit verkündend. Nachdem die Deutschen das Grabmal vier Jahrzehnte lang geduldet hatten, haben sie es im Ersten Weltkrieg abgetragen (aber nicht zerstört): es war zur emphatischen Kultstätte des Widerstandes geworden – und konnte 1919 wiedererrichtet werden: sein Versprechen gleichsam einlösend.

Analog ist das Denkmal des vierten Garderegiments 1925 in Berlin lesbar. Es zeigt einen mit einem Helm bedeckten Leichnam, nach einem Foto realistisch – also wohl aufgedunsen – nachgebildet. Ersparen Sie mir ein ästhetisches Urteil, schön ist für alle Denkmalstifter immer das, was sie unter einer vorgegebenen Finanzdecke überhaupt verwirklichen können. Entscheidend ist die gen Himmel

Abb. 19 Berlin, Garnisonfriedhof, Denkmal Garde-Grenadier, Regiment Nr. 4, sculpt. F. Dorrenbach, 1925

Abb. 20 Denkmal Sedan, 1897, sculpt. A. Croisy

gereckte Faust des Toten (ein häufiges Motiv, von Stalingrad bis zum Denkmal für Jean Moulin): sie fordert Rache, woran die einweihenden Redner denn auch keinen Zweifel ließen. Der übliche Spruch, daß es süß und ehrenwert sei, für das Vaterland zu sterben, wurde zitiert – in der ebenso üblichen Verkennung, daß Horaz diesen Spruch der unerfahrenen, übermütigen, kriegsspielenden Jugend in den Mund gelegt hatte: er, der selber über Jahre hinweg verfemter Besiegter des Bürgerkrieges gewesen war, mochte es halb ironisch, halb nostalgisch gemeint haben. Und der Berliner Denkmalspruch nimmt auf, was *mutatis mutandis* auch bei Déroulède stehen könnte: »Wir starben, auf daß Deutschland lebe, / So lasset uns leben in Euch!« Unbeschadet der ästhetischen Qualitätsunterschiede liegt die strukturelle Analogie zwischen dem Denkmal in Colmar und dem in Berlin – diachron verschoben – auf der Hand, die Hand fast wörtlich zu nehmen.

So eröffnet auch das Denkmal für Sedan (1890) den Weg aus der Trauer in ein Siegesversprechen: »impavidus numero victus«, tapfer, nur der Zahl erlegen, wie das Motto der Clio lautet – damit das »Dennoch«, »quandmême« schon anklingen lassend.

Abb. 21 Corbie, Denkmal für den Ersten Weltkrieg

Abb. 22 München, Grabmal des sog. Unbekannten Soldaten, 1924, sculpt. B. Bleeker

Abb. 23 München, Ehrenmal München, 1924, arch. K. Knappe

Bereits 1918 entstand in Deutschland die Mythe »Im Felde unbesiegt«, objektiv falsch, nur sozialpsychologisch nachvollziehbar. Sie führte zur knappsten Racheformel, vom Theologen Seeberg für die Studentenmale in Berlin geprägt: »Invictis victi victuri« – den Unbesiegten die Besiegten, die siegen werden – wie die drei Zeitekstasen der Vergangenheit, der Gegenwart und der Zukunft jetzt noch enger zusammengeführt wurden als schon 1813, und zwar ebenfalls ohne jeden Hinweis auf das ehedem christliche Jenseits.

Faßt man die Denkmalsgeschichte nach 1918, unsere beiden Länder vergleichend, zusammen, so läßt sich jedenfalls folgendes sagen: In Frankreich gibt es einen hohen Anteil nicht heroischer Trauermale, die trotz des Sieges die Witwen und Waisenkinder visualisieren. In Deutschland sind diese seltener, hier dominieren männlich heroische, dumpfe Trauermale, seien es abstrakte Altarsteine wie in Schinkels Wache seit 1930 (Tessenow) oder ruhende Krieger unter einem Bunker, wie in München seit 1924 (Bleeker).

Während die Stillage nach 1871 in beiden Ländern sehr eng verwandt war: Trauer bekundend, Sieg verkündend (deutsch) oder Sieg verheißend (französisch), entwickeln sich die Denkmäler nach 1918

Abb. 24 Glasfenster im Ossuarium Douaumont, Einweihung 1932

Abb. 25 Schapbach im Schwarzwald, Gemeindedenkmal zum Ersten Weltkrieg, nach dem Zweiten Weltkrieg mit neuer Inschrift versehen, sculpt. C. Liebich

Abb. 26 Denkmal in Bras bei Verdun

Abb. 27 Banyuls-sur-Mer, 1932, sculpt. A. Maillol

stilistisch auseinander: die französischen pendeln weiterhin zwischen Trauer, Stolz und Sieg: alles offen demonstrierend. Die deutschen bedienen sich zunehmend einer expressiven oder bildlosen Sprache, die hilflos vom Heldentum zeugen soll, das Unfaßbare kompensierend. Rein ikonographisch sind Rachebotschaften äußerst selten, pazifistische Denkmale waren aber in Deutschland, im Unterschied zu Frankreich, fast nirgends zustimmungsfähig.

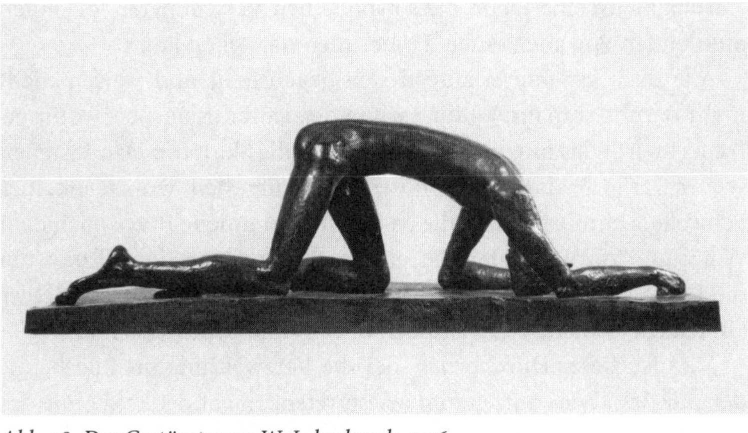

Abb. 28 Der Gestürzte von W. Lehmbruck, 1916

Diese Befunde erweisen für Frankreich eine ungebrochene Tradition der Dritten Republik, seit Douaumont sogar das katholische Lager integrierend. In Deutschland dagegen hat es die Republik nicht geschafft, die zwei Millionen Toten in einen eigenen politischen Totenkult einzubinden. Ein Vorgang, um die Parallele weiterzutreiben, für den Frankreich nach 1870 eine volle Generation benötigte – eine Zeitspanne also, innerhalb derer in Deutschland Hitler schon an die Macht gekommen und auch schon wieder ausgeherrscht hatte. Die Weimarer Republik hatte den Totenkult, im Gegensatz zur Dritten Republik, den Konservativen alleine überlassen – ein Schlüssel, ihren Untergang zu verstehen.

Freilich gibt es auch zahlreiche Konvergenzen zwischen beiden Ländern – wie könnte es anders sein. In Schapbach im Schwarzwald trauert der Vater um den Sohn, der nie mehr zurückkehrt – und so der alte Mann in Bras bei Verdun, der alles verloren hat.

Oder Maillol schuf für Banyuls-sur-Mer jenen Sterbenden am Altarstein, der am Helm noch als Franzose erkenntlich ist, dessen Nacktheit aber, wie Maillol forderte, einen zeitlosen Anspruch enthielt: Der Sterbende wird auf seinen Tod reduziert.

Vielleicht noch stärker bringt das Lehmbruck ins Bild: Sein »Gestürzter« ist am Schwertstummel ikonographisch noch als Soldat erkennbar. Aber die Nacktheit verzichtet auf jedes nationale Signal. Zurück bleibt eine Figur, die sowohl einen Verwundeten wie einen Sterbenden wie auch einen Trauernden darstellen kann.

Alle drei Aspekte erläutern sich gegenseitig und weisen nicht mehr darüber hinaus. Wofür verwundet, wofür gestorben, wofür getrauert wird: das mitzuteilen enthält sich die Skulptur. Damit stehen wir, es war 1916, als die Skulptur erstmals aufgestellt wurde, vor einer Schwelle. Lehmbruck läßt die bisher überkommene Frage nach dem Wofür und Warum hinter sich, er verzichtet auf jene Sinnstiftung, um die Frage nach dem Sinn selber in Frage zu stellen. 1918 schrieb er ein letztes Gedicht »Wer ist noch da?« – und brachte sich um.

Nun ist dieser Durchbruch, der die Verzweiflung ins Bild bannt, der nur das »Wie« aufzeigt im »Gestürzten«, nicht denkbar ohne das Vorbild Rodins, das es Lehmbruck erst ermöglicht hatte, seinen eigenen Stil zu finden. Und Rodin war es, der schon nach 1871 eine analoge Transposition der Todesikonologie vollzogen hatte. Worauf beruht der Ruhm des weltweit bekannten »Ehernen Zeitalters«? Rodin hatte ursprünglich einen verwundeten Krieger mit Kopfbinde und Speer dargestellt. Damit wäre ein im traditionellen Sinnhorizont sich bewegendes Kriegerdenkmal entstanden. Durch den Verzicht auf die soldatischen Beigaben hat Rodin seinen Soldaten entnationalisiert und entmilitarisiert. Zurückgeblieben ist jener zaghaft zweifelnde Jüngling, der in das 20. Jahrhundert hineintaumelt, in das eherne, das keinen Sinn mehr bietet, höchstens fordert.

III.

Damit komme ich zu unserer eigenen Zeit. Das Ende des Zweiten Weltkrieges evozierte für Frankreich wie für beide Teile Deutschlands einen Neubeginn. Durch selektive Traditionsstiftung half der politische Totenkult, die neuen Verfassungen zu legitimieren. De Gaulle verwies die Gefallenen von 1940 auf Zusatztafeln des Ersten Weltkrieges, gleichsam die Dritte Republik zu Ende führend, während für die Vierte zahlreiche Kultstätten im ganzen Land entstanden, die den Kampf der Résistance wachhielten. Und die Fünfte Republik fand ihre zentrale Gedenkstätte auf dem Mont Valérien, wo viereinhalbtausend Widerständler von den Deutschen füsiliert worden waren, deren Kampfstätten symbolisch dargestellt werden. Hinzu kommt eine Urne mit Erde aus den *camps de déportation.*

Eine analoge Gedenkstätte entstand 1952 in Berlin-Plötzensee. Die Hinrichtungsstätte mit den Fleischerhaken zum Hängen und mit der Guillotine zum Köpfen wird realgetreu erhalten, während die Gedächtnismauer auch ihre Urne mit Asche aus den Konzentrationslagern aufweist. Rund dreitausend, etwa die Hälfte aller vom Volksgerichtshof zum Tode Verurteilten, endeten in diesem Raum, aus neunzehn Nationen, darunter die meisten der deutschen Widerstandsbewegung.

Es ist diese Doppelseitigkeit, daß es Deutsche waren, die sowohl

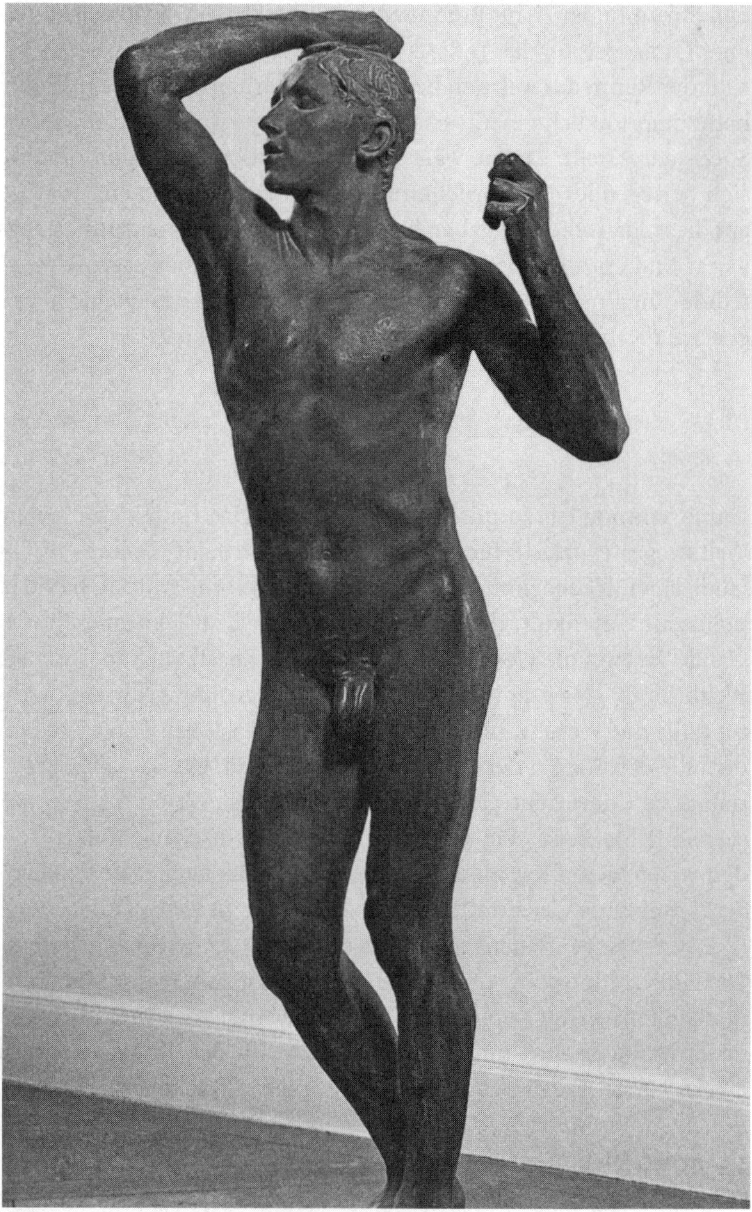

Abb. 29 Rodin, »Vaincu«, 1875/76; »L'Age d'Airain«, 1877

Abb. 30 Mémorial de la France combattante (Grab- und Gedenkstätte des französischen Widerstands im Zweiten Weltkrieg), eröffnet 18. Juni 1960, arch. F. Brunau

Abb. 31 Berlin-Plötzensee, Gedenkwand, 1952, sculpt. B. Grimmek, und seit 1956 Urne mit KZ-Erde, sculpt. K. Wenke und J. Ihle

den Terror organisierten, wie auch solche, die dem Terror zum Opfer fielen, die eine einlinige Identifikation verhindert: aus moralischer Schuld und aus politischer Verantwortung muß immer auch die andere Seite mitbedacht werden, um den Neuanfang zu legitimieren. Und in Anbetracht der rund 40 000 Todesurteile, die die deutschen Kriegsgerichte fällten (im Ersten Weltkrieg waren es 110), nimmt es nicht wunder, daß inzwischen auch Denkmale für Deserteure konsensfähig geworden sind. Zunächst hatte sich die erste Nachkriegsgeneration in Westdeutschland auf christliche Denkzeichen geeinigt: sie boten ein Minimum an trostreicher Neutralität, ohne eine direkte politische Funktion wahrnehmen zu müssen.

Völlig anders verfuhr die entstehende DDR: Wie in Frankreich nur die Résistance neue Denkmäler erhielt, so hier nur die Arbeiterschaft, soweit sie der Justiz oder dem Bürgerkrieg zum Opfer gefallen war. Repräsentativ für den neuen Totenkult ist Cremers Denkmal, das das siegreiche Überleben der kommunistischen Widerstandsbewegung im Konzentrationslager Buchenwald heroisiert. Hier wird zugunsten der Traditionsstiftung gleich mehreres verschwiegen. Daß ein Überleben nur in diabolisch erzwungener Kollaboration mit der SS möglich war, daß die ermordeten Juden – im Unterschied zu anderen Völkern – gar nicht genannt werden, und schließlich, daß dasselbe Lager für weitere drei Jahre ein KZ unter Stalin wurde, in dem mancher litt, der schon unter Hitler in diesem Lager gewesen war. Anders gewendet: Der Totenkult installierte eine politische Schizophrenie, an der die DDR schließlich auch zugrunde gegangen ist.

Daran gemessen sind die Siegesmale der Sowjets, mit denen sich die DDR-Bürger zu identifizieren hatten, vergleichsweise eindeutig. Heute stehen diese Denkmäler in der Obhut des wiedervereinigten Deutschlands. Es gehört zur politischen Legitimität der Bundesrepublik, die Folgen der Niederlage zu integrieren. Aber das ist nur die halbe Antwort. Völlig ungelöst, vielleicht gar nicht lösbar die Frage, wie der Totenkult visualisiert werden kann, der sich auf die Erinnerung an die Millionen ermordeter Zivilisten konzentriert. Die quasidarwinistische Zoologisierung der Menschen nach Rassenkriterien

Abb. 32 Buchenwald, »Aufstand der Häftlinge«, 1954, sculpt. F. Cremer

Abb. 33 (West-)Berlin, Siegesmal der Sowjetunion, 1946, sculpt. Lev Kerbel, arch. Nikolai W. Sergijewski, Zustand 1991

Abb. 34 Zell, Bayerischer Wald, Vermißten- und Gefallenenmal, 1972, sculpt. Chr. Klepsch

führte zur Ausrottung ganzer Völker: der Juden, der Sinti und der Roma, oder ganzer Volksteile, besonders im Osten – alles durch die Deutschen. In der Steigerung der Tötungsweisen, bis hin zur Vergasung, ist ein geschichtlicher Qualitätssprung enthalten. Nicht mehr die angesonnene oder freiwillig übernommene Bereitschaft zum Tode, zum Tode für das Vaterland, der auf Gegenseitigkeit beruhte, leitete das Handeln. An seine Stelle trat das gewollte, geplante und bewußte Vernichten, der staatlich gesteuerte Mord, der Mord an zivilistischen Nachbarn, indem sie zu Unmenschen deklassiert und demgemäß »vertilgt« und deren Leichen zum Verschwinden gebracht wurden.

Damit verändert sich – ansatzweise – auch die ikonische, die ikonographische und die ikonologische Figuration der Denkmäler. Nicht mehr Sieg wird erfragt, nur noch Rettung, die nicht mehr gefunden, Rettung, die verweigert wurde. Abstrakte Denkmäler entstehen, die zur Antwort nötigen, ohne sie anzubieten; nicht personale, entleiblichte Mahnmale werden geschaffen oder solche, die den Vollzug des Sterbens und Verschwindens visualisieren; gespaltene, zerrissene, nicht mehr traditionell zerbrochene Säulen werden errichtet; Hohlformen werden gegossen für die entschwundenen Leichen; schließlich werden Denkmäler ersonnen, die ihr eigenes Verschwinden thematisieren, um sich einer Wirklichkeit anzunähern, die nur in der Reflexion einzuholen ist. Am Ende stehen unsichtbare Denkmäler, die – wie in Hamburg oder Saarbrücken von Gerz – dennoch vorhanden sind. Alle Holocaustdenkmäler suchen nach solchen Formen, die auf Aussagen überkommener Art verzichten müssen.

Daran gemessen ist das neue, in der Berliner Schinkelwache errichtete Trauermal nur noch ein Satyrspiel. Der deutsche Bundeskanzler hat, ohne Ausschreibung, entschieden, hier eine private Pietà aufzustellen, die die alte Kollwitz für ihren im Ersten Weltkrieg gefallenen Sohn modelliert hatte. Sie wurde von einer Höhe von 40 cm auf Überlebensgröße ausgedehnt und wird damit zum klassischen Kriegerdenkmal des Ersten Weltkrieges – alles ignorierend, was seitdem geschehen, bedacht und erstellt worden ist, um sich einer Wahrheit anzunähern, die schwer aussprechbar, kaum visualisierbar ist.

Abb. 35 Käthe Kollwitz, Pietà, 1937/38, vierfach vergrößert von H. Haacke, 1993, Neue Wache, Berlin, Unter den Linden

Was zeigt und was verschweigt uns die Pietà? Sie zeigt den männlichen Leichnam, den die trauernde Mutter – fast anthropophagisch – in sich zurückholt – insofern dem üblichen Soldaten-Mal angemessen. Aber was schließt die trauernde Mutter aus? Daß die Mehrheit der rund zwei Millionen, die auf der Flucht aus dem Osten den Westen nicht mehr erreicht haben, Frauen waren, und ebenso, daß die Mehrheit der halben Million Bombentoten ebenfalls Frauen waren. Diese Frauen werden sichtbar ausgeschlossen. Und mehr noch: Die Deutschen haben in etwa soviel Juden umgebracht, wie eigene Soldaten gefallen sind: zwischen fünf und sechs Millionen. Soll dafür eine Pietà einstehen, die exakt jene Grenzlinie markiert, die die Juden von den Christen trennt?

Es ist offensichtlich schwer, ein Mahnmal zu finden, das die Wahrheit aushält, ohne daran zu scheitern.

Anhang

Der vorliegende Essay wurde erstmals auf Einladung von Professor Marc Fumaroli im Dezember 1994 am Collège de France vorgetragen. Der Essay wurde auf Deutsch zuerst als Band 3 in der Reihe Jacob-Burckhardt-Gespräche auf Castelen, Basel 1998, gedruckt. Dem Schwabe & Co AG Verlag Basel ist für die Erteilung der Abdruckgenehmigung zu danken.

Zum internationalen, speziell zum deutsch-französischen Vergleich der Ikonologie des gewaltsamen Todes siehe Reinhart Koselleck und Michael Jeismann (Hg.), *Der politische Totenkult. Kriegerdenkmäler in der Moderne*, München 1994, 440 Seiten mit weiterführenden Literaturangaben.

Weitere Literatur zu den abgebildeten Denkmälern und Gedenkstätten

Zu Lille: Annette Becker, »Mémoire et commémoration. Les ›atrocités‹ allemandes de la Première Guerre mondiale dans le nord de la France«, in: *Revue du Nord*, 84 (1992), S. 339-354.

Zu Düsseldorf: ein gründlicher Aktenbericht aus der NS-Perspektive von Hubert Delvos, *Geschichte der Düsseldorfer Denkmäler,* Düsseldorf 1938, S. 201-223, dank frdl. Hinweis von Christian Fuhrmeister.

Zum Denkmalsturz in der Französischen Revolution: trotz zeitbedingter Wertungen immer noch Ernst Steinmann, »Die Zerstörung der Königsdenkmäler in Paris«, in: *Monatshefte für Kunstwissenschaft*, 10 (1917), S. 337-380 und 36 Abb.

Zum Frankfurter Soldatendenkmal: Meinhold Lurz, »Das Hessendenkmal, Vorgeschichte – Entstehung – Wirkung«, in: *Archiv für Frankfurts Geschichte und Kunst*, Bd. 62, Frankfurt a. M. 1993, S. 119-237.

Zu Hofer: Betka Matsche-von Wicht, »Zum Problem des Kriegerdenkmals in Österreich in der ersten Hälfte des 19. Jahrhunderts«, in: Reinhart Koselleck/Michael Jeismann (Hg.), *Der politische Totenkult. Kriegerdenkmäler in der Moderne*, München 1994, S. 51-90, und Laurence Cole, *Andreas Hofer. The Social and Cultural Construction of a National Myth in Tyrol 1809-1909*, MS European University Institute, Florenz 1994.

Zum Völkerschlachtdenkmal: Stefan-Ludwig Hoffmann, »Sakraler Monumentalismus um 1900. Das Leipziger Völkerschlachtdenkmal«, in: Reinhart Koselleck/Michael Jeismann (Hg.), *Der politische Totenkult. Kriegerdenkmäler in der Moderne*, München 1994, S. 249-280.

Zum Temple de la Gloire: Léon Gruel, *La Madeleine*, Paris 1910.

Das *Béranger*-Gedicht »Die Gräber der drei Julitage«, in der Übersetzung von Adelbert von Chamisso, in: *Chamissos Werke in drei Teilen*, hg. von Max Sydow, Berlin etc., Teil 2, S. 121-123.

Zum Kult an der Binnenmauer des Père Lachaise: Madeleine Rebérioux, »Le Mur des Fédérés, Rouge, ›sang craché‹«, in: *Les lieux de mémoire*, sous la dir. de Pierre Nora, Bd. I, Paris 1984, S. 619-649.

Zur Grabkapelle der 2382 auf dem ehem. Neuen Berliner Garnisonfriedhof beigesetzten preußischen, sächsischen und französischen Soldaten: Klaus Hemmer/Jürgen Nagel, *Historische Friedhöfe und Grabmäler in Berlin*, Berlin 1994.

Zum deutschen und französischen Gefallenen-Kult in Elsaß-Lothringen: Annette Maas, »Politische Ikonographie im deutsch-französischen Spannungsfeld. Die Kriegerdenkmäler von 1870/71 auf den Schlachtfeldern um Metz«, in: Reinhart Koselleck/Michael Jeismann (Hg.), *Der politische Totenkult. Kriegerdenkmäler in der Moderne*, München 1994, S. 195-222.

Déroulède's Gedicht »En avant« zit. nach Udo Stark, *Die nationalrevolutionäre Herausforderung der dritten Republik 1880-1900. Auflösung und Erneuerung des Rechts-Links-Schemas in Frankreich*, Berlin 1991, S. 114.

Zur philosophisch-kritischen Lektüre des Horaz-Verses: Dieter Lohmann, »›Dulce et decorum est pro patria mori‹. Zu Horaz c. III, 2«, in: *Schola Anatolica. Freundesgabe für Hermann Steinthal (Uhland-Gymnasium Tübingen)*, Tübingen 1989, S. 337-371.

Zu Maillol siehe den Beitrag von Antoinette Le Normand-Romain, in: *Monuments de mémoire. Les monuments aux morts de la première guerre mondiale*, hg. von Philippe Rivé u. a., Paris 1991, S. 236-238.

Zu Lehmbruck: Werner Hofmann, *Wilhelm Lehmbruck*, Köln und Berlin 1957; Dietrich Schubert, *Die Kunst Lehmbrucks*, Worms [2]1990; Georg Syamken, *Wilhelm Lehmbruck*, Hamburger Kunsthalle 1991.

Zu Rodins Umwidmung: J.A. Schmoll gen. Eisenwerth, »Rodins ›Ehernes Zeitalter‹ und die Problematik französischer Kriegerdenkmäler nach 1871«, in: Reinhart Koselleck/Michael Jeismann (Hg.), *Der politische Totenkult. Kriegerdenkmäler in der Moderne*, München 1994, S. 223-248.

Für zahlreiche Hilfen in Paris sei gedankt der Ecole des hautes études en sciences sociales, besonders Philippe Ariès, mit dem zusammen mehrere Seminare abzuhalten ich die Freude hatte; sowie Mona Ozouf, François Furet und Clemes Heller; ebenso Annette Becker, Maurice Agulhon sowie Marie-Claire Hoock-Demarle, Jochen Hoock und Michel Vovelle.

Anmerkungen zum Totenkult in Wien

Der politische Totenkult in Österreich konzentriert sich erst im 17. Jahrhundert auf Wien, während vorher die dynastischen Grablagen in Innsbruck, Wiener Neustadt, Graz sowie in Prag ihre Eigenständigkeit bewahrt hatten. Mit der Errichtung der Kapuzinergruft entsteht jene Kontinuität, die die politische Legitimität an der Erbfolge der Habsburger Geschlechter festgemacht hatte. Dabei fällt auf, daß es durchaus Jahrzehnte dauern konnte, bis Grablegen nach dem Tod des jeweiligen Herrschers fertiggestellt wurden: so bei Maximilian I. und wohl auch bei Friedrich III., die beide spätgotische Höhepunkte in kunsthistorischer Sicht darstellten. Im 18. Jahrhundert wird der Totenkult so streng genommen, daß nicht nur der Rückgriff in die lange Vergangenheitsreihe der Ahnen oder erfundenen Ahnen bestätigt wird, sondern auch der Vorgriff in die Zukunft: noch bei Lebzeiten hat Maria Theresia ihr Grabmal von Moll herstellen lassen.

Der gewaltsame Tod wird in all diesen Fällen nicht dem Herrscher als Feldherrn zugeordnet, sondern primär im Auftrag des Herrschers dargestellt. Freilich hat Maximilian sich selbst als Feldherr betätigt, aber seine Rolle als Feldherr wird auf erzählenden Reliefs dargestellt, die gemessen an Vertragsdarstellungen oder Heiratsdarstellungen numerisch die Überzahl bieten. So wird der gewaltsame Tod zugunsten der Dynastie in Dienst genommen, nicht aber selber zum Zentralthema der Erinnerung erhoben. Diese bleibt primär der Person des Monarchen vorbehalten. Das gilt bis zu Franz-Stefan, während Joseph II. auf jede kriegerische, wie überhaupt auf jede Verzierung, verzichtet hatte.

Der Umschlag vom dynastischen zum nationalen Totenkult läßt sich in mehreren Stufen darstellen.

Auffällig ist zunächst, daß in Innsbruck an die Reihe der Vorfahren von Maximilian Andreas Hofer angeschlossen werden konnte, der damit als Bauer Zutritt in den dynastischen Totenraum erhalten hatte. Obwohl er als Aufrührer von der Wiener Regierung nur ungern gesehen wurde und nur *ex post* rehabilitiert wurde – durch Nobilitierung seiner überlebenden Familie –, scheint der Druck der Stände so groß gewesen zu sein, daß eine Integration im Namen des Vaterlandes so mit den Freiheitshelden von 1813 in den Inschriften festgehalten wurde. 1838 ist vom dankbaren Vaterland die Rede, aber nicht vom Kaiser. Metternich hatte noch verhindert, daß das Hoferdenkmal von Schaller mit einer Nike versehen wurde, wie [sie] Karl VI. von Donner schützend zugedacht worden war.

Hier liegt ein weiterer Schritt zur Nationalisierung des Totenkultes: daß nämlich die Siegesgöttin nicht nur apotheotisch Prinz Eugen oder Kaisern zugedacht wurde, sondern auch gefallene Soldaten in ihren Schutz nehmen kann. In diesem Zusammenhang sei auf die Nike gegenüber der Universität verwiesen, die auf einem Säulensockel von der Stadt Wien errichtet wurde in Erinnerung an den Bürgermeister, der 1683 Wien gegen die Türken verteidigt hatte.

Noch dynastisch bezogen war die Gloriette, die einen Triumphbogen für das Haus Habsburg und Lothringen darstellt, geplant seit dem Sieg von Kolin und in Verbindung mit der Einführung des Maria-Theresia-Ordens gedacht, der ursprünglich allen in gleicher Weise zukommen sollte. Freilich wurde er dann auch in drei Klassen zerlegt, so daß die militärische Hierarchie sich weiterhin im Orden widerspiegelte.

Aber die Säulenreihe der Gloriette wird zunehmend nationalisiert bzw. militarisiert. Der nächste Schritt steht in der Richtung des Burgtores, wo seinerzeit die Türken vergeblich durchzubrechen versucht hatten und wo Napoleon hindurchgeritten war, um Wien zu okkupieren. Hier wurde 1823 in Erinnerung an die Völkerschlacht ein breit gelagertes Säulentor errichtet, nach innen klassizistisch und nach außen defensiv burgartig. Die Inschrift erinnert dennoch an einen Topos für die Fürsten, daß Gerechtigkeit das Fundament für Königreiche sei. Erst im Ersten Weltkrieg, 1916, wurde eine Inschrift hinzugefügt, die den Ruhm allen des Ruhmes fähigen Soldaten zudenkt.

Aber die Säulenhalle hat bereits auf dem Heldenberg eine nur auf Soldaten bezogene Funktion übernommen: sie wird hier den Invaliden gewidmet, die die große Grab- und Denkmalsanlage für Radetzky zu bewachen hätten.

Dieser Heldenberg selbst, bezahlt von jenem Finanzier, der sich an den Siegen von Radetzky bereichern konnte und der seinerseits die Schulden von Radetzky übernahm, gegen das Versprechen, mit ihm gemeinsam beigesetzt werden zu können. Hier wird der politische Totenkult für den Sieger der Bürgerkriege von 1848/49 aus der Hauptstadt herausgenommen und verselbständigt. Statt eines dynastischen genealogischen Heldennachweises werden hier nur Helden des Militärs aufgereiht, ganze Personen für die Helden, Büsten für die niederen, die sich aber auch auf Mannschaftsgrade schon erstrecken. Ebenso wird hier der Obelisk, der in Schönbrunn noch dem Ruhme des Hauses Österreich gewidmet war, umfunktionalisiert zu einem Grabmal für die Militärs: Radetzky und Wimpfen, die hier beigesetzt worden sind.

Ein nächster Schritt der Ablösung vom dynastischen Totenkult zeigt sich in der Umwidmung des Burgtorplatzes in einen Heldenplatz mit zwei Reiterdenkmälern: das eine erinnert, mehr defensiv, an den ewigen Ratgeber Prinz Eugen, das andere, mehr aggressiv, an den Erzherzog Karl von Österreich: er wird bereits heldenmütiger Führer der Heere Österreichs genannt (nachdem er nach dem Waffenstillstand nach der Schlacht von Wagram in Ungnade gefallen war), und ebenso wird dieser Führer als beharrlicher Kämpfer für Deutschlands Ehre tituliert: 1859, als die Kämpfe in Italien verloren gingen. Auffällig ist, daß dieser aus dem Hause Habsburg stammende General selbst eine Fahne trägt, was für Offiziere noch angehen mochte, aber für Armeeführer aus herrschender Dynastie bis dahin nicht üblich war. So wandert die Fahne Hofers gleichsam über das Außendenkmal auf dem Heldenplatz die Ränge hoch, um gleichzeitig Symbole von unten zu okkupieren. Der nächste Schritt wird in der Widmung für das Reiterdenkmal an Erzherzog Albrecht klarer:

Dieses Denkmal wird von der bewaffneten Macht ihrerseits dem Kaiser gewidmet. Der Widmungssouverän wechselt also die Rolle, und der dynastische Reiter wird ebenfalls als Führer tituliert.

Ein weiterer Schritt ist in dem '49 Regimentsdenkmal am Westbahnhof sichtbar: hier geht die Initiative von den Mannschaftsdienstgraden aus, die mit Unterstützung der Offiziere und unter dem Protektorat von Franz Ferdinand ein teures Denkmal errichten ließen, das sie ihrerseits in Erinnerung an einen Sieg von 1809, vor hundert Jahren, stifteten. So rücken die Stifterfunktionen vom Monarchen herunter bis zu den Mannschaften, während die Siege zunehmend in historischer Erinnerung gefeiert werden konnten, da 1866 auch der Krieg gegen Preußen verlorengegangen war.

Eine Kompensation findet sich in dem Admiralsdenkmal für Tegethoff, das die Wiener Mitbürger 1886 dem Admiral gestiftet haben, dabei den Sieg von Lissa 1866 erinnernd, aber auch die Seeschlacht von Helgoland 1848, die die Dänen ihrerseits in Kopenhagen als ihren Sieg verbuchen mit einem billigeren Denkmal.

Mit dem Ende der Dynastie 1918 rücken in breiter Front vor allem die Reiterdenkmäler in Erinnerung an die traditionsreichen Reiterregimenter in die Kirchen ein: zunächst in die Kapuzinerkirche, wo die aufgelösten Regimenter in Trauer gleichsam die Wache für die beendete Dynastie übernehmen. Aber auch in der Augustinerkirche erscheint eine Vollplastik für ein Reiterregiment, auf dessen Pferd nunmehr ein normaler Soldat sitzen kann, das ganze fünf oder zehn Meter neben Canovas Grab für Marie Christina. Ein gewisser Demokratisierungseffekt schlägt also über die Reiterdenkmäler bis in die Kirchen durch, die den dynastischen Totenkult pflegten. Das gleiche gilt auch für die Karlskirche und die Votivkirche, wo freilich auch andere Regimenter sich für den Ersten und für den Zweiten Weltkrieg zu verewigen versucht haben: immer in Anschluß an spezifisch dynastische Kirchenstiftungen.

Ein weiterer Schritt ist der sogenannte Siegfried-Kopf, den Müllner überlebensgroß zur Erinnerung an die Studenten 1923 errichtet hat: Hier mag die Tradition der Effigies aufgegriffen worden sein, die vor allem in England die Köpfe nach lebenden Masken in Erinnerung hielten, um nach dem Tode der Dynastie deren Weiterleben zu signalisieren, bis der nächste König installiert worden ist.

Aber der Siegfried-Kopf mag auch an die Opferrolle des Johannes des Täufers erinnern, zumal die nationalsozialistische Studentenschaft mit antisemitischen Parolen damals nicht sparte, als der Siegfried errichtet wurde. Interessanterweise wird aber nicht der Dolchstoß von hinten genannt, sondern der Verrat der bisherigen Führung zugewiesen.

Die nächsten Denkmäler spalten sich nach den Bürgerkriegslagern: 1927 und 1934 werden auf dem Zentralfriedhof die »Exekutivopfer« gefeiert: nämlich die gefallenen Polizisten und Polizeikommissare, nicht aber die von den Polizisten und der Heimwehr der Bundeswehr erschossenen Arbeiter. Diese haben erst nach 1945 ihr Denkmal auf dem Zentralfriedhof erhalten können.

Das Gräberfeld auf dem Zentralfriedhof bringt an den Hauptstraßen noch zahlreiche Einzelgräber für Offiziere, was den Totentafeln im Heeresmuseum entspricht, wo nur Oberste und Generale erinnert werden, in goldener Inschrift, soweit sie gefallen waren. Die Soldaten in Menge werden nicht personal erinnert, so wenig wie auf dem Zentralfriedhof. Hier wird nur ein riesiges Denkmal mit einer Auferstehungsfigur errichtet, was die Nähe zur christlichen Ideologie anzeigt, in deren Tradition das Militär weiterlebte. Dafür spricht auch die Errichtung des sogenannten Unbekannten Soldaten im Burgtor, eine Weihekapelle mit einem hingestreckten Soldaten, der ähnlich der Münchener Plastik zu ruhen scheint, unter dem aber, so wenig wie in München, keine Leiche liegt. Die 1934 errichtete Ehrenhalle auf dem Dach des Burgtores ist dagegen rein militärisch und hält die Erinnerung an die Regimenter von 1618-1918 wach, während die Totenmasken in den Aufgangshallen, ähnlich wie Schlüters Totenmasken in Berlin, hier nicht nur Krieger darstellen sollen, sondern die Vielfalt der Nationen wiedergeben sollen, die für die Habsburger gekämpft hatten.

Hier wird die Aporie deutlich: Die militärische Tradition ist übernational und war Garant für die Habsburger Herrschaft, so wie die Bürokratie, während die soldatische Tradition der einzelnen, die erinnert werden sollen, an die Gemeinden und somit auch an die Nationen im engeren Sinne zurückgebunden werden. Die Totenbücher im Burgtor erstrecken sich nur auf die Länder Österreichs in den Grenzen von 1918, während die Universitätsmitglieder des Siegfried-Kopfes und die Familienerinnerungen der Offiziere gewiß sich auch nach Böhmen, Mähren, Galizien, in die Slowakei und nach Slowenien und Kroatien sowie natürlich auch nach Bosnien und nach Siebenbürgen erstrecken konnten. Die hier jeweils lebenden Deutschen konnten nicht in die militärische Erinnerungstradition eingeholt werden, obwohl sie sich im Hinblick auf den Nationalbegriff der Deutschen in Wien hätten erinnert fühlen müssen.

Das 1934er Denkmal bleibt ein Zeichen des Bündnisses von Kirche und Staat unter faschistischen, ständestaatlichen Vorzeichen, mit wöchentlicher Messe, aber mit keiner öffentlichen Zugänglichkeit. Die ewige Flamme wird nur dreimal im Jahr erleuchtet. Nach 1945 übernimmt das Fahnensymbol der russischen Sieger auf dem Siegerpodest vor dem Schwarzenbergpalais, weiterhin mit einem Schild versehen, wie es die Apotheose der ehemaligen Fürsten im Zeichen von Mars gefordert hatte. So ist die Ikonographie der russischen Sieger an die soldatische Tradition der Vormoderne zurückgebunden, während das erste Erinnerungsmal an die Nazizeit die Wiederauferstehung Österreichs feiert und dabei ein rotes Dreieck zur Erinnerung an die politischen Häftlinge im KZ zeigt, aber auch einen gelben Davidstern, der nun wahrlich nicht dafür einstehen kann, daß die Österreicher wiederauferstehen wollten, im Gegenteil …

Diesen krampfhaften Versuch, die Identität als Österreich wiederzugewinnen – während die Toten auf dem Wiener Zentralfriedhof zum Zweiten Weltkrieg gewiß aus ganz Deutschland stammten –, bezeugt auch das Kreuz in Mauthausen, wo statt I. N. R. I. Österreich 13. März 1938 verzeichnet wird. Hier wird die Auferstehungsideologie vollends nationalisiert und auch nicht mehr aus der dynastischen Tradition abgeleitet.

PS Eines der Transformationszeichen vom dynastischen zum nationalen oder internationalen Totenkult liegt in der Sequenz von Köpfen auf einer Medaille. Donner produzierte eine Medaille mit den vier Söhnen von Maria Theresia und Franz-Stefan, um den genealogischen Erbgang (nach der pragmatischen Sanktion von 1713) wieder festzuschreiben. Diese Viererreihe wird im 20. Jahrhundert durch Marx, Engels, Lenin und Stalin ersetzt, deren Zusammensetzung nur noch geschichtsphilosophisch im Hinblick auf die Weltrevolution gesichert ist – oder im braunen Deutschland wurde die Reihe Friedrich der Große, Bismarck, Hindenburg, Hitler in eine Medaille gepreßt, was (irrtümlicherweise) eine nationale Genealogie darstellen sollte, wobei nur noch ein Dynast Statthalter der geschichtlichen Legitimation sein konnte.

Die bildliche Transformation der Gedächtnisstätten in der Neuzeit

Vorbemerkung zur gegenwärtigen Debatte über den politischen Memorialkult: Es hat sich im Gefolge von Durkheim und Halbwachs eingebürgert, von kollektiver Erinnerung oder einem kollektiven Gedächtnis zu sprechen – als gäbe es ein kollektives Subjekt, das sich erinnern könne. Dem entgegen sei festgehalten, daß sich jede Erinnerung primär aus je eigenen Erfahrungen zusammensetzt, sie bleibt personengebunden. Erfahrung ist unaustauschbar, weshalb die daraus hervorgehenden Erinnerungen individuelle Erinnerungen bleiben. Deshalb können ähnliche oder gar gleiche Erfahrungen völlig verschieden erinnert und so im Gedächtnis gespeichert werden. Jeder Mensch hat als Person ein Recht auf seine eigene Erinnerung, ohne die er nicht leben könnte. Sie lässt sich nicht kollektivieren.

Kollektiv oder überindividuell zu nennen sind nur die Bedingungen, unter denen Erfahrungen zustande kommen und gesammelt werden. Und kollektiv sind jene Bedingungen, die individuelle Erfahrungen zugleich freigeben und begrenzen. Und kollektiv sind auch jene Bedingungen, die die Transposition von Erfahrungen in Erinnerung ermöglichen und vorantreiben. Solche kollektiven Bedingungen möglicher Erinnerungen sind vielfältig: politisch, religiös, konfessionell, sozial, ökonomisch, sprachlich, national usw. Aber aus derartigen Bedingungen, die sich mehrschichtig überlappen und durchkreuzen, folgt nicht, daß es auch ein kollektives Gedächtnis oder eine kollektive Erinnerung gebe.

Deshalb sei unterschieden zwischen den Primärerfahrungen derer, die sie persönlich gemacht haben und die ihre je eigenen Erinnerungen daran knüpfen, und den sekundären Erfahrungen derer, die bei der Auslösung der unmittelbaren Erfahrungen nicht dabei gewesen sind. Diese Differenz rational auszuloten und zu überprüfen ist eine alte Aufgabe der historischen Wissenschaften. An der Ausdeutung primärer und sekundärer Erfahrungen und Erinnerungen beteiligen sich freilich viele Instanzen. Zu nennen sind vor allem fünf große P...s: Politiker, Professoren, Priester, Presseleute und PR-Spezialisten. Sie müssen sich fragen lassen: Wer hier die Erinnerung kollektiviert? Wer sucht sie zu vereindeutigen? Wer will sie monopolisieren? Für diese nur soziologisch aufzuschlüsselnden Verwalter kollektiver Ansprüche hat sich im Deutschen inzwischen der sich selbst entlarvende Ausdruck einer »Geschichtspolitik« durchgesetzt: als ließe sich die Geschichte nach jeweils vorwaltenden Interessen manipulieren. Geschichte ist nun einmal jener Bereich menschlichen Handelns und Erleidens, der zwar von der Politik beeinflusst wird, der sich aber niemals politisch herstellen oder beherrschen lässt. Wer die Geschichte politisieren zu können glaubt, erliegt seiner eigenen Ideologie.

Dieser Befund, der zwischen unmittelbaren Erfahrungen samt ihren primären Erinnerungen einerseits und Ex-post-Erfahrungen samt Sekundärerinnerungen andererseits zu unterscheiden nötigt, steuert auch die Verbildlichungen, die der Memorialkult vornimmt. Alle Denkmalbotschaften sind doppelt lesbar: sie erinnern die einmaligen und unverwechselbaren Anlässe, die zum Sterben und zum Tod geführt haben. Diese sind wie die Primärerfahrungen unaustauschbar. Zugleich aber wiederholen sich die künstlerischen Antworten auf die einmaligen Anlässe – wie die Anlässe selbst. Es gibt nur ein begrenztes Reservoir ästhetischer Lösungen, um den gewaltsamen Tod – der individuell immer einmalig bleibt – bildlich im Gedächtnis festzuhalten, um kultisch gemeinsam erinnert werden zu können. Die Verbildlichung der Erinnerung zehrt weiterhin von einem beschränkten Bündel abrufbarer Motive, die also zur Wiederholung nötigen, um die jeweilige Einmaligkeit des Sterbenmüssens zu visualisieren. Wenn sich dennoch Wandel und Veränderung in der Verbildlichung aufdrängen – und ästhetisch gemeistert werden –, so entspringt die Innovation zwar einmaligen Leistungen individuell namhaft zu machender Künstler, aber die ikonologische Denkmalslandschaft insgesamt wandelt sich nur langsam, zögerlich und längerfristig. Die Einmaligkeit der Anlässe sowie deren strukturelle Wiederholbarkeit und die Einmaligkeit der ästhetischen Antworten sowie deren motivische Wiederholbarkeit sind also auf der geschichtlichen Zeitachse mit unterscheidbaren Veränderungsgeschwindigkeiten anzusiedeln. Die tödlichen Ereignisse und der darauf bezogene Memorialkult lassen sich niemals zur Deckung bringen. Immer bleiben Verwerfungen und Unlösbarkeiten zurück, die sowohl politisch wie ästhetisch neue Anläufe hervorrufen.

Die Ereignisfolgen gewaltsamen Tötens und der Morde sowie die ästhetischen Erinnerungsleistungen, die kultisch gepflegt sein wollen, hängen nun beide von externen Faktoren ab, die technisch bedingt sind und die weder politisch noch ästhetisch zu erklären sind. Die technische Fähigkeit oder Kunst des Tötens und Mordens in Krieg und Bürgerkrieg hat sich seit der Erfindung der Kanonen kontinuierlich verfeinert und industriell potenziert – bis hin zu Schnellfeuerwaffen, Gas, chemischen Waffen und Atombomben. Aber auch die Künste der bildlichen Vermittlung dieser tödlichen Steigerungen haben sich – parallel dazu – gründlich verändert. Seit dem 15. Jahrhundert leben wir unter dem Gesetz zunehmender Konvergenz von Ereignis und Nachricht darüber.

Die bildlichen Medien zehren anfangs von der Wiederholbarkeit ihrer Motive, um später mit anwachsender Geschwindigkeit die historische Einmaligkeit der jeweiligen Ereignisse einzufangen. Für die Darstellung gewaltsamen Tötens und Mordens im Medium von Druck und Presse sei nur an die Abfolge erinnert, die sich in Holzdrucken typologischer Austauschbarkeit bedient, in Kupferstichen schon individueller, aber allegorisch eingefasst, verfährt. Mit der Erfindung von Steindruck und Stahlstich nähern wir uns bereits einer eher realistischen Wiedergabe der Ereignisse, die obendrein schneller reproduzierbar wird. Und mit der Sequenz von Foto, Film und Fernsehen erfahren wir eine Beschleunigung visualisierter Wiedergaben von Ereignissen, die schließlich 1:1 mit ihrer bildlichen Vorführung identisch werden. Das Bild selber wird zum Ereignis, so wie Ereignisse nur mehr wahrgenommen werden, indem sie als bewegliches Bild rund um den Globus auftauchen und unsere visuelle Erfahrung stilisieren. Es gibt keine *Imitatio* mehr.

Beide Reihen, sowohl der technischen Tötungsverfahren wie ihrer technischen Wiedergabe, verändern – gleichsam von außen einwirkend – unsere politischen und ästhetischen Erfahrungsweisen. Der umstürzende und beschleunigte Wandel, heute Medienrevolution genannt, verändert zwangsläufig auch den Status skulpturaler, auf Dauer eingestellter Erinnerungsmale in unseren Gesellschaften.

Die überkommenen Verfahren, das Gedächtnis in Stein, Ton, Bronze, Stahl, Beton, Ziegel oder weiteren Materialien auf Dauer einzustimmen, verlieren im Hinblick auf die beschleunigte Beweglichkeit der tatsächlichen Ereignisse samt ihrer visuellen Wiedergabe an Erfahrungsgehalt. Der politische und ästhetische Stellenwert der Memorialkulte unseres Jahrhunderts hat sich im gesellschaftlichen Gefüge rasant verschoben. Die traditionelle Zeichenwelt und die fatalen Ereigniskatarakte lassen sich immer weniger aufeinander beziehen. Von dieser aufreißenden Diskrepanz zwischen sich beschleunigender Todeserfahrung – und daher Vergesslichkeit – und der anwachsenden Schwierigkeit, die Erinnerung daran auf Dauer einzustellen, soll im folgenden die Rede sein.

Mein Thema ist die Transformation der Toten-, Erinnerungs- und Mahnmale im 20. Jahrhundert. Zwei methodische Warnungen darf ich vorausschicken: Ein »Jahrhundert« ist eine künstliche Einheit. Die Kategorien einer langen oder mittleren Dauer lassen sich nicht in das Schema von hundert Jahren pressen. Deswegen werde ich zurückgreifen und vorgreifen, je nach Fragestellung. Und eine weitere methodische Warnung sei hinzugefügt: Die diachronen Sequenzen öffentlicher Denkmale sind nicht im Verhältnis 1:1 zu korrelieren mit der Abfolge der Interessen von Geld- und Auftraggebern. Auch die Geschichte der Einstellungen und Verhaltensweisen, der sogenannten Mentalitäten, geht nicht rundum auf in der Geschichte, welche die Kunstwerke in ihrer eigenen Abfolge darbieten. Rückschlüsse vom Denkmal auf Stifter und Künstler oder gar auf Rezipienten sind nicht ohne methodische Kontrollfragen und kritische Differenzbestimmungen möglich. Die ästhetische Geschichte schafft sich ihre eigene, immanente Abfolge, die nicht reduzierbar ist auf die rein politische Geschichte. Insofern stehen wir in einer aporetischen Situation: Wir haben es mit Denkmalen zu tun, die jeweils einmalige Ereignisse in Erinnerung zu halten beauftragt sind, und dennoch folgt die Sukzession dieser Denkmale ihren eigenen Regeln. Fünf Thesen werde ich vortragen.

Die erste These betrifft die Wandlungen, die das Reitermal des heiligen Georg bei struktureller Identität verschieden ausgeprägt haben. Ich greife also zurück, und zwar über acht Jahrhunderte, denn erst im 12. Jahrhundert ist der Heilige in Bild und Legende aufs Ross gestiegen, und seitdem bleibt er ein Dauerthema der europäischen Denkmalskultur. Die Frage, die sich uns hier allein stellt, ist die nach der Umwandlung dieses Georg, wie er – ohne seine Heiligkeit aufzugeben oder zu verlieren – aus einem Helfer und Retter in einen Herrscher und aus diesem in einen Soldaten verwandelt wird. Oder anders gewendet, wie weit er schließlich demokratisierbar ist.

Das 1373 geschaffene Prager Denkmal des heiligen Georg ist der erste große Bronzeguss, der im Mittelalter Ross, Reiter und Drachen zusammengeführt hat (Abb. 1). Es stammt von Georg und Martin von Klausenburg, zwei Künstlern aus Siebenbürgen. Der Heilige wird eindeutig als zeitgenössischer Ritter gezeigt – was freilich nicht so bleibt. 400 Jahre später sehen wir, wie es scheint, ebenfalls einen Georg. In Wirklichkeit ist es Jan III. Sobieski, von François Pinck 1788 in Warschau errichtet. Die Rollen wurden vertauscht. Es ist nicht mehr Georg als Ritter, sondern der König als Georg, dessen rettende und heiligende Funktion der König übernimmt. Auch die Verkörperung des teuflischen Drachen ändert sich. Sie wird einem Türken zugemutet, der von dem siegreichen Befreier Wiens jetzt als Person überritten wird. Zum Anlass der Errichtung 1788 darf gefragt werden, ob nicht die Polen nach der ersten Teilung den Habsburgern in Erinnerung rufen wollten, daß sie Wien geholfen hatten, Österreich und das Reich vor den Türken zu retten. Wir finden also zunächst Georg als Ritter, dann den König als Georg, zwei aus Hunderten von Beispielen dieser Reihe, die eine säkulare Transformation vorführt.

Der nächste Schritt zeigt auf, wie ein General in die Rolle des

Abb. 1

Abb. 2

Abb. 4

Abb. 3

Abb. 5

Georg schlüpft. Unter dem Dach der Saint Paul's Cathedral in London kam Wellington 1912 hoch oben zu sitzen auf seinem Ross »Copenhagen«. Unter ihm wird der Kampf zwischen Gut und Böse dargestellt, darunter das Kenotaph des Retters, unter dem in der Krypta Wellingtons Leichnam ruht. Das Ensemble zeigt, wie der General die monumentale Rolle des britischen Georg, als siegreicher Kämpfer gegen das Böse schlechthin, übernommen hat – rund 100 Jahre nach dem Sieg über Napoleon, zwei Jahre vor dem Ausbruch des Ersten Weltkrieges.

Der Weltkrieg selber bringt in fast allen Ländern eine neue Transformation hervor. Jetzt finden wir den einfachen Soldaten, der in Gestalt eines Ritters den Drachen tötet – wie in Marylebone (England) oder wie in Regen im Bayerischen Wald (Abb. 2). Nachdem erst einmal der einfache Soldat auf den Pferderücken gehoben wurde, lässt sich zeigen, daß bei der Verwendung des Motivs des reitenden Georg fortan nur noch Soldaten seine Rolle übernehmen. Kein Monarch, kein General – der Soldat ist derjenige, der in die Jahrhunderte zurückreichende Tradition einrückt: Die langfristige Demokratisierung hat den ehedem herrschaftlichen Pferderücken erreicht. Es sei daran erinnert, daß Trotzki 1917 beim Revolutionsausbruch ausrief: »Proletarier, aufs Pferd, aufs Pferd!« Der feindliche Drache stellte für ihn freilich kein Land dar, sondern ist ein Symbol für den Kapitalismus, wie es in der Ikonographie der sowjetischen Plakatkunst gern und häufig auftaucht.

Zwei Varianten seien noch erwähnt. In Posen entsteht 1926 zu Ehren des 15. Ulanen-Regiments ein Denkmal von M. Lubelski. Der Ulan, hoch auf der Säule reitend, sticht einen Bolschewiken ab, der eine russische Ohrenkappe mit Sowjetstern trägt. Das Denkmal wurde von den Deutschen 1939 demontiert, und die Russen haben 1945 nicht erlaubt, es wieder aufzurichten. Erst nach 1990 konnte der Ulan in seiner Rolle als Georg wieder auf den Sockel steigen, auf dem er jetzt weiterreitet. So bekämpft der Pole im Russen den Drachen.

Auch nach dem Zweiten Weltkrieg kämpft der heilige Georg auf dem Denkmal weiter. In Druten (Niederlande) steht eine Majolikaplastik, wo der Drache als Symbol für NS-Deutschland vom siegreichen Georg niedergemacht wird.

Was zeigt uns die Folge dieser Transformationen? Zunächst haben wir eine jahrhundertealte, strukturelle Aussage. Der räumliche Sinn von Oben versus Unten wird von Georg augenfällig eingehalten. Das Böse liegt unten: Es ist der Drache, der fallweise auch als Person dargestellt wird. Er wird zum Türken, zum Russen oder zum Deutschen, um nur einige zu nennen – oder zum Feind schlechthin. Dann aber wiederholt sich im Drachen gleichförmig die Inkarnation des Bösen. Die nationalen Verweise können wechseln, das Symbol des Bösen bleibt.

Darüber hinaus überlappen sich die nationalen Zuordnungen gegenseitig. Georg tötet im Drachen symbolisch einen feindlichen Nachbarn. Indem dieser ebenfalls den Drachen absticht, tötet sich der Kämpfer gegen das Böse im Grunde selbst. Eine Folgerung daraus könnte lauten, Georg zum Heiligen von Europa auszurufen. Das wäre zumindest ein mögliches Ergebnis der langen Transformationsfolge, die mit der Demokratisierung des Georg zu einem europäischen Symbol ihr vorläufiges Ende gefunden hätte. Nicht Sieg oder Niederlage, sondern die gemeinsamen Konflikte sind es, die zu erinnern und zu überwinden sind.

Die *zweite These* zielt auf die Frage, ab wann und warum alle Namen der Getöteten erinnert werden. Sicher ist, daß die Namen von Soldaten – seien es Söldner oder gepresste Rekruten – bis zur Französischen Revolution selten oder gar nicht erinnernswert waren. Wenn das Massenschlachten zu Ende war – 10 000 bis 20 000 Verwundete, Sterbende und Tote auf einem Feld an einem Tag gab es häufig schon im 17. und 18. Jahrhundert –, wurden die Leichen, damit sie keine Seuchen verbreiteten, so schnell wie möglich verscharrt.

Von heute aus betrachtet kam es einer Diffamierung gleich, die Toten nur aus hygienischen Gründen verschwinden zu lassen. Die sichtbare Erinnerung haftete damals an Denkmalen, die nur für die siegreichen Generale oder ihre Fürsten errichtet wurden. Jeder kennt sie aus allen europäischen Haupt- und Nebenstädten.

Erst seit der Französischen Revolution sollten die Namen aller Gefallenen einzeln erinnert werden; so lauteten zu Beginn der Revolutionskriege die Beschlüsse des Konvents: die Soldaten als Helden zu achten, die schon als Bürgersoldaten oder Soldatenbürger den Anspruch hatten, General werden zu können. Eine gleitende Hierarchie öffnet sich einem jeden Soldaten, der für sein Vaterland kämpft. Einmal gefallen, muss er als Held erinnert werden. Der ehedem polis- oder stadtgebundene oder der familien- und dynastiegebundene Totenkult wird nationalisiert.

Napoleon ließ die national-republikanischen Revolutionsdenkmäler fast alle beseitigen, zugunsten seiner Grande Armee, die nur mehr hierarchisch gestaffelt nach ihren Rängen erinnert werden sollte. Die Preußen aber haben den egalitären Anspruch aufgegriffen. Das erste öffentliche Denkmal, auf dem alle Soldaten und Offiziere gemeinsam erinnert bleiben, wurde nach der Vertreibung der französischen Besatzung aus Frankfurt errichtet. Der preußische König Friedrich Wilhelm II. hatte den hessischen Soldaten ein Denkmal gewidmet, auf dem die Namen all jener Gefallenen verzeichnet wurden, die geholfen hatten, Frankfurt zu entsetzen. Das war 1793 – im Jahre Robespierres. 1815, nach den Befreiungskriegen, wurden vom nachfolgenden preußischen König Totentafeln allgemeinverbindlich angeordnet. In jeder Kirche sollten die Namen aller gefallenen Soldaten der Befreiungskriege festgehalten werden. In Wetter wird eine Ausnahme sichtbar, weil ein Name von der Liste gestrichen wurde. Es handelt sich um einen Deserteur, der lesbar ins Anonyme hinwegdefiniert oder hinwegdiffamiert wurde.

Die individuelle Erinnerung an die Namen wurde zunächst und vor allem in den Kirchen gepflegt und wanderte nur zögernd hinaus auf öffentliche Plätze, auf Denkmäler mit zunehmend nationaler Botschaft. Das war ein Vorgang, der seit der Jahrhundertmitte in ganz Europa allgemein um sich griff: seit den Revolutionskriegen 1848/49, seit dem Krimkrieg und seit den Einigungskriegen von Dänemark bis Sizilien.

Ein neues, technisch bedingtes Problem ergab sich aus der Verpflichtung, jene Soldaten zu erinnern, die kein Grab gefunden hatten, kein Grab mehr finden konnten. Es war die notwendige Folge eines industriell bedingten Prozesses, der vorerst im Ersten Weltkrieg kulminierte. Oft war mehr als die Hälfte aller Gefallenen, weil ihre Leichen vernichtet, zerrissen und zerfetzt wurden, nicht mehr wiederzufinden. Das gilt für Verdun, das gilt für Flandern, das gilt für die Somme- und die Isonzo-Schlacht. Seitdem wurde es zum Gebot, die Erinnerung wenigstens an die Namen zu pflegen, deren Leichen ohne Grabstätte verschwunden waren. In Thiepval z. B. wurden 73 000 britische Vermisste der Somme-Schlacht inskribiert, Ergebnis eines Schlachtens, das mit unseren seit 1945 geltenden rechtlichen Kategorien als Verbrechen bezeichnet werden müsste (Abb. 3, Vermisstendenkmal von Sir Edwin Lutyens).

Das riesige Monument von Thiepval wurde später zum Modell für Maya Lin, nach deren Entwurf 1982 das Vietnam-Memorial in Washington errichtet wurde. Ursprünglich handelte es sich hier um eine Seminararbeit, in der Maya Lin als Studentin in Harvard ein Denkmal für den Dritten Weltkrieg zu entwerfen hatte. Noch bevor das Vietnam-Memorial ausgeschrieben wurde, hatte sie eine gute Idee – gut im Sinne der ästhetischen Evidenz –, nämlich einen Schnitt in die Erde zu ziehen, um entlang dieser Linie auf einer schwarzen Granitwand die Namen der Toten zu visualisieren: Das Verschwinden der Toten im Erdreich wird ebenso signalisiert, wie die Reflexion der Besucher von der Namenswand zurückgeworfen wird (Abb. 4). Die Betrachter sehen sich von den glänzenden Granittafeln gespiegelt, wenn sie die Namen ihrer Kameraden, ihrer Freunde, ihrer Verwandten, ihrer Verlobten oder ihrer Männer, ihrer Brüder oder ihrer Väter zu finden und zu ertasten trachten: Die Suche nach den Toten konfrontiert die Überlebenden mit sich selbst.

Der enorme Eindruck, den das Vietnam-Denkmal erzeugt hat, war nicht vorhersehbar, aber er hat Gründe. Der erste Grund ist, daß die Studentin bei der Bewerbung ihren chinesischen Namen nicht genannt hat, denn sonst wäre es in der folgenden Debatte fraglich geworden, ob sie den Zuschlag bekommen hätte. Sie hatte, wie vom Wettbewerb vorgeschrieben, nur eine Kennziffer angegeben. So erhielt eine quasi unbekannte Studentin den Zuschlag.

Für diesen Auftrag bekam sie aber nur 20 000 $, zehnmal weniger

Abb. 6

Abb. 7

Abb. 8

Abb. 9

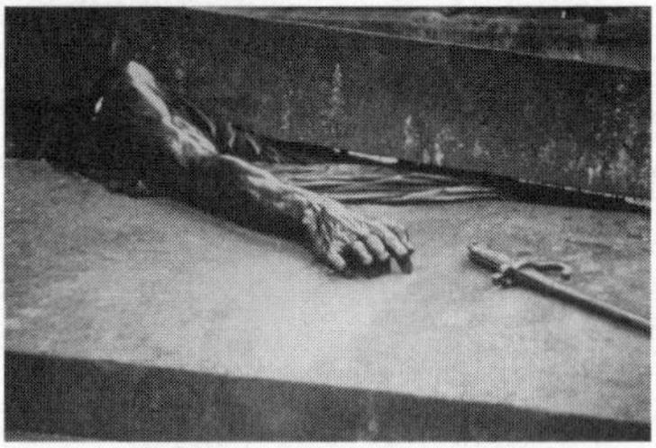

Abb. 10

als Frederick Hart, der Bildhauer jener drei elegisch-pathetischen Vietnam-Kämpfer, die später von den Veteranen als Zusatzdenkmal durchgesetzt wurden (Abb. 5).

Aber die anhaltende Wirkung geht weiterhin von der schwarzen Wand aus. Sie darf auch als Klagemauer betrachtet werden, weil sie den Betrachter zwingt, zu reflektieren, ohne eine Antwort finden zu müssen. Darin liegt das überlegene, von Maya Lin intendierte Angebot, daß jeder Trauernde seine Toten auf seine eigene Weise erinnern kann und muss. Die neutrale Form schließt jedes politische oder religiöse Vorgebot für den Memorialkult aus – zur Entrüstung vieler Veteranen. Der Streit zwischen ihnen und der Künstlerin schwelte unauslöschbar weiter. Aber es zeugt von der amerikanischen Fähigkeit, Kompromisse zu schließen, daß jenes rassisch differenzierende Gegendenkmal der drei Kämpfer doch noch zugelassen wurde. Außerdem wurde es inzwischen infolge emanzipatorischer Forderungen nach Parität um ein weibliches Denkmal ergänzt. Die Erinnerung der Namen aller einzelnen Gefallenen, die sich seit der Französischen Revolution langsam durchsetzt, darf liberal genannt werden, weil der Getöteten als Individuen gedacht wird. Und ebenso muss sie demokratisch genannt werden, weil aller Toten, die für ihr Vaterland gefallen sind, gemeinsam gedacht wird.

Die verschwundenen Leichen haben also zu Denkmälern geführt, die ohne Grabstätten nur auf Namen verweisen, gleichsam Ersatzmale für die fehlenden Gräber. Das gehört zur Signatur des 20. Jahrhunderts und führt folgerichtig zum Denkmal des Unbekannten Soldaten. Denn wenn die Leichen nicht mehr zu finden sind, wird ein unbekannter Soldat zur Symbolfigur für die Generation derer, die gekämpft haben und deren Tote in ein unbekanntes Nichts entschwunden sind. Der Unbekannte Soldat ist nach Vorläufern im amerikanischen Bürgerkrieg zuerst in Paris und in London konzipiert worden.

Meine *dritte These* ist nun die, daß der Unbekannte Soldat, wo immer möglich, in eine Tradition monarchischer Herkunft zurückgebunden bleibt. In Paris ist er unter dem Arc de Triomphe beigesetzt worden. Das heißt, er liegt dort, wo der Kaiser eigentlich als Sieger durchreiten wollte. Aber der Siegesritt wurde Napoleon, weil er schließlich verloren hatte, verwehrt. Trotzdem blieb das Denkmal ein kompensatorisches Signal französischer Triumphe. Die katastrophalen Niederlagen von 1812-15 wurden vom Siegestor gleichsam verschluckt.

Analoge Konfigurationen zwischen siegreichen Monarchen und dem Unbekannten Soldaten tauchen in fast allen Hauptstädten Europas auf. In München reitet ein Monarch, Otto von Wittelsbach, auf seinem Denkmalspferd, errichtet von Ferdinand von Miller 1911. Ihm zu Füßen wurde ein bunkergleicher Grabstein gesetzt. Darunter befindet sich die Skulptur des Unbekannten Soldaten, wie ihn der Münchner Volksmund nennt, und zwar mit dem inschriftlichen Versprechen, daß er einst mit seinen Kameraden auferstehen werde (Abb. 6). Wenn er denn auferstünde, träfe er zuerst auf die Hufe des Denkmalspferdes, dessen fürstlicher Reiter über die Ausgänge wacht. Das Grabmal war eigentlich den rund 13 000 gefallenen Münchnern des Ersten Weltkrieges gewidmet. Die Namenstafeln – ähnlich wie später beim Vietnam-Memorial in die Erde versenkt – sind im Zweiten Weltkrieg zerstört worden, und das ebenfalls zerstörte steinerne Soldatenmal von Bernhard Bleeker musste durch einen Bronzeguss ersetzt werden. Jetzt stehen nur noch Zahlen für beide Weltkriege an der Wand, wobei über 40 000 Münchener Tote des Zweiten Weltkrieges – Bombentote, Vermisste und Soldaten – neu in die Erinnerung aufgenommen worden sind. Die ehedem inskribierten Namen der Toten werden seitdem durch Zahlen anonymisiert. Der Unbekannte Soldat in München gewinnt so entgegen der ursprünglichen Absicht der Stifter seine eigentliche Bedeutung. Die Namenlosigkeit der Toten obsiegt.

Einen besonderen Fall zeigt uns der Unbekannte Soldat in Warschau. Er wurde beigesetzt unter den Arkaden des sächsischen Palais, in dem sich die Militärakademie befand. Das Grab lag anfangs unter dem Schweif des Denkmalpferdes, auf dem der 1813 gefallene Poniatowski, Verbündeter Napoleons im Krieg gegen die Russen, mit einer siegverheißenden Geste von Bertel Thorwaldsen verewigt wurde (Abb. 7). Die Deutschen haben 1944 bei der Vernichtung Warschaus samt der Militärakademie auch diese Plastik zerstört und eingeschmolzen. Es ist ja ein häufiger Kreislauf, daß Beutewaffen zur Errichtung der Denkmäler gestiftet werden, die ihrerseits im nächsten Krieg wieder eingeschmolzen werden, um neue Waffen daraus zu gießen ...

Nach Kriegsende schenkten die Dänen den Polen eine Kopie der Reiterfigur ihres klassischen Künstlers zurück. Aber die Russen verhinderten, daß Poniatowski, weil er gegen sie gekämpft hatte, vor dem Grab des Unbekannten Soldaten, gleichsam als dessen Hüter, wieder aufgerichtet wurde. So ruht der Unbekannte seitdem allein unter den Trümmerresten der alten Arkaden – sichtbares Mahnmal auch der Zerstörung Warschaus.

Ähnliche Konfigurationen zwischen Reiterfürst und Unbekanntem Soldaten finden sich in Wien, Krakau, Budapest und Rom, worauf hier nicht eingegangen sei. Selbst in Berlin, wo infolge der föderalen Vielfalt auf den einen Unbekannten Soldaten verzichtet werden mußte, befindet sich das Denkmal der heute sogenannten »Opfer von Krieg und Gewaltherrschaft« in der Neuen Wache im unmittelbaren Bannkreis des reitenden großen Friedrich von Christian Daniel Rauch.

Die These bleibt also verifizierbar, daß in fast allen Hauptstädten der Unbekannte Soldat dort ruht, wo sich eine monarchische Tradition in Reiterdenkmalen manifestiert hatte. Soziologisch liegt dem zugrunde, daß die Stiftungsgelder gern vom jeweils dominierenden Offizierskorps gespendet, die Stiftungszwecke also militärisch und traditional geprägt wurden. Aber aus der sichtbaren Rückbindung an die monarchische Tradition folgt nicht, daß die politisch-soziale Funktion der jeweiligen Unbekannten Soldaten nicht demokratisch genannt werden müsste. Es ist einer der wichtigsten Vorgänge im ganzen 20. Jahrhundert, daß unbeschadet der verschiedenen Verfassungsformen der streitenden Staaten die Erinnerung an ihren Unbekannten Soldaten, der den anonymen Massentod versinnlicht, eine demokratische Funktion hat: Der Unbekannte steht nämlich ein für seine Nation oder sein Volk, dessen Mitglied er ist. Seine symbolische Kraft prägt unbeschadet ihrer Verfassungslage den Denkmalskult aller europäischen Staaten. Wir erkennen hier die internationale Signatur einer Demokratisierung, die sich zwar national ausfächert, aber von der Typologie der konkurrierenden oder einander bekämpfenden Verfassungen kaum tangiert wird. Das Ritual, das die Überlebenden mit ihren Toten zusammenführt und zusammenhält, bezeugt eine strukturelle, gleichsam anthropologische Allgemeinheit unterhalb jeder Verfassungsvielfalt. Die Kategorie demokratischer Strukturen des modernen Totenkults greift also unbeschadet der empirisch unterscheidbaren Ausprägungen der einzelnen Staaten.

Das englische Beispiel ist gerade deshalb besonders bemerkenswert. Denn hier wird die Spannung zwischen der traditionalen monarchistisch-aristokratischen Oberschicht und dem demokratischen Anspruch des gesamten Volkes symbolisch aufgehoben. Scheinbar fällt das englische Beispiel aus der sonst üblichen Rolle heraus. Der Unbekannte Soldat selber liegt nicht, wie zu erwarten, in der Saint Paul's Cathedral, der militärischen Kult- und Grabstätte Großbritanniens. Vielmehr ruht er hinter der Eingangspforte zur Westminster Abbey, also im Vorhof der illustren Gräber britischer Künstler, Politiker und Schriftsteller. Er wird also in einen primär zivilen Kontext eingebettet.

Das Kenotaph für den Unbekannten Soldaten befindet sich dagegen in der Öffentlichkeit Whitehalls, aber nicht zu Füßen eines Monarchen, sondern über zehn Meter hoch auf einem 1919 von Sir Edwin Lutyens errichteten Sockel (Abb. 8). Das ist erklärungsbedürftig: Der Unbekannte liegt genau dort, wo traditionellerweise die reitenden Monarchen oder Generale ihr Denkmalspferd besteigen. Allein in London sind bisher rund dreißig Monarchen und etwas mehr Generale samt Ross auf den Sockel erhoben worden. Nach dem Ersten Weltkrieg kommt nun genau dort – auf dem royalistisch überhöhten, symbolträchtigen Platz – der einfache Soldat zu liegen. Gleichsam zur Bestätigung ist erst siebzehn Jahre später General Haig – ehedem gewiss der Oberkommandierende des unbekannten Soldaten – auf einen Sockel gehoben worden, der, in gehörigem Abstand errichtet, nur halb so hoch ist. Während der tatsächliche Leichnam des Unbekannten Soldaten in den Totenkult der aristokratischen Oberschicht eingebettet wurde, symbolisiert sein Leergrab eine demokratische Legitimität – eine meisterhafte Konfiguration britischer Symbolpflege.

Der Wechsel indiziert gleichzeitig einen Innovationsschub der militärtechnischen Bedingungen des Massensterbens. Die Umsetzung des Unbekannten Soldaten auf den Sockel eines potentiellen Reitermals wird just in dem historischen Augenblick vollzogen, da die Kavallerie ihre einstmals oft kriegsentscheidende Rolle an die technischen Zerstörungsmittel der Flieger und Panzer abgetreten hat, die nunmehr selber denkmalfähig werden – wovon hier abgesehen sei.

Die *vierte These*, die ich aufstelle, oder besser die Frage, die ich beantworten möchte, lautet: Inwieweit wird der Gegner von der Selbstaussage der Denkmale anerkannt oder ausgeschlossen? Generell darf vorausgeschickt werden, daß jedes Denkmal ein- und ausschließt. Zeigen heißt verschweigen. Es liegt in der inneren Logik eines Monuments, daß jede Visualisierung anderes verbirgt. Die Testfrage, die zu stellen ist, heißt deshalb: Was wird verschwiegen?

Hier ist zum erwähnten Vietnam-Denkmal hinzuzufügen, daß es zwar die rund 60 000 im Vietnamkrieg gefallenen Amerikaner namentlich festschreibt, aber verschweigt, wie viele Vietnamesen umgekommen sind, nämlich etwa 1,5 Millionen Soldaten und Zivilisten aus Nord- und Südvietnam. In herkömmlicher Terminologie war es zugleich ein internationaler Krieg und ein binnenvietnamesischer Bürgerkrieg. Nicht zu vergessen sind auch die neuen chemischen Kampfmittel, die eine Menge von Krüppeln und Erbgeschädigten, bis in die zweite und dritte Generation hinein, hervorgebracht und hinterlassen haben. Aber es gab ein Gegendenkmal zur Granitwand der Maya Lin. Es wurde geschaffen von Chris Burden: »The other Vietnam Memorial«. Es ist gewidmet den »Displaced persons of the American conscience«, den aus dem amerikanischen Gewissen vertriebenen und entschwundenen Toten. Auf zwölf über vier Meter hohe Metallplatten, die sich, Buchseiten gleich, um eine Achse umblättern lassen, wurden 4000 vietnamesische Namen eingraviert. Dabei handelt es sich nicht mehr um die persönlichen Namen tatsächlicher Toter, wie beispielsweise in Thiepval oder an der Granitwand in Washington. Sie stehen vielmehr repräsentativ für über anderthalb Millionen gefallene, umgekommene oder umgebrachte Vietnamesen, deren Namen zu registrieren nicht mehr möglich war. Der

Name gewinnt hier eine symbolische Kraft für die, die namentlich nicht mehr erinnert werden können.

Während auf dem Vietnam-Denkmal der Maya Lin die gefallenen Gegner verschwiegen werden, wird das symbolische Namensmal von Chris Burden für die Millionen entschwundener Vietnamesen selbst verschwiegen: Weil es nur museal ausgestellt wird, hat es die amerikanische Öffentlichkeit nicht erreicht. Ironischerweise ist obendrein der amerikanische Unbekannte Soldat durch einen Gentest identifiziert worden. Damit wurde der Ritus des namenlosen Soldaten medizintechnisch abgekappt und außer Kraft gesetzt.

Die Ausschließung des toten Feindes aus dem Gedenken war im 18. und 19. Jahrhundert noch keineswegs selbstverständlich. Eine Grab- und Gedenkkapelle auf dem Berliner Garnison-Friedhof erinnert alle seit den Jahren 1813-15 dort ruhenden preußischen und französischen Krieger gemeinsam. Die Inschrift lautet: »Gedenket der Jahre 1813. 1814. 1815. und der hier ruhenden preußischen und französischen Krieger«. Daß die Rede von »Kriegern« ist – ähnlich dem englischen »Warrior« –, bezeichnet emphatisch jene kämpfenden Gegner, die sich als solche gegenseitig anerkannt haben. Der preußische Staat teilte keineswegs die romantisch-nationalen Gefühle, die damals von seiner gebildeten Intelligenz überschwenglich gehegt wurden. Deshalb hat er nach dem Sieg über Napoleon auch nicht zugelassen, daß die Leichen getrennt wurden. Sie liegen gemeinsam beerdigt und werden gemeinsam erinnert. Die Grabkapelle ist in den 40er Jahren ausdrücklich zu einem öffentlichen Staatsdenkmal erhoben worden. Die Anerkennung des Feindes blieb also auch nach der Französischen Revolution gerade im eher konservativen Lager Teil einer Tradition, die bis in den dynastischen Staatenkrieg und letztlich in den ritterlichen Zweikampf zurückreicht.

Besonders prekär war die Erinnerung an jene Toten, die zunächst für Napoleon kämpfen mussten und nach dem Frontwechsel 1813 gegen ihn. Diese Gefallenen, vor allem des Rheinbundes, in dessen Namen sie zu den Soldaten gepresst worden waren, verloren aus der Perspektive der siegreichen Befreiungskriege ihren Anspruch, ehrenwert erinnert zu werden. Der nachgelieferte Verdacht eines Verrats konnte nur schwer ausgeräumt werden. Dennoch ließ der bayerische König Ludwig I. 1833 von Leo von Klenze jenen großen Obelisken errichten, auf dessen Sockel vier martialische Widder ihr Haupt senken und dessen Inschrift den Frontwechsel unterläuft: »Auch sie starben für des Vaterlandes Befreyung«. Nur ein Monarch konnte es sich noch leisten, die Toten unbeschadet ihrer ideologisch wechselnden Zuordnung als Tote zu erinnern.

Freilich verstärkten in der Erinnerung der Überlebenden die enormen Todeszahlen nicht gerade die Hochachtung für einen Feind, in dessen Sold und unter dessen Befehl die Gefallenen hatten kämpfen müssen. 30 000 Bayern starben z. B. im Dienst Napoleons – im Kampf gegen Frankreich 1870/71 fielen nur 3500. Napoleon hatte den Bayern rund zehnmal mehr Tote abgefordert, als sie im Kampf um die deutsche Einigung verloren hatten. Die einmal entfachten nationalen Ressentiments, Zeichen und Promotor der Demokratisierung, waren wenig geeignet, den Feind als gleichberechtigt anzuerkennen. Die patriotisch-solipsistische Rückbindung der Erinnerung an die eigenen Toten – und nur an diese – verhinderte zunehmend die Anerkennung der gefallenen Gegner. Aus dem Feind, der als Mensch gleichberechtigt anerkannt worden war, wurde wieder ein »Barbar«. Dieser ideologische Trend setzt sich um 1900 auf zahlreichen Denkmälern in Europa zunehmend durch – Vorzeichen des Weltkrieges.

Aber es gab noch, gelegentlich, Ausnahmen, selbst im Ersten Weltkrieg. Erinnert sei nur an die ehrenvolle, von Salutschüssen begleitete, Beisetzung Manfred von Richthofens durch seine kanadischen Gegner. Sie stand in der Tradition ritterlicher Zweikämpfe, die von den Jagdfliegern noch fortgesetzt werden konnte. Doch auch für die einfachen Soldaten wurden gemeinsame Friedhöfe und Gedenkstätten errichtet. In St. Quentin stehen zwei antikisierte Figuren, ein alter und ein junger Mann, die um Freund und Feind zugleich trauern. Es ist das Friedhofsdenkmal, das Kaiser Wilhelm II. aus seiner Privatschatulle für dort gemeinsam beigesetzte Deutsche und Franzosen gestiftet hatte. Auf der linken Seite lagen die Franzosen, auf der rechten die Deutschen, und auf der Friedhofswand wurden die Namen aller Gefallenen festgehalten. Nach ihrem Sieg haben die Franzosen ihre

Toten exhumiert und durch deutsche Leichen ersetzt. Die eigenen Toten sollten nicht mit den Deutschen zusammenbleiben, so daß die umgesetzten deutschen Soldaten nunmehr unter der französischen Namenswand ruhen. Die ostentative Trennung der Leichen war nach 1918 ein Vollzug demokratischer Selbstidentifikation, die den Feind ausschloss. Der Fall zeigt, daß die dynastische Tradition, den Feind, jedenfalls in Europa, als seinesgleichen anzuerkennen, bei Wilhelm II. – wie immer man ihn sonst einschätzt – noch ungebrochen fortgewirkt hatte.

Den Feind auszuschließen oder als unterworfenen Besiegten darzustellen gewinnt als Thematik der Denkmäler im 20. Jahrhundert zunehmend an Gewicht. Nach dem Zweiten Weltkrieg zeigen sich freilich zwischen den beiden siegreichen Supermächten enorme Unterschiede im Totenkult. Auch die Amerikaner haben ihre Leichen exhumiert, und zwar all jene, die auf deutschem Boden gefallen waren. Der Boden war gleichsam faschistisch so verseucht, daß selbst die toten Sieger dort nicht belassen werden durften. Die Praxis der Amerikaner stand im Gegensatz zu jener der Engländer und Franzosen, die ihre Kriegerfriedhöfe traditionellerweise auch in Deutschland angelegt haben, wie es die seit dem Frankfurter Frieden von 1871 völkerrechtlich abgesicherte Regel vorsah. Die Amerikaner überließen dagegen den Hinterbliebenen die Wahl, ihre Angehörigen nach Hause zu holen oder aber auf den nationalen Massenfriedhöfen in Westeuropa oder in Italien beisetzen zu lassen, keinesfalls aber im besiegten Deutschland. Die Peinlichkeit des Händeschüttelns von Kohl und Reagan auf dem Soldatenfriedhof von Bitburg rührt aus der Unkenntnis her, daß diese Friedensgeste nicht über gemeinsam beerdigten, ehemals verfeindeten Soldaten vorgeführt werden konnte – wie dies für Verdun zutrifft. Hinzu kam, daß in Bitburg von rund 2000 beigesetzten Soldaten 49 der SS angehört hatten. Das Händehalten schien damit obendrein den nationalsozialistischen Massenmord symbolisch zu bekräftigen. Aber auch diese Deutung wurde der tatsächlichen Identität der Toten nicht gerecht. Es handelte sich fast noch um Kinder, die nach der Überschreitung von 1,70 Meter Größe zwangsweise zur [Waffen-]SS eingezogen wurden –

also nicht nur um freiwillige Jugendliche –, die dann allesamt nach völlig unzureichender Ausbildung gegen Kriegsende in den Tod geschickt wurden. Im Hinblick auf diese Schwierigkeiten, zwischen toten Freunden und Feinden nicht mehr angemessen unterscheiden zu können, hätte der deutsche Bundeskanzler den amerikanischen Präsidenten besser in Dachau begrüßt, das von den Amerikanern wahrlich befreit worden war.

Genau dies ist nun die Botschaft der Russen: ihre Siegesdenkmäler einzig als heroische Befreiungsmale zu errichten. Wie im eroberten Ostdeutschland gibt es in ganz Osteuropa zahlreiche, große und kleine, Grabfelder sowie monumentale Großdenkmäler, in Berlin, Warschau, Prag, Wien, Budapest, Bukarest und Sofia, welche die sowjetischen, unmittelbar am Ort ihres Sterbens beigesetzten Gefallenen als Helden in Erinnerung halten sollen. Der Ausschluss der besiegten Toten aus der Erinnerungsgemeinschaft führte dazu, daß nur das Gedächtnis an den russischen Sieg zugelassen und zwangsvollstreckt wurde, während die Völker, die 1945 so sehr befreit wie unterworfen wurden, ihrer eigenen Toten öffentlich nicht gedenken durften. Sie wurden verschwiegen.

Dem entspricht, daß Fritz Cremer genötigt wurde, auf dem 1958 errichteten Denkmal für die KZ-Toten in Buchenwald vor allem die sieghafte kommunistische Lagerleitung aufzuführen unter Ausschluss der übrigen Häftlingsgruppen, besonders der Juden, sowie derer, die später dort unter Stalin umgekommen sind (Abb. 9). Erst nach der Wende um 1990 ist es, so wie in Russland selbst, im ganzen Osten möglich geworden, auch die eigenen Toten um ihrer selbst willen zu erinnern.

Meine Schlussüberlegung – die *fünfte These* – zielt auf Folgendes ab: Jedes Denkmal, das wir sehen oder aufsuchen, enthält eine Botschaft, sonst wäre es gar nicht errichtet worden. Daß alle Denkmäler Bedeutungsträger, Sinnstifter sind, versteht sich von selbst. Es muss eine Absicht darauf hinwirken, daß sie überhaupt errichtet werden. Aber die Frage, die uns jetzt beschäftigen soll, lautet: Sind auch die Vorgänge selber sinnvoll, die durch die Düse der Denkmalsaussage erinnert werden sollen? Die einem Denkmal eingestiftete Botschaft, etwas Bestimmtes so und nicht anders zu erinnern, garantiert keineswegs, daß das, was erinnert wird, auch in sich selbst sinnvoll ist oder bleibt. Das Denkmal als Bedeutungsträger muss sich, zumindest in der Rezeption, nicht mehr mit dem ehedem eingestifteten Sinn decken. Speziell gefragt: War der Tod – warum, wofür, wie und wann gestorben worden ist – ein sinnvoller Tod?

Es ist nun meine letzte These, daß seit Beginn des 20. Jahrhunderts im Bedeutungsspektrum der Denkmäler eine gravierende Verschiebung sichtbar wird. Die Denkmalsbotschaften erheischten in einer ersten Phase bis zum Ersten Weltkrieg von sich aus Zustimmungsfähigkeit. Trotz aller Einwände und Kritik bezog sich die Aussage affirmativ auf die Vorgänge und Ereignisse, die den Tod gewaltsam herbeigeführt hatten. Das gilt für die Denkmäler der Sieger und Besiegten gleichermaßen. In einer zweiten Phase, zunehmend seit dem Ersten Weltkrieg, lautet die Botschaft, daß der Sinn nicht mehr vorausgesetzt, vorgefunden oder aufgefunden wird. Sinn wird vielmehr gesucht, beschworen oder eingefordert.

In einer letzten Phase tauchen Denkmale auf, deren primäre Botschaft das Fehlen jeglichen Sinnes überhaupt ist, die Sinnlosigkeit, die Absurdität. Damit wird der millionenfache Völkermord angesprochen, den vor allem die Deutschen organisiert und vollzogen haben. Aber auch das Massensterben durch die Atomwaffen in Hiroshima und Nagasaki wird der Sinnlosigkeit angeklagt.

Je nach den Siegern und Besiegten und je nach der Weise zu überleben überlappen sich die Phasen, in denen klare Sinnstiftung, Sinnsuche, Sinnforderung und die absolute Verzweiflung, keinen Sinn mehr finden zu können, variiert werden. Der Thesengang ist also nicht reduzierbar auf einen einzigen, unilinearen Vorgang. Er verteilt sich abschichtig auf die einzelnen europäischen Nationen und auf die der übrigen Welt. Aber die Variantenskala löst doch insgesamt große Transformationen aus, die zur Signatur des 20. Jahrhunderts gehören. Das sei an einer Reihe von Beispielen gezeigt.

Im ganzen 19. Jahrhundert herrscht noch die von den Denkmalsaussagen induzierte ungebrochene Sinnstiftung vor. Selbst die Besiegten teilen die bejahenden Botschaften. Das französische Denk-

Abb. 11

Abb. 12

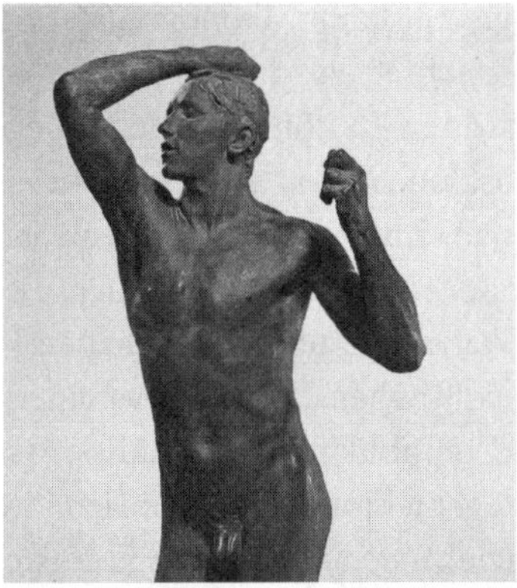

Abb. 13

Abb. 14

Abb. 15

mal von Sedan zeigt Nike, die einen sterbenden Soldaten bekränzt. Darunter trägt Clio eine Inschrift ein: »Impavidus numero victus« – tapfer, aber nur der Überzahl erlegen. Es handelt sich um eine kompensatorische Aussage, denn wenn die Franzosen in der Minderzahl kämpften, lag das eher an strategischen Fehlern ihrer Führung und weniger an einer numerischen Unterlegenheit gegenüber den preußischen und süddeutschen Truppen. Die Formel betont zu Recht die Tapferkeit der französischen Soldaten, verschweigt aber, was vom Denkmal her nicht sichtbar wird.

Daß eine Victoria mit Flügeln sich herniedersenkt und einen sterbenden Soldaten bekränzt, findet sich hundertfach auch in Deutschland. Die gegnerischen Denkmäler unterscheiden sich von der Ikonik und der Ikonologie her kaum. Ikonographisch freilich muss man wissen, wer sie wo errichtet hat und welche Inschriften sie tragen, um sie national einordnen zu können. Die vorgegebene Bedeutung eines Soldatentodes ist noch klar, auch wird Revanche nicht direkt gefordert. Allerdings zeichnet sich die Tendenz ab, die eigene Unbesiegbarkeit zu unterstellen – wie sie sich auch die Deutschen nach 1918 als historische Wahrheit angesonnen haben.

Im französischen politischen Totenkult vereinen sich royalistische, bonapartistische und republikanische Traditionsstränge, die jedenfalls den Kriegstod in gemeinsamem nationalem Stolz erinnern. Und in Deutschland vollzieht sich eine analoge Fusion: Die aristokratisch-militärischen und die bürgerlich-nationalstaatlichen Bewegungen finden sich auf den Denkmälern zusammen. So lautet eine Inschrift: »Den gefallenen Helden zum ehrenden Gedächtnis, den Mitkämpfern zur dankbaren Anerkennung, den kommenden Geschlechtern zur Nacheiferung«. Die ehedem 1813 vom König ausgesandte Botschaft, alle Generationen der Vergangenheit, der Gegenwart und der Zukunft in der Todesbereitschaft für das Vaterland zusammenzuführen, wird jetzt – nach 1871 – von den Bürgergemeinden aktiv aufgegriffen: Bei gleicher Semantik wechselt das souveräne Handlungssubjekt vom Monarchen zur bürgerlichen Gesellschaft, die sich nunmehr im Sinne einer nationaldemokratischen oder völkischen Selbstkonstitution zur Todesbereitschaft verpflichtet.

Daß die Sinnstiftung auch einen Schritt weiter gehen und von den Besiegten fordern kann, Rache zu üben, bezeugt ein Denkmal in Colmar. Hier errichtete Frédéric Bartholdi, der Schöpfer auch der Freiheitsstatue, 1876 unter deutscher Herrschaft ein Kriegerdenkmal. Unter einer angehobenen, Auferstehung verheißenden Grabplatte greift die Hand des Gefallenen nach dem entwundenen Bajonett (Abb. 10). Die implizite Aufforderung ist klar: Rache zu üben. Erst 1916 haben die Deutschen das Grabmal, weil sich auf ihm die Blumen der Elsässer zu sehr häuften, abgetragen – aber nicht zerstört. So konnte es 1919, nachdem die Botschaft ihren Zweck erreicht hatte, wiedererrichtet werden.

Eine ähnliche Botschaft geht von dem 1922 errichteten Bürgerkriegsdenkmal in Weimar aus, das Walter Gropius den 1919 gefallenen Arbeitern gewidmet hat. Das Auferstehungsversprechen, das die schräg gegeneinander abgeschichteten Grabplatten vermitteln, steigert sich nach oben zu einem gezackten Blitz, der über Sühne oder Rache hinaus ein zukünftiges Ziel zu erreichen einfordert (Abb. 11). Eines der bedeutendsten Denkmale des 20. Jahrhunderts überhaupt, wurde es von den Nationalsozialisten zerstört und in der DDR wiedererrichtet: gleichsam die Sinnforderung einlösend.

Der Überschritt von einem unstrittig und eindeutig vorgegebenen Sinn zu dessen Ironisierung wird an einem Werk von Edward Kienholz deutlich, welches das pathetische Siegesmal von Felix de Weldon in Arlington (1954) bitter parodiert. Das schwerste und sicherlich berühmteste Denkmal des Zweiten Weltkrieges orientierte sich an dem gestellten Photo, das die Aufrichtung der Siegesfahne durch US Marines auf Ivo Jima feierte, wo rund 6000 Amerikaner und rund 20 000 Japaner den Tod gefunden hatten (Abb. 12). Kienholz imitiert die Sieger, die nunmehr ohne Köpfe in ihren Uniformen stecken, während neben ihnen eine Totentafel aufgestellt ist, mit umgekehrtem Kreuz, unter dem auf einer Tafel die Namen der im Laufe der Geschichte ausgelöschten Völker zu lesen sind – freilich in Kreide geschrieben, damit auch ihre Namen ausgelöscht werden können, um den Opfern kommender Völkermorde Platz zu machen (1968). In ironischer Inversion wird jede sieghafte Sinnstiftung auf diesem »Portable War Memorial« in ihr Gegenteil gekehrt: die Sinnlosigkeit der Völkermorde, die unter patriotischem Vorzeichen inszeniert werden.

Der Bedeutungsverlust unreflektierter patriotischer Sinnvorgaben ebnet den Weg, der die Sinnsuche selbst zum Gegenstand werden lässt. Er wurde erstmals von Rodin aufgewiesen. Sein berühmtes »Ehernes Zeitalter« war 1871 noch als klassisches heroisches Kriegerdenkmal konzipiert worden, einen antikisch-nackten Verwundeten darstellend, mit einem Verband um den Kopf und einem Speer in der Hand. Indem Rodin, wie Schmoll gen. Eisenwerth nachgewiesen hat, Speer und Binde entfernte, wurde das Denkmal gleichsam entmilitarisiert. Zurück blieb jener zweifelnde Jüngling, der in das eherne Zeitalter hineintaumelt – Symbol des kommenden Jahrhunderts (Abb. 13). Damit wurden alle revanchistischen Denkmale, wie sie der *souvenir français* in Frankreich damals errichtete, ikonisch und ikonologisch überholt und politisch-ästhetisch überboten.

Ein weiteres, ästhetisch nicht überholbares Denkmal, das die vergebliche Suche nach dem Sinn des gewaltsamen Todes visualisiert, stammt – um ein halbes Jahrhundert zeitversetzt – von Käthe Kollwitz. In jahrzehntelanger Reflexion hat sie ihren Sohn, der als Kriegsfreiwilliger 1914 gefallen war, in die Unsichtbarkeit wegmeditiert. Anfangs sollte er als inkarniertes Opfer, Christus gleich, zu Füßen der Eltern liegen. Dann aber blieben nur mehr die knienden Eltern zurück, wie jetzt in Vladslo (Flandern) zu sehen, ihrem verschwundenen Sohn nachsinnend (Abb. 14, 1932). Statt den toten Soldaten zu zeigen, wird das Überleben selbst thematisiert, ohne ihm eine Antwort zuzumuten oder aufzunötigen.

Daran gemessen ist die Pietà der Kollwitz in der Neuen Wache zu Berlin – anfangs eine private Kleinplastik (geschaffen 1937/38), die 1992 *postum* zum Denkmal aufgewulstet wurde – ein Rückfall in die christologische Ikonographie, Trost im Opfertod anzubieten oder aufzunötigen. Der tote Sohn ist gleichsam auferstanden und wird von seiner Mutter in ihren Schoß zurückgeholt (Abb. 15). Im Hinblick auf die Ereignisse des Zweiten Weltkrieges eine doppelte Peinlichkeit: Gezeigt wird eine überlebende Mutter, obwohl mehr als die

Hälfte aller Bombentoten und aller Flüchtlingstoten Frauen und Kinder waren. Das alte Symbol der trauernden Maria verfehlt also die neue geschichtliche Wirklichkeit. Und, schlimmer noch, der Topos der Pietà, der auf den Denkmalen zum Ersten Weltkrieg hundertfach aufgegriffen worden war, verändert nach dem Zweiten Weltkrieg seinen symbolischen Status. Die Aufstellung der Pietà gerinnt nach der christlichen Vorgeschichte des nationalsozialistischen Massenmordes zwangsläufig zu einer antijüdischen Geste, weil die alte Anklage des sogenannten Gottesmordes durch die Juden der Figuration unausweichlich innewohnt. Je mehr überkommener Sinn aufgefrischt und neu investiert wird, und je mehr Sinn überhaupt noch gesucht wird, desto geschmackloser das Denkmal. Umgekehrt: Je nachhaltiger die Verzweiflung am Sinn des Kriegstodes reflektiert wird, desto größer die Leistung des Künstlers.

Das gilt – in der Serie der deutschen Denkmale unübertroffen – schon für Wilhelm Lehmbruck 1916. Er hat sich, wie seine Plastik des »Gestürzten« bezeugt, als Schüler von Rodin stilistisch emanzipiert (Abb. 16). Die nackte Figur ist durch den Schwertstummel in der rechten Hand noch als Soldat erkennbar. Aber der »Gestürzte« gibt drei weitere Aussagen frei, die sich gegenseitig bedingen und ergänzen: die Verwundung, die zum Sterben hinführen kann, das Sterben selbst und die Trauer, die über den Tod hinausreicht. Lehmbruck beging 1919 Selbstmord, weil er, allein zurückgeblieben, sich selber nicht mehr aushalten konnte. Er hat gleichsam den verlorengegangenen Sinn durch seinen persönlichen Tod eingelöst.

Das Symbol der vergeblichen Suche nach Sinn wurde im Zweiten Weltkrieg überboten. Die Sinnverweigerung gerinnt zur Wirklichkeit selber. Das KZ-Denkmal in Neuengamme, das Françoise Salmon, eine Ausschwitz-Überlebende, 1965 geschaffen hat, zeigt – den von Lehmbruck expressionistisch ausgezehrten Leib scheinbar übernehmend – nunmehr realiter einen skelettösen Leichnam (Abb. 17).

Ein Rückblick auf den Ersten Weltkrieg belegt den tiefgreifenden Strukturwandel, der mit der Sinnlosigkeit des gewaltsamen Todes erreicht wurde. Maillols 1932 für Banyuls-sur-Mer geschaffener nackter, zurückfallender, am Helm noch als Soldat erkennbarer Sterben-

Abb. 16

Abb. 17

Abb. 18

Abb. 19

Abb. 20

der ist noch universal lesbar als Heros, der am Altarstein von überlebenden Frauen betrauert wird (Abb. 18).

Der Bombenkrieg, der keine Unterscheidung zwischen Zivilisten und Soldaten mehr kennt, führt uns ausweglos in die tödliche Verzweiflung als solche. Ossip Zadkine schenkte Rotterdam, nach Warschau der ersten von Fliegern vernichteten Stadt, sein Mahnmal, einen sterbenden Menschen, der anklagend mit zerrissenem Leib vergeblich die Arme in den Verderben bringenden Himmel wirft, ohne von dort Rettung finden zu können (Abb. 19). Der Sinn des Sterbens hat sich verzehrt, Folge des nunmehr totalen Krieges. Stilgeschichtlich steht Zadkine auf einem Höhepunkt der immer noch an den menschlichen Körper zurückgebundenen Darstellungen eines sinnlos gewordenen Sterbenmüssens. Zahlreiche ähnlich gestaltete Zerreißformen, wie etwa auf dem slowenischen Denkmal für Mauthausen (Abb. 20), fallen in Bezug darauf rein ästhetisch gemessen zurück. Die gespaltene Säule ist ein Zusatzmotiv, während das bloße Skelett eher auf die weit zurückliegenden Totentänze verweist.

Für die uneinlösbar gewordene Sinnsuche seien zum Schluss drei ästhetische Antworten skizziert. Sie führen uns in den Wahnsinn und Widersinn der rational geplanten und bewusst gewollten Massenmorde.

1. Ein oft wiederholtes Motiv ist der verschwundene Mensch, der nur noch als Negativfolie seiner selbst, als Hohlform dargestellt wird. Besonders eindrucksvoll ist ein schlichtes Gemeindedenkmal in Zell (Bayerischer Wald), das 1972 von Christian Klepsch ausgemeißelt wurde. Drei einander zugewandte Granitblöcke sind so ausgeschält, daß der Tote oder Vermisste *per negationem* sichtbar wird (Abb. 21). Die Anregung ging von einem überlebenden Kriegsblinden aus, der so die entschwundenen Angehörigen oder Kameraden ertasten konnte – noch in der Negation bleibt die Erinnerung an die konkreten Menschen fassbar. Eine Steigerung dieser personalen Hohlform in die Abstraktion hinein sind die Denkmale von Jochen Gerz oder Horst Hoheisel, die ihr eigenes Verschwinden thematisieren.

2. Eine entgegengesetzte Variante bietet die Realsymbolik. So materialisiert z. B. das 1980 in Baltimore von Sheppard gestaltete Mahn-

mal das Sterben der Menschen im Flammentod noch einmal. Oder der Rekurs auf reale Vorgänge wird in Yad Vaschem durch die Aufstellung eines Transportwaggons der deutschen Reichsbahn konkretisiert. Er schwebt, irreal, über einem Abgrund, der die nachfolgende Vergasung der Insassen symbolisieren soll.

Ein besonders eindrucksvolles Zeugnis der Realsymbolik befindet sich in Plaszow bei Krakau, das an jenes Lager erinnert, in dem Schindlers Listen erstellt worden waren. Entgegen den Zwangsauflagen des sozialistischen Realismus haben hier Witold Cęckiewicz und Ryszard Szczypczyński ein Denkmal entworfen, das fünf zwar noch stehende Menschen zeigt, die aber erdrückt werden von einem Steinblock, der auf ihrem Nacken lastet, während ihre Brust schon durchschnitten ist; vom Tode gelähmt hängen die Arme herab (Abb. 22). Der Übergang von der Realität in die Symbolsprache ist gleitend. Die Rückbindung an das tatsächliche Leiden wird durch die real dargestellten Menschen ermöglicht, durch die sich ein einziger gewalttätiger Riss zieht, der Sinnlosigkeit und Trauer zugleich signalisiert und hervorruft.

Eine weitere Variante stammt aus dem Umkreis sozrealistischer Themen. Der Bildhauer Vadim Sidur, der im Zweiten Weltkrieg schwer verwundet wurde und schließlich daran sterben sollte, schuf in der Sowjetunion anfangs vorschriftsgemäße Helden. Dann aber wandte er sich dem absurden Massensterben zu, das er öffentlich nicht mehr zeigen durfte. Deshalb schmuggelte er handgroße Modelle nach Deutschland, wo sie auf das vorgesehene Maß vergrößert wurden. Vor dem Gericht in Berlin Charlottenburg liegt ein von realistischen Toten abstrahierender Leichenberg, der an die Morde von Treblinka erinnert (Abb. 23). Es sind schon vergaste, nunmehr zu verbrennende Leichen, die Gerechtigkeit einklagen, ohne diese für sich selbst gefunden zu haben und finden zu können.

3. Unsere dritte Variante, welche die uneinholbare Sinnlosigkeit selbst thematisiert, führt folgerichtig in die reine Abstraktion. Von der Rückbindung an jede Empirie wird abgesehen, weil die konkrete geschichtliche Wirklichkeit der perfekt organisierten Massenvernichtung als solche nicht mehr darstellbar ist. Wo sich jede Sinnhaftigkeit

verweigert, entzieht sich auch die Darstellung der Vergegenständlichung. Was immer stilgeschichtlich zur abstrakten Kunst hingeführt hat – die Sprachlosigkeit derer, die der Massenvernichtung entronnen sind, und die Sinnverweigerung dieser ihrer geschichtlichen Erfahrung drängen zur Entsinnlichung der Mahnmale. Deshalb wird es fraglich, ob überhaupt noch eine Korrespondenz zwischen geschichtlicher Wirklichkeit und abstrakter Kunst hergestellt werden kann. Abstrakte Denkmäler kennen keine Kriterien mehr, die zwischen politischer Bedeutung und reiner Kunst zu unterscheiden ermöglichen. Die Sinnlichkeit der menschlichen Sinne – die visuelle und taktile Vermittlungsinstanz der Mahnmale – versagt sich seitdem auch jeder eindeutigen Sinnbildung. Darin mag die Botschaft liegen.

Aus den zahllosen Versuchen, von den wirklichen Vollzugsweisen der von den Deutschen ausgerichteten Massenmorde an unschuldigen Zivilisten abzusehen und doch visuell daran zu erinnern, seien drei Beispiele herausgegriffen.

Göttingen kam 1973, wie viele andere deutsche Gemeinden, vor allem in den siebziger Jahren, der selbstauferlegten Verpflichtung nach, am Ort der zerstörten Synagoge ein Mahnmal zu errichten. Es stammt von Conrado Casti. Ein pyramidisch aufgestuftes, sechsfach versetztes Gitternetz, den durchbrochenen Davidstern symbolisierend, erhebt sich in den Himmel (Abb. 24). Darunter befindet sich eine Krypta, in der die Namen aller Verschwundenen, der vertriebenen, der vergasten, der vernichteten Juden festgehalten sind. Das von oben einfallende Licht, das Rettung verspricht, öffnet nicht genügend Raum, um zu entkommen. So wird die Ausweglosigkeit visualisiert. Damit ist ein Zeichensystem gefunden worden, das von der unfassbaren Wirklichkeit absieht, um im Medium der Abstraktion auf sie zu verweisen.

Ästhetisch analoge Lösungen tauchen immer wieder auf. Bruchlinien oder Risse öffnen sich, weit genug, um Rettung zu versprechen, aber zu eng, um einen Ausweg freizugeben.

In Treblinka haben Franciszek Duszenko und Adam Haupt 1961 bis 1964 eine Gedenkstätte angelegt, deren Abstraktionskraft die

Abb. 21

Abb. 22

Abb. 23

Abb. 24

Grenzen der Aussagefähigkeit erreicht und sichtbar macht. Die Schwellen verweisen auf die ehedem konkreten, aber nicht mehr vorhandenen Eisenbahngleise, auf denen rund 800 000 Juden in das Todeslager geschafft worden waren (Abb. 25). Zugleich aber versinnlichen sie die sprachliche Metapher der Schwelle, die den Überschritt in den Tod oder das Jenseits anzeigt. Die Erinnerung an die vergasten und in Luft und Asche aufgelösten Menschen selber wird durch siebzehntausend Granitstelen wachgehalten. Keine gleicht der anderen, alle sind durch Verkantungen und Bruchlinien individualisiert (Abb. 26). So symbolisieren sie in ihrer Erstarrung die abgebrochenen, die einmaligen, sprachlos gewordenen Lebensläufe aller Ermordeten.

Das Stelenfeld wird so zu einer einzigen Metapher der Sprachlosigkeit. Zudem sind die unterschiedlich gebrochenen Stelen im Raum so verteilt, daß sie nie alle zugleich gesehen werden können. Der Betrachter muss also umherschreiten, um sich das nicht existierende Gräberfeld einbilden zu können. Das Verschwinden der scheinbar zahllosen, aber zählbaren Individuen, der Kinder, Frauen und Männer, kann in seiner mörderischen Tatsächlichkeit nicht mehr gezeigt werden, aber in einem durch die Steine hervorgerufenen Eingedenken wird der Massenmord in seiner absoluten Sinnlosigkeit sichtbar gemacht.

Wir kommen zum Schluss. An der vorbildhaften Lösung von Treblinka gemessen wird schon deutlich, daß die Variante Peter Eisenmans zum Berliner Holocaustmahnmal diese ästhetisch kaum einholen kann: Die kompakte Aufreihung uniformer Stelen aus Betonguss erweist sich als eine in Erstarrung materialisierte Trauer, die Gefahr läuft, keine Trauer mehr vermitteln zu können (Abb. 27).

Das direkte Vorbild der Stelen befindet sich wahrscheinlich in Yad Vashem, wo abgebrochene Säulen in den Himmel ragen, die das unvollendete Leben der jüdischen Kinder symbolisieren sollen (Abb. 28, sculpt. Moshe Safdie, entworfen 1976, durchgeführt 1987). Hier gewinnt die Metapher der Sinnlosigkeit noch eine gebrochene Form, die von der wohlgeordneten Masse der Berliner Betonstelen nicht erreicht werden wird.

Abb. 25

Abb. 26

Abb. 29

Abb. 27

Abb. 28

Ein wirklich innovativer Durchbruch ist dagegen Daniel Libeskind gelungen. Er hat ein anderes Mahnmal aus dem Berliner Stadtmuseum hervorgehen lassen. Dabei ist sein Projekt dreimal so groß geworden wie das Museum, dessen Unterabteilung es anfangs sein sollte. Damit hat sich die jüdische Gedenkstätte verselbständigt. Die Materialwahl, Eisen, Beton, Glas, Zink und ihre Kombination, führt den Besucher gleichsam in eine begehbare Skulptur: Die Perspektiven verrutschen immer wieder und zwingen zum dauernden Sichtwechsel. Ein durchlaufender, 22 Meter hoher Leerraum verschränkt Sichtbares mit dem Unsichtbaren (Abb. 29, 1998). Je stärker der Besucher verunsichert wird, desto gewisser wird er mit der gewalttätigen Sinnlosigkeit konfrontiert, die Millionen unschuldiger Menschen zum Verschwinden gebracht hat. Verworfene Flächen, Schrägen und Durchbrüche schiefer Ebenen, enggeführte Gänge und um Ecken herum überraschende Öffnungen, quälende Treppenfluchten und erdrückende Querbalken, alles um Leerstellen herum komponiert, mit der einen hohen und zentralen dunklen Gedenkhalle für die Holocaustopfer selber, versetzen den Besucher in eine Bewegung, die ihm ihrerseits den Zustand einer Ausweglosigkeit in den Leib diktiert. Er wird zur Besinnung, zur Reflexion genötigt.

Daß die Deutschen gleichzeitig zwei große Gedenkanlagen, von sehr unterschiedlicher ästhetischer Qualität und nur für die Juden allein, aber bisher kein Denkmal für die Gesamtheit aller durch den Nationalsozialismus vernichteten schuldlosen Menschen errichtet haben – man denke nur an die als rassisch minderwertig definierten drei Millionen umgekommenen Polen oder an die eben deshalb umgebrachten dreieinhalb Millionen sowjetischer Kriegsgefangener, um nur zwei Gruppen zu nennen, die ohne Denkmal bleiben –, dies lässt sich vielleicht nur ideologiekritisch begreifen. Die einzelnen Opfergruppen werden durch eine Skala hier zugelassener, dort verschwiegener Erinnerung hierarchisiert, und das weiterhin unbedacht entlang den von der SS vorgegebenen und auch von der Wehrmacht übernommenen Vernichtungskategorien. Als Nation, die die Täter gestellt hat und die sich immer noch dem ethischen Gebot verweigert, eine Gedenkstätte für alle von uns seinerzeit ermordeten

Menschen und Gruppierungen zu schaffen, geraten wir in ein Dilemma moralischer Hilflosigkeit und ästhetischer Inkonsequenz. Das zeugt bestenfalls von der Last der Sinnlosigkeit, die wir uns durch unsere Geschichte als Deutsche aufgebürdet und die wir gegenüber den von uns ermordeten Nachbarn zu verantworten haben.

Die Demokratisierung des Reiters. Vom dynastischen zum nationalen Totenkult

Heutzutage überzeugt es nicht mehr, die Weltgeschichte nach Metallsorten zu gliedern: vom goldenen bis zum ehernen Zeitalter. Aber es mag ebenso fraglich klingen, wenn eine temporale Gliederung ontologisch festgeschrieben wird: wobei die ehedem jüngste Geschichte heute »alte« Geschichte heißt und die heutige, den Jahren nach viel ältere Geschichte stattdessen »neue« Geschichte genannt wird. Warum sollte man nicht die Weltgeschichte nach sozial oder ökonomisch dominanten Tieren gliedern? Dann gäbe es nur mehr drei Zeitalter: Das Vor-Pferdezeitalter, das Pferdezeitalter – vom zweiten Jahrtausend vor bis zum zweiten Jahrtausend nach Christus – und das Nach-Pferdezeitalter, indem wir uns gerade einzurichten versuchen.

I.

Leuchten wir kurz den kulturhistorischen Hintergrund aus, vor dem sich die Pferde und unsere Reiterdenkmale profilieren. Ochs und Esel oder Elefant und Kamel können mit dem Pferd zwar konkurrieren, aber keine vergleichbar führende Rolle beanspruchen. Sie sind regional stärker eingeschränkt als das Pferd, auf dessen Rücken der Mensch den ganzen Globus erobert hat. So messen wir heute noch die technische Kraftleistung von Fahrzeugen nach Pferdekräften, wozu es nur eine Parallele gibt: die Knoten der Schiffsgeschwindigkeit. Wie die Pferde stießen auch die Schiffe, solange sie bei aller Segelkunst vom Wind abhängig blieben, an eine naturale Obergrenze, die von keiner Geschwindigkeit überboten werden konnte. Erst seit der technischen Kraftstoffproduktion können die überkommenen

Knoten beschleunigt und die alten Pferdekräfte übertroffen werden.

Das Ende der Segelschiffe und das Ende des Pferdezeitalters laufen in etwa parallel. Regional verschieden gestaffelt, war bis vor kurzem das Pferd im sozialen und im militärischen Leben allgegenwärtig. Ohne Pferde gab es kein Gelingen. Ob es als Ackergaul zum Pflügen oder als Jagdtier dienen mußte, um Herden einzufangen und zu hüten; ob das Pferd als Zugtier die Ernte einbrachte oder die Kaufmannsgüter in nahe oder ferne Länder zog; oder ob es als Kutschpferd, als Postpferd oder schließlich dem reitenden Boten als schnellstes Nachrichtenmittel diente, das ganze Kontinente durcheilen konnte: das Pferd blieb unersetzbar.

Im Kriege zog es die Schlachtwagen, bewegte die schweren Schießgeräte, vor allem aber diente das Pferd der Kavallerie zum siegreichen Angriff oder – dem Pferd angeboren – zur Flucht. Es war selbstverständlich, daß alle Herrschaftsträger, Ritter, Fürsten oder Generäle, selbst Päpste und Bischöfe zu Pferde saßen, um ihre Distanz zu den Untertanen von oben nach unten festzulegen und einzuhalten. So reichte das Pferd tief in den Alltag und prägte ihn. Deshalb konnte es auch zum Vehikel von Spiel und Sport werden, als Rennpferd zum Wetten, im Zirkus zum Staunen, als Stecken- oder Schaukelpferd zum Stolz der Kinder. Vom Hoppe-hoppe-Reiter-Spiel auf dem Schoß bis zum Trauerzug bei vornehmen Begräbnissen blieb das Pferd präsent.

Das Pferd war ein universelles Hilfs- und Kommunikationswesen aus Fleisch und Blut, mit einem eigenen Charakter, den das Pferd sogar mit jenen Menschen teilen mochte, die es gezähmt und – später – eingeritten hatten. Freilich bleibt immer ein Rest von Unzähmbarkeit, eine Spannung erhalten, die die Pferde von anderen Haustieren unterscheidet, von Hunden, deren Unterwerfung völlig gelingen kann, oder von Katzen, die sich niemals einspannen lassen. Das Pferd enthält ein elastisches Überschußpotential, das es den Menschen so nahebringt und hilfreich macht. Wild, aber treu, stolz, aber anschmiegsam unterstellt sich das Pferd dem Menschen.

Die menschlichen Verhaltensweisen sind in zahlreichen Hochkulturen auf die Zusammenarbeit mit Pferden eingespielt, wobei diese mit ihrer größeren Kraft und Ausdauer und mit ihrer erhöhten Geschwindigkeit dem Menschen dienstbar werden. Der Mensch wird zum Führer oder Treiber der Pferde – oder eben zum Reiter. Auf den Rücken der Pferde erhoben, wird er gleichsam »erhaben«. Der arme Kaspar Hauser kannte, verlassen und verstoßen, wie er war, nur einen Satz, den zu sprechen er gelernt hatte, bevor er in die Welt der Menschen zurückkehrte: daß er ein Reiter werden wolle.

Der Reiter nimmt eine Sonderrolle ein, sofern die Symbiose von Roß und Reiter verhaltensprägend wirkt. Viele Wahrnehmungen und Bewegungen werden vom Pferd oder vom Reiter alternativ oder einander stellvertretend vollzogen, unbeschadet der Zügel, die ein Reiter in der Hand halten muß. Kein Wunder, daß das Pferd auch in den Umkreis der sexuellen Metaphorik einrückte[1] und daß das Reiterdenkmal auf der anderen Seite aus dem kulturellen Hintergrund repräsentativ herausragt.

Dieser kulturgeschichtliche Hintergrund im Horizont der Reiterei kann für den Erfahrungshaushalt kaum überschätzt werden. Deshalb gehört das Pferd auch zum Dauerthema aller Künste, bis hin zum Kitsch, sei es, daß Rilkes *Cornet* dreifach reiten muß, bevor er stirbt, oder sei es, daß Mamatschi flehentlich gebeten wird, ein Pferdchen zu schenken, wie es aus dem Volksempfänger, Goebbels' Trost- und Betrugskiste im Zweiten Weltkrieg, immer wieder zu hören war. Aber das Pferd kann ebenso in der großen Dichtung ironisch reduziert werden und als Rosinante mit ihrem Herrn das Traurig-Lächerliche verkörpern.

Unser Zeitalter der Pferde wird von der Figur des Reiters dominiert. Freilich ist dessen reale oder dessen bildhaft-repräsentative Gegenwärtigkeit immer eingebettet oder aufgeladen von magischen, mythischen und religiösen Kräften. Diese wirken, beschworen oder befürchtet, in den Alltag hinein, und das über die vier Jahrtausende unseres Pferdezeitalters hinweg. Es beginnt mit magischen Jagdbil-

1 [Handschriftliche Notiz, eingelegt] Sex und Liebessymbole (C.G. Jung) von Venus bis Marini.

dern, bevor das Roß beritten werden konnte, und reicht bis zu naturalistischen Reiterdenkmalen des 19. Jahrhunderts, die kein Jenseits mehr beschwören können. Aber die bewegende Rolle des Pferdes reicht immer wieder von der Empirie des Alltags in die Sinn und Kraft spendenden Zonen der mythischen Gegenwelt oder der religiösen Überwelt. Über Jahrhunderte hinweg bleibt der chthonische Ursprung des Pferdes bewußt, bis hin zu seiner erbetenen Aufgabe, himmlischen Beistand zu bieten. Pegasus entspringt dem Blut der Medusa, es zu zähmen ist eine der großen Kulturleistungen geworden, dank derer das Flügelroß zum Helfer der Menschen werden konnte. Von oben herab fliegend, hilft es dem Bellerophon, die Chimäre zu töten, so wie in dessen Erbfolge der seit dem 12. Jahrhundert reitende heilige Georg den Drachen erlegt. Georg, Martin und Jakob werden als heilige Reiter seitdem über Jahrhunderte hinweg als Helfer im Alltag herbeigefleht. Das kosmische Gefälle zwischen Gut und Böse wird, mythisch oder religiös, immer wieder hippotaktisch geklärt und bewältigt. Die Unterwelt bleibt mit ihren Kentauren vertreten, die als halbtierische Mischwesen jede Zivilisation zu bedrohen fähig sind. Sogar in mythischer Mehrzahl tauchen unsere Pferde auf, etwa um als Quadriga dem Sonnengott oder dem chinesischen Kaiser zu dienen oder diesem gleich Triumphe zu feiern oder – mit Elias – die Auferstehung zu bewerkstelligen. Dementgegen arbeiten die vier apokalyptischen Reiter, die alle irdischen Triumphe wieder zunichte machen – mit der Sonderrolle des heilbringenden Schimmels samt seiner allseitigen Verwendung im Diesseits. Und wenn schon ein Pferd nicht unsterblich werden darf, wie das des Achilleus, so wird ihm später wenigstens ein Staatsbegräbnis zuteil, wie dem »Bucephalus« des Alexander oder dem »Copenhagen« Wellingtons oder dem Pferd des Jackson in den USA. Erst im Zeitalter des Naturalismus wurde es möglich, daß Kaiser Wilhelm sein Pferd »Sadowa« dem Bildhauer Sieveking als Modell überließ, der es schließlich skelettierte, um die innere Bewegungsmotorik eines Reiterdenkmals besser studieren zu können.

Unsere gesamte Sinnlichkeit wurde von Pferden durchdrungen und war auf Pferde eingestimmt, vom Alltag bis zur Bildwelt der

Herrschaft. Beim Geruch fängt es an. Roßäpfel, Lederzeug und Pferdeschweiß riechen nun einmal anders als Kunststoff, Blech und Benzin. Es wehte eine andere Luft, solange für rund viertausend Jahre das Pferd in die Symbolsprache der Herrschaft aufrücken konnte. Noch in der frühen Neuzeit wurde das Roß emblematisch als Volk begriffen, das sich nur von einem guten Reiter beherrschen lasse, das ihn aber auch abwerfen, also ein sehr reales Widerstandsrecht ausüben konnte. Dank ihrer sinnlichen Präsenz gehörten die Pferde zur Grammatik der symbolischen Herrschaftssprache, deren bewegliches Substrat erst unserem heutigen Erfahrungsraum langsam entschwindet.

II.

Im Folgenden soll die Geschichte der politischen Sinnlichkeit, soweit sie von Reiterdenkmalen inspiriert, vorangetrieben und verändert wurde, ein Stück weit verfolgt werden. War schon die Sinnlichkeit der Alltagsmenschen von Pferden geprägt, um so mehr rückten Roß und Reiter, einmal auf den Denkmalssockel erhoben, in das Zentrum der politischen Sinnlichkeit ein. Die Sinnlichkeit schlechthin versammelt alle Sinne, um die Existenz der Menschen mit der ihnen zugehörigen Außen- und Umwelt zu vermitteln, exakter gesagt, überhaupt zu ermöglichen. Politisch wird diese Sinnlichkeit, sobald Denk- und Verhaltensweisen gruppenspezifisch vermittelt werden, wenn gemeinsame Erinnerungsräume gestiftet und gemeinsame Erwartungshorizonte eröffnet werden. Der aktive Anteil der Sinne in der Gestaltung der eigenen Wahrnehmung und im Vollzug der eigenen Bewegungen – etwa bei der Rezeption von Denkmalsbotschaften – kann dann politisch motiviert, gesteigert oder überhöht werden. Der passive Anteil der Sinne bei der Rezeption von Denkmalsbotschaften mag dabei überflutet oder erdrückt werden. Dann wird die Sinnlichkeit politisiert, und zwar in eine Richtung, die der Rezipient von Denkmalsbotschaften nicht mehr selbständig steuern kann. Über die Kollektivität gemeinsamer Erfahrung hinaus wird dann von außen nach innen ein Konformitätsdruck erzeugt, der alle Wahrnehmungsweisen beschränkt und begrenzt, so daß – zumindest vorübergehend – nichts mehr darüber hinaus gedacht und nichts mehr darüber hinaus gesehen und bewegt werden kann.

Reiterbilder, Reiterreliefs, vor allem Reiterdenkmale kondensieren aus dem geschilderten kulturhistorischen Zusammenhang zahlreiche, oft gegenläufige Erfahrungsstreifen, in denen sich empirische und metaphysische Deutungen gegenseitig durchdringen und bedingen. Speziell Reiterdenkmäler bieten als Zweier-Figuration vergleichsweise einfache Formen, deren eingestiftete Botschaft und deren von ihnen evozierte Kritik gegeneinander abgewogen werden müssen.

Zunächst sei auf einen universalhistorischen Befund hingewiesen, der für die politische Sinnlichkeit konstitutiv ist, daß nämlich Reiterstandbilder, gleich ob sie Toten zum Gedächtnis, Herrschenden zum Nachruhm, Betrachtenden zum Ansporn oder zur Läuterung dienen, immer eine Oben-Unten-Relation festschreiben. Wer reitet, ist oben, wer gar mit dem Pferde fliegt oder wer gar mit seinem Roß auf den Sockel erhoben wird, steigt noch höher. Der Reiter sieht und betrachtet die Welt (der Vormoderne) von oben, besonders im Hinblick auf den Fußgänger, den zweibeinig aufrecht schreitenden Menschen, der immer tiefer situiert bleibt als ein Reiter. Was den griechischen Reiter mit Pegasus beflügelt, was den heiligen Georg seit dem 12. Jahrhundert aufs Kampfroß hievt und was dem absolutistischen Herrscher seinen Monopolanspruch auf ein Pferdedenkmal gewinnen läßt: all diese Sichtweisen erheben den Reiter: Er bringt Heil und sichert Herrschaft; er gebietet oder hilft. Welch verschiedene Erklärungen die diachron sich ändernden Bedingungen der Reiterstandbilder auch herbeinötigen, vom Pferderücken her bleibt die sich wiederholende Sinnvorgabe notwendig an dem Oben-unten-Gefälle haften. Einmal aufgesattelt, hat der Reiter einen strukturellen Überlegenheitsanspruch gewonnen.

Gewiß wurde dieser Anspruch seit dem späten Mittelalter mit der Erfindung der Feuerwaffen rein militärtechnisch langsam, aber stetig unterhöhlt: symbolisch bleiben die Reiterfiguren weiterhin Garanten von Heil oder Herrschaft, von Ruhm oder Gnade. Insofern politisierte fast jedes Reiterdenkmal die Rezeptionsbereitschaft der Betrachter. Es sind diese sich wiederholenden Rahmenvorgaben, die unsere folgenden Überlegungen historisch einordnen lassen.

In Anbetracht der uferlosen Quellenlage reiterlicher Denkmäler und im Hinblick auf das herrschende Großthema unseres Reiterzeitalters, immer das Gefälle von oben nach unten bildlich festzuschreiben, sollen die Überlegungen methodisch enger eingefaßt werden. Nur die Reiterdenkmäler sollen befragt werden, die als Zeugnisse des politischen Totenkultes gesehen werden können. Es wird nach der Funktion der Reiterdenkmäler gefragt, sofern sie sich auf dem Wege vom dynastischen zum nationalen Totenkult verändert hat.

Allgemein darf gesagt werden, daß die Reiterdenkmale bis zur Französischen Revolution den Ruhm und das Andenken der Herrscher stabilisieren, dynastische Dauer sichern sollten, so unterschiedlich die einzelnen Herrscher individuell gewichtet wurden. Primäre Aufgabe blieb, die Dauer und damit die Legitimität der herrschenden Dynastie religiös, politisch und sozial sichtbar zu machen.

Der Tod wies dabei in zwei Richtungen. Für die Person des Dargestellten wurde der Tod als Durchgangssituation zum Jenseits begriffen, zugleich aber sollte der Tod als Vollstrecker der Sukzession von einem zum nächsten Herrscher irdische Kontinuität verbürgen. Deshalb war es nie der gewaltsame Tod, der im dynastischen Kontext vorrangig thematisiert wurde, auch wenn ein Tod gewaltsam eingetreten war. Deshalb erschien ein gewaltsamer Tod, wenn er denn auf Reiterdenkmälern auftaucht, nur in der erzählenden Perspektive der Reliefs, die vergangene Gewalttaten gleichsam aufzuheben und einzufassen erlaubten. Ein gewaltsam getöteter Monarch blieb also nur dann denkmalsfähig, wenn die Gewalttätigkeit seines Endes nicht in seinem körperlichen Vollzug, nicht dreidimensional, also nicht quasi realistisch sichtbar gemacht wurde. Das gilt für die Denkmäler aller gefallenen, ermordeten oder getöteten Monarchen, für den Grafen Josias II. von Waldeck (gefallen 1669) wie für Karl I. von England (hingerichtet 1649), für Gustav III. von Schweden (ermordet 1792) wie für Ludwig XVI. von Frankreich (hingerichtet 1793), für Alexander II. von Rußland (ermordet 1881) wie für Umberto I. von Italien (ermordet 1900), um nur je zwei Beispiele aus drei Jahrhunderten zu nennen. Bei gewaltsam umgekommenen Monarchen wurde deren Tod visuell ausgeblendet.

Diese offizielle, gleichsam pazifizierende Botschaft wird nun seit der Französischen Revolution unterlaufen. Seitdem alle Reitermonumente in Frankreich gestürzt wurden, ändert sich der politische Totenkult fundamental: Der einzelne Soldat wird als Kämpfer oder als Gefallener denkmalswürdig im gleichen Akt, wie die Könige vom Sockel gestürzt wurden. Der Totenkult verschiebt sich vom verstorbenen *Pater patriae* zur *Patria* selber, für die gestorben wird. Sobald nicht mehr der Tod des Herrschers, sondern der Tod jedes einzelnen Soldaten erinnerungsbedürftig und denkmalsfähig wird, gewinnt der gewaltsame Tod die Kraft einer neuen Legitimität, nämlich den Kampf für das Vaterland zum Selbstzweck der Nation zu überhöhen. Der politische Totenkult verliert, wie gezeigt werden wird, abschichtig nach Ländern gestaffelt seine dynastischen Präferenzen, er wird potentiell jedermann zugänglich, demokratisiert. Dieser zunächst schleichende, manchmal schnell vorangetriebene Wechsel des Totenkults greift tief in das Verhalten, in das Gemüt und in das Hirn der Beteiligten ein, kurzum, verwandelt die politische Sinnlichkeit der modernen Gesellschaften. Der gewaltsame Tod wird als solcher aufgewertet. Der dynastische Totenkult zielte noch primär auf die Kontinuität der Herrschaft oder auf deren Ausweitung, sei es durch kriegerisch erzwungene, sei es durch friedliche Erbfolge. Der neue, der demokratische Totenkult, der sich über anderthalb Jahrhunderte hinweg langsam durchsetzt, zielt auf die Einrichtung einer nationalen, bzw. um die deutsche Sprachvariante aufzugreifen, einer völkischen Identität, deren Unterpfand in der Todesbereitschaft der dafür sich einsetzenden Soldaten als »Bürger« oder der »Volksgenossen« als Soldaten zu finden war. Der gewaltsame und so akzeptierte Tod wurde zum Legitimitätstitel der neuzeitlich sich etablierenden Nationen – der Erben der ehedem dynastischen Vaterländer.

Auf diesem Hintergrund gewinnen nun die Reiterdenkmäler ihre spannende Geschichte. Lassen sich die religiös oder dynastisch festgelegten Zeichen des Heils oder der Herrschaft so verallgemeinern, so demokratisieren, daß das reiterliche Bild zum Zeichen der Gleichheit wird? Lassen sich die immer auf einzelne Personen bezogenen Denkmale so verallgemeinern, daß sie zur Signatur einer ganzen Nation gerinnen? Wer darf überhaupt das Denkmalspferd besteigen, wenn schon der Fürst sein Monopol aufgeben oder abgeben muß? Ab wann darf überhaupt ein normaler Soldat als Vertreter seines Volkes das Denkmalspferd besteigen?

Es liegt auf der Hand, daß sich in Anbetracht der strukturellen Oben-unten-Beziehungen hier ein historisch aufregendes, aber systematisch unlösbares Problem auftut. Verfassungspolitisch gehen die Monarchien zurück oder zu Ende. Und unter dem Namen der Demokratie versammeln sich ideologisch und begrifflich zunehmend alle Rechtfertigungsgründe einer guten Verfassung, wie immer dieses universale Postulat im Einzelfall eingelöst wird. So erhebt sich die gegenläufige Frage: Wie lange hält sich die sinnstiftende Kraft reiterlicher Semiotik, die strukturell an das Oben-Unten-Gefälle gebunden bleibt? Dessen Symbolsprache verliert an Evidenz, und das um so mehr, als auch die sozioökonomischen Bedingungen der aufkommenden Industriegesellschaft die wichtigsten Aufgaben der Pferde und ihrer Reiter in den Hintergrund drängen oder erübrigen. Je mehr die Technik an Raum gewinnt, desto mehr treten die Reitersymbole in ihren schrumpfenden Erinnerungsraum zurück. Die vier Hohenzollernmonarchen, die zu Köln die nach ihnen benannte Eisenbahnbrücke bewachen, bezeugen Tag und Nacht, daß sie aus einem vergangenen Zeitalter stammen, jenem Pferdezeitalter, das sich seit dem 19. Jahrhundert industriell und technisch überholt sieht. Jeder Zug über die Kölner Eisenbahnbrücke führt schneller zum Ziel, als die Pferde, die diese Brücke bewachen, es jemals zu erreichen vermöchten.

Die folgenden Untersuchungen führen uns also strukturell in das Ende jenes Pferdezeitalters, mit dem die allgemeine politische Repräsentanz der Reiterdenkmäler auch ihre symbolische Kraft verliert. Die Demokratisierung des Reiterdenkmals findet just dann statt, wenn es sich selbst erübrigt. Historisch gesehen wird deshalb unsere Beweisführung eingeengt. Die Schnittmenge der zu untersuchenden Denkmale erfaßt weder alle Totenmale – diese sind weit zahlreicher als die berittenen Totenmale –, noch erfaßt sie alle Reiterdenkmale – auch diese sind vielfältiger, als daß sie nur auf den politischen Totenkult hin gelesen werden könnten. Vielmehr werden nur solche Reiterdenkmäler ausgesondert und befragt, die die Transformation des politischen Totenkults in ihrem fast aporetisch zu nennenden Wandel zur modernen Demokratie hin bezeugen können.

In fünf Schritten sollen unsere Fragen beantwortet werden.

Erstens wird die Frage gestellt, welche Transformationsleistungen erbringen die übersinnlichen, die mythischen Figuren oder die christlichen Heiligen in ihrer reiterlichen Präsenz? Können die mythisch oder religiös begründeten Himmelshelfer den Totenkult aus dynastischen in nationale und demokratische Bahnen umlenken helfen?

Zweitens wird nach jenen Reiterdenkmalen gefragt, die innerhalb der kirchlichen Räume zunächst einen streng dynastischen Totenkult zelebrieren lassen. Wo liegen die Anschlußstellen für eine Nationalisierung bzw. eine Demokratisierung des Totenkults? Darf hier von Säkularisierung gesprochen werden?

Drittens werden die gleichen Fragen an die außerkirchlichen Denkmale gestellt. Mit einem erheblichen Vorlauf Italiens dürfen länderweise gestaffelt Condottieri und Generale den Pferderücken besteigen, der zunächst den herrschenden Dynastien vorbehalten bleibt. Nur zögerlich und sehr spät und sehr ungleichmäßig verteilt auf die Denkmalslandschaft der Pferde dürfen auch normale Soldaten nachrücken und die Position ehemaliger Heiliger oder Monarchen einnehmen.

Viertens wird speziell nach der Funktion nackter Reiter gefragt, die nach ihrem klassizistischen Vorlauf um 1800 seit der Wende zu unserem Jahrhundert die antike Heroentradition wiederaufnehmen und die seitdem die Vermutung für sich haben, ohne hierarchische

Uniformzeichen jedermann denkmalfähig zu machen und insoweit einen spezifischen Beitrag zur Demokratisierung zu liefern.

Fünftens wird nach dem Ende der langfristigen Transformation gefragt. Wie verhalten sich die Denkmale der unbekannten Soldaten zu den überlieferten dynastischen Reiterdenkmälern? Welche funktionalen Äquivalente treten zu den ehedem heiligen oder herrschaftlichen Reiterfiguren auf? Okkupieren Industrie und Technik mit dem Zurückdrängen der Reiterdenkmäler einen einmal geöffneten Leerraum, oder setzen sie die überkommene Semiotik des politischen Totenkultes nur um?

III.

Die mythische und die religiöse Herkunft der Pferdekräfte enthält eine diachrone Schubkraft, die sich in der Metaphernsprache der Reiterbilder bis in republikanische und demokratische Kontexte der Neuzeit hinein übersetzen läßt. Im Zeitalter des Absolutismus war es noch eine allen verständliche Bildsprache, wenn der Pegasus als Helfer des Herrschers in seiner zivilisatorischen Aufgabe vorgeführt wurde, wie in Mervilles köstlicher Kleinplastik von Katharina der Großen von 1788. Aber der Pegasus mußte wie alle anderen mythischen Figuren, die seit dem späten Mittelalter und der Renaissance den Künstlern und Politikern präsent waren, weiterhin dafür herhalten, auch republikanische Repräsentationsbedürfnisse zu befriedigen. So diente Pegasus der dritten Republik Frankreich im Umkreis der Weltausstellung 1900 dazu, die Kraft und Sendung der französischen Zivilisation zu symbolisieren. Und nach 1918 wurde es möglich, eine geflügelte Kombination von Nike und Pegasus in einem himmelwärts eskalierenden Kriegerdenkmal zu versinnlichen. Das geflügelte Roß lebte aller Aufklärungskritik- und Fortschrittsmetaphorik zum Trotz munter weiter, ja, es verstärkte sogar die Bewegungsideologien. So diente dasselbe beflügelte Roß, die (mit Granaten) durch die Luft kämpfende Artillerie der Briten im Burenkrieg siegreich zu verewigen. Die namentliche Auflistung der in diesem imperialistischen Kolonialkrieg gefallenen Offiziere und Soldaten verbürgte dem Denkmal zugleich eine nominell demokratische Legitimität.

Aber auch in den Vereinigten Staaten von Amerika mußten die mythischen Figuren oder Allegorien dazu herhalten, die emanzipatorischen Botschaften und ihre expansionistischen Kriege zu feiern. In Brooklyn diente zum Beispiel die Quadriga – bisher Monarchen und der christlichen Auferstehung Bedürftigen vorbehalten –, um den Sieg der wahren Demokratie über die bösen Mächte der Sklaverei zu bezeugen. Selbst der Unterwasserstall des Poseidons wurde geöffnet, um mit seinen Seepferden den Sieg über das klerikal-kolonialistische Spanien 1900 zu verewigen.

Die beiden um 1900 unter den damaligen Monarchien eine republikanische Ausnahmestellung einnehmenden Großmächte Frankreich und USA bedienten sich also der gleichen mythologischen Pferdefigurationen, wie sie bislang nur von Adelsrepubliken oder Monarchien gepflegt wurden. Die Französische Republik duldete berittene Denkmäler besonders, wenn sie Nationalheilige darstellten. Die Republik selber wird nicht reiterlich unterfangen, sondern von Löwen geschützt und verstärkt.

Die mythische Zeichensprache als solche ist also verfassungsspezifisch neutral. Sie kann in allen Verfassungslagen verwendet und abgerufen werden, in ihrer vorpolitischen Symbolkraft gleichsam zeitlos. Mythosbilder sind von sich aus politisch nicht zu vereindeutigen. Sie bleiben wegen ihrer Vielfältigkeit und Ambivalenz zwischen der Welt und dem Götterhimmel immer deutungsdurstig, und das um so mehr, wenn das mythische Bildungswissen langsam entschwindet und – in Mythologie transformiert – nur noch von Gelehrten und Künstlern, von Professoren und Politikern am Leben erhalten wird.

Die gleiche Vieldeutigkeit und mannigfache Abrufbarkeit wie bei mythischen Figuren zeigt sich, wenn wir den Blick auf jene Heiligen richten, die sich in diachroner Erbfolge der mythischen Pferde bedienten, um den Menschen zu Hilfe zu eilen. Martin, Jakob oder Georg voran kämpften gegen Ungläubige; Heiden, Barbaren oder

Häretiker, und sie wurden zur Befreiung von Not und von satanischen Mächten schlechthin beschworen.

Rein theologisch kann jeder Heilige zum Schutzpatron des einfachen Menschen und damit auch des normalen Soldaten werden, selbst wenn dieser nicht ein mit den Fürsten gleichberechtigter Reiter werden darf. Der Heilige als solcher hilft jedermann, der ihm vertraut oder auf ihn hofft. Insofern ist er, theologisch gedeutet, außerhalb der ständischen Hierarchie beweglich und könnte auch, wie wir sehen werden, für die demokratische politische Konstellation abgerufen werden.

In der Diachronie seiner weltlichen Darstellung bleibt der berittene Heilige freilich an die ständische Hierarchie zurückgebunden: sei es, daß der St. Georg der Brüder von Klausenburg 1373, oder sei es, daß der Georg von Notke in Stockholm als Ritter auftritt, all jene Insignien tragend, die ihn im ausgehenden Mittelalter ständisch auch der St. Jörgens-Rittergesellschaft zuordnen ließen. Der Heilsauftrag war nicht ohne ständische Herrschaftsfunktion einzulösen. Freilich wird diese ständische Bindung und damit auch die ständische Metaphorik der heiligen Reiter in der frühen Neuzeit zunehmend eingeengt auf den Fürsten als den Rollenträger jener Aufgaben, die der heilige Georg zu lösen hat. So werden Karl I. von England und der große Kurfürst von Brandenburg – der selber als Stifter der Kleinplastiken von Leygebe auftritt – mit dem christlichen Heilsbringer und seiner rettenden Pflicht als Drachentöter bildlich, also auch vorbildlich identifiziert. Die Monopolisierung der Herrschaftsrolle führte dazu, daß die überkommenen Aufgaben eines antiken Heros oder eines darauf aufbauenden christlichen Heiligen mit der des modernen Fürsten zusammengeführt werden konnten.

Mit dieser Engführung der Ritterfigur auf die monarchische Herrschaftsfigur wurden auch die schützenden Aufgaben, die der herbeigerufene heilige Georg zu lösen hatte, ausgeweitet auf Land und Leute der jeweiligen Könige oder Fürsten. Deshalb steht der heilige Georg im Zuge der sich herausbildenden modernen Nationen schutzverbürgend und als Garant des Heils für diese Völker insgesamt ein: zunächst in Byzanz, dann auch in Schottland, England, Bayern, Polen oder Rußland und in vielen anderen Ländern. Eines der letzten großen Reiterstandbilder, die die Aufgabe des heiligen Georg dem Monarchen zumuteten, ist das des Sobieski, das, 1792 in Warschau errichtet, an den über hundert Jahre zurückliegenden Sieg über die Türken vor Wien erinnern sollte und damit wohl Habsburg beschwören mochte, just vor der letzten polnischen Teilung sich besser dankbar zu erweisen.

Mit der zunehmenden Demokratisierung der Nationen im 19. und 20. Jahrhundert vollzieht sich freilich ein schleichender Funktionswandel auch der Georgsdenkmäler. Sie überdauerten alle konfessionellen Unterschiede und nationalen Verfassungsformen. Sowohl in Monarchien wie in Nichtmonarchien wurde es nach dem Ersten Weltkrieg allgemein möglich, daß einfache Soldaten auf dem Rücken des Denkmalspferdes zu sitzen kamen, um nunmehr in die Rolle des Georg zu schlüpfen und dessen heilbringende Taten repräsentativ zu vollstrecken.[2] Dann freilich wird der jeweils bekämpfte nationale Nachbar zum Drachen, der als Hunne oder als Barbar oder als Häretiker schlechthin tötenswert wird: Etwa in Marybon in Schottland oder im bayrischen Regen, wo der siegende Georg repräsentativ für all jene Gefallenen einsteht, die hinter dem Denkmal mit ihren Namen verzeichnet worden sind. Jedermann als Soldat ist Georg, und sein Feind bleibt der Drache. Im deutschen Kontext bezeichnet er dann all jene Feinde, die ihrerseits die Deutschen in barbarische Hunnen umdefiniert hatten, um sie als Drachen zu vernichten. In den Osten hinein grenzverschoben zeigt sich das analoge Bild in Posen, wo auf dem Georgsdenkmal, 1926 errichtet, der Heilige des 15. Ulanenregiments seinen Feind, einen Sowjetsoldaten mit seiner fünfzackigen Klappmütze, absticht. Unsere nur exemplarische Dreierreihe von Großbritannien über Deutschland

2 [Handschriftliche Notiz, eingelegt]
3 Phasen
I Georg als Ritter gegen Drachen
II Monarch als Georg gegen Türken
III Soldat als Georg.

nach Polen (und Rußland) läßt sich unendlich vermehren. Immer wieder wird Georg national radiziert, so daß die jeweiligen Nachbarnationen zu jenen austauschbaren Drachen werden, die getötet werden müssen.

Theologisch liegt hier eine Aporie vor, eine Aufgabe, deren Lösungen sich gegenseitig ausschließen. Die nationale Zuordnung macht – in Abweichung von der ehemaligen ständischen Skala – aus der jeweils eigenen Nation ein Gottesvolk, dem der heilige Georg speziell zugeordnet wird. So entsteht im Medium der Georgsdenkmäler die ansteigende Summe einander ausschließender Gottesvölker, die sich eher zu einem heilbringenden Endkampf aufgefordert fühlen, statt dort Frieden zu suchen, wo ihre gegenseitige Anerkennung als Feinde einen Frieden ermöglichen könnte. Die demokratisch lesbare Gleichheit aller Gefallenen, die auf den Denkmälern des heiligen Georg sichtbar gemacht wird, führt also im gleichen Akt zu einer nationalen Eingrenzung, die aus dem ehedem christlich ubiquitären Georgsritter eine national reduzierte Heiligenfigur macht. Der Grundtenor dieser Denkmäler ist also radikaldemokratisch und zielt auf einen Kreuzzug, wie er erst seit der Französischen Revolution innerhalb der europäischen Völker möglich wurde. Wie Körner sagte: »Es ist kein Krieg, von dem die Kronen wissen – es ist ein Kreuzzug, s'ist ein heiliger Krieg«. Anwachsend seit der Französischen Revolution, spätestens seit 1914 herrscht eine Art von absurdem Konsens über den gegenseitigen Ausschließlichkeitsanspruch, mit dem die Nationen sich selber zu heiligen beanspruchen. Das ist die Kehrseite der rigorosen Demokratisierung jener Georgsdenkmäler, die nur in übernationaler Sicht an die Gleichheit aller Toten erinnern.

Und diese Grundfigur des heilbringenden Georg erfaßt auch jene Führerbilder, die sich im Namen eines völkischen oder eines nationaldemokratischen Legitimitätstitels auf die Rösser schwingen. So taucht Hitler als einfacher Kreuzfahrer auf, im Gebet zum Angriff sich sammelnd, mit allen namentlich genannten Toten des Ersten Weltkrieges unter sich auf einem insoweit sich demokratisch (gleich völkisch) legitimierenden Sockel. Verfassungssprachlich handelt es sich dabei um ein nationaldemokratisches, nicht um ein liberaldemokratisches Denkmal aus dem Jahre 1934.

Ein funktionales Äquivalent zu diesem Denkmal befindet sich jenseits des Atlantiks. Theodore Roosevelt wird in New York als ritterlicher Kämpfer gezeigt mit je einem schwarzen und einem roten Knappen zur rechten wie zur linken Seite. Was 1940 zur Zeit der Errichtung dieses Denkmals als Anerkennung der Rassengleichheit begriffen werden mochte und worauf die Semantik der Einweihungsreden zielte, wird freilich von der Semiotik dieses Reiterstandbildes in der Tradition der Heiligen und der Herrschaftsfiguren desavouiert. Die Bildsprache der Heiligung des Kreuzfahrers macht aus dem Ritter keinen demokratiefähigen Reiter. Denn die theologische Herkunft der ritterlichen Bildsprache läßt sich in ihrer ständisch-hierarchischen Metaphorik nur schwer demokratisieren: es sei denn mit dem Verzicht auf ein Pferd, wodurch dessen Symbolkraft erst recht auf seine quasi feudale und vormoderne Herkunft zurückverwiesen wird.

Die Gegenprobe liefert das Paris der Französischen Republik: Hier sind nur jene Nationalheiligen reiterfähig, deren heilbringende Kraft auf die katholische Herkunft der modernen Republik zurückverweist: Karl der Große, Ludwig der Heilige oder in vielfacher Ausstattung die Jeanne d'Arc dürfen zu Pferde sitzen (wenn man von den restaurierten Reiterdenkmälern nach dem Sturz Napoleons absieht). Darüber hinaus sind reiterdenkmalsfähig nur verbündete Freunde des monarchischen Auslandes: Eduard VII. von Großbritannien oder Alexander von Serbien bzw. Jugoslawien, der 1934 in Marseille von Kroaten ermordet worden war. Selbst der Donatellos Gattemelata nachempfundene Foch ist erst 1951 mit Blick nach Osten auf den Sockel erhoben worden. Das Roß bleibt vorrepublikanisch. Und der heilige Reiter ist nur ideologisch zu demokratisieren.

Solange der Drache den christlichen Unglauben der Häretiker oder den Nichtglauben der Heiden oder das Böse schlechthin inkarnierte, war die christliche Wahrnehmung auf einen Feind gerichtet, der überall, jenseits aller räumlichen oder nationalen Eingrenzungen, aufzuspüren war. Sobald aber der abzustechende Gegner den Völkern der Christenheit selber entstammte, entstand unser uneinlösbares Paradox. Georg müßte sich, je nach nationaler Zuordnung, seine Rolle mit dem Drachen eintauschend gleichsam selber töten, um auch das Heil der jeweiligen anderen national einzulösen. Das quasidemokratische Potential, daß ein Heiliger sich dem einzelnen Menschen unmittelbar zuwenden möge, geht also verloren, sobald die Völker selbst als Heilsbringer definiert werden, für die der heilige Georg einzustehen habe. Georgs Demokratisierungsbotschaft ist also, ohne sich ideologisch selbst in Frage zu stellen, nicht zu verwirklichen.

Der christliche Gleichheitssatz aller Seelen vor Gott lässt sich offenkundig nicht unvermittelt in einen Gleichheitssatz derer überführen, die für ihre Völker und für ihre Vaterländer gefallen sind. Und die berittene Botschaft, die von oben nach unten vermittelt, sperrt sich erst recht gegen eine Gleichheit der Toten. Diese sind nur gleich unter sich – im Kampf gegen den benachbarten Feind als Drachen.

IV.

Daß Pferde in einer Kirche auftauchen, scheint heutzutage nicht selbstverständlich zu sein. Und doch gibt es eine erkleckliche Serie von Reitergräbern, die in Kirchen errichtet eine eigentümliche Mischung weltlicher und religiöser Totenrituale kundtun. Sieht man von dem Bamberger Reiter ab, der wohl kaum einem Totenkult gedient hat, so ist der Brauch der Reitergrabbilder in Norditalien entstanden. Seit dem Ende des 13. Jahrhunderts tauchen ritterlich dekorierte Sarkophage auf, die bald durch lebensgroße Holzpferde und Reiter abgelöst werden, vermutlich aus dem Begräbnisakt zurückbehaltene repräsentative Figuren, die schließlich als Denkmal über der Grabstätte Dauer gewannen. Seit dem 14. Jahrhundert erscheinen die Rösser und Reiter in Stein und schließlich in Bronze. Dabei entstehen zwei Traditionsstränge, deren einer erfolgreiche Generale im Dienste der Stadtrepubliken mit Reitergrabdenkmälern verewigt, während der andere Strang von vornherein, in Verona beginnend, auf die Darstellung reitender Souveräne zielte, die in imperialer Tradition – seit dem verlorengegangenen Reiterdenkmal Justinians – auf einem hohen Sockel über dem eigentlichen Grab plaziert wurden.

Der säkulare Trend geht nun dahin, daß die Reiterdenkmäler der Souveräne sich auf ganz Europa ausdehnen und seit dem 16. Jahrhundert eine Art von Monopolanspruch auf reiterliche Darstellung gewinnen. Dieser Trend führt gleichzeitig aus den Kirchen heraus, so daß aus dem kirchlich eingebundenen Totenritual eines Reitergrabdenkmals ein öffentliches Erinnerungsritual der reiterlichen Herrscherdenkmäler wird, deren Nachruhm die dynastische Tradition sichern sollte – von Schweden bis Spanien und von England bis nach Österreich und Italien reichend.

Wir stehen also vor einer Weichenstellung, die während der Renaissance die Reitergrabmäler, weil sie zu groß wurden, auf öffentliche Plätze hinausführt, zunächst noch in Kirchhofnähe, schließlich ganz freistehend. Aus dem Reitergrabmal wird ein Reiterdenkmal, ohne seine Rückbindung an den Totenkult aufzugeben.

Damit wird in der dynastischen Geschichte der Reiterdenkmäler ein Vorgang sichtbar, der sich, um dies vorwegzunehmen, im 19. Jahrhundert für die normalen Kriegerdenkmäler wiederholen sollte: daß nämlich die Grab- und Erinnerungstafeln aus den Kirchen hinauswandern auf öffentliche Plätze – seit der Mitte des 19. Jahrhunderts, um schließlich ganz in die freie Natur hinaus verlegt zu werden, wie zahlreiche Krieger-Erinnerungsstätten im Grünen nach dem Ersten Weltkrieg. Damit wird ein Trend sichtbar, der sich auch innerhalb des dynastischen Totenkultes abgezeichnet hatte, daß nämlich die Reiterdenkmäler zu öffentlichen Denkmälern werden, während sich die dynastischen Mausoleen, also die eigentlichen Grablegen, im Laufe des 19. Jahrhunderts (vor allem in protestantischen Gegenden) aus den Hofkirchen entfernen und in die Parklandschaften, also in die Natur hinaus, verlegt werden. Das letzte riesige pantheonartige Mausoleum eines deutschen Herrschergeschlechtes wurde im Bückeburger Schloßpark 1915 kurz vor dem Sturz der Monarchien fertiggestellt.

Die Verlagerung der Reitergrabmäler in die Öffentlichkeit, am bekanntesten der Gattamelata des Donatello in Pavia und der Colleoni des Verroccio in Venedig, konnte dazu führen, daß zwei Reitergrabmäler errichtet wurden, eines, wo der Leichnam beigesetzt wurde – so des Colleoni in Bergamo mit einem hohen Epitaph, das in einem Holzpferd aufgipfelt –, während das andere Denkmal, öffentlich mit einem Kenotaph als Sockel versehen, in Bronze errichtet wurde. Diese Verdoppelung eines Reitergrab- bzw. Denkmals erweist zumindest, daß mit der Errichtung außerkirchlicher und öffentlicher Reiterdenkmäler eine gewisse Verweltlichung einhergegangen sein muß, weil der streng religiöse Totenkult in der Kirche zurückgehalten blieb. So gewann das zweite, das öffentliche Denkmal eine relative Säkularität.

Gleichwohl ist die Tradition der aristokratischen bzw. dynastischen Reiterdenkmale innerhalb der Kirche bis in das 20. Jahrhundert hinein nie völlig abgerissen. Vielmehr lässt sich der schleichende Transformationsvorgang von einem dynastischen zu einem nationalen Totenkult gerade auch in den Kirchen aufweisen. Deshalb verfolgen wir zunächst einige exemplarische Stationen dieses Wandels innerhalb der Kirchen: der Choranlagen, der Mausoleen, der Krypten oder der Seitenkapellen, die für die Traditionspflege der dynastischen Familien in ganz Europa an allen Stätten ihrer Herrschaft errichtet worden sind.

Zwei besonders eindrucksvolle Reitergrabmäler befinden sich im Herrschaftsgebiet der Grafen von Waldeck, die innerhalb der Reichsgeschichte wichtige militärische Aufgaben erfolgreich übernommen hatten. In Bad Wildungen ist Graf Josias II. von Waldeck beigesetzt. Er war 1669 auf Candia als Kommandant im Kampf gegen die Türken gefallen. Zwei Türken stehen als Feinde quasi anerkannt als Außenfiguren auf dem Epitaph, während der Leichnam des Gefallenen liegend dargestellt wird, unterhalb dessen sich der eigentliche Sarkophag befindet. Darüber erhebt sich nun ein fast vollplastisches Relief, das einen Reiterkampf zeigt, ohne die tödliche Verwundung unseres Reichsgrafen selbst zu thematisieren. Das Epitaph kennt also drei Stufen: die des beigesetzten Leichnams, die des dargestellten Toten und darüber seine ritterliche Leistung zu Pferde.

Das zweite Großepitaph befindet sich in Korbach und erinnert an Georg Friedrich von Waldeck, der zu den führenden Theoretikern einer föderativen Reichsverfassung gehört hatte und der nach einer langen militärischen Karriere in den Niederlanden, in Preußen, in Schweden und auch im Kampf für Wilhelm von Oranien ebenso schon für die Habsburger im Kampf gegen die Türken vor Wien als Generalfeldmarschall siegreich gehandelt hatte. Über seinem Sarkophag, der seinerseits oberhalb der Grabstätte mit dem Leichnam errichtet wurde, befindet sich, auf der dritten Ebene, der stolz reitende Marschall samt militärischen Trophäen, die seine Erfolge visualisieren. Während des absolutistischen Zeitalters blieb es den herrschenden Fürsten vorbehalten, solche Reitergrabmäler zu erhalten, während ein bloß erfolgreicher General oder Marschall ohne Herrschaftsrecht nicht in die Ehre eines Reiterdenkmals aufrücken konnte. Das gilt selbst für den Prinzen Eugen, der auf seinem *castrum doloris* zwar ein Pferd reiten durfte, der aber auf seinem endgültigen Epitaph im Stephansdom zu Wien als »edler Ritter« ohne Pferd auskommen muß.

Daran gemessen ist es ein erklärungsbedürftiger Ausnahmefall, wenn in Bad Doberan 1622 ein adeliger Beamter unter einem Baldachin auf dem Pferde reitend seinen Tod überdauern durfte und so die Erinnerung an seine administrativen Leistungen wachhalten konnte: Es handelt sich um die dankbare Stiftung seines ehemaligen Schülers, des Herzogs Adolf Friedrich von Mecklenburg, der diese außergewöhnliche Reiterfigur im Dom ermöglicht hat – gleich neben seiner eigenen Grabanlage ohne Pferd.

Während es sich hier um eine seltene Durchbrechung dynastischer Kultformen handelt, finden wir in England eine generelle Umsetzung des dynastischen in einen aristokratischen Totenkult. 1795 beschloß das britische Parlament, zum Ruhm der ersten aller Nationen auf diesem Globus, also der britischen Nation, Denkmäler auf öffentliche Kosten zu errichten, um die Offiziere, die im Kampf gegen Napoleon gefallen sind, monumental zu verewigen. Bis 1816 werden 26 solcher Offiziere ausgezeichnet, und erhielten teure Marmorskulpturen in der Militärkirche zu St. Paul. Darunter befinden sich nun zwei, die auch mit ihren Pferden dargestellt werden, beide sterbend, der eine uniformiert auf dem Pferde, der andere in klassisch-heroischer Nacktheit zusammen mit seinem Pferde sterbend. Hier handelt es sich um Sir William Ponsonby, der für seinen Tod in Waterloo von einer Nike mit einem Siegeskranz belohnt wird. Beide Denkmäler sind nun, gemessen an dem dynastischen Vorbehalt, gewaltsam umkommende Monarchen auf keinen Fall sterbend zu zeigen, eine Durchbrechung der Traditionslinie. Offiziere des Adels werden hier dramatisch und pathetisch im Vollzug des Sterbens festgehalten, womit sie zumindest repräsentativ eine rein soldatische Opferrolle übernehmen, die den Monarchen selber nicht zugemutet wurde. Insofern handelt es sich hier auch um eine Annäherung an republikanische Gebräuche, die vom englischen Parlament gefördert wurden. Freilich sorgten Eintrittspreise dafür, daß die Kathedrale von St. Paul nicht vom Pöbel betreten werden konnte.

In der gleichen Militärkirche befindet sich nun das größte und sicher umfangreichste Reitergrabmal des 19. Jahrhunderts: das Kenotaph für Wellington, dessen reales Grab sich darunter in der Krypta befindet. Die Beisetzung fand 1852 statt, nachdem der Leichnam von zwölf schwarzen Pferden in die Kirche gebracht worden war. Im Kirchenschiff selbst erhebt sich nun ein dreistöckiges Mausoleum mit einem Kenotaph auf der ersten und mit allegorischen Plastiken auf der zweiten Stufe, die auf einem Baldachin den Kampf zwischen Tapferkeit und Feigheit, zwischen Wahrheit und Lüge vorführen, wodurch das darüber, also auf der dritten Stufe befindliche Reiterdenkmal als solches Züge des St. Georg erhalten hat.

Ross und Reiter sind erst 1912 aufgestellt worden. Sie haben quasi imperiale Funktionen übernommen, die das britische Jahrhundert zwischen Wellingtons Sieg über Napoleon und dem Ersten Weltkrieg einfassen. Es ist die aristokratische Herrschaftstradition, die das Denkmal über die schlichte Stellung eines Grabmals für einen siegreichen, aber abhängigen Condottieri oder General heraushebt:

Wellington gehörte zur regierenden Adelsschicht, war auch – weniger erfolgreich – Premierminister gewesen: so daß dieses größte Reitergrabdenkmal des 19. Jahrhunderts zugleich die monarchisch-demokratische Zwischenlage der englischen Parlamentsherrschaft visualisiert.

Nur ein Jahrzehnt verging nach dem Abschluß des imperialen Supermals in Britannien, um innerhalb der kirchlichen Reitergräber einen gewissen Demokratisierungsschub registrieren zu können. Nach dem Zusammenbruch der Monarchie in Österreich-Ungarn verloren fast alle Kavallerieregimenter ihre traditionellen Garnisonsstädte. So zogen sie, gemessen an der Vorkriegszeit oder gar an dem englischen Kostenniveau kaum noch finanzkräftig, nach Wien in solche Kirchen, die eine spezifisch habsburgische Tradition pflegten, und errichteten dort Reliefs zur Erinnerung an ihre gefallenen Offiziere und Soldaten gleicherweise. Zahlreiche dieser Gedenktafeln befinden sich in der Votivkirche, in der Karlskirche und vor allem über der Kapuzinergruft: so daß sich diese Kirchen, wenn die abgebildeten Pferde am Leben wären, in wiehernde Ställe verwandeln müßten. In unserer ikonographischen Reihe ist es jetzt zum ersten Mal möglich geworden, daß normale Soldaten: Husaren, Dragoner, Ulanen oder Kürassiere, auf dem Pferderücken zu sitzen kommen, um repräsentativ für alle Toten einzustehen. Insoweit enthalten diese Reliefs, bildlich gesprochen, eine demokratische Argumentation, auch wenn ihre Stifter – meistens Offiziere – vermutlich Monarchisten geblieben sind und sich eine Wächterrolle über den toten Dynasten in der Kapuzinergruft angesonnen haben. Die einzige Vollplastik zu Pferde befindet sich in der Augustinerkirche, nur wenige Meter neben dem berühmten Grabmal Canovas für Maria Christina. Das Ross- und Reiterdenkmal erinnert in französischer Sprache an die Tradition eines Dragonerregiments, die tief in das 17. Jahrhundert zurückreichte, aber nicht mehr ausreichte, ein lebensgroßes Pferd in dieser Kirche zu erstellen.

Die reiterlichen Kriegerdenkmäler in den Habsburger Kirchen verweisen uns auf einen allgemeinen Befund: Selbst monarchistische und konservative Traditionsträger, die sich innerhalb der geweihten kirchlichen Räume ihre Erinnerungsmale stifteten, kamen nicht mehr umhin, ihre repräsentativen Reiterfiguren nur mehr als Soldaten, nicht mehr als Offiziere, darzustellen. Die politische Ästhetik drängte also selbst dort auf eine Demokratisierung, wo die politische Ideologie rundum monarchistisch geblieben war. Es muß deshalb unterschieden werden, wo der Trend zur Demokratie politisch wirklich eingelöst wurde und wo er, davon unabhängig, sich nur ikonologisch und ikonographisch zu Wort meldete. Diese Differenzbestimmung soll uns weiterhelfen, auch jene Reitergrabmäler und Denkmäler zu untersuchen, die außerhalb der Kirchen zunehmend um sich griffen.

Die reiterlichen Epitaphien in den Kirchen bestätigen einen generellen Trend des Totenkultes, soweit er sich aus der monarchischen in eine nationale Tradition übersetzen ließ. Mit der Ausnahme der Französischen Republik ist es in den europäischen Ländern üblich geworden, die Totentafeln für die gefallenen Soldaten möglichst nahe heranzurücken an jene dynastischen oder adligen Gräber, die sich um den Chor herum lagerten oder die in gesonderten Krypten und Mausoleen ihre privilegierten Stätten gefunden hatten. Zahlreich sind die Totentafeln des Ersten Weltkrieges, die sich innerhalb des Kirchenraumes traditionsstiftend möglichst eng an die dynastischen Grabmäler anschließen. Eine statistische Erfassung solcher dynastisch-nationaler Anschlußstellen würde, länderweise verschieden gestaffelt, in die Tausenderzahlen führen.

V.

Es waren die Fürsten della Scala zu Verona, die als erste den innerkirchlichen Rahmen sprengten und mit ihren Totenmalen und Totenkapellen aus dem Kirchraum hinausdrängten, auch wenn sie zunächst ihre souveränitätsverbürgenden Reiterdenkmäler noch auf einem Friedhof errichtet hatten. Es ist nun eine historische Ironie, daß sich der Herzog von Braunschweig, der 1830 in der Revolution von seinem Thron gejagt wurde, ein Duplikat des Prunkgrabes des

Cansignorio della Scala von Bonino da Campione aus dem Jahre 1375, also fünfhundert Jahre später, ausgerechnet in der Republik Genf errichten ließ, wo er sich als Flüchtling niedergelassen hatte. Nicht nur, daß die neu-alte Grabkapelle das Reitermal aus statischen Gründen nicht mehr tragen kann, so daß es seitlich daneben einen eigenen Platz erhalten mußte, spricht für das Ende einer dynastischen Tradition, sondern ebenso, daß der Braunschweiger Herzog dieses Imitat eines schon abgebrochenen dynastischen Totenkultes nur mehr in einem republikanischen Exil vorführen konnte.

Der Unbekannte Soldat als Nationalsymbol im Blick auf Reiterdenkmale

Jeder Nationalstaat in Europa, gleich welcher Verfassung, hat seine nationalen Symbole, kraft derer sich seine Bürger mit ihm identifizieren können oder sollen. Am bekanntesten sind Flagge und Hymne, die bei allen nur denkbaren Anlässen gehißt und gesungen – also gesehen und gehört werden. Hinzu kommen in fast allen Staaten sogenannte Grabmäler des Unbekannten Soldaten. Sie sind eine Folge des Ersten Weltkrieges, der mit seiner Steigerung der technischen und chemischen Tötungsmittel über zehn Millionen Tote hinterlassen hat. Die Staaten suchten die Unzahl ihrer Toten als Opfer für das jeweilige Vaterland zu rechtfertigen und so in ihre politische Selbstdeutung einzuholen.

Kein offizieller Staatsbesuch vergeht, ohne daß der Gast seinen Kranz an der Grabstelle des Unbekannten Soldaten niedergelegt hätte – von ehedem Verbündeten in der Erinnerung an den gemeinsamen Kampf, von ehemaligen Feinden in Anerkennung der toten Gegner. Auch privat finden diese Grabstätten ungebrochenen Zuspruch. Die symbolische Kraft des toten unbekannten Soldaten für die politische Handlungseinheit, in deren Namen er gefallen ist, kann kaum unterschätzt werden. Das vergangene Opfer für das Vaterland und das Volk, für seine Freiheit, seine Einheit und für das Recht sind die üblichen Titel, die nach 1918 auch für die Zukunft beansprucht wurden. Der eine »Unbekannte Soldat« diente als Unterpfand für die ungebrochene Dauerhaftigkeit seiner Nation. Religiös-patriotische Gedenkfeiern in jährlichem Rhythmus verweisen auf den politischen Totenkult, der sich an die Grabstätte anschließt und der die Erinnerung an das vergangene Opfer für die Zukunft aufrechterhalten soll. Diese Selbstdeutung gilt für alle Staaten, die ihren Unbekannten Soldaten in das Zentrum ihrer Gedenkkultur gerückt haben, unbeschadet jeder Ideologiekritik, die an diesem institutionalisierten Brauchtum geübt werden kann.

Obwohl sich der Totenkult je auf eine einzelne Nation richtet, zeugt er von übernationalen Gemeinsamkeiten. Zunächst ist festzuhalten, daß es sich um einen demokratischen Totenkult handelt; demokratisch nicht im verfassungsrechtlichen Sinne, denn auch autoritäre und totalitäre Staaten pflegten diesen Kult, sondern demokratisch im Sinne der Mentalität. Es war die Gleichheit aller Toten, die auch den Bürgern oder den Genossen eines Volkes angesonnen wurde. Der unbekannte Soldat kennt keine Rangunterschiede mehr, er symbolisiert die Gleichheit aller Gefallenen, die aufgrund der allgemeinen Wehrpflicht alle gleicherweise ihren Dienst geleistet hatten. Insofern ist das Grab des Unbekannten Soldaten eine moderne, eine neuzeitliche Erscheinung, die Französische Revolution voraussetzend. Erst seitdem sind alle Bürger wehrpflichtig geworden, erst seitdem sind die gefallenen Soldaten ungeachtet von Rang und Würde denkmalfähig geworden. Aber erst seit 1918 gibt es jenen Totenkult um den unbekannten Soldaten, dessen Anonymität alle Gefallenen einzeln und zugleich alle gemeinsam symbolisieren soll. Dabei muß vorausgesetzt werden, daß oft mehr als die Hälfte der gefallenen Soldaten einer Schlacht vermißt blieben, da deren Leichname bis zur Unkenntlichkeit zerfetzt worden waren. Die Anonymität des Toten und seines Todes hatte einen makabren Erfahrungsgehalt, der in das Ritual des »Unbekannten Soldaten« einging.

Es ist ein weiteres Kennzeichen des neuzeitlichen Totenkultes, daß der gewaltsam herbeigeführte Tod von Millionen Menschen zur Legitimation der Staaten und ihrer jeweiligen Politik verwendet wird. Die nationale Einheit sollte von dem dafür symbolisch einstehenden unbekannten Soldaten gesichert und bewahrt werden. Und die demokratische Devise, daß alle Bürger eines Volkes an dessen Souveränität teilhaben, brachte es mit sich, daß seit 1919 sie alle auch einzeln haftbar gemacht werden für Erfolg oder Mißerfolg der staatlichen Politik. So führte die Konvergenz von Soldat und Bürger bzw. von Bürger und Soldat zu einer brisanten Aufladung der Gewalt als Mittel der alltäglichen Politik. Der gewaltsame Tod wurde zum Unterpfand und Mittel politischer Identifikation.

Damit drückte die Moderne die monarchische Tradition der vorrevolutionären Zeit in den Hintergrund. Auch wenn die Monarchen unentwegt Kriege geführt hatten und sich bis in das 18. Jahrhundert hinein des Giftes oder des Dolches bedienten, um unliebsame Konkurrenz auszuschalten, so war doch der monarchische Totenkult, der den diachronen Zusammenhalt der Fürstentümer oder Königreiche absichern sollte, grundsätzlich gewaltfrei. Die dynastischen Grabkapellen, die es von Stockholm bis Madrid, von Neapel bis London in allen europäischen Territorien gab und gibt, sollten die Erbfolge sichtbar halten. Identität und Kontinuität der Dynastien wurden durch die legitime, erbrechtlich abgesicherte Sukzession der Herrscher gewährleistet.

Eine besondere Ausprägung der dynastischen Tradition zeigt sich nun in den zahlreichen Reiterdenkmälern, die über Jahrhunderte hinweg herrschaftliche Ordnung, männliche Kraft, souveräne Gnade und ruhmreichen Sieg versinnlichten. Diese Denkmäler befinden sich sowohl in den Kirchen wie auch – aus den Kirchen herausgewandert – auf öffentlichen Plätzen. Sie können sowohl auf Grabmälern wie davon losgelöst auf Denkmälern die Kontinuität herrschaftlicher Würde verkörpern. Dann wechselt zwar der Ort und mit ihm die sichtbare Funktion des Reitermals. Zunächst von der Kirche umfangen, dominiert das Reitermal zunehmend außerkirchlich den öffentlichen Platz. In beiden Fällen aber sichert der Ritt zu Pferde im symbolischen Weiterreiten die überlebende Kraft des Herrschers. In keinem Fall zeigen die fürstlichen Reiterdenkmäler einen gewaltsamen Tod, auch wenn die Herrscher daran zugrunde gegangen sind. Heinrich IV. von Frankreich scheint lebend weiterzureiten, und so Karl I. mit seinem Pferd auf dem Trafalgar Square und so Umberto I. in Mailand, wie Wilhelm von Oranien vor dem Schloß in Den Haag. Unbeschadet der blutigen Kriege um die Erbfolge wurde der gewaltsame Tod als solcher niemals als Legitimationstitel beschworen, wie es die modernen Demokratien mit dem ihnen eigenen Totenkult tun.

Es ist nun ein erstaunliches Phänomen, daß in zahlreichen europäischen Hauptstädten der politische Totenkult des Unbekannten

Soldaten in die Tradition monarchischer Reiterdenkmäler einrückt, somit den Überschritt vom Fürstenstaat zum Volksstaat markierend. Trotz des gemeinsamen, übernationalen Trends zeigen sich dann nationale Eigentümlichkeiten der jeweiligen politischen Geschichte, die sich nicht gleicherweise verallgemeinern lassen.

Nach einigen Vorläufern, so im amerikanischen Bürgerkrieg und wie schon 1870/71 in Frankreich geplant, wurde das berühmte Grab unter dem Arc de Triomphe in Paris erst 1920 errichtet (Abb. 1, Jean-François Chalgrin, Arc de Triomphe, 1837, Paris).[1] Damit befindet sich der »soldat inconnu«: »un soldat français mort pour la patrie« genau an der Stelle inmitten des Siegestores, über die Napoleon I. (Abb. 2, Grabmal des Unbekannten Soldaten, 1920, Paris, Arc de Triomphe) geritten wäre, wenn er denn gewonnen hätte. So erfüllte sich, jedenfalls für das bonapartistische Lager, jener Wunsch, den Heinrich Heine seinen sterbenden Grenadier aussprechen läßt, er möge dort beigesetzt werden, wohin der Kaiser zurückkehrt: »So will ich liegen und horchen still, / Wie eine Schildwach im Grabe, / Bis einst ich höre Kanonengebrüll / Und wiehernder Rosse Getrabe. // Dann reitet mein Kaiser wohl über mein Grab, / viel Schwerter klirren und blitzen; / dann steig ich gewaffnet hervor aus dem Grab – / Den Kaiser, den Kaiser zu schützen« (H. Heine, *Buch der Lieder*, *Romanzen* VI).

Es ist eine Ironie der französischen Denkmalskultur, daß das imperiale Monument – 1836 eingeweiht – nur Generale und Siege Bonapartes erinnert (wobei die gefallenen Generale unterstrichen worden sind), obwohl das napoleonische Imperium nach unendlich blutigen Feldzügen und Niederlagen in sich zusammengebrochen war. Erst nach Ende des Ersten Weltkrieges rückte der Arc de Triomphe, über den unbekannten Soldaten, und nunmehr für alle politischen Lager, in die anfangs vorgesehene Funktion ein, den heroischen Sieg zu erinnern. Und deshalb war es 1918 nicht mehr sinnvoll oder notwendig, in Frankreich für den Ersten Weltkrieg ein eigenes nationales Siegesdenkmal zu erstellen.

1 [Abbildungen ab S. 222]

Das gleiche gilt für Italien. Denn nach den Einigungskriegen wurde in Rom ein Siegesmal, das Vittoriano, errichtet, das an Größe und Wucht den Arc de Triomphe drastisch überbietet (Abb. 3, Giuseppe Sacconi, Vittoriano, 1885-1911, Rom). Der Bau – im Volksmund »Hochzeitskuchen« oder »Schreibmaschine« genannt – wurde unter der Leitung von Giuseppe Sacconi zwischen 1885 und 1911 ausgeführt, so daß er bald darauf, nach Ende des Weltkrieges im Zeichen des neuerlichen Sieges umgewidmet werden konnte. Es erhärtet unsere These von der bildhaften Kontinuität, die von der Monarchie zur modernen Demokratie hinüberführt, daß jetzt mit dem einfachen Grab für einen unbekannten Soldaten vorliebgenommen wurde. Er wurde 1921 unter dem Altar des Vaterlandes und zu Füßen des Reiterdenkmals von Victor Emanuel II. beigesetzt und wird seitdem ständig von zwei Soldaten bewacht. Die Größenverhältnisse des Denkmals haben sich im umgekehrten Verhältnis zur Zahl der Toten verändert. Während der Schnurrbart des Königs auf dem Denkmal einen Meter breit ist, sein Pferd entsprechend überlebensgroß, bleibt das Grab des anonymen Toten für den Normalbesucher fast unsichtbar. Während Victor Emanuel II. noch als »pater patriae« verehrt wurde, sollte jetzt der Unbekannte Soldat sein Vaterland repräsentieren, scheinbar ohne auf jenen Vater angewiesen zu sein, zu dessen Füßen er beigesetzt worden war. Erst mit der Abwahl des Königtums, 1946, trat das Reiterdenkmal vollends in eine historische Perspektive zurück, während das Grabmal des unbekannten Soldaten weiterhin durch eine ständige Wache geehrt bleibt.

Richten wir den Blick auf Wien, Erzfeind der italienischen Nationalbewegung im 19. Jahrhundert. Auch dort befindet sich ein im Volksmund so genanntes »Denkmal des Unbekannten Soldaten«, eingefaßt von der Tradition monarchistischer Reiterdenkmäler. Im Zeichen des Austrofaschismus wurde 1934 im Burgtor, das den Heldenplatz abschließt, eine katholische Kapelle eingerichtet, in der vor dem Grabdenkmal eines Soldaten regelmäßig Messe gelesen wird. Die Reduktion des Totenkultes in ein katholisches Ritual verkürzt allerdings das Massensterben des Ersten Weltkrieges, indem es die protestantischen, die griechisch-orthodoxen, die muslimischen und die jüdischen Soldaten, die ebenso für die k.-u.-k.-Monarchie gefallen waren, in einen Nebenraum verbannte. Hier wird heute nur mehr der Opfer von 1938 bis 1945 gedacht. Andererseits wird die Erinnerung an das Massensterben des Ersten Weltkrieges historisch verlängert, indem alle im Laufe der Geschichte gefallenen Soldaten der österreichischen Armee in die hier zelebrierte nationale Erinnerung einbezogen werden. Damit wollten sich die Stifter ausdrücklich von der angeblich westlichen Erfindung des unbekannten Soldatengrabs distanzieren. Gleichwohl wird auch dieses Heldengrabmal, 1934 von Wondracek geschaffen, in die Reiterdenkmalstradition, hier der Habsburgischen Monarchie, eingerückt.

Das Burgtor war 1824 an der Stelle errichtet worden, wo Napoleon den Stadtwall durchbrochen hatte, um Wien zu erobern. Elf Jahre nach der siegreichen Völkerschlacht von 1813 diente es der kompensatorischen Erinnerung. Im Lauf des 19. Jahrhunderts wurde die Toranlage von drei Reiterdenkmälern eingefaßt: Zwei 1860 vom Kaiser gestiftete und von Anton Dominik Fernkorn geschaffene Standbilder feiern den Erzherzog Karl (Abb. 4, Anton Dominik Fernkorn, Denkmal des Erzherzog Karl, 1860, Wien), den ersten Schlachtensieger über Napoleon, laut Inschriften als »heldenmüthigen Führer des Hauses Österreich« und als den »beharrlichen Kämpfer für Deutschlands Ehre«, sowie den Prinzen Eugen (Abb. 5, Anton Dominik Fernkorn, Denkmal des Prinzen Eugen, 1860, Wien, vor dem Burgtor) – siegreicher Feldherr gegen Türken und Franzosen. Seitdem erhielt der Platz den Namen Heldenplatz. 1888 wurde auf der anderen Seite des Burgtores – von Zumbusch – das Denkmal für Maria Theresia errichtet, die wie eine Schutzmantelmadonna thront und zu deren Füßen ihre vier erfolgreichsten Generale die Erlaubnis erhielten, den Rücken eines Denkmalpferdes zu besteigen (Abb. 6, Caspar Zumbusch, Denkmal der Maria-Theresia, 1888, Wien, vor dem Burgtor). Inmitten dieser drei Reiterdenkmäler ruht symbolisch der unbekannte Soldat.

Ähnliches zeigt die Denkmalsanlage in Budapest. Hier befindet sich in zwei halbrunden Kolonnaden eine Serie der monarchischen Herrscher, welche die tausendjährige Geschichte Ungarns profiliert hatten (Abb. 7, Albert Schickedanz, Gedenkstätte für die nationalen Helden, 1912, Budapest). In den Revolutionen von 1919 und 1945 wurden einige dieser Herrscherfiguren gestürzt oder ausgetauscht, aber die politisch dauerhafte Wende fand 1929 statt: Aufgrund einer Ausschreibung unter Horthy, dem Reichsverweser der ehemaligen Monarchie, wurde ein Gedenkstein für die nationalen Helden errichtet. Die Inschrift erinnert an die Jahresdaten des Ersten Weltkrieges sowie an die im Friedensvertrag verlorenen Gebiete, etwa zwei Drittel des alten Ungarn, enthält also eine revisionistische Botschaft. Und im gleichen Akt wurde das Soldatenmal in eine Tradition der Reiterdenkmäler eingerückt: Zu Füßen des Reiterfürsten Árpád, der schon 1912 errichtet worden war, kam der symbolische Grabstein zu liegen. Und das Reitermal wurde (auch von György Zala gestaltet) um sechs martialische Stammesfürsten zu Roß erweitert, so daß die Toten des Ersten Weltkrieges in die gesamte Geschichte eines herrschaftlichen Reitervolkes eingeordnet wurden. Die reitenden Fürsten haben die folgenden Umbrüche von 1945, 1956 und 1989 überstanden, während der 47 Tonnen schwere Gedenkstein für den nationalen Heros, funktionales Äquivalent zum Unbekannten Soldaten, 1945 entfernt wurde. 1956 wurde er durch eine neue Gedenkplatte ersetzt und mit neuen Inschriften versehen, um ihn von seiner ehedem revisionistischen Botschaft auf heldenhafte Trauer herunterzustimmen.

Ein analoger Zusammenhang zwischen dem monarchischen Reiterdenkmal und dem »Heldengrab« zeigt sich in München. 1924 errichtet, sollte es eigentlich nur an die »13 000 gefallenen Heldensöhne der Stadt München« (namentlich genannt) erinnern. Nach dem Zweiten Weltkrieg wurde diese Erinnerung auf die Zahl der diesmal 22 000 gefallenen und 11 000 vermißten Münchener sowie die »6 600 Opfer des Luftkrieges der Stadt München« ausgedehnt. Im Volksmund aber setzte sich die Bezeichnung »Unbekannter Soldat« durch, so daß sich auch die bayerische Armee – wie ihre Kränze ausweisen – in diesem Totenmal wiedererkennen kann. Freilich hatten die Stifter des Denkmals sowenig wie später in Wien oder in Berlin geplant, ein Grab für einen unbekannten Soldaten zu errichten. Als westlich-romanisches Vorbild wurde ein solches Projekt abgelehnt. Hinzu kam in der Weimarer Republik die unlösbare Schwierigkeit, aufgrund ihrer überkommenen föderalen Struktur einen gemeinsamen Ort für ein nationales Denkmal zu finden. Von der geforderten Anonymität eines unbekannten Soldaten her wäre es obendrein ein sichtbarer Widerspruch gewesen, wenn der verschwundene Tote figural noch einmal in Erscheinung träte. Aber genau das ist der Fall: Das Münchener Grabmal zeigt, ohne daß ein Toter unter ihm beigesetzt worden wäre, die Skulptur eines gefallenen Jünglings, der, sichtbar schlafend, wie die christologisch intonierte Inschrift verheißt, auf seine Auferstehung wartet. Die Figur stammt von Bernhard Bleeker und diente zehn Jahre später, 1934, auch dem Wiener Grabmal zum Vorbild. Wenn der Jüngling aufwachen würde, müßte er auch hier sofort auf die Hufe eines monarchischen Reiters blicken. (Die Inschrift des Grabmals lautet: »Unseren Gefallenen – Sie werden auferstehen«.) Denn der bunkergleiche Denkmalswürfel, unter dem sich die Krypta für den schlafenden Soldaten befindet, wurde zu Füßen des Reiterdenkmals Ottos von Wittelsbach angelegt, das Ferdinand von Miller noch vor dem Ersten Weltkrieg, 1911, geschaffen hatte (Abb. 8, Ferdinand von Miller, Reiterdenkmal Otto von Wittelsbach, 1911, München). So wurde auch hier die Verbindung zwischen ritterlich verklärter Vergangenheit und todesgesättigter Gegenwart durch ein monarchisches Reiterdenkmal abgesichert.

Ein ähnlicher Zusammenhang wird in Berlin sichtbar, wo 1930 die Gedenkstätte für die Toten des Ersten Weltkrieges in Schinkels Neuer Wache eingerichtet wurde – schräg gegenüber dem Reiterdenkmal Friedrichs des Großen von Christian Rauch. Durch dieses königliche Reitermal, ergänzt durch vier reitende Generale und durch die klassizistischen Pferde im Tympanon der Neuen Wache, wurde das Totengedenken des Ersten Weltkrieges zurückgebunden an die Zeit, in der sich Preußen aus seiner Niederlage von 1806/07 befreit hatte. Auch hier wurde kein unbekannter Soldat beigesetzt, sondern ein Altarstein von Heinrich Tessenow aus Basalt errichtet (Abb. 9, Heinrich Tessenow, Altarstein, 1931, Berlin, Neue Wache), der im Zweiten Weltkrieg durch Fliegerbomben um seine quadratische Form gebracht wurde. Der Stein erweichte in der Hitze, fing gleichsam zu weinen an, so daß Tessenow 1945 zu Recht sagen konnte, daß mit dieser geronnenen Trauer die entschwundenen Menschen und Verwüstungen des Zweiten Weltkrieges ihren sinnfälligen Ausdruck gefunden hätten.

Zwölf Jahre zuvor, am 14. November 1933, hatte sich der sogenannte Herrenreiter und Vizekanzler des Reiches, Franz von Papen, in einer Ministerbesprechung nicht entblödet, Hitler in Gegenwart des gesamten Kabinetts als den »unbekannten Soldaten« des deutschen Volkes zu feiern. »Gleich wie die anderen großen Völker nach dem Weltkrieg dem unbekannten Soldaten als Symbol ihrer Tapferkeit, Ehre und Würde ein Denkmal errichteten« – so habe jetzt in einer Volksabstimmung das deutsche Volk seinem Führer als »seinem unbekannten Soldaten« einen überwältigenden Vertrauensbeweis erbracht. Das bildlose Symbol des *soldat inconnu* oder des *unknown warrior* wurde ins Gegenteil verkehrt. Wie die Inkarnation des unbekannten Gottes trat Hitler, evoziert von Franz von Papen, leibhaftig in Erscheinung. Stillosigkeit und logischer Unsinn ergänzten einander und bezeugen heute die Diskontinuität des deutschen Totenkultes im 20. Jahrhundert.

1969, zwei Jahre nachdem in Moskau ein Grabmal für einen sowjetischen unbekannten Soldaten errichtet worden war, folgte der deutsche Satellit seinem Vorbild. Jetzt wurde in der DDR die Neue Wache umgewandelt in eine wirkliche Grabstätte, und zwar gleich für zwei unbekannte Tote: einen unbekannten Soldaten und einen unbekannten Widerstandskämpfer, wobei aufgrund ihrer Unbekanntheit offen bleiben muß, ob nicht einer den anderen umgebracht hat. Der weinende Stein wurde beseitigt und durch einen Kristallkubus von Lothar Kwasnitza ersetzt, in dem eine ewige Ölflamme flakkerte (Abb. 10, Lothar Kwasnitza, Plexiglas-Quader, im Volksmund »Aschenbecher«, 1968/69, Berlin, Neue Wache).

Nach der Wiedervereinigung erfolgte wiederum eine völlige Umgestaltung der Neuen Wache. Die Inschrift »Den Opfern des Faschismus und Militarismus« wurde gegen die seitenverkehrte Westformel »Den Opfern von Krieg und Gewaltherrschaft« ausgetauscht, und der Kristallkubus – auf Berlinerisch »Aschenbecher« – mußte einer Pietà von Käthe Kollwitz weichen (Abb. 11, Käthe Kollwitz, Pietà, 1937/38, in der um das vierfache vergrößerten Fassung von Harald Haacke von 1993, Berlin, Neue Wache). Im Auftrag des Bundeskanzlers Kohl wurde eine Skulptur von 38 cm Höhe in Überlebensgröße aufgebläht. Daß unter ihr weiterhin die zwei unbekannten Toten ruhen, bleibt verschwiegen. So sind die Vergangenheiten der NS-Zeit und der DDR-Zeit nur unsichtbar gegenwärtig. Zeigen heißt verschweigen, und das in Berlin mehr als anderswo.

Eine weitere Variante zwischen einem demokratisch legitimierten »Unbekannten Soldaten« und der monarchischen Reiterdenkmalstradition findet sich in Warschau. 1925 wurde im Arkadenhof des Sachsenpalais, in dem sich die Kriegsakademie befand, ein unbekannter Soldat des ersten Weltkrieges unter einer Platte beigesetzt. Ähnlich wie in Wien wurde die Erinnerung durch Gedenktafeln auf alle Gefallenen aller Schlachten der polnischen Geschichte ausgedehnt. So steht der Unbekannte Soldat nicht nur für die Toten des Ersten Weltkrieges ein, sondern aller polnischen Kriege, gleich ob gewonnen oder verloren. Im selben Innenhof wurde schon 1922 eine klassizistische Reiterstatue aufgestellt, die Thorwaldsen 1832 für den in der Leipziger Völkerschlacht gefallenen Fürsten Poniatowski gestaltet hatte (Abb. 12, Bertel Thorwaldsen, Reiterstatue des Fürsten Poniatowski, 1832, Warschau, Innenhof des Sachsenpalais). Die Zaren hatten dessen Aufstellung in Warschau dauernd verhindert: Der polnische Feldherr hatte gegen Rußland gekämpft. Erst nach der Wiedererrichtung Polens konnten der fürstliche Repräsentant der militärischen Tradition und das Grab des Unbekannten Soldaten in einer architektonischen Einheit zusammenfinden. Der Tote ruhte hinter dem Schweif des Denkmalrosses. Im Dezember 1944 zerstörten die Deutschen samt dem Sachsenpalais das Reitermal, das nach dem Krieg, 1951, durch eine von den Dänen geschenkte Kopie ersetzt wurde. Ein erneutes Veto der Russen verhinderte eine Wiederaufstellung gegenüber dem Unbekannten Soldaten, so daß dieser seitdem ohne seinen chevaleresken Vorgänger und Beschützer hinter einer ewigen Flamme nur mehr von zwei Soldaten bewacht wird.

Ein ähnliches Zusammenspiel und ein ähnlich barbarischer Eingriff kennzeichnet in Krakau die Beziehung zwischen dem Grabmal des Unbekannten Soldaten und dem Reiterdenkmal auf dem Grundwald-Platz. Dieses Monument, eine Stiftung Paderewskis von 1910, gipfelt auf in dem siegreich reitenden König Władysław Jagiełło, zu dessen Füßen der erschlagene Ordensmeister Ulrich von Jungingen liegt (Abb. 13, Antoni Wiwulski, Grunwald-Denkmal, 1910, zerstört 1939, wiedererrichtet 1976, Krakau. Davor das Denkmal des Unbekannten Soldaten, nach dem Zweiten Weltkrieg errichtet; Abb. 14, wie Abb. 13, Detail mit Ulrich von Jungingen). Dieses pathetische, 500 Jahre nach der Schlacht von Tannenberg entstandene Denkmal, das mit seiner antipreußischen Pointe von der österreichischen Herrschaft in Krakau geduldet worden war, bezeugt die nationalistische Umdeutung eines altständischen, vornationalen Krieges in einen Vorläufer für die ersehnte nationale Unabhängigkeit Polens. 1940 schmolzen die Deutschen das Siegesmal der polnischen Nation ein. Aber zu Füßen des deswegen noch absenten königlichen Reiters errichteten die Polen nach dem Krieg ein abstraktes Mal, das mit einer jederzeit entzündbaren Ölflamme an einen weiteren unbekannten Soldaten erinnert. Erst 1976 wurde dahinter das Reitermal rekonstruiert. So fanden im Gegensatz zu Warschau hier der unbekannte Soldat und sein reitender König endlich zusammen.

Die überraschendste, symbolisch aber auch die überlegenste Lösung findet sich in London. In der Kirche Westminster Abbey erhielt der unbekannte Soldat, »a british warrior, unknown by name or rank«, wie die Inschrift lautet, in etwa zeitgleich mit dem französischen »soldat inconnu« seine letzte Ruhe. In der Eingangshalle zum Ehrentempel der britischen Elite samt ihren Königen, Gelehrten, Künstlern und Offizieren wurde er sorgsam zugelassen, mit einer mittelalterlichen Legitimation: »They buried him among the kings because he had done good toward God and toward His house«. So wurde das demokratische Öl von der toten aristokratischen Gesellschaft in der Abtei aufgesaugt.

Die öffentlich wirksamste und auf Dauer unübersehbare Inszenierung der Trauer um den unbekannten Krieger befindet sich jedoch in Whitehall, zwischen Parlament und Trafalgar Square gelegen. Das Kenotaph für den entschwundenen Toten, 1919 entworfen von Edwin Lutyens, der auch die britischen Kriegerfriedhöfe gestaltet hatte, befindet sich in rund zwölf Meter Höhe auf einem abgestuften, leicht geschwungenen Sockel (Abb. 15, Edwin Lutyens, Kenotaph für den Unbekannten Soldaten, 1920, London, Whitehall). Dies nun ist der traditionell exponierte Ort, auf dem sich auch in London die Reiterstatuen der Könige und ihrer Generale befinden. Der hohe Ehrenplatz eines Reitermals, Ruhm kündend und Dank fordernd, wird nun vom einfachen, namenlosen Soldaten eingenommen. Und 1919 folgte der König zu Fuß, an dem Kenotaph entlang, dem Unbekannten, als dieser in Westminster beigesetzt wurde. Repräsentativ und allen sichtbar vertauschten Monarch und Soldat ihre Rollen, und auch nach dem Zweiten Weltkrieg blieb diese symbolische Rangordnung erhalten. Zum Beweis dafür, daß der »unknown warrior« nicht überboten werden darf, dient das Reiterdenkmal des Generals Haig, als Oberbefehlshaber an der Westfront verantwortlich für die unzähligen in den Tod getriebenen Soldaten: Es befindet sich, 1934 gestaltet von Alfred Hardiman, in geziemendem Abstand ebenfalls in Whitehall, aber auf einem Sockel, der um mehr als die Hälfte niedriger ist (Abb. 16, Alfred Hardiman, Reiterstandbild des General Douglas Haig, 1934, London, Whitehall).

Auch der Gegenbeweis läßt sich erbringen. Denn dort, wo eine der zahlreichen Truppengattungen ihr eigenes Denkmal errichtete, um ihre Soldaten durch eine figurale Darstellung aus der Anonymität zu befreien, dort wird die Beziehung zwischen dem Reiterstandbild und dem Soldaten, das heißt die strukturelle Relation zwischen Oben und Unten, fast unwillkürlich eingehalten. Am Hyde Park Corner wurde nach dem Ersten Weltkrieg ein riesiges Denkmal für die königliche Artillerie errichtet, von Charles Sargeant Jagger und Lionel Pearson. Hier kam – in Bronze – ein gefallener Artillerist zu liegen mit der kontinuitätsstiftenden Inschrift: »Here was a royal fellowship of death«. Könnte er die Augen öffnen, würde sein Blick auf die Hufe von fünf Denkmalpferden treffen, je nach Kopfwendung, des reitenden Wellington (Abb. 17, Charles Sargeant Jagger und Lionel Pearson, Royal Artillery War Memorial, 1937, London, Hyde Park Corner) oder der Quadriga (Abb. 18, wie Abb. 17. Der Blick führt zur Quadriga (1912) auf dem Wellington Arch von 1828), die den Wellington Arch krönt. Im Unterschied zur innovativen und souveränen Lösung von Whitehall erfolgt hier in der Figuration des Platzes die sichtbare Rückbindung der Gefallenen des Ersten Weltkrieges an die siegreiche Vergangenheit weiterhin über die traditionale Rangordnung von Reiter und Soldat. So verstanden die Briten das revolutionäre und demokratische Potential, das die Überlebenden der Materialschlachten auf die Insel zurückbrachten, in verschiedenen Denkmalskonstellationen elastisch aufzufangen oder symbolisch überzeugend einzubringen.

Die Skala der nationalstaatlichen Brechungen reicht also weit: vom versenkten Leichnam unter einer Gedenkplatte bis zur figuralen Überhöhung, ohne oder mit ewiger Flamme, von der Erinnerung an die Weltkriegstoten alleine zur übergreifenden Erinnerung aller Gefallenen der nationalen Vergangenheit, vom Leergrab bis zum anonymen Leichnam, in Einzahl oder Mehrzahl.

Die Rückbindung an monarchische oder feldherrliche Reitermonumente findet sich freilich nicht überall. Zahlreiche Staaten verzichten darauf oder haben mangels monarchischer Alternativen wie in den USA keinen Anlaß dazu. Der häufige Verweis auf traditionale Reiterdenkmale ist dagegen so verwunderlich nicht. Die Stifter und Geldgeber der Denk- oder Grabmale für die unbekannten Soldaten finden sich nicht ausschließlich, aber mehrheitlich im Mitte-rechts-Spektrum gesellschaftlicher oder politischer Parteibildung.

Mit den Katastrophen, den Massenmorden und dem Massensterben des Zweiten Weltkrieges veränderte sich auch die ikonographische Landschaft. Im Verhältnis zwischen den Grabmälern der unbekannten Soldaten zur reiterlichen, oder auch ritterlichen, Tradition wird ein tiefgreifender perspektivischer Wandel herbeigezwungen. Längst hat die Kavallerie ihre militärischen Aufgaben an Panzer und Flugzeuge abgetreten, die seitdem den Sockel der ehemaligen Reiterstandbilder besetzen. Seitdem können das Sterben der Soldaten und das Sterben der Pferde zusammengesehen und ineinandergeblendet werden. Reiter und Pferd, Mensch und Tier befinden sich plötzlich in der gleichen Lage, von der Technik des Krieges überwältigt zu werden. Der mechanische Tod hat Roß und Reiter eingeholt. Marini ist der große Künstler, der dieses Thema immer wieder aufgegriffen und gemeistert hat. Die Trauer um den anonymen Toten, um die entschwundenen Leichen hat die Symbolkraft des herrschaftlichen Reitermals verzehrt. Mal brechen Reiter und Pferd gemeinsam nieder (Abb. 19, Marino Marini, Gigante, Pferd und Reiter, 1953, Rotterdam. Inschrift: »1940 Voor de Ongenoemden / Die vielen voor de Vrijheid Onsterfeliyk door het / Offer van hun Leven 1945«), mal bäumen sich Reiter und Pferd gemeinsam auf, um vergeblich dem Tod zu entkommen.

Literatur

Zu Paris:
Heinrich Heine, *Buch der Lieder, Romanzen,* VI (Sämtliche Schriften), hg. von Klaus Briegleb, München 1976, Bd. 1, S. 48 (dank freundlichem Hinweis von Franz Mauelshagen); Volker Ackermann, »›Ceux qui sont pieusement morts pour la France …‹ Die Identität des unbekannten Soldaten«, in: Reinhart Koselleck/Michael Jeismann (Hg.), *Der politische Totenkult. Kriegerdenkmäler der Moderne,* München 1994, S. 281-314.

Zu Rom:
Lars Berggren/Lennart Sjöstedt, *L'ombra dei Grandi, Monumenti e politica monumentale a Roma (1870-1895),* Kap. III, I monumenti a Vittorio Emanuele II, Rom 1996, S. 49-65.

Zu Wien:
Ingeborg Pabst, »Das Österreichische Heldendenkmal im äußeren Burgtor in Wien«, in: Michael Hütt u. a. (Hg.), *Unglücklich das Land, das Helden nötig hat* (Studien zur Kunst- und Kulturgeschichte), hg. von Hans-Joachim Kunst u. a., Marburg 1990, Bd. 8, S. 11-27.

Zu Budapest:
Andras Gerö, *Der Heldenplatz Budapest als Spiegel ungarischer Geschichte*, Budapest 1990.

Zu München:
Helmut Scharf, *Kleine Kunstgeschichte des deutschen Denkmals*, Darmstadt 1984, S. 276 f.

Zu Berlin:
Akten der Reichskanzlei, Regierung Hitler 1933-1938, hg. für die Historische Kommission bei der Bayerischen Akademie der Wissenschaften von Konrad Repgen und für das Bundesarchiv von Hans Booms, bearbeitet von Karl-Heinz Minuth, Boppard am Rhein 1983, Teil I 1933/34, Bd. 2, S. 939 ff.; *Streit um die Neue Wache. Zur Gestaltung einer zentralen Gedenkstätte*, hg. von der Akademie der Künste, Berlin 1993.

Zu Warschau:
Wieslaw Glebocki, *Warszawskie pomniki*, Warschau 1990, S. 45 f., 76 f.

Zu Krakau:
Detlef Hoffmann, »Die Grundwald/Tannenberg-Monumente«, in: *Deutschlands Osten – Polens Westen* (Vergleichende Studien zur geschichtlichen Landeskunde), hg. von Matthias Weber, Berlin 2001, S. 277-297.

Zu London:
Magaret Baker, *London Statues and Monuments, Princes Risborough*, Buckinghamshire ^{3}1992, S. 15 ff., S. 53 ff.; Alan Borg, *War Memorials from antiquity to the present*, London 1991.

Zu Marini:
Marino Marini, Plastiken, Bilder, Zeichnungen, Ausstellungskatalog, Wien 1984; *Marino Marini*, hg. von der Associazione Amici Marino Marini, Mailand 1990; Lorenzo Papi (Hg.): *Marino Marini* (Centro e Fundazione Marino Marini), Pistoia o. D.

Abb. 1 Jean-François Chalgrin, Arc de Triomphe, 1837, Paris.

Abb. 2 Grabmal des Unbekannten Soldaten, 1920, Paris, Arc de Triomphe.

*Abb. 3 Guiseppe Sacconi, Vittoriano, 1885-1911, Rom.
Der Unbekannte Soldat wurde 1921 beigesetzt.*

Abb. 4 Anton Dominik Fernkorn, Denkmal des Erzherzogs Karl, 1860, Wien.

Abb. 5 Anton Dominik Fernkorn, Denkmal des Prinzen Eugen, 1860, Wien, vor dem Burgtor.

Abb. 6 Caspar Zumbusch, Denkmal der Maria-Theresia, 1888, Wien, vor dem Burgtor.

Abb. 7 Albert Schickedanz, Gedenkstätte für die nationalen Helden, 1912, Budapest. Auf der Kolonnade der Streitwagen des Krieges mit zwei Rossen und auf dem unteren Sockel Fürst Árpád, die übrigen sechs Reiter wurden zugleich mit dem Grabstein 1929 errichtet (alle Skulpturen stammen von György Zala). Der 1956 ersetzte Gedenkstein stammt von Béla Gebhardt.

Abb. 8 Ferdinand von Miller, Reiterdenkmal Otto von Wittelsbach, 1911, München. Der Reiter blickt auf den Block über der Krypta.

Abb. 9 Heinrich Tessenow, Altarstein, 1931, Berlin, Neue Wache.

Abb. 10 Lothar Kwasnitza, Plexiglas-Quader, im Volksmund »Aschenbecher«, 1968/69, Berlin, Neue Wache.

Abb. 11 Käthe Kollwitz, Pietà, 1937/38, in der um das Vierfache vergrößerten Fassung von Harald Haacke von 1993, Berlin, Neue Wache.

Abb. 12 Bertel Thorwaldsen, Reiterstatue des Fürsten Poniatowski, 1832, Warschau, Innenhof des Sachsenpalais. Die obere Hälfte der Abb. zeigt den Zustand von 1929. Nach der Zerstörung von 1944 verblieben drei Arkaden, unter denen sich das Grabmal des Unbekannten Soldaten befindet (untere Hälfte der Abb.).

Abb. 13 Antoni Wiwulski, Grunwald-Denkmal, 1910, zerstört 1939, wiedererrichtet 1976, Krakau. Davor das Denkmal des Unbekannten Soldaten, nach dem Zweiten Weltkrieg errichtet.

Abb. 14 Wie Abb. 13, Detail mit Ulrich von Jungingen.

Abb. 15 Edwin Lutyens, Kenotaph für den Unbekannten Soldaten, 1920, London, Whitehall.

Abb. 16 Alfred Hardiman, Reiterstandbild des General Douglas Haig, 1934, London, Whitehall.

Abb. 17 Charles Sargeant Jagger und Lionel Pearson, Royal Artillery War Memorial, 1937, London, Hyde Park Corner. Der Blick führt zum Reiterdenkmal von Wellington von 1887.

Abb. 18 Wie Abb. 17. Der Blick führt zur Quadriga (1912) auf dem Wellington Arch von 1828.

Abb. 19 Marino Marini, Gigante, Pferd und Reiter, 1953, Rotterdam. Inschrift: »1940 Voor de Ongenoemden / Die vielen voor de Vrijheid Onsterfeliyk door het / Offer van hun Leven / 1945«.

Politische Sinnlichkeit und mancherlei Künste

I.

Seitdem die Kunstwissenschaft die politische Ästhetik als ein genuines Forschungsgebiet freigelegt hat, muß sie – anthropologisch gesehen – davon ausgehen, daß es auch eine politische Sinnlichkeit gibt. Denn ungeachtet der Entfaltung der Ästhetik als Wissenschaft des Schönen und der Künste behalten die fünf Sinne ihre seit Aristoteles unabdingbare Position bei. Sie bieten die gleichsam neutrale Minimalbedingung für jede Art von Erfahrung, wie auch immer diese religiös und kulturell, künstlerisch oder eben politisch überformt und gesteuert wird. Alle Künste, ob autonom oder im Dienste der Politik, bleiben an ihre sinnlichen – oder sinnenhaften – Voraussetzungen zurückgebunden.

Die Sinne des Menschen erweitern dessen animalisch vorgegebene Körperlichkeit in das wechselhafte plastische Umfeld seines Leibes, wozu Viktor von Weizsäcker und Helmuth Plessner neue Forschungswege erschlossen haben.[1] Es ist der Leib, der kraft seiner Sinne nah und fern, innen und außen, oben und unten, rechts und links, fest und flüssig, Mensch oder Tier, Pflanze oder Ding zu unterscheiden nötigt. Die Sinne erschließen, erweitern oder begrenzen, und zwar nur in Bewegung, den Horizont der Wahrnehmung, und das über die Haut hinaus, die bloß den unmittelbar taktilen Kontakt nach außen ermöglicht. Die Sinne sind nie, sich selbst wahrneh-

1 Viktor von Weizsäcker, *Der Gestaltkreis. Theorie und Einheit von Wahrnehmen und Bewegen,* Stuttgart [4]1950; Helmuth Plessner, *Anthropologie der Sinne*, Gesammelte Schriften, Bd. 3, hg. von Günter Dux/Odo Marquard/Elisabeth Ströker, Frankfurt a. M. 1980.

mend, auf sich selbst zurückbezogen. Nur im Krankheitsfall drängen sie sich störend als Sinnesorgan auf, und dann werden sie zum Objekt medizinischer Kunst. In der Regel verweisen sie aufeinander und damit auf die Einheit der Person, der sie zugehören und deren nach außen und nach innen weisende Leiblichkeit sie konstituieren. Was jemand hört, riecht, schmeckt oder spürt, das zeigt sich auch in seinem Gesicht, im Auge.

Kein Sinn, ob aktiv tätig oder passiv hinnehmend, ob initiativ oder rezeptiv, wirkt isoliert. Im Vollzug des Handelns oder der Wahrnehmung ergänzen sich, mit wechselnder Intensität, die Sinne einander, so daß es angemessen ist, ihre gegenseitige Verschränktheit mit dem Kollektivsingular der Sinnlichkeit zu bezeichnen.

Gleichwohl sind die einzelnen Künste im Vollzug ihrer Produktion, Reproduktion und Rezeption vorzüglich auf je eigene Sinne angewiesen. Insgesamt mögen alle Sinne Rückhalt jeder Erfahrung und jeden Denkens sein, bis hin zur Reflexion – in Herders schöner Wendung: zur Besonnenheit –, doch die sich ausgliedernden einzelnen Künste hängen von der Pflege der nur ihnen eigentümlichen Sinne ab. Damit verschiebt sich, je nach Präferenz, die Skala ihrer anthropologischen Voraussetzungen und Folgen. Wie ein chinesisches Sprichwort uns belehrt:

Was ich höre, vergesse ich
Was ich sehe, erinnere ich
Was ich tue, verstehe ich.

Anders gewendet: Worte schwinden, Bilder bleiben, Taten werden begriffen. Nun mag man füglich bestreiten – wie bei allen Sprichwörtern –, ob diese Gewichtung stimmt. Aber sicher lassen sich die Künste daraufhin befragen, welche sinnlichen Integrationsweisen sie hervorrufen, beziehungsweise aus welchen sinnlichen Bedingungen ihres eigenen Schaffens sie herrühren. Sowohl die sinnlichen Entäußerungen der einzelnen Künstler wie auch deren sinnlich vermittelten Wirkungen und Rückwirkungen auf die Rezipienten kennen völlig verschiedene Grade körperlicher Intensität. Die Künste und ihre Korrelate in der Sinnenwelt evozieren vom Auge über das Ohr und über Geschmack und Geruch bis hin zum Tastsinn eine zunehmende Körpernähe oder gesteigerte Leiblichkeit. So läßt sich die Hypothese aufstellen: Je stärker die Künste verleiblicht werden, desto intensiver ist ihre sinnliche Integration.

Das Auge muß Distanz wahren, um etwas sehen zu können. Ist erst einmal etwas ins Auge gegangen, kann es nicht mehr erkennen. Deshalb bleibt Distanz, eine Differenz zwischen Subjekt und Objekt, die Voraussetzung jener Kunsterfahrung, die sich auf Bilder bezieht oder, vermittelt durch den visualisierten Tastsinn, auf Plastik und Architektur. Die Erfahrung dieser Bildwelt ist nicht direkt integrierbar in den Körper, sie erschließt sich nur durch Bewegung, durch Inblicknahme, durch Einstellung auf nah oder fern, durch umherschauen, herumgehen und überschauen. Aber der Gegenstand bleibt davon unabhängig. Bild oder Plastik bleiben in ihrer Vorgegebenheit mit sich selbst identisch. Deren Originale sind nicht beliebig wiederholbar, sie sind höchstens reproduzierbar oder kopierbar, als Originale bleiben sie einmalig – sie sind höchstens vom Zerfall durch die Zeitläufe bedroht. Wird ein Bild erst einmal als Kunstwerk wahrgenommen und gedeutet, dann wird es nicht mehr – wie früher – übermalt, sondern restauriert, um als Original erhalten zu bleiben.

Die leibliche Differenz zwischen Kunstwerk und Betrachter bleibt bestehen. Das Bild bleibt erinnerbar als Bild, ein Wiedererkennen erfolgt durch Hinsehen, aber der Betrachter hat ebenso die Freiheit, wegzusehen, ohne das Objekt dadurch zum Verschwinden zu bringen – es sei denn, er will es zerstören, es also in seiner sich selbst ausweisenden Vorhandenheit vernichten.

Wenn sich ein Wandel in der Wahrnehmung und Einschätzung bildlicher Gegenstände vollzieht – und das geschieht hier wie in allen Künsten –, dann ist das primär ein Vorgang der Rezeption. Der Blick ändert sich, und damit ändert sich auch die okulare Sinnlichkeit. Sie stimmt sich selber um und richtet sich anders ein. Freilich wird ihre Bewegungsfreiheit seit der Erfindung des Films und des Fernsehens erheblich eingeschränkt. Denn in dem Maß, als diese Bildsendungen selbst beweglich geworden sind, machen sie den Betrachter als solchen unbeweglich, legen jeden Blickwinkel, jeden Ausschnitt, jede Perspektive im voraus fest und befristen obendrein die Dauer des Hinschauens. Die verzeitlichte Bildsequenz dominiert den Betrachter. Dieser verliert seine spontane Freiheit, die er gegenüber in sich ruhenden Bildern oder Skulpturen, selbst gegenüber der offenen Theaterbühne, wahren konnte. Es bedarf keiner nostalgischen Kulturkritik, um den damit verbundenen geschichtlichen Wandel der Sinnlichkeit registrieren zu können. Der Film, zeitlich determiniert, setzt den Betrachter unter einen erhöhten Druck sinnlicher Internalisierung. Damit evoziert er Verhaltensweisen, die sich dem akustischen Sinn unterwerfen müssen, wie sich denn auch der Film als Tonfilm diese Dimension zusätzlich erschlossen hat.

Die Sinnlichkeit des Gehörs ist in mancher Hinsicht von der des Auges verschieden oder gar entgegengesetzt. Auf Sprache oder Musik bezogen, werden die Sinne nur wirksam durch eine aktive Wiederholung des Reproduzenten oder des Rezipienten. Das Gesprochene muß als Gehörtes wiederholt werden, um als Botschaft verstanden zu werden. Und die Musik existiert, von der Partitur abgesehen, nur durch und in ihrer Reproduktion, das heißt, die körperliche Bewegung und damit die leibliche Integration der Musik in ihren Reproduzenten ist schon ihre genuine Interpretation. Die für die okulare Sinnlichkeit vorgegebene Distanz zwischen Bild und Betrachter verschwindet in der Musik vollends: Diese ist nur in der Weise ihrer Wiedergabe gegenwärtig. Aber auch die Zuhörer sind in strengerer Weise determiniert, sie können nicht schlicht weghören, weil das Ohr nicht geschlossen werden kann – wie das Auge. Die Wirksamkeit der Musik erweist sich also nur im Wiederspielen und Wiederhören, also im Medium ihrer jeweiligen Reproduktion – sehr im Unterschied zur deutenden Wahrnehmung der vorgegebenen Bildwelt. Der aktive und produktive Anteil der sinnlichen Verkörperung ist beim Sprechen, Singen und Musizieren jeder Art weit größer als beim deutenden Hinschauen mit dem Auge, das primär wahrnimmt und nicht »wahrmacht«.

Hinzu kommt – was uns Augustin gelehrt hat und wie schon

beim Film gezeigt – der erhöhte zeitliche Druck, der im Gegensatz zur freien Augenwelt das zu Hörende vorausbestimmt. Erinnerung der vorausgegangenen und Erwartung der kommenden Töne sind die sinnlichen Vorgaben des Gehörs. Das Vorher oder Nachher einer Melodie oder eines gesprochenen Satzes legt fest, was verstanden, also leiblich nachvollzogen werden kann. Der Verlauf der Musik oder eines gesprochenen Satzes duldet kein Zurück, sehr im Unterschied zur bildlichen Wahrnehmung, die stets auf dasselbe Objekt rekurrieren kann. Am vorgegebenen Zeitlauf des zu Hörenden gemessen, sind die primär raumbezogenen Bilder, Skulpturen oder Architekturen, um überhaupt sinnfällig werden zu können, zeitlich vergleichsweise indifferent. Dagegen ist das zeitliche Vorher und Nachher unverzichtbar für jede sprachliche oder musikalische Vergegenwärtigung.

Damit hätten wir ein erstes Ergebnis. Die erhöhte zeitliche Determinante des akustischen Sinnes gegenüber dem okularen Sinn erweist sich als eine zunehmende Verkörperlichung. Sprechen und Musik sind nur durch leibliche Bewegung zu verwirklichen, sehr im Unterschied zum distanzierenden Hinschauen des Auges, das sich auf Vorgegebenes einstellen muß. Und sehr im Unterschied zur bildlichen Produktion, die sich im Bildwerk entäußert, ein für alle Mal, ohne sich durch eine Reproduktion – wie in der Sprache oder Musik – ihrer Wirklichkeit versichern zu müssen. Die technische Reproduzierbarkeit bildlicher Werke ist im Hinblick auf ihren sinnlichen Status nur von sekundärer Bedeutung. Sprache und Musik existieren nur im Vollzug ihrer Wiederholung oder gar nicht. Bildwerke flächiger oder mehrdimensionaler Art sind dagegen nicht auf ihre Wiederholbarkeit angewiesen. Diesem Befund entspricht in der Abschichtung der einzelnen Sinne vom Auge zum Ohr ihre zunehmende körperliche Intensivierung, ihre wachsende Verleiblichung, ohne die weder Sprache noch Musik vermittelbar sind.

Nicht, daß die Bildwelt ohne sinnliches Deuten und Registrieren wahrnehmbar wäre, aber ihre Realität geht der Wahrnehmung in anderer Weise voraus als die Realität des Sprechens oder der Musik: Diese auf den akustischen Sinn angewiesenen Leistungen hängen zur

Gänze von ihrer sinnlichen, ihrer leiblichen Verwirklichung durch Reproduzenten ab. Die Reproduktion der Musik ist gleichsam ihre Produktion (freilich nicht ihre Komposition).

Nach dieser Differenzbestimmung zwischen Auge und Ohr ist es ein leichtes, die vermeintlich niedrigeren Sinne – so die traditionelle Deutung – auf ihre leibliche Präsenz hin zu befragen. Wie zu erwarten, bezeugen Geruch und Geschmack, die eng miteinander verbunden sind, sowie der Tastsinn eine sich steigernde Angewiesenheit auf den Leib. Ihre sinnliche Präsenz im Leib selber ist, im Gegensatz zur Optik und Akustik, kaum noch ablösbar vom körperlichen Vollzug, ist kaum noch in der Lage, quasi autonome Künste aus sich selber hervorzutreiben. Die von Joris Karl Huysmans 1884 erdachte Geruchsorgel hat bis heute noch keine Partitur gefunden, die eine kunstvolle Reproduktion erlaubte. Der Geruch hängt von der Zufälligkeit des Ambiente, des Gegenübers ab, Eigengeruch ist kaum wahrnehmbar, und der von außen induzierte Geruch verflüchtigt sich mit seinem Anlaß, ist kaum erinnerbar. Freilich ermöglicht es die uralte Kunst der Parfümzubereitung, daß raffinierte Düfte kunstvoll reproduziert werden können. Zeitlich gesprochen bleibt der Geruch aber so ephemer, wie er sinnlich intensiv und gegenwärtig war. Dementsprechend ist der Geruchssinn passiver, stärker rezeptiv, als Sicht- und Hörweisen, als Auge und Ohr jemals sein können.

Aktiver dagegen ist der Geschmack. Er lockt das Kunstwerk der Speisezubereitung, die Kochkunst, hervor, zu deren Gunsten Rossini sogar die Komposition aufgegeben hat. Aber ihr Ergebnis, das zubereitete Mahl, muß verzehrt werden, um genossen werden zu können. Der Genuß besteht im Verzehr selber, ganz im Gegensatz zur Wiederholbarkeit okularer oder akustischer Angebote – es sei denn, man verwechselt die Existenz der Kochbücher, die die Wiederholbarkeit festzuschreiben versuchen, mit der Kochkunst selber, die sich im Angebot einmaligen Verzehrs erfüllt. Was einmal gegessen wurde, muß nach dem Verzehr völlig neu zusammengesetzt und neu komponiert werden, auch wenn der Geschmack Wiederholungsgelüste hervorlockt, die zu bedienen die Kochkunst herausgefordert bleibt. Gleichwohl bleibt die leibliche Vereinnahmung unumkehrbar und ist als Akt der Verdauung nur noch metaphorisch vergleichbar mit den Künsten okularer oder akustischer Herkunft.

Der Tastsinn schließlich erschöpft sich in körperlicher Gegenwärtigkeit, im direkten Kontakt zwischen Innen und Außen, zwischen Subjekt und Subjekt, zwischen Subjekt und Objekt. Er kennt nicht einmal ein minimales Nachbeben, wie es Geruch oder Geschmack, oder ein Nachleben, wie es – weit länger während – Auge und Ohr hervorrufen. Gleichwohl führt der aktive Tastsinn über Jahrtausende hinweg zu den größten Kunstwerken, zu Skulpturen, deren künstlerische Einschätzung freilich weniger durch die Hand – wie des Bildhauers selber – als vom Auge des Betrachters geleitet wird. Insoweit führt der Tastsinn zu unserem Ausgangspunkt, der die okulare Distanz anvisierte. Mit den Augen ertasten ist strenggenommen eine Metapher, die auf den Zusammenhang unserer Sinne in der Sinnlichkeit zurückweist.

Die Summierung, besser die Akkumulation aller Sinneskünste vollzieht die *ars amatoria*, die Kunst des Liebens. Alle Sinne sind hier auf Gegenseitigkeit eingestellt. Nur im wechselseitigen Sehen, Hören, Riechen, Schmecken, vor allem Tasten und Spüren gelingt die Vereinigung. Ihr Vollzug ist der Verzehr selber, er entfacht das Glück; die Lust *ist* ihr Verzehr. So ist die *ars amandi* vollends auf den Leib zurückverwiesen, auf die Vielfalt unterschiedlicher, sich gegenseitig steigernder sinnlicher Handlungssequenzen. Die Variationsbreite bleibt von Natur aus enger bemessen als bei allen anderen Künsten, dafür ist die *ars amandi* steigerungsfähig bis zur Inkarnation der Sinnlichkeit schlechthin. Aber die zeitliche Beschränkung wächst mit der Verkörperlichung der Liebe. Für die Ekstase, einmal entfesselt, gibt es, allen Künsten der Verlängerung zum Trotz, kein Zurück. Gemessen am freien Umfeld des Auges und an der inneren Rhythmik akustischer Künste steigert sich das Transitorische, je weniger die einzelnen Sinne körperlich überschreitbar sind: beim Geschmacks-, Geruchs- und Tastsinn. Vollends transitorisch ist die vollzogene Leiblichkeit aller Sinne im Geschlechtsakt. Was sich hier verflüchtigt, steht in umgekehrt proportionalem Verhältnis zu seiner absoluten Steigerungsfähigkeit. Sie führt in die Unumkehrbarkeit und Endlichkeit der Ekstase.

Mit der Ausweitung unserer Fragen auf die *ars amandi* haben wir bereits die zwischenmenschliche Herausforderung an die Sinne thematisiert. Damit öffnet sich unser Blick auch auf die politische Sinnlichkeit. Und mit den beiden Thesen einer zunehmenden Verleiblichung sinnlicher Erfahrungen und des damit anwachsenden zeitlichen Drucks auf die Sinne haben wir zwei Angebote, die uns das Feld der politischen Sinnlichkeit abzustecken helfen mögen.

II.

Nachdem bisher – im Hinblick auf die einzelnen Künste – die Sinne isoliert behandelt wurden, läßt die politische Sinnlichkeit ein solches Verfahren nicht ohne weiteres zu. Gewiß gibt es verschiedene Verlaufsmuster der Produktion und der Rezeption, je nachdem welche Sinne aktiviert werden – und das heißt, je nach dem Grad der leiblichen Internalisierung der Künste in ihren sinnlichen Verarbeitungsweisen. Aber die politische Sinnlichkeit, so läßt sich vermuten, ist so komplex, daß sie nur durch eine permanente Rückkopplung aller einzelnen Sinnesleistungen in Kraft tritt. Dieser Befund beruht auf zwei Voraussetzungen, die für den weiteren Gang unserer Überlegungen jedenfalls genannt werden müssen. Erstens sind alle Sinne *a priori* zwischenmenschlich, sozial; und zweitens sind sie immer schon, im Unterschied zu den analogen Sinnen der Tiere, sprachlich unterfangen.

Alle Sinne sind schlechthin sozial, denn sie stiften jenes Gegenüber, von dessen Bestätigung sie ihre Gewißheit gewinnen. Ob Mensch, Tier, Pflanze oder Ding – deren Präsenz wird sinnlich vermittelt. Die Sinne schaffen eine leibliche Aura, körperliche Gegenwärtigkeit, fleischliche Zwänge, einen elastischen oder einen dinglichen Widerhalt. Sie allesamt stimmen den Menschen auf sein jeweiliges Gegenüber ein. Alle eigenen Ausdrucksweisen evozieren die ihnen gemäße – oder konfliktgenerierende – Antwort, so daß sich die Identität des Menschen nur durch das Gegenüber anderer gewinnen läßt – oder durch eine gemeinsame Repräsentanz.

Es liegt nahe, eine derart beschriebene soziale Sinnlichkeit auch als politisch zu bezeichnen, wie denn auch die bürgerliche Gesellschaft, die alte *koinonia politiké* des Aristoteles, bis in unsere Neuzeit hinein als *societas civilis aut politica*, als eine politische und zugleich zivile Gesellschaft, bezeichnet werden konnte.

Horizontale Vergemeinschaftungen und vertikale Herrschaftsformen haben sich gegenseitig generiert, ohne daß scharfe Abgrenzungskriterien möglich waren. Das Soziale war – auch im modernen Sinne – politisch, und umgekehrt. Geselligkeit, Gesellschaft, Gemeinschaften und Bünde, Familien, Verbände und Vereinigungen, welche Kategorien heute auch immer verwendet werden: alle Einigungen wurden, durch Handschlag und Schwur, sinnlich vermittelt und bekräftigt. Und dabei blieben magische oder religiöse Erkenntnis- und Verhaltensweisen ebenso einverleibt. Ob Tanz, Musik oder Theater, ob Riten, besonders Initiationsriten von der Zeugung bis zum Tod, alle Kultformen, von der Beschwörung bis zum Anbeten, vom Opfer bis zur Schlacht und zum Schlachten – kein Sinn bleibt ausgespart, alle Sinne werden abgerufen und eingespannt, um durch eine Steigerung ihrer sozialen oder politischen Intensität die jeweilige Handlungseinheit zu legitimieren und zu motivieren.

Damit überschreiten wir, zwar weiterhin sinnlich vermittelt, den bloß sinnlich wahrnehmbaren Zusammenhang. Denn Gesellschaft oder Religion oder Politik sind ohne ihre sprachlichen Voraussetzungen und Zusammenhänge nicht möglich und nicht nachvollziehbar. Zwar lebt alle Sprache vom Sprechen, also von ihrem sinnlichen Substrat, aber die Sprache transzendiert diese ihre eigenen Voraussetzungen, indem sie die Sinne selber unterfängt und ihrerseits zum Sprechen bringt. Alle menschlichen Sinne bleiben, im Unterschied zu denen der Tiere, in den Horizont ihres sprachlichen Vorverständnisses eingebunden. Auch der Schrei der Verzweiflung enthält eine Mitteilung, auch das Seufzen im Leiden eine Botschaft, von schneidenden Befehlen und der wechselhaften Tonlage sogenannter Diskurse ganz abgesehen. Die Sprache bleibt der Hermeneut aller Sinne, auch wenn sie von deren naturaler Vorgegebenheit zehrt. Denn ohne die sinnlichen Modalitäten zwischen Lunge, Lippen, Zunge, Gaumen, zwischen Gehör und Gehirn – also ohne das Sprechen – lassen sich auch die anderen Sinne nicht versprachlichen.

Unter den beiden genannten Prämissen, der sozialen und der sprachlichen Rückbindung aller Sinne, um empfangsbereit und aktionsfähig zu werden, kann es sich bei der politischen Sinnlichkeit nur um einen Ausschnitt handeln, der uns immer wieder auf allgemeine anthropologische Zusammenhänge zurückführt.

Wenn Zigtausende von Menschen stundenlang geduldig warten, um in einen frenetischen Jubel auszubrechen, wenn der ersehnte und eingeflogene Führer oder Popstar endlich in Erscheinung tritt, so handelt es sich sozialpsychologisch um zwei einander vergleichbare Fälle, auch wenn der Inhalt der Botschaft, musikalisch oder politisch, diametral verschieden ist. Hinzu kommt ein tiefgreifender Wandel in der sinnlichen Empfangsbereitschaft für die jeweiligen Angebote. Hitlers Reden rufen heute nur noch Lachen hervor – bei der Jugend, die Rolling Stones nur Kopfschütteln – bei den Alten. Auch wer zugibt, daß generationsspezifische Erfahrungen Alt und Jung zugleich erfassen, wird einräumen müssen, daß diachron sinnliche Veränderungsschübe stattfinden können, die sogar die überkommene Kommunikationsfähigkeit zwischen den Generationen aushöhlen und zerbrechen.

So fand sich Edward Hopper 1945 vom New Yorker Museum of Modern Art, in dem er bislang würdig vertreten gewesen war, ausgeschlossen und persönlich vor die Tür verwiesen. Nur abstrakte Kunst wurde zugelassen, wie Hans Sahl berichtet, nachdem sechs Jahre zuvor die von den Nationalsozialisten exilierte »Entartete Kunst« kaum ihre Käufer gefunden hatte.[2] Hier handelt es sich um einen atemberaubenden Stilwechsel, der ohne politische Inszenierung kaum so schlagartig sichtbar geworden wäre. Die Ereignisse vor, während und nach dem Zweiten Weltkrieg beschleunigten zweifellos neue sinnliche Angebote, denen die Aufnahmebereitschaft der Rezipienten nur zögerlich folgen konnte. Eine ästhetisch kunstim-

2 Hans Sahl, *Das Exil im Exil*, Frankfurt a.M. 1990, S. 137ff.

manente Urteilsbildung mag sich von derartigen Vorgängen beeinflussen lassen, bestimmen lassen kann sie sich davon nicht, ohne ihre Glaubwürdigkeit zu verlieren.

Beide Beispiele belegen, daß nicht nur die künstlerischen Produkte, sinnenfällig wie sie sind, ihre Geschichte haben, sondern daß sich auch die Sinnlichkeit selber, aktiv oder rezeptiv, nur geschichtlich, und das heißt nur als veränderlich und veränderbar, artikulieren kann.

Mit welchen Kriterien läßt sich nun die sprachlich und sozial immer schon determinierte Sinnlichkeit zusätzlich als politisch eingrenzen? Dazu sei eine Hypothese angeboten, die einer vielfältigen Verifikation leicht zugänglich ist. Durch die politische Sinnlichkeit wird ein Erfahrungsraum eingegrenzt und abgesteckt, der ein Minimum an Gemeinsamkeit sichert, um handlungsfähig zu werden und zu bleiben. Die fünf Sinne habitualisieren dann Einstellungen, Wahrnehmungen und Verhaltensweisen, die zugunsten gemeinsamer Aktionsfähigkeit nicht tangiert, geschweige denn überschritten werden dürfen.

Farben und Symbole, Hymnen, Lieder und Fanfaren, gleichartige Bewegungsweisen, Anrede-, Gruß- und Abschiedsformeln, schließlich einheitsstiftende Schlagworte wie »Freiheit«, »Gleichheit«, »Nation«, »Volk« oder »Klasse« – samt ihren Kombinationen – erzeugen allesamt einen gemeinsamen Haushalt der Wahrnehmung und Handlungsfähigkeit, der optisch und akustisch, taktil wie durch Geruch und Geschmack zusammengehalten wird. Dynamisch gesehen handelt es sich um ein Schleusensystem, das andere Deutungs- und Verhaltensmuster auszuschließen geneigt macht. Dabei herrscht zwischen den sinnlich verschiedenen Empfindungs- und Erfahrungszonen keineswegs eine völlige Kongruenz, wie sie die fingierte Homogenität der Handlungseinheit voraussetzen müßte. Wer kennt nicht die dialektischen Kapriolen, um »Freiheit« und »Gleichheit« oder »Volk« und »Klasse« auf einen gemeinsamen Nenner zu bringen – oder »Volk« und »Rasse«? Linguistisch zeigen sich hier sinnlich erinnerte Sprachschichten verschiedener zeitlicher Tiefe, deren langsame oder deren gewollte Änderungen zu Reibungen und zu

Brüchen in der intellektuellen Aufnahmefähigkeit führen – oder zu ideologischer Zwangsfusion.

Das führt auch zu sinnlichen Verwerfungen. Denn gerade die Sinne fordern Eindeutigkeit, weshalb Sinnestäuschungen so genannt werden. Die symbolische Festlegung der politischen Sinnlichkeit in allen ihren Ausfächerungen führt daher zu Blockaden in der Wahrnehmung – und somit auch der Verhaltensweisen. Jedes Zeigen ist Verschweigen. Unversehens kann sich dann das kanalisierende Schleusensystem der sinnlichen Wahrnehmungen als ein Schottensystem erweisen, das von der restlichen Außenwelt abschließt. Dann entsteht ein Sog, der alle Sinne ausrichtet: die Fahne erfaßt mit ihrem Symbolgehalt den Träger samt denen, die ihr folgen. Die hautnahe Tuchfühlung sorgt für gemeinsamen Geruch und gleichförmigen Rhythmus. Die Uniform sorgt für Entschämung ihrer Träger, die nur durch ihre politische Ehre aufgewogen scheint. Und schließlich sind jedes Selbstopfer, jeder Totschlag und jede Folter nur durch physischen Eingriff zu vollstrecken. Todesangst und Wollust treiben einander hoch, so daß – im Extremfall – der Vollzug der politischen Sinnlichkeit alle Zeichen der leiblichen Ekstase aufweist und vor sich herträgt.

Der irreversible Zeitdruck, der sowieso schon auf der Rezeptionsfähigkeit der Sinne lastet, ruft dann einen unmittelbar leiblichen Zwang zur Veränderung hervor. Hier stoßen wir auf eine dem menschlichen Leib eingeprägte Endlichkeit, die mit der ekstatisch vorübergehenden Erfüllung einen Wandel evoziert – oder eine ritualisierbare Wiederholung. Wenn das zutrifft, stünden wir vor einer anthropologischen Alternative, die noch nicht hinreichend untersucht ist, die jedenfalls geeignet wäre, geschichtliche – langsame oder schnelle – Veränderungen auf ihre sinnlichen Voraussetzungen hin zu untersuchen. Dazu zum Schluß noch einige Hinweise.

Bei der Umbesetzung politischer Vorgaben oder Programme können die einzelnen Sinne gegenseitige Hilfe leisten. Der Text eines Chorals oder eines Marschliedes mag umgeschrieben und der alten, eingespielten Melodie unterschoben werden. Dann wird die inhaltliche Neuerung melodisch in gewohnte Bahnen gelenkt. Politisch

Konträres wird verkündet, bleibt aber in seiner emotionalen Tonlage identisch. Das gilt nicht nur für die Kampflieder der Bürgerkriegsparteien in der Weimarer Zeit, sondern auch für gleichklingende Nationalhymnen oder identische Schlager einander bekämpfender Völker.

Die politische Sinnlichkeit erzwingt also keineswegs einen gleichmäßigen und parallel verlaufenden Wandel aller einzelnen Sinnesaktivitäten. Leiblich tiefer eingegrabene Erfahrungsschichten lösen sich schwerer ab als ehedem nur peripher Wahrgenommenes. Symbolisch geronnene Farben – das Rot bleibt rot, mit oder ohne Hakenkreuz, mit oder ohne Hammer und Sichel – lassen sich nur langsamer ausdünnen, als politische Ereignisse es erheischen. Optische Verbindlichkeiten mögen länger dauern als die der sogenannten niederen Sinne mit ihrer jäh intensivierbaren Körperlichkeit. Dagegen zeugt es von der emotional zupackenden Phantasie Churchills, wenn er im Mai 1940 das britische Volk nicht optisch und akustisch, sondern auf die unsichtbaren oder stummen Sinne einschwor: »blood, toil, tears, and sweat« – Blut, Mühsal, Tränen und Schweiß. Diese sinnliche Botschaft, vom Leib der Briten einmal übernommen, währte etwas länger als Goebbels' digestiv-taktiles Angebot, mit dem Eintopf aus der Gulaschkanone vorliebzunehmen.

Die unterschiedliche Handhabung der sinnlichen Tastatur in der politischen Rhetorik erlaubt eine letzte Frage. Wo verläuft die Grenze zwischen einer gleichsam unbekümmerten, quasi normalen und selbstverständlichen Sinnlichkeit, die so oder so allen politischen Handlungseinheiten innewohnt, ohne die jede Handlungseinheit zerfallen würde – und einer wissentlich gesteuerten, also politisierten Sinnlichkeit? Empirisch läßt sich eine derartige Unterscheidung zwischen politischer und politisierter Sinnlichkeit schwer treffen. Denn die alten Künste der Rhetorik und die neueren, inzwischen elektronisch verstärkten Künste der Propaganda erzeugen Wahrnehmungsmuster und Wahrnehmungsblockaden so, als ob sie von den Adressaten freiwillig geschaffen, zumindest akzeptiert worden seien. Das muß freilich nicht so sein.

Elias Canetti, ein Meister politisch-ästhetischer Analysen, erinnert sich des 15. Juli 1927, als er sich inmitten der Wiener Arbeiter befand, die den Justizpalast stürmten und anzündeten. Es gab neunzig Tote. »Es ist der deutlichste Tag, dessen ich mich entsinne, deutlich aber nur, weil das Gefühl, während er ablief, unablenkbar blieb.«[3] Der leibliche Zusammenhalt der Menge und die dominierende Wucht des Gehörten, der Schüsse und Schreie, tauchten alle in eine einzige Woge, die sich immer wieder neu als Handlungseinheit formierte – ohne daß ein Führer Kommandos erteilt hätte. Die politische Sinnlichkeit ist nicht darauf angewiesen, daß sie kanalisiert, instrumentalisiert, manipuliert, organisiert oder eben *expressis verbis* politisiert werden müßte. Aber kann sie dem entrinnen? Kaum.

3 Elias Canetti, *Masse und Macht*, 2 Bde., München 1973; ders., *Die Fackel im Ohr. Lebensgeschichte 1921-1931*, Frankfurt a. M. 1991, S. 233.

II. Zu bundesrepublikanischen Denkmalskontroversen

Bilderverbot. Welches Totengedenken?[1]

Die Entscheidung, die Bundesgedenkstätte in Schinkels Neuer Wache mit einer Plastik von Käthe Kollwitz zu versehen, muß revidiert werden. Die Motive, die dafür sprechen, die Pietà der Kollwitz aufzustellen, sind anerkennenswert, aber nicht hinreichend. Der Wunsch des Bundeskanzlers oder der Bundesregierung, die ästhetische Möglichkeit, eine Intimplastik auch vergrößert wirken lassen zu können, die weltanschauliche Kompromißfigur, daß eine sozialistisch gesinnte Künstlerin den Tod ihres Sohnes im Ersten Weltkrieg gleichsam christlich zu verarbeiten suchte und deshalb heute noch aktuell sei – all diese Argumente verbleiben im Vorfeld. Die Entscheidung muß sich zunächst auf die Aussage der Skulptur gründen. Es handelt sich um die bildliche Umsetzung unbewältigter Trauer in eine Besinnung, die mit der Trauer zu leben versucht. Dieser bildnerische Anspruch der Kollwitz verdient alle Anerkennung. Dennoch reicht diese Aussage der Skulptur nicht hin, um das Gedächtnis, das die nunmehr erweiterte Bundesrepublik zugleich national und international bewahren soll, zu pflegen. Spricht die Plastik auch für uns? Wie spricht sie uns an? Und für wen spricht sie überhaupt? Die Skulptur versinnlicht zwei Aussagen und Sichtweisen. Die eine ist symbolisch und steht in der Tradition der Maria mit dem toten Christus auf ihrem Schoß. Diese Tradition verheißt, aller Trauer zum Trotz, Trost, Erlösung, wie sie ikonographisch über zwei Jahrtausende hinweg immer wieder formuliert wurde. Die zweite Sichtweise ist realistisch zu nennen, wobei Käthe Kollwitz persönlich den Realgehalt einer trauernden Mutter mit ihrem Sohn auf dem Schoß eher beim Wort ge-

1 [Koselleck notierte auf der von ihm aufbewahrten Zeitungsseite: »Titel nicht von mir!« Sein eigener Titel für das Ms. ließ sich nicht ermitteln.]

nommen hat als die Tradition einer daraus ableitbaren Heilsverheißung. Denn es handelt sich für sie primär um die Trauer der Mutter über ihren im Krieg gebliebenen Sohn. Die – Barlach nahe – Lösung gehört ihrem Stil und ihrer Aussage nach eindeutig in die zwanziger und dreißiger Jahre und ist bezogen auf die Gefallenen des Ersten Weltkrieges. Nimmt man die beiden Aussagen beim Wort, so ist diese Plastik heute nicht mehr aussagekräftig genug, um den seitherigen Ereignissen gerecht zu werden, sofern dies überhaupt möglich ist. Wenn an das Massensterben im Zweiten Weltkrieg erinnert werden soll, so können auf der realistischen Ebene ebenso der Vater seine im Bombenkrieg verlorene Tochter betrauern oder die Kinder die im Luftschutzkeller verbrannten Eltern. Die Beziehung zwischen Mutter und Sohn ist nicht mehr der dominante Fall der Trauer, wie er es nach dem Ersten Weltkrieg mit seinen rund zwei Millionen (deutschen) gefallenen Soldaten noch war. Wird dagegen die symbolische Aussage ernst genommen, so werden die Juden ausgeschlossen, die zu Millionen umgebracht wurden. Sie können sich von der christlichen Symbolsprache der Pietà so wenig angesprochen fühlen wie von der realistischen Aussage, als handele es sich bei der Erinnerung an das Massenmorden nur um eine Beziehung von Mutter und Sohn. Weder als Realaussage noch als symbolische Darstellung ist die Pietà der Kollwitz geeignet, um an das alle Generationen und alle Geschlechter und alle Völker erfassende Massensterben und eben auch das Massenmorden zu erinnern, für das wir Deutsche einzustehen haben. Beide Aussagen der Pietà der Kollwitz reichen nicht aus, um jene Gedenkstätte zu errichten, die den Ereigniskatarakten seit 1914, besonders seit 1933, angemessen ist. Seit 1918 stehen die Künstler vor einer neuen Herausforderung, die nur selten angemessen beantwortet wurde. In den Schlachten von Verdun, an der Somme und in Flandern sind die Soldaten zerstückelt – auch vergast – und vernichtet worden, so daß mehr als die Hälfte der Toten nicht mehr identifiziert oder gar wiedergefunden werden konnte. Unzählbar, die kein Grab fanden. Im Zweiten Weltkrieg hat sich dieser Vorgang verschärft. Die Zahl der schlichtweg Vermißten hat sich vervielfältigt, man denke an die mehr als zwei Millionen Flüchtlinge, die den Westen nicht mehr erreichen konnten und die verschwunden sind. Und man denke an die nicht mehr zählbaren fünf bis sechs Millionen Juden, die ermordet und in Gruben verscharrt wurden oder die in den Gaskammern erstickt, dann verbrannt und in Asche und Rauch aufgelöst worden sind. Das maschinell und fabrikmäßig betriebene Töten hat einen Tod hervorgebracht, der jede symbolische oder realistische Figuration einer Pietà hinter sich läßt. Mütter und Kinder kamen zugleich um. In der bildnerischen Verarbeitung unserer Geschichte hat längst eine Wandlung stattgefunden. Die fehlenden Gräber und die verschwundenen Leichen werden bedacht, die als solche sinnlich kaum eingeholt werden können. Deshalb ist bereits eine große Zahl von Denkmalen entstanden, die keinen Sinn mehr stiften, sondern die die Überlebenden herausfordern, eine Antwort zu suchen: gespaltene Säulen und abstrakte Denkmale, die jede Aussage in eine Frage verwandeln, Hohlformen für verschwundene Menschen, die sich auflösen oder die in der Vollzugsweise ihrer Entleiblichung dargestellt sind. Auch Käthe Kollwitz hat diese neuzeitlich einmalige Herausforderung aufgenommen, mit einem unüberbietbaren Denkmal. Es sind die Eltern, die ihren Sohn betrauern, aber nicht mehr zurückholen können. In jahrzehntelanger Reflexion hat Käthe Kollwitz das Gedenkmal für ihren eigenen Sohn geschaffen und dabei den Leichnam ihres Kindes meditativ zum Verschwinden gebracht. Die Aussagekraft ihres Denkmals in Vladslo besteht gerade darin, daß sie das Überleben in Trauer sichtbar machen konnte, ohne auf den entschwindenden Leichnam direkt verweisen zu müssen. Bereits diese Plastik ist unserer Erfahrung angemessener als die Pietà, die für die Berliner Schinkelwache vorgesehen ist. Die Pietà bietet traditional Trost, die überlebenden Eltern in Vladslo finden keinen Trost, sondern sind dazu verurteilt, ihn zu suchen und immer wieder suchen zu müssen. Schon deshalb ist es unangemessen, eine Skulptur der Kollwitz für das Massenmorden und Massensterben unseres Jahrhunderts aufzubieten, das von einer anderen Skulptur ebendieser Künstlerin bereits überboten worden ist. Da aber Käthe Kollwitz einen offiziellen Gebrauch ihrer persönlichen Darstellung des trauernden Elternpaares untersagt hat, entfällt die Möglichkeit, diese

Doppelplastik in der Schinkelwache aufzustellen. So stellt sich die Frage, ob nicht der von Tessenow entworfene Kubus, Metapher eines Altars, angemessen ist. Jedenfalls gehört die Metapher des Altarsteins schon zu jenen abstrahierenden Antworten, die den uneinholbaren Massentod als solchen bedacht haben. Das gilt noch mehr für seinen radikaleren Entwurf, eine Hohlform in den Boden zu senken. Es spricht alles dafür, die Lösung von Tessenow wiederaufzunehmen. Freilich wäre zu überlegen, ob nicht auf dem Kubus der Silberkranz wegbleiben sollte, weil er mit einer nach 1918 noch ungebrochenen Ehrung der Toten verbunden bleibt, die nach den Ereignissen des Zweiten Weltkrieges nur mehr eine halbe Antwort wäre. Um ihren Tod angemessen zu betrauern, komme es darauf an, gerade die geschichtliche Absurdität unserer Toten ins Bild zu bannen. Will man eine Statue im Gedenkraum aufstellen, so muß die Inschrift mitbedacht werden, die sich auf sie bezieht. Auch die Inschrift fordert uns heraus, Fragen zu stellen, wie sie an die Skulptur selber zu richten sind. Da bietet sich die Minimallösung an, nur »1914-1918« und »1939-1945« einzuschreiben. Damit aber entfallen alle Hinweise auf die Toten der Weimarer Bürgerkriegszeiten und auf alle – viele Millionen – Toten des nationalsozialistischen Terrorregimes im In- und Ausland sowie auf alle Toten, die im Gefolge des Kalten Krieges zu beklagen sind. Oder sollte der Mauertoten nicht gedacht werden? Eine zweite Lösung wäre, nur zu schreiben: »Den Toten«, vielleicht verbunden mit Jahreszahlen, besser aber ohne sie zu nennen, weil sie bereits eine einschränkende Bedeutung haben. Wird aber »Den Toten« inskribiert, so erhebt sich zwangsläufig der Einwand jener Überlebenden, die nicht nur ihre Toten beklagen, sondern die beklagen müssen, wie sie getötet worden sind – fabrikmäßig oder maschinell beseitigt worden zu sein. Korrekter könnte es scheinen, die Formel »Den Getöteten und den Ermordeten« zu verwenden. Diese Wendung verbietet sich aber, weil die politische Sprache aller Toten in gleicher Weise gedenken muß. So taucht jene Lösung auf, die seit 1945 so gerne verwendet wird: »Den Opfern«. Diese Lösung ist mehrdeutig. Im Deutschen bedeutet »Opfer« sowohl das aktive und freiwillig erbrachte Opfer (*sacrificium*) wie das Opfer im Sinne des passiven Besiegt- und Getötetwordenseins (*victi*). Deshalb können sowohl die Soldaten der Großdeutschen Armee als Opfer bezeichnet werden, wie ebendiese Toten zugleich als Opfer der nationalsozialistischen Ideologie verstehbar sind. Semantisch läßt sich hier nicht mehr unterscheiden. Die Doppeldeutigkeit verschärft sich, wenn die ermordeten Juden, Sinti und Roma, die euthanasierten Kranken sowie die zu Tode geschundenen oder umgebrachten Kriegsgefangenen, vor allem der slawischen Völker, mitbedacht werden – was zwingend und notwendig ist. Dann aber rückt »Opfer« schleichend in die Nähe jener Rolle, die Himmler den sogenannten minderwertigen Völkern zugewiesen hat, die analog einem Sündenbock als »Untermenschen« geopfert werden müßten, um eine deutsch beherrschte Welt einzurichten. Darin enthalten, taucht sofort jene diabolische Konnotation auf, nach der Millionen Umgebrachter vorsorglich daran gehindert wurden, sich selbst zu opfern, um ihresgleichen das Überleben zu ermöglichen. Der Begriff des Opfers deckt weder die Sinnlosigkeit noch die Absurdität, die durch uns Deutsche zum Ereignis wurde. Die bundesrepublikanisch beliebte Formel »Den Opfern von Krieg und Gewalt« verbirgt linguistisch eine Hypokrisie. Sie ist weder der Wirklichkeit unserer eigenen Vergangenheit noch den wirklich Ermordeten angemessen. Bereits die rund vierzigjährige Verwendung der Schinkelwache in der ehemaligen DDR bezeugt dies. Die Gedenkstätte war den »Opfern des Faschismus und Militarismus« gewidmet. Zwei Urnen standen symbolisch dafür ein: die eine »Dem unbekannten Soldaten« und die andere »Dem unbekannten Widerstandskämpfer« zugeordnet. Damit ließ sich nicht ausmachen, ob nicht der unbekannte Soldat den unbekannten Widerstandskämpfer ermordet hat – Gründe genug, den Begriff »Opfer« zu meiden. Die geplante Gedenkstätte steht also vor der Aufgabe, das Unvorstellbare zu visualisieren und das Unaussprechbare in Worte zu gießen. Eine sprachliche Umschreibung läßt sich – vielleicht – auf der kahlen Rückwand der Gedenkhalle eintragen. Besser wäre eine Plastik, die alle Zahlen und Worte erübrigt. Sie ist möglich. Es sei auf Lösungen verwiesen, die vom symbolischen Realismus bis zur leiblich eingebundenen Abstraktion reichen, wie sie von Brancusi, Maillol, Lembruck, Gropius, Zadkine, Moore, Hrdlicka gefunden wurden. So einmalige Lösungen wie das Elternpaar der Kollwitz oder wie das Vietnam-Denkmal der Maya Ying Lin in Washington verbieten sich kraft der einsichtigen Willenserklärung von Käthe Kollwitz oder durch die räumliche Vorgabe der Schinkelwache. Es muß möglich sein, die historische Herausforderung und die ästhetische Antwort zusammenzuführen. Durch das Dekret der Bundesregierung ist diese Lösung nicht in Sicht. Sie ist von unserer Geschichte bereits überholt worden. Die Geschichte unserer Toten läßt sich so wenig wie das Gedenken an sie religiös oder national einengen.

Stellen uns die Toten einen Termin? Die vorgesehene Gestaltung der Neuen Wache wird denen nicht gerecht, deren es zu gedenken gilt[1]

Politische Entscheidungen stehen unter Zeitdruck, und sie erzeugen Terminzwang. Für die der Bundesrepublik angemessene Form einer zentralen Gedenkstätte gibt es aber kein Zuspät. Die Toten laufen uns nicht davon. Schon gar nicht ein halbes Jahrhundert nach der Katastrophe, die wir Deutschen verursacht und uns eingehandelt haben. Aber die Toten holen uns ein. Um die rechte Form zu finden, in der wir uns ihrer zu erinnern und sie zu betrauern haben, bedarf es derselben Ruhe und Besonnenheit, die von der geplanten Gedenkstätte ausgehen soll. Was aber ist bisher geschehen? Eine Jagd nach dem Termin, um am offiziellen Volkstrauertag, am 14. November 1993, fertig zu sein.

Zunächst fanden in Bonn informelle Gespräche statt, nicht im Bundestag, sondern an der Öffentlichkeit vorbei. Dann beschließt die Bundesregierung – am 27. Januar 1993 –, die Schinkelwache neu herzurichten und die Pietà der Käthe Kollwitz dort aufzustellen; ohne Debatte im Parlament. [*Quod licet Jovi non licet bovi.*] Das Dekret der Regierung passiert den Haushaltsausschuß. Der hat darüber zu befinden, wieviel, nicht wofür das Geld auszugeben ist. Langsam dringen das geheime Verfahren und sein gewolltes Ergebnis an die Öffentlichkeit. Seitdem reißen die Proteste nicht mehr ab. Unsere Gesellschaft fühlt sich nicht nur bevormundet, sie ist es und sie weiß es. Die so viel beschworene Trauerarbeit wird flugs zum Monopol der Regierung. Um dem zu wehren, erzwingt die SPD eine Bundestagsdebatte – für eine Stunde. Acht Redner treten auf und vertre-

1 [Untertitel nicht im Ms. enthalten. Passagen, die im Ms. standen und in der Zeitungsversion fehlen, wurden durch eckige Klammern sichtbar gemacht, bloß stilistische Umstellungen etc. sind nicht sichtbar gemacht.]

ten die [hochrechenbaren] Standpunkte ihrer Parteien. Wer Christdemokrat ist und auch christlich, entdeckt in der Mutter mit ihrem toten Sohn die Pietà. Eine [bestimmbare] Sympathie für die Pietà der Kollwitz reicht in die linken Lager. Wer Sozialdemokrat ist und vielleicht noch sozialistisch, erkennt die pazifistische Absicht der ehedem verfemten und 1945 gestorbenen Künstlerin wieder: Die große Koalition der Trauer als Wiedergutmachung?

Dabei ist es nicht geblieben. Alle Parteien fordern die Ausweitung der Debatte – in die Ausschüsse und, je weiter das Spektrum nach links reicht, auch in die Verbände der Betroffenen und Überlebenden, die gehört werden müßten. Es könnte ja sein, daß die Ausgestaltung einer zentralen Gedenkstätte jeden Bürger betrifft, nicht nur die wahljahreszeitliche Mehrheit. Deshalb insistierte die Minderheitspartei darauf, den Innenausschuß einzuberufen. Dieser tagte für zwei Stunden, abbröckelnd sogar eine halbe Stunde länger. Schließlich hat der Innenausschuß auch anderes und mehr zu tun. Er befragte fünf Fachleute, von denen zwei für, drei gegen die Plastik der Kollwitz stimmten. Alternativen standen nicht zur Debatte. Das Ergebnis? Die Aufbereitung der Schinkelwache für die Plastik der Kollwitz geht ihren Gang, wie die Verordnung der Bundesregierung es verfügt hat. *Sic volo, sic jubeo.*

Wer einmal weiß, wie heftig und wie gründlich das Grabmal des Unbekannten Soldaten im französischen Parlament umstritten wurde, um seinen Ort zu finden; wer einmal weiß, warum die Frage der Inschriften der Académie française zur Beantwortung vorgelegt wurde; wer einmal weiß, mit welch geladenen Emotionen die Ausschreibung zum Vietnam-Denkmal in den Vereinigten Staaten debattiert wurde, um zu ihrer einmaligen und unüberbietbaren Lösung zu finden; und wer einmal weiß, daß die Schinkelwache nur aufgrund einer Ausschreibung durch die preußische Regierung von Tessenow gestaltet werden konnte – so zwingend, daß sie jetzt wiederhergestellt wird, um der Kollwitz gegen ihren Willen Platz zu bieten –, der weiß, wie eine Nation ihr Denkmal findet, der weiß, wie eine politisch ihrer selbst bewußte Gesellschaft der Toten gedenkt – oder gedenken kann.

Streit um die stimmige Form ist unentrinnbar. Und Streit ist nötig, um die Vielfalt und die Widersprüchlichkeit der [betroffenen] Bevölkerung zu artikulieren, um die unlösbaren Konflikte unserer Erinnerung auch im Denkmal sichtbar zu machen, unserer Erinnerung an das Töten, Sterben und Morden, an die Toten. Dieser Streit muß entschieden werden, gewiß, aber wie er entschieden wird, ist eine Frage des politischen Stils, unserer politischen Kultur. Der von der Bundesregierung gewünschte und beschworene Konsens läßt sich nicht dekretieren, schon gar nicht durch einen Erlaß [, an der minimalen Konsensbildung vorbei, um Streit zu vermeiden].

Warum findet keine Ausschreibung statt? Wirklich, um Streit zu vermeiden? Oder um jene Auseinandersetzung zu verhindern, die allein dazu führen kann, eine unserer Geschichte angemessene Lösung zu finden? Da gibt es eine große Gruppe, fast die Hälfte unserer Bürger, die sich gegen jedes Denkmal wendet – mit guten Gründen. Da reichen die Proteste gegen die jetzt vorgesehene Lösung durch alle Verbände, in denen sich die Überlebenden des NS-Terrors zusammengeschlossen haben. Zählt ihre Stimme nicht? Oder die der Ludwigsburger Zentrale auch nicht? Da wenden sich die Akademie der Künste und ebenso die Hochschule der Künste in Berlin, deren Mitglieder Kollwitz und Tessenow gewesen waren, gegen die angesonnene Lösung. Haben sie nichts zu sagen? Einhellig protestieren die Bildhauer und Architekten gegen die stillose Fusion zweier Konzepte, die weit über ein halbes Jahrhundert zurückliegen und die sich gegenseitig ausschließen.

Fünfzig Jahre intensiver Auseinandersetzung um eine uns gemäße Form des Totengedenkens, fünfzig Jahre mühsamer und rückhaltloser Erinnerung an die Zeit des Nationalsozialismus, fünfzig Jahre gründlicher Erforschung des Krieges und der darin begangenen Verbrechen – sie scheinen verpufft. Alles, was Politiker, Parteimitglieder, Wissenschaftler, Kirchenleute oder Journalisten, alles, was die Bürgerinnen und Bürger zur Totenerinnerung gedacht und gesagt haben, bleibt ausgeschlossen. Vor allem aber: Alles, was seit 1945 von Künstlern und Architekten schon geschaffen worden ist, um das Unaussprechbare ins Bild zu bannen, wird beiseitegeschoben.

Eine Ausschreibung verhindern, um Streit zu vermeiden, heißt fünfzig Jahre unserer konfliktreich aufgearbeiteten Erfahrung auszulöschen. Eine Ausschreibung zu initiieren heißt dagegen, die Auseinandersetzung öffentlich zu führen, sie durch das gebotene Verfahren einzufrieden – ohne das Ergebnis vorwegzunehmen. Dazu gehört Mut, Mut, der von unserer politischen Kultur nicht gefordert werden muß, sondern, indem er aufgebracht wird, ihr auch gerecht wird.

Die Bundesregierung scheint zu wissen, was sie will. Ob sie auch weiß, was sie tut? Das offenbar nicht. Ob sie auch weiß, was sie nicht tut? Das offenbar auch nicht.

Was sie tut, wird langsam sichtbar, durch die Vergrößerung einer kleinen, 38 cm großen, intimen Plastik der alten Kollwitz. Unter der Hand des vergrößernden Bildhauers wird aus der privaten Plastik ein Kriegerdenkmal.

Zeit ihres Lebens hat sich die Kollwitz nicht verzeihen können, daß sie ihren Sohn als Freiwilligen in den Krieg ziehen ließ. Sie hatte seinen frühen, jedenfalls vorzeitigen Tod zugelassen und insoweit herausgefordert. Das versteinerte Elternpaar zu Vladslo ist das eindrucksvolle, in sich unüberbietbare Ergebnis einer jahrzehntelangen Meditation, die den toten Sohn einer bildlichen Darstellung entzogen hat, um das trostlose Überleben auszudrücken. Deshalb gehört die Kollwitz zu den ganz großen Künstlerinnen, die eine endgültige Antwort gefunden hat auf die einmalige Herausforderung, wie das Opfer der Jugend, das nie mehr einzulösen ist, dargestellt werden kann: durch das Verschwinden des Leichnams. Der Tote wird in der Erinnerung der Eltern aufgehoben.

Wenn die alternde Mutter ihren toten Sohn doch noch einmal visualisiert, um ihn in ihren Schoß zurückzuholen, so tritt sie hinter die einmalig gefundene künstlerische Lösung zurück in ihre individuelle Trauer und unstillbare Leidensgeschichte.

Deshalb ist die ästhetische Durchführung der Mutter-Sohn-Thematik, gemessen an dem Elternpaar zu Vladslo, schwach. Das ist kein Einwand gegen das moralische Gewicht dieser Intimplastik, einer quasi religiösen, privaten Pietà, die sie ist – und bleiben sollte.

Erst durch deren Ausdehnung – oder Aufblähung – in das menschliche Normalmaß, wie es die Bundesregierung verfügt hat, verändert sich ihr Status. Das meditative Gebilde wird überhöht zum Denkmal, und zwar – wie könnte es anders sein – zum Kriegerdenkmal des Ersten Weltkrieges. Damit rückt die Plastik ganz gegen die Absicht der Kollwitz in die lange Reihe der mehr als hundert Pietà-Denkmäler ein, die während der Weimarer Republik errichtet wurden, um an das Opfer für das Vaterland weihevoll, mehr oder minder christlich verbrämt, zu erinnern.

Die geplante Errichtung der privaten Leidensfigur verleugnet im selben Akt die von der Kollwitz gefundene Lösung, jenes Elternpaar, das sie in Flandern, für alle überzeugend, selbst hat aufstellen lassen. Und die Vergrößerung der auf ihr privates Leben – und Versagen – zurückbezogene Mutterfigur mit dem gefallenen Kriegsfreiwilligen im Schoß verändert deren Qualität. Sie wird zur ideologischen Botschaft eines Kriegermals, die zu vermeiden die Kollwitz ihr Leben lang sich bemüht hat. Das hat die Bundesregierung offenbar nicht bedacht. Das Dekret der Bundesregierung verstößt gegen die Ehrfurcht, die wir Käthe Kollwitz schuldig sind.

Schon bevor die zum Denkmal hochgetrimmte Statue der schuldbewußten Mutter mit ihrem opferfreudigen Sohn errichtet wird, wird sie bereits funktionalisiert, zwangsläufig umgedeutet zum trauervollen Kriegermal. Der tote Soldat und seine Mutter werden beide als »Opfer« erinnert – das ist die neue Botschaft.

Alles, was seit der Schöpfung der privaten Intimplastik – seit 1937 – geschehen ist, bleibt ausgeblendet. Was also sagt unsere Pietà nicht? Es wird behauptet, zum ersten Mal sei hier die Frau in das Gedenken einbezogen worden, die Frau als Opfer des Krieges, weil sie ihren Sohn verloren hat. Aber was hat sich seitdem ereignet, im Zweiten Weltkrieg? Zu Millionen wurden die Frauen selbst umgebracht, vergewaltigt und ermordet, mitsamt ihren Kindern. Mehr noch, sie wurden von uns Deutschen administrativ in die Gaskammern geschleust, um beseitigt zu werden, vom Erdboden zu verschwinden. Nicht die überlebende Mutter kann die zentrale Figur unserer zentralen Gedenkstätte sein – es sind die Witwen, Frauen und Mütter, die selbst umgekommen sind, ohne oder mit ihren Kindern, in den Luftschutzkellern, auf der Flucht, in den Gruben der Exekutionen und in den Todesfabriken. Der traditionsreiche Soldatentod in Ehren – die überlebende Mutter als »Opfer« kann nicht die zentrale bildliche Vorgabe sein, die unserer Erfahrung entspricht. Die umgebrachten, die verschollenen, die ermordeten Frauen – und ihre Kinder –, sie können nicht von der Mutterfigur der Kollwitz in unsere Erinnerung eingeholt werden. Die Wahrheit ist schlimmer. Wessen wir auch zu gedenken haben, sind die toten Frauen selbst. Sie werden von der Pietà, als Kriegerdenkmal, ausgeschlossen.

Aber die Gruppe der Pietà schließt, von ihrer Selbstaussage her, nicht nur die umgekommenen und umgebrachten Frauen aus. Sie schließt auch die Juden aus. Den bloßen Zahlen nach sind von uns etwa ebenso viele Juden – Frauen, Männer und Kinder – [brutal und durch Verwaltungsakte beseitigt][2] worden, wie deutsche Soldaten im Krieg umgekommen sind. Käthe Kollwitz konnte das noch nicht wissen. Ihre Pietà war ein paradoxes Gleichnis, das der christlichen Verheißung zu entrinnen suchte, Trost nur in der Trauer suchend. Trost aus dem freiwilligen Opfer des Sohnes zu schöpfen, wie es die Christus-Metapher verspricht, das lag ihr fern. Sie war eine mystische Pazifistin, innerweltlich auf sich selbst zurückgeworfen.

Sobald freilich ihre Pietà zum bundesrepublikanischen Zentraldenkmal überhöht wird, kommt diese Pietà nicht umhin, auch als christliches Symbol für die Erlösung einzustehen. Und die Vertreter unserer Regierung betonen ausdrücklich, damit ein Zeichen der Hoffnung setzen zu wollen. Als sei unser Staat ein Garant theologischer Zuversicht, der religiöse Hoffnungen einzulösen hätte. Er ist ein überkonfessioneller Staat, der nur Bedingungen schaffen kann, die Erwartungen absichern, mehr nicht. Aus der Pietà aber spricht eine tausendjährige Verheißung. Mit ihr soll ein Denkmal errichtet werden, das genau jenen Bruch thematisiert, der die Christen von den Juden trennt. Oder sollen auch die – überlebenden – Juden ge-

2 [Statt »ermordet«.]

nötigt werden, im toten Sohn ihren Erlöser zu finden? Es ist das zwingende Gebot unserer – wie auch immer zu deutenden – gemeinsamen Geschichte, kein Denkmal zu setzen, das einen Ursprung des Antisemitismus, und insoweit auch der Judenmorde, christlich ausblendet. Die Pietà bleibt ein christliches Denkmal, kein Denkmal, das auch nur andeutungsweise versucht, die vernichteten Juden einzubeziehen.

Hier muß gefragt werden, ob die Bundesregierung wirklich weiß, was sie tut. Hier stellt sich nicht nur die Frage nach dem Verfahren, sondern einzig und allein die Frage danach, welcher Tod und wessen Tod erinnert werden muß, um unsere Trauerstätte zu rechtfertigen. Die Bundesrepublik ist es sich schuldig, ein Totenmal zu errichten, das weder national noch religiös Partei ergreift. Die Pietà als Grenzmarke zwischen Judentum und Christentum scheidet damit aus. Oder will uns die Regierung zumuten, nicht mehr zu wissen, daß die Pietà allem zuvor ein christliches Denkmal ist? Mit der Geschichte der Toten umzugehen erfordert Takt.

Die überlebenden Juden um Rat zu bitten verbietet der Anstand. Aber zu wissen, wie sie unser Denkmal erfahren werden, gebietet derselbe Anstand. Die Juden verzichten auf jede menschliche Darstellung, um ihrer Toten zu gedenken. Könnte es nicht sein, daß hier ein Minimum der Gemeinsamkeit zu finden ist, nicht ein Minimum, das uns zusammenführt, sondern das jene Schranken markiert, die in der Trauer von beiden Seiten bedacht werden müssen? Ein politisches Denkmal, das die Erinnerung an das Massensterben und an das Massenmorden wachhalten soll, muß allen zugänglich sein, alle ansprechen, unbeschadet ihrer nationalen oder religiösen Herkunft. Eine Pietà schreibt die religiösen Barrieren fest. Schon der von Bomben zerstörte Altarstein des Tessenow ist hier aussagekräftiger und könnte, falls er nicht wiederzufinden ist, die Richtung weisen, in der ein heutiger Künstler die zumutbare Lösung findet. Die lauteren Motive der Kollwitz sind jedenfalls kein hinreichender Grund, eine Plastik von ihr aufzustellen, deren Selbstaussage die Millionen umgebrachter Frauen und ermordeter Juden ausschließt.

Es ist ein Gebot der Aufrichtigkeit und des politischen Augenmaßes, daß wir kein Denkmal erhalten, das uns nur auf die Gefühle mütterlicher Trauer einstimmt, ohne zu sagen, wer zu betrauern ist. Gewiß mehr als nur die kriegsfreiwillige Jugend, die gefallen ist. Sie gehört dazu. Aber sie kann nicht mehr, wie nach dem Ersten Weltkrieg, symbolisch einstehen für das gewaltsame Verschwinden von Abermillionen Zivilisten im Zweiten Weltkrieg.

Deshalb noch ein Hinweis auf die Schwierigkeit einer Inschrift. Die beste Lösung ist, wenn das Denkmal jede schriftliche Botschaft erübrigt, weil es von sich aus genug Aussagekraft hat, um alle Betrachter anzusprechen, um das Unsagbare zu visualisieren.

Die meisten Einwände richten sich gegen die geplante Inschrift: »Den Opfern von Krieg und Gewaltherrschaft«, oder in der spiegelbildlichen Formel der DDR: »Den Opfern des Militarismus und des Faschismus«. Die Kritik richtet sich vor allem gegen die Verwendung desselben Wortes »Opfer« für die Täter und für die ermordeten Juden, Häftlinge, Kriegsgefangenen, Geiseln, Widerstandskämpfer, Kinder und Frauen.

Diese Bedenken lassen sich für eine gemeinsame Gedenkstätte nicht beiseiteschieben. Es sei denn, man plant zwei zentrale Gedenkstätten, wodurch das gegenseitige Vergessen institutionalisiert, wodurch der Riß, der sich durch unser aller Erinnerung zieht, verewigt würde (von protokollarischen Schwierigkeiten ganz abgesehen). Eine zentrale Trauerstätte muß jedem zugänglich sein. Deshalb sollte der Opferbegriff wegen seiner Zweideutigkeit vermieden werden: Alle sind Opfer, niemand hat etwas getan, alle haben nur gelitten. Gehandelt hat nur der anonyme Krieg oder jene Herrschaft, die Gewalt ausgeübt hat (als übe nicht jede Herrschaft Gewalt aus). Der Begriff verschleiert, was geschehen ist, er senkt die brutale und absurde Wirklichkeit unserer Geschichte ins Vergessen.

Bis 1945 wurde der Opferbegriff in der deutschen Sprache positiv verwendet, um, theologisch eingefärbt, jenes freiwillige Opfer zu bezeichnen, das auch der Sohn der Kollwitz für sich beanspruchen konnte: Opfer für das Vaterland. Seit dem Kriegsende hat sich die Bedeutung von Opfer schleichend ins Passive verschoben. Man bringt kein Opfer mehr für etwas, sondern wird Opfer von etwas, etwa eines Verkehrsunfalls. Sind auch Krieg und Gewaltherrschaft eine Art Verkehrsunfall? – Niemand hat es gewollt? Alle sind Opfer?

Von überzeugender Klarheit ist dagegen der Text, den der Bundespräsident am 8. Mai 1985 vorgetragen hat. Er gedenkt aller Toten und bezeugt allen Gruppen, wie sie gestorben sind. Ein solcher Text ist geeignet, auf der Rückwand der Schinkelwache zu stehen. Niemand wird ausgeschlossen. Im Tode mögen alle gleich sein, die Art und Weise, wie gestorben wurde, war verschieden, um nicht zu sagen mehr als verschieden.

Deshalb sei auch eine mögliche Kurzfassung vorgeschlagen: »Den Toten – gefallen, ermordet, vergast, umgekommen, vermißt«. Alle Toten werden erinnert – nicht nur »unsere« Toten. Und darüber wird nicht vergessen, wie sie gestorben sind. Es ist eben nicht nur der Tod, sondern ebenso die Qual des Sterbens, des Sterbenmüssens unter Bedingungen, die sich jeder Vorstellungskraft verweigern, was zu erinnern unsere moralische und politische Verpflichtung bleibt. Die Umschreibungen benennen viele Weisen des Sterbens zugleich: gefallen, ermordet, vergast, umgekommen, vermißt. Sie verweisen auf Millionenzahlen, aber ebenso auf den Tod jedes einzelnen allein.

Gewiß darf die Gedenkstätte nicht überfordert werden. Sie kann nicht die Last und das Elend unserer Geschichte, wie man so sagt, bewältigen. Aber sie kann zeigen, wofür wir einzustehen haben. Das sind wir den Toten schuldig. Deshalb ist – für uns Deutsche – ein Minimum an Demonstration, ein Maximum an Zurückhaltung geboten. Es gibt nur eine schmale Spur der Wahrheit. Sie einzuhalten heißt, der Toten zu gedenken.

»Mies, medioker und provinziell«[1]

taz: Der Helmut Kohl Bitburgs, der Meister symbolischer Politik, kommt plötzlich mit einer Kollwitz-Plastik daher und schafft es, selbst viele Linke und Pazifisten zu überrumpeln. Was treibt den Kanzler Ihrer Meinung nach um?

R. K.: Für ihn ist das sicherlich auch ein Wiedergutmachungsakt. Die Kollwitz war verfemt. Er sieht in ihr wohl eine große Künstlerin. Subjektiv muß man ihm dies zugute halten. Objektiv schaut er natürlich auf die Wählerschaft. Er will die Konservativen, die mehr auf den Soldatentod hin orientierten Kräfte der Gesellschaft, damit ansprechen. Denn das Bild der um den toten Sohn trauernden Mutter verharrt ästhetisch in den 30er Jahren. Die Verbände der Verfolgten hat er erst gar nicht befragt.

taz: Steckt hinter Kohls Entscheid nicht etwas ganz Banales: eine eingängige Symbolik für die kleinen Leute, um sie ins neue Deutschland zu integrieren?

R. K.: Das ist ja auch Christoph Stölzls (Direktor des Historischen Museums in Berlin) Behauptung, der sagte, das Denkmal werde sich durch Abstimmung der Füße durchsetzen. Er benutzt die Flüchtlings-, die Fluchtmetapher für die Besucherei in der Schinkel-Wache. Das ärgerliche ist eben, daß damit die Bundesrepublik auf dem Bewußtseinsstand der Vorkriegszeit stehenbleibt. Man hätte mehr Mut und Risikofreude an den Tag legen müssen. Auch das Vietnam-

1 [Interview: Andrea Seibel und Siegfried Weichlein.]

Denkmal in den USA hatte anfänglich keine Zustimmung, und doch hat es sich als Mahnmal durchgesetzt.

taz: Was ist für Sie das größere Problem mit der Neuen Wache: die Inschrift oder die Skulptur?

R. K.: Beide wiegen gleich schwer. Daß die Inschrift von Weizsäckers Rede 1985 an der Außenwand steht, halte ich für ganz problematisch. Man kann nicht eine Gedenkhalle einrichten und die entscheidende Formel außen anbringen. Und innen steht tatsächlich wieder »Den Opfern von Krieg und Gewaltherrschaft«. Fürchterlich! Das ist aber offenbar die bundesrepublikanische Formel, gegen die man nichts mehr ausrichten kann: Sie steht auf allen Friedhöfen, auf allen Denkmälern. Es ist die Verlogenheit der Deutschen, ihre Vergangenheit dadurch nicht zu reflektieren, daß das aktive Opfer mit demselben Wort unterschwellig zum passiven erklärt wird. Die Soldaten, die freiwillig in den Krieg zogen, werden zum Opfer des Faschismus. Ambivalenzen werden verschliffen – eine verlogene Form des nichtreflektierten Totengedenkens.

taz: Es ist, auch im Zusammenhang der Polemik über die Neue Wache, viel vom Erstarken nationalistischer Tendenzen und von der Suche nach »nationaler Identität« die Rede.

R. K.: Was ist denn heute nationalistisch? Die Deutschen haben gar kein nationales Selbstbewußtsein. Die Suche nach Identität halte ich selbst für eine schiefe Fragestellung, weil sie sich nur in der Kommunikation mit Nichtidentitäten indirekt einstellt. Und das ist auch beim Denkmal der Punkt: daß man ein nichtnationales, nichtreligiöses Denkmal hinstellt, das kommunikativ anschlußfähig ist an die Nachbarn, deren Opfer mitgedacht werden müssen in Deutschland. Wir können nicht so tun, als gäbe es nur deutsche Soldaten, die umgekommen sind. Es war ein nicht national begrenzbares Massenmorden. Wenn wir dies wissen, wenn wir dies repräsentativ darstellen können, dann sind wir eine Nation, die nicht über ihre Identität sozusagen sich selbst definiert.

Man nimmt die Schuldanteile auf und überführt sie repräsentativ in die politische Verantwortung, ohne Identität zu suchen. Man kann ja nicht sagen, daß wir unsere Identität daran festhalten, daß wir uns selbst als die Mörder der Juden und uns weiter als Mörder definieren. Wir müssen sagen: Wir sind verantwortlich für das, was wir gemacht haben. Unsere Identität ist aber nicht die von Mördern. Das ist verantwortungsethisch zu übernehmen, aber kein Identitätsangebot. Daraus entwickelt sich kein positives Selbstbewußtsein. Wir sollten es auch gar nicht suchen, sondern in der Kommunikation mit den Nachbarn die jeweilige Selbstwahrnehmung hinreichend begründen. Das ist eine Frage der pragmatischen Politik und nicht der Ideologie. Ich mache die Identitätsdebatte nicht mit, das ist eine falsche Fragestellung.

taz: Worin würde sich dann Ihrer Meinung nach Identität erfüllen?

R. K.: Wir sollten das tun, was verfassungsgemäß und den politischen Programmen der Grundrechte entsprechend angemessen zu tun ist. Identität erfüllt sich etwa darin, daß es eine polizeilich strenge Kontrolle rechtsradikaler Minoritäten gibt, ein Programm, das nach der Weimarer Erfahrung unbedingt erfüllt werden muß. Mein Verdacht ist, daß die Regierung deswegen so weich blieb, weil sie selbst durch die Fremdenmorde nicht persönlich gefährdet wurde. Bei der RAF gab es sofort eine radikale Verfolgung, weil die Politiker selbst Opfer waren. Statt sich sofort mit den Türken zu identifizieren, tut man es mit sich!

taz: Warum haben Sie sich mit solcher Verve in die Mahnwachen-Debatte geworfen?

R. K.: Mein persönliches Engagement erklärt sich auch daraus, daß ich seit 20 Jahren Kriegerdenkmäler international vergleichend untersuche. Der Vergleich mit den anderen Ländern zeigt, wie andere Nationen ihren Totenkult pflegen und wie mies und medioker, provinziell und sentimental bei uns die historische Wahrheit unterdrückt wird, die anzuerkennen Teil unserer Selbstdefinition sein müßte. Das hat mich geärgert, weil es bessere Möglichkeiten gibt, die uns weiterführen können.

taz: Und dennoch: Wie kam es, daß Kohl so erfolgreich Zeichen setzen konnte?

R. K.: Ich versuchte alles, was ich tun konnte. Ich sprach mit Richard von Weizsäcker, habe über 200 Briefe an alle Partei- und Fraktionsführer, die Kirchenleitungen und die Verfolgten-Verbände geschrieben. Meine Argumente sind eigentlich nicht widerlegt worden. Die Antwortbriefe, die ich aus der CDU bekommen habe, wiederholten immer nur im Stakkato: Ja, ja, wir haben es beschlossen, und wir halten es für richtig. Und die SPD räumte ein, es sei zu spät. Sie hat nicht schnell genug geschaltet und hätte ein Gesetzgebungsverfahren einrichten sollen.

Richard von Weizsäcker hat resigniert. Er hält die Pietà auch für akzeptabel. Ich hoffte, er sei der einzige, der noch ein Veto einlegen könnte. Rein verfassungsrechtlich ist das wohl schwierig, da es sich bei der Entscheidung um die Neue Wache nicht um einen Akt der Gesetzgebung handelt, sondern es auf dem Verordnungswege verlief, als Dekret. Das ist ja das Ärgerliche! Die Politiker haben gekniffen!

taz: Wie hätten Alternativen zur Kollwitz-Pietà ausgesehen?

R. K.: Statt sentimentalen Kitsch hinzustellen, hätte man eine Negativ-Plastik, jedenfalls keine Personal-Plastik, aussuchen müssen, denn die jüdische Symbolik kennt keine Personaldarstellung. Da sollte man doch das Minimum an Konzessionen machen! Und wenn man Menschen darstellt, muß man die Konstellation der Vernichtung und das Verschwinden der Leichen thematisieren – dies ist doch der entscheidende strukturelle Unterschied des Zweiten Weltkrieges zu den vorhergegangenen. Es gibt eine große Bewegung unter Künstlern, die Verschwundenen zu thematisieren: mit Hohlformen von Menschenfiguren, die nur negativ sichtbar werden, ausgebrannten Bombenelementen, die wie Menschen aussehen, Trichterformen, in denen ausgeglühte Köpfe hängen, Platten, zwischen denen Körper zermahlen werden. Ich gebe zu: für die Öffentlichkeit in ihrer Rigorosität schwer akzeptabel.

Die Hauptformel ist, daß man eine Plastik schafft, die keinen Sinn stiftet, sondern Sinn einfordert. Die Kollwitz-Statue stiftet natürlich noch Sinn, betuliche Besinnlichkeit. Staatsminister Anton Pfeifer sagte das auch so: »Wir müssen dem deutschen Volk positive Aussagen, Werte offerieren.« Das ist aber nicht die Aufgabe unseres Staates, Heil verspricht die Kirche, die Theologie. Der Staat muß zeigen, was der Fall war, um Besinnung zu evozieren, aber keine Katharsis vorwegnehmen.

taz: Wäre die bundesrepublikanische Gesellschaft Ihrer Meinung nach interessiert und fähig gewesen, eine nationale Gedenkstätte anders zu diskutieren?

R. K.: Aber natürlich. Hätte es eine Ausschreibung gegeben, wären die Bedingungen klargeworden, hätte es im Parlament nicht eine Stunde der Deklarationen der Parteien gegeben, sondern wäre eine Sachdebatte entfesselt worden! Man kann keinen Konsens absoluter Art herstellen: Man kann aber ein Minimum an Einwänden aufgreifen, um zu wissen, was zumindest berücksichtigt werden muß, will man ein Denkmal. Und das ist nicht ermittelt worden.

taz: Am 14. November wird es wohl wieder jenes Berliner Gesamtkunstwerk geben, das da meint: Kohl, Polizei und Autonome. Sind Sie über den Gang der Dinge nicht vollkommen verbittert?

R. K.: Ich ärgere mich natürlich, daß es erfolglos war. Man kann ja nicht mit jeder Regierung Denkmäler wechseln. Das Präjudiz ist daher folgenreich. Obendrein finde ich es noch persönlich mies, daß Kohl mir nicht geantwortet hat. Immerhin kenne ich ihn noch aus seiner Studentenzeit in Heidelberg.

taz: Wird die Auseinandersetzung um den deutschen Totenkult vom Ausland überhaupt wahrgenommen oder diskutiert?

R.K.: In einer italienischen Zeitschrift stand letztens: »Ein neuer Historikerstreit«. Meine ausländischen Freunde sind entsetzt. Das Ganze wird meiner Meinung nach eine ähnliche Wirkung wie Bitburg haben, obwohl es subtiler ist.

Welches Gedenken?[1]

StadtBlatt: Sie haben sich gegen die Pläne [ausgesprochen], die Schinkelsche Neue Wache zu einer zentralen Gedenkstätte der Bundesrepublik zu machen und dafür die Pietà von Käthe Kollwitz aufzustellen. Sie haben auch dafür plädiert, diese Gedenkstätte nicht am Volkstrauertag zu eröffnen.

R. K.: Diese Hatz, innerhalb eines Dreivierteljahres diese Schinkelwache so herzurichten, wie Kohl sich das wünscht, widerspricht jeder politischen Kultur und bevormundet die deutsche Öffentlichkeit. Die hat sich schließlich seit dem Zweiten Weltkrieg damit beschäftigt, wie wir mit den Millionen Toten umzugehen haben, die wir selbst zu verschulden haben – als politische Handlungseinheit, nicht als einzelne individuelle Deutsche. Die Summe der Deutschen, die unter Hitler agiert haben, sind nun einmal die Deutschen, deren Tradition und deren Erbe wir angetreten haben.

StadtBlatt: Was spricht gegen die Pietà der Kollwitz?

R. K.: Die Pietà ist ein Intimdenkmal, in dem sich die alternde Mutter ihres kriegsfreiwilligen Sohnes erinnert und den sie sozusagen in ihren Schoß zurückholen will. Wenn diese Plastik, der Kollwitz unangemessen, aufgebläht wird zu einem menschlichen Normalmaß, dann rückt die Pietà ein in die Serie der normalen Kriegerdenkmäler, wo die überlebende Mutter ihren gefallenen Sohn betrauert und wie wir es in der Weimarer Republik aus hunderten von Fällen als

1 [Interview mit Uli Schmidt. Der Text Reinhart Kosellecks wurde mit dem Interview zusammen abgedruckt.]

Kriegerdenkmal kennen. Genau dieses wird jetzt wieder etabliert, alle Erfahrungen, die seit 1937 in die deutsche Geschichte eingegangen sind, werden ausgeblendet. Die umgebrachten Frauen selber werden nicht erinnert, indem die überlebende Mutter dargestellt wird, d.h. genau die Millionen Mütter und Kinder, die im Zweiten Weltkrieg umgekommen oder ermordet worden sind, werden auf diese Weise in die Vergessenheit gerückt. Deshalb ist die Pietà als Kriegerdenkmal unangemessen. Sie ist es auch deshalb, weil damit ein spezifisch christliches Denkmal, jedenfalls in der Wahrnehmung der Betrachter, errichtet wird, das die Juden ausschließt. Den Juden kann man kaum zumuten, in diesem ermordeten Sohn den Erlöser zu sehen, wie es sich in der christlichen Tradition nun einmal eingebürgert hat.

Also, weil die Frauen, die Juden und insgesamt die Zivilisten, die zu Millionen ermordet wurden, ausgeschlossen werden, kann diese Skulptur nicht aufgestellt werden.

StadtBlatt: Es ist als weiterer Einwand geltend gemacht worden, ausgerechnet die Schinkelsche Wache zu nehmen: Es sei eine Kultstätte der Rechten gewesen.

R.K.: Die Wache ist nicht spezifisch rechtslastig. Sie entspricht, als sie in eine preußische Gedenkstätte für die Gefallenen des Ersten Weltkrieges umgewidmet wurde, dem damaligen Tenor des Rechts-Mitte-Lagers, und die SPD hatte die Verantwortung, als dieses Denkmal errichtet wurde. Ich halte es für eine ästhetisch gelungene Form der Erinnerung. Erst das Kreuz, das 1933 angebracht wurde, nicht das Hakenkreuz, gibt ihm eine spezifisch konservative Note. Heinrich Tessenow selber hat ja eine Hohlform vorgeschlagen, die, in den Boden versenkt, eine Art von Grab darstellen soll; wir haben leider den Entwurf nicht mehr. Diese Lösung ist modern, und sie ist nach dem Zweiten Weltkrieg sehr häufig verwendet worden als eines der ikonographischen Mittel: das Verschwinden der Leiche durch Hohlformen darzustellen. Von daher halte ich die Aufnahme der Tradition der Schinkelwache für einen anschlußfähigen Akt, um eine Tradition aufzunehmen, die nun mehr umgestaltet und neu gedeutet werden muß. Genau das wäre der Zweck einer Ausschreibung gewesen, daß die traditionelle Alte Wache, die ja ein Siegesmal war für den Befreiungskrieg gegen Napoleon, daß diese Befreiungsaktion der Widerständler in Preußen also nun gleichsam transformiert wird in eine Situation, in der wir das Dritte Reich hinter uns haben. Und das kann nicht einer durch ein Dekret und durch eine Kollwitz-Plastik lösen. Das kann nur durch eine Ausschreibung gelöst werden, wo man, sagen wir, 20 führende Künstler anschreibt, die sich als fähig ausgewiesen haben, solch eine Wache umzuwandeln in eine Trauerstätte, die weder national noch religiös determiniert ist. Das wäre unserer Republik angemessen.

Die toten Juden müßten dabei einbezogen werden wie die toten Soldaten, auch wenn dazwischen Widersprüche bestehen. Aber genau diesen Widerspruch zu visualisieren ist die sinnvolle Aufgabe eines Denkmals, denn wir leben mit diesem Widerspruch, und wir müssen ihn ertragen, wir müssen ihn sehen, uns damit auseinandersetzen. Deshalb halte ich eine getrennte Anlage für die jüdischen Opfer und für die deutschen Soldaten geradezu für falsch. Weil sie die spezifische Art unserer Geschichte verleugnet.

StadtBlatt: Andere Gedenkstätten wie beispielsweise das Grabmal des unbekannten Soldaten oder das Vietnam-Memorial in den USA hatten seinerzeit erregte Diskussionen ausgelöst. Die Debatte um diese Gedenkstätte läuft bei uns eher mit gebremstem Schaum. Worauf ist das Ihrer Meinung nach zurückzuführen?

R.K.: Daß die öffentliche Debatte außerhalb des Bundestages läuft, liegt schlichtweg daran, daß Kohl und die Bundesregierung durch einen Erlaß die Schinkelwache umzugestalten befohlen haben und daß dieser Befehl durchgeführt wird. Das Geld dafür ist bereitgestellt worden im Haushaltsausschuß, der gar nicht darüber zu befinden hat, wie diese Gedenkstätte aussehen müsse. Kurzum, es ist ein reiner Verordnungsweg, der die öffentliche Diskussion außerhalb des politischen Entscheidungsprozesses ansiedelt. Eine Ausschreibung wäre die einzige Möglichkeit gewesen, die vielen Argumente zu sammeln und zu sichten, um jenes Minimum an Gemeinsamkeit herauszufinden, was durch eine moderne Gestaltung oder Plastik der Schinkelwache einer Lösung zugeführt werden kann. Das läßt sich aber nur machen, wenn der Staat den Mut dazu aufbringt.

StadtBlatt: Warum gebricht es ihm an dem Mut?

R. K.: Eine Erklärung dafür wäre, daß die Debatte 1986 um eine zentrale Gedenkstätte in Bonn bereits eine Fülle einander widersprechender Lösungsvorschläge brachte und die Nerven des Bundeskanzlers offenbar ziemlich zerrieben waren, weil keine Lösung zu finden war. Aber diese Unlösbarkeit liegt natürlich daran, daß damals auch keine öffentliche Ausschreibung stattgefunden hat. Andere Beispiele zeigen ja, wie fruchtbar eine ernsthafte, vielleicht auch hitzige Debatte sein kann.

StadtBlatt: Aber so …

R. K.: Es gibt eine große Zahl Deutscher, die gegen jedes Denkmal sind – wofür auch allerhand gute Gründe sprechen.

***

Welches Gedenken?

Die Skulptur versinnlicht zwei Aussagen und Sichtweisen. Die eine ist symbolisch und steht in der Tradition der Maria mit dem toten Christus auf ihrem Schoß. Diese Tradition verheißt, aller Trauer zum Trotz, Trost, Erlösung, wie sie ikonographisch über zwei Jahrtausende hinweg immer wieder formuliert wurde. Die zweite Sichtweise ist realistisch zu nennen, wobei Käthe Kollwitz persönlich den Realgehalt einer trauernden Mutter mit ihrem Sohn auf dem Schoß eher beim Wort genommen hat als die Tradition einer daraus ableitbaren Heilsverheißung. Denn es handelt sich für sie primär um die Trauer der Mutter über ihren im Krieg gebliebenen Sohn. Die – Barlach nahe – Lösung gehört ihrem Stil und ihrer Aussage nach eindeutig in die 20er und 30er Jahre und ist bezogen auf die Gefallenen des Ersten Weltkrieges.

Nimmt man die beiden Aussagen beim Wort, so ist diese Plastik heute nicht mehr aussagekräftig genug, um den seitherigen Ereignissen gerecht zu werden, sofern dies überhaupt möglich ist. Wenn an das Massensterben im Zweiten Weltkrieg erinnert werden soll, so können auf der realistischen Ebene ebenso der Vater seine im Bombenkrieg verlorene Tochter betrauern oder die Kinder die im Luftschutzkeller verbrannten Eltern. Die Beziehung zwischen Mutter und Sohn ist nicht mehr der dominante Fall der Trauer, wie er es nach dem Ersten Weltkrieg mit seinen rund zwei Millionen (deutschen) gefallenen Soldaten noch war. Wird dagegen die symbolische Aussage ernst genommen, so werden die Juden ausgeschlossen, die zu Millionen umgebracht wurden. Sie können sich von der christlichen Symbolsprache der Pietà so wenig angesprochen fühlen wie von der realistischen Aussage, als handele es sich bei der Erinnerung an das Massenmorden nur um eine Beziehung von Mutter und Sohn.

Weder als Realaussage noch als symbolische Darstellung ist die Pietà der Kollwitz geeignet, um an das alle Generationen und alle Geschlechter und alle Völker erfassende Massensterben und eben auch das Massenmorden zu erinnern, für das wir Deutschen einzustehen haben. Beide Aussagen der Pietà der Kollwitz reichen nicht aus, um jene Gedenkstätte zu errichten, die den Ereigniskatarakten seit 1914, besonders seit 1933, angemessen ist.

Seit 1918 stehen die Künstler vor einer neuen Herausforderung, die nur selten angemessen beantwortet wurde. In den Schlachten von Verdun, an der Somme und in Flandern sind die Soldaten zerstückelt – auch vergast – und vernichtet worden, so daß mehr als die Hälfte der Toten nicht mehr identifiziert oder gar wiedergefunden werden konnte. Unzählbar, die kein Grab fanden. Im Zweiten Weltkrieg hat sich dieser Vorgang verschärft. Die Zahl der schlichtweg Vermißten hat sich vervielfältigt. Und man denke an die nicht mehr zählbaren fünf bis sechs Millionen Juden, die ermordet und in Gruben verscharrt wurden oder die in den Gaskammern erstickt, dann verbrannt und in Asche und Rauch aufgelöst worden sind. Das maschinell und fabrikmäßig betriebene Töten hat einen Tod hervorgebracht, der jede symbolische oder realistische Figuration einer Pietà hinter sich läßt.

In der bildnerischen Verarbeitung unserer Geschichte hat längst eine Wandlung stattgefunden. Die fehlenden Gräber und die verschwundenen Leichen werden bedacht, die als solche sinnlich kaum eingeholt werden können. Deshalb ist bereits eine große Zahl von Denkmalen entstanden, die keinen Sinn mehr stiften, sondern die die Überlebenden herausfordern, eine Antwort zu suchen: gespaltene Säulen und abstrakte Denkmale, die jede Aussage in eine Frage verwandeln, Hohlformen für verschwundene Menschen, die sich auflösen oder die in der Vollzugsweise ihrer Entleiblichung dargestellt sind.

Bundesrepublikanische Kompromisse. Die Deutschen und ihr Denkmalskult[1]

Kunstforum: Seit wann beschäftigen Sie sich intensiver mit dem Problem des Totenkultes? Man hat den Eindruck, Sie hätten seit Ihrer Emeritierung ein neues Betätigungsfeld.

R. K.: Nein, das hat viel früher begonnen – 1969/70, mit der Studentenrevolte. Damals, ich war in Heidelberg, wollten alle Sozialgeschichte der Kunst machen, und ich schlug vor, Todesdarstellungen in Revolution und Krieg zu behandeln. Das mußte für die Studenten, die ja Revolutionäre sein wollten, ein gutes Thema sein: gewaltsame Tode von den Bauernkriegen bis Kennedy.

Die marxistischen Studenten verweigerten sich übrigens, für sie war das zu bürgerlich. Aber ich habe gemerkt, wie viel da noch zu erforschen ist.

Kunstforum: Sie sind berühmt durch Ihr historisches Begriffswörterbuch. Könnte man sagen, daß sich lhr Interesse bei den Denkmälern von einer terminologischen Semantik zu einer visuellen verlagert hat?

R. K.: Genau. Zu einer Semiotik der Sprachlosigkeit. Das ist die Herausforderung. Besonders bei den Holocaust-Gedenkstätten. Da ist die Sphäre einer Nicht-Mitteilbarkeit, einer Nicht-Aufreißbarkeit zentral.

Kunstforum: Gerade Holocaust-Denkmäler arbeiten aber stark mit geschriebener Sprache. Halten Sie das für adäquat? In diesem Zu-

1 [Interview mit Rainer Metzger.]

sammenhang sprechen Sie ja auch nicht von »Unsagbarkeit«, sondern von »Unsäglichkeit«.

R. K.: Das steht immer auf des Messers Schneide: Ob es möglich ist, das Unsagbare als Unsägliches so zu definieren, daß man eine Vorstellung davon bekommen kann. Das ist sicher sehr schwer. Ich war gerade wieder in Auschwitz, und die Denkmäler dort halte ich für sehr schlecht. Die Rampe als Denkmal: Wenn man vorher im Stammlager war und die Berge von Haaren oder Zähnen gesehen hat, ist man derartig schockiert durch die Drastik dieser Überreste, daß man die Denkmäler an der Rampe, diese Klötze und Steine, gedankenlos findet.

Kunstforum: Sind Denkmäler, wie auch immer sie aussehen mögen, dieser historischen Tatsache nicht sowieso inkommensurabel?

R. K.: Das ist die Frage. Ist die Erinnerung daran allein eine Sache der Sprache, oder können Denkmäler nicht wenigstens Hilfestellung leisten? Ich denke, das ist zumindest diskutabel. Nur mittels Sprache einen Kult der Erinnerung zu pflegen, scheint mir sehr schwierig, zumal wenn wie in Deutschland die Schuldigen auch noch zu einem Bekenntnis ihrer Schuld genötigt werden sollen. Es ist übrigens erstmalig, daß Schuldbekenntnisse ein Teil der im Denkmal fixierten Erinnerung sind, das gab es vor dem Zweiten Weltkrieg nicht. Es gab Siegerdenkmäler, oder, wenn es die Verlierer betraf, haben sie sich wie Gewinner geriert, das sieht man in Frankreich bei den Monumenten zu 1870/71 gut. Die Verpflichtung, sich zu massenhafter Tötung zu bekennen, ist denn auch in der ersten Generation nach dem Weltkrieg kaum bewältigt worden. Langsam bekommt man das, in Form von Negativdenkmälern, besser in den Griff.

Kunstforum: Halten Sie diese Negativdenkmäler, wie Sie sie nennen, für adäquater?

R. K.: Ich halte das für versuchsweise sinnvoll. Ich glaube aber nicht, daß sich das hält. Immerhin werden manche von der Leere provoziert.

Kunstforum: In Ihrem Aufsatz zum »politischen Totenkult der Moderne« schreiben Sie, daß es nur wenige »aufzählbare Künstler« gebe, die das Problem solcher Denkmäler bewältigt hätten. Welche kann man denn aufzählen?

R. K.: Jochen Gerz gehört sicher dazu. Dann Werner Knaupp. Auch das Denkmal von Fritz Koenig in Mauthausen. Schließlich das Walter Benjamin-Memorial in Port Bou von Dani Karawan, der Abstieg ins Meer als Metapher für die Ausweglosigkeit. Es ist zwar kein Holocaust-Denkmal, aber es trifft die jüdische Erinnerung: Juden haben sich damals ja zu Tausenden durch Selbstmord den Nazi-Zugriffen entzogen.

Kunstforum: Wie sehen Sie denn das Verhältnis von Denkmälern, wie sie die Bundesregierung plant und sie dadurch unter speziell nationale Auspizien stellt, zu jenen, die an eine spezifisch jüdische Form von Erinnerung appellieren?

R. K.: Ich denke, daß die Bundesrepublik nur ein Denkmal für alle ermordeten Zivilisten setzen dürfte. Die Sinti und Roma sind genauso aus rassischen Gründen umgebracht worden, und ich finde es sehr prekär, daß die Deutschen nun dieselben rassischen Kriterien anwenden, um nach Quantitäten sortierte Denkmäler zu erstellen – ein großes für die Juden, weil von ihnen sechs Millionen ermordet wurden, ein kleineres für die halbe Million Sinti und Roma, ein noch kleineres für die Homosexuellen usw. Wenn die Bundesrepublik ein Denkmal für die Opfer des Nationalsozialismus errichten will, dann muß es für alle sein. Spezielle Denkmäler, die an die Ermordung der Juden erinnern, sollten dann an Stellen gesetzt werden, die mit den Ereignissen zu tun haben, Orte beispielsweise, an denen in die Vernichtungslager abtransportiert wurde. Aber ein zentrales nationales Erinnerungsmal darf nicht nach Rassen spezifiziert werden.

Kunstforum: Und daß das Ganze überhaupt zu einer Haupt- und Staatsaktion geworden ist?

R. K.: Ich finde, daß das viel zu wenig den offiziellen Weg gegangen ist. Die Alte Wache etwa war ja eine Kohlsche Privatentscheidung.

Kunstforum: Sie haben sich ja gerade in den letzten Jahren stark engagiert. War die Alte Wache denn der Auslöser für Ihre Wortmeldungen?

R. K.: Ja, als die Pietà von Käthe Kollwitz kam, da war ich entsetzt. Ganz spontan. Schon diese Plastik von ihr, aus ihrem Spätwerk, ist ein Rückfall in die Penetranz. Dann paßt die Pietà überhaupt nicht zum Thema, eine Geschmack-, eine Stillosigkeit! Die Pietà hat bestimmte sentimentale Assoziationen, die bei vielen Deutschen ausgelöst werden, ohne Oppositionen zu erfüllen. Man kann das verstehen. Aber ausgerechnet eine überlebende Frau und ausgerechnet eine Pietà: Es gab fast so viele Frauen unter den Opfern wie Männer, warum also eine Überlebende, die ein einzelnes Opfer beklagt?

Kunstforum: Da ist doch sicher das Kalkül eines Friedensangebotes an den Feminismus mit im Spiel.

R. K.: Sicher ist da viel Taktik dabei. Die Kollwitz war eine Sozialistin, da kann man die SPD zur Zustimmung verleiten, und die ist zunächst auch prompt darauf hereingefallen. Natürlich ist das Ganze eine Kompromißfigur: Bekomme ich etwas Christliches, bekommst du etwas Sozialistisches, dachte sich die Union. Das sind bundesrepublikanische Kompromisse.

Kunstforum: Wie hätten Sie denn so etwas entschieden?

R. K.: Sicher über eine Ausschreibung oder über einen geladenen Wettbewerb, damit man eine Idee bekommt, was man überhaupt will. Aber: Der im Bombenkrieg geschmolzene Altarstein, der von Heinrich Tessenows Mahnmal aus der Vorkriegszeit in der Alten Wache übriggeblieben war, wäre sowieso das beste Denkmal gewesen – Tessenow sagte das 1945 schon selbst. Ulbricht ließ den Stein ja dann beseitigen.

Kunstforum: Die Britin Rachel Whiteread soll am Wiener Judenplatz ein »Denkmal für die ermordeten Juden in Österreich« errichten, von den Berliner Plänen haben wir bereits gesprochen. Wieso, denken Sie, kommen solche Planungen jetzt aufs Tapet?

R.K.: Was Deutschland angeht, gibt es sicher einen Nachholbedarf. In der Ex-DDR war die Ermordung der Juden ja überhaupt kein Thema. Die ganzen KZ-Erinnerungsmale schlossen die Juden aus – das war eine unglaubliche Farce. Insofern ist die Wiedervereinigung ein sinnvolles Motiv, nun auch die Ermordung der Juden in den Erinnerungskult einzubeziehen. Das andere Motiv ist, daß die Unsäglichkeit dessen, was wir Deutschen angerichtet haben, sehr schwer unmittelbar in ein Denkmal überzuführen war. Zunächst, in den ersten Nachkriegsjahren, war es doch um die Absentierung von der historischen Tragweite der Verbrechen gegangen. Erst im Laufe der Zeit durfte sozusagen immer mehr davon rauskommen. Aber daß es jetzt ein zentrales Holocaust-Denkmal gibt, unter Ausschluß aller anderen, zum Beispiel auch der sehr adäquaten »Topographie des Terrors«-Installation in Berlin, halte ich für eine Fehlentscheidung.

Kunstforum: Das heißt also, daß ein Denkmal immer am Ende eines Reflexionsprozesses steht, ihn nicht in Gang setzt, sondern dessen Ergebnis ist. Das heißt zugleich, das Denkmal kommt, was Chancen zur historischen Aufarbeitung angeht, immer zu spät?

R.K.: Zu spät kommt es sowieso – sonst wäre es kein Denkmal, das eine Vergangenheit Revue passieren läßt.

Kunstforum: Aber es kommt auch zu spät, was die Möglichkeiten für die Gegenwart angeht.

R. K.: Das ist die Dialektik aller Denkmäler. Der Prozeß, der zu ihm hinführt, ist sehr wichtig. Aber wenn es erst mal da ist, schreibt es fest. Es besteht die Gefahr, daß die Versteinerung, ob in Marmor, Bronze oder Beton, den Prozeß abschließt, statt ihn anzuregen.

Kunstforum: Von Camillo Sitte, dem Urbanisten des späten 19. Jahrhunderts, gibt es das Bonmot, man solle Denkmäler dahin setzen, wo Kinder einen Schneemann bauen. Er wird dort gebaut, wo niemand entlangläuft – deswegen ist der Schnee locker. Und weil niemand dort entlangläuft, wirft den Schneemann dann auch keiner um. Wo, an welcher Stelle, würden Sie Denkmäler aufstellen? Sollen Denkmäler Barrieren sein?

R. K.: Das hängt vom Thema ab. Ein Denkmal für einen Dichter darf man ruhig abseits stellen, um einen Prozeß der Reflexion in Gang zu setzen. Und es ist sicher riskant, Denkmäler in den Weg zu stellen. Aber man sollte schon darum herumlaufen müssen.

Vier Minuten für die Ewigkeit. Das Totenreich vermessen – Fünf Fragen an das Holocaust-Denkmal[1]

Um 1980 wurde das Gestapo-Gelände in der Mitte Berlins, die Zentrale des nationalsozialistischen Terrorsystems, wiederentdeckt und erschlossen. Seitdem verstummt die Forderung nach einer Gedenkstätte nicht mehr: Vom Mahnmal bis zum Museum reicht die Variationsskala; ein erster Wettbewerb 1984 mit preisgekrönten überschreitbaren eisernen Bodenplatten scheitert; inzwischen ist die Finanzierung der auszubauenden Dokumentationszentrale ins Stokken geraten.

Seit 1988 wird der Ausbau dieser »zentralen Denkstätte«, wie sie von der privaten Initiative »Aktives Museum, Faschismus und Widerstand in Berlin« genannt wird, überlagert von einem neuen Denkmalsprojekt. Lea Rosh und der von ihr initiierte Förderkreis verlangen auf dem Gestapo-Gelände die Errichtung eines Denkmals für die ermordeten Juden Europas – unter Ausschluß aller anderen Opfer des NS-staatlichen Terrors. Zwei Konzepte also, die sich teils überlappen, teils einander ausschließen. Der Streit war programmiert.

Hinzu kamen 1992 die Wannsee-Gedenkstätte, um die Planung des Genozids an den Juden zu erinnern, und 1993 die zentrale Gedenkstätte in der Neuen Wache, deren Inschrift darauf zielt, aller »Opfer von Krieg und Gewaltherrschaft« zu gedenken, also sowohl der gefallenen Soldaten wie auch aller ermordeten oder umgekomme-

1 [Kosellecks Titel im Ms. hatte »Fünf Fragen an das Holocaust-Denkmal« gelautet; die Änderung folgte, nach Kosellecks handschriftlichen Notizen, einem Vorschlag Michael Jeismanns. Auch die Zwischenüberschriften wurden durch die Redaktion eingesetzt. Änderungen zum ursprünglichen Ms., die über bloße stilistische Kleinigkeiten hinausgehen, sind hervorgehoben durch eckige Klammern.]

nen Zivilisten jeglichen Alters oder Geschlechts. Wiederum war der Streit programmiert. Denn alle Überlebenden jener Gruppen, die vom NS-System zuerst diskriminiert, dann verfolgt und schließlich umgebracht worden waren, wehrten sich gegen die Gleichsetzung, ebenso Opfer zu sein wie die Gefallenen jener Nation, die die Mörder stellten. Sie bestanden auf der Unterscheidung zwischen denen, die Opfer sind, und denen, die sich Opfer nennen. Vor allem war es das erfahrungsgesättigte Oppositionspaar zwischen Henkern auf der einen und deren Opfern auf der anderen Seite, die eine gemeinsame Erinnerung aller Toten, wie in der Neuen Wache vorgesehen, verhinderte. Erschwerend kommt hinzu, daß alle Verbände, die die Erinnerung an ihre Verfolgung durch das NS-Regime einklagen, auf die völlig unzureichende Finanzierung jener Gedenkstätten verweisen können, die an den Orten ihres Leidens, ihrer Folter und ihres Sterbens errichtet wurden, also der Konzentrationslager, vor den Toren der Hauptstadt in Oranienburg und in Ravensbrück. Wieder war der Konflikt programmiert.

Die jüngsten Versuche, an Denkmalen einen Totenkult einzurichten, Erinnerung und Reue, Warnung und Mahnung auf Dauer zu stellen, zielen also in drei verschiedene Totenreiche, die auf unterschiedliche Weise in unser Leben hineinragen. Entweder sind alle Toten Opfer, wie es in der nationalen Gedenkstätte eingeschrieben steht; oder Opfer sind nur jene Gruppen, die als unschuldige Zivilisten oder als wehrlose Gefangene, speziell von den Nazis, umgebracht worden sind. Oder es müssen diese Opfergruppen noch einmal unter sich unterschieden werden, da zum Beispiel in den Worten von Lea Rosh, 1992 vom Bundesinnenministerium bekräftigt, »eine gemeinsame Gedenkstätte für Juden, Sinti und Roma unannehmbar sei«.

Monumentale Beklommenheit

Für jede der Kultformen, sofern dafür überhaupt ein Denkmal gefordert wird, lassen sich gute Gründe aufbieten: für die gleichsam überpolitische, allgemeinmenschliche Trauerstätte der Neuen Wache; für die spezifisch menschenrechtliche, Toleranz für alle unterscheidbaren Gruppen einfordernde Erinnerung der ehedem Verfolgten, unbeschadet ihrer ethnischen, politischen, sozialen oder konfessionellen Differenzen, und schließlich für den Anspruch der einzelnen Gruppen, ihren je eigenen Totenkult – mit eigenem Ritual – pflegen zu können.

Jede der drei Erinnerungsweisen schließt die der anderen, ohne sie zu befragen, ein oder aus. Damit ist das tiefsitzende und in unsere Gesellschaft eingekapselte Konfliktpotential umrissen, an dessen Einfriedung oder Auflösung eine anwachsende Zahl von Autoren, Künstlern, Institutionen oder Vereinen seit rund zwei Jahrzehnten arbeitet. Offenbar ist es unmöglich, die Erbschaft an Völkermorden, organisierten Verbrechen, an Opferbereitschaft und systematisiertem Terror anzunehmen und, wie man so schön sagt, zu »bewältigen«, und sei es durch »Trauerarbeit« welcher Art auch immer. Jedes Schuldbekenntnis und jede übernommene Verantwortung reproduziert einen uneinholbaren Rest.

Das zeigte sich bereits, nachdem Bundesregierung, Berliner Senat und Förderkreis zur Errichtung eines Holocaust-Denkmals vor den Ergebnissen ihrer 1994 erfolgten Ausschreibung standen. Dank dem Mauerfall wurde ein Grundstück außerhalb des Gestapo-Geländes, 20 000 Quadratmeter, neben dem Brandenburger Tor zur Verfügung gestellt. Die drittelparitätische Jury erteilte zwei erste Preise. Den Zuschlag erhielt schließlich jene Riesenplatte, auf der 4,2 Millionen Namen ermordeter Juden zu verzeichnen seien, mit einer weit über eine Million hinausreichenden Restsumme gleichsam namenlos gewordener Ermordeter.

Zur grundsätzlichen Kritik an einem derartigen »Denkmal« seien *zwei* profane Gesichtspunkte hinzugefügt. Wenn eine Besucherzahl wie in Auschwitz erwartet wird, dann bewegen sich pro Jahr mehr als eine halbe Million Menschen auf der Riesengrabplatte mit der Folge, daß tägliche Putzkolonnen für Sauberkeit zu sorgen haben, auch um die Reste der Berliner Luft zu beseitigen, mit der weiteren Folge, daß die Namen schneller verschleißen werden als die Erinnerung an sie. [Zudem fehlt am Rande des elf Meter hoch ansteigenden rampenartigen Gebildes ein Geländer mit Stacheldraht, das die mit Sicherheit sich einfindenden Selbstmörder daran hindert, ihre Schuld zu demonstrieren und den Weiterlebenden zu delegieren.]

Hinter solchen technischen Details lauert eine weitere Unstimmigkeit. Die schräg angehobene Grabplatte indiziert nun einmal in christlicher Tradition das Versprechen der Auferstehung. Nachdem wir Deutsche fünf bis sechs Millionen Juden erschlagen, erschossen oder vergast, dann in Asche, Luft und Wasser aufgelöst haben, machen wir uns nunmehr anheischig, symbolisch ebendiesen Juden eine Auferstehung anzubieten. Hier fragt sich denn doch, ob über politischen Geschmack nicht gestritten werden muß.

Aus über fünfhundert Entwürfen erteilte die Jury dieser Platte den Zuschlag. Sie vermittle »auf faszinierende Weise Beklommenheit und sei die richtige Form zum Thema«. Einzig und allein das Veto des Bundeskanzlers hat die Platte verhindert. Die Bundesrepublik darf ihm dankbar sein.

Nun rüsten die Auslober des Wettbewerbs zu einer zweiten Runde. Der Berliner Senator für Wissenschaft, Forschung und Kultur lädt – im Namen der Bundesregierung, des Senats von Berlin und des »Förderkreises zur Errichtung eines Denkmals für die ermordeten Juden Europas e.V.« – zu drei Kolloquien ein. Neunzig Teilnehmer sind »kraft ihrer fachlichen, politischen und gesellschaftlichen Kompetenz« gefordert, in dreimal knapp acht Stunden alle offenen Fragen zu klären. Danach fällt die Entscheidung an die Auslober zurück.

Voreilige Entschiedenheit

Freilich gelten fünf Fragen – die entscheidenden Fragen – als bereits entschieden. Wann das Denkmal zu errichten ist? Die Grundsteinlegung erfolgt am 27. Januar 1999. Wo das Denkmal zu errichten ist? Es bleibt auf dem Platz der Ministergärten neben dem Brandenburger Tor. Wer das Denkmal zu entwerfen hat? Es bleibt bei den ersten neun von 17 ausgezeichneten Künstlern beziehungsweise ihren

Teams. Wie das Denkmal auszusehen hat, ist damit festgeschrieben. Und was es zu thematisieren hat, steht ebenfalls fest – nur den Massenmord an den europäischen Juden, nicht die Vernichtung anderer Völker oder Gruppen, deren Zahl ebenfalls in die Millionen reicht.

So ließe sich füglich zweifeln, was die neunzig kompetenten Sachkenner und Fachleute noch zu beraten haben. Aber auch dafür ist gesorgt. Die Redezeit pro Kopf und Tag beträgt weniger als vier Minuten. Die Ergebnisse wird die Jury dann – wie gehabt – auswerten. Es bleibt der Phantasie der Fachkompetenz und der ebenfalls zugelassenen Öffentlichkeit überlassen, welche Alternativen zur Platte überhaupt noch hervorgelockt werden können.

Deshalb sei noch einmal nachgefragt.

Erstens: Der Termin der Denkmalserrichtung sollte Ergebnis der Überlegungen sein, nicht umgekehrt den Dialog abkappen. Ein so zustande gekommenes Ergebnis ist bereits in der Neuen Wache zu betrachten. Das Denkmal in Auschwitz brauchte zwischen Ausschreibung und Errichtung zehn Jahre, mit einem, wie der Sprecher der Jury, Henry Moore, einräumen mußte, unbefriedigenden Ergebnis. Aber die Deutschen schaffen es offenbar schneller und effektiver?

Zweitens: Der Ort des Denkmals, bisher nur eine aufdringliche Monumentalität evozierend, sollte neu bedacht werden. Es gibt gute Gründe, ein Mahnmal am Reichstag oder zwischen Reichstag und Kanzleramt, zwischen Legislative und Exekutive, zu errichten, um die Erinnerung am Ort heutiger politischer Entscheidungsfindung einzuklagen und nicht an Plätzen vergangener Nazigrößen. Und es gibt ebenso gute Gründe, die Topographie des Terrors wieder einzubeziehen. Denn dort entsteht die Dokumentationszentrale, die jedes nur denkbare Denkmal von allen Informationspflichten entlastet, um die rein visuelle Aussage voll zur Geltung zu bringen.

Das führt zu den nächsten beiden Fragen: Wer und wie? Welche Künstler sollen das Denkmal wie konzipieren und durchführen? Die Ausschreibung ließ hier zu Recht freien Spielraum, aber die Jury verzichtet ihrerseits auf jedes vergleichende Gutachten, dessen Kriterien die Rangfolge der preisgekrönten Entwürfe begründet hätten. Die einberufene Fachkompetenz muß also neue und eigene Kriterien entwickeln – in dreimal vier Minuten Redezeit pro Kopf. Bisher herrscht ein ungelöster Widerspruch zwischen den drei ersten Preisen, die nach oben offene Denkmale aufweisen, und den folgenden Preisträgern, die architektonisch eingeschaltete Anlagen entworfen haben, um in der Spannung zwischen Innen und Außen, Oben und Unten, Hell und Dunkel für den Betrachter ausweglose Situationen zu erzeugen. Es bleibt uneinsichtig, warum welches Konzept den Vorzug verdienen kann, zumal die eine Hälfte der Entwürfe auf Texte angewiesen, die andere Hälfte textfrei ist. Die Grenze zwischen reinem Mahnmal und halb musealer Gedenkstätte wird von Fall zu Fall anders gezogen, so daß eine neue und präzisierte Ausschreibung sich geradezu aufdrängt. Sie hätte die bisher geleistete Arbeit samt ihren schwankenden Ergebnissen systematisch aufzubereiten.

Schließlich die letzte Frage: Was soll thematisiert werden? Die Antwort hängt davon ab, wie sich die Denkmalsstifter selbst begreifen. Denn das Denkmal wird nicht von den überlebenden Opfern inauguriert, sondern von der Nation, die die Massenmörder hervorgebracht hat. Das ist eine delikate, bisher so noch nicht gestellte Aufgabe. Vielleicht sollten die Täter und die Tatvorgänge ins Bild gesetzt werden? Realistische Beispiele lassen sich leicht finden. Oder soll primär der Opfer gedacht werden, die wir – terroristisch gekonnt und bürokratisch perfekt – selbst produziert haben?

Dann aber stellt sich sofort die Alternative: ein Denkmal für alle Opfer oder für jede Gruppe besonders? Die Argumente für oder wider liegen seit langem auf dem Tisch, aber keines reicht hin, um die eine oder die andere Lösung hinreichend zu begründen. Wenn die Juden von uns Deutschen ein eigenes Holocaust-Denkmal erhalten, dann bleiben wir gegenüber allen anderen Gruppen, die von uns ausgelöscht wurden, im Wort, ebenfalls ein Denkmal zu erhalten. Zunächst die geistig und körperlich Behinderten, samt den als asozial hineindefinierten Randgruppen, deren 80 000 als erste vergast wurden, bevor die einmal eingespielten Mordkommandos samt ihren Einrichtungen bruchlos fortfahren konnten, in Polen die Juden zu vergasen. Unbestreitbar bleibt dann auch die Denkmalsbedürftigkeit der Sinti und Roma, die parallel zu den Juden erfaßt und vernichtet worden sind. Und wie soll dann der Millionen hilfloser Zivilisten und wehrloser Gefangener vorzüglich slawischer Völker gedacht werden, die von uns dem Tod ausgeliefert oder unmittelbar ermordet worden sind?

Hierarchie der Totenmale

Ist also die Entscheidung einmal gegen ein gemeinsames Denkmal aller Opfer des Terrorsystems gefallen, so folgt zwingend, daß wir eine Hierarchie der Totenmale erhalten, nach Größe gestaffelt, je nach Zahl der Opfer, und kategorial geordnet nach den rassenideologischen Farbdreiecken, mit denen die SS ihre Lagerhäftlinge einpferchte und gegenseitig ausspielte. Eine solche Folgerung will bedacht sein und muß begründet werden. Oder sollte es doch möglich sein, ein Mahnmal zu entwickeln, das sich nicht nach quantifizierbaren Vorgaben ausrichtet, sondern allen Nachlebenden erlaubt, die Ermordung ihrer Völker oder Gruppen zu erinnern und zu betrauern, ohne den Nachbarn auszuschließen?

Wie auch immer die Antwort aussehen wird – die bisherigen Ausschreibungsbedingungen lassen diese Fragen gar nicht zu. Vielleicht sollten sie doch gestellt werden. Dann aber braucht die Antwort sicher mehr Zeit als dreimal acht Stunden von 90 fachkompetenten Köpfen.

»Denkmäler sind Stolpersteine«

SPIEGEL: Herr Professor Koselleck, Sie haben kürzlich heftig gegen die geplante riesige Gedenk-Platte für die Opfer des Holocaust in Berlin protestiert. Auf dem ersten von drei geplanten Kolloquien wurde ähnliche Grundsatzkritik laut. Wie soll es in Berlin weitergehen?

R. K.: Die Jury der Auslobenden, vor allem des »Förderkreises zur Errichtung eines Denkmals für die ermordeten Juden Europas e.V.«, meint, die eingeladenen 90 Fachleute sollten nur beraten, da alles schon beschlossen sei. Aber ich finde, die Probleme müssen ganz neu diskutiert werden. Am besten sollte das Parlament entscheiden.

SPIEGEL: Was wurde nicht durchdacht?

R. K.: Selbst simpelste Geschmacksfragen. Zum Beispiel verspricht die angehobene Grabplatte des geplanten Monuments eine christliche Auferstehung – und das für Juden? Oder: An der Oberkante der Platte müßte doch ein Gatter angebracht sein, womöglich gar mit Stacheldraht, um Abstürze oder Selbstmord-Sprünge zu verhindern. Oder es müßte dauernd Polizei patrouillieren. Alles absurde Vorstellungen …

SPIEGEL: Bei den anderen Entwürfen gibt es solche Schwierigkeiten vielleicht nicht.

R. K.: Mag sein. Aber die eigentliche Unklarheit liegt ja viel tiefer. Schon die Ausschreibung war nicht präzis und begründet genug. Wenn hier das erste nationale Denkmal von Tätern für Opfer im

Land der Täter entstehen soll, dann muß ganz eindeutig sein, wer die Täter waren und wer die Opfer.

SPIEGEL: Für Lea Rosh und ihren Förderkreis ist eines ganz klar: Die Opfer waren die Juden.

R. K.: Aber wo bleiben dann die vielen Millionen umgebrachter Russen, ermordeter Polen, beseitigter Homosexueller, vergaster Behinderter – von Bibelforschern und politischen Widerständlern zu schweigen? Als Nation, die diese Massenmorde organisiert hat, müssen wir in einer zentralen nationalen Gedenkstätte doch wirklich aller Opfer gedenken. Millionen ermordeter Russen sind namenlos geblieben, weil sie von Stalin als Verräter diskriminiert und, sofern sie überlebten, in die eigenen Sowjet-Konzentrationslager verbannt wurden. Bis heute sind sie weithin verfemt.

SPIEGEL: Sollte denn die Neue Wache mit der vergrößerten Kopie einer Kollwitz-Skulptur nicht gerade ein Mahnmal für alle sein?

R. K.: Sie schließt aber Juden und Frauen aus. Die überlebende Mutter, die ihren Sohn beweint, war nur nach 1918 ein durchschnittlicher historischer Befund. Damals ist die Form der Pietà, der um Jesus trauernden Maria, für Kriegerdenkmäler auch hundertfach okkupiert worden, längst nicht nur von Käthe Kollwitz. Nach dem Zweiten Weltkrieg stimmt dies Modell nicht mehr. Von den fünf bis sechs Millionen ermordeter Juden waren mindestens die Hälfte Frauen, von den Fliegertoten und Flüchtlingen sicher die Mehrheit Frauen und Kinder. Da eignet sich die überlebende Mutter als Denkmalsgestalt kaum. Zudem hat eine Pietà eben seit jeher antisemitische Untertöne.

SPIEGEL: Hätte ein anderes Denkmal in der Neuen Wache den jetzigen Plan überflüssig gemacht?

R. K.: Wahrscheinlich nicht, selbst wenn es ganz abstrakt gewesen wäre oder ein Negativdenkmal, etwa in die Erde versenkt oder dergleichen. Die Inschrift, die noch in der Nacht vor der Eröffnung in aller Eile gegossen wurde, nennt nach Herrn von Weizsäckers etwas predigerhaftem Ton einzeln alle »Opfer von Krieg und Gewaltherrschaft«. Viele Gruppen, von der Mitte bis ganz links, haben sofort dagegen protestiert, jedenfalls alle, die nicht gemeinsam mit den einstigen Tätern erinnert und betrauert werden wollen.

SPIEGEL: Was soll denn an einer so umfassenden Gedenkformel verkehrt sein?

R. K.: Opfer, das bedeutete ja bis zum Ende des Dritten Reichs etwas Positives, Aktives: Die Soldaten opferten sich für Großdeutschland, das war geläufig. Nach dem Krieg blieben diese Toten Opfer, aber sie wurden unterderhand zu Opfern des Faschismus. Sie wurden zu passiven Opfern umgefremdet, wenn man so will – ein unglaublicher Vorgang, über den keiner laut nachgedacht hat.

SPIEGEL: Mit dem geplanten Holocaust-Denkmal könnte das nicht passieren.

R. K.: Sicher, aber dort soll eben ausschließlich an Juden erinnert werden – übrigens nicht einmal an diejenigen, die durch Euthanasie-Mord umkamen. Wenn eine Gruppe ihr Denkmal bekommt, haben aber die anderen das moralische Recht auf ein eigenes. Seit 1992 etwa ist ein Denkmal für Sinti und Roma im Gespräch, beispielsweise zwischen Reichstag und Brandenburger Tor. Erstens ist der Ort strittig, zweitens fehlt das Geld, und drittens würde das Denkmal natürlich von niemand besucht werden außer den Nachkommen der Opfer. Aus reinem Zugzwang, weil alle Opfergruppen einander eifersüchtig belauern, entstünde eine Hierarchie von Denkmälern, die sich, irrsinnig genug, an Zahlen orientierte …

SPIEGEL: … und dazu, noch perverser, an den Sortiermustern der Nazis.

R. K.: Genau. Die verschiedenfarbigen Dreiecke der KZ-Insassen kehrten nach 50 Jahren zurück, als Denkmäler erneuert. In Lager-Gedenkstätten geht das nicht anders. Aber sonst? In Berlin sollten doch wirklich alle vom deutschen Terrorsystem Ermordeten erinnert werden.

SPIEGEL: Wie dürfte Ihr erhofftes Einheitsdenkmal denn aussehen?

R. K.: Sagen kann ich das nicht. Diese Provokation muß man schon an die Künstler weiterreichen. Daß von den über 500 Entwürfen kaum einer akzeptabel schien, zeigt, wie schwierig es wird.

SPIEGEL: Überall sind die öffentlichen Kassen leer. Da ist mancher schnell bei der Frage angelangt: Wozu überhaupt der ganze Mahnmal-Aufwand?

R. K.: So wurde schon bei vielen Denkmälern gefragt. Einige Kriegsmonumente sind auch mit Stiftungen verknüpft. Der Pariser Invalidendom zum Beispiel ist eine Mischform, zu der Rentenzahlungen gehörten. Auch Musikhallen oder ähnliches wurden häufig zum Gedenken eingerichtet. Aber all das sähe, wenn es um unsere moralische Verpflichtung für ein zentrales Holocaust-Mahnmal geht, zu beliebig und harmlos aus – wie etwa auch der Park, den jetzt einige anstelle der fatalen Steinplatte vorschlagen.

SPIEGEL: Ganz gleich, wie das Mahnmal aussehen mag: Wer soll, wer wird dort eigentlich Buße tun?

R. K.: Von den echten Tätern lebt ja so gut wie keiner mehr, und es ist sehr schwer, stellvertretende Reue für andere zu übernehmen. Also sind Sühne, Buße und Reue, abgesehen von ihrem christlichen Unterton, wenig geeignete Vokabeln. Man darf auch nicht wirklich auf Vergebung der Schuld hoffen. Für den Holocaust könnte, glaube ich, kein Denkmal wirklich Reue hervorrufen, schon gar nicht ein Erlösungsritual in Gang bringen und halten.

SPIEGEL: Es bleibt also bei der Erinnerung. Würde aber ein universelles Mahnmal nicht das Gedenken so stark bündeln, daß es anderswo wie entsorgt erschiene?

R. K.: Die Gefahr gibt es. Die Leute vom geplanten Dokumentationszentrum »Topographie des Terrors« möchten das Mahnmal deshalb heruntertrimmen zur »Denkstätte«. Auch Ignatz Bubis will eher etwas Bescheidenes – eine gute Chance, das Gedenken ins Stille zu ziehen und so auch vom Touristen-Ansturm freizuhalten.

SPIEGEL: Ein Mahnmal nur für Staatsempfänge?

R. K.: Keineswegs. Aber jedes Denkmal ist eben eine Versteinerung oder Verbronzung. Denkmäler kommen immer als Abschluß. Daß sie wirken, setzt im Grunde einen Kult voraus. Vor langer Zeit, bei privaten Sühnekapellen im christlichen Spätmittelalter etwa, ging das. In einem weltlichen Staat dagegen können wir keinen Kult entwickeln. Er würde sofort zur Ideologie. Das hatten wir im Dritten Reich, und es führte zu Lächerlichkeiten und Massenmorden. Außer der privat-religiösen sehe ich nur zwei Möglichkeiten. Als erste natürlich die immer neue rationale Erklärung – »wie war es möglich«. Das ist sinnvoll und auch Aufgabe der Historiker.

SPIEGEL: Dem Nacherleben hilft das aber wenig. Von Emotionen, vom Tun der Täter wie vom Grauen der Opfer, wird so kaum die Rede sein.

R. K.: Genau. Man kommt sozusagen bis an die Gaskammern heran, aber nicht weiter. Deshalb, zweitens, die moralische Erklärung. Die ist einfach, darüber braucht man nicht zu diskutieren. Aber die Argumente werden durch moralischen Nachdruck nicht stärker, sie stumpfen sogar ab. Darum auch die Überlegung, ob nicht realistische Bilder sinnvoller sein können als abstrakte Denkzeichen.

SPIEGEL: Wirklich? Der Bildhauer Henry Moore meinte, für ein Holocaust-Denkmal müsse jemand ein Künstler vom Range Michelangelos sein. Läßt sich die perfekte Ausrottung jemals bildlich einholen?

R. K.: Das halten eben viele für unpassend. In Auschwitz-Birkenau ist deshalb das figurale Denkmal lange nach dem Krieg durch ein abstraktes ersetzt worden. Bilder sind fast immer problematisch; darauf müßten die Täter sich unter Umständen sogar selbst als Mörder zeigen. Hier wird es natürlich sehr delikat – in Berlin würde so eine Darstellung am Ende noch pronazistisch gedeutet, ähnlich wie die Platte mit Millionen von Namen gar als perverser Triumph verstanden werden könnte. Vielleicht muß man fordern, daß keine derart positive Aussage gemacht wird.

SPIEGEL: Welche andere dann?

R. K.: Zum Beispiel ein Klotz mit geschlossener Tür, wie in Wien geplant, oder ein Tor, das man nicht durchschreiten kann, weil es durch ein Gitter verschlossen ist. Solche Denkmäler, die Unzugänglichkeit und Zwangslagen hervorrufen sollen, gibt es natürlich schon: Spalte oder Risse etwa, die einen Durchblick freigeben und doch am Weitergehen hindern.

SPIEGEL: Sind das nicht meist nur gebaute Metaphern – unmögliches Wegschauen, Einsicht ins Unfaßbare, Innehalten vor dem Nichts?

R. K.: Sicher, und ich weiß nicht, ob so etwas für Berlin reicht. Aber ganz ortloses Gedenken reicht eben auch nicht. Schweigeminuten werden selbst in Israel von verschiedenen politischen Gruppen an unterschiedlichen Tagen zelebriert. Irgendwann fühlt man sich nicht mehr gebunden, dann ist es leicht, so einen Brauch zu brechen oder abzuschaffen …

SPIEGEL: … während ein Denkmal sichtbar störend bleibt.

R. K.: Ja, ein Stolperstein. Ich kenne allerdings nur wenige Kriegsdenkmäler, die wirklich zur Reflexion zwingen: zum Beispiel das Vietnam Veterans Memorial in Washington. Wer dort seine Toten sucht, sieht sich selbst in den spiegelnden Granitplatten. Wie das wirkt, zeigt sich daran, daß Angehörige dort immer wieder Blumen und Botschaften hinterlegen.

SPIEGEL: Privat mag ein Gedenk-Ritual fortleben, solange Familien sich noch erinnern. Aber ist monumentales gemeinschaftliches Andenken nicht historisch längst überholt?

R. K.: Zumindest kommt die Geschichte der Kriegerdenkmäler an ein Ende. Die Flut von Monumenten nach dem Ersten Weltkrieg war der Höhepunkt des Kultes. Nach dem Zweiten Weltkrieg zeigte sich, daß nie genug und nie abschließend an die Katastrophe erinnert werden kann – daher die Negativdenkmäler und Prozeßdenkmäler, die umgedrehten Pflastersteine von Jochen Gerz oder anderes.

SPIEGEL: Historiker schreiben jetzt immer mehr Bücher über das Gedenken selbst, auch sogar über das Vergessen als nötigen Teil der Erinnerung. Ist vielleicht das die neue Denkmalsform?

R. K.: Eher ihre Aufhebung. Die Reflexionskultur hat sich verselbständigt, und darin deutet sich das Ende der alten Erinnerungskultur an – ein säkularer Vorgang, auch symbolisch ein Ende des Historismus. Die Gründe sind leicht zu nennen: Es gibt immer weniger Kontinuität, in der Familie wie in den politischen Handlungseinheiten.

SPIEGEL: Wie findet dann in Zukunft Gedenken statt?

R. K.: In sprachlichen Leistungen. Die bleiben das A und O der Erinnerung.

SPIEGEL: Sie meinen die Arbeit Ihrer Kollegen, der Historiker?

R. K.: Nicht nur, auch der Politiker und besonders der Schriftsteller. Sprache ist oft wirksamer als alle materialen Erstarrungen: Jewgenij Jewtuschenko hat mit seinem großen Gedicht »Babi Yar« das dortige Massaker überhaupt erst in die Erinnerung der Menschen zurückgerufen. In Deutschland ist Paul Celans »Todesfuge« schon fast abgegriffen durchs häufige Zitieren – auch sprachlich gibt es eben Grenzen. Bleibt nur übrig, dieses Grenzbewußtsein wachzuhalten und zu schärfen.

SPIEGEL: Herr Professor Koselleck, wir danken Ihnen für dieses Gespräch.

Erschlichener Rollentausch. Das Holocaust-Denkmal im Täterland[1]

Die dritte Sitzung der Berliner Kommission zu einem Denkmal der in Europa ermordeten Juden läuft im April auf eine wichtige Entscheidung zu. [Nachdem meine, von mir als Mitglied dieser Kommission formulierten Vorschläge von Senator Radunski unbeantwortet blieben und nachdem mein Angebot, den ersten Aufsatz zu dem Thema in der FAZ (9. Januar 1997) an die Kommissionsmitglieder zu verteilen, von einem anonymen Lenkungsausschuß abgelehnt worden ist, bleibt wiederum nur der Weg über die publizistische Öffentlichkeit, um Argumente in der Kommission begründet vortra-

1 [Kosellecks Titel hatte »Über die Schwierigkeit der Bundesrepublik, mit politischen Symbolen umzugehen« gelautet. Das Ms. wurde in mehreren Durchgängen von Dieter Bartetzko redaktionell überarbeitet und dabei »Wort für Wort« mit Koselleck abgesprochen, wie dieser am 10.4.1997, nach dem Erscheinen des Artikels in der *Frankfurter Allgemeinen Zeitung* am Vortag, an Ulrich Raulff und Dieter Bartetzko schrieb. Kenntlich gemacht werden hier deshalb nur Änderungen gegenüber der letzten Fassung vor dem Druck. Zugleich bekundete Koselleck seine »Entrüstung«, daß nach dieser gemeinsamen Überarbeitung die Redaktion den Artikel ohne Rücksprache um zwölf Zeilen gekürzt hatte und dadurch »plötzlich entscheidende Sätze entfallen«.
Koselleck kritisierte vor allem zwei Punkte. Erstens sei der Verweis auf die Nichtverbreitung seines Artikels vom Januar 1997 in der Kommission entfallen (das war indes mit seiner Zustimmung geschehen); zweitens werde seine Fundamentalkritik an der Neuen Wache abgeschwächt. Denn der Anspruch auf eine universale Trauer an alle Opfer sei in Deutschland erst durch die Weizsäcker-Inschrift an der Außenwand explizit formuliert worden. Deshalb auch sei jede Abweichung hiervon begründungspflichtig. Durch das »Zusatzdenkmal« nur für die Juden sei inzwischen ein Bruch mit diesem universalen Anspruch vollzogen worden, den man nun zu verbergen versuche.]

gen zu können.[2]] Wenn, wie zu hoffen ist, der Ort, das Datum und das Thema neu bestimmt werden, um eine neue Ausschreibung in die Wege zu leiten, so möchte ich zwei grundsätzliche Fragen ansprechen, die bisher noch nirgends berücksichtigt worden sind. Sie ergeben sich aus dem unglücklichen Vorlauf der Denkmalsstiftung in der Neuen Wache. Mit ihr sind bisher nicht erörterte Folgelasten entstanden. Diese führen zu der zwingenden Forderung, daß ein so zentrales Thema wie eine nationale Gedenkstätte, die an die deutsche Täterschaft erinnern soll, nur behandelt werden kann, wenn der Bundestag selber die Verantwortung insgesamt dafür übernimmt – wie es übrigens in vergleichbaren Situationen in Paris, London und Washington geschehen war.

Es soll ja Christen geben, die für die Opfer und für die Täter zugleich beten. Und *sub specie aeternitatis* mögen alle Toten zusammenrücken. So etwas Ähnliches muß unserem Bundeskanzler vorgeschwebt haben, als er den Deutschen mit der monströs vergrößerten Plastik von Käthe Kollwitz eine anthropophagische Trauerdame in die Neue Wache setzen ließ. Alles schien so klar zu sein: Die Kollwitz war eine brave Sozialistin und hat obendrein eine christliche Pietà erschaffen, so daß Rechts und Links gleicherweise zufriedengestellt wurden. Die Inschrift sorgte dafür, daß alle Unterschiede zwischen Tätern und Opfern eingeebnet wurden. Denn alle waren ja »Opfer von Krieg und Gewaltherrschaft«. [Und um keinen Zweifel daran zu lassen, daß auch alle zugleich gemeint seien: Soldaten, Fliegeropfer, Juden, Homosexuelle, Geisteskranke, Flüchtlinge usw., wurde eine Variation der Rede des damaligen Bundespräsidenten von Weizsäcker in Metall gegossen und zur Belehrung der Besucher an die Neue Wache geheftet. Die Trauer war universal, und jeder schien bedient. So schien es.

Aber wie gut erinnerlich, ging die Trauerrechnung nicht auf. Alle] Viele Überlebenden derer, die von den Nazis umgebracht, erschossen, vergast, erschlagen oder sonstwie ermordet wurden – nicht nur die Juden –, protestierten gegen ihre Vereinnahmung in der gemeinsamen

2 [Ursprünglich im Ms., bei der gemeinsamen Überarbeitung gestrichen.]

Gedenkhalle. So geriet die Bundesregierung erneut in Zugzwang. Es gibt eben Opfer, die nur Opfer sind; passive Opfer, die nicht einmal die Chance hatten, sich aktiv zu opfern, wie ehedem die Soldaten es hatten tun sollen. Da ist die zweistellige Summe von Millionen hilfloser Zivilisten, von Frauen und Kindern und von wehrlosen Gefangenen, die von den Deutschen in ganz Europa – je weiter im Osten, desto mehr – umgebracht worden sind. Was läge näher, als all diesen Toten ein gemeinsames Denkmal zu setzen, die sie alle durch die fatale Mischung von Ideologie und Terror, wie sie das Nazisystem produziert hatte, vernichtet worden sind? Wenn schon in Anbetracht der Massenmorde Opfer und Täter nicht zusammen erinnert werden können, so sollte wenigstens aller Opfer gemeinsam gedacht werden. [Denn wer wollte sich anheischig machen, hier gerechte Grenzen zu ziehen?]

Hygienische und rassen[zoologische[3]], völkische und geopolitische, naturwissenschaftliche und heilsideologische Argumente wurden von der Partei, von den Staatsdienststellen und von den speziellen SS-Terroreinheiten verschieden dosiert und willkürlich gemischt, um je nach Lage auf Kosten der jeweils Hinausdefinierten die Vorherrschaft einer vermeintlichen nordischen Rasse auszudehnen. Am Ende blieb ein riesiges Leichenfeld zurück. Was also läge näher, als diesem Terrorsystem insgesamt, für dessen Folgen die Erben der Täter die politische Verantwortung zu übernehmen haben, eine Art Gegenmal zu setzen?

Aber nein: Genau dies geschieht nicht. Die Opfergruppen werden erneut getrennt, und zwar exakt entlang den Kategorien, mit denen die SS ihr Terrorsystem begründet und stabilisiert hat, indem sie die einzelnen Opfergruppen gegeneinander ausgespielt hatte. Hier stellt sich die Frage, ob die Bundesregierung hinreichend bedacht hat, was sie tut.

Es ist [das gute Recht und] eine Selbstverständlichkeit, daß alle ethnisch, religiös, politisch oder sonstwie verfolgten Gruppen sich ihrer eigenen Toten erinnern: Dann stiften sie Denkmale, die ihre

3 [In der Endfassung »-biologische«.]

persönlichen Bindungen, [gleichsam innerfamiliärer Art,] in Erinnerung halten [und hegen]. Hier wäre es die Pflicht der Bundesregierung, Gedenkstätten all dieser Einzelgruppen, ohne Aufhebens davon zu machen, finanziell [so weit] zu stützen, [daß sie ihre jeweils eigenen Gedenkstätten errichten können]. Die Bundesregierung aber scheint nur auf lautstark verkündete Ansprüche zu reagieren: Da gibt es einen äußerst rührigen Privatverein, der seit 1988 für ein Denkmal wirbt, das die ermordeten Juden Europas in Erinnerung halten soll. Hier haben die Bundesregierung und der Berliner Senat sich mit je einem Drittel der Verantwortung und je einem Drittel der Finanzierung eingeklinkt, ohne zu bedenken, was das für die Nation der Täter bedeutet, und ohne zu erklären, was das für die damit ausgegrenzten Millionen anderer Ermordeter bedeutet. So setzt sich hinterrücks eine Hierarchie der Opfer durch, die obendrein den Verdacht weckt, die öffentlich nicht debattierten Kriterien, nach denen die Bundesregierung sich an solchen Aktionen beteiligt, folgten letztlich dem Prinzip der Opportunität.

Wer glaubt, daß die Deutschen ein Holocaust-Denkmal haben könnten wie die anderen Länder und Nationen auch, der irrt. Oder sollte die Semantik des Opferbegriffs durch die obligate Trauerarbeit so weit aufgeweicht worden sein, daß die Grenzlinie zwischen den Deutschen, sofern sie Mörder waren, und den Juden als Opfer nicht mehr zu erkennen ist? [Wenn alle Opfer sind, dann verwischt sich der Unterschied.] Wer einmal Juden fragt, zum Beispiel solche, die nicht mehr nach Deutschland zurückkehren, der könnte eines anderen belehrt werden: Sie sehen in dieser Denkmalsstiftung eine Anmaßung sondergleichen, mit der sich die Deutschen zutrauen, in die Rolle des Opfers zu schlüpfen, um nunmehr an der gemeinsamen Trauer teilhaben zu können, [deren ursprünglicher Anlaß sie allein selber waren]. Ein sogenanntes Holocaust-Denkmal auf deutschem Boden kann deshalb nicht umhin – so schwierig wie das sein mag –, primär die Rolle der Täter zu beachten, die jene Millionen von Toten produziert haben, deren Ermordung erinnert werden soll. Hier ist eine exakte Ausschreibung erforderlich, um den Künstlern die Alternativen zu einem reinen Holocaust-Denkmal aufzuweisen.

Hinzu kommt die zweite Schwierigkeit, wo und wie denn die Grenzen zwischen den Opfern gezogen werden, wenn der primäre Auftrag darin bestehen soll, die Erinnerung an die Tat und an die Verantwortung der Täternation zu gestalten. Wenn die Juden beanspruchen, daß der Völkermord an ihnen nicht nur einmalig sei – was in seiner Weise der gewaltsame Tod jedes einzelnen Menschen ist –, sondern auch einzigartig, dann muß daran erinnert werden, daß die Grenzen von Einzigartigkeit verschieden gezogen werden können. So war es gewiß ebenso einzigartig, daß alle geistig und physisch Behinderten, deren Leben als nutzlos definiert wurde, vergast worden sind. Zu den rund hunderttausend vergasten Behinderten gehörten auch dreitausend Juden, die von einigen Juden aus der Definition des Holocaust deshalb herausgenommen werden, damit die Einzigartigkeit eines gleichsam reinen Judenmordes definitorisch gewahrt werden kann.

Aber es waren dieselben Institutionen und dieselben Vergasungseinrichtungen, die zunächst die Euthanasie vollstreckten und danach die Juden umbrachten. Nach den getätigten Mordserien in Deutschland wurden sie nach Polen geschafft, um dort die Vergasungsaktionen an den Juden – zunächst in Kulmhof und Lublin – fortzusetzen. Und schließlich sind auch die Sinti und Roma als ethnische Totalität erfaßt und, so man ihrer habhaft wurde, insgesamt umgebracht worden.

Der Verein für die Errichtung eines Denkmals für die ermordeten Juden Europas beansprucht laut Satzung Toleranz. So dürfen denn auch die Sinti und Roma erinnert werden, aber bitte nicht zusammen mit den Juden. Die Folge liegt auf der Hand: Dem Denkmal für die ermordeten Sinti und Roma wird zugestimmt, ein anderer Platz angeboten, aber niemand zeichnet dafür verantwortlich. Wo also zieht die Bundesregierung ihre Grenzlinie, ab wann sie eine in Denkmälern sichtbar zu machende Verantwortung für millionenfache Morde übernimmt und ab wann nicht mehr?

Was geschieht mit den dreieinhalb Millionen von den Deutschen verhungerter oder ermordeter russischer Gefangener in unserem Erinnerungsraum? Was geschieht mit den Millionen ermordeter nichtjüdischer Polen? Was mit den zahl- und wahllos umgebrachten Zivilisten im Balkanraum und in Griechenland, in Italien und in den westlichen oder nördlichen Ländern? Und was geschieht mit den gar nicht auszählbaren Toten, die wir in der Ukraine, in Weißrußland und in Rußland zurückgelassen haben? Und was geschieht mit den Homosexuellen, die in der Hierarchie des KZ-Systems am untersten Ende angesiedelt waren? Und was geschieht mit den politisch oder religiös Hinausdefinierten? Und wer wird sich jener Kriminellen erinnern, die zu einem integralen Element des Terrorsystems gemacht wurden? Auch sie haben kein Konzentrationslager verdient, sowenig wie irgend jemand.

Dies also sind die zwei unerläßlichen Fragen, die [vor der Errichtung des für Berlin geplanten Denkmals] beantwortet werden müssen. Erstens: Macht die politische Verantwortung für die Taten, für die wir einstehen müssen, ein spezifisches Denkmal nur für die Juden erforderlich – unter Ausschluß der anderen? Lauert hier nicht ein erschlichener Rollentausch, der die Nation der Täter über ein Holocaust-Denkmal in die Reihe der Opfer einrückt? [Diese Mißlichkeit kann nur umgangen werden, wenn exakt gesagt wird, wie das Denkmal auch auf die Tat und nicht nur auf die Opfer zu verweisen hat.] Zweitens: Wenn schon die Nachkommen der passiven Opfer sich der gemeinsam gedachten nationalen Gedenkstätte der Neuen Wache entziehen – wo soll welche Grenzziehung zwischen den Opfergruppen von der Bundesregierung vorgenommen und finanziert werden?

Wie viele Gedenkstätten, wie viele religiöse, politische, gesellschaftliche Sonderdenkmäler sollen eigentlich zu »nationalen« Gedenkstätten erklärt werden – wenn schon die Kollwitz in der Neuen Wache keine gemeinsame Trauergarantie bietet und wenn schon die Bundesregierung es bisher stillschweigend vermieden hat, ein einziges gemeinsames Denkmal für alle Opfer des NS-Terrorsystems zu errichten? Hier droht Unterlassung in einen politischen Opportunismus umzuschlagen, der je nach der Stärke der Pressure Groups das Totengedenken so oder so dosiert, anstatt das Terrorsystem als solches und insgesamt in Erinnerung zu halten, von dem sich abgesetzt zu haben ein Legitimitätsgrund der Bundesrepublik geworden ist. Nichts ist peinlicher, als die todbringenden Kriterien der Konzentrationslager wieder zu verwenden, um die politische Verantwortung finanziell verschieden kanalisieren zu können. Vor diesem Hintergrund erweist sich das gruppenweise Ausspielen Ermordeter gegen Ermordete, also das Verrechnen Toter gegen Tote, als einer nationalen Terrorgedenkstätte unangemessen.

Reflexion und Heimatkunde

Falter: In Ihrem Buch »Der Totenkult der Moderne« haben Sie den mittlerweile vielzitierten Satz geschrieben, die gegenwärtige Geschichte sei nicht mehr denkmalfähig – an sich ist es doch paradox, daß gerade jetzt Denkmalskonjunktur herrscht.

R. K.: Bis zum Ersten Weltkrieg war die Funktion von Denkmälern Sinnstiftung durch heroische Siegerdenkmäler beziehungsweise durch einen dynastischen Totenkult. Als dann Sinnstiftung nicht mehr möglich war, folgte die Frage nach dem Sinn selber. Seit der Mitte des 19. Jahrhunderts wurden im Unterschied zu früher, wo immer nur die Feldherren auf Denkmälern zu sehen waren, auch die Soldaten und die unbeteiligten Opfer denkmalfähig. Aber jetzt, nach dem Zweiten Weltkrieg und der absoluten Absurdität des Holocaust, muß auch die Frage nach dem Sinn selbst in Frage gestellt werden. Es gibt inzwischen sehr viele »Negativdenkmäler« in Deutschland. Man versucht, neue Formen zu finden, die nicht an die bisherige Denkmalstradition anschließen, mit Hohlformen, Rissen, Spaltungen, die Denkmäler als nicht mehr konsistent darstellen – da wird eine neue ästhetische Entwicklung sichtbar.

Falter: Eine Ihrer Thesen ist, daß Denkmäler, um zu funktionieren, immer an die Wiederholung von Ritualen gebunden sein müssen. Wie findet das heute statt?

R. K.: Es läßt sich überall dort wiederholen, wo sich noch Überlebende erinnern. Aber wenn die Erinnerung der Überlebenden an die Verstorbenen selber ausstirbt, dann werden die Denkmäler zu nostalgischen Punkten der Heimatkunde. Welche Denkmäler von 1809,

1813, 1815 werden heute noch regelmäßig mit Kränzen versorgt? Das ist nicht der Fall. Ich glaube auch nicht, daß die Gloriette noch diese Strahlkraft eines Krieger- und Siegerdenkmals hat. Heute ist das ein Café, ein Aussichtspunkt.

Falter: Als heute funktionierendes Denkmal wird immer wieder das Vietnam-Memorial in Washington genannt. Können Sie sich dem anschließen?

R. K.: Das ist tatsächlich sehr beeindruckend. Dieser Kult, die Ritualisierung der Erinnerung an die Vietnamtoten, hat sich sofort und spontan durchgesetzt. Da kommen regelmäßig Massen von Menschen, legen Papier auf die eingravierten Namen und pausen sie mit Bleistift ab – eine kleine Version des Memorials fährt übrigens durch die ganze USA. Die Botschaften, die die Überlebenden an die Toten hinterlassen, sind ein Zeichen für eine Kommunikation, die über das Denkmal zwischen Diesseits und Jenseits, wie fiktiv das auch immer sein mag, institutionalisiert worden ist. Zudem ist es mit seiner glattpolierten, spiegelnden Marmoroberfläche ästhetisch gelungen: da reflektieren sich die Lebenden im wahrsten Sinn des Wortes in den Toten, deren Namen eingraviert sind.

Falter: Könnte man auch Dinge zu Denkmälern erklären, die die zuvor beschriebenen Funktionen erfüllen? Die Wehrmachtsausstellung, die Fernsehserie »Holocaust«, vielleicht gar »Schindlers Liste« …

R. K.: Das ist eine Metaphorisierung des Ausdrucks. Man kann natürlich sagen, daß Filme, Ausstellungen, museale Veranstaltungen kontemporärer Art die Funktion von Denkmälern wahrnehmen. Da verändert sich der Status der Erinnerung, er wird beweglich, er wird unter Zeit- und Reflexionsdruck gesetzt. Das ist, was Jochen Gerz einbezieht, wenn er Denkmäler plant. Zum Beispiel in Graz (»Die Gänse vom Feliferhof«, Anm.), wo er ein neues Ritual installieren will, nicht mit kirchlicher, sondern mit spontaner Beteiligung: Jeden Tag sollen

Fahnen gehißt werden, deren Beschriftung jährlich von Soldaten zu entwerfen gewesen wäre. Nur scheint sich das Bundesheer nicht überwinden zu können, seine Rekruten zu so etwas zu vergattern. Das ist natürlich spannend, weil man da an die Grenzen der Erinnerungsfähigkeit stößt.

Falter: Oftmals scheint es auch so, daß Denkmäler die Funktion hätten, einen Deckel auf Auseinandersetzungen zu tun.

R. K.: Wenn eine Debatte einmal visualisiert ist, stiftet das einen Abschluß. Die Frage ist, wie die Diskussion dann weitergehen kann, aber es ist in jedem Fall eine wesentliche Zäsur.

Falter: Auch am Judenplatz, wo ja vorgesehen ist, das Holocaust-Denkmal auf die Reste der 1421 bei der Auflösung des damaligen jüdischen Ghettos zerstörten Synagoge zu stellen?

R. K.: Wenn der Block jetzt auf die Ausgrabungen gesetzt wird, ist das wie ein Faustschlag ins Gesicht. Die Frage zum Wettbewerb ist, ob und wann die Ausgrabungen in die Bedingungen der Ausschreibungen eingegangen sind.

Falter: Es gab Hinweise auf die Synagoge, man hat dann aber einiges mehr gefunden als ursprünglich angenommen.

R. K.: Dann sind das veränderte Bedingungen. In diesem Fall müßte man die Ausschreibung umformulieren und festlegen, welcher Anteil der Ausgrabung sichtbar bleiben muß, und darauf bezogen das zweite Denkmal planen. Der Klotz ist ja nicht so konzipiert, daß er in der Luft schwebt.

Falter: Finden Sie, daß der Entwurf die Kriterien der Reflexion erfüllt, den Ritus ermöglicht?

R. K.: Das ist schwierig, denn entweder ist es für die Juden – intern – gedacht, dann müßte man jüdische Rituale daran orientieren. Aber das ist ja nicht die Absicht der österreichischen Denkmalstifter. Und wenn die Österreicher als Nichtjuden das machen, ergibt sich die Differenz, welcher Ritus da gepflogen werden soll: Soll man den Juden die Chance geben, ihren eigenen Gebetsritus dort zu absolvieren, oder sollen die Österreicher ihr schlechtes Gewissen daran hochputschen?

Falter: Österreich versucht auch gerne, seine Entschuldung durch Selbstviktimisierung als erstes Opfer zu betreiben.

R. K.: Die Österreicher sind als ehemalige Großdeutsche am Nationalsozialismus enorm beteiligt. Nicht nur daß Hitler Österreicher war, Eichmann war Österreicher, es gibt eine Fülle von österreichischen SS-Offizieren, Hunderttausende haben am Heldenplatz gejubelt – daß die Generation der 38er mehr oder minder braun gesoßt war, das kann man nicht so vom Tisch fegen.

Falter: Ist das Erinnern der »richtigen« Toten ein Versuch, sich eine entsprechende Identität zu konstruieren?

R. K.: Nimmt man die Vergangenheit Österreichs, dann stellt sich die Frage, wo hier Identitäten wiederzufinden sind – auf seiten der Juden oder der Judenverfolger? Es gibt Widerständler, Juden, Österreicher als Deutsch-Österreicher, Österreicher, die sich nur als Österreicher definiert haben, und so weiter. In der Karlskirche habe ich zum Beispiel Plaketten von 1988 gefunden, wo irgendwelche katholisch-akademischen Verbindungen 50 Jahre danach die Widerständler feiern. Da gab es sicher welche, die im KZ umgekommen sind, aber die sind nicht identisch mit der Menge der damaligen Österreicher. Die Freiheitskämpfer sind eine moralische Autorität, aber für eine nationale Identität reicht es nicht.

Falter: Das ist im Fall der katholischen Kirche aber anders, wo die Trennung von Staat und Kirche nie wirklich vollzogen wurde.

R. K.: Ja, wie in Polen ist auch hier der Totenkult der Nation von der katholischen Kirche okkupiert. In der Kirche in Mauthausen gibt es ein Holzkreuz, wo an der Stelle, wo sonst INRI steht, »Österreich 13. März 1938« zu lesen ist. Das heißt, die Österreicher muten sich zu, beim Einmarsch durch die Deutschen wie Christus gekreuzigt worden zu sein. Eine andere Variante ist das Denkmal am Morzinplatz, die Betonblöcke an der Stelle, wo das Gestapo-Gebäude stand. Dort werden die politischen Gefangenen und die ermordeten Juden erinnert – ein an sich legitimes Anliegen. Die Inschrift aber besagt, daß sie für Österreichs Freiheit gestorben wären: »... Österreich ist wieder auferstanden, und mit diesem unsere Toten, die unsterblichen Opfer.« Die Opferideologie, die man der Sache nach den Juden einräumen muß, wird für die Österreicher beansprucht. Ein in sich unmögliches Denkmal, das die ermordeten Juden durch den Verweis auf die österreichische Auferstehung ausschließt.

Falter: Wie sehen Sie das Mahnmal gegen Krieg und Faschismus am Albertinaplatz?

R. K.: Hrdlicka versucht, die Vielfalt der Toten in ein gemeinsames Denkmal einzufassen. Es werden alle Opferformen thematisiert, und das muß man, wie man auch immer ästhetisch zu dieser Mischung von Michelangelo und Expressionismus stehen mag, anerkennen.

Falter: In Berlin wird aktuell diskutiert, ob die vom Terrorsystem des Dritten Reiches getätigten Massenmorde insgesamt erinnert werden sollen oder nur die an den Juden.

R. K.: Da beziehe ich die entschiedene Position, daß man für alle ein Denkmal stiften sollte. Es sind sehr viel mehr als Juden umgebracht worden. Fünf bis sechs Millionen Juden – aber wenn man die Russen und die slawischen Völker zusammenzählt, dann kommt man schnell auf doppelt so hohe Zahlen. Sobald wir die Juden alleine erinnern, müssen wir die anderen Gruppen extra erinnern. Die Roma, die Homosexuellen, die Geisteskranken, und dann müßte die Bundesrepublik fünf oder acht staatliche Denkmäler machen. Dazu kommt dann das Problem der Proportion – große Denkmäler für höhere Zahlen, kleinere für niedrige – es wird lächerlich.

Falter: Wie hätte man sich diese Unterscheidung der Opfer vorzustellen?

R. K.: Diese Differenzierung wird zum Teil unmöglich. Bei den Juden ist es so, daß sie die von der deutschen Vergasung der Geisteskranken betroffenen Juden aus dem Holocaust ausschließen, weil die auf ärztliches Dekret als Geisteskranke umgebracht worden sind und nicht als Juden *per se*. Das sind rabulistische Trennungen, die versuchen, die Identität der Juden herzustellen auf Kosten von jüdischen Toten. Das ist aber auch die Position von Ignaz Bubis in Deutschland und vom Holocaust-Museum in Washington.

Falter: Folgt man dabei nicht der »Erfindung des Judentums« als pseudohomogener Gruppierung durch den Nationalsozialismus?

R. K.: Natürlich, denn die Juden, die tatsächlich vergast worden sind, kamen aus unterschiedlichsten Kontexten und Kulturkreisen, die haben sich selber gar nicht direkt als Gemeinschaft identifiziert. Die Deutschen haben sie dazu gemacht. Die haben die Juden erfunden, die sie umgebracht haben, das ist das Furchtbare daran. Das ist keine Feindschaft, das ist umgekehrt: Der Feind wird erfunden, um ihn umzubringen.

Falter: Sie haben in Wien einen Vortrag über den Siegfriedskopf in der Eingangshalle der Wiener Universität gehalten – man hätte wohl gerne von Ihnen gehört, daß er entfernt werden soll.

R. K.: Ich finde, man sollte ihn aus der Halle irgendwo in die Arkaden versetzen. Das eigentliche Obstakel bei dem Siegfriedskopf ist ja weniger das Denkmal, sondern daß einige konservative Burschenschaften dort erneut einen Totenkult etablieren wollen, der alles, was seit 1923 passiert ist, ignoriert.

Falter: Sollte man ideologisch überholte Denkmäler durch zusätzliche Gestaltungsmittel kommentieren?

R. K.: Ob ein überholtes Denkmal durch ein Gegendenkmal oder einen Text aufgefangen werden kann, muß man erproben. Ich halte es für möglich – in Hamburg haben wir so ein Hrdlicka-Gegendenkmal zu einem Regimentsdenkmal. Auch beim Vietnamdenkmal haben wir das Gegendenkmal der drei Soldaten, weil die Veteranen sich nicht in der schwarzen Granitplatte wiedererkennen. Das halte ich für sehr tolerant – sie haben ein großartiges Denkmal gemacht, die Veteranen wollten es nicht und bekommen ihr eigenes Denkmal. Der Konflikt wird durch ein Gegendenkmal aber nicht unbedingt geringer, das muß man bedenken: Aber er zwingt zur Reflexion.

Falter: Ein interessanter Vorschlag für das Berliner Denkmal hat vorgesehen, kein Denkmal zu errichten, sondern statt dessen als Zeichen der Reue etwas abzureißen: das Brandenburger Tor.

R. K.: Das würde ich nicht akzeptieren, weil man nicht durch die Zerstörung von einem an sich ehrenwerten Erinnerungsmal die andere Erinnerung verbessern kann. Das würde heißen, daß die Tradition insgesamt verschwindet und in keinster Weise die der jüdischen Erinnerung dadurch gesteigert würde.

Falter: Wie stehen Sie zum Denkmalsturz, zur Entfernung obsolet gewordener Denkmäler?

R. K.: Denkmalstürze sind eigentlich spontan. Denken wir an die Stalinstürze 1956 in Budapest: Immer wenn so ein dramatisches Ereignis eintritt, kann man spontan Denkmäler stürzen, das sehe ich völlig ein. Aber wenn man sich das nach Jahrzehnten einfallen läßt, bin ich schon sehr skeptisch. Die sollte man alle stehenlassen. Auch die von Lenin sollte man stehenlassen. Ich hätte da Efeu hochgezogen, um den Lenin dann vierteljährlich zu rasieren.

Die falsche Ungeduld. Wer darf vergessen werden? Das Holocaust-Mahnmal hierarchisiert die Opfer[1]

Es ist genug geredet worden, nun muß entschieden werden. So lautet die Parole, um das sogenannte Holocaust-Denkmal zu errichten. Es

1 [Kosellecks Ms. trug zuerst den Titel »Zu Spät?«. Änderungen zwischen der publizierten Ausgabe und dem Ms., das von Koselleck durchgesehen wurde, die über bloß stilistische Kleinigkeiten hinausgehen, sind sichtbar gemacht; die Zwischenüberschrift wurde durch die Redaktion eingefügt.
Der Artikel provozierte Ignatz Bubis, Vorsitzender des Zentralrats der Juden in Deutschland, zu einer scharfen Gegenrede, die als Leserbrief abgedruckt wurde (ZEIT, 2.4.1998). In der Replik finden sich wesentliche Aspekte, die in der Debatte über das Holocaust-Denkmal insgesamt vorzufinden sind. Angefangen von Mißverständnissen oder -interpretationen und Empfindlichkeiten. So wenn Bubis Kosellecks Wendung, jener übe »tatsächlich – nicht legal – ein moralisches Vetorecht« aus, womit er aussprach, daß dem Vorsitzenden des Zentralrates keine gesetzlich begründete Position in der Entscheidungsfindung zukam, in der Weise deutete, daß seine Meinung nicht »legal« sei. Oder wenn Koselleck Bubis und Lea Rosh vorwarf, mit »unüberbietbarer Intoleranz« das geplante Holocaust-Denkmal nur den ermordeten Juden zu widmen und andere Opfergruppen nicht mit zu thematisieren. Das berührte den Kern der Gedenkfrage, die, so Koselleck wiederholt, nicht hinreichend präzise gestellt worden sei. Ob das Land, das sich in der Rechtsnachfolge und in der historischen Verantwortung sah, ein Opferdenkmal wie andere Nationen errichten könne; und ob ein nichtuniversales Opferdenkmal nicht zu einer »Balkanisierung« des Gedenkens führen würde, wie James Young an Koselleck schrieb (30.3.1998). Auch wenn Young dem geplanten Holocaust-Denkmal für die ermordeten Juden skeptisch gegenüberstand, wie durchaus viele, wurde es realisiert. Vermutlich, weil nach Jahren der Diskussion die Mehrheit der Ansicht war wie Young, »that the only thing worse than this memorial would be no memorial at all«.
Koselleck rang in seinen Artikeln der 1990er Jahre hingegen um ästhetische und gedenkpolitische Alternativen zu dieser – seiner Meinung nach unbefrie-

sei zu spät, jetzt könne nur noch gehandelt werden. Dieses plötzlich bemühte Argument, um die erneut anschwellende Kritik am geplanten Mahnmal aufzufangen, ist so gefährlich wie jede Halbwahrheit, die damit angeboten wird. Gewiß muß entschieden werden, aber nicht, weil genug geredet worden ist. Alle Argumente, die gegen das Mahnmal sprechen, so, wie es jetzt zustande zu kommen droht, sind längst formuliert worden. Sie haben nur den einen Nachteil, daß sie von den Auslobern ignoriert werden.

Die staatlich-privat gemischte Dreiergruppe der Stifter: also der Kanzler (Kohl), der Berliner Senat (Radunski) und der Förderkreis (Lea Rosh), weigerte sich früher, heute und, wie es nun aussieht, auch morgen, die Kritik an ihrer Planung auch nur zur Kenntnis zu nehmen. Alle [offenen Fragen und gravierenden] Einwände [die im vergangenen Frühjahr in den Experten-Kolloquien erhoben worden sind] sind vom Tisch gefegt worden. Das unsichtbare Leitungsgremium hat obsiegt. Am Ort, an der Finanzierung, am Zeitpunkt und am Thema der Gedenkstätte ist [für die halb erneuerte Ausschreibung] strikt festgehalten worden, als hätte es nie eine Anhörung gegeben. Kein Für und Wider wurde [offen] bedacht, öffentlich begründet und [gegeneinander] abgewogen. Jede Alternative, die die jetzige Konzeption als solche in Frage stellte, ist [abgekappt und] verschluckt worden. Als würden kritische Argumente dadurch falsch, daß man sie überhört. Das hat Folgelasten, die bedenkenswerter sind als alle gegenwärtige Kritik.

Erinnern wir uns. Die Kunst des Weghörens führte bereits zum Kunstwerk der Neuen Wache. Im stummen Einverständnis mit der

digenden, ja verlogenen Lösung – und versuchte das durch seine Artikel und Interventionen zu verhindern, allerdings ohne Erfolg. Sein Vorschlag eines »Täter-« bzw. »Tatdenkmals« fand keine Resonanz, er hat politisch und ästhetisch zu herausfordernd gewirkt. Statt dessen erhielten in den Folgejahren zuerst die anderen Opfergruppen der NS-Verbrechenspolitik Denkmäler, inzwischen beginnt man, eigene Denkmäler und Dokumentationszentren für die Besatzungspolitik in den verschiedenen Ländern in Osteuropa zu errichten. DDK-BFM, NL Koselleck, M 20.]

SPD – weil Frau Kollwitz so eine brave Sozialistin war – entschied der Kanzler im Alleingang, daß eine aufgeplusterte Pietà der Kollwitz als nationales Mahnmal der beiden Weltkriege und des Nationalsozialismus aufgestellt wird [zu werden habe]. Nun steht sie da, aber die Rechnung ging nicht auf.

Einklagen sollte das Denkmal, wie Käthe Kollwitz 1914 schrieb, den »Opfertod des jungen Kriegsfreiwilligen«, aber wie sie sich 1939 revidierte – die Menschheit habe das Opfer ihres Sohnes nicht angenommen. Dies ist die von Käthe Kollwitz formulierte Botschaft ihrer Pietà, die der Bundeskanzler unserer Republik ansinnt. Unversehens ist er in die Rolle des Reichskunstwartes der Weimarer Republik geschlüpft. Dabei hat er sich übernommen. Als sei eine [– unbestreitbare –] politische Legitimation ein Qualitätsausweis ästhetischer Urteilsbildung. Politisch, ästhetisch und ikonographisch bleibt die Pietà ein Denkmal zweiter Wahl. Das weit eindrucksvollere Denkmal der Kollwitz steht in Vladslo, wo die [überlebenden] Eltern dem für immer verschwundenen Sohn nachsinnen [– ein Trauermal in Flandern, das nicht noch einmal national vereinnahmt werden kann]. Die Pietà dagegen beklagt, wie die Inschrift uns heute belehrt, die Opfer von Krieg und Gewaltherrschaft – eine Replik auf die stalinistische Inschrift: den Opfern von Militarismus und Faschismus. Unbemerkt hat sich mit dieser Umwidmung das aktive, aber vergebliche Opfer des Kriegsfreiwilligen des Ersten Weltkrieges verwandelt in ein passives Opfer des Zweiten Weltkrieges, das nur noch erlitten worden sei. Fürwahr, eine säkulare Wandlung. Als seien alle gefallenen Deutschen des Zweiten Weltkrieges genauso passive Opfer des Nationalsozialismus wie jene Millionen schuldloser Menschen, die von uns umgebracht worden sind. Man bedenke: Den rund sechs Millionen hingemordeter Juden steht in etwa die gleiche Zahl an gefallenen Soldaten gegenüber. Aber nun werden sie allesamt als Opfer ein und derselben, der sogenannten Gewaltherrschaft rubriziert: gleicherweise die Täter – denn irgendwer muß wohl die Juden ermordet haben – wie die Opfer, die nur als passive Opfer begriffen werden können.

Die Frage, wer hier wen – oder sich – für was geopfert hat oder wer hier warum für wen geopfert worden sei, bleibt unbeantwortet. [Mehr noch,] die Frage wird gar nicht gestellt. [Gleiches gilt, um eine weitere Folgelast schon zu nennen, für die Beziehung zwischen Tätern und Opfern, die das Holocaust-Mahnmal thematisieren muß.]

So zieht die erste die zweite Fehlentscheidung nach sich.

Aber nicht nur die Inschrift der Neuen Wache, auch das Denkmal der Pietà selber hat Konsequenzen heraufbeschworen, die nicht mehr zurückgenommen werden können, solange sie steht. Denn die Pietà schließt sowohl die Juden aus wie die Frauen, die beiden größten Gruppen der unschuldig Umgebrachten und Umgekommenen des Zweiten Weltkrieges. Dies [Es] ist antijüdisch: Hinter der Trauer um den Leichnam Christi lauern jene seit dem späten Mittelalter bösartig visualisierten Juden, die den Gottessohn ermordet hätten. Und hinter der sichtbar überlebenden Mutter rufen Millionen [im Zweiten Weltkrieg] vernichteter, ermordeter oder vergaster und verschwundener Frauen: Und wer gedenkt unser. Ein doppelter Mißgriff mit Folgen, die sich aus einer deshalb auch ästhetisch zweitrangigen Lösung zwingend ergeben. Der Denkfehler gebiert ästhetische Mißgestalten.

Prompt, und längst vor der Errichtung der Pietà, erhob sich ein Sturm der Entrüstung [– er war vorhersehbar –] all derer, die sich nicht von einer Opfergemeinschaft mit den Tätern vereinnahmt sehen wollten: der Juden, der Sinti und Roma, der Homosexuellen, der Überlebenden der Euthanasieaktion, der Behinderten einschließlich der Sterilisierten sowie derer, die als Asoziale in diese Gruppe hineindefiniert worden sind, der politischen Widerstandskämpfer aller Richtungen sowie der religiös Verfolgten oder der aus rassezoologischen Gründen Eliminierten [– insgesamt sicher mehr als fünfzehn Millionen unschuldiger Menschen]. Sie beklagen insgesamt mehr als fünfzehn Millionen unschuldiger Menschen. Aber was zählen hier Zahlen?

Und Kohl gab nach. Er beschloß, nach 1992 nunmehr beschleunigt, ein Denkmal für die Opfer außerhalb der Neuen Wache zu errichten, um es genauer zu sagen, für die passiven Opfer – aber nur für die Juden.

So generiert die eine Fehlentscheidung, die Pietà, die nächste. Mit der erzwungenen Konzession, auf Seiten der Unschuldigen nur der Juden zu gedenken und nicht der Millionen anderer unschuldiger Ermordeter, türmen sich Folgen auf, die abzutragen der politische Anstand gebietet.

Drei Möglichkeiten stehen jetzt zur Verwirklichung bereit. Jede verweist zwingend auf die andere, und keine der Lösungen kann die anderen ignorieren oder gar ausschließen. Deshalb muß gefragt werden, welche Antwort [/Lösung] der Herausforderung am ehesten gerecht wird, ein Mahnmal der NS-Täterschaft im Hinblick auf ihre Opfer zu konzipieren.

Die *erste* Möglichkeit ist jene, die Kohl heute zu favorisieren und die er Bubis versprochen zu haben scheint: ein Denkmal nur für die ermordeten Juden zu schaffen, unter striktem Ausschluß jeder anderen Opfergruppe, wie es Bubis und Lea Rosh mit unüberbietbarer Intoleranz immer wieder fordern. Damit stellt sich die Frage, ob nicht ein solches Denkmal, das nur der ermordeten Juden gedenken soll, ein Holocaust-Denkmal wird wie in anderen Ländern auch? Man kann das wollen. Dann jedoch müssen die Juden [wie anderswo auch] institutionell in die Planung einbezogen werden, weil es darum geht, die jüdischen Trauerrituale und ihre spezifischen Erinnerungsformen angemessen zu berücksichtigen. Ein Holocaust-Denkmal ist nicht möglich ohne die verantwortliche Mitarbeit von Juden Deutschlands, Europas oder aus aller Welt, wohin sie sich vertrieben fanden.

Die ironisch-skeptische Zurückhaltung exilierter oder entkommener Juden oder der Israelis gegenüber einem solchen »deutschen« Holocaust-Denkmal läßt freilich Zweifel aufkommen, wie eine solche Zusammenarbeit überhaupt möglich ist.

Das Leitungsgremium der Auslober entzog sich der Antwort mit Verstummen, als die Juden aus dem Expertenkolloquium im vergangenen Frühjahr solche Nachfragen stellten. Unwidersprochen verließen sie daraufhin die Tagung. Das bezeugt zumindest, daß ein nur von Deutschen zu errichtendes Holocaust-Denkmal [– ohne Zusammenarbeit mit den Juden in Deutschland oder der deutschen Juden –] schwierig oder fragwürdig ist. Schließlich übt Herr Bubis tatsächlich – nicht legal – ein moralisches Vetorecht aus, das von den Deutschen ein nur jüdisches Holocaust-Denkmal einfordert. Das bleibt zweideutig. Nicht einmal die von den Deutschen als geisteskrank vergasten Juden will er als Holocaust-Opfer erinnert sehen [(eine Zumutung, die auch in Israel gepflegt wird)]. Hinter solchen Argumenten verbirgt sich eine Alternative, die noch nirgends offen zu Ende gedacht worden ist.

Entweder wir errichten mit den und für die Juden eine Erinnerungsstätte, die der ermordeten Juden gedenkt. Dann müssen wir räumlich, ikonographisch, zeitlich und finanziell die jüdischen Wünsche einlösen: ein Opfermal. Oder wir errichten ein Mahnmal beziehungsweise ein Schandmal, jedenfalls ein Denkmal, das primär an die Tat und die Täter erinnert, die die Juden erschlagen, erschossen, vergast, beseitigt und in Asche, Luft und Wasser aufgelöst haben. Also ein Täterdenkmal? Nur scheinbar sind diese beiden Projekte identisch. Errichten wir ein Mahnmal, das die unsäglichen Taten der Deutschen erinnert [und einklagt], dann können wir nicht haltmachen vor den Millionen Toten anderer Gruppen, die von uns als Täter ebenso ermordet worden sind wie die Juden. Oder sollen wir als Erben der Täter eine Grenze ziehen zwischen den mit Gas Ermordeten, zum Beispiel in Sonnenstein, und jenen mit Gas Umgebrachten in Chelmno oder Sobibor? [Die Opfer waren zunächst die geistig oder physisch Behinderten, dann die Juden und die Zigeuner. Aber die Befehlsstellen, die Mannschaften, die Offiziere und die Vergasungseinrichtungen blieben ein und dieselben.]

Die Vernichtungskategorien wurden von den Rasseideologen der SS entwickelt, sortiert und exekutiert – der Tod war der gleiche, so einmalig und so verschieden die Menschen auch waren, die unschuldig in diese Mordmaschine eingeschleust wurden.

Aus der Alternative: entweder ein Denkmal nur für die ermordeten Juden oder ein Denkmal, das an die Tat erinnert und die Täterschaft der Deutschen einklagt, ergibt sich eine Folgerung, die oft genannt, aber immer wieder beiseite geschoben worden ist. Aus einem Denkmal nur für die Juden allein folgt zwingend, daß wir für alle anderen Opfergruppen entsprechende Denkmäler errichten müssen.

Dies ist die *zweite* Möglichkeit, die verwirklicht zu werden fordert. Jede Lösung unterhalb dieser Vielfalt von Denkmälern wäre [feige und] verlogen.

Bisher ist es nur bei Lippenbekenntnissen zur Toleranz geblieben. Für keine der anderen Opfergruppen gibt es eine staatliche Initiative oder private Pressure Groups, als seien ihre Toten Tote minderen Ranges, die eher der Vergessenheit anheimgegeben werden dürfen. Es ist die makabre Ironie dieser zweiten Lösung, daß wir uns damit weiterhin an die Häftlingskategorien der SS halten, die in den Konzentrationslagern alle so oder so definierten Gruppen gegeneinander ausspielte. Akzeptieren wir einmal das Denkmal nur für die Juden, dann erhebt sich daraus unentrinnbar jene oft zitierte Denkmalshierarchie, die je nach Zahl der Ermordeten und je nach Einfluß der Überlebenden die nazistischen Tötungskategorien festschreibt und in unterschiedlichen Größenordnungen versteinert. Es stellt sich die Frage, ob wir als Nation der Täter diese Folgelasten gutheißen können.

Bereits jetzt zeigt sich, daß mit der Hierarchisierung auch quantifizierende Maßstäbe unabdingbar werden. Ästhetische Konsequenzen bleiben nicht aus. Der platzfüllende und dichtgedrängte Stelenwald von Serra und Eisenman sucht auf dem vorgegebenen Viereck ein Maximum an Masse zu visualisieren. Mit dieser metaphorischen Anstrengung bleibt das Projekt [ersichtlich weit] zurück hinter dem Vorbild von Treblinka. Dort finden sich, von Haupt und Duszenko geschaffen, 16 000 Grabsteine aus Granit. Sie haben [allesamt] menschliche Ausmaße, aber ihre gezielt verteilte, durch verschieden große Abstände geprägte Aufstellung verhindert, daß je ein einziger Blick alle Steine zugleich erfassen kann – [somit] die Grenzenlosigkeit der Trauer und die Uneinholbarkeit der 800 000 Toten apostrophierend. Daran gemessen ist das jetzt favorisierte Projekt zweitrangig. Wie bereits in der Neuen Wache vorgeführt, zeitigt die eine Fehlentscheidung die nächste: Sie entlarvt sich ästhetisch von selbst. Der Aufmarsch der betonierten und wie überlange Gardesoldaten ausgerichteten Stelen erschlägt jeden Betrachter. Trauer – sollte sie denn gesucht werden – wird erstickt.

Alle Opfergruppen wurden von demselben System ausgelöscht

Stellen wir uns erst einmal der Herausforderung, für jede der von der SS kategorisierten Opfergruppen eigene Denkmäler zu errichten, so gibt es keinen zwingenden Grund, die als slawische Untermenschen umgebrachten Menschen der Vergessenheit auszusetzen. Rein numerisch übersteigt deren Zahl bei weitem die der Juden und anderer Gruppen. Rund drei Millionen nichtjüdische Polen kamen gewaltsam um [wurden ermordet.] Und vollends der Erinnerung entzogen blieben jene dreieinhalb Millionen Russen, die sich eingedenk der guten Behandlung im Ersten Weltkrieg den Deutschen ergeben hatten. Die Wehrmacht ließ sie verhungern [Sie wurden von der Wehrmacht verhungert oder in Konzentrationslager und ihren Fabriken zu Tode geschafft]; die Überlebenden, vierzig Prozent der Gefangenen (von den Deutschen in russischer Gefangenschaft überlebten sechzig Prozent), wurden als Deserteure, als Vaterlandsverräter und als Augenzeugen des Kapitalismus auf seiner höchsten Stufe nach Sibirien transportiert. Und die Überlebenden der Überlebenden blieben weiterhin tabuiert. Sollen auch wir sie vergessen?

[Ferner kann nicht vergessen werden jene völkerrechtlich unmäßig hohe Zahl an Geiselerschießungen,] die im Osten, Süden und Westen Europas, dort mehr, hier weniger, bis zur Vernichtung ganzer Ortschaften – samt Frauen und Kindern – ausgedehnt wurden. Weder moralisch noch politisch gibt es irgendeinen Grund, diese Millionen Toten, die demselben Terrorsystem zum Opfer gefallen sind wie die Juden, aus unserem Denkmal auszusparen. Daraus folgt die *dritte* Möglichkeit: daß wir nur ein einziges Denkmal errichten dürfen, ein Mal, das an alle Ermordeten und Beseitigten gemeinsam erinnert. Dann bleibt keiner der von uns ermordeten unschuldigen Menschen aus der mahnenden Erinnerung des Täter-Mals ausgeschlossen. Dies ist die [ganze] geschichtliche Folgelast, die wir als Deutsche auf uns zu nehmen haben.

Die Legitimation der Bundesrepublik Deutschland besteht – [bekanntlich] – darin, Menschenwürde und Menschenrechte zu wahren. Diese Verpflichtung folgt aus dem Terrorsystem der nationalsozialistischen Zeit. Und dafür müssen wir einstehen. Sühne zu leisten, finanziell, ist möglich, solange noch Überlebende darauf warten müssen. Vergebung zu finden, im religiösen Sinn, ist im säkularen Staat unmöglich. Aber die Erinnerung an die Verbrechen in unser Wissen und Verhalten einzubinden, dies bleibt eine Aufgabe unseres Gemeinwesens. Dazu gehört Mut. Deshalb steht der Bundestag, der sich bisher aus dem Denkmalsstreit herausgehalten hat, in der Pflicht. Ist die heftige, aber fair [ausgetragene] Debatte um die Verjährungsfrist der NS-Verbrechen schon so sehr vergessen, daß die politische Konsequenz, ein den Verbrechen angemessenes Denkmal zu errichten, [schon] der souveränen Verfügung des Bundestags entglitten ist? Wenn sich die Legislative [dazu] entschließt, die repräsentative Aufgabe an sich zu ziehen, eine zentrale Berliner Gedenkstätte für alle Getöteten und Ermordeten unseres ehemaligen Terrorsystems zu errichten, dann wird sich erweisen, daß alle Fragen nach dem rechten Ort, der rechten Zeit und nach den Finanzen lösbar und entscheidbar sind. Es kommt darauf an, die richtigen Fragen zu stellen. Für die richtigen Antworten ist es dann nicht zu spät.

Die Widmung. Es geht um die Totalität des Terrors[1]

Auf den Bundestag kommt eine Entscheidung von ähnlicher Tragweite zu wie die 1969 erfolgte Aufhebung der Verjährung, um den Völkermord weiterhin ahnden zu können. Nach offener und fairer Debatte entschied sich damals der Bundestag trotz rechtsstaatlicher Bedenken gegen die Verjährung. Damit stellte er sich politisch bewußt auf die Legitimationsbasis, kraft derer sich das Grundgesetz von der nationalsozialistischen Vergangenheit abhob. Wie der Artikel 1 lautet: »Die Würde des Menschen ist unantastbar. Sie zu achten ist Verpflichtung aller staatlichen Gewalt.« Und wie der Artikel 79 bekräftigt, ist jede Abänderung dieses Artikels unzulässig. An diese Selbstverpflichtung der Deutschen, die aus der Erfahrung der nationalsozialistischen Zeit, ihrer Verbrechen und ihrer Völkermorde in ganz Europa hervorgegangen ist, muß erinnert werden, wenn demnächst der Bundestag über das Holocaust-Denkmal zu befinden hat. Es gibt, wie der Artikel 3 bekräftigt, kein ethnisches, kein rassisches, kein sprachliches, kein religiöses, kein politisches, kein genetisches oder räumliches Kriterium, das die Gleichheit vor dem Gesetz durchbrechen darf. An diesem bundesrepublikanischen Legitimitätstitel unserer politischen Identität ist auch das Nationaldenkmal zu messen, das die vergangenen Verbrechen der Nazizeit einklagen soll.

Welche Fragen also haben sich [die Abgeordneten,] die gewählten Vertreter des deutschen Volkes zu stellen? Welche Fragen müssen sie

1 [Gekürzt gegenüber dem Ms., Kosellecks ursprünglicher Titel war »Tätermal oder Opfermal?«. Der Text erschien am Tag der Bundestagsdebatte über das geplante Holocaust-Denkmal. Gekürzte Stellen wurden in eckigen Klammern eingefügt, bloß stilistische Änderungen wurden nicht kenntlich gemacht.]

sich beantworten, wenn sie ein Mahnmal gutheißen und errichten wollen, das die mörderischen Taten der Deutschen zwischen 1933 und 1945 in ihre verantwortungsbewußte Erinnerung einbinden soll?

Die erste Frage lautet: Wie unterscheidet sich ein Mahnmal, das die Täter und ihre Taten erinnern soll, von einem Mahnmal, das die Opfer dieser Taten einklagt? Opfermale gibt es auf dem ganzen Globus, verteilt nach den Graden der Betroffenheit. Yad Vashem erinnert die Holocaust-Märtyrer, im Namen aller Juden, die sich in Israel ihren Staat geschaffen haben. Auch in anderen Staaten der Welt, wo Angehörige der von den Deutschen ermordeten Juden leben, gibt es darauf bezogene Gedenkstätten. Ebenso gibt es zahlreiche Mahnmale, die andere Opfergruppen einklagen. Es sei nur verwiesen auf das eindrucksvolle Denkmal für die umgebrachten Homosexuellen und ein anderes für die vergasten Zigeuner, beide in Amsterdam, deren Andenken von den Niederländern wachgehalten wird. [Und ein] gleiches gilt für die zahllosen Denkmale, die auf die ermordeten Polen, Russen, Serben oder Griechen zurückblicken, auf Italiener, Belgier oder Franzosen, auf Dänen oder Norweger – stets um auch eine dauerhafte Abkehr von jedem Völkermord zu beschwören.

Alle diese [hier nur andeutungsweise erwähnten] Denkmale sind Opfermale, auf die wir als Deutsche zu antworten haben, weil wir als Angehörige der Täternation die politische Verantwortung und in einem moralischen Sinne auch Schuld zu übernehmen haben. Denn wer hat denn die Opfer getötet? Die Täter natürlich, weshalb ein Tätermal an etwas anderes erinnert, als wenn die Täter in die Rolle der Opfer schlüpfen würden. [Diese Unterscheidungslinie muß in Erinnerung gehalten werden, um das neue, um das bisher so noch nicht geschaffene Denkmal zu begründen.]

Vor langer Zeit gab es christliche Sühnemale, kraft derer die Täter im theologischen Sinne Abbitte zu leisten hatten. Oder es gab Schandmale, die die Täter, etwa Aufrührer in Stadtgemeinden, zur Strafe errichten mußten oder wie es im 17. Jahrhundert der französische König einmal dem Papst in Rom aufgenötigt hatte. Derartige Sühnemale haben freilich darunter gelitten, daß sie von den jeweiligen Siegern erzwungen und nicht aus freier Entscheidung der Täter selbst heraus begründet wurden. Genau dieses aber ist die Aufgabe des Denkmals, das die Bundesrepublik für die schuldlos Ermordeten errichten will: Unsere Rolle als Täter muß hier visualisiert werden, um jene Legitimation zu bekräftigen, die uns [grundgesetzlich] verpflichtet, die Würde des Menschen unbeschadet aller Unterscheidungskriterien zu wahren.

Als Deutsche können wir keinesfalls die Rolle der Opfer übernehmen [oder sie spielen] und ein Holocaust-Mal errichten, wie es selbstverständlich die Juden in den verschiedenen Staaten dieser Welt tun können. Es ist exakt diese Scheidelinie zwischen einem Opfermal und einem Tätermal, die der deutsche Bundestag zu reflektieren hat, wenn er sich denn politisch verantwortlich und moralisch eindeutig entscheiden will. [Das Grundgesetz kennt nur eine Würde des Menschen, die nicht nach rassischen, religiösen, ethnischen oder politischen Kriterien sortiert werden darf.] Ein Tätermal, das in Berlin an zentraler Stelle zu errichten ist, muß deshalb die Totalität des Terrorsystems in Erinnerung halten, auch wenn zahllose, unter sich verschiedene Opfergruppen ideologisch kategorisiert und bürokratisch selektiert worden sind, um – früher oder später – derselben Vernichtung, Ermordung oder Vergasung ausgeliefert zu werden.

Die zweite Frage, die zu beantworten ist, lautet also: Können wir uns als Deutsche, also als Nation, die die Täter gestellt [oder die Kollaborateure der Nachbarvölker zu gleichen Taten motiviert] hat, darauf beschränken, nur der ermordeten Juden zu gedenken, unter Ausschluß aller anderen von uns ebenso Ermordeten?

Die Gefahr, mit einem Holocaust-Denkmal alle Trauerverpflichtung abgegolten und alle Trauerarbeit geleistet zu haben, ist nicht zu verkennen. Aber was bleibt dann zurück? Wir werden ein anti-antisemitisches Denkmal erhalten, und bleiben wird die Frage: Wo sind die anderen Ermordeten in unserem Gedenkraum – die Millionen [wehrloser und schuldloser] Menschen, die ebenso vergast, erschlagen, erschossen oder sonstwie umgebracht worden sind – diese dürfen wohl aus der dann offiziell abgesegneten nationalen Trauer ausgespart bleiben? Das Holocaust-Denkmal, wie es bisher geplant ist, schließt ausdrücklich alle nichtjüdischen Opfer aus der Gedenkstätte aus.

Dürfen wir uns entlasten, indem wir uns der vergasten Geisteskranken nicht erinnern, [um ausschließlich der vergasten Juden zu gedenken]? Dürfen wir uns entlasten, indem wir die vergasten Zigeuner aus unserem Täterdenkmal ausklammern, um ausschließlich der vergasten und erschlagenen Juden zu gedenken? Können wir uns der schuldlos ermordeten Russen, Polen, Serben, Italiener oder Franzosen oder der anderen Völker entledigen, indem wir als Täter nur die ermordeten Juden erinnern? Es gibt viele und treffende Argumente, die die Morde an den Juden als herausragend, als einmalig oder zu Recht als einzigartig betonen. Aber bindet uns dieses Urteil, wenn wir als Täternation zum Gedenken der schuldlos von uns Ermordeten ein Mahnmal errichten? [Es ist eine Selbstverständlichkeit, daß alle Opfergruppen ihrer ermordeten Angehörigen einzeln gedenken, und sie haben das unbestrittene Recht auf ihr eigenes Denkmal. Von uns Deutschen aber ist mehr gefordert.] Als Täternation haben wir die Pflicht, alle zu erinnern, wenn es denn eine nationale Gedenkstätte in Berlin werden soll. Und als Täter dürfen wir uns nicht anmaßen, eine Hierarchie der Opfer festzuschreiben. Ohne Zweifel sind die Geisteskranken von denselben Gaswagen und denselben Tötungskolonnen umgebracht worden wie danach die Juden, die Zigeuner und auch Russen und andere Slawen. Aus der Sicht der Täter ist hier kein Unterschied zu treffen. Im Gegenteil. Die rassisch und weltanschaulich begründeten Morde haben eben nicht nur Juden vernichtet. Wer das Gedenken an die schuldlos Ermordeten nach Opfergruppen sortiert, bedient sich weiterhin jener Kategorien, mit denen die SS ihre Opfer definiert hat, um sie zu vernichten [damit das deutsche Volk – so ihre Wahnvorstellung – (von ihnen) erlöst werde].

Falls sich der Bundestag entschließt, allein der ermordeten Juden zu gedenken – im Holocaust-Denkmal – unter Ausschluß aller anderen Millionen Ermordeter, so muß er zu den Folgelasten stehen, die er sich damit aufbürdet. Falls er heute nur ein Holocaust-Denkmal zu finanzieren bereit ist, muß er sich moralisch konsequent und politisch zwingend verpflichten, nicht erst morgen, sondern ebenfalls heute die Mittel zu bewilligen und jene Pläne auszuschreiben, die auch der anderen Opfergruppen zu gedenken erheischt. Sind die ca. 220 000 Sinti und Roma, sind die Homosexuellen, die 100 000 Geisteskranken, die rund 700 000 slawischen Zwangsarbeiter und die 3,3 Millionen russischen Kriegsgefangenen, sind die zweieinhalb Millionen polnischen Christen und die anderweitig als minderwertig definierten Völker oder sind die Kriminellen, die ja keineswegs eines todesstrafenwürdigen Verbrechens bezichtigt worden waren, vielleicht nicht ermordet worden? [Sollen wir auf das nationale Gesamtmal verzichten, das aller Opfer gedenkt?

Ein solcher Verzicht ist nicht hinreichend zu begründen.] Der Artikel 1 unseres Grundgesetzes zwingt uns, unsere Vergangenheit nicht selektiv entlang den Nazikriterien zu erinnern, sondern jeden Toten einzeln [, gleich welcher Kategorie er ehedem zugeordnet wurde]. Wie Salomon Korn nüchtern feststellte: »Denn selbst wenn Deutschland neben dem ›Denkmal für die ermordeten Juden Europas‹ in Zukunft für alle übrigen Opfergruppen Denkmäler errichten sollte, so wird am Ende doch *das* zentrale Mahnmal fehlen, in dem der nationalsozialistischen Verbrechen nicht ratenweise, sondern in ihrer Gesamtheit gedacht wird.« [Weder viele Einzeldenkmale noch ein Ensemble von verschiedenen Erinnerungsmalen für die Opfergruppen vermag das einzulösen, was erforderlich ist: ein umfassendes Mahnmal für die Totalität der Verbrechen der Nationalsozialisten zu stiften. Die Erinnerung an die Völkermorde, an die Massenmorde, an die Einzelmorde kann an national repräsentativer Stelle nur gepflegt werden, wenn wir als Täter aller Toten gedenken. In Anbetracht seiner Taten kann sich die Nation, die die Täter gestellt hat, nicht auf ein mehr oder minder, nicht auf ein größer oder weniger groß, nicht auf ein schlimmer oder weniger schlimm, nicht auf ein verbrecherisch oder weniger verbrecherisch einlassen – heute kommt es darauf an, aller Ermordeter gleicherweise zu gedenken, um die Würde der Menschen, wie das Grundgesetz fordert, in Erinnerung und aufrechtzuerhalten und allen Gefährdungen dieses grundgesetzlichen Postulats entgegenzuwirken.]

Die Bundesrepublik würde ihre eigene Legitimation in Frage stellen, wollte sie für ein nationales Mahnmal nach einem halben Jahrhundert jene Kriterien zum Maßstab nehmen, die seinerzeit die Rassenfanatiker motiviert hatten, die Morde zu organisieren. [Gewiß ist es schwer, ein Tätermal zu konzipieren, und ebenso, ein Tätermal zu entwerfen, das alle Opfer gleicherweise zu erinnern fordert. Aber vielleicht gehört Mut dazu, anzuerkennen, daß die Würde des Menschen unteilbar ist.

Alle anderen Fragen sind daran gemessen zweitrangig. Die Grundsatzfrage, ob ein Denkmal überhaupt sinnvoll sei, weil es die Gefahr in sich birgt, durch Versteinerung und Verbronzung die Erinnerung zu materialisieren, schließt nicht aus, daß der Bundestag über die Alternative zu entscheiden hat.

Auch die Frage, ob ein Museum, oder zwei Museen oder drei Museen innerhalb weniger hundert Meter Abstand zugleich zu errichten und zu finanzieren sind, ist sekundär und lösbar, wenn sich der Bundestag darüber klargeworden ist, daß die Täternation sich aller ihrer Opfer zu erinnern verpflichten muß, wenn sie denn die politische Verantwortung für die säkularen Verbrechen übernehmen will.

Auch die Frage, ob die vorhandenen Gedenkstätten: in Dachau, in Buchenwald, in Bergen-Belsen, in Ravensbrück, in Oranienburg, in der Wannsee-Villa, in der Prinz-Albrecht-Straße, demnächst auch im Jüdischen Museum – um nur wichtige Orte zu nennen, die Frage also, ob diese Gedenkstätten auf deutschem Boden hinreichen, die Erinnerung an die Massenmorde wachzuhalten, bleibt sekundär. Natürlich müssen diese Gedenkstätten gepflegt werden. Und im Hinblick auf unsere Alternative liegt die Antwort im historischen Sachverhalt beschlossen. In all diesen Lagern waren europäische Nationen, Konfessionen, Parteien und zahllose andere Gruppierungen vertreten bis hin zu den sogenannten Asozialen, in die die SS hineindefinierte, wen sie sonst noch zerbrechen, umbringen oder vernichten wollte.

Es ist die Totalität des Terrorsystems insgesamt, das in einem Tätermal zum Ausdruck kommen muß.]

Weder viele Einzeldenkmale noch ein Ensemble von verschiedenen Erinnerungsmalen für die Opfergruppen vermag das einzulösen, was erforderlich ist: ein umfassendes Mahnmal für die Totalität der Verbrechen der Nationalsozialisten zu stiften.[2]

2 [Letzter Satz aus dem gestrichenen Textteil, von der Redaktion eingefügt.]

III. Die Subjektivität und Diskontinuität von Erinnerung

Primärerfahrung und sekundäre Erinnerungen[1]

I.

Mein persönlicher Einstieg in die heute so oft beschworene kollektive Erinnerung. Am 10. Mai 1945 betrat ich nach langen Gewaltmärschen das Stammlager Auschwitz unter dem Torbogen »Arbeit macht frei« hindurch als russischer Kriegsgefangener. Den Namen »Auschwitz« hatte ich bis dahin noch nie gehört – sowenig wie die Namen der reinen Vernichtungslager, die eigens für die Ermordung der Juden errichtet worden waren, und schon wieder abgerissen: Kulmhof – Chelmno, Treblinka, Sobibor, Belzec. Bekannt waren mir die Namen Buchenwald, mit Horrornachrichten seitens meiner Tante in Weimar, und Dachau, von meiner Münchener Schulzeit her (1939/40). Unbekannt waren mir Natzweiler-Struthof, obwohl ich (1943) eine Weile auf dem Flughafen Hagenau eingesetzt worden war; und ebenso unbekannt war mir Ravensbrück, obwohl ich vier Wochen lang in Hohenlychen, der orthopädischen Klinik, gelegen hatte: dem Ort, wo Gebhardt, der Chefarzt der SS, seine Menschenversuche tätigte, mit Häftlingen aus dem Lager! Bekannt war mir aber Sonnenstein, jene Klinik in Pirna, wo meine Tante ermordet worden war, vergast, wie ich nach dem Krieg erfuhr, durch wissenschaftliche

1 [Unveröffentlicht, nach 2001 entstanden, entweder als Vortragsvorlage oder als Zusammenfassung von Argumenten, die Koselleck in verschiedenen Interviews und Vorträgen entwickelte. Von Koselleck selbst getipptes Ms., mit vielen nachträglich per Hand eingefügten Unterstreichungen, wahrscheinlich als Grundlage für einen Vortrag; Titel von den Hg.]

Nachforschung (Schmuhl[2]) und die Prozesse gegen die Assistenzärzte in Frankfurt (70er Jahre).

Und bekannt war mir, durch das Hörensagen, die Massenvernichtung der Juden in Babi Yar bei Kiew: damals »10 000«/de facto rd. 35 000! Als Ersatzmannschaft kam ich nach der blutigen Schlacht bei Kiew zu »meiner« Truppe, die ID 62, Artillerie-Regt. Nr. 162. Während wir in Kiew kein Gebäude betreten durften, wegen der Sprengungen, die die russische Abwehr planvoll inszeniert hatte und die von den Deutschen zum Vorwand genommen worden waren, um die Juden als »Geiseln« – die sie gar nicht mehr sein konnten – zu vernichten. Aber diesen Zusammenhang lernte ich erst nach dem Krieg, dank der historischen Wissenschaft.[3] Dass Infanterieregimenter meiner Division in Mirgorod Juden ermordet hatten, erfuhr ich auch erst durch die Begleitbände der Wehrmacht-Verbrechen-Ausstellung, obwohl ich diesen Ort, Artillerist auf dem Gewaltmarsch 1941/2 Richtung Obojan, wo die Russen durchgebrochen waren, nördlich Charkow, passiert hatte.

Soweit mein lückenhaftes Netz aktiver Erinnerungen in meinem Gedächtnis, samt einigen Informationen, die ich der Historie nach dem Krieg verdanke. Aber ich erinnere mich sehr wohl, wie ich in Auschwitz von der Vergasung von »Millionen« Menschen erfuhr. Ein polnischer Wächter, ehemaliger Häftling in Auschwitz, mahnte mich drastisch, für die Russen schneller Kartoffeln zu schälen (wir bekamen keine) – er nahm einen Wehrmachtsschemel, um ihn mir auf dem Kopf zu zerschlagen, besann sich aber und warf ihn in die

2 [Hans-Walter Schmuhl, *Rassenhygiene, Nationalsozialismus, Euthanasie. Von der Verhütung zur Vernichtung »lebensunwerten Lebens«, 1890-1945*, Göttingen 1987; Dissertation 1986 in Bielefeld, Koselleck sprach mit Schmuhl intensiv über das Thema.]

3 [Truman Anderson, »Die 62. Infanterie-Division. Repressalien im Heeresgebiet Süd, Oktober bis Dezember 1941«, in: Hannes Heer/Klaus Naumann (Hg.), *Vernichtungskrieg. Verbrechen der Wehrmacht*, Hamburg 1995, S. 297-314; Koselleck hat diesen Artikel über die Division, der er damals angehörte, intensiv durchgearbeitet und mit Anstreichungen und Kommentaren versehen; für den Hinweis Dank an Ulrike Jureit.]

Ecke, sodass ein Bein abbrach – mit dem Ausruf: »was soll ich dir schlaggen Schädel ein – ihr habt vergasst Millionnen.«

Schlagartig wurde mir klar, dass er die Wahrheit sagte: vergast – Millionen, das konnte er nicht erfunden haben. Hier erfolgte in meinem Bewusstsein ein Einschnitt, was kaum jemand glauben wollte im Stammlager – etwa 30 000 Gefangene waren dort –, dass wir Menschen vergast hätten: Die Russen sagten nämlich, die Vergasungsanlagen seien gesprengt worden: das kann ja jeder behaupten, war unsere (meine) skeptische Reaktion. Jetzt also erfuhr ich schlagartig, dass diese Nachricht doch wohl stimmen musste.

Ansonsten verbinden mich die Auschwitzer Erinnerungen mit Hunger und Arbeit, Arbeit und Hunger, mit Kolonnen Hunderter von Frauen, denen die Vergewaltigung in die Gesichter eingezeichnet waren und die zur Zwangsarbeit eingezogen in unserer Nähe mithalfen, die chemischen IG-Farben-Werke abzureißen, um nach Russland abtransportiert zu werden (wo wir später in Sibirien derartige Fabrikanlagen völlig verrostet an den Gleisanlagen irgendwo herumliegen sahen).

Meine Erinnerungen kennen noch die Keller, in denen ich einen Eimer, etwa 40 cm hoch, mit kleinen Zwiebeln zwischen irgendwelchen, tausendfach umgewälzten Resten, fand und den ich – im äußersten hintersten Bett auf dem ebenen Stockwerk der 3 Etagen hohen Pritschen, wo ich mich eingenistet hatte – versteckte, um mich daran zu stärken. Und ich fand Essig, den ich in meine Feldflasche füllte, mit deren Hilfe ich später den Transport nach Karaganda besser überstehen konnte, als wenn ich den Schluck Essig in der vierwöchigen Durstphase nicht hätte schlürfen können. Und vieles andere erinnere ich sehr konkret, wenn ich an Auschwitz zurückdenke, nicht aber den Judenmord, über den ich ja nur durch Hörensagen erfuhr: und nicht einmal das, denn mein oberschlesisch-polnischer Wärter sprach nur von Millionen vergaster Menschen.

Meine Primärerinnerungen unterscheiden sich völlig von der heute in Deutschland üblich gewordenen Redeweise, man müsse sich stets und immer und »unhistorisiert« und unverändert erinnern: an »Auschwitz«. Offensichtlich handelt es sich hier um sekundäre Erinnerungen, gemessen an meinen – zufälligen – Primärerinnerungen und erst recht gemessen an den Primärerinnerungen etwa von Ruth Klüger oder Primo Levi oder zahlloser anderer Überlebender oder von Długoborski, der dort als Junge von 12 Jahren gewesen war und dessen Identität die polnischen Widerständler strikt kontrolliert hatten, bevor sie ihm ihren Schutz im Lager angedeihen ließen. Długoborski hatte schon als junger Mann weiße Haare, sodass ich ihn in Heidelberg, wohin ich ihn 1960 einlud, zunächst kaum wiedererkannt hatte – ein jungenhafter Mann mit weißen Haaren. Später löste sich dieser Widerspruch langsam auf, weil alte Leute sowieso weiße Haare haben können.

Jedenfalls muss folgende Konsequenz gezogen werden: Ich kann mich erinnern nur an das, was ich selbst erlebt und erfahren habe. Alles andere, was ich sonst noch über diese Vergangenheit weiß, ist bestenfalls sekundäre Erinnerung zu nennen, wenn überhaupt. Besser zu definieren: sekundär angeeignetes oder erarbeitetes Wissen: dank historischer Forschungen, dank Befragungen der primären Zeugen, dank kontrollierter Analyse von vermittelnden Quellen, kurzum dank all der methodischen Techniken, die uns seit Herodot bekannt sein können und die sich grundsätzlich nicht geändert haben: die sog. Oral History, die Abwägung vielschichtiger Quellenbefunde, lesbarer oder sichtbarer oder hörbarer Art, eventuell noch riechbarer Art.

Aber schon der Ort der Erinnerung: Auschwitz selber hat sich fundamental verändert. Ich war 1959 zum ersten Mal wieder dort und fand sofort mein Bett wieder, mit der Zwiebelecke, in der ich mir die raren Kalorien zugeführt hatte.[4] Die trümmergefüllten Kel-

4 [Koselleck war 1959 mehrere Wochen in Polen, zu Archivstudien; in seinen Unterlagen sind viele Notizen über die wirtschaftlichen und politischen Zustände in Polen erhalten, aber keine zu einem Besuch der Gedenkstätte in Auschwitz. Sein Vater war 1957 zwei Wochen in Polen gewesen, vermutlich auch dort, und hielt danach eine Reihe von Vorträgen in der politischen Bildung über das Land unter dem Sowjetkommunismus und nach der »Revolution« von 1956, wie er es nannte, sich auf polnische Stimmen berufend. Dar-

ler waren bereits aus- und leergeplündert bzw. geräumt worden. Und es fehlten im Stammlager, der alten österreichischen Kaserne, alle Metallkräne, Klinken, Rohre und dergleichen, was mein oberschlesischer Kollege vom Archiv höhnisch kommentierte: weil die Russen alles gestohlen hatten. Von Judenmord war bei diesem Besuch kaum oder keine Rede. Die Schaufenster mit den Prothesen, den Krücken, den Zahnbürsten, den Kämmen und ähnlichen Relikten waren wohl schon da: das weiß ich nicht mehr. Nur die Haare hinter den Schaufenstern, die ich jedenfalls von den späteren Besuchen kenne, fordern stumm und schweigend – wie die Thora-Rollen –, beerdigt zu werden, denn sie sind wahrlich Teil der ermordeten Menschen noch heute und nicht nur gewesen. Aber das scheint niemanden zu stören.

Die beiden späteren Besuche, Ende der neunziger Jahre, mit Długoborski und einem zugeteilten Führer des Museums, sowie mit der Akademie für Sprache und Dichtung um 2000 oder 2001: diese Besuche zeigen ein völlig anderes Auschwitz: Tausende von Besuchern strömen durch, hunderte von israelischen Schulkindern, die mit ihren Fahnen an allen möglichen Orten sich fotografieren lassen, etwa auf dem Erschießungsplatz. Die Baracken sind alle in Museen für die einzelnen Völker oder Staaten verwandelt, deren Angehörige im Lager eingepfercht waren, verhungerten, starben oder direkt ermordet wurden – soweit sie nicht nach Birkenau, rd. 4 km entfernt, zur Vergasung weitergeleitet wurden.

Meine Baracke, meine Schlafecke, meinen Keller – all das habe ich an diesem ehedem primären Erinnerungsort nicht mehr wiederfinden können. Also: Auschwitz ist nicht mehr Auschwitz. Es ist mit seinem Namen zum Symbol geworden, anfangs für den polnischen Leidensweg, dann nach der Wende, mit von 4 auf eine Million reduzierten Zahlen der Vergasten, jetzt vornehmlich für die dort ermordeten, vergasten Juden (samt all dem Streit zwischen polnischen Katholiken und israelischen Juden, samt Kreuz und Kloster etc.).

über tauschten sich Vater und Sohn damals intensiv aus, aber – den erhaltenen Materialien nach zu schließen – nicht über das frühere KZ oder die Gedenkstätte in Auschwitz.]

Sowohl das Wissen um Auschwitz hat sich zugunsten strengerer, überprüfbarer Angaben verändert, aber der Erinnerungsort von Primärerfahrungen hat sich verflüchtigt: jedenfalls für die noch Überlebenden, die den Ort erfahren hatten. Und wenn diese tot sind, bleibt nur noch der symbolische Platz, ohne jede Primärerfahrung der ausgestorbenen Häftlinge aus deutscher oder aus russischer oder aus polnischer Zeit.

Ergo: Ich kann nur erinnern, was ich selbst erfahren habe. Es besteht ein Recht auf die eigene Erinnerung, das mir von niemandem genommen werden kann.

Ergo: Alles andere Wissen oder alle andere Kenntnis um das, was in Auschwitz geschehen ist – zur jeweiligen Zeit der Zeitzeugen, seien es Opfer oder Täter oder Dritte –, kann nicht »erinnert« werden.

Es kann nur quasi sekundär erinnert werden. Genauer: Es kann nicht erinnert werden, nur durch Erlernen, durch Erarbeiten in Wissen überführt werden und so dem Gedächtnis überantwortet werden, das auf Abruf bereitsteht,

- um der Toten zu gedenken,
- um zu erforschen, wie es möglich war,
- um zu zeigen, dass nichts mehr so ist, wie es einstmals gewesen ist.

Damit wäre der Ausdruck der immer persönlichen und immer konkreten Erinnerung an die Träger der Erinnerung zurückgebunden und nicht schwammartig auf jeden Ansprechpartner ausdehnbar.

Historie ist nicht dazu da, Identitäten zu stiften, sondern scheinbare, gewünschte, erdachte, gesuchte, gewollte Identitäten zu zerstören. Die Wahrheit ist nur nüchtern zu erfahren, nicht auf der Suche nach einer Identität mit erborgter Erinnerung. Diese Rückführung der Erinnerung in die Lebensweise der jeweiligen Zeitgenossen ermöglicht es erst, die ganz persönliche Trauer der Überlebenden freizugeben und anzuerkennen, ohne sich einzumischen. Das Gedächtnis der Nachgeborenen, der nicht Beteiligten, aber »Betroffenen«, lässt sich dann institutionalisieren, festigen, pflegen, ohne den emphatischen Vorwand zu bemühen, etwas zu erinnern, was gar nicht erinnerbar ist: nur tradierbar, mitteilbar, vermittelbar, mit allem Vorbehalt, dass die Primärerfahrung der ehedem Überlebenden nie mehr übertragbar sein wird. Denn Erfahrung lässt sich nicht übertragen und auch nicht lehren, nur das Wissen darum.

II.

Die zweite Frage nach der kollektiven Erinnerung oder nach dem kollektiven Gedächtnis richtet sich auf den Begriff der Kollektivität. Was ist hier das Gemeinsame, das eine Kollektivität stiftet? Auch hier muss ich meine Zweifel sehr scharf formulieren.

Meine These ist, dass es nur kollektive Bedingungen möglicher Erinnerungen gibt, aber keine kollektiven Erinnerungen. Die kollektiven Bedingungen, unter deren Druck, deren Schleusen überhaupt etwas wahrgenommen und daher als solches auch erinnert werden kann, sind zahlreich, diachron tief gestaffelt (darüber mein Aufsatz in den »Zeitschichten«[5]). Die Bedingungen steuern, schleusen, schließen aus oder ein, selegieren und pointieren. Sie sind religiöser, politischer, sozialer, ökonomischer, ästhetischer, emotionaler, charakterlicher, familiärer, parteilicher, nationaler und sonst welcher Art. Wie sie sich gegenseitig stimulieren oder hemmen, ist eine Frage der Soziologie, Psychologie oder eben der Zeitgeschichte, die das Raster erstellt. Alle diese – diachron vorausliegenden – Bedingungen machbarer Erfahrungen geben diese zugleich frei und begrenzen sie. Es ist also strikt festzuhalten, die Differenzbestimmung zwischen konkreten, einmaligen, persönlichen Erfahrungen selber und den Bedingungen, die sie ermöglichen und die auch, einander überlappend, die Bedingungen der Erfahrungen meiner Nachbarn, meiner Freunde, meiner Feinde oder zeit- und ortsgleicher Fremder sind bzw. sein können. Erst hier setzt die Frage ein, was denn Gemeinsamkeit, Kollektivität stiftete. Es ist oft beobachtet worden, dass die Gemeinsam-

5 [Reinhart Koselleck, »Erinnerungsschleusen und Erfahrungsschichten. Der Einfluß der beiden Weltkriege auf das soziale Bewußtsein (1984/1992)«, in: ders., *Zeitschichten*, Frankfurt a. M. 2000, S. 265-284.]

keiten vielerlei sein können, die sich überlappen oder gegenseitig selbst ausschließen.

Die Liste sei genannt: die Gemeinsamkeit der Liebenden, der vollzogenen Ehe und ihrer Partner, der Teilhabe auch der Kinder in der Familie, samt Großeltern oder noch gerade der Urgroßeltern, wobei sich die generativen Sequenzen verschieden weit und tief erstrecken können. Dann kommen die weiter reichenden Gruppenbildungen:[6] in der Schulklasse, in der Lehre, im Beruf oder in vielen Berufen, in Vereinen, Sekten, Kirchen, überhaupt verschieden determinierten Gruppierungen mit differierenden Intensitätsgraden. Höher aufgestuft folgen regionale, heimatliche Zuordnungen der Gemeinsamkeiten, die diachron, je nach Wanderung, Flucht, Vertreibung oder Emigration oder Immigration, in sehr gestreute Zusammenhänge und sehr unterschiedliche Dichtigkeitsgrade verweisen. Noch weiter greifend sind die staatlichen Klassifizierungen: der Steuergruppen, der Militäreinheiten, der Gefängnisse oder Strafeinheiten. In alle diese Kollektive eingebettet sind die Klassen- oder Standeszuordnungen, und quer zu allen oben- oder untendrein die geschlechtsspezifischen Varianten, die sich überall mehr oder minder artikuliert bemerkbar machen. Obendrein folgen die nationalstaatlichen oder die minderheitsspezifischen Gemeinsamkeiten, mit strengen Grenzen oder diese, je nach Observanz, auch überschreitend. Darüber kommen Großräume, Kontinente, Lagen auch geologischer oder geografischer Prägung, Land und Meer, dazwischen berufsspezifische Ausprägungen. Endlich die Zuordnung der Gemeinsamkeit zur Menschheit insgesamt, oder gar zur biologischen oder zoologischen Allgemeinbestimmung, der man eingeordnet werden mag oder möchte.

Was folgt aus dieser Liste? Die Kollektivität der hypostasierten gemeinsamen Erinnerung ist beliebig, wendig, willkürlich, elastisch, offen, kurz unbestimmt. Freilich kann sie eingeengt und bestimmt werden. Aber schon die Gemeinsamkeit einer gemeinsam erlebten Ereignisfolge, und sei sie noch so dramatisch gewesen, kann schon unter zwei Personen, die alles zusammen erlebt und durchgestanden

6 [Am Rande ergänzt: »Sprach-/Sprechergemeinschaft«.]

haben, höchst unterschiedlich erinnert werden. Es gibt nicht zwei Erinnerungsräume oder -schichten, die völlig identisch sein können. Die Kollektivität ist bereits eine hohe Abstraktion von den Primärerfahrungen, die allen Erinnerungen zugrunde liegen.

Um Klarheit in die lange Reihe der Gemeinschaftsbindungen zu bringen, seien zwei Kategorien vorgeschlagen: Entweder handelt es sich um Handlungseinheiten, die eine Gemeinsamkeit stiften, oder es handelt sich um Referenzobjekte, die nur als Gemeinsamkeiten gedacht sind, aber gar nicht handlungsfähig sind. Solche Referenzobjekte sind *eo ipso* die Menschheit, die überhaupt nicht als Aktionsgemeinschaft eine einzige sein kann: sie zerfällt *a priori* in kleinere Aktionseinheiten, die sich bekämpfen und gelegentlich auch einmal oder öfters Frieden schließen oder finden. Solche abstrakten Zuordnungseinheiten finden sich auch auf niederen Ebenen innerhalb oder unterhalb der Menschheit: Nationen, Klassen, Kirchen, Parteien, Staaten, auch Bünde oder Bundesstaaten: Auf allen diesen Vergemeinschaftungen ruhen Verheißungen, Versprechungen, Hoffnungen, sie enthalten vielleicht auch Handlungsanleitungen, dann aber sofort differenziert zwischen oben und unten, je nach der Chance, *de facto* in den Einheiten aktiv handlungsfähig zu sein oder zu werden. Nicht alle Mitglieder solcher Handlungseinheiten, die zugleich Referenzsubjekte sind, sind gleicherweise handlungsfähig. Aktivitätschancen und Passivitätsprämien können sich hier unendlich mischen und artikulieren. Je kleiner und je konkreter die Gemeinschaftsbildungen sind, desto höher die Möglichkeit, nicht nur kollektive Bedingungen möglicher Erinnerungen zu erfahren, sondern streckenweise, phasenweise, schichtungsweise auch so viel Gemeinsamkeit zu erleben, dass die Definition einer kollektiven Erinnerung oder eines kollektiven Gedächtnisses subjektiv von den Beteiligten für möglich gehalten werden darf (auch wenn es objektiv niemals zutrifft). Nach dieser empiriegesättigten Destruktion der kollektiven Erinnerung wird auch deutlich, dass die Hypostase einer solchen interessenbedingt, politisch motiviert sein muss. Es sind die fünf oder sechs großen Ps, die hier in Aktion treten: die Professoren, die Pfarrer, die Priester, die Presseleute, die PR-Spezialisten, die Poeten und eben die Politiker. Sie alle haben ein Interesse daran, und wenn möglich auch die Macht dazu, ihr jeweils angesprochenes Referenzsubjekt in ein aktives – oder passives – Handlungssubjekt zu verwandeln. Dann winkt der Erfolg, sich durchzusetzen. Homogenisierte, konformistische, moralisch zustimmungsfähige, immer aber vereindeutigende Allgemeinformeln dienen dann, Gemeinsamkeiten zu erzeugen und zu stabilisieren. Dann rücken sekundär erzeugte Wissensbefunde auf in den Rang vermeintlich primärer Erinnerung: ohne an der vorauszusetzenden Erfahrung jemals beteiligt gewesen zu sein.

Erinnerungen können wie Lavamasse in den Leib gegossen unverrückbar und unveränderbar sein. Aber ebenso können sie sich verflüchtigen, unsicher werden oder ganz in Vergessenheit geraten, ohne freilich aus dem Gedächtnis entschwinden zu müssen. Das Gedächtnis speichert vieles, was bei Anlass und Gelegenheit wieder zutage treten kann. Aber der Überschritt vom persönlich grundierten Erfahrungsraum samt der ihm innewohnenden Erinnerung in ein kollektiv sein sollendes Gedächtnis oder eine kollektive Erinnerung ist eine Fiktion des Faktischen. Es wird Realität unterstellt, ohne sie realisieren zu können. Hier öffnet sich jener Raum der suggerierten Kollektivität, der Ideologie oder Mythos genannt werden kann. Die sog. Geschichte der Mentalitäten als subjektiver Verhaltens- und Wahrnehmungsform ist hier anzusiedeln. Die Historie als Wissenschaft ist bescheidener, aber methodisch sicherer: Sie unterwirft sich dem Vetorecht der Quellen: schriftlicher, mündlicher, sichtbarer und hörbarer Zeugnisse von vergangenen Befunden. Sie ist ein Garant gegen die Fiktion kollektiver Erinnerung. Was immer heute dem Gedächtnis oder Erinnerung imputiert wird: es ist historisch-methodisch zu kontrollieren, bevor etwas als Erinnerungswert – sekundär – deklariert werden darf.

Also:

- Erfahrung als Quelle der Erinnerung ist einmalig und nicht übertragbar.
- Die Bedingungen der Erfahrungen und damit auch ihrer Erinnerungen sind vielfältig, eingrenzend und öffnend, nie aber als kollektiv festzuschreiben.

- Kollektive Erinnerungen sind Fiktionen, die zu Eingriffen und Homogenisierungen aufrufen, um als wahr ausgegeben werden zu können.

Das Dritte Reich des Traums. Nachwort[1]

Aber ist es denn wirklich nicht ganz gleich, ob es ein Traum war oder nicht, wenn dieser Traum mir die Wahrheit offenbart hat?
Dostojewski

In der Erforschung des »Dritten Reiches« vollzieht sich gerade ein schleichender, aber unwiderrufbarer Wandel. Die Generation der Miterlebenden und Mittäter, der unmittelbar Betroffenen und der Augenzeugen tritt langsam ab, die Generation der Nachgeborenen ist herangewachsen. Mit dem Generationswechsel ändert sich auch der Gegenstand der Betrachtung. Aus der erfahrungsgesättigten, gegenwärtigen Vergangenheit der Überlebenden wird eine reine Vergangenheit, die sich der Erfahrung entzogen hat – sosehr wir heute noch in ihrem Schatten leben. Dieser Wandel hat methodische Konsequenzen. Die Augenzeugen schwinden, und selbst die Ohrenzeugen sterben aus. Mit der aussterbenden Erinnerung wird die Distanz nicht nur größer, sondern verändert sie ihre Qualität. Bald sprechen nur noch die Akten, angereichert durch Bilder, Filme, Memoiren. Die Forschungskriterien werden nüchterner, sie sind aber auch – vielleicht – farbloser, weniger empiriegesättigt, auch wenn sie mehr zu erkennen oder zu objektivieren versprechen. Die moralische Betroffenheit, die verkappten Schutzfunktionen, die Anklagen und die Schuldverteilungen der Geschichtsschreibung – all diese Vergangenheitsbewältigungstechniken verlieren ihren politisch-existentiellen Bezug, sie verblassen zugunsten von wissenschaftlicher Einzelfor-

1 [Nachwort zu Charlotte Beradt, *Das Dritte Reich des Traums*, Frankfurt a. M. 1981.]

schung und hypothesengesteuerten Analysen, auch wenn deren politische Erziehungsabsichten unverkennbar bleiben.

In dieser Situation erscheint nun eine Quellensammlung von einzigartiger und erstaunlicher Qualität, die Traumedition von Charlotte Beradt. Mutig und vorausschauend hat Charlotte Beradt 1933 begonnen, rund 300 Personen auf ihre Träume hin zu befragen, um sie in das Ausland, 1939 in die amerikanische Emigration, zu retten. Hier kommt noch einmal eine Generation der Beteiligten zu Wort, auf eine Weise, wie sie nicht eindringlicher gedacht werden kann. In behutsamer, nüchterner Interpretation führt die Herausgeberin in das soziale und politische Umfeld der Traumberichte ein, die sie uns mit dem vielschichtigen Wissen einer Zeitgenossin aufschlüsseln hilft. Die Traumsammlung ersetzt, um daran keinen Zweifel zu lassen, in keiner Weise sozialwissenschaftliche oder historische Untersuchungen, keine ökonomischen oder politologischen oder biographischen Forschungsstrategien. Aber sie leistet etwas, was von keiner anderen Quellengattung geboten wird. Wir erleben einen verblüffenden Perspektivenwechsel, der uns weiterblicken, Neues erkennen hilft. Die Lektüre des Buches wirft z. B. ein helles Licht auf die Kontroverse, die heute unter einer falschen Alternative danach fragt, inwieweit Hitler und mit ihm der deutsche Nationalsozialismus ein singulärer Fall gewesen sei oder ob Hitler nur das Epiphänomen allgemeiner sozialer oder ökonomischer Bedingungen gewesen sei, die nicht auf Deutschland beschränkt blieben, hier nur eine besondere Ausprägung erhalten hatten. Wer sich auf die Lektüre der vorliegenden Quellensammlung eingelassen hat, erkennt schnell, daß die eine ohne die andere Fragestellung gar nicht zu beantworten ist. Wie Hitler in seinen Voraussetzungen angelegt war und wie seine Voraussetzungen in Hitler aufgehoben wurden, davon zeugen auch die vorgelegten Quellen. An die zwanzig Mal taucht Hitler in den Träumen auf. Die anderen Zeitgrößen erscheinen, Göring noch am ehesten, seltener, und es wird deutlich, wo die seelische Disposition der deutschen Bevölkerung und Hitler als charismatischer Führer im Sinne von Max Weber nicht zu trennen sind.

Für den Historiker, der sich mit der Geschichte des Dritten Reiches beschäftigt, stellt die vorgelegte Dokumentation der Träume eine Quelle ersten Ranges dar. Sie öffnet Schichten, an die selbst Tagebuchnotizen nicht heranreichen. Die erzählten Träume haben vorschriftlichen Ereignischarakter, auch wenn sie *ex post* niedergeschrieben wurden. Sie führen uns exemplarisch in die Nischen des scheinbar privaten Alltages, in den die Wellen der Propaganda und des Terrors eindringen. Sie zeugen vom anfangs offenen, dann schleichenden Terror, dessen gewaltsame Steigerung sie vorwegnehmen.

Nun sind Träume, sei es aus methodisch gebotener Vorsicht, sei es aus dem plausiblen Grund ihrer mangelnden Zugänglichkeit, im Quellenkanon der historischen Wissenschaften nicht vorgesehen. Das war freilich nicht immer so. Deshalb sei ein kurzer Rückblick erlaubt, der uns den verschütteten Zugang zu diesem Quellenbereich öffnen helfen soll.

Träume gehören seit dem Beginn historischer Berichte und Erzählungen zum festen Bestand dessen, was überlieferungswert erschien. Denn Träume behielten, wie selbstredend in den sogenannten primitiven Kulturen, auch in den Hochkulturen ihren festen Stellenwert. Herrscher bedurften oft ihrer Auslegung, um handeln zu können. Sie hatten in den politischen und religiösen Institutionen ihre offiziellen, priesterlichen Interpreten. Schließlich fanden die Träume des Alltags allerorten ihre Deuter. Diese ritualisierten ihre Deutungsmuster, die in das Handlungsfeld und die Verhaltensweisen der Bevölkerung zurückwirkten. Ob nun Träume durch magische Bräuche hervorgerufen, ob sie als Zuschickung aus dem Reich der Geister und Dämonen erfahren wurden, ob sie als Ergebnis tellurischer, kosmischer, durch die Luft vermittelte Einflüsse begriffen wurden oder ob sie in der jüdisch-christlichen Tradition als Offenbarung Gottes erschienen, an dessen Stelle ein Engel oder gar der Teufel treten konnte – immer suchten die Menschen die so wenig steuerbaren Einbrüche in das Leben des Schlafes zu verarbeiten und in den Alltag einzubinden.

Gerade wo der Mensch nur bei sich selbst zu sein scheint, im Schlaf, wird er überfallen. Deshalb entwickelte er Entlastungsstrategien, um die meist als Bedrohung erfahrenen Visionen zu rationalisieren. Alle Deuter kannten ihre empirischen Verfahren, die sich durch die häufige Wiederholung von Traumbildern erhärten ließen. Und wo die Traumbilder von überraschender Neuheit waren, provozierten sie einmalige Antworten. Immer ging es darum, den Träumen einen, ihren, Sinn abzugewinnen. Zahlreiche Traumbücher vermittelten über Jahrhunderte hinweg das gesammelte Erfahrungswissen. Träume bündelten in ihrer scheinbaren Zeitlosigkeit alle temporalen Dimensionen. Sie galten als nächtliche Verdoppelungen des jeweiligen Tagesgeschehens, als Aufbereiter der zurückliegenden Vergangenheit und, mehr noch, als Wegweiser in die Zukunft. Und je nach den Verständlichkeitsgraden, die die Traumbilder aufwiesen, entwickelte man Techniken, um über die direkt einleuchtenden Aussagen hinaus auch Symbole aufzuschlüsseln, wobei Artemidor schon Auslegungen kanonisierte, die von Freud übernommen werden konnten.

Freilich kennt die Geschichte der Hochkulturen parallel zu dieser institutionalisierten Traumbewältigung einen gleich starken Strang der Kritik. Traumbilder auf physische Reize zu reduzieren gehörte zu den ersten Schritten einer Aufklärung. Von der Sophistik über die epikureische Schule werden Traumkritiken überliefert, die schließlich bei Fontenelle und Bayle eine durchschlagende Überzeugungskraft gewannen. Seitdem gehörte es für die Aufgeklärten der Neuzeit zum Bildungshabitus, statt Träume zu deuten, sie als physiologisch erklärbare, deshalb unerhebliche Phantasien abzutun. – Aber schon innerhalb der christlichen Tradition wurden die Traumdeutungen historisiert und theologisch rationalisiert. Übernatürliche Träume, die von Gott oder den Engeln geschickt worden seien, blieben primär der Vergangenheit, den Zeiten der beiden Testamente vorbehalten. Spätere Traumoffenbarungen und Visionen, etwa der Heiligen, waren möglich, aber konnten ebenso unter Häresieverdacht geraten. Immerhin blieb es noch im lutherischen Lager strittig, ob die große Traumvision Friedrichs des Weisen, in der die Reformation vorweggenommen wurde, als göttliche Schickung oder als Legende zu verstehen sei. Der Gebildete des 18. Jahrhunderts führte alle Träume auf natürliche Ursachen zurück. Seitdem wurde, nun nicht nur aus theologischen Gründen, auf jede Trauminspiration verzichtet. Sie gehörte, ob göttlich oder nicht, zur Vergangenheit.

Freilich blieb im Maß, als die rationalistische Reduktionstechnik alle Träume bagatellisierte, die Deutungsbedürftigkeit der Träume als offene Frage zurück. Bereits die Romantik nahm sich ihrer wieder an. Und selbst Ranke scheute sich nicht, den Traum einer lebenslustigen Herzogin am Hofe Ludwigs XIV. zu berichten, weil er im Sinne der moralischen Weltordnung die todesverkündende Deutung eines Kapuziners selbst zu übernehmen bereit war.

Ein Historiker, der eine Geschichte der Mentalitäten und der Verhaltensweisen sowie ihrer jeweiligen Selbstdeutung zu schreiben versucht, der wird gut beraten sein, auch jene Gegenwelt der Träume einzubeziehen, die uns aus früheren Zeiten überliefert worden ist. Er kann, wie es Peter Burke gefordert hat, eine Sozialgeschichte der Träume entwerfen. Bisher ist dies freilich ein Postulat geblieben, aber eine Forderung, die einzulösen zumindest dem Selbstverständnis früherer Zeiten entsprechen würde, als das Traumgeschehen noch zur Sinndeutung des Alltags führte. Und ebenso gehört dann die Geschichte der Traumkritik dazu. Wie hilfreich die Einbeziehung der Traumerfahrungen in die Erforschung der Alltagsgeschichte sein kann, davon zeugt die vorliegende Sammlung.

Nun ist in der Geschichte der Traumdeutungen Freud ein Wegweiser geworden, nach dem sich die Wege auf eigentümliche Weise neu gabeln. Gerade der kritische Aufklärungsimpuls hat Freud dazu geführt, im Rahmen seiner naturwissenschaftlich grundierten Anthropologie den Träumen alte, aber auch neu entdeckte Sinnhorizonte abzugewinnen. Seitdem kann die traditionelle Kritik an Traumdeutungen nicht mehr einseitig die reine Rationalität für sich verbuchen. Vielmehr gibt es mit Freud eine aufweisbare, den Träumen innewohnende Rationalität, die zu verleugnen unvernünftig wäre.

Die vorliegende Edition ist nun zwar auch zugänglich für Fragen, die sich aus der Freudschen Schule ableiten lassen, aber sie ist keineswegs darauf angewiesen. Nirgends wurden die Träume in therapeutischer Absicht erzählt. Und selbst wenn eine solche Intention stillschweigend gehegt wurde, ging es nicht darum, Assoziationen hervorzurufen, die die Traumdeutung auf die private Biographie diagnostisch hätte zurückbeziehen lassen. Es handelt sich auch nicht um Traumzeugen, deren Träume im Umkreis der Psychopathologie, der Nervenklinik oder einer Behandlungscouch entstanden sind. Vielmehr handelt es sich um gleichsam normale Alltagsträume, deren Normalität und Alltäglichkeit gerade das schwer Begreifliche der Ereignisse nach 1933 durchsichtig machen.

Theoretisch lassen sich drei Ebenen definieren, auf denen Träume für den Historiker methodisch verwendbar werden. Einmal können sie als individuelle Träume eine jeweilige Biographie aufschließen helfen. Auf diesem Gebiet gibt es inzwischen mehrere anregende Versuche, die psychoanalytische Zugriffe mit der historischen Darstellung verbinden. – Zweitens können Träume auch als transpersonales Medium sozialer oder politischer Beziehungen und Konflikte gelesen werden, die von der Familie bis zu den politischen Organisationsformen reichen. Dieser Kontext fließt selbstverständlich auch in die psychoanalytischen Therapien ein, aber er läßt sich ebenso methodisch isolieren. Die vorliegende Edition zeigt uns, daß es einen Streifen von Träumen gibt, die solcher Isolation gar nicht bedürftig sind, weil sie die sozialen und politischen Konflikte unmittelbar in die traumhaften Bildgeschichten und in ihre Bildwelt umgießen. – Schließlich lassen sich Träume auf ihre Symbolsprache hin lesen, die mehr oder minder über die Zeiten hinweg Gültigkeit beanspruchen mag. Auf dieser Ebene werden Fragen nach Langfristigkeit und Dauer abgehandelt.

Alle drei Ebenen sind üblicherweise ineinandergeblendet und werden, je nach den analytischen Schulrichtungen, verschieden thematisiert. In therapeutischer Absicht kann die eine ohne Verweis auf die andere Ebene gar nicht begriffen werden. Für den Sozialhistoriker ist dieses Verfahren aber keineswegs zwingend. Von einem dogmatischen Standpunkt der Freudschen Lehre aus sind der hier angebotenen Trauminterpretation Verkürzungen vorgerechnet worden. Freilich entstehen damit Folgelasten, nämlich die spezifisch sozialen und politischen Pointen zu verfehlen, nur weil die Träume auch individualpsychologisch deutbar, weil etwa die vehementen Angstträume als abgekappte Wunschträume lesbar seien, die auf ungelöste Kindheitskonflikte zurückzuführen wären. Die Herausgeberin der Sammlung hat aber methodisch konsequent darauf verzichtet, Träume als Zeugnisse privater Konflikte vorzustellen. Um den politischen Gehalt der Traumerfahrungen herauszupräparieren, hat sie alle Träume beiseite gelassen, deren erotische Spitze nicht über die Privatbiographie hinausweist. Dagegen wurden solche erotischen Träume aufgenommen, deren manifester Trauminhalt eindeutig auf politische Figuren, etwa auf Hitler, beziehbar ist. Charlotte Beradt hat ebenso darauf verzichtet, reine Gewalt- und pure Angstträume vorzuführen, da sie immer und überall auftauchen können und nichts Spezifisches über die Zeit des Nationalsozialismus auszusagen vermögen. Eine quellengerechte Verwendbarkeit der vorgelegten Zeugnisse steht und fällt also mit der so einfachen wie starken These, daß sich in den Träumen – unbeschadet ihrer Psychogenese – unmittelbare Erfahrungen des Dritten Reiches niederschlagen, Erfahrungen, die spezifisch zeitgebunden an die sechs Jahre von 1933 bis 1939 und die nationalsozialistische Herrschaft gekoppelt blieben. Daran läßt sich nun in keiner Weise zweifeln.

Zahlreich sind die Hinweise auf das damalige Berlin, aus dem die meisten Zeugnisse stammen. Der Kurfürstendamm, der Reichstag und sein Brand, die Stadtbahn, das Kaufhaus des Westens, die Ausflugslokale an der Havel – oder Grenzwege im Riesengebirge tauchen auf, um nur einiges über den Ort des Geschehens zu nennen. Und dieses heimatliche Ambiente wird überformt von den Zeichen und Signalen der neuen Zeit. Sie stülpen sich über den Alltag: die Spruchbänder, Parolen und Fahnen, die Plaketten und Abzeichen, die Sammelbüchsen und die Marschkolonnen. Vor allem, in jedem zweiten Traum, tauchen die uniformierten Organisationen der Partei auf, die Hitlerjugend, die SA, die SS und – zweimal – auch die Konzentrationslager, aus denen keine unmittelbare Erfahrung von seiten der Träumer vorlag. Die politische Unverwechselbarkeit der damaligen Szene spricht aus allen Traumbildern.

Ebenso zahlreich sind die empirischen Anlässe, die aus den Träumen selbst ableitbar sind oder die von der Herausgeberin erläutert werden, etwa die Verhaftung eines Verwandten oder eine Sammelaktion für das Winterhilfswerk oder die Auflösung eines Verlöbnisses mit einem deutschen Juden – und was es alles sonst für Anlässe gab, die die Traumbilder evoziert hatten.

Wer nach der Repräsentativität fragt, der wird notgedrungen auf Vermutungen verwiesen bleiben. Aber einige Schlüsse lassen sich zwanglos ziehen. Rund fünfzig Träumer läßt Charlotte Beradt ihre Träume *in extenso* berichten. Häufig referiert sie ganze Serien von einander folgenden Träumen, um die Variationen der Erfahrungseinbrüche und ihre Weiterungen besonders deutlich zu machen. Etwa zwanzig Personen kommen dabei mehrfach zu Wort, so daß die Wiederholungen bestimmter politischer Traumszenen eine prägende Kraft gewinnen und einen Erfahrungstypus kennzeichnen.

Häufig läßt sich der soziale Status des träumenden Zeugen aus dem Traum selber ableiten. Aber keineswegs ist der Inhalt des Traumes von der beruflichen, sozialen oder politischen Ausgangslage der Privatbiographie alleine her deutbar. Jedenfalls hat Charlotte Beradt die Berufe mit angeführt, so daß sich eine breite Skala unserer Zeugenschaft ergibt. Sie reicht vom Fabrikbesitzer bis zur Putzfrau, von Handwerkern und Gemüsehändlern bis zu Studenten, Ärzten und Beamten. Häufig kommen Hausfrauen aller Altersstufen zu Wort. Gewiß erfaßt der Umkreis nur eine begrenzte Zahl von Leuten, und zwar von solchen, die mit dem neuen Regime, wenn überhaupt, nicht gerade offen sympathisierten. Darunter befinden sich eine Reihe von Juden und – mit bezeichnenden Varianten der Träume – von Personen, die nach den Nürnberger Gesetzen als verschiedengradige »Mischlinge« eingestuft worden waren. So darf immerhin gesagt werden, daß unsere Zeugen einstehen für jene bürgerlichen, klein- und halbbürgerlichen Schichten, die sich außerhalb der Partei und ihrer Organisationen bewegten. Die Träume entstammen einem Lager, in dem sich zunächst die Mehrheit der Bevölkerung befand. Es handelt sich nicht um Nationalsozialisten, sondern um Bürger, die sich im Parteienspektrum der Weimarer Zeit eher in der Mitte ansiedeln lassen mit Ausfächerung nach links, wobei auch einige Personen zur Sprache kommen, die bewußt den Weg des Widerstandes eingeschlagen haben.

Ohne den scharfsinnigen Interpretationen der Autorin vorgreifen zu wollen, seien noch einige Hinweise auf Form und Inhalt der Träume gestattet. Welches ist der formale Quellenstatus der vorgeführten Träume? Träume, obwohl nicht willentlich produzierbar, gehören gleichwohl zum Bereich menschlicher Fiktionen. Sie bieten keine realistische Darstellung der Wirklichkeit, werfen jedoch ein besonders grelles Licht auf jene Wirklichkeit, der sie entstammen.

Nach ihrer Niederschrift zählen Träume demnach zur Quellengattung fiktionaler Texte. Formal lassen sich in dieser Edition drei Gruppen trennen: Es kann sich um reine Bildvisionen handeln, um bloße Spruchtexte oder um Handlungsträume. Letztere überwiegen bei weitem. Es sind gleichsam Bildgeschichten, in denen gesprochen wird oder in denen man der Sprache verlustig geht. In ihrem inneren Aufbau sind sie oft wie Kurzgeschichten mit Anfang und Ende gestaltet. Die Dichte und Prägnanz ihrer Aussage rückt diese Träume an die Erzählungen von Kleist, Hebel oder mehr noch von Kafka heran. Manche Passagen lassen sich wörtlich bei zeitgenössischen Dichtern wiederfinden. Aber unsere Autorin weist zu Recht darauf hin, daß die Kurzgeschichten häufig schon paradoxe Situationen vorwegnehmen, die erst später von Beckett, Ionesco oder Orwell zur Darstellung gebracht worden sind. Niemand wird den erträumten Kurzgeschichten eine poetische Qualität absprechen können. Damit ähneln sie der Dichtung, die – aristotelisch gesprochen – nicht berichtet, was geschehen ist, sondern vielmehr, was geschehen könnte. Viele Traumgeschichten enthalten eine weiterreichende Wahrscheinlichkeit, als zur Zeit, da sie geträumt wurden, empirisch einlösbar schien. Sie nehmen das empirisch Unwahrscheinliche vorweg, das später, in der Katastrophe des Untergangs, zum Ereignis wurde. Insofern hatten sie prognostischen Gehalt.

Freilich darf der prognostische Gehalt nicht im Sinne traditioneller Traumdeutungen nur auf die persönliche Zukunft der Träumer zurückgezogen werden. Denn der Brauch, aus Träumen private Zukunftsentscheidungen oder kommende Verhängnisse divinatorisch abzuleiten, war hier nicht auf gleichsam naive Weise wieder aufgenommen worden. Vielmehr handelt es sich um zukunftsträchtige Verarbeitungen von verallgemeinerungsfähigen Erfahrungen, die bis dahin nicht vorstellbare Möglichkeiten der totalitären Herrschaft artikulierten.

Es ist genau diese dichterische Qualität der Träume, die uns aus unserer Quellengattung Aussagen gewinnen läßt, die durch Tatsachenberichte nicht eingeholt werden können. Niemand kann einen Historiker hindern, jedes Zeugnis zur Quelle zu erheben, indem er es methodisch befragt. So wie er jede fiktionale Texteinheit, mehr oder minder vermittelt, als Zeugnis für Faktizität einbringen kann, so kann er auch den Traum befragen. Die im Traum verfremdete Wirklichkeit gewinnt eine abgründige Dimension, wie sie aus anderen Quellen nicht ermittelbar ist. Aus den erst erträumten und dann erzählten Geschichten lassen sich Rückschlüsse ziehen und daraus Einsichten gewinnen in eine zu rekonstruierende Wirklichkeit des aufbrechenden Dritten Reiches.

Insofern gehören die Träume in die Nähe der politischen Witze oder des politischen Kabaretts, oder sie verweisen auf jene Brechung der Erfahrung, die aus dem Irrenhaus zu stammen scheint oder heute im schwarzen Humor gepflegt wird. Immer bedarf es zu ihrer Lektüre einer Auslegungskunst, die fiktionale Texte an die Geschichte des vermeintlich nur Tatsächlichen zurückzubinden weiß. Da jede Geschichte des Tatsächlichen, sobald sie aufgeschrieben wird, zu einem historischen Konstrukt gerät, gewinnt dieser Zugriff an Gewicht. Die Traumleistung ist selbst eine »Tatsache« *sui generis*. Gerade weil die erträumten Geschichten nie so stattgefunden haben, wie sie berichtet werden, werfen sie ein Licht auf das, was als tatsächlich begriffen werden muß. Die Faktizität gewinnt dann eine Mehrschichtigkeit, in der die Erkenntnisleistung der Träume enthalten ist.

Damit kommen wir zum Inhalt selber. Es handelt sich um Träume, die auf einen enormen Außendruck reagieren. Der Außendruck wird erzeugt durch Propaganda und durch Terror. Der offene Terror richtete sich gegen einzelne und gegen abgrenzbare Gruppen. Er verfuhr selektiv, um die breite Masse besser unter Druck zu setzen. Sein

Echo hallt aus allen Träumen wider. Entscheidend ist aber, daß es weniger der offene Terror war, der hier zur Sprache gebracht wird, als vielmehr der schleichende Terror, der zunächst über die Propaganda wirkte, hinter deren Werbung sich die Drohung versteckte.

Der Aussagegehalt der Träume ist demnach zweischichtig. Die erzählten Traumgeschichten bezeugen – als fiktionale Texte – den Terror, zugleich aber sind sie Vollzugsweisen des Terrors selbst. Der Terror wird nicht nur geträumt, sondern die Träume sind selber Bestandteil des Terrors. Sie werden in den Leib diktiert. Alle Geschichten geben eine Erfahrung wieder, die unter die Haut ging, sie erhielten eine innere Wahrheit, die von der späteren Wirklichkeit des Dritten Reiches nicht nur eingelöst, sondern unermeßlich überboten wurde. Die schleichende Anpassung an das neue Regime, die Unterwerfung aus schlechtem Gewissen, die Spirale der Angst, die Lähmung des Widerstandes, das Zusammenspiel von Henker und Opfer – all das taucht in den Träumen mit leichter Verfremdung der Bilder, oft unmittelbar realistisch, empor. Der Befund ist erdrückend.

Den gesamten technischen Apparat der modernen Zivilisation sehen die Träumer in Bewegung gesetzt, wie er auf sie eindringt, um das eigene Verhalten zu steuern, zu ändern oder zu deformieren. Da tauchen die Ministerien auf, Zollstationen und ihre Wächter, Schulen mit ihren Zeugnissen und Prüfungen, Kasernen, Gefängnisse, die Post oder das Elektrizitätswerk, Krankenhäuser und Polizeipräsidien, Vorgesetzte und Techniker und was alles dazugehört, um den modernen Alltag zu erleichtern oder zu regulieren, aber auch, um den Menschen um seine persönliche Integrität zu bringen. Wie dies nun mit Hilfe der NS-Organisationen geschieht, das wird im Traum auf beklemmende Weise deutlich. Da gibt es den Zwang zum Mitsingen, zum Mitgrüßen, zum Mitsprechen und zum Mitlaufen, Zwänge, denen sich die Träumer zu entziehen suchen, indem sie sich ihnen unterwerfen. Eigene Gedanken werden verfremdet, indem sie sich dem Tenor der Propagandasprüche einpassen oder völlig in ihm aufgehen. Da gibt es alle Varianten vom Sprechenmüssen bis zum Schweigegebot und zum Verstummen, ja bis zum Traumverbot als letzter Konsequenz des Terrors im Medium des Traumes.

Es sind Träume von Verfolgten, aber mehr noch von solchen, die sich anpassten oder die sich anpassen wollten, aber nicht durften. Der Mensch wird isoliert, und um darüber nicht zu zerbrechen, unterwirft er sich einem Konformitätsdruck, der ihn auf Kosten seiner inneren Freiheit überleben läßt. Man erspart sich scheinbar die eigene Verzweiflung, die Persönlichkeitsspaltung, indem man sich dem System des Wahnsinns einfügt. Auf diese Weise wird es möglich, auch und gerade in der Perversion zu überleben. All dies enthüllt der Traum: Er zeigt also nicht die äußerliche Wirklichkeit, wie sie sich alltäglich bietet, sondern eine Struktur, die in ihr verborgen ist. Die Träume enthüllen jene geheimen Antriebskräfte und Einpassungszwänge, von denen die Wogen der Begeisterung in Bewegung gesetzt wurden, die damals die Menschen getragen oder mitgerissen haben. Und sie präsentieren zugleich, erbarmungslos, die fatale Gegenrechnung, die nicht beglichen werden kann. Insofern sind unsere Traumzeugen wahrlich Realisten gewesen.

Die Träume erschließen also über ihren fiktionalen Quellenstatus hinaus eine anthropologische Dimension, ohne die der Terror und seine Wirksamkeit nicht verstanden werden können. Es sind, wie gesagt, nicht nur Träume über den Terror, es sind zunächst und vor allem Träume im Terror, der den Menschen bis in seinen Schlaf hinein verfolgt und schleichend verändert. Es fällt auf, daß in den von Charlotte Beradt geschilderten Traumgeschichten, freudianisch gesprochen, der latente und der manifeste Trauminhalt fast zur Deckung kommen. Die politische Bedeutung der Träume, auch wenn sich sozial bedingte private Schicksale hinter ihnen verstecken, bleibt unmittelbar einsichtig. Die Erfahrungen und Bedrohungen haben, um in der psychoanalytischen Metaphorik zu bleiben, den Pförtner überspült und sind ungehindert in das sogenannte Unterbewußte eingeflutet. Hier haben sie bildhafte Geschichten entstehen lassen, deren politische Spitze dem Bewußtsein unmittelbar einleuchten mußte.

Die Abschaffung der Wände kraft Verordnung entblößt den Privatraum jeglichen Schutzes. Der Lautsprecher hinterläßt dem Träumer keinen Zweifel: Sein Haus wird aufgebrochen zugunsten einer Kontrolle, die im Namen der Volksgemeinschaft von jedem über jeden ausgeübt werden kann. – Der beklemmende Zwang des jüdischen Anwalts, selbst dem Papier und sogar freiwillig dem Papier Platz zu machen, bedarf für den, der diese Geschichte erfahren hat, keiner deutenden Übersetzung. In einer selbsttätigen Lähmung wird das Unwahrscheinliche zum Ereignis. Der Verfolgte ergibt sich einer ebenso existentiellen wie banalen Absurdität, bevor diese selbst an ihm vollstreckt wird. Offenbar gibt es eine Vernunft des Leibes, die weiter reicht, als die Angst dem Träumer im Wachsein zu handeln erlaubt. In Erkenntnis dessen konnte aber der Träumer seine Lage ändern.

Es verkürzt die politisch-anthropologische Dimension, wenn man aus solchen Traumgeschichten nur auf eine Kindheitsdisposition der Träumer zurückschließen wollte, die nicht hinreichend verarbeitet worden sei. Derartige therapeutische Deutungsmuster sind *ex post* gesehen unerheblich, weil nicht mehr anwendbar, und obendrein verfehlen sie die spontane Einsicht, die von den politischen und sozialen Trauminhalten her gewonnen werden konnte. Es ist eine gemeinsame Signatur der vorgelegten Träume, daß sie eine Wahrheit kundgeben, die in der Wirklichkeit versteckt, aber empirisch noch nicht deutlich geworden ist. Alle zeitlichen Modalitäten leuchten in ihnen auf: die Herkunft aus der Wilhelminischen und Weimarer Zeit, die Gegenwart des immer dichter organisierten Alltages und das prognostische Potential, das vom Traum freigelegt wird. So beklemmend der Inhalt der Träume – so intakt war das Wahrnehmungsvermögen der Träumer. Die zeitlichen Dimensionen der Erfahrungswelt waren noch so weit geordnet, daß ein denkbarer Handlungsspielraum erschlossen wurde. Was individualpsychologisch als verkappter Wunschtraum oder offener Angsttraum interpretiert werden mag, kann politisch gesehen vollauf ein Warnungstraum gewesen sein, und so sind viele dieser Träume von den potentiellen Opfern begriffen worden. Aus der Fähigkeit, die geheimen Ängste und stummen Wünsche in politisch symbolträchtigen Geschichten bildhaft erscheinen zu lassen, konnte jene Freiheit gewonnen werden, deren drohender Verlust vor Augen geführt wurde. Die Ausländer, die gelegentlich als ideale und unabhängige Kontrastfiguren in den Traum eintraten, waren dann gleichsam das bessere Ich einer inneren oder äußeren Emigration. In jedem Fall waren die Träume geeignet, über die Registratur des Terrors hinaus mögliche Handlungen freizusetzen. Offensichtlich verfügten die Zeugen noch über eine intakte Bewegung, die es ihnen erlaubte, prognoseträchtige Wahrnehmungen zu machen. Was im Traum als Lähmung erschien, enthielt also Kräfte, ihr im Wachen zu begegnen. Was verschlägt hier eine individualpsychologische Aufrechnung, wenn es den Träumern möglich war, politische Konflikte auf diese Weise zu klären und in sich auszutragen? Denn dem Terror unterworfen zu werden im Traum – das hieß potentiell ihm auch standhalten zu können im Alltag.

Das ändert sich vollständig, wenn man den Blick auf Traumberichte lenkt, die uns aus den Konzentrationslagern überliefert sind. Charlotte Beradt berichtet von einem jungen Mann, der nur noch von Rechtecken, Dreiecken und Achtecken träumte, »weil es doch verboten ist, zu träumen«. Jean Cayrol überliefert uns, selber dem Konzentrationslager entronnen, derartige unbelebte und auch gegenstandslose Träume. Es ist ein gemeinsames Kennzeichen aller KZ-Träume, daß der tatsächliche Terror nicht mehr träumbar war. Die Phantasie des Grauens wurde hier von der Wirklichkeit überboten. Deshalb haben hier die Träume eine veränderte anthropologische Dimension gewonnen.

Cayrol unterscheidet Zukunftsträume, die sich hoffnungsvoll an die vorkonzentrationäre Erinnerung anschließen, und Heilsträume, die alle bisherige Erfahrung hinter sich lassen. Zukunftsträume konnten gefährlich werden, denn sie nährten eine Illusion. Sie eröffneten ein bewegtes Bild der Heimat jenseits des elektrischen Stacheldrahtes, von der Heimat, die der Häftling sucht und zurückruft, von der er aber unwiderruflich abgeschnitten war. Die schiere Faktizität des Lagers wird ausgeblendet, die Vergangenheit in die Zukunft umgewünscht. Solche Träume waren gerne Vorboten des Todes. Frankl berichtet von einem Mithäftling, der das Datum seiner Entlassung geträumt hatte: Es wurde zu seinem Todestag im Lager. Gerade der Wunschtraum der Geborgenheit des häuslichen Lebens, der

Hoffnung zu versprechen schien, wurde zum Zeichen des Untergangs.

Derartigen Zukunftsträumen konfrontiert Cayrol nun die abstrakten und handlungsarmen Träume, die er als Heilsträume erfahren hat und begreift. Sie entsprechen, unter Verzicht auf jede zeitliche Dimension, der Lagererfahrung. Was im üblichen Leben ein Vorbote der Bewußtseinsspaltung ist, die egozentrische Zerstörung der intersubjektiven Erfahrungswelt, die in schierer Anachronie endet, das gewinnt unter den inversen Zwängen der KZ-Haft eine überraschende Bedeutung. Im Lager herrschen Bedingungen, die alle bisherige Erfahrung verhöhnten, die unwirklich zu sein schienen, aber dennoch wirklich waren. Die Nötigung, sich zu entwirklichen, um in den Zwängen des SS-Systems auf einer Schwundstufe des Daseins ausharren zu können, führte zu einer Inversion auch der Zeiterfahrung. Vergangenheit, Gegenwart und Zukunft hörten auf, Orientierungslinie des Verhaltens zu sein. Diese in den Leib diktierte Perversion mußte ausgekostet werden, um sich von ihr zu befreien. Davon zeugen die Heilsträume. Sie begehrten nicht mehr, die Person des Träumers in der Wirklichkeit zu verankern, und wurden deshalb – scheinbar paradox – zum Signum der Überlebenschance. Derartige Träume enthalten keine Wirklichkeitssignale, die unmittelbar politisch oder sozial lesbar sind. Wenn man so will, war es gerade die politische Pointe solcher Träume, apolitisch zu sein. Man muß mit Cayrol sogar so weit gehen und im Heilstraum von ihm selbst getarnte Akte einer Widerstandshaltung sehen.

Diese Hinweise sollen genügen, um auf die örtlichen und zeitlichen Grenzen zu achten, innerhalb derer sich die vorgelegten Träume als Quelle für eine politisch-historische Anthropologie verwenden lassen. Die Verschränkung zwischen Traum und Wirklichkeit, die aufeinander verweisen, ändert sich mit Ort und Zeitpunkt des Geschehens. Aber gerade darin zeigt sich der historisch einmalige Quellenwert unserer Traumzeugnisse. Wenn Qual und unüberbietbarer Schrecken kommender Ereignisse im Jubel und Rausch von heute verpackt waren, wenn je eine Zukunft gegenwärtig war – dann hatten das die vorgelegten Träume enthüllt.

Vielerlei Abschied vom Krieg

Die Glocken, die am 9. Mai 1945 läuteten, läuteten den Frieden ein. Die Frage war nur, welchen Frieden für wen? In einer kilometerlangen Schlange zogen wir zu Tausenden, wie eine stumme Ziehharmonika mal zerdehnt, mal ineinandergepreßt, aus Mährisch-Ostrau nach Osten, getrieben, nicht wissend wohin. Die Glockentöne hallten in unserer Kolonne wider und weckten Hoffnungen, an deren Nichterfüllung Ungezählte zugrunde gehen sollten, weil sie die Enttäuschungen des neuen Friedens nicht aushielten. Aber das wußten wir noch nicht, sowenig wir wußten, wohin es ging. Wohl wußten wir, woher wir kamen: aus dem Kessel, der in vier Wochen immer enger geworden war und aus dem auszubrechen am 1. Mai endgültig unmöglich geworden war. Mit einem Verwundeten auf dem Buckel legte ich mein Gewehr nieder. Damals war uns noch nicht klar, daß die Amerikaner alle Gefangenen aus Böhmen und Mähren, die den rettenden Westen erreicht hatten, den Russen zurückschicken würden. So war dieser Kampf vergeblich gewesen und jeder Tote umsonst. In unzählbaren Mengen lagen die Gefallenen noch herum. Vielleicht hatten sie geholfen, daß wenigstens einige Flüchtlingstrecks in Richtung Westen entkommen konnten. Vielleicht.

Ich schleppte meinen Fuß mit, auf dem ich eigentlich gehen sollte. Er war auf dem Vormarsch nach Stalingrad von einem Geschützrad zerquetscht worden, hatte mir vor drei Jahren das Leben gerettet. Jetzt aber, das heißt vor drei Monaten, hatte mein zerquetschter Fuß den Militärarzt nicht daran gehindert, mich für die Infanterie kriegstauglich schreiben zu müssen. So fand ich mich, vom Oberrhein kommend, wieder in der Gefangenenkolonne nach Osten. Meine Gedanken zogen zu meiner Familie. Unser aller Gedanken zogen zu unseren Familien. Sie waren der primäre Adressat aller Sehnsüchte. Mein kleiner Bruder war bereits in einem Fliegerangriff umgekommen. Daß meine Mutter überlebt hatte, erfuhr ich nach anderthalb Jahren, daß mein älterer Bruder, als Offizier Pillau verteidigend, schon, oder noch, am 15. April 1945 gefallen war, erfuhr ich ebenfalls nach anderthalb Jahren, ebenso, daß mein Vater, als Reservemajor, heil aus der Gefangenschaft zurückgekehrt war. Diese Nachrichten verdanke ich der einzigen Postkarte, die die GPU mir von den 25 Karten aushändigte, die mir meine Mutter geschrieben hatte. Daß sie mir überhaupt hatte schreiben können, war schon ein Privileg, das mir die antifaschistische Lagerleitung zuteil werden ließ. Zu Weihnachten 1945 zeichnete ich nämlich Karikaturen von Hitler und seinen Parteigenossen, und in Fraktur malte ich einen Spruch an die Wand, wie die GPU es befahl: »Als Kriegsverbrecher zogen wir aus, als Helden der Wiedergutmachung kehren wir heim.« Vor mir selbst schämte ich mich dieser Phrase, denn eines Kriegsverbrechens konnte ich mich nicht entsinnen: Die Nachricht von Babi Yar, die uns 1941 wie ein Lauffeuer an der Front hinter Kiew erreicht hatte, hatte ich damals verdrängt. Und die Chance heimzukehren, gar als Held der Wiedergutmachung, hatte ein rundes Drittel unserer Lagermannschaft in Karaganda – wo wir im Hochsommer 1945 ausgeladen worden waren – bereits verpaßt. Sie waren an Erschöpfung und Hunger verendet und als skelettöse Gliederpuppen im Massengrab verschwunden. Gleichwohl malte ich den Verbrecher-Helden-Spruch an die Wand und erhielt zum Lohn eine Karte des roten Halbmondes. So durfte ich in 25 Worten meine Eltern davon unterrichten, daß es mir gut gehe. Was sonst hätte ich schreiben sollen.

All das wusste ich am 9. Mai noch nicht. Als die Friedensglocken läuteten, zogen wir gerade in zwei Gewaltmärschen von je fünfzig Kilometern am Tag, ausgelaugt und erschöpft, in Fünfer- oder Achterreihen, ich weiß es nicht mehr, nach Auschwitz. Und ich weiß nicht, wer von uns um die Existenz dieses Lagers gewußt hatte – ich kannte nicht einmal den Namen.

Von Dachau wusste ich aus meiner Münchener Schulzeit:

Es steht ein Baum im Odenwald,
der ist organisiert,
er ist im NS-Baumverband,
damit ihm nichts passiert.

Das sollte 1939 der Weiss Ferdl gesungen haben, und am folgenden Tag, auf daß er nicht nach Dachau verbracht werde:

Es steht ein Baum im Odenwald,
der ist nicht organisiert,
er ist nicht im NS-Baumverband,
damit mir nichts passiert.

Und ich hörte von Buchenwald. Das war im Februar 1943, als ich aus dem Lazarett kommend meine Tante in Weimar besuchte. Sie nahm mich in die privat tagende Dantegesellschaft mit, und zum Tee wurde von den fürchterlichen KZ-Zuständen auf dem Ettersberg gesprochen und von dem unentrinnbaren Ende dieses Krieges. Daß derlei Reden in einem Kreis von rund zwanzig Leuten und obendrein in der zufälligen Gegenwart eines Soldaten damals lebensgefährlich sein konnten, war gewiß niemandem von uns klar. Ein Jahr später notierte meine Mutter bei einem ähnlichen Besuch in Weimar in ihren Taschenkalender: Wegen des Krieges – besser schweigen …

Also jetzt Auschwitz. Fast am Ende unserer Kräfte wurden wir an Birkenau vorbeigetrieben und konnten nicht begreifen, warum wir nicht in die einladend leeren Baracken durften. Wir kamen ins Hauptlager. Dort hörten wir, daß drüben bei Birkenau Millionen vergast worden seien. Die Verbrennungsöfen seien zerstört worden. Vergast? Das konnte doch nur eine sowjetische Propagandalüge sein – so dachten wir zuerst, und viele auch noch danach. Von der Wahrheit dieses Wortes wurde ich spontan überzeugt.

Es gibt Erfahrungen, die sich als glühende Lava in den Leib ergießen und dort gerinnen. Unverrückbar lassen sie sich seitdem abrufen, jederzeit und unverändert. Nicht viele solcher Erfahrungen lassen sich in authentische Erinnerung überführen; aber wenn, dann gründen sie auf ihrer sinnlichen Präsenz. Der Geruch, der Geschmack, das Geräusch, das Gefühl und das sichtbare Umfeld, alle Sinne, in Lust oder Schmerz, werden wieder wach und bedürfen keiner Gedächtnisarbeit, um wahr zu sein und zu bleiben. So erging es mir, und ich weiß noch heute, als sei es eben geschehen, wie ich in einem Kartoffelschälkommando für die Russen – wir selber erhielten keine Kartoffeln – von einem ehemaligen polnischen KZ-Häftling, der uns beaufsichtigte, zur schnelleren Arbeit angetrieben wurde – »dawai, dawai«. Ich war eben ein Obergefreiter. Und er griff nach einem Schemel, hievte ihn in die Luft, um ihn mir auf den Kopf zu schlagen, einen jener Wehrmachtsschemel, dessen vier Beine schräg nach außen wiesen, aber plötzlich hielt er inne: »Was soll ich Dir schlaggen Schäddel ein, Ihr habt ja vergasst – Millionen« – und schmiß den Schemel voller Wucht in die Ecke, so daß ein Bein abbrach. Schlagartig – wörtlich zu nehmen – war mir klar, daß er die Wahrheit sprach. Vergast? Millionen? Das konnte nicht erfunden sein.

Daß eine Tante von mir im Zuge der Euthanasieaktionen getötet – ermordet worden war, wußten wir schon seit 1940; daß auch sie vergast worden war, habe ich erst sehr viel später gelernt. So gibt es Kriegserfahrungen, die immer wieder neu gemacht werden müssen, weil die Primärerfahrungen nicht hinreichen, um die ganze Wahrheit zu verbürgen. Und immer neue Wahrheiten kommen hinzu: Insofern geht, für meine Generation, der Krieg nie zu Ende, oder er fängt immer wieder an, soweit sich alte Erfahrungen aufs Neue abarbeiten müssen.

Freilich gibt es zahllose Erinnerungen, die ich oft erzählt und wiederholt habe, deren sinnliche Wahrheitspräsenz aber längst entschwunden ist. Sie sind selbst für mich nur noch literarische Geschichten, ich kann ihnen, mir selbst zuhörend, nur noch Glauben schenken. Bis zur sinnlichen Gewißheit verbürgen kann ich mich nicht mehr.

Aber vieles gehört zur unveränderbaren Primärerfahrung; die geronnene Lavamasse … So der tägliche Marsch durch das Tor »Arbeit macht frei«, um jene hochmodernen Werke der IG-Farben abzureißen, die die Häftlinge uns zuvor erbaut hatten. Mit langen Seilen, die Hunderte von uns halten, zurren oder ziehen mußten, wurden etwa zwanzig Meter hohe Riesenkessel zu Boden gesenkt und auf Waggons gehievt. Sie sollten den Polen vorenthalten und nach Rußland geschafft werden – wo ich sie (oder waren es andere Fabriktrümmer?) auf meiner Heimfahrt in der sibirischen Steppe verrostet herumliegen sah. Allen antifaschistischen Tiraden zum Trotz fühlten und wußten wir uns als Sklaven. Und was den zahlreichen Kolonnen oberschlesischer Frauen, die ebenso zur Arbeit getrieben wurden, inzwischen zugestoßen war und noch zustieß, bezeugten sprachlos ihre grauen und versteinerten Gesichter.

Heute kann ich ausmessen, freilich nur sekundär und *ex post*, was »Auschwitz« für jene dem Tod Verschriebenen und für jene Überlebenden gewesen war, die dort vor uns zusammengetrieben, zermürbt, zernichtet und vergast wurden oder dennoch überlebt hatten. Ich hatte davon, wie gesagt, für wenige Sekunden gehört, aber erfahren habe ich es nie. Trotz zahlreicher Lektüre und mancher Seminare, die ich später darüber abhalten sollte, bleibt meine persönliche Erfahrung, wie könnte es anders sein, daran gemessen kurz, sie lautet nur: Hunger und wieder Hunger, Arbeit und wieder Arbeit. Und für beides schien die Regel etabliert: so viel wie nötig, so wenig wie möglich. Das waren Zustände, die sich für mich in eine dauerhafte Skepsis verwandelten, um nicht der tödlichen Resignation zu verfallen. Daß ich vor fünf Jahren Gefangenschaft nach Hause kommen könne, hielt ich auf dem Transporter nach Asien, zur Entrüstung meiner Mittransportierten, für unwahrscheinlich.

Daß ich schon im Herbst 1946 nach Hause kommen sollte, verdanke ich nur zwei Zufällen: einem alten Klassenkameraden, Alfred Kessler, den es schon vor mir in das Lager Spassk verschlagen hatte – er diagnostizierte meine tödliche Krankheit, die ich wahrzunehmen nicht mehr imstande war; und dem Lagerchirurgen, einem Stalingrader, Dr. Wolf, der ehedem Assistent meines Großvaters war und der mich, nach der erfolgreichen Operation, als Enkel nach Hause definieren konnte: für vier Wochen transportfähig und doch ein Jahr lang arbeitsunfähig zu sein.

Aber dieses Glück – hier das Glück eines Bildungsbürgers – hatten nicht alle. Gewiß nicht der Lagertrompeter, mein Nachbar, der plötzlich im GPU-Bunker verschwand und von dort nach vier Wochen als Skelett ins Lazarett zurückkehrte – um hier zu sterben, damit die Leiche bei den deutschen Ärzten und nicht bei der Geheimpolizei statistisch verbucht würde. Er hatte sich geweigert, Verbrechen zu bekennen, die er nicht begangen hatte. Das kostete ihn sein Leben. Offenbar ermangelte es ihm der antifaschistischen Gesinnung.

Und ein anderer Lagernachbar, ein achtzehn Jahre alter Landarbeiter aus der Altmark, hätte wahrlich nach Hause gekonnt, weil er für vier Wochen transportfähig und für mehr als ein Jahr arbeitsunfähig war. Ihm fehlten die Vorderfüße. Sie waren ihm im GPU-Keller erfroren und abgefault. Er sollte Kriegsverbrechen bekennen oder bezeugen, die von seiner Einheit begangen worden seien, bevor er überhaupt Soldat war: »Du unterschreiben.« Seine Weigerung zu unterschreiben kostete ihn die Füße und die Heimfahrt – jedenfalls 1946.

Und andere hatten gar keine Aussicht heimzukehren. So die beiden etwa zwölfjährigen Mädchen, mit denen zusammen ich auf dem Bau gearbeitet hatte. Sie waren wolgadeutsche Kinder, wussten seit fünf Jahren nicht, wo ihre Eltern sein mochten, nachdem sie 1941 verfrachtet und von ihnen getrennt worden waren. Sie konnten nicht mehr lachen, es war ihnen vergangen, und zu sprechen trauten sie sich auch nicht; ich konnte ja ein Spitzel sein. Ihnen ging es um ein Unendliches schlechter als den Kindern jener Kulaken aus der Wolgarepublik, die schon seit anderthalb Jahrzehnten nach Karaganda verbannt waren. Sie durften immerhin mit ihren Eltern zusammen in die Stollen des Bergwerks steigen, um die Familiennorm zu erfüllen oder besser überzuerfüllen. Diese Kinder sangen in der Steppe sogar »Hänschen klein, ging allein …« (was mir fast Tränen entlockt hatte).

Es gibt Erfahrungen, die unaustauschbar sind und unvermittelbar – so furchtbar oder um vieles schlimmer die Erfahrungen anderer auch sind. Vergleichen lassen sie sich allemal: aber nur von außen. Von der jeweiligen Erfahrung selber her ist alles einmalig. Heute weiß ich weit mehr, als ich damals wissen konnte, und ich weiß anderes, als damals möglich war. Und so geht es den Nachgeborenen. Aber die Unaustauschbarkeit eines primären Erfahrungswissens läßt sich nicht überbieten: Wissen ist besser als Besserwissen.

Deshalb gibt es vielerlei Kriegsenden. Was den einen Befreiung war, war den anderen nicht der Friede – oder doch? Meine drei in Stettin, in Herischdorf und in Breslau damals noch lebenden Großtanten sind verschwunden – im Tod, den niemand kennt. Auch das war ein Kriegsende, von dem ich aber am 9. Mai noch nichts gewußt hatte.

Und dreimal erfuhr ich das Kriegsende im Elsaß. Als die Amerikaner die Zaberner Senke durchstießen – eine nicht mehr existierende Volksgrenadierdivision sollte sie verteidigen –, da zog sich meine Radarkompanie – damals Funkmess genannt –, in der ich als Obergefreiter für den elektronischen Geräteeinsatz und deren Nachrichtenauswertung für Flak und Flieger zuständig war, nach Straßburg zurück. Dort belegten wir ein Fort des vergangenen Jahrhunderts, von wo aus ich in der folgenden Nacht halbstündig der Stadtkommandantur durchgab, wo sich die Panzerspitzen, von Ort zu Ort vorstoßend, gerade befanden. Unsere Horchposten funktionierten noch. Schließlich rollten die Panzer – wohl mit französischer Besatzung, so wie die Russen allerorten amerikanische Laster fuhren – an unseren Fenstern beziehungsweise Schießscharten vorbei. Der Stadtkommandant, General Vaterrodt, hatte keinen Alarm gegeben, um die Stadt nicht in sinnlos blutige Kämpfe zu verwickeln. So wurden Tausende von Krankenschwestern und Arbeitsmaiden, von braunen Bonzen, Soldaten, Beamten und Verwundeten überrascht und wälzten sich auf die Kehler Rheinbrücke zu. Diese Überraschung brachte manchem den Tod – dank den siegreich schießenden Partisanen –, aber die Stadt wurde kampflos geräumt. Ich selbst entkam durch Seitengassen und über die südlichen Rheinauen auf das östliche Ufer. Der General wurde von einem Wehrmachtsgericht *in absentia* zum Tode verurteilt. Davon war zwanzig Jahre später, als de Gaulle in Straßburg die Befreiung zelebrierte, keine Rede.

Und noch ein drittes Mal wurde ich Zeuge dieses Endes. In Karaganda durfte ich einmal einen Film sehen, ich weiß nicht mehr welchen, aber die vorausgeschickte Wochenschau bleibt mir unvergeßlich – Lavamasse: Die Trikolore wehte auf dem befreiten Münster, das für mich, gymnasial trainiert wie ich war, immer noch das Münster des goetheschen Erwin von Steinbach war. Zu spät.

Aber die Kriegsenden nahmen kein Ende. Schließlich fiel die Atombombe, und die Russen überschlugen sich mit patriotischen Racheparolen für 1905, als sie flugs noch in den Krieg eintraten, um die japanische Armee in Mandschukuo zu kassieren: neue Arbeitskräfte, die auch in unser Lager eingeschleust wurden. Es währte nicht lange, daß die Japaner, Offiziere mit ihren Säbeln voran, jeden Morgen zu Boden kniend den Kaiser im Osten anbeten durften. Erst verschwanden die Säbel, dann die Offiziere, und zurück blieben ameisende, dahinsiechende Arbeiter.

Für unseren antifaschistischen Umerziehungsfunktionär – zu Hause ein schwäbischer Studienrat – war mit dem sowjetischen Sieg über die kapitalistischen und imperialistischen Japaner der letzte Krieg aller Kriege der Weltgeschichte beendet. Wie bitte? fragte ich ihn, ob er das nach viertausend Jahren hochkultureller Kriegsereignisse allen Ernstes behaupten wolle? Auf dem Absatz machte er kehrt und verließ unsere Krankenstube. Nun käme ich wohl nach Workuta, meinten meine Stubengenossen. Und ich prägte für mich den Reim: »Lieber Stalin mach mich stumm, daß ich auch nach Hause kumm.« Stalin hat mich offenbar erhört – oder war es doch der Studienrat, der mich nicht verpfiffen hat? Ihn danach zu fragen, traute ich mich freilich auch dann nicht, als wir zusammen – er wurde mit mir entlassen – nach einer Serie von weiteren Glücksfällen die Grenze in Hof, tief Luft holend, endlich überschritten hatten. Die Angst blieb. Auch das war ein Kriegsende.

Noch weitere sollten folgen. Zum Beispiel die Todesnachrichten, die immer noch aufliefen. Zwei Drittel meiner Klasse kehrten nicht mehr heim. Dazu eine Posse: Die Saarbrücker Polizei verhaftete mich als Landstreicher. Außer der zerschlissenen russischen Gefangenenkluft besaß ich noch keine neuen Kleider, jedenfalls keine, die der deutschen Polizei genehm waren. Aber das französische Militär zeigte mehr Verständnis und befahl, mich wieder freizulassen.

So kam ich schließlich an eine Jacke und an eine Hose, die amerikanische Baptisten gestiftet hatten, samt einer *Bibel*, die ich heute noch lese. So wie das Kommunistische Manifest, das mir die ostzonalen Funktionäre zum Abschied überreicht hatten – mit diesem Exemplar sollte ich noch manche Lektüreübung veranstalten (entgegen der Legende, daß nach 1945 im Westen Marx nicht gelesen worden sei; es fragte sich nur, von wem und wie). Und schließlich fand ich meine Mutter, eines Tages, kurz nach Mitternacht. Und ich traf meinen Vater wieder. Freundlich verlegen fragte er mich: »Entschuldigen Sie bitte, wie war noch Ihr Name?« Er war keinesfalls verrückt geworden, wie ich eine Sekunde lang dachte. Allerhand mußte sich doch verändert haben, was nicht mehr wiederzuerkennen war.

Auch das war ein Abschied vom Krieg, anderthalb Jahre nach dem 9. Mai 1945.

Die Diskontinuität der Erinnerung[1]

Die Einladung zu dieser Veranstaltung habe ich dankend angenommen, obwohl ihr Anlaß sicher kein erfreulicher ist. Aber ich bin gern

1 [Der Text basiert auf einer von Koselleck leicht überarbeiteten Tonbandnachschrift eines Vortrags, als Einleitungsreferat für eine anschließende Podiumsdiskussion. Dieser fand 1998 statt, im Rahmen einer Veranstaltung des Philosophischen Seminars der Universität Heidelberg zum – seit 1996 begangenen – Gedenktag an die Opfer des Nationalsozialismus am 27. Januar. Drei Vorträge wurden gehalten, von Hans Friedrich Fulda und Gereon Wolters zur Situation der Philosophie in Heidelberg und in Deutschland nach 1933, von Koselleck der Abendvortrag, der zur Thematik von »Erinnerung – historisches Gedächtnis – Gedenken« sprechen sollte, zur Eröffnung der gemeinsamen Diskussion. Alle Vorträge wurden gedruckt (*Deutsche Zeitschrift für Philosophie* 47 (1999) S. 203-269).
Nach der Veröffentlichung des Heftes trat Shlomo Avineri aus Protest gegen Kosellecks Text aus dem Beirat der DZPhil aus. Wie er an Jürgen Habermas schrieb (1.8.1999), geschehe das nicht so sehr wegen des Inhalts, sondern wegen der Sprache. Wendungen wie »Israelis zionistischer Herkunft« oder »dann bekommen die Juden ihren sogenannten Fußballplatz« hätten keinen Platz in einer philosophischen Zeitschrift, sie seien, wie er in seinem Rücktrittsschreiben an Mischa Dammaschke (4.7.1999) äußerte, »obscene and obtuse«. In seiner Antwort an Fulda, der ihn über Avineris Rücktritt informiert hatte, zeigte sich Koselleck »tief betroffen, um nicht zu sagen: verstört« über dessen Reaktion (25.8.1999). Er betonte, mit seinen drei Zugriffen, wissenschaftlich, moralisch, religiös, habe er nur die »aporetische Lage« zeigen wollen, in die jede dieser Thematisierungen der NS-Judenvernichtung führe. Seinem Vortrag, der in Heidelberg am Abend »keine Mißverständnisse zurückgelassen hatte«, fehlten in der Druckversion der mündlichen Form wohl »Emphase, Tonlage, Leidenschaft«, die im Text nicht wiederzuerkennen seien.
Die DZPhil veröffentlichte kurz darauf eine Kritik Gabriel Motzkins an Ko-

gekommen, auch weil es ein Thema ist, über das hier im Hörsaal 13 der Universität Heidelberg seit 1947 kontinuierlich debattiert worden ist.

Ich darf erinnern, als Historiker, daß ich hier 1947 Plivier kennengelernt habe, der über Stalingrad sprach und unfähig war, die Todesfurcht der deutschen Soldaten vor den Russen zu reflektieren: meine Frage daraufhin konnte er nicht beantworten. – Der zweite Gast, der hier zu unserem Thema sprach, war Adorno in den späten fünfziger Jahren, wo er zur Überraschung aller Zuhörer die Nichtwiedererstehung des Nationalsozialismus feststellte, was gerade von ihm nicht erwartet worden war. (Er fuhr übrigens im Wagen unseres Rektors von Frankfurt hierher und zurück.) – Und der dritte Gast, der auch von mir eingeladen worden war, war Ernst Bloch, als er noch in Leipzig wohnte und lehrte. Gadamer eröffnete die Rede seines Nachfolgers in Leipzig, und Bloch sprach über den Verrat als Hauptmotiv und Motor der Weltgeschichte: »Ohne Judas kein Christentum, ohne Bloch kein wahrer Kommunismus« – das war sozusagen die These in Kurzform, die er damals vorgetragen hatte. Ich selbst darf mir gestatten, mit einer persönlichen Erinnerung anzuknüpfen.

Ich bin am 10. Mai 1945 als Gefangener der Russen in Auschwitz eingeliefert worden, und ich hatte den Namen von Auschwitz bis dahin nie gehört, ich wußte nicht, was Auschwitz sei, kannte den Ort

sellecks Text (»Moralische Verantwortung und Diskontinuität der Erinnerung«, in: *DZPhil* 47 (1999) S. 1023-1031). Der Dissens dürfte eine Ursache auch in der neuartigen moralischen Aufladung der Vergangenheitskontroversen seit der Mitte der 1990er Jahren haben, nach den Kontroversen um die Wehrmachtsausstellung, nach der Goldhagendebatte, auch nach der Walser-Bubis-Debatte Ende des Jahres 1998. Provozierend wirkte – und wirkt – für viele auch Kosellecks Forderung nach einem »Tätermal« an Stelle eines Opferdenkmals im »Täterland«. Statt einer eskapistischen Identifikation mit den Opfern der Verbrechen der eigenen Nation plädierte er damals vehement für eine Darstellung der »Tat« als angemessene Form monumentaler Repräsentation, welche sich *per se* einer Identifikation verweigere und zur Reflexion nötige. DLA Marbach, NL Koselleck, Dokumente zum Aufsatz »Diskontinuität der Erinnerung«.]

nicht, ich wußte nichts von der Existenz dieses KZs, und das war wohl generell die Erfahrung meiner Mitgefangenen, ungefähr 30 000, die im Stammlager landeten. An Birkenau sind wir vorbeigetrieben worden, ohne hineinzukommen, und die Russen erzählten uns, ja, hier sind Leute vergast worden, aber die Vergasungsanstalten seien gesprengt worden, und die Reaktion meiner Mitgenossen war damals: »Na, das kann ja jeder sagen, die sind gesprengt worden, weil sie nicht existieren« – das etwa war unsere Vorstellung von den Öfen. Dann habe ich in einem Strafkommando, nein nicht in einem Strafkommando, sondern einfach in einem Arbeitskommando für die Russen Kartoffeln schälen müssen – wir kriegten keine Kartoffeln damals, die Russen bekamen sie noch, als Sieger, aber kaum in Russland selbst. Dabei trieb uns ein ehemaliger KZ-Häftling aus Auschwitz an, schneller die Kartoffeln zu schälen. »Dawai, dawai!«, »Schneller, schneller!«, damit sie bis zum Mittag fertig würden; aber als alter Obergefreiter dachte ich – und so jeder von uns –: Wir kriegen die Kartoffeln sowieso nicht, also brauchen wir sie auch nicht schneller zu schälen. Auf diese Reaktion hin nahm der polnische, der oberschlesisch-polnische ehemalige KZ-Häftling einen Schemel, wie er in der Wehrmacht üblich war, mit vier schrägen Beinen und einem Hohlgriff in der Mitte, ohne Rückenlehne, und riß diesen Schemel hoch und wollte ihn mir auf den Schädel schlagen und rief: »Was soll ich dir schlaggen Schäddel ein, ihr habt ja vergasst Millionen.« Dabei schmiß er den Schemel in die Ecke, daß die Beine abbrachen. Und da sagte ich mir: Das kann ja nicht erfunden sein. Die kann ja nicht erfunden sein, diese Geschichte, und schlagartig war mir klar: Das stimmt, obwohl ich natürlich keinen empirischen Beweis für die Vergasung hatte. Aber diese Reaktion des Wächters war für mich spontan überzeugend, ohne daß meine Mitgefangenen diese Überzeugung hätten teilen müssen. Damit komme ich zur ersten These. Diese Primärerfahrung, die ich da gemacht habe, schlagartig, ist nicht übertragbar.

Es gibt keine Primärerfahrung, die man macht oder sammelt, die überhaupt übertragbar wäre, denn es zeichnet Erfahrungen aus, daß sie eben nicht übertragbar sind – darin besteht die Erfahrung. Und wenn diese These stimmt, und ich glaube, sie ist unwiderlegbar, dann ergibt sich von selbst die Diskontinuität jeder Erinnerung, denn wenn Erfahrungen nicht übertragbar sind, muß jede Sekundärerfahrung eine Diskontinuität herstellen.

Man könnte vielleicht sagen für diese Zeit um 1945: Jeder wußte etwas von etwas, aber niemand wußte alles über alles. Jeder wusste etwas von etwas, aber niemand wusste alles. Und die Folge ist, daß die damalige Erfahrungsstruktur der Generation, die um 1945 lebte, ganz segmentäre Erinnerungsweisen voraussetzte, die fragmentierte oder prismatisch gebrochene Räume herstellten, in denen sich völlig verschiedene Erfahrungen so oder so bündelten oder brachen, die mit dem Gesamtgeschehen, so wie wir es heute kennen, relativ wenig zu tun hatten. Und das hängt natürlich auch mit der Generationseinheit zusammen, die jeweils ihre Erfahrungen zu gleicher Zeit macht, ohne daß ich von der These einer Kollektiverfahrung ausgehen möchte – die Durkheim-These scheint mir empirisch sehr schwer nachweisbar zu sein, denn alle Erfahrung als Primärerfahrung bleibt gebrochene Erfahrung, bleibt segmentierte Erfahrung, bleibt unübertragbare Erfahrung, und alle späteren Kondensationsprozesse sind sekundär.

Die Nachgeborenen der Kriegsgeneration sind bekanntlich die 68er, die hier im Hörsaal 13 viele fröhliche Politfeste gefeiert haben, und es ist völlig klar: Sie sind geboren in den Jahren 1940 und folgende, das ist die Generation, die keine Erfahrung hatte von dem, was im Dritten Reich, im Krieg los war, weil sie Babys, großwachsende, schreiende Kleinkinder und dergleichen waren, die sich dann nach zwanzig Jahren fragten: Ja, wo sind denn nun die Nazis, wenn's nicht unsere Eltern sind? Eine völlig legitime Frage, die 1968 aufkam und die eine provokativ emphatische Reaktion auf die stumme oder halboffen diskutierende oder mit schlechtem Gewissen diskutierende Generation der Älteren darstellte. Nun, im Hinblick auf die Primärerfahrung möchte ich die These aufstellen: Wissen ist besser als Besserwissen. Besserwissen ist leicht, Wissen zu tragen ist schwer. Und diese Konfliktlage ist die Konfliktlage, die nach meiner Deutung im Generationskonflikt von 1968 einen fast unlösbaren Problemkreis, auch hier in der Universität Heidelberg, aufgebrochen hat. Dabei muß man sagen, daß die Kritik der 68er moralisch sehr konsistent war – wenn jemand Nazi war, dann müssen's ja die Eltern gewesen sein, jedenfalls die Generation der Eltern, wer denn sonst? Aber die moralische Frage an die Herkunft der Verbrechen, die bekannt wurden oder bekannt waren, ließ sich nicht eindeutig beantworten, obwohl die Frage klar bleibt. Die rein moralische Frage bleibt im Raum stehen und ist als solche nicht zu beantworten, es sei denn, man unterwirft sich den immer schon Recht habenden moralischen Kategorien. Die Verbrechen, die stattgefunden haben, sind ja so groß, daß sie aus sich selbst heraus nicht verständlich sind: Die Verbrechen des Dritten Reichs sind als solche nicht nachvollziehbar, unverständlich. Diese Unfaßbarkeit der Verbrechen ist selbst wiederum eine moralische Frage, deren Beantwortung aussteht – bis heute in gewisser Weise.

Das war die aufgerissene Problematik, die 1968 zwischen den beiden Generationen der Nachgeborenen und der Überlebenden debattiert wurde. Meine These lautet, daß es natürlich nötig ist, daß der Erfahrungsraum, der fragmentiert und pluralistisch, zufällig und unübertragbar ist, von den Primärerfahrungen aus hochaggregiert werden muß zu einem irgendwie sekundär festgestellten, institutionalisierten Erinnerungsraum, der freilich sekundär bleibt. Da gibt es das Institut für Zeitgeschichte, und es gibt zahlreiche Institute, auch für die Geschichte der Juden, jüdische Institute, und es gibt die Justiz – mit der Ludwigsburger Zentralforschungsstelle –, die allesamt Enormes geleistet haben, um Verbrechen aufzuklären, besonders in den sechziger und siebziger Jahren, und es sind letztlich alle Wissenschaften gefordert. Aber alles, was sie leisten und geleistet haben, bleibt gleichsam eine dauernde Lückenschließung von immer neu auftauchenden Problemen, deren Kenntnis in der Primärgeneration nicht vorausgesetzt werden kann. Soweit aber Kenntnis vorausgesetzt wird, generiert sie wieder ein moralisches Problem, denn es könnte ja sein, daß viele Kenntnisse bestanden haben, die verschwiegen worden sind. Also der Überschritt von der Primärerfahrung pluralistischer, segmentärer Herkunft in die institutionalisierte Erinnerung ist der stetige Vorgang, der jetzt eine *Ex-post*-Erfahrung wissenschaftlich festschreibt. Und das ist der gemeinsame Vorgang, in dem wir uns jetzt alle befinden und der immer wieder neue Überraschungen für die Primärgeneration, wie für mich selbst, mit sich gebracht hat. Immer Neues kommt zu Tage und immer anderes als zuvor gewußt.

Als Beispiel möchte ich Ihnen für die schleichende Diskontinuität, die sich da einspielt, die Transformation des Opferbegriffes nennen: Der Opferbegriff war bis 1945 selbstverständlich der Begriff eines aktiven Opfers für etwas – der Soldat opfert sich für Großdeutschland und ist dafür gefallen –, und wenn Sie etwa in die österreichischen Landschaften gehen, in abgelegene Regionen der Seitentäler der Alpen, finden Sie diesen aktiven Opferbegriff in jeder Erinnerungsstätte für die Toten immer noch präsent. Und die Familien der Angehörigen werden sich diesen Opferbegriff nicht nehmen lassen, auch wenn sie keine Großdeutschen mehr sind, sondern inzwischen Österreicher geworden sind. Sie haben diesen ihren Opferbegriff im Totenritual von 1939 bis 1945 festgeschrieben, und da steht das noch heute so. Dies ist der subjektive Erfahrungshorizont derer, die, aus Österreich stammend, gefallen sind.

Nun, »Opfer für Deutschland« war die ursprüngliche aktive Opfer-Begrifflichkeit auch bei uns, aber schleichend vollzieht sich seit den fünfziger Jahren im deutschen Sprachgebrauch, auch in den Denkmalsinschriften, eine Umdeutung. Der Opferbegriff wird passiv, und plötzlich sind dieselben Leute nur noch durch den Faschismus zum Opfer geworden, während sie sich vorher aktiv für Deutschland geopfert hatten. Und diese leichte Transformation ist ohne wissenschaftliche Steuerung der Politiker und ohne Registratur der Wissenschaftler oder sonst von irgend jemandem vollzogen worden. Heute sind alle Opfer des Nationalsozialismus – was natürlich mit der Wirklichkeit des Dritten Reichs nichts zu tun hat. Es fing an mit der liturgischen Formel »Opfer von Krieg und Gewalt«, die in den sechziger Jahren von Bundespräsident Lübke beschworen wurde, und diese Opfer der Gewalt waren damals die Bürgerkriegstoten, die 17. Juni-Opfer von 1953. »Krieg« war die NS-Zeit, »Gewalt« war kommunistisch. Das meinte die damalige Formel, so ist sie in Bonn auf jener kleinen Gedenkstätte, die in ihrer Schüchternheit eindrucksvoll war, vor der Universität, später auf dem Friedhof, verwendet worden.

Dasselbe gilt natürlich für den Tag der »Befreiung«; ich darf wieder eine persönliche Erinnerung einschieben, wenn Sie mir das erlauben. Ich habe 1980 in Berlin einen Vortrag gehalten, am 9. Mai, und habe in einleitenden Sätzen auf die Kapitulation hingewiesen, keiner der anwesenden Studierenden wußte davon. Die Kapitulation vom 9. Mai war dem Wissen entschwunden, sie ist erst durch die Rede von Weizsäckers 1985 ins Bewußtsein zurückgerufen worden. Das ist ein typisches Diskontinuitätszeichen: Die nachkommende Generation hat diese Kapitulation, die inzwischen als Befreiungstag gefeiert wird und damals selbstredend die Niederlage besiegelte, gar nicht mehr wahrgenommen. Und nachdem diejenigen aussterben, die das noch gewußt haben, wird die bedingungslose Kapitulation ein reiner Befreiungstag, was realiter und ideologisch eine falsche Aussage ist. Freilich kann man moralisch den Tag der Befreiung feiern, vor allem in Erinnerung an die KZ-Insassen und -Opfer, denn für die war es allemal ein Befreiungstag. Das gilt aber eben deshalb nicht für die damals lebende Generation der Täter und Mittäter, der Mitläufer und Mitleider, der so oder so Beteiligten, die inzwischen aussterben. Und wenn man jetzt die Befreiung für alle Deutschen beansprucht, dann liegt dahinter eine Identifikation mit den Ermordeten, die die Überlebenden sich selbst ansinnen, indem sie sich identifizieren mit den Ermordeten. Damit wird die wirkliche Täterschaft, die ja indiziert ist durch die Vernichtung von Millionen Juden und anderer Völkergruppen, theoretisch ausgeklammert: Wenn alle Opfer sind, gibt's keine Täter mehr.

Wenn ich das jetzt so zusammengefaßt habe, dann liegt natürlich schnell der Verdacht nahe: So redet einer von den Leuten, die dabei waren, der will sich ja bloß entlasten. Und dieser Entschuldigungsvorwurf läßt sich nicht aus der Welt schaffen. Jedes Argument, das man anbringt zur Erklärung dessen, was im Dritten Reich, im Krieg passiert ist, rückt die Erklärung von vornherein unter den Verdacht einer Entschuldigung. Denn moralisch gesehen können die Verbrechen nicht erklärt werden, es sei denn, daß man sagt, »Ich bin der Täter«, und wenn einer sagt, »Ich war kein Täter«, dann riecht das schon nach Entschuldigung. Diese Logik ist unentrinnbar für alle, solange noch Leute leben, die im Dritten Reich tätig gewesen sind. Und diese Debatte wird erst verschwinden, wenn alle tot sind, die dabei waren. Solange Deutsche leben, die Zeitgenossen von Auschwitz waren, gerät jedes Argument, wird jede Erklärung zur Entschuldigung, ohne daß man etwas dagegen tun kann. Und wenn Sie die berühmte Frage nach der deutschen Identität stellen – die ist ja inzwischen Mode geworden –, kann ich nur sagen, gehen Sie ins Ausland, unterhalten Sie sich mit Ausländern, dann werden Sie schon merken, was Ihre Identität ist.

Ich darf eine historische Zwischenbemerkung über die Zeit der sogenannten Verdrängung einschieben. Nach 1945 wußten natürlich viele von den Ermordungen im Osten, und natürlich auch in Italien, in Jugoslawien, in Frankreich – vor allem auch in Italien. Es wird ja kein Aufhebens davon gemacht, daß dort mehrere Dörfer ausgerottet wurden, die im Unterschied zu Lidice und Oradour nicht auf der politischen Tagesordnung der Erinnerung stehen, aber die genauso furchtbar waren wie Lidice oder Oradour. Ich darf trotzdem vielleicht als Historiker feststellen, was es mit dieser sogenannten Verdrängungsthese auf sich hat. Man muss sich den subjektiven Wahrnehmungshorizont der Beteiligten, der Generationsmitglieder, die 1945 gelebt haben, gleich welchen Alters, in Erinnerung rufen, und dann weiß man, daß eine halbe Million Bombentoter in jeder Familie Opfer gefordert hat, also Tote in den eigenen Familien zurückgelassen hat, daß ungefähr 12 Millionen Flüchtlinge hereinströmten, Flüchtlinge, von denen zwei Millionen verschwunden waren, das heißt, die Flüchtlinge, die hier ankamen, hatten, statistisch gesehen, eine Verlustrate von zwanzig Prozent mitgebracht. Und dann: Ungefähr zwei Millionen Frauen des östlichen Deutschland sind vergewaltigt worden, in der Ostzone selber und in Schlesien, in Pommern und in Ostpreußen – eine große Zahl schweigender Zeitzeugen, soweit sie nicht umgebracht worden sind. Hinzu kommen vier bis fünf

Millionen tote Soldaten, die in jeder Familie eine Lücke hinterließen, zwei, drei, vier, fünf Lücken, bis zum Verschwinden ganzer Familien. Das muß man wissen, um die Mentalität derer zu rekonstruieren, die die Verbrechen in ihrer eigenen Zeit erfahren oder von ihnen gehört haben, sie ausgetragen, mitgemacht oder vollzogen haben. Aber die subjektive Wahrnehmung derer, die in Deutschland zurückblieben, war anders: nämlich primär die Geschichte einer unendlichen Serie von Verlusten und Opfern. Aus diesem Horizont heraus muß argumentieren, wer fragt, wie es zum Wissen der Verbrechen im Bewußtsein der Überlebenden gekommen ist.

Und da gibt es mehrere Positionen. Es gibt solche, die nicht wissen konnten – nicht wissen konnten, weil die Zensur streng, sehr streng war, und die Vernichtungen sind ja bekanntlich als Vernichtungen alle östlich passiert, in Rußland, in Weißrußland, in der Ukraine und vor allem in Polen, aber nicht in Deutschland selber: auch nicht in Frankreich, nicht in den Niederlanden, sondern alle Massenvernichtungen fanden »außerhalb« statt. Das heißt, die Taktik der NS-Bürokratie legte es schon darauf an, daß die Beteiligung der Täter das Nichtwissen zu Hause mitproduzierte. Das ist eine komplizierte Formulierung, die aber doch ungefähr die Wahrnehmung der damaligen Beteiligten trifft, daß die Beteiligung der Deutschen an den Verbrechen so organisiert wurde, daß die zu Hause befindlichen Deutschen davon primär nichts wissen mußten – nichts wissen mußten: Das heißt: Viele konnten es nicht wissen, und das betraf ja auch, wie wir wissen, viele Juden, die nicht für möglich hielten, was auf sie zukam. Dann gibt es natürlich die Gruppe derer, die es nicht wissen wollten, obwohl sie beteiligt waren, oder die zurückkehrten und die Drohung der Siegerjustiz vor sich sahen, und die in den Untergrund krochen, damit sie überleben konnten. Und diese Gruppen haben natürlich ihre Erinnerung nicht gerade ausgepackt: Jemand, der in der SS gewesen war und studieren wollte, durfte nicht gerade an die große Glocke hängen, daß er in der SS war. Dann hat er eben angefangen zu studieren, ohne zu reden; und er mußte ja nicht unbedingt ein Verbrecher sein, nicht jeder SS-Mann war als Individuum ein Verbrecher. Das heißt, das Nichtwissenwollen war eine Art

Schutzstrategie. Und wir wissen alle, daß die zurückgekehrten wirklichen Mörder nicht alle ohne weiteres als Kriminelle im alltäglichen Sinne definiert werden können, denn nachdem sie zurückgekehrt sind, waren sie wieder normale Bürger und im Sinne des Strafrechts keineswegs rückfällige Täter. Das ist ja das Problem: daß der normale Bürger derjenige war, der die Verbrechen vollzogen hatte. Das ist die These, die Goldhagen partiell zu Recht in Erinnerung ruft.

Generell muß man sagen, daß eben auch für viele Juden galt, vor allem diejenigen, die in Deutschland lebten, aber auch für die in Polen, und selbst 1941 in Kiew noch, daß sie es anfangs – und später noch – nicht für möglich hielten, daß ihre eigene Vernichtung bevorstand. Das muss man sich in Erinnerung rufen, daß nicht nur die Deutschen, sondern auch die Juden selbst es nicht für möglich hielten und daß selbst die Juden, die in Israel lebten, als zionistische Juden, durchaus mit Distanz den Opfern gegenüberstanden, und erst mit dem Eichmann-Prozeß die eigentümliche These entstanden ist, daß Auschwitz den Sinn gehabt habe, Israel zu legitimieren. Das ist natürlich historischer Unsinn, denn Auschwitz ist nicht deshalb – weder ideologisch noch realiter – veranstaltet worden, um Israel zu legitimieren. Das ist eine *Ex-post*-Selbstlegitimation rechtsorientierter Israelis zionistischer Herkunft. Das heißt, auch diese Alternative schloß oft aus, überhaupt wahrzunehmen, was möglich wurde und dann tatsächlich realisiert wurde.

Ich komme jetzt zu drei Formen des Umgangs mit der Vernichtung, die aufgrund der Diskontinuitätsthese: Primärerfahrung *versus* sekundäre Institutionalisierung von Erinnerung, möglich sind.

Die erste Form, die Erfahrung der Vernichtung von Millionen schuldloser Zivilisten in eine wissenschaftlich begründbare Erklärung zu transponieren, ist schlichtweg der Versuch des Erklärens selber – was ja in Anbetracht dessen, was passiert ist, ungeheuer schwierig ist. Denn das zu erklären, was da geschehen ist, ist fast unmöglich, und man muß alle Hochachtung hegen vor allen Historikern, Soziologen oder Philosophen, vor allem jüdischer Herkunft, die sich dieser Aufgabe unterzogen haben, um es überhaupt zu versuchen zu erklären: ich nenne etwa Hilberg oder Poliakov oder Friedländer und ihresgleichen, Kollegen also, die von Anfang an diese Aufgabe auf sich genommen haben. Wir haben aber auch in Deutschland, wie Sie wissen, eine Reihe von Historikern, die sich dieser Aufgabe unterzogen haben, die sozusagen eine permanente Überanstrengung ist, weil das, was zu erklären ist, unverständlich bleibt – ob soziologisch oder sozialgeschichtlich, ob psychologisch oder ideologiekritisch, ob funktional oder intentional. Sie kennen diese Debatten sicher. All diese Beweise oder Begründungen, auch anthropologischer oder theologischer Art, sind unendlich offen, immer ergänzungsbedürftig und ergänzungsfähig, und es bleibt Aufgabe weiterhin der Wissenschaft, das, was passiert ist, in Worte und Sätze zu überführen mit je neuen Versuchen, Erklärungen wieder und wieder anzubieten. Eine quasi unendliche Aufgabe, vor der wir stehen und der wir uns immer wieder stellen müssen.

Die zweite Erklärung ist das moralische Urteil: Das moralische Urteil über die Vernichtung, nicht nur der Juden, sondern all der slawischen und anderer Völker, der Sinti und Roma – ich komme noch darauf zurück –, hat immer recht. Das moralische Urteil hat immer recht, denn wer wollte unterstellen, daß die Vernichtung von schuldlosen Zivilisten, von wehrlosen Gefangenen Recht sei. Es ist unmöglich, es sei denn man akzeptierte die NS-Ideologie. Das ist die einzige Alternative, die Morde zu rechtfertigen, indem man sich auf den Boden der Nazi-Ideologie stellt. Aber wenn das nicht möglich ist, dann bleibt die moralische Kritik immer im Recht. Nur liegt die Schwierigkeit dieser Erklärung darin, daß recht zu behalten keine zusätzliche Erklärung liefert. Es ist eine Testfrage, die immer nötig bleibt, um die moralische Implikation der Beteiligten auf die Waage zu legen, sie mit einzubeziehen in alle Reflexionen über den Massenmord. Aber das Insistieren auf der moralischen Aussage ist eine Wiederholungsaussage, die nur feststellen kann: »Es war Unrecht«, »Es war Unrecht«. Und diese Repetition ist kein Argument mehr, das zusätzlich Erkenntnis gewinnen ließe. Und damit steht man in einer aporetischen Lage, daß die moralische Erklärung zwar keine zusätzliche Erkenntnis gewinnen läßt, aber nötig bleibt als Kontrast zu der Frage, wie es denn überhaupt möglich war. Und das ist bekanntlich die Problematik auch von Goldhagen, die er moralisch schlicht gelöst hat, die er aber zu Recht formulierte: Wie war es überhaupt möglich? Die Frage ist noch offen, und sie bleibt offen, denn durch die moralische Antwort bleibt sie nur quasi erklärt, aber nie hinreichend, denn die moralische Ebene und die Erklärungsebenen soziologischer oder sonstiger wissenschaftlicher Art sind heterogen. Sie bleiben heterogen, und insofern steckt man weiterhin in einer aporetischen Lage, daß das moralische Urteil so richtig wie hilflos bleibt. Es ist so richtig wie hilflos.

In Parenthese: Die Vergleichbarkeit, die ja in vieler Hinsicht geleugnet wird, ist natürlich die theoretische Voraussetzung, um überhaupt moralische oder soziologische Erklärungen anzubieten. Denn wenn ich nicht vergleichen darf, kann ich auch nicht sagen, was einmalig oder einzigartig gewesen sein soll. Und in dem Augenblick, wo ich vergleiche, bin ich natürlich auch genötigt, die Vergleiche auszudehnen. Und wir wissen ja alle, was mit der Würde des Menschen, die zu schützen nach dem ersten Artikel unseres Grundgesetzes Verpflichtung aller staatlichen Gewalt ist, inzwischen passiert ist, wenn man nach Bosnien schaut. Da kann man nicht sagen, es war unvergleichbar: Es ist vergleichbar – nicht in jeder Hinsicht, aber wenn ich die Vergleichsfrage stelle, muß ich auch davon ausgehen, dass ich Antworten zu finden habe, die dem Vergleich standhalten, selbst wenn ich die Einzigartigkeitsthese stark machen will.

Die dritte Form, die Erfahrung in Erinnerung zu überführen, ist nun die religiöse Antwort. Es ist eine religiöse Antwort, die teilweise institutionalisiert wurde durch die Karmeliterinnen in Auschwitz oder in Dachau. Sie stellt sich dem Versuch, die Absurdität zu ertragen, indem die Sühneleistung – in christlicher Tradition – durch Gebete perpetuiert wird, und die Sühneleistung ist eine mögliche Antwort für die, die Christen sind. Aber für die, die nicht Christen sind, ist die Sühneleistung als eine spezifisch christliche nicht hinreichend, um daraus eine Erinnerung ableiten, pflegen und legitimieren zu können. Insofern bleibt es eine in sich schlüssige, aber partiale Form, die Absurdität im Gebet zu erinnern, was natürlich nur die vollziehen können, die gläubig sind. Und es wäre eine Absurdität, zu unterstellen oder zu hoffen, daß der Staat heute, unsere Bundesrepublik, sich in einen religiösen Staat transformierte, um eine Sühneleistung religiös zu zelebrieren. Hier zeigt sich schnell, indem man dieses Modell vorstellt, daß es nicht zuläßt, öffentlich institutionalisiert zu werden. Wenn religiöse Erinnerung tätig sein will, ist das die Sache derer, die gläubig sind, aber es ist nicht Sache des Staates, sich ein religiöses Kleid überzuziehen, um quasireligiös eine Sühne zu zelebrieren, die er mangels christlicher Gläubigkeit nicht leisten kann oder erwarten darf. Das ist die Lage, in der wir heute in der Bundesrepublik sind, trotz aller CDU-Bekenntnisse zur Christlichkeit. Wir können also keinen staatlich verwalteten Totenkult oder staatlich verordneten Totenkult auf irgendeine Weise religiös zu vollziehen trachten. Dann feierte eine *réligion civile*, die wir seit Rousseau, spätestens seit 1933, mit allen ideologischen Folgen kennen, fröhliche Urständ.

So haben wir drei Erinnerungsweisen kennengelernt, deren keine ausreicht, das Ungreifbare hinreichend zu erklären, zu beurteilen, zu bedenken, um mit dieser Erinnerung umgehen zu können. Der wissenschaftliche, der moralische und der religiöse Weg führt jeder auf seine Weise in die Ausweglosigkeit. Und gerade diese, die Ausweglosigkeit, muß in der Erinnerung festgehalten werden. Metaphorisch führt jeder Schritt an die Gaskammern heran, aber keiner hinein.

Nachdem ich mich bisher über die Brechung der Erinnerung in Primär- und Sekundärschichten geäußert habe, möchte ich zum Schluß zur Denkmals-Frage einige Bemerkungen nachschicken, die vielleicht nicht überall Zustimmung finden, aber als Herausforderung vielleicht in unsere Debatte überleiten können.

Es ist völlig klar, dass jedes Denkmal, das errichtet wird, die Gefahr der Versteinerung mit sich bringt. Ob Verbronzung oder Versteinerung, wie auch immer: die Erinnerung wird materialisiert, und die Gefahr ist nicht zu verkennen, daß ein Denkmal, eben weil es materialisierte Erinnerungsformen institutionell festschreibt, die Erinnerung selber abblockt. Und wer davon ausgeht, daß die Erklärungsbedürftigkeit bisher nicht hinreichend oder nie hinreichend erklärbarer Verbrechen in Sprache überführt werden muß, der wird einräumen, daß die Alternative gegenüber dem Stein natürlich das

Wort ist. Aber wenn nun schon ein Denkmal errichtet werden soll, wofür ja vieles spricht, dann möchte ich zum Schluß fragen: Was ist geschehen, und was ist zu tun?

Was geschehen ist, ist klar: Die Denkmalsveranstaltung in der Prinz-Albrecht-Straße in Berlin führt zur bekannten »Topographie des Terrors«, in der alle Opfer, alle vernichteten Menschen aller *couleur*, aller politischen Farben, Ethnien oder Religionen institutionell erinnert werden können und werden. Und die Versuche, zusätzlich ein Denkmal zu errichten, Mitte der achtziger Jahre, sind gescheitert. Die Ausschreibung lief und ist gescheitert. Der nächste Schritt war, daß Lea Rosh, aus Yad Vashem zurückkommend, sagte, nun brauchen auch wir ein Holocaust-Denkmal, also ein partielles Denkmal, das nicht alle Toten, alle NS-Opfer, wie die »Topographie des Terrors« erinnert, sondern nur die Juden. Und dann kam Kohl mit seiner Kollwitz-Plastik und hat die SPD gleich überfahren, denn die Kollwitz war ja eine brave Sozialistin, also kann es gar nicht schlecht sein, wenn etwas von ihr erscheint. Aber was tatsächlich geleistet wurde, war, jene anthropophagische Plusterdame, die auf einem Schreibtisch stand, vierfach zu vergrößern, um eine Erinnerung zu institutionalisieren, die erstens die Frauen ausschließt, denn die Frau ist die überlebende Mutter, und die zweitens die Juden ausschließt. Denn es ist eine Pietà, die thematisiert wird, womit also genau das Thema visualisiert wird, das prekärerweise seit dem späten Mittelalter die Juden als sogenannte Gottesmörder in Erinnerung hält. Das heißt, taktloser ging's nicht, als genau diese Form der Erinnerung zu installieren. Obendrein stammt sie aus dem Ersten Weltkrieg, denn die trauernde Mutter ist die Kollwitz selbst, die 1914 ihren kriegsfreiwilligen Sohn verloren hat. Eingedenk dieses Toten schuf sie ein weit besseres, ein hervorragendes Denkmal, das in Flandern steht, in Vladslo, wo die überlebenden Eltern gebeugt dargestellt werden, ohne den toten Sohn sichtbar zu machen. Das Verschwinden des Toten wird spürbar – eine großartige Leistung, eine der wenigen unüberbietbaren Trauerplastiken des Ersten Weltkrieges. Aber die späte Plastik aus der Mitte der dreißiger Jahre – jetzt in der Neuen Wache – erinnert den Sohn wiederum als real existierenden Leichnam, der

Christus gleich Erlösung einklagt. Es ist eine schauerliche Figur, aber über ästhetische Qualitäten will ich jetzt nicht streiten – nur feststellen, daß der Ausschluss der Frauen, die wohl mehr als die Hälfte der ermordeten Juden und die oft mehr als die Hälfte ermordeter Zivilisten und die mehr als die Hälfte Flüchtlinge und die mehr als die Hälfte der Fliegeropfer zählten, daß diese toten Frauen jetzt zur überlebenden Trauerfigur gerinnen, die nur ihren Sohn erinnert, der sich im Ersten Weltkrieg als Kriegsfreiwilliger aktiv geopfert hat. Das traurige Ensemble rührt von einem hanebüchenen Entschluß her, der regierungsamtlich den Deutschen oktroyiert wurde.

Die Folge dieses Denkmals war natürlich, daß sich alle, die sich im Zweiten Weltkrieg als passive Opfer und nicht als aktive Opfer begreifen können, protestiert haben. Dieser Protest reichte von den Juden über die Homosexuellen, die Sinti und Roma bis zu den Angehörigen der Euthanisierten und zu den 400 000 »rassehygienisch« Sterilisierten, deren verhinderte Nachkommen betrauert werden, bis hin zu den politisch und religiös motivierten Widerständlern. Alle bleiben ausgeschlossen, weil sie so nicht erinnert werden wollen.

Die Folge war nun, daß ein Kompromiß zustande kam: Gut, erhalten die Deutschen ihre Kollwitz, dann bekommen die Juden ihren sogenannten Fußballplatz zwischen Brandenburger Tor und Hitlers Bunker. Das war ein Handel, der plötzlich legalisiert wurde.

Nicht protestieren konnten die russischen Kriegsgefangenen: mehr als drei Millionen, die die Deutschen verhungern ließen und die elend eingegangen sind als wehrlose, hilflose, völkerrechtlich zu schützende Menschen, die schlichtweg dem Tod überliefert wurden, durch Aushungern, nur weil sie Slawen waren. Diese überlebenden Sowjets – nur vierzig Prozent haben überlebt – sind von Stalin sofort nach Sibirien geschafft worden, weil sie Vaterlandsverräter waren: Denn wer sich gefangen gegeben hat, war ein Feigling oder Deserteur, und wer dann noch überlebte, war ein Kollaborateur: also ab nach Sibirien. Und so erging es den Zwangsarbeiterinnen und Zwangsarbeitern. Wer dann Sibirien überlebt hat, von den wenigen, die überhaupt noch überlebt haben, bekam zu Hause keinen Beruf mehr. Heute leben sie als verlassene Menschen meiner Generation.

Diese Gruppe mit drei bis vier Millionen Toten in ihrer Erinnerung hat keine Pressure Group und wird ignoriert.

Damit komme ich zum Schluß, nämlich zur Frage: Ist es richtig, daß wir in Deutschland ein Denkmal nur für die ermordeten Juden errichten? Ich weiß, daß jede Antwort prekär ist, und ich bin geneigt – nicht sofort, aber doch nach langer Überlegung der letzten Jahre –, nur zwei Möglichkeiten für realisierbar zu halten. Entweder entschließt sich die Bundesrepublik, d.h. unsere gewählte Vertretung im Bundestag, Denkmäler zu errichten, die alle Opfergruppen einzeln erinnern. Oder wir entschließen uns, ein Tätermal zu errichten, das alle Opfergruppen zugleich erinnert. Jede andere Lösung würde Erinnerungslücken verfestigen, in denen Millionen Ermordeter der Vergessenheit anheimfallen.

Wenn die plurale Lösung bevorzugt wird, darf keine Opfergruppe ausgeschlossen werden, ohne Denkmal bleiben. Wenn also die Juden ein Holocaust-Denkmal, also gleichsam ihr Denkmal erhalten, dann müssen für die ermordeten Russen, die ermordeten Polen, für die Euthanisierten, für die vergasten Sinti und Roma usf. ebenfalls Denkmäler errichtet werden. Wir können nicht sagen, daß nur die Juden die Opfer unserer Rassenideologie waren, denn die Slawen und die Geisteskranken und die sogenannten Asozialen waren es auch. Hinzu kommt, daß die Techniken der Tötung, die Geisteskranken durch Gas zu vernichten, dieselben Techniken waren, mit denen dann die Juden in Polen umgebracht worden sind. Das heißt, der Tötungsakt, der die Geisteskranken vernichtet hat – 100 000 Tote durch Vergasung, 1940 –, ist mit denselben Instrumenten, mit denselben Prozeduren und denselben Mordkolonnen dann in Kulmhof, Majdanek, Sobibor, Treblinka weitervollzogen worden. Später haben raffiniertere Mittel der Chemie – Blausäure in Auschwitz – zur Tötung in kürzerer Zeit geführt. Die Technik der Vernichtung und die Ideologie, die dahinter stand: Gruppen rassezoologisch definitorisch auszugrenzen, um sie zu vernichten, ist die gleiche geblieben.

Deshalb haben wir als Deutsche, als überlebende Täternation die politische Verantwortung und die moralische Pflicht, alle zu erinnern und nicht nur eine Kategorie, wie sie die SS definiert hat. Wenn wir die Denkmäler jetzt nach Gruppen sortieren, nach den Opfergruppen, übernehmen wir die Dreiecke der KZs, und je nach Zahl und Größe gibt es dann größere und kleinere Denkmäler, plus-minus, es entsteht eine quantifizierbare Hierarchie, um die gestritten werden muß: Wer kriegt mehr, wer kriegt weniger? Darauf haben wir uns schon eingelassen, uns damit eine Folgelast aufgebürdet, die schwer aus der Welt zu schaffen ist. Denn das, was jetzt entsteht, gerät zwangläufig zum anti-antisemitischen Denkmal. Und die Toten, die die Deutschen darüber hinaus produziert haben, die an Zahl die der Juden übersteigen, werden vor der Tür gelassen – damit haben wir nichts mehr zu tun. Und wenn Sie die Zeitung verfolgten, werden Sie vom Ausruf des Berliner Bürgermeisters gehört haben: »Nein jetzt sollen auch noch andere auch noch Denkmäler kriegen« – das sei unzumutbar. Die Sinti und Roma haben seit vielen Jahren ein Denkmal zwischen Reichstag und Brandenburger Tor versprochen bekommen. Nichts ist passiert. Das heißt, wir planen jetzt ein Denkmal, um uns einzupassen in das internationale Gedenken der Holocaust-Opfer – als seien wir selber welche. Jetzt wirkt die schleichende Transformation des Opferbegriffs nach. Er holt uns ein, als seien auch wir nur Opfer und keine Täter. Und als könnten wir uns durch ein Holocaust-Mal die Erinnerung an die anderen Toten ersparen, obwohl die Russen, die Polen und andere Ethnien, die Euthanisierten, die Geisteskranken und die politischen oder religiösen Widerständler ebenso ermordet worden sind, und zwar mit dem gleichen Terrorsystem rassezoologischer, rassehygienischer und erlösungssüchtiger Argumente, die die Deutschen damals produziert hatten, um die jeweils Hinausdefinierten dem Tod auszuliefern. Mein Vorschlag lautet daher – aber ich glaube, es ist zu spät –, daß man die Ermordeten nicht nach den Kategorien der SS erinnert, sondern aufgrund der Tatsachen, die die Täter geschaffen haben: daß sie ermordet worden sind.

Wenn wir eine Gedenkstätte schaffen, die die Einzigartigkeit der begangenen Verbrechen in unsere wiederholte und stetig sich wiederholende Erinnerung einbindet, dann dürfen wir nicht einzelne Opfergruppen ein- und ausschließen. Wir dürfen nicht die willkürlichen Grenzen der Zu-Tode-Definierten befestigen, um eine Hierarchie der Opfer daraus hervorgehen zu lassen. Vielmehr müssen wir uns daran erinnern, daß es uns nicht zusteht, Opfermale – wie die Opfer selbst es tun – zu errichten, sondern ein Tätermal, so schwer es auch fällt. Ein Tätermal, das uns daran erinnert, wer die Verantwortung für die Ermordungen, Vernichtungen, Vergasungen zu tragen hat. Mit dieser Erinnerung müssen wir leben lernen.

Gebrochene Erinnerung? Deutsche und polnische Vergangenheiten

Ich spreche als Historiker. Aber trotz meines polnischen Namens bin ich kein Spezialist für deutsch-polnische Geschichte. Eine kurze Geschichte aus meiner Familie darf ich dennoch vorausschicken. In der nationalsozialistischen Zeit wurden wir in Schlesien aufgefordert, unseren Namen zu germanisieren, was unsere Familie abgelehnt hat. Aber nicht etwa weil wir Polen, sondern weil wir Deutsche waren. Wir wollten nicht identifiziert werden mit jenen Nationalsozialisten, die uns die Germanisierung unseres Namens angesonnen hatten. Daraus erhellt, wie kompliziert es ist, wenn man sich einmal auf die Namensgebung einläßt, die zwischen unseren Nationen eine Fülle von gegenseitigen Zumutungen, Verwechslungen, Vermischungen, Vertauschungen, Verdächtigungen, Umbenennungen zur Folge gehabt hat – eine Kette verquerer Konflikte zwischen unseren Völkern.

Heute möchte ich nur einige Bemerkungen machen, und zwar über gebrochene Erinnerung, über gebrochene Erinnerungen, die sich auf die deutschen und die polnischen Vergangenheiten erstrecken. Von Erinnerung zu sprechen hat heutzutage in Deutschland Konjunktur. Neben der historischen Wissenschaft hat sich eine Art Metawissenschaft etabliert, die danach fragt, was Erinnerung eigentlich sei – ohne zu fragen, was erinnert werden muß – und wie sie sich zum Vergessen verhalte.

Die seit Nietzsche bekannte Frage nach einer lebensträchtigen Geschichte, die eine gehörige Portion Vergessen benötige, um dem Leben zu dienen, wird also erneut gestellt. Und dabei taucht eine so verdächtige Vokabel wie »Geschichtspolitik« auf. Als ließe sich Geschichte auf ihre politische Funktion reduzieren. Da wird munter destruiert, konstruiert, rekonstruiert, um es dem jeweiligen Interesse anzupassen oder anzudienen, sei es ein politisches oder sei es ein erkenntnisleitendes Interesse oder sonst eines, in dessen Dienst die Geschichte als Wissenschaft oder als Lehre zu treten habe. Der didaktische Finger lugt hervor, und ein gewisses Mißbehagen an derlei Bevormundung läßt sich kaum verstecken. Deshalb sei zunächst darauf hingewiesen, daß unserem Begriff der Erinnerung eine unvermeidbare Doppeldeutigkeit einwohnt.

Primär und unveränderbar gründet jede Erinnerung in der je persönlich gewordenen Eigenerfahrung. Die Eigenerfahrung, die jeder für sich selbst gemacht oder gesammelt hat, bleibt unaustauschbar. Die Erinnerungen an die eigenen Erfahrungen mögen schwanken, verblassen oder aber unverrückbar in den Leib gegossen sein – dann bleiben sie unauslöschlich. Eine derart verleiblichte Erinnerung läßt sich durch keine Didaktik und keine Geschichtspolitik aus der Welt schaffen. Mit ihr umzugehen erfordert Anstand und Abstand, jedenfalls Takt, was nicht gerade eine übliche Eigenschaft der Geschichte oder gar der Geschichtswissenschaft ist.

Unter Erinnerung wird aber auch weit mehr begriffen als nur die eigene und nur die Summe jeweils individueller Erinnerungen. Da wird im Gefolge von Durkheim und Halbwachs gerne von »kollektiver Erinnerung«, auch vom »kollektiven Gedächtnis« gesprochen. Gegen eine solche Kollektivität seien – methodische – Bedenken angemeldet. Unbestreitbar gibt es gemeinsame Erfahrungen, in die die Menschen hineingeraten, ohne ihnen entrinnen zu können, unbeschadet von Alter, Geschlecht, Konfession, Parteizugehörigkeit oder gar Nationalität. Aber schon diese Aufreihung belehrt uns darüber, daß selbst gemeinsame Erfahrungen sehr unterschiedlich wahrgenommen werden. Je nach Alter, Geschlecht, Partei, Konfession oder Nation oder sonstigen Unterscheidungen pluralisiert sich im selben Moment, da eine Erfahrung gemacht wird, schon die Erinnerung. Ja, sie kann sich nach jeweiligen Erfahrungsstreifen selber widersprechen, obwohl sie in einer vermeintlich gemeinsamen Erfahrung gründet – widersprüchliche Erinnerungen, die auf »gemeinsamen Erfahrungen« ruhen: Allein dieser Befund sträubt sich gegen eine Kollektivität der Erinnerung. Um Terenz zu variieren: »quot homines, tot sententiae«; so viele Menschen, so viele Erinnerungen. Die Redeweise von einer kollektiven Erinnerung gerät also in die Gefahr, auf hoch abstrakter Ebene Verallgemeinerungen substantiell festzuschreiben. Als sei eine kollektive Erinnerung zu betasten wie ein Denkmal!

Deshalb sei ein Vorschlag zur Behutsamkeit angeboten. Es gibt keine kollektive Erinnerung, wohl aber kollektive Bedingungen möglicher Erinnerungen. So wie es immer überindividuelle Bedingungen und Voraussetzungen der je eigenen Erfahrungen gibt, so gibt es auch soziale, mentale, religiöse, politische, konfessionelle Bedingungen – nationale natürlich – möglicher Erinnerungen. Sie wirken dann als Schleusen, durch die hindurch die persönlichen Erfahrungen gefiltert werden, so daß sich klar unterscheidbare Erinnerungen festsetzen. Die politischen, sozialen, konfessionellen oder sonstigen Voraussetzungen begrenzen also die Erinnerungen und geben sie zugleich frei. Auf diese Weise können sehr unterschiedliche Erfahrungsgeschichten sehr verschiedene Erinnerungen prägen, ohne daß diese den eindeutigen und unveränderbaren Status einer kollektiven Erinnerung gewinnen müßten.

Wer eine kollektive Erinnerung sucht oder unterstellt oder beschwört, ist darauf angewiesen, ein kollektives Handlungssubjekt vorauszusetzen, das sich eben auch kollektiv erinnern könne. Damit tauchen jene hypostasierten Handlungsträger auf, die als Klasse, als Volk, als Nation, als Kirche, als Partei, als Verein, als Gewerkschaft oder als sonstige Einheit die Vielfalt persönlicher Erinnerungen verschlucken und als kollektive Einheit wieder von sich geben. Dann aber stellt sich zwangsläufig die Frage, wer hier das Deutungsmuster monopolisieren will, um die Erinnerungen kollektiv zu vereindeutigen.

Es gibt also ein Vetorecht der je persönlichen Erfahrungen, das sich gegen jede Vereinnahmung in ein Erinnerungskollektiv sperrt. Und es gehört zur oft beschworenen und ebenso oft vergeblich beschworenen Würde des Menschen, daß er einen Anspruch auf seine eigene Erinnerung hat. Ein solches ganz persönliches Erinnerungsrecht bietet Schutz gegen ideologische Indoktrination, gegen mentale Steuerung und Unterwerfung.

Freilich öffnet sich unserem persönlich abgesicherten und umgrenzten Erinnerungsraum ein weiteres Bedeutungsfeld von Erinnerung. Denn diese reicht *nolens volens* in eine Vergangenheit zurück, die sich der persönlichen Eigenerfahrung entzieht, an die eine Person als Person sich gar nicht erinnern kann, weil sie noch gar nicht gelebt hat. Unser Erinnerungsraum übersteigt also die Schranken persönlicher Erinnerung in eine Vergangenheit hinein, die unserer unmittelbaren Erfahrung verschlossen bleibt. Und mit jeder absterbenden Generation wächst dieser jeder persönlichen Erfahrung sich versagende Erinnerungsraum an. Es ist der Raum, den wir gemeinhin Vergangenheit nennen, jener Raum einer vergangenen, nicht unserer gegenwärtigen Geschichte.

Deswegen schlage ich vor, hier von einer sekundären Erinnerung zu sprechen, denn sie fußt nicht auf primären, sondern auf vermittelten Erfahrungen. Der Vermittlungsinstanzen gibt es viele: Schulen, Eltern, Großeltern, gelegentlich Urgroßeltern, wonach es nur noch das berühmt-berüchtigte Hörensagen gibt, dem schwer zu trauen ist. Daher gibt es die Vermittlungsinstanz einer historischen Wissenschaft, die die Erinnerungsdaten rational kontrollieren sollte. Aber mit dieser Wissenschaft konkurrieren andere, nicht auf Rationalität verpflichtete Traditionsstifter wie die Kirchen, Parteien, Verbände und ihresgleichen; und aus einer anderen Perspektive die Literatur und die Künste. Sie alle formen und prägen die Bilder einer Vergangenheit, die den Anspruch erheben, Erinnerung zu stiften oder zu bewahren.

Gemessen an der erfahrungsgesättigten Primärerinnerung, die sich den Menschen mit all ihren Sinnen eingespeist hat, umreißt die Sekundärerinnerung, die die Vergangenheit einzufangen und festzuhalten sucht, ein offenes Feld der Deutungen und der Ausdeutungen, der Nachbesserungen und der Korrekturen, die sich stets und ständig überholen. Was als – inzwischen – vergangene Wirklichkeit zu gelten habe, wird zwar an den gegenwärtigen Erfahrungen gemessen, aber entzieht sich paradoxerweise ebendiesen Erfahrungen, weil sie nicht in die Vorvergangenheit des eigenen Lebens zurückreichen können.

Akzeptieren wir einmal die hier vorgeschlagene Trennung zwischen primärer und sekundärer oder sekundär vermittelter und sekundär angereicherter Erinnerung, dann lassen sich einige Folgerungen ziehen, die auch ein Licht werfen auf die deutschen und polnischen Vergangenheiten. Sie führen uns heran an Erfahrungsbefunde, die etwas hervorrufen, was ich eine gebrochene Erinnerung nennen möchte. Um das zu erläutern, werde ich in zwei Schritten vorgehen. Zunächst werde ich über geteilte Erinnerungen sprechen, sodann über gebrochene Erinnerungen.

I. Geteilte Erinnerungen. Deutsche und polnische Vergangenheiten, die einander ausschließen, aber auch zusammenführen mögen

Solange eine nationale Sicht obwaltet, die aus der Perspektive einer vermeintlich homogenen Nation die Vergangenheit sortiert und ausdeutet, schließen fast überall die deutsche und die polnische Vergangenheit einander aus. »Des einen Freud ist des andern Leid«, wie ein dazu passendes Sprichwort lautet. Die Schwelle zur nationalen Sicht, die auch patriotisch oder nationalistisch genannt werden kann – hier handelt es sich nur um graduelle Unterschiede moralisch drapierter Präferenzen, die nicht grundsätzlich auseinanderzuhalten sind, denn jede patriotische kann nationale und jede nationale kann nationalistische Erinnerung sein, ohne daß es methodische Grenzkontrollen gäbe –, diese Schwelle wird überschritten mit der Französischen Revolution, die das Ende übernationaler Adelsherrschaften in Europa herbeigeführt hat.

Die Aufteilung der polnischen Adelsrepublik 1772-1795 und die Auflösung des Heiligen Römischen Reiches deutscher Nation – deutsch im Sinne der obwaltenden Fürstenherrschaft – hängen unmittelbar zusammen. Das Scharnier dieser beiden Ereignissequenzen war der Baseler Friede von 1795 – Anlaß zu Kants Entwurf eines »Ewigen Friedens« –, der gegen die Abtretung des linken Rheinufers an Frankreich im Westen Preußens im Osten den Rückhalt bot, die dritte Teilung Polens abzusichern. Das war auch der erste Schritt zur Auflösung des Reiches, nachdem die polnische Nation bereits zerteilt worden war. Die katholischen geistlichen Herrschaften – etwa ein Drittel des alten Reichsgebietes – wurden aufgelöst zugunsten säkularer, mehrheitlich protestantischer Staaten, die gegen den Kaiser und gegen das Reich ihre eigene Souveränität beanspruchten.

Die Großgewinner dieses Teilungsprozesses waren Frankreich und Preußen, aber auch Bayern und Österreich, die allesamt den Hauptanteil der ehemaligen geistlichen Gebiete verschluckten. Im Osten waren die Gewinner der polnischen Teilung Rußland, ebenfalls Preußen und Österreich, nicht aber ein Deutschland, das es im politischen Sinne gar nicht gab. Das Reich löste sich in Staaten auf, die sich sprachlich oder kulturell als deutsch begreifen mochten, die aber keinen deutschen Staat bildeten, sowenig wie die übernationale polnische Adelsrepublik einen polnischen Staat gekannt hatte. Es wurde von den Nachbarn verhindert. Polen wurde mit seiner ehedem gewählten monarchischen Spitze aufgelöst – wie kurz darauf die deutsche ständisch-kaiserliche Wahlmonarchie.

Die Parallelen reichen noch weiter. Gemessen an dem revolutionären Ideal der einen und unteilbar homogenen Staatsnation, in deren Namen die Franzosen fast ganz Europa unterworfen hatten, entstand sowohl für Polen wie für Deutschland ein Postulat, das erst in Zukunft eingelöst werden konnte: nämlich ebenfalls eine Nation, einen Volksstaat zu bilden, der zumindest rechtlich die ständischen Unterschiede ausgleichen sollte und der sprachlich und kulturell auf ein einiges Staatsvolk abzielte. Ein erster Anlauf zu einer solchen republikanischen Konstitution, die polnische Verfassung von 1791, wurde von außen erstickt, und so wurden später die revolutionären Aufbrüche 1830, 1848 und 1863 erstickt, und zwar nicht nur in den polnischen Gebieten, sondern ebenso wie im Bereich des deutschen Bundes in fast ganz Europa.

Es soll hier nicht die damalige Erfahrungsdifferenz zwischen Deutschen und Polen heruntergespielt oder gar geleugnet werden. Die Polen mußten 123 Jahre lang warten, bevor ihr neuer Staat entstand. Die Deutschen hatten bis 1870 immerhin die Alternative, sich für die großdeutsch-österreichische oder für die kleindeutsch-preußische Lösung zu entscheiden. Darüber kam es – wie schon 1848 – 1866 staatsrechtlich gesehen zu einem Bürgerkrieg, völkerrechtlich zum Krieg, der aus dem kleindeutschen Reich rund ein Viertel aller deutschsprachigen Bevölkerungen ausschloß. Hier bricht bereits eine Jahrhunderte alte gesamtdeutsche Erfahrung zusammen, weil die Zwangsalternative »groß- oder kleindeutsch« allen Beteiligten aufgenötigt wurde, ohne daß sie sich diese gewünscht oder ausgesucht hätten.

Aber unsere Fragestellung nach den Sekundärerfahrungen reicht noch weiter zurück in die Vergangenheit. Seit der Französischen Revolution wird sie dauernd umgedeutet, umgeschrieben oder sogar umerfunden. Die neue Leitfrage, nach der alle Sekundärerinnerungen neu geordnet werden sollten, zielte auf einen homogenisierten Volksstaat, den es bis dahin nie und nirgends gegeben hatte.

Die Deutschen, die sich – im Hochadel – erst seit dem 13. Jahrhundert selbst so nannten, und die Polen, deren Name immerhin drei Jahrhunderte älter war – diese beiden Volksnamen waren noch nicht auf einen eigenen Staat mit einem einzigen Staatsvolk bezogen. Die »deutschen« Völker waren die Bayern, Sachsen, Franken, Schwaben und andere mehr. Es gab kein »deutsches Volk«, wohl aber einen (auch europäischen) deutschen Hochadel.

Die Deutschen und die Polen kannten manche Ähnlichkeiten. Beide Länder waren Wahlmonarchien, beide waren auch föderal organisiert. Beide kannten Adelseinungen, Konföderationen, und beide hatten ihren Reichstag mit verschieden dosierten Vetorechten ausgestattet, und beide Länder enthielten rechtlich, kulturell und sprachlich vielerlei Völker.

Nach der Personalunion Polens mit Litauen 1385 und schließlich ihrer Realunion seit 1569 beherrschte der polnische Adel Polen, Litauer, Preußen, Weißrussen, Ukrainer, Juden und Deutsche. Es war eine ethnische Vielfalt von Völkern, die unter dieser Adelsherrschaft zusammengehalten wurde. Und der deutsche Hochadel, wie der polnische verschwistert in ganz Europa, breitete seine Herrschaftsbereiche ebenso über die Reichsgrenzen aus wie die Brandenburger nach

Preußen, die Sachsen nach Polen, die Habsburger nach Ungarn. Und in umgekehrter Richtung griffen die benachbarten Fürsten über die Reichsgrenzen hinweg nach Deutschland: die Schweden nach Pommern und Bremen, die Dänen nach Holstein, die Oranier nach Luxemburg und wechselseitig die Hannoveraner nach Großbritannien bzw. die Engländer nach Hannover. D. h. unsere Grenzen waren durchlässig, die Fürstenherrschaften reichten über die Reichsgrenzen hinaus oder herein. Der Begriff einer Grenze war noch nicht nationalstaatlich festgeschrieben. Der langen Beispielreihe kurzer Sinn: Von einem Nationalstaat kann vor der Französischen Revolution nirgends die Rede sein.

Der einzige Staat, der seine Eroberungen sofort vereinnahmte, war Frankreich. Das sukzessiv eroberte Elsaß wurde verwaltungsmäßig und justizförmig dem französischen Staat eingegliedert und nicht etwa dank einer Personalunion beim Deutschen Reich belassen.

Aber seitdem ein deutscher oder ein polnischer Nationalstaat angestrebt wurde – als Unterpfand der Zukunft oder als Hoffnungstitel –, um eine homogene Nation zu bilden, wie sie Frankreich zu bieten schien und wie sie sich gleichzeitig während der französischen Revolutionskriege in Großbritannien herausbildete, verwandelte sich auch die Sicht in die Vergangenheit. Die Geschichte wurde umgeschrieben. Aus ständischen und territorialen Konflikten der Vergangenheit wurden plötzlich nationale Konflikte (wie in der Gegenwart). Aus Konflikten zwischen Adel, Bürgern und Bauern miteinander, gegeneinander und untereinander aus ökonomisch motivierten Territorialstreitigkeiten wurden plötzlich nationale Selbstbestimmungskämpfe, die es so vor dem 19. Jahrhundert nicht gegeben hat.

Die Kämpfe zwischen dem Deutschen Orden und der Polnischen Krone sind ein Paradebeispiel solcher Streitigkeiten einander sich ausschließender Interpretationen, die die ehemalige Lage völlig verfehlen. Die Niederlagen, die der Deutsche Orden seit 1410 erlitt und die 1466 dazu führten, daß Preußen geteilt wurde in einen königlich-polnischen und einen herzoglich-preußischen Teil, der polnisches Lehen wurde, diese blutigen Ereignissequenzen waren ehedem alles andere als ein Nationalkrieg. Denn die deutschsprachigen – oder die deutschrechtlich verwalteten – Bürger von Thorn, Danzig und Elbing hatten sich mit dem preußischen Landesadel verbunden, um gegen den deutschen Orden und gegen die preußischen Bischöfe und ihre Domkapitel bei der Polnischen Krone Schutz und Hilfe zu finden. Es war ein typisch ständischer Konflikt. Die Stände haben sich nicht aufgrund ihrer Sprache, sondern vertragsrechtlich vereinigt, um die Herrschaft des preußischen Ordens – nämlich von damals rund 700 lebenden Rittern – abzuschütteln. Die Polnische Krone nutzte die Gelegenheit, das westliche Preußen zu integrieren, um so den Zugang zur Ostsee zu gewinnen, was sie schon aus ökonomischen Gründen seit langem anstrebte.

Schauen wir ein paar Jahrzehnte weiter: Die brisante Frage, die uns heute eine nationale Zwangsalternative aufnötigt, ob Kopernikus (oder ob Veit Stoß) ein Deutscher oder ein Pole gewesen sei, ist so falsch gestellt, daß sie damals überhaupt nicht aufgetaucht war. Wissenschaft, Kunst oder Religion waren eben nicht national radizierbar. In Erinnerung gerufen sei die humanistische Toleranz, die damals in Polen herrschte, im 16. Jahrhundert vorbildlich für ganz Europa. Die Generalföderation von 1573 verpflichtete den polnischen Adel auf gegenseitige konfessionelle Duldung, die einzuhalten auch der Polnischen Krone aufgenötigt wurde. Die lutheranischen und die calvinistischen und die orthodoxen Kirchen haben unter der polnischen Herrschaft im 16. Jahrhundert gleichberechtigt leben können oder wurden toleriert – so wie die Juden hier ihre Zuflucht gefunden hatten. Das hat sich im 17. Jahrhundert geändert. Aber selbst dann noch flohen protestantische Bauern aus Schlesien, um der konfessionellen Verfolgung durch die Habsburger zu entgehen; sie fanden ihre Zuflucht in Polen. All das sei erwähnt, um die Generosität und die Chancen einer übernationalen und überkonfessionellen Toleranz der polnischen Adelsrepublik in Erinnerung zu halten.

Aber die Zeiten haben sich geändert: Das Denkmal, das hier in Krakau 1910 errichtet wurde, um den königlichen Sieg von 1410 in Grunwald über den deutschen Orden zu feiern, hat daraus 500 Jahre später einen nationalen Sieg der Polen über die Deutschen gemacht. Diese Umwidmung hat mit der Erfahrung der ehedem Beteiligten nichts mehr zu tun. Die Ordensritter, die sich 1190 als »Brüder vom deutschen Haus Sankt Mariens zu Jerusalem« zusammengeschlossen hatten, verstanden sich als Kreuzfahrer, und so wurden sie auch nach Masovien gerufen, um die Pruzzen zu missionieren, eines der heidnischen Völker im Baltikum. Wenn sich Kaiser Franz Joseph 1910, als das Krakauer Denkmal von Paderewski gestiftet wurde, geärgert haben sollte, daß die Polen auf habsburgischem Boden ein aggressives Nationaldenkmal errichteten, dann mochte er im Stillen darin eine nachgeholte Rache für Sadowa erblickt haben. Denn verbieten oder abreißen ließ er das polnische Siegesmal nicht. Das blieb den Deutschen 1939 vorbehalten, die nunmehr weder als Preußen noch als Österreicher, sondern eben als Deutsche in Polen einbrachen und die 1940 das Denkmal einschmolzen. 1976 ist es so rekonstruiert worden, wie es heute zu sehen ist. Unter dem Leichnam des gefallenen Hochmeisters Ulrich von Jungingen, den Jagiello besiegt hatte, ist nach dem Zweiten Weltkrieg ein Denkmal des Unbekannten Soldaten errichtet worden, um die gesuchte Kontinuität zur polnischen Nation von heute herzustellen.

Je mehr die Zwangsalternative den Menschen aufgenötigt wurde, der einen oder der anderen Nation angehören zu müssen, desto höher stieg das Konfliktpotential – bis hin zu unlösbaren Konflikten, die auf diese Weise generiert wurden. Und das polnische Volk hatte allemal das Nachsehen, weil im 19. und 20. Jahrhundert die Russifizierung vom Osten und die Germanisierung vom Westen her vorangetrieben wurden. Föderale Zwischenlösungen – wie sie später Piłsudski vorschwebten – führten zwischen 1918 und 1920 zu erbitterten und blutigen Kämpfen. Allein die Eroberung Lembergs kostete den Polen 5000 Tote, Minsk und Kiew rückten in die Reichweite einer gewaltsamen Integration. Aber der große Entwurf von Pilsudski, eine Föderation osteuropäischer Völker unter polnischer Dominanz zu organisieren, ist bereits daran gescheitert, daß die Weißrussen, die Ukrainer und die Litauer selbst ihre nationalstaatlichen Ansprüche erhoben. Und wenn 1921 viele Millionen von ihnen dennoch von Polen vereinnahmt worden sind, dann war damit jede Chance einer paritätischen föderalen Neuordnung vertan worden.

Generell läßt sich sagen, daß die Polen wie die Tschechen und wie die Serben zwischen den Kriegen an denselben Problemen gescheitert sind, an denen schon Österreich-Ungarn gescheitert war. Das heißt die Alternative einer multinationalen föderalen Organisation, die schon von den Habsburgern verfehlt wurde, ist auch in den zwanziger und dreißiger Jahren nicht mehr erreicht worden.

Was kann aus dieser national geteilten Erinnerung, die bisher geschildert wurde, gefolgert werden? Solche geteilten Erinnerungsräume lassen sich, sofern sie national definiert wurden, durchaus vermitteln. Geteilte Erinnerung ist nicht nur getrennte Erinnerung, sondern auch eine solche, die gemeinsam geteilt werden kann. Und da ist bereits Enormes geleistet worden von Journalisten, Historikern, Publizisten, Literaten, Theologen, die ihre national geteilten Erinnerungen zwischen einer polnischen und einer deutschen Vergangenheit zu vermitteln sich anheischig machen. Hier läßt sich ein weiteres Sprichwort anwenden: »Geteiltes Leid ist halbes Leid.« Aber auch das ist nur die halbe Wahrheit. Alte Wunden, die vernarbt sind, können dennoch schmerzen. Dann bleiben Lasten zurück, die gebrochene Erinnerungen in sich bergen. Sie können nicht ohne weiteres zusammengefügt werden.

II. Gebrochene Erinnerungen

Bereits die Gedenkstätte in Annaberg läßt einen Kompromiß zwischen heutiger nationalpolnischer und ehemals nationaldeutscher Traditionsbildung noch nicht zu. Es ist bekannt, daß die Polen die Teilung Oberschlesiens 1921 zu verhindern suchten, nachdem die Volksabstimmung mit 60 Prozent zugunsten der Deutschen ausgefallen war. Erst nach dem von den Siegermächten überwachten Plebiszit erfolgte der dritte Einfall der polnischen Freicorps unter Korfanty, die von den deutschen Freicorps bei Annaberg in einer blutigen Schlacht besiegt wurden. Das nationaldeutsche antipolnische Siegesmal – gegenüber der christlichen Wallfahrtskirche – ist nach 1945 in ein Heiligtum der polnischen Nationaleinheit verwandelt worden, nunmehr ohne die deutschen Toten zu erinnern. Das heißt, hier obwaltet noch das alte, gegenseitige Ausschließungskriterium. Als Helmut Kohl Polen besuchte, durfte er das Kreisau protestantischer Tradition aufsuchen, nicht aber Annaberg, wo die katholisch-polnischen Nationaltraditionen noch ein Monopol der Erinnerung beanspruchen. Ich nenne das Beispiel nicht, um zu polemisieren, sondern um zu zeigen, daß an dieser Erinnerungsstätte die geteilte Erinnerung noch nicht zusammengewachsen ist, obwohl sich die Oberschlesier selbst die Alternative, polnisch oder deutsch sein zu sollen, nicht ausgesucht haben. Sie wurde ihnen von den jeweiligen Siegern 1921 wie 1939 wie 1945 aufgenötigt.

Unsere These handelt deshalb nicht nur von geteilten, sondern vor allem von gebrochenen Erinnerungen. Durch die polnischen und die deutschen Erinnerungsräume zieht sich immer wieder ein Riß, der nicht nur zwischen den Generationen der Überlebenden, der Beteiligten und der Betroffenen auf der einen Seite entsteht und derer, die nachgeboren sind. Das ist ein gleichsam normaler Riß, der biologisch bedingt immer wieder möglich ist. Doch was hier erinnert werden muß, löst Brechungen aus, die den Erinnerungsraum zerreißen und den zu ertragen wir alle verpflichtet sind. Die Risse in den Denkmälern, die nach dem Zweiten Weltkrieg errichtet worden sind, die mit Spalten und mit der Bruchsymbolik arbeiten, lassen sich metaphorisch ernst nehmen für das, was in der Erinnerungstätigkeit der Überlebenden tatsächlich geleistet werden muß.

Ich maße mir hier nicht an, über die Juden zu sprechen, für die der Bruch zwischen den Überlebenden in der Diaspora und in Israel nicht erst seit der Kritik von Hannah Arendt ein Dauerthema ist, das jedenfalls innerhalb israelischer oder jüdischer Tradition immer wieder durchdacht werden muß. Aber für die Deutschen, um von denen weiter zu sprechen, besteht kein Zweifel, daß ein Bruch in der Erinnerung eine Triebkraft ihrer Erinnerung ist. Alle Deutschen, zumindest die damals gelebt haben, waren beteiligt an den brutalen Unterwerfungsaktionen gegen die Polen und an den Ausrottungsaktionen gegen die Juden. Sie waren mittelbar oder unmittelbar beteiligt in vielfacher Hinsicht, weil sie alle, zustimmend oder sich entrüstend, im System des Nationalsozialismus lebten. So waren sie beteiligt als Opponenten oder als Wegschauer – was Fritz Stern scharfblikkend analysiert hat, sie waren beteiligt als Zuschauer, sie waren beteiligt als Zuträger, sie waren beteiligt als Täter. Dieser Skala entgeht keiner aus der deutschen Gesellschaft: Gerade weil die Vernichtungsaktionen nicht nur örtliche Pogrome waren, sondern staatliche Vernichtungsaktionen, die bürokratisch und technisch organisiert wurden und die alle auf polnischem Boden vollzogen worden sind – was zur zwiespältigen Erinnerung auch der Polen gehört, auf die ich gleich zu sprechen komme.

Die Vernichtungslager in Chelmno, Sobibór, Belzec, Majdanek, Treblinka und ebenso in Auschwitz sind alle auf polnischem Boden errichtet worden, insofern den Deutschen scheinbar eine Entlastung für die Mordaktionen bietend. Die Wirklichkeit hinter diesem Schein war um so furchtbarer. Es sei daran erinnert, daß von den Polen ungefähr 20 Prozent gefallen oder umgebracht worden sind. Das ist die höchste Todesrate aller europäischen Nationen, selbst wenn man von den ermordeten polnischen Juden als solchen absieht. Die Deutschen sind als Täter beteiligt durch Hinschauen oder Wegschauen. Sie sind in das Vernichtungssystem unentrinnbar verstrickt bis hin zu den aktiven Zuträgern und den Tätern selbst. Allerdings ist auf dieser Skala eine Fülle von verschiedenen Zuordnungen möglich, die in unauflösbare Widersprüche führen. Zunächst sind die an den Judenmorden Verantwortlichen nicht identisch mit denen, die die tatsächliche Schuld daran tragen. Die Verantwortung tragen die Deutschen allesamt. Die Schuld im strengen Sinne trifft, mit Jaspers gesprochen, nur diejenigen, die die Taten selber vollzogen haben. Die Haftung traf wiederum andere. Als erste wurde für die unvorstellbaren Taten die ostdeutsche Bevölkerung haftbar gemacht. Sie wurde vertrieben – freilich nicht wegen der Judenvernichtung. Sie wurde aber haftbar gemacht für etwas, was die gesamte deutsche Nation politisch zu verantworten hat, ohne daß die gesamte Nation als solche im moralischen Sinne direkt schuldig war.

Diese verschiedenen Zuordnungen: der Verantwortung, die alle zu übernehmen haben; der Schuld, die nur ganz spezifische Gruppen tragen und tragen müssen; und der Haftung, die wiederum ganz andere Gruppen erfaßt hat als die, die unmittelbar schuldig waren – diese Zuweisungen, die bis in unseren Alltag reichen, erzeugen Bruchlinien in unserem Erinnerungsraum, die wir ständig reflektieren müssen, um unsere Vergangenheit aushalten zu können. Wir können unsere Erinnerung nicht wahren, ohne diese unüberbrückbaren Bruchlinien mit zu erinnern. Sonst wären wir uns selbst gegenüber unehrlich. Entgegen der so geläufigen wie fälschlichen Rezeption hatte Jaspers schon 1945 die Kollektivschuld als solche zurückgewiesen, um desto deutlicher die kollektive Verantwortung zu betonen. Schuld, Verantwortung und Haftung decken sich nicht. Diese Unterscheidungen bleiben nötig, um die Gemeinsamkeit unser aller Erinnerung mit den Bruchlinien, die hindurchlaufen, festzuhalten. Schuldig und nichtschuldig zu sein, bleibt für die deutsche Nation, wenn auch nicht für alle gleicherweise, wahr. Hier helfen auch keine moralischen Vereindeutigungen.

Einen Hinweis darf ich hinzufügen, der auch die polnische Erinnerung mit meint. Die aus den ehemaligen deutschen Ostprovinzen, den heutigen polnischen Westprovinzen Vertriebenen wie auch die Flüchtlinge haben ihre Toten zurücklassen müssen. Ihre Gräber und Denkmale wurden beseitigt. So zieht sich auch hier durch die Erinnerung, die an die Toten dieser Provinzen gebunden ist, ein Riß, der in die deutsche Erinnerungskultur eingehen muß. Ein gleiches gilt – seitenverkehrt – für die aus den polnischen Ostgebieten vertriebenen und umgesiedelten Polen. – Von den Deutschen aus ganz Ost- und Südosteuropa sind auf der Flucht oder bei ihrer Vertreibung rund zwei Millionen umgekommen. Auch sie haben ein Recht darauf, erinnert zu werden. Wenn die Deutschen heute dabei sind, die von ihnen Ermordeten in ihrem Gedächtnis wachzuhalten, dann sind sie auch verpflichtet, die Erinnerung an ihre eigenen Toten zu pflegen. Das eine ist nicht auf Kosten des anderen zu haben. Das hat mit Revanchismus nichts zu tun. Denn die Menschen, die Flucht und Vertreibung nicht überleben konnten, waren ja keineswegs *eo ipso* die Mörder ihrer osteuropäischen Nachbarn gewesen. So zieht sich auch hier ein unüberbrückbarer Riß durch unseren Erinnerungsraum, den mit zu bedenken wir unseren eigenen Toten schuldig sind.

Nicht dieselben, doch ähnliche Fragen stellen sich für die Polen. Die bereits nach dem Ersten Weltkrieg nicht gelösten – oder vielleicht besser gesagt: nicht lösbaren – Konflikte mit den Minderheiten warfen auch ein halbes Jahrhundert lang nach 1945 ihre tiefen Schatten, die die Erinnerung zu verdunkeln geeignet sind. Über eine Million Einheimischer auf ehedem deutschen Gebieten mußten erneut ihre nationale Identität wechseln, ohne gefragt zu werden (so wenig wie die Polen von den Siegermächten 1945 gefragt worden waren, ob sie ihrer sogenannten Westverschiebung zustimmen wollten). Die autochthon Genannten mußten ihre Identität wechseln, um überleben zu können, freilich unter Bedingungen, die ihnen wieder keine Gleichberechtigung verschafften. Glücklicherweise haben sich diese Konflikte seit 1990 entspannt. Die ehemals aufgenötigten Zwangsalternativen sollten aus dem Gedächtnis nicht verdrängt werden. Denn alle Toleranz fordert, wenn sie denn gelingen soll, gegenseitige Anerkennung.

Das führt uns zum tiefsten Bruch, der sich durch unser aller Erinnerung zieht, wie der ermordeten Juden gedacht werden muß. Verantwortung und Schuld liegen klar zutage bei den Deutschen, aber auch die polnische Erinnerung kennt hier bisher nicht gelöste Herausforderungen. Selbst wenn man davon ausgeht, daß auf polnischem Boden die Vernichtung der Juden stattgefunden hat, sei hier nicht die Kollaboration osteuropäischer Völker angesprochen, die sich, von den Deutschen angestiftet, an den Pogromen höchst aktiv beteiligt haben. Auch von den Denunzianten sei nicht gesprochen, die es immer gibt und gegeben hat. Wenn Juden gerettet worden sind, im östlichen Mitteleuropa, dann jedenfalls durch Polen. Über 4000 polnische Gerechte werden in Yad Vashem geehrt.

Die Rißlinie verläuft hier anders durch den polnischen Erinnerungsraum. Polen hat durch die brutale, rassistisch motivierte Vernichtungspolitik der deutschen Nationalsozialisten die höchste Verlustzahl. Wie bereits gesagt: 6,2 Millionen sind gefallen, vergast, verhungert, zu Tode gequält und vernichtet worden. Aber rund die Hälfte davon – die exakten Zahlen sind wohl nie mehr zu errechnen – sind polnische Staatsbürger jüdischen Glaubens gewesen. Diese Millionen – innerhalb der polnischen Erinnerung ein schweres Gewicht – haben gleichzeitig ihr eigenes Gewicht, sofern sie als Juden und nicht als Polen ermordet worden sind. Und die wenigen Überlebenden haben fast alle ihr Land Polen verlassen, verlassen müssen. Hier zieht sich ein offener Riß durch den polnischen Erinnerungsraum. Die Märtyrernation, als welche sich Polen begreift, umfaßt auch die ermordeten jüdischen Staats- (oder Mit-)bürger, schließt sie als Juden aber gleichzeitig aus. Es sei nur auf die Karmeliterinnen und auf das umstrittene Kreuz in Auschwitz hingewiesen oder auf die Widmungen und Umwidmungen der dortigen Gedenktafeln. Die immer noch auftretenden Brüche und Risse zu überbrükken bleibt eine Aufgabe, die – analog zur deutschen Erinnerungskultur – den Polen auferlegt ist. Sie reicht freilich in Konfliktfelder, die schon vor dem Zweiten Weltkrieg wucherten.

Die drängende Problematik war offen angesprochen worden von Edith Stein. Edith Stein, Assistentin von Husserl, Jüdin aus Breslau, dann konvertiert, bat 1933 Pius XI. um eine Audienz. Sie wollte über die Judenverfolgung sprechen, wurde aber nicht empfangen. Immerhin setzte der Papst eine Jesuitenkommission ein, die bis 1938 eine Bulle vorbereitete. Sie trug den verheißungsvollen Titel »Unitas generis humani« – die Einheit des Menschengeschlechts. Damit wurden die Juden anerkannt von der katholischen Kirche, und zwar grundsätzlich als gleichberechtigt. Das Toleranzgebot, Ungleiche gleich zu behandeln, wurde hier verankert. Oder schärfer noch: konfessionell oder religiös Ungleiche wurden als gleich anerkannt, die Einheit des Menschengeschlechts als minimale Voraussetzung des Zusammenlebens von Juden und Christen. Diese Bulle ist – von Pius XII. – nicht mehr veröffentlicht worden.

Hier soll nicht spekuliert werden, wie die Geschichte verlaufen wäre, wenn sich die katholische Kirche öffentlich auf den Gleichheitssatz festgelegt hätte. Auch die Positionen Hochhuths sollen hier nicht durchdekliniert werden. Für uns gilt es zu fragen, wie eine Erinnerung zu pflegen ist, die die menschliche Gemeinsamkeit der Juden und Christen achtet, wie es Edith Stein vorgeschlagen hatte, wofür sie, und das darf man sagen, in den Tod gegangen ist. Johannes Paul II. hat Edith Stein erst selig-, dann heiliggesprochen, ohne daß dabei die einst konzipierte Bulle »Unitas generis humani« erwähnt worden ist. Wenn man einen Grund finden wollte, warum Edith Stein heiliggesprochen werden konnte, dann nicht, weil sie als Jüdin ermordet worden ist – was tatsächlich der Fall war. Aber auch nicht, weil sie als Christin starb, wozu sie sich bekannt hat. Vielmehr starb sie als Jüdin und als Christin. Als Jüdin wurde sie von den Nazis ermordet, sie selbst wußte sich als Christin, die sich mit dem Volk ihrer jüdischen Herkunft, eben aus christlichen Gründen, weiterhin identifizieren konnte. Sie hat die »Unitas generis humani« in ihrer eigenen Person durchlebt, verwirklicht, und dafür ist sie umgebracht worden.

Wer das einmal weiß, hat Grund genug, in gemeinsamer Erinnerung zu halten, was uns auf die Gleichheit ungleicher Religionen oder Konfessionen oder Nationen verpflichtet. Es sei noch hinzugefügt, daß damit auch ein föderales Verfassungsprinzip benannt wird, das Ungleiche gleich zu behandeln fordert. Das verursacht Unkosten, sichert aber, auf die Länge, gemeinsamen Gewinn. Dieses Toleranzangebot, Ungleiche gleich zu behandeln, hatte Edith Stein im Namen der »Unitas generis humani« einzulösen gefordert. Dafür ist sie in den Tod gegangen, und dafür hat sie, so möchte ich meinen, im katholischen Sinn ihre Heiligsprechung verdient.

Gibt es ein kollektives Gedächtnis?[1]

Die Fülle der Anregungen ist so groß, dass es schwierig sein wird, auf alles einzugehen, was uns Pierre Nora zur Diskussion gestellt hat. Ich selber werde versuchen, zu zwei Punkten Fragen zu stellen. Dabei hoffe ich, dass wir wahrscheinlich eine Übereinstimmung finden, die ich jetzt noch nicht sehe. Die erste Frage bezieht sich auf das Gedächtnis und auf die Erinnerung. Die zweite wird sich auf die Kollektivität des Gedächtnisses oder der Erinnerung beziehen. Zur ersten Frage muss ich darauf hinweisen, dass es sehr schwierig ist, die deutsche und die französische Begrifflichkeit zur Konvergenz zu bringen. *Souvenir* und *memoire* sind nicht identisch mit *Erinnerung* und *Gedächtnis*. In diesen Begriffsfeldern stecken andere Zuordnungen. Ich bin also sicher, dass wir Missverständnisse produzieren, wenn es zur Übersetzung kommt, so gut die Übersetzung auch sein mag. Man kann nichts daran ändern und wir müssen versuchen, das in der Debatte zu klären.

Unter diesem Vorbehalt möchte ich auch meine erste Feststellung formulieren: *memoria* und *historia* bestehen als *termini technici* schon seit der Antike und das Verhältnis von *memoria* und *historia* ist keineswegs neu. Ich halte also die gesamte Anstrengung, teils überlappend und teils auseinandersetzend, das Gedächtnis gegen die Geschichte in Opposition zu bringen, für nicht überwältigend neu.

1 Dieser Text wurde vom Autor am 6. Dezember 2003 in Sofia bei der internationalen Konferenz »Pierre Nora. Erinnerungsorte und Konstruktion der Gegenwart« mündlich vorgetragen. Der Text wird hier nach der Tonbandaufzeichnung des mündlichen Vortrags veröffentlicht. Es sind gewisse Kürzungen und Änderungen vorgenommen worden. [Anm. der Redaktion von *Divinatio*.]

So z. B. gilt die Feststellung, dass die Beschleunigung mit dem Ende des agrarischen Zeitalters eingetreten ist, zumindest für den Rest Europas bereits seit der Französischen Revolution. Die Beschleunigung als Grundkategorie der Geschichte finden Sie bei Niebuhr, dem Erfinder der historischen Methode in Deutschland. Sie finden die Beschleunigung aber auch bei Goethe und auch in jedem Kommentar zur industriellen Revolution. Henry Adams hat die Beschleunigung um 1900 in seinem genialen Buch *The Education of Henry Adams* als »law of acceleration« aufgestellt. Ich möchte aber auch Chateaubriand als einen Zeugen nehmen, der die Beschleunigung auch analysiert hat. Die Beschleunigung ist also ein Phänomen, das seit der Französischen und seit der industriellen Revolution zu beobachten ist, wenn auch seine Wahrnehmung in Frankreich auf Grund des Endes des Bauernstandes erst relativ spät zu Tage getreten ist.

Nun möchte ich mich ganz auf die Grundkategorie konzentrieren und nochmals die Frage aufgreifen, was Gedächtnis und was Erinnerung ist. Da ich alt genug bin, darf ich vielleicht hier als Augenzeuge auftreten. Als russischer Gefangener bin ich am 10. Mai 1945 in Auschwitz eingeliefert worden. Den Namen Auschwitz hatte ich bis dahin nie gehört, er war mir völlig unbekannt, genauso wie die Namen Treblinka, Belzec und Sobibor. Ich war Soldat in Russland und in Frankreich, aber ich war eben nicht in Polen. Jedenfalls war ich als Zeuge auf den Ort Auschwitz getroffen, als ich ihn unter dem Schild »Arbeit macht frei« betreten habe. Zum ersten Mal habe ich gehört, dass Millionen Menschen vergast worden sind, von einem polnischen Wächter im Stammlager Auschwitz. Wir dachten zunächst, dass es um eine russische Propagandalüge geht. Die Russen sagten, dass die Leute vergast worden wären, aber die Vergasungsanstalten seien zerstört worden. Unsere Reaktion war, na klar, das kann jeder sagen, die Anstalten sind zerstört worden. Ich bin von der tatsächlichen Vergasung überzeugt worden von einem Wächter, der mich antrieb, Kartoffeln zu schälen: »Dawaj, dawaj!« Die Kartoffeln waren nicht für uns, sondern für die Russen, deswegen haben wir langsam geschält. »Dawaj, dawaj!« war das übliche Motto. Dann nahm aber der Wächter einen Schemel, einen Wehrmachtsschemel aus Holz, hob ihn hoch und wollte ihn mir auf dem Schädel zerschlagen, weil ich nicht schnell genug Kartoffeln schälte. Dann warf er diesen Schemel in die Ecke, so dass ein Stuhl abbrach, ein Bein abbrach und sagte: »Was soll ich dir schlaggen Schädel ein, ihr habt vergasst Millionnen!« Dieser Satz ist mir bis heute unvergesslich in Erinnerung. Ich habe mir damals sofort gesagt: »Das kann er nicht erfunden haben«. Solch einen Satz kann er nicht erfunden haben.

Meine Erinnerung an Auschwitz beginnt also mit dieser Situation und meine These ist: Ich kann nur das erinnern, was ich selber erfahren habe. Erinnerung ist an die persönliche Erfahrung zurückgebunden. Ich habe keine Erinnerung bis auf das, was ich selbst erfahren habe. Ich würde sogar so weit gehen zu sagen, dass jeder Mensch ein Recht auf seine eigene Erinnerung hat. Das ist das Recht auf seine eigene Biographie, das Recht auf seine eigene Vergangenheit, die ihm durch keine Kollektivierung, durch keine Homogenisierung, durch keine Zumutung genommen werden kann. Diese Erinnerung ist etwas völlig anderes als die Erinnerung, die heute das deutsche Volk zum 27. Januar, dem Tag der Befreiung von Auschwitz durch die Russen, offiziell feiert. Als Gedenkfeier, als *recommemoration* ist das semantisch eine völlig andere Erinnerung als die, die ich als Augenzeuge in dieser ersten Nachricht in meiner Erinnerung behalten habe. Diese Differenz möchte ich methodisch beibehalten. Es geht um die Differenz zwischen einer kollektiven Erinnerung und der persönlichen Erinnerung. Sie ist konstitutiv für alle Fragen, die wir hier behandeln.

Ich war also, wie ich sagte, nicht Zeuge der Verbrechen, die in Auschwitz damals verübt worden sind. Ich war nur Zeuge eines Ohren- und Augenzeugen. Ich war also Sekundärzeuge und nicht Primärzeuge dessen, was in Auschwitz passiert ist. Als Historiker und als Archivar bin ich nach dem Krieg nach Auschwitz immer wieder gegangen. Ich bin in Polen dreimal gewesen und kann nur sagen, dass der Ort Auschwitz, als Ort der Erinnerung, sich fundamental geändert hat. Auschwitz ist heute ein symbolischer Name, dessen Realität nicht mehr mit dem vergleichbar ist, was ehedem der Fall war. Das Stammlager Auschwitz ist ein Museum geworden. Bei meinem ersten Besuch vierzehn Jahre nach dem Krieg habe ich den Platz noch wiedergefunden, wo ich auf dem dreibettigen Stockwerk unten gelegen habe. Bei der Arbeit zum Abriss der Chemiewerke in Auschwitz hat es immer noch so gerochen, es war derselbe Geruch. Die Auschwitzkasernen waren leer, kein Mensch war dort, es gab kein Museum, es gab nichts. Aber es roch noch so. Als ich dann in den neunziger Jahren des vorigen Jahrhunderts dorthin ging, war bereits eine einzige Überflutungswelle von musealen Erinnerungsstellen da, die mit dem ursprünglichen Stammlager nichts mehr zu tun haben. Als Augenzeuge kann ich das jetzt bestätigen. Und die eigentlichen Orte, wo wirklich Juden ermordet worden sind – Treblinka, Belzec, Sobibor –, sind leer und werden nicht besucht. Sie sind übrigens als Erinnerungsorte viel eindrucksvoller als das Stammlager. Die Erinnerungsmale, die in Treblinka errichtet worden sind – 16 000 Gedenksteine, die die Unendlichkeit der 800 000 an der Stelle ermordeten Juden erinnern – sind m. E. sehr viel eindrucksvoller für die Symbolik der Judenermordung als Auschwitz.

Der Umstand, daß der Ort Auschwitz sich geändert hat, hat Folgen für die Aussagen darüber, was eigentlich Auschwitz gewesen sei. Die historische Wissenschaft bleibt hier als Kontrollinstanz von unabdingbarer Bedeutung. Sie hat jede Erinnerung an das Ereignis zu studieren. Bis 1990 war die Erinnerungsstätte in Auschwitz ohne Erwähnung der Juden gepflegt worden. Die Totenmale, die dort aufgestellt waren, haben nur die Staaten und die Völker erwähnt, innerhalb derer auch Juden gelebt haben. Die Toten waren Ungarn, Polen, Deutsche, Rumänen usw., aber es wurden eben keine Juden erwähnt. Es wurde eine Zahl von vier Millionen genannt. In Auschwitz seien also vier Millionen Menschen vergast worden. Das war die offizielle Version der sozialistischen Deutung, die auf den Denkmälern in Auschwitz inskribiert war – die Opfer waren vier Millionen Menschen und nicht Juden. Erst nach der Wende ist die historische Wahrheit zu Tage getreten, dass es um die eine Million waren, und zwar fast nur Juden. Ich selber als Historiker, der darüber Seminare gemacht hat, wusste es natürlich. Aber die offizielle Mitteilung für die Ostwelt war: Es gab vier Millionen Tote in Auschwitz, viermal so viel als *de facto*, und es waren nur Menschen, primär Staatsbürger der sozialistischen Länder, aber keine Juden. Es hat also eine Umwendung der Information stattgefunden von vier Millionen Menschen auf fast eine Million Juden, die in Auschwitz vergast worden sind. Dabei sind Treblinka, Sobibor und Belzec, die Orte, wo nur Juden vergast worden sind, nicht mitgerechnet. Diese Lager gibt es gar nicht mehr. Es gibt nur Denkmäler. Auschwitz als Stammlager ist dagegen erhalten geblieben. Vom eigentlichen Ort der Judenvergasung Birkenau, vier Kilometer von Auschwitz entfernt, sind die Baracken verschwunden. Dort sind nur die Trümmer der alten Vergasungsanstalten zu finden. Die Aufgabe der Historiker besteht demnach nach wie vor darin, dass sie die historische Wahrheit bis auf die Zahlen und bis auf den Ort durch Befragung von Augenzeugen und von Ohrenzeugen, durch Befragung von schriftlichen und visuellen Quellen rekonstruieren. Die Historiker bilden eine Instanz in der Debatte über die Wahrheit, die von niemandem bestritten und geändert werden kann und darf, was auch immer Gedächtnis und Erinnerung sonst produzieren. Das ist eine These, der vermutlich jeder zustimmen würde. Dann aber ändert sich der Stellenwert dessen, was heute kollektives Gedächtnis genannt wird.

Damit komme ich zum zweiten Punkt – was ist die Kollektivität eines Gedächtnisses? Seit Durkheim und Halbwachs wissen wir, dass die Gemeinsamkeit einer Erinnerung bereits in der Liebe anfängt. Viele Geschichten sind ja Zweiergeschichten, Liebesgeschichten und da ist die gemeinsame Erinnerung das Minimum an Gemeinsamkeit, die die Kollektivität der Erinnerung stiftet und stabilisiert. Aber bereits bei zwei Menschen gleicher Erinnerung kann es durchaus so sein, dass zwei verschiedene Perspektiven berichtet werden. Das kennt jeder vom Gericht. Jeder Historiker kennt das von der Zeugenbefragung. Ich selber kontrolliere meine Erinnerungen, indem ich mich mit meinem Freund, der mir in der russischen Gefangenschaft das Leben gerettet hat, unterhalte. Ich spreche mit ihm immer wieder und wir stellen fest, dass wir anderthalb Jahre im selben Straflager in Karaganda waren und doch sehr verschiedene Erinnerungen an dieselben Situationen haben. So viele Menschen, so viele Erinnerungen. Also, wie ich schon sagte, Erinnerung ist zurückgebunden an die persönliche Erfahrung. Ohne sie gibt es keine Erinnerung. Was ist aber die Kollektivität, die sich angeblich erinnert? Das sind Parteien, Klassen, Verbände, Kirchen, Sekten, Nationen, Religionen, Kontinente ... bis zur Menschheit. Es gibt also eine gleitende Skala der Erinnerungsträger. Die Frage ist, wer ist das Subjekt der Erinnerung? Ich habe ein Angebot methodischer Art. Ich stelle immer die Frage, ob es sich um Aktionseinheiten, also Handlungsgemeinschaften oder um Referenzbestimmungen handelt. Die Referenzbestimmungen sind Bestimmungen, in denen der Redner eine Referenz auf eine Handlungseinheit theoretisch entwickelt. Er bezieht sich auf eine Einheit, der er unterstellt, dass sie kollektive Erinnerung haben müsse. Die Differenz zwischen tatsächlicher Handlungseinheit, die empirisch einlösbar sein kann, und einer Referenzbestimmung, die abstrakt ist und über die empirischen Handlungseinheiten hinausreicht, scheint mir nötig und wichtig, um sagen zu können, was eigentlich die Kollektivität einer Erinnerung ist.

Meine Hypothese ist, dass die kollektiven Referenzbestimmungen nicht auf empirischen Daten aufruhen, sondern von den sieben großen Ps vertreten werden: die Professoren, die Priester, die Pfarrer, die PR-Spezialisten, die Presseleute, die Poeten und die Politiker. Das sind sieben Kategorien in der Gesellschaft, deren Referenzbestimmungen sich auf Kollektivität beziehen, die sie durch Homogenisierung, Kollektivierung, Vereinfachung, Verschlichtung und Mediatisierung selber stiften wollen. Diese ideologische Zuordnung soll darauf hinweisen, dass die tatsächlichen Erinnerungen pluralistisch und unlösbar im Sinne der Homogenisierung bleiben. Es gibt so viele Erinnerungen wie Menschen und jede Kollektivität, die darübergestülpt wird, ist m. E. *a priori* Ideologie oder Mythos. Keine Ideologie und kein Mythos ist dagegen jene Erinnerung, die durch die Düse der historischen Kritik gelaufen ist. Diese Kritik fragt nämlich, was ist nun konkret der Fall gewesen. Meine These lautet dann, dass es zwar keine kollektiven Erinnerungen gibt, aber es gibt kollektive Bedingungen der möglichen Erinnerungen. Die kollektiven Bedingungen möglicher Erfahrungen sind religiöser, sozialer, politischer und ökonomischer Art. Meine Erfahrungen sind durch die Schleuse von ökonomischen, politischen, religiösen, sozialen, kirchlichen, parteilichen, nationalen und sprachlichen Vorbedingungen gelaufen. Bevor ich Erfahrungen mache, bin ich schon abhängig von diesen Vorbedingungen, die das Raster meiner Wahrnehmung prägen. Der Oberschlesier, der mir gesagt hat, dass wir in Auschwitz Millionen vergast haben, sprach gebrochenes Deutsch. Und sein eigentlicher Satz war viel eindrucksvoller. Er sagte nämlich: »Was soll ich dir schlaggen Schädel ein, ihr habt vergasst Millionnen!« Es ist eine ganz andere Diktion, die die Glaubwürdigkeit des Ohrenzeugen, nicht des Augenzeugen, erhöht. Denn diese sprachliche Mitteilung war ein Test der Authentizität. Es geht um Vorbedingungen, unter denen überhaupt Erfahrungen zu Stande kommen und in denen Erinnerungen reproduziert werden. Sie sind vielfältig und bereits Durkheim und Halbwachs haben eine Serie solcher Vorbedingungen genannt. Es gibt also keine kollektiven Erinnerungen, es gibt aber kollektive Bedingungen, die Erinnerung möglich machen. Wie sie dann politisch und sozial besetzt werden, ist eine zweite Frage. Es ist aber von dem abhängig, was die Historiker über die Bedingungen selbst analytisch zu untersuchen haben. Insofern ist der Auftrag der Historie m.E. höher und wichtiger als der Anspruch, Erinnerung kollektiv zu verkaufen. Und noch eine Zufügung. Die Aufgabe des Historikers, möchte ich ganz zugespitzt sagen, ist nicht Identität zu stiften. Der Historiker muss gegen den Strich lesen und muss jede Identität verhindern, um die Konflikte freizulegen, die von der Identität zugedeckt werden. Dann kann man sich verständigen. Dann kann man Frieden schließen. Man kann Frieden nur dann schließen, wenn man die Konflikte aufdeckt, die zu schlichten sind. Der Historiker hat die Aufgabe, nicht Identität zu stiften, sondern sie zu vernichten, um dann neue Wege freizulegen, die dann kommunikativ entstehen. Jetzt haben wir genug Konfliktstoff.

Erinnerungen an das Dritte Reich[1]

E. J.: Gab es in Ihrer eigenen Erinnerung auch irgendwelche guten Seiten am Dritten Reich? Oder war alles, was mit dem Dritten Reich zu dieser Zeit zu tun hatte, durch und durch negativ und vollkommen schrecklich für Sie? Erinnern Sie, im Dritten Reich damals als Zeitgenosse auch etwas positiv wahrgenommen, erfahren zu haben?

R. K.: Viele Leute haben nach den positiven oder negativen Aspekten dieser Zeit gefragt, aber ich glaube nicht, dass ich Ihnen genau sagen kann, was positiv oder negativ war. Ich kann Ihnen nur sagen, was zu dieser Zeit geschah. Ich kann Ihnen also keine eindeutige Antwort auf diese Frage geben. Mein Vater wurde 1933 sofort aus dem Amt entlassen – er war Direktor einer Lehrerbildungsanstalt, einer Akademie für die Ausbildung von Grundschullehrern. Er wurde nach demselben Gesetz zur Säuberung des öffentlichen Dienstes entlassen wie Klemperer, der 1936 seinen Posten verlor. Diese Maßnahme war offensichtlich sehr repressiv, denn er war weder ein Linker noch ein Sozialdemokrat. Er war ein Republikaner in der Weimarer Republik, ein deutscher Demokrat der Mittelpartei. Im Jahr 1937 wurde mein Vater wieder in sein Amt eingesetzt, und zwar als Provisorium. Aber diese Maßnahme hatte sowohl positive als auch negative Seiten. Einerseits war sie deprimierend, weil sich die ganze Atmosphäre zu Hause sofort veränderte. Wir mußten unsere Villa verlassen – wir hatten ein wunderschönes Haus mit zwölf Zimmern –

1 [Koselleck war im Winter 1998/99 Gast an der *Netherlands School for Advanced Studies* in Nijmegen. Die Fragen wurden verkürzt aufgezeichnet; Kosellecks Antworten jedoch nur geringfügig überarbeitet; Interviewpartner war Eric J. Johnson.]

und als fünfköpfige Familie in eine Vier-Zimmer-Wohnung umziehen, was definitiv eine Einschränkung in unserem Alltag bedeutete. Andererseits war es ein Mittel, um die Arbeitslosigkeit loszuwerden, um die Bürgerkriegssituation loszuwerden, um die täglichen Parteikämpfe auf den Straßen loszuwerden. Es hatte also gewisse Vorteile, die ineffiziente parlamentarische Herrschaft zu beenden, denn das Parlament war nie in der Lage zu regieren, und die Regierung hing von der Entscheidung des Präsidenten ab. Die Beseitigung unserer schmutzigen Vergangenheit hatte durchaus auch positive Seiten.

E. J.: Was haben Sie über Adolf Hitler gedacht? Sie waren noch ein kleiner Junge, erst zehn Jahre alt, als Hitler an die Macht kam. Aber Mitte der 1930er Jahre, vor dem Krieg, war Adolf Hitler ständig im Radio zu hören. Es gab die Hitlerjugend, in der man, wie ich annehme, Mitglied sein mußte – ich glaube, ab 1936 mußte jeder Mitglied sein. Können Sie sich daran erinnern, daß Sie als Junge irgendwelche Eindrücke von diesem Hitler hatten, und wie haben Sie über Adolf Hitler gedacht, was für eine Art von Person war er für Sie als Kind und Jugendlicher, bevor Sie ein umfassenderes politisches Bewußtsein entwickelten, und wie hat sich Ihre Meinung geändert?

R. K.: Es war irgendwann im Jahr 1932, als ich erste politische Wahrnehmungen machte, vor der Wahl zum Präsidenten der Weimarer Republik. Meine Eltern und ich gingen in Kassel spazieren, und da war ein riesiges Bild von Hitler, das berühmte für die Propaganda der Nationalsozialistischen Partei. Es war nur sein Kopf zu sehen, sonst nichts. Sein Kopf auf schwarzem Hintergrund. Meine Mutter blieb stehen – ich werde es nie vergessen, ich war damals erst neun Jahre alt – und sagte: »ein widerliches Gesicht«, was eine typische Reaktion einer bürgerlichen Dame war. So einen Schnauzbart und solche Haare kann man gar nicht haben. Ein solcher Mensch sollte kein Herrscher sein. Aber ich bin mir sicher, daß sich diese Gefühle für Hitler änderten, als es ihm gelang, die Bedingungen des Versailler Vertrags zu beseitigen, denn der Versailler Vertrag hatte einen schlechten Einfluß auf unser Selbstwertgefühl und unser Gefühl der politischen Freiheit.

Stellen Sie sich vor, die polnische Armee hatte etwa dreimal so viele Soldaten wie die deutsche; die Tschechen hatten wahrscheinlich genauso viele Soldaten wie die Deutschen; die Franzosen hatten fünf- oder sechsmal so viele Soldaten wie die Deutschen, und so weiter. Im Vertrag von Versailles wurde eine Abrüstung versprochen, aber die Abrüstung fand nicht statt! So lebten wir vierzehn Jahre nach dem Krieg, trotz des Versprechens der internationalen Abrüstung, immer noch im Schatten der Mehrheit der uns umgebenden Staaten. Diese Erniedrigung loszuwerden, dieses verabscheuungswürdige Verhalten der Sieger loszuwerden, war eine der großen Motivationen für uns alle, selbst für die Sozialdemokraten, selbst die Kommunisten waren in dieser Hinsicht wirklich nationalistisch. Hitler war dafür verantwortlich, daß sich das alles geändert hat. Wiederaufrüstung, Wiederbesetzung des Rheinlandes, alles, was heute als Feigheit der Westmächte interpretiert wird – warum haben sie nicht sofort eingegriffen, und so weiter. Auch wenn man Hitler nicht mochte, mit gutem Grund, hat er es doch getan. Das ist also eine meiner Erinnerungen. Unsere Gefühle haben sich nach dem Krieg geändert, aber damals waren wir sehr stolz auf ihn.

Ich habe Hitler dreimal in meinem Leben gesehen: 1933, als er in Dortmund vor einer Massendemonstration von etwa 100 000 Menschen an uns vorbeiging. Da waren Menschenmassen und noch mehr Menschenmassen, und ich habe ihn nicht gesehen, obwohl ich wußte, daß er irgendwo da sein mußte. Das zweite Mal sah ich ihn in Saarbrücken, nach der Sudetenkrise und nachdem Chamberlain den Frieden geschlossen hatte. Saarbrücken war evakuiert worden, weil es an der Grenze zu Frankreich lag, und wir mußten es aus Angst vor einem Krieg verlassen. Wir kehrten zurück, nachdem dieser Frieden von Chamberlain gesichert worden war. Und die erste Rede, an die ich mich erinnere, war die gegen Chamberlain. Er hielt sie in Saarbrücken im Oktober oder November 1938. Aber wir waren deprimiert darüber. Wir sollten glücklich sein und uns freuen, aber plötzlich fing er an, gegen Chamberlain zu wüten, jemanden, der uns den Frieden verschafft hatte, einen gerechten Frieden wegen der Wiedervereinigung der Deutschen aus Böhmen mit dem Rest der deutschen Nation. Auf jeden Fall war das Endergebnis positiv. Die Gefahr eines Krieges war damit gebannt. Und nun fing er plötzlich an, gegen Chamberlain zu schimpfen. Und es gab kein Klatschen, keinen Beifall. Aber ich weiß von einigen Leuten, die die Wochenschauen analysiert hatten, daß Goebbels ein gewisses Klatschen in die Wochenschauen eingebaut hatte.

E. J.: Hatten Sie jemals das Gefühl, wenn Sie ihm im Radio zuhörten, und ich nehme an, das taten Sie, daß er Ihnen etwas Bedeutsames zu sagen hätte? Er war ein großer Redner, wie Sie ja wissen. Eigentlich haben ihn die meisten Leute nur in den Wochenschauen oder aus der Ferne gesehen. Aber sie haben ihn oft im Radio gehört. Das Radio galt damals als ein sehr effektives Propagandamittel. Wenn Sie sich an die verschiedenen Zeiten zurückerinnern, in denen Sie heranwuchsen, z. B. 1938 oder 1940 bei der Invasion Frankreichs, gab es da jemals eine Zeit, in der Sie dachten, daß er etwas Vernünftiges sagt, daß er etwas Gutes für uns tut? Oder klang das alles nur wie viel Geschrei?

R. K.: Nun, da gibt es unterschiedliche Reaktionen. Natürlich hat er viele Reden gehalten, schreiende Reden, und sein österreichischer Akzent war ein bißchen lächerlich; er konnte nicht anders, als in seinem österreichischen Dialekt zu sprechen. Aber im Ernst, ich habe ihn in München nach dem Sieg über Frankreich gesehen, und er hat den Applaus des Publikums nicht angenommen, weil er so wütend auf Mussolini war. Er war sehr ernst und schaute die Leute, die ihm applaudierten, nicht einmal an. Bei seinen öffentlichen Auftritten als Führer war er immer anders. Im öffentlichen Bewußtsein gab es nicht die eine Identität des siegreichen Führers, sondern jedes Mal präsentierte er der Öffentlichkeit ein anderes Bild, je nachdem, wie er die Ereignisse interpretierte. Der Klang seiner Reden war natürlich sehr negativ, sehr zweideutig. Das verursachte Gänsehaut. Er war immer bedrohlich, aber auch ironisch. Ich erinnere mich an eine berühmte Rede gegen Roosevelt. Ich muss sagen, daß mich diese ironische Ansprache leicht amüsiert hat. Darin stellte Roosevelt

Hitler ein Ultimatum: »Sagen Sie allen umliegenden europäischen Ländern, daß sie sich durch Ihre kommende Invasion nicht bedroht fühlen sollen ...« Und er zählte eine Reihe von europäischen Staaten auf, denen Hitler versprechen sollte, niemals einzumarschieren. Und Hitlers Antwort war: »Als ich die Dänen fragte, hatten sie keine Angst vor mir; die Schweden hatten keine Angst vor mir; die Franzosen hatten keine Angst vor mir.« Und er ging sie alle durch, und dann sagte er: »Aber als ich in Ägypten fragte, konnte ich die Regierung nicht finden, weil das Land unter britischer Besatzung stand; ich fragte in Syrien und bekam keine Antwort, weil es von den Franzosen besetzt war; ich fragte im Irak, und der stand unter britischer Besatzung.« Ich habe seine Ironie genossen, und ich genieße sie immer noch.

E. J.: Sie waren in den ersten Jahren der 1930er ein Teenager. Sie waren 1939 sechzehn Jahre alt, als der Krieg ausbrach. Aber in Ihren späten Teenagerjahren, vielleicht in den Jahren 37, 38 und 39, muß Ihr Leben in gewisser Weise ziemlich normal gewesen sein. Hatten Sie zu dieser Zeit Spaß in Ihrem Leben? Oder war alles dunkel und grau? Hatten Sie Spaß, und konkret gefragt, haben Sie zu Swing-Musik getanzt? Haben Sie Swing gemocht? Viele deutsche Jugendliche mochten damals Swing-Musik? Wie war die Musik zu Ihrer Zeit?

R. K.: Die Musik der Zeit war teilweise von der Musik der zwanziger Jahre geprägt, die von Goebbels verwendet wurde. Er war sehr klug – es tut mir leid, daß ich jetzt als Historiker spreche, ich muß vorsichtig sein, weil Sie mich als Augenzeugen gefragt haben. Die Musik war damals voll von unpolitischen Liedern, und alle Filme waren unpolitisch. Und Goebbels war sehr klug, tut mir leid, ich habe den Mann gehaßt, aber jetzt spreche ich als Historiker. Er benutzte unpolitische Filme, und sie hatten gute unpolitische Lieder, und die Leute hörten sie sich an. Swing-Musik wurde uns während des Krieges vertrauter, das heißt, wenn wir die ausländischen Radiosendungen hörten – wie die BBC. Die Tanzmusik war sehr konventionell.

E. J.: Wann sind Sie Soldat geworden?

R. K.: Im Jahr 1941.

E. J.: Wie sind Sie Soldat geworden?

R. K.: Indem ich mich freiwillig gemeldet habe. Meine ganze Klasse hat sich freiwillig gemeldet, bis auf einen Freund von mir. Sein Vater war ein strenger Katholik und verbot ihm, sich freiwillig zu melden. Das Ergebnis war, daß er vier Wochen später zur Infanterie eingezogen wurde und der erste aus unserer Klasse war, der getötet wurde. Das lag daran, daß er zur Infanterie mußte. Als Freiwilliger konnte man wählen. Ich entschied mich für die Artillerie, die weit weniger gefährlich war. Andere gingen zur Luftwaffe oder zur Marine, und die brauchten mindestens ein Jahr Ausbildung, bevor sie an die Front gingen – aber die Infanterie wurde sofort an die Front gedrängt, und so war er der erste, der gehen mußte.

E. J.: Haben Sie jemals daran gedacht, der Nazi-Partei beizutreten?

R. K.: Nein, das lag jenseits meiner Vorstellungskraft, denn ich war achtzehn Jahre alt und bereits Soldat geworden.

E. J.: Wurden Sie nicht ermutigt, der Nazi-Partei beizutreten, nachdem Sie die Hitlerjugend verlassen hatten?

R. K.: Nein, ganz und gar nicht. Ich bin 1934 mit elf Jahren in die Hitlerjugend eingetreten, und als wir von Dortmund nach Saarbrücken gezogen sind, bin ich in die reitende Hitlerjugend eingetreten. Das war eine sehr schöne Zeit für mich. Ich fing an, mit meinem Pferd zu springen, zu fechten, Pistolen zu schießen, zu schwimmen und durch die Landschaft zu laufen. Wir wurden sehr streng trainiert, um uns sozusagen auf den modernen Fünfkampf bei den Olympischen Spielen vorzubereiten – und um ein guter Soldat zu sein. Ich habe diese Zeit genossen, weil ich nicht zu Fuß marschieren mußte, wie die meisten anderen in der Hitlerjugend, was sehr mühsam war. Ich mochte diese Art von Privileg.

E. J.: In unseren Umfragen baten wir die Leute, eine Reihe von Fragen zu möglichen illegalen Aktivitäten zu beantworten, in die sie im Dritten Reich verwickelt gewesen sein könnten, selbst wenn sie nur geringfügig waren, und ich war ziemlich überrascht, daß fast jeder sagte, daß er in irgendeine Art von illegaler Aktivität verwickelt gewesen sei – wir gaben ihnen eine Menge Auswahlmöglichkeiten. Gab es Dinge, die Sie getan haben, die illegal waren? Selbst das Erzählen von Witzen über Hitler war damals illegal, oder?

R. K.: Nun, man mußte wissen, wem man sie erzählen konnte. Ich kannte etwa achtzig auswendig und könnte Ihnen einige davon erzählen. Zum Beispiel gibt es einen, in dem Göring eine Irrenanstalt besucht und in ein Zimmer geht, in dem ein schizophrener Patient liegt. Er öffnet die Tür und fragt: »Erkennst du mich?« Und der Patient antwortet: »Nein.« »Was, Sie kennen mich nicht, mich, den Reichsmarschall, den Reichsjägermeister, den Reichsluftfahrtminister, den Ministerpräsidenten des preußischen Staates?« Und der Patient antwortet: »Oh ja, so habe ich auch angefangen.« Aber jetzt kann ich als Historiker sagen, daß es keine Geschichten über Hitler gab, und es ist sehr interessant, daß es wirklich keine Witze über Hitler gab. Es gibt auch keine Anekdoten über Hitler, es gibt fast nichts. Er ist ein Niemand, wenn es um Witze geht. Aber es gab eine Menge Witze über Göring, und auch über Goebbels.

E. J.: Es ist interessant, dass Sie Schizophrenie erwähnen, wenn ich Sie nach Witzen frage, denn ich weiß aus unserem privaten Gespräch, daß dies ein sehr schwieriges Thema für Ihre eigene Familie ist. Vielleicht könnten Sie das kurz erläutern, weil es den Leuten helfen wird, den Kontext für Sie zu verstehen. Das ist eine Angelegenheit, unter der Ihre Familie tatsächlich direkt gelitten hat.

R. K.: Ja, also, die Familie meiner Mutter war eine hugenottische Familie an der Spitze des preußischen Bürgertums, Auswanderer ab 1700, Akademiker, Professoren und Juristen – Theologen gab es nicht. Wir brachten drei Generationen lang in jeder Generation ein schizophrenes Mitglied hervor. Das war irgendwie das Schicksal unserer Familie. Und mein Großvater wurde Pathologe, um Gehirne zu analysieren und die Ursachen der Schizophrenie herauszufinden, er hoffte, ein Heilmittel zu finden. Seine Tochter, die Schwester meiner Mutter, war schizophren und wurde in eine Anstalt in Sachsen eingewiesen. Sie wurde 1940 vergast. Hunderttausend schizophrene Menschen wurden vergast, aber nicht nur Schizophrene, sondern auch andere mit sozialen Defekten, die den Nazis nicht gefielen. Die ersten Vergasungen fanden sogar schon zu Beginn des Krieges statt. Hitler begann mit der Vergasung von kranken Menschen, als er in Polen einmarschierte. Noch am selben Tag begann er, die Vergasung zu organisieren.

Wir wußten nur, daß sie im April 1940 getötet wurde, aber wir wußten damals nicht, daß sie vergast worden war – ich werde später über die Vergasung sprechen. Wir wußten, daß sie umgebracht worden war, aber es war für uns eine zweideutige Geschichte. Als Tochter eines Naturwissenschaftlers wußte meine Mutter, daß es keine Heilung oder Linderung für Schizophrenie gab. Obwohl es also kein sehr christliches Verhalten war, könnte es buchstäblich eine Form der Euthanasie gewesen sein, eine Möglichkeit, ihrer Schwester zu helfen, weil ihr niemand helfen konnte. Aber sie war zwiegespalten darüber. Sie sagte, es sei Mord, aber es hätte auch ein Segen sein können. Ich weiß von ihren Gefühlen durch einen Brief, den sie an eine Freundin schrieb, die diesen mir nach dem Tod meiner Mutter zukommen ließ. Diese Freundin war über neunzig Jahre alt, und ich konnte die Haltung meiner Mutter etwa vierzig Jahre später lesen. Ich konnte also die Haltung meiner Mutter im Jahr 1940 lesen, und auch die meiner Großmutter. Aber sie haben damals nicht mit mir darüber gesprochen. Ich war zu der Zeit Schüler in München. Es war ein zweideutiges Verhalten, was zu wissen sehr wichtig ist.

Das Verschweigen der Vergasung der Geisteskranken war der Beginn des Schweigens über den systematischen Mord an den Juden. Der katholische Bischof von Westfalen kritisierte die Tötung von Patienten, nicht die Tötung von Juden. Und er sagte dies öffentlich, woraufhin Hitler die Vergasung dieser schizophrenen Menschen sofort einstellte. Zu diesem Zeitpunkt waren 1940 bereits 100 000 Menschen vergast worden, bevor die Juden vergast wurden.

E. J.: Das geschah im Jahr 1940, richtig? Wenn wir noch einmal in die Zeit davor zurückgehen, in die Zeit vor dem Krieg, zurück zur Frage des Terrors. Kam Ihnen das unheimlich vor? Hatten Sie zu dieser Zeit Angst? Hatten Sie persönlich Angst, daß ein Gestapo-Mann kommen und Sie für irgend etwas verhaften würde – zum Beispiel für das Erzählen eines Witzes?

R. K.: Nein. Ich kann nicht sagen, daß ich jemals das Gefühl von Angst hatte. Mein Vater wurde 1933 von der SA verhaftet, als ich 13 Jahre alt war, und meine Eltern haben nie darüber gesprochen. Aber jüdische Freunde meiner Eltern haben mir nach dem Krieg erzählt, daß meine Eltern versucht hatten, diese Episode in unserem Leben zu vertuschen, um die Kinder zu schonen; das war Politik, und wir hatten damit nichts zu tun. Er tauchte sehr bald wieder auf. Ich wußte also damals nichts über diese Geschichte von 33. Persönlich erinnere ich mich, daß ich von diesen braun uniformierten Parteimitgliedern gehört hatte, die wir verachteten. Aber ich weiß, daß wir alle diese Leute in all diesen Uniformen verachteten. Wir nannten sie ›Goldfasane‹. Keiner hat sie ernst genommen. Die einzigen, vor denen man sich hätte fürchten können, war die SS. Aber nicht vor dem Krieg, und später war ich selbst in Uniform.

E. J.: Die offensichtlichsten Beispiele des Terrors waren für Sie persönlich die Leute von der SS. Haben Sie jemals Gestapo-Beamte herumlaufen sehen?

R. K.: Nein, ich habe nie irgendwelche Gestapo-Leute herumlaufen sehen.

E. J.: Was hielten Sie von den normalen Polizisten? Manche Leute dachten, sie seien normale Polizisten, andere meinten, sie seien nicht so normal. Hatten Sie irgendwelche Gefühle gegenüber der Polizei? Gab es etwas Besonderes an der regulären Schutzpolizei, den regulären Polizisten in Deutschland?

R. K.: Das einzige, was wir wußten, war die Existenz von Konzentrationslagern. Aber das war eine abstrakte Art von Wissen. Ich hatte nie mit jemandem gesprochen, der drinnen gewesen war. Und als Historiker weiß ich, daß sie sich nicht getraut haben, darüber zu sprechen. Sie waren verpflichtet worden, nicht darüber zu sprechen. Ich durfte zu dieser Zeit nichts darüber wissen. Aber ich erinnere mich, daß es in München einen sehr berühmten Witz gab: Dachau war ganz in der Nähe von München, und wie Sie wissen, war es das erste Konzentrationslager in Deutschland. 1939, etwa zu Beginn des Krieges, gab es einen Komiker, einen politischen Satiriker, Weiss Ferdl, der auf der Bühne gesagt haben soll: »Es steht ein Baum im Odenwald, der ist organisiert, er ist im NS-Baumverband, damit ihm nichts passiert.« Und die Polizei sagte ihm, daß er ins Lager, nach Dachau, geschickt würde, wenn er das noch einmal sagen würde. Am nächsten Tag fing er also an zu sagen: »Da steht ein Baum im Odenwald, der ist nicht organisiert, er ist nicht im NS-Baumverband, damit mir nichts passiert.« Es war eine Zeit, in der über Dachau gesprochen wurde, deshalb hat man es mir gesagt. Es war halb ein Witz, halb lächerlich und man dachte nur, daß Dachau ein Ort für Verbrecher sei, mehr oder weniger. Ich hatte keine konkreten Informationen darüber, was damals wirklich passiert war.

E. J.: Kommen wir zum allerletzten Fragenkomplex über damalige Erfahrungen der Zeit des Dritten Reiches. Das hat mit der Ermordung der Juden zu tun. Sie haben bereits mit mir darüber gesprochen, daß Sie sich der Konzentrationslager nicht so sehr bewußt waren – Sie hatten ein gewisses Bewußtsein, aber Sie dachten, daß nur Kriminelle in Konzentrationslagern waren. Aus einem Aufsatz, den Sie mir kürzlich gegeben haben, weiß ich, daß Sie als Soldat ziemlich früh von einem Massaker an Juden gehört haben – einem der berühmtesten Massaker außerhalb von Kiew, bekannt als Babi Yar. Was haben Sie darüber gehört und von wem haben Sie es erfahren? Erinnern Sie sich an irgend etwas über Ihre Gefühle zu dieser Zeit?

R. K.: Nun, das ist sehr schwer zu beantworten, denn ich erinnere mich, von der Vernichtung von zehntausend Juden irgendwo in den Steinbrüchen gehört zu haben. Sie waren erschossen worden. Das war, nachdem Kiew von den Deutschen besetzt worden war und wir eine halbe Million Gefangene gemacht hatten. Ich war im August und September 41 in einer Reserveeinheit, und wir kamen an die Front. Dann hörten wir, daß die SS hinter uns in Kiew zehntausend Juden erschossen hatte. Das war die Nachricht. Aber ich weiß nicht mehr, wie wir darauf reagiert haben, es wäre gelogen, wenn ich sagen würde, wir waren dagegen oder damit einverstanden. Ich weiß, daß über diese Tatsache an der ganzen Front gesprochen worden war.

E. J.: Tut mir leid. Ich muß es überhört haben. Woher hatten Sie die Nachricht?

R. K.: Nun, es war ein Gerücht, und deshalb können Sie es gegen mich oder für mich verwenden. Für mich spricht, daß ich mich doch daran erinnere. Gegen mich spricht, daß ich mich nicht daran erinnern kann, es innerlich verdrängt zu haben. Aber ich würde lügen, wenn ich behaupten würde, ich wüßte, wie wir reagiert haben. Eine plausible Vermutung wäre, daß sich niemand traute, darüber zu sprechen. Es herrschte ein bedrückendes Schweigen. Das Schweigen war eine Möglichkeit, das Thema zu vermeiden.

E. J.: Aber irgend jemand muß sich doch getraut haben, darüber zu sprechen, wenn es sich um ein Gerücht handelte, und Sie haben es gehört.

R. K.: In einem Leben unter Soldaten gibt es ständig Gerüchte. Jemand betritt das Zelt und erzählt etwas.

E. J.: Erinnern Sie sich, ob Sie selbst das Gerücht verbreitet haben? Hätten Sie nicht darüber gesprochen, als Sie nach Hause zurückkehrten – Sie hätten 42 davon gewußt –, als Sie verwundet wurden und etwa zehn Monate in einem Lazarett verbrachten? Hatten Sie jemals die Gelegenheit, über das Gerücht zu sprechen, das Sie an der Front gehört hatten, daß diese Leute getötet worden waren, über ein Massaker oder etwas Ähnliches? Können Sie sich daran erinnern, jemals mit jemand anderem darüber gesprochen zu haben?

R. K.: Nein, ich erinnere mich überhaupt nicht daran; ich habe eine Erklärung. Aber ich möchte im Moment keine Erklärungen abgeben. Ich spreche hier als Augenzeuge. Ich versuche, mein früheres Gedächtnis abzurufen, meine Erinnerungen zu reproduzieren. Wenn ich etwas erkläre, besteht die Gefahr, daß dies als Entschuldigung interpretiert wird. Und es ist sehr schwierig, sich dieser Art von Argumenten zu entziehen. Und nehmen Sie meine Schilderungen nicht als Entschuldigung für das, was die Deutschen getan haben. Das ist etwas anderes. Aber glauben Sie mir zumindest, daß es nicht meine Absicht ist, irgend etwas zu entschuldigen, wenn ich versuche zu erklären, woran ich mich erinnere.

Eine meiner Erklärungen für meine Erinnerungen an diese Zeit war also, daß wir über die Grausamkeiten der Russen sprachen. Das war eine ständige Begleiterscheinung und in gewisser Weise auch unsere Angst vor den Russen, die ab 41 immer stärker zum Tragen kam. Aber das konnte unsere Haltung zur Ermordung der Juden in Babi Yar nicht erklären – das war zu Beginn der Besetzung der Ukraine. Die Ukrainer empfingen uns als Befreier. Mit diesem Argument läßt sich also nicht erklären, warum die Diskussionen über Babi Yar zum Schweigen gebracht wurden. Vielleicht, weil es ganz am Anfang der Besetzung der Ukraine stattfand. Und nach etwa zwei Monaten begannen die Grausamkeiten der SS in der ganzen Ukraine zuzunehmen, und die Russen selbst wurden immer grausamer. Dann war es anders, da sprach man viel über Grausamkeit und nicht über die eigene Verantwortung.

E. J.: Haben Sie das als Gerücht wahrgenommen, oder haben Sie gedacht, daß das wahrscheinlich passiert ist? Sie sagen, Sie hätten gehört, daß etwa zehntausend Juden erschossen wurden? Haben Sie das für ein Gerücht gehalten, oder dachten Sie, daß es wahrscheinlich passiert ist?

R. K.: Nein, ich bin sicher, daß wir dachten, es sei passiert. Aber es war kein Bericht, der offiziell übermittelt wurde. Daher hatte es den Status eines Gerüchts, selbst wenn man glaubte, es sei wahr. Anders wäre es gewesen, wenn ich es in einer Zeitung gelesen hätte oder einen offiziellen Bericht von einem Offizier erhalten hätte. Aber das war nicht der Fall.

E. J.: Aber Sie können sich nicht mehr genau an bestimmte Gefühle erinnern, die Sie bei dieser Nachricht hatten. Sie haben die Nachricht gehört, die kam – mein Land tötet 10 000 Menschen –, und Sie haben sie für wahr gehalten, aber Sie können sich nicht erinnern, was Sie gefühlt haben?

R. K.: Ich kann mich nicht erinnern, was ich gefühlt habe. Ich würde lügen, wenn ich etwas erfinden würde.

E. J.: Erinnern Sie sich daran, von anderen Massakern gehört zu haben, auch von kleineren?

R. K.: Zu dieser Zeit nicht. Nicht zu dieser Zeit. An der Front hatten wir natürlich eine Menge Erfahrung mit den Grausamkeiten der Russen. Das war unsere Hauptsorge: Wessen Freund war getötet worden? Denn ich hatte keine persönliche Erfahrung mit der Ermordung von Juden hinter der Front, noch hatte ich während meiner Zeit im Lazarett jemals davon gehört. Nach der Niederlage von Stalingrad wurde ich im Februar 1943 aus dem Lazarett entlassen, und ich besuchte meine Tante in Weimar, die Kunsthistorikerin im Museum war. Sie nahm mich mit in ihren Kreis der Dante-Gesellschaft. Der Sprecher der Dante-Gesellschaft war bis 1933 der demokratische Oberbürgermeister gewesen. Etwa zwanzig Damen saßen um den Tisch, tranken Tee und aßen etwas trockenes Brot (während des Krieges). Und sie sprachen von der Katastrophe des Konzentrationslagers Buchenwald, dessen Namen ich bis dahin nicht einmal gehört hatte. Und sie sprachen sehr offen über den Ettersberg und das schreckliche Verhalten der SS gegenüber den Gefangenen. Und sie sprachen davon, den Krieg zu verlieren. Nach Stalingrad haben diese Gruppe ziviler Damen und der Bürgermeister genau das getan; sie hatten nicht einmal Angst vor der Gestapo. Als Soldat hätte ich sie anzeigen können, und wenn ich sie angezeigt hätte, wären sie alle gehängt worden. Ich weiß von ähnlichen Fällen (als Historiker), wo sie sofort gehängt wurden. Sie hatten offenbar keine Angst vor der Geheimpolizei, und wir sprachen sehr offen und freimütig über den Status von Buchenwald. Das hatte nichts mit Juden zu tun, die Mehrheit dort waren keine Juden. Im Lager gab es viele Juden, aber die Mehrheit waren Russen, Polen, Deutsche, Tschechen, alles politische Feinde Hitlers. Ich war also bestürzt. Es war eine Offenbarung für mich, daß die Menschen zu Hause ganz anders sprachen als an der Front.

E. J.: Viele von uns haben von dem Buch eines Amerikaners namens Daniel Goldhagen gehört, das kürzlich zum Bestseller wurde. Ein Teil seiner These ist, daß Deutschland sehr lange Zeit von Antisemitismus durchdrungen war und daß der deutsche Antisemitismus in der europäischen Erfahrung einzigartig war. Würden Sie aus Ihrer eigenen Erfahrung und nach Ihrer eigenen Definition sagen, daß die meisten Ihrer Freunde oder Menschen in Ihrem Umfeld, in der Schule, Klassenkameraden, andere Menschen, andere Soldaten, die mit Ihnen in Ihrem Regiment waren, für Sie auf offensichtliche Weise oder in irgendeiner Weise antisemitisch waren?

R.K.: Das bezweifle ich. Mich interessiert natürlich die These vom vererbten Antisemitismus, der den Holocaust verursacht hat. Aber man muß sich fragen, warum hat Hitler die Juden in Deutschland nicht offen umgebracht? In Deutschland wurden damals keine Juden offiziell umgebracht, sondern nur durch terrorähnliche Handlungen von Einzelpersonen. Die Vergasungen und Vernichtungen fanden in Polen und nicht in Deutschland statt. Diese Fragen müssen beantwortet werden. Wenn die Deutschen übermäßig antisemitisch wären, dann hätten sie es gerne zu Hause getan. Aber offenbar war das nicht möglich. Dies ist eine weitere Frage, die man gegen Goldhagens These stellen kann.

E.J.: Ihre Antwort ist also nein. Sie glauben nicht wirklich, daß die meisten Deutschen etwas gegen die Juden unternehmen wollten?

R.K.: Wenn ich verallgemeinern sollte, würde ich zunächst einmal sagen, daß dies außerhalb unserer Erfahrung lag. Die Hälfte der Juden, zumindest die Hälfte der Juden in Deutschland, war vor 1938 geflohen, und ein weiteres Drittel nach 38. Ich sollte also aufhören, darüber Erörterungen anzustellen, denn ich fange an, wie ein Historiker zu reden. Ich weiß über die Vernichtung der Juden Bescheid, weil ich viel darüber gelesen habe. Ich wußte weder etwas über die Vergasung, wie ich bereits erwähnt habe, noch über den Massenmord. Ich war in Rußland, dann im Krankenhaus und dann in Nordfrankreich, in Burgund und in Elsaß-Lothringen. Ich wurde zum Radarspezialisten gemacht, weil ich nicht mehr laufen konnte. Und dann wurde ich als Teil der Infanterie an die Ostfront geschickt, obwohl ich nicht mehr laufen konnte. Ich war in Westdeutschland stationiert, deshalb wußte ich nichts von der Vernichtung. Am 1. Mai 1945 wurde ich von den Russen gefangengenommen. Nach einiger Zeit, in der ich den Russen half, Lebensmittel für die Division zu transportieren, hatte ich einen langen Marsch nach Auschwitz vor mir, und am 10. Mai kam ich nach 150 Kilometern Marsch erschöpft in Auschwitz an. Dort sagten die Russen zu uns: »Ihr habt Millionen von Menschen vergast.« Und wir dachten, das seien nur russische

Propagandalügen. Und dann hörte ich diese eine Geschichte – für mich war es eine Initiation. Ich mußte für die russischen Offiziere Kartoffeln schälen – nicht für uns, wir bekamen keine –, und ein polnischer Aufseher, der uns betreute und der ein Gefangener der Deutschen in Auschwitz gewesen war, sagte: »Schneller, schneller.« Aber wir, als einfache Soldaten, machten langsam, denn kein Soldat will sich beeilen, wenn er nicht davon profitiert! Und dann nahm er einen Schemel mit vier Beinen und drohte, ihn mir an den Kopf zu werfen, aber er tat es nicht, sondern warf ihn in die Ecke des Raumes, in dem wir saßen, und eines der Beine brach ab. Er sagte auf Oberschlesisch: »Warum soll ich dir den Kopf zertrümmern? – Ihr habt Millionen vergast.« Er hat nicht gesagt: »die Juden.« Er sagte: »Millionen.« Da wurde mir klar, daß die Geschichte wahr sein mußte, daß er sie nicht erfunden haben konnte. Das war also eine Erfahrung, die ich persönlich gemacht habe, als ich die Worte dieses polnischen Aufsehers hörte.

E. J.: Hat die Nazizeit Ihre persönliche Entscheidung, Historiker zu werden, irgendwie beeinflußt?

R. K.: Ja, sicherlich. Mein Vater war auch Historiker, und ich überlegte, ob ich Mediziner oder Karikaturist werden sollte, was mein Hobby war. Mein Vater gab mir jedoch einen Ratschlag für meine berufliche Laufbahn und riet mir, etwas Bodenständiges zu machen: Wenn ich wirklich ein Künstler sei, würde ich immer zeichnen können. Also habe ich Geschichte studiert, anstatt Cartoons zu zeichnen, und bin Historiker geworden, was in gewisser Weise eine Familientradition ist. Meine Motivation dazu war natürlich, die Mentalität, die Ursprünge und die Machbarkeit des utopischen Traums – wie ich ihn damals nannte – zu analysieren, den Hitler anstrebte. Dieser utopische Traum, mehr zu tun, als politisch möglich ist, wie Hitler es tat, wirft die Frage auf: Wie kann man einen Menschen dafür kritisieren, daß er versucht, mehr zu tun, als politisch möglich ist? Das war eines der Hauptthemen meiner Studentenzeit.

E. J.: Einige Amerikaner oder einige deutsche Auswanderer in Amerika und in gewissem Maße auch in Großbritannien haben die Vorstellung verbreitet, daß wirklich gute deutsche Geschichte außerhalb Deutschlands geschrieben werden muß, weil man keinem Historiker trauen kann, der in Deutschland geblieben war. Und so gingen all die guten Historiker in die Vereinigten Staaten oder nach Großbritannien, oder vielleicht an einen anderen Ort. Wann hat das aufgehört?

R. K.: Ich glaube nicht, daß das stimmt. Die Frage ist: Warum haben deutsche Historiker, wie ich, nach dem Krieg Geschichte studiert? Was waren unsere Beweggründe? Im Prinzip war die Motivation fast aller Historiker, zu verstehen, was geschehen war. Und das war eine starke Motivation, sogar für Althistoriker. Eines meiner ersten Interessen war es, die Französische Revolution mit der Hitler-Bewegung zu vergleichen. Ich besuchte damals ein Seminar von Alfred Weber, dem Bruder von Max Weber. Mein Lehrer, der später meine Doktorarbeit betreute, sagte mir einmal, daß man über Auschwitz erst sprechen könne, wenn alle Beteiligten gestorben seien.[2]

Aus dem Englischen von Philipp Hölzing

2 [Koselleck besuchte im Winter 1949/50 das Seminar von Alfred Weber und hielt dort ein Referat »Der Jakobinismus und die Französische Revolution«. Die gleichnamige Hausarbeit ist abgedruckt in Manfred Hettling/Wolfgang Schieder (Hg.), *Reinhart Koselleck als Historiker. Zu den Bedingungen möglicher Geschichten*, Göttingen 2021, S. 439-457. Der erwähnte Lehrer ist Johannes Kühn, der auch Kosellecks Patenonkel war.]

Ich war weder Opfer noch befreit[1]

C. E.: Herr Koselleck, Sie waren im Mai 1945 zweiundzwanzig Jahre alt und Soldat. Wann endete für Sie der Krieg?

R. K.: Der Krieg endete für mich am 1. Mai. Da wurde ich bei Oderberg in Mähren gefangen genommen, nachdem wir vier Wochen in einem russischen Kessel waren. In der letzten Nacht sind noch hunderte gefallen in der Hoffnung, ausbrechen zu können nach Westen.

C. E.: Welche Erwartungen hatten Sie?

RK: Ich hatte bestimmt keine Erwartungen mehr. Die Angst war sehr groß, dass man schon die Gefangennahme nicht überlebt. Ich weiß noch, dass ich auf dem Transport nach Kasachstan großen Ärger erregte, als ich sagte: Wenn wir vor fünf Jahren zurückkommen, haben wir Glück gehabt. Da wurde ich fast als Narr verschrien. Leider hatte ich allzu recht. Nur ich selbst hatte großes Glück und kam nach anderthalb Jahren nach Hause.

C. E.: Haben Sie den 8. Mai als bedeutsames Datum wahrgenommen?

R. K.: Ich war auf dem Marsch nach Auschwitz. Die Glocken läuteten – es war der 9. Mai –, als wir in riesigen Herden, in Zehner- oder Achter-Reihen, weitergetrieben wurden. Das war ein eigentümliches Gefühl: Frieden ist ausgebrochen, aber welcher? Die Flüchtlinge, die schon weg waren, haben wir ja in Überresten noch gesehen, und in

1 [Interview: Christian Esch.]

Auschwitz sahen wir Frauen, denen stand ihr Schicksal in die Augen geschrieben. Die mussten wie wir die IG-Farben-Werke mit abreißen, die die Russen den Polen vorenthalten wollten.

C. E.: Sie kamen als Kriegsgefangener nach Auschwitz. Was wussten Sie damals vom Mord an den Juden?

R. K.: Das ist eine wichtige Frage. Als ich im Sommer 1941 an die Front kam, als Ersatz nach der Schlacht von Kiew, habe ich dort gehört, das hinter uns 10 000 Juden in den Steinbrüchen ermordet worden seien. Das habe ich damals als eindeutige Wahrheit gehört, und ich kann mich nicht erinnern, dass wir darüber diskutiert hätten. Das wusste ich also theoretisch. Aber in Auschwitz habe ich nicht daran gedacht, und zwar sicher aus Selbstschutz, aus Angst: wenn ich das erzählen würde, wäre ich in die Mühlen der GPU geraten. Und wer einmal im GPU-Keller verschwand, kam nur noch als Leiche heraus oder um zu sterben. Das habe ich später mehrfach erlebt.

C. E.: Sagte Ihnen der Name Auschwitz irgend etwas?

R. K.: Den hatte ich nie gehört, geschweige denn, dass dort ein Lager war.

C. E.: Was hat Sie dann überzeugt, dass dort Massenmorde stattfanden?

R. K.: Die Szene ist mir unvergesslich. Wir mussten Kartoffeln schälen – selber kriegten wir nur eine dünne Wassersuppe – und wurden überwacht von einem ehemaligen KZ-Häftling. Der verlangte, dass wir schneller schälen sollten, und bekam einen Wutanfall. Er nahm einen Militärschemel, hob den hoch und schmiss ihn dann voller Wut in die Ecke, dass ein Bein abbrach. Und dann sagte er: »Was soll ich dir schlagen Schädel ein, ihr habt vergast Millionen.« Da habe ich gedacht: Das kann der nicht erfunden haben. Das kann man nicht erfinden.

C. E.: Die öffentliche Erinnerung an den Krieg hat sich über die Jahrzehnte verändert. Gilt das auch für Ihre private Erinnerung – Ihre Primärerinnerung, wie Sie es nennen?

R. K.: Das möchte ich meiner Erinnerung nicht unterstellen. Die Primärerinnerung ist geronnene Lavamasse, die in den Leib gegossen ist und unverrückbar bleibt. Die wird erst dann fragwürdig, wenn sie gedruckt ist. Sowie ich sie niedergeschrieben habe, komme ich in die Situation, dass ich mir nur noch selber glauben kann. Aber bis ich es geschrieben habe, kann ich es so erzählen, wie ich es erfahren hatte. Es wird weniger, aber es wird nicht anders.

C. E.: Sie sprechen vom »Vetorecht der eigenen Erinnerung«. Hat der Zeitzeuge in Ihnen dieses Veto schon einmal gegen die Geschichtsschreibung geltend gemacht?

R. K.: Ja, natürlich. Es gibt bestimmte Wendungen in der Geschichtsschreibung der Nachgeborenen, die für mich schlichtweg abstrakt sind. Das fängt schon an mit der Nennung des Namens Auschwitz. Für mich war das eine Überraschung – für die Nachgeborenen ist das keine Überraschung mehr, da heißt es: Hättest du ja vorher wissen können. Woher hätte ich das wissen können? Das ist eine Frage, die man als Historiker viel ernster stellen muss: wieso das Nichtwissen möglich war.

C. E.: Die Zeitzeugen sterben aus. Wie verändert sich dadurch die Erinnerung an Nationalsozialismus und Krieg? Was geht verloren?

R. K.: Ich kann meine Erfahrungen nicht übertragen – jedenfalls nicht als Erfahrungen. Ich kann sie nur mitteilen. Da gibt es diese große Wendung, die auch in Richard von Weizsäckers Rede zum 40. Jahrestag des Kriegsendes 1985 anklingt, dass der 8. Mai ein Tag der Befreiung gewesen sei. Für jeden Historiker ist es selbstverständlich, dass es eine Befreiung war für alle unterworfenen Völker, für die KZ-Insassen, für Verfolgte. Aber es war eben keine Befreiung für die, die den 8. Mai als Beginn der Sklaverei erfahren mussten. Das galt unter anderem für mich als Gefangenen in Russland. Wir haben Sklavenarbeit geleistet, an der ein Drittel gestorben ist in der Zeit, in der ich da war. Der Mensch hat das Recht auf seine eigene Erinnerung – die lasse ich mir nicht kollektivieren.

C. E.: Auch ein Zeitzeuge wie Sie kann doch im Nachhinein den 8. Mai als Tag der Befreiung umdeuten. Richard von Weizsäcker war ja selbst Wehrmachtsoffizier.

R. K.: Ich habe diesen Bedeutungswandel so nicht mitgemacht, obwohl die historische Interpretation viele gute Argumente aufbringen kann. Ob die Erfahrung dem entspricht, ist eine andere Frage. Ich weiß nicht, wie Weizsäcker es selbst erfahren hat. Was mich besonders ärgert, ist die implizite Bedeutung von Befreiung, als seien wir alle Opfer gewesen. Wir Deutschen waren aber auch Täter in einem sehr eindeutigen Sinne, ob als KZ-Wärter oder als Soldaten. Ich habe bis zum Schluss gekämpft, um nach dem Westen zu entkommen; zu behaupten, ich sei ein Opfer, wäre für mich eine Lüge. Und zu behaupten, ich sei befreit worden, als ich gefangen genommen wurde, widerspricht völlig meiner Erfahrung.

C. E.: Sie haben in einem berühmten Aufsatz ausgeführt, wie große Historiker durch die Jahrhunderte aus der Erfahrung der Niederlage heraus schrieben. Wie hat diese Erfahrung Sie selbst als Historiker beeinflusst?

R. K.: Wer in seiner Siegeserwartung getäuscht wird, muss Gründe herbeischaffen, die er vorher nicht hatte, um zu erklären, warum er verloren hat. Und es ist die Leistung bedeutender Historiker, diese zusätzlichen Gründe in methodische Aussagen überführt zu haben. Das fängt an mit Herodot, der als Flüchtling geschrieben hat. Ein Minimum an Skepsis ist sozusagen die professionelle Krankheit, an der ein Historiker leiden muss. Unter dem Vorbehalt würde ich sagen, dass ich durch die Kriegserfahrung mein ganzes Studium aufgebaut habe. Meine Grundhaltung war die Skepsis als Minimalbedingung, um utopischen Überschuss abzubauen – auch die utopischen Überschüsse der 68er. Die Grenze zwischen den Siegern und Besiegten von 1945 scheint zu verwischen.

C. E.: Gerhard Schröder feierte in der Normandie mit, am 9. Mai ist er in Moskau. Wird die Erinnerung globalisiert?

R. K.: Das ist eine überraschende Situation. Ich hätte sicher ein unangenehmes Gefühl, als ehemals Besiegter so eine Feier mitzumachen. Aber die Nachgeborenen haben die Europäisierung der Erinnerungslandschaft in ihre eigene Erfahrung gebracht, und sie haben die Folgen der Niederlage als Aufbau eines demokratischen Staates erfahren können. Infolgedessen haben sie die Freiheit, dort mitzusiegen – *ex post*.

C. E.: Am Dienstag wird in Berlin das Holocaust-Denkmal eingeweiht. Sie waren ein scharfer Kritiker.

R. K.: Mein Haupteinwand ist, dass die Deutschen die Pflicht haben, alle von uns Ermordeten zu erinnern. Und das sind doppelt so viele wie die ermordeten Juden, etwa 12 Millionen. Das wird verschwiegen. Meine These ist: Zeigen heißt verschweigen – wir zeigen nur das Holocaust-Mahnmal. So waren die Juden, die als Geisteskranke mit Autoabgasen vergast worden sind, für Bubis zum Beispiel nicht Teil des Holocaust. Aber für die Deutschen, die damit angefangen haben, unschuldige Menschen umzubringen, war das natürlich ein kontinuierlicher Vorgang, der immer größere Kreise um sich zog. Wenn aber nur einzelne Gruppen erinnert werden sollen – was ich für richtig halte, sofern diese Gruppen dagegen protestieren, gemeinsam erinnert zu werden –, dann müssen wir allen einzelnen auch ein Denkmal setzen und dürfen das nicht hinauszögern und verdrängen.

C. E.: Hat es vielleicht seine Logik, dass ein universales Tätermal, wie Sie es wünschten, nicht entstanden ist?

R.K.: Die Empathie mit den Opfern, auf der Trauer beruht, fällt leichter, wenn man sich eine konkrete Opfergruppe vorstellt. Aber warum liefert man dann eine Hierarchie der Opfer mit? Es grenzt ja immer wieder an Unduldsamkeit, dass man die jüdischen Opfer zunächst und primär und alleine zu erinnern hat, und dann die anderen auch noch. Das ist ja die Tendenz, die durch dieses Denkmal verewigt worden ist. Dass tot gleich tot ist und ermordet gleich ermordet, wird verdrängt zu Gunsten der letztlich nur soziologisch erklärbaren Bedingungen, warum die Juden als Erste und am meisten verfolgt und ermordet wurden – woran ja gar kein Zweifel besteht. Dass Trauer alleine im direkten Vollzug an die persönlich Nächsten wachgehalten werden kann, ist psychologisch nicht falsch. Die persönlichste Trauer gilt zunächst den eigenen Verwandten – aber die gelten oft als Verbrecher. Das habe ich erlebt, als ich in Versmold das Denkmal miteinweihte, wo auch die Familie von Paul Spiegel erinnert wird. Dort haben Schüler ein Denkmal entworfen für die zwölf Nachbarn jüdischer Herkunft. Nun haben die gleichzeitigen Toten des Zweiten Weltkriegs dort kein Denkmal mit Namensnennung. Als ich dem Pfarrer sagte, dass deren Angehörige vielleicht auch ihre Namen erinnern wollen, wehrte er ab: »Das sind doch alles Kriegsverbrecher.« Da fragte ich ihn, ob denn mein kleiner Bruder von sechs Jahren auch Kriegsverbrecher war, als er im Luftschutzkeller umkam. »Ja, der vielleicht nicht«, meinte er. So eine Wendung wäre vor dreißig, vierzig Jahren undenkbar gewesen. Und sie ist natürlich auch falsch.

Sicher gibt es Kriegsverbrecher noch und noch, auch bei Siegern gibt es Kriegsverbrecher. Aber das ist ja nicht die Leitkategorie der Erinnerung. Selbst wenn es Verbrecher waren, muss man sie erinnern, denn sonst kann man sich ja der Verbrechen nicht erinnern!

C.E.: Die Neue Wache ist eine zentrale Gedenkstätte für alle Toten. Ist es angebracht, an Täter und Opfer zugleich und am selben Ort zu erinnern?

R. K.: Das war meine ursprüngliche Auffassung. Ich hatte ja damals eine Inschrift vorgeschlagen. Sie lautete: »Den Toten – gefallen, ermordet, vergast, umgekommen, vermisst«. So fing ich an. Aber als ich mit den Opferverbänden sprach, da sagten die Angehörigen der Euthanasieopfer, der Sterilisierten, die jüdischen Überlebenden: wir können das nicht. Deshalb habe ich mich abgefunden, dass man von den Tätern getrennte Erinnerungen zu Gunsten der Opfer pflegen könnte – aber gemeinsam für alle Opfer des Systems. Diese Debatte ist abgebrochen worden durch den Tauschhandel zwischen Kohl und Bubis: Bubis lässt die Kollwitz dem Kohl, Kohl gibt Bubis das Feld neben dem Brandenburger Tor.

C. E.: Nun gibt es das Holocaust-Mahnmal in dieser Form. Wird sich ein dazugehöriger Ritus entwickeln?

R. K.: Ja, das halte ich für möglich. Zumal ja noch ein Erinnerungskultraum daruntergeschoben worden ist, das verdanken wir Kulturminister Naumann. Das halte ich für eine absolute Fehlentscheidung. Denn wir haben die Topographie des Terrors, wo alle von den Deutschen ermordeten Zivilisten erinnert werden. Ein Teil der Dokumentation wird jetzt umgeleitet unter das Stelenfeld – das heißt, die anderen werden damit verschwiegen.

C. E.: Zurzeit ist viel die Rede vom Leid, das der Krieg über deutsche Zivilisten brachte. Versuchen die Deutschen, in die Rolle des Opfers zu schlüpfen?

R. K.: Die Opfersemantik hat sich in den Fünfzigern leise verschoben. Der Opferbegriff war zunächst aktiv gemeint. Die Inschriften für Opfer des Krieges waren Hinweise darauf, dass sie Helden seien: sie haben sich geopfert. Dieser Begriff wurde unter der Hand in einen passiven umgeschmolzen, an Inschriften kann man das zeigen. Plötzlich sind das alle passive Opfer.

C. E.: Gab es denn eine Verdrängung eigenen Leids, deren Spätfolgen wir jetzt vielleicht erleben?

R. K.: Die Erinnerung an Flüchtlinge und Bombentote war sehr intensiv. Meine Eltern haben immer Totenmale ihrer Angehörigen aufgesucht. Die Geburts- und Todestage, sofern man sie kannte, wurden einbezogen; das gehörte zum normalen Umgang mit den Toten, ohne dass deswegen eine politische Gesamtaussage über den Bombenkrieg getroffen worden wäre.

C. E.: Oft wird gesagt, die Deutschen hätten ein so schlechtes Gewissen gehabt wegen der Verbrechen im Osten, dass sie über ihr eigenes Leid lieber nicht geredet hätten.

R. K.: Ich halte das nicht für zwingend. Das schlechte Gewissen ist eigentlich erst durch die Wehrmachtsausstellung hochgekommen. Vielleicht sagen manche Deutsche als Reaktion auf die Verbrecherrolle, die sie in der Öffentlichkeit zunehmend auf sich genommen haben, wir sind ja auch Opfer von Verbrechen geworden. Das ist denkbar. Dass man auch über solche Verbrechen nach sechzig Jahren öffentlich reden kann, ist ja selbstverständlich. Das gehört nun mal zur Erinnerungskultur, die heute ja fast gezüchtet wird. Wenn ich zur Erinnerungskultur etwas sage, wovon es heißt: »das darfst du nicht erinnern«, dann wäre das schon ein schlechtes Zeichen für den Totenkult.

Über Krisenerfahrung und Kritik[1]

T.M.: Herr Koselleck, sehen Sie die derzeitige gesellschaftliche Situation als krisenhaft an? Würden Sie diese Situation als geistige Krise bezeichnen?

R.K.: Soweit sie ökonomisch bedingt ist, lässt sie sich ja objektivieren. Das kann man ablesen an den statistischen Daten. Insofern kann die Krise als objektiver Befund beschrieben werden. Ob die subjektive Wahrnehmung dieser Krise, die ja dann auch eine geistige Krise implizieren würde, mit der ökonomischen korreliert, ist die Frage. Ich glaube, dass die tatsächliche Krise in der Mentalität, in der Einstellung zur eigenen Gesellschaft, zu den Nachbarn als eine vorrübergehende, aber doch selbst wahrgenommene Krise definiert werden kann. Nur mit welchem Ausgang, das ist völlig offen. Bei ökonomischen Krisen kann man immer hoffen, dass sie sich wieder einpendeln, sofern es Konjunkturen sind. Krisen gibt es ja für die Ökonomen gar nicht. Wenn die Konjunktur einsetzt, verändert sich halt der Krisenbefund. Aber die Krisenwahrnehmung im Geistigen, nein, ich selbst teile die nicht.

Die einzige Krise, die gegenwärtig im Sinne einer Auseinandersetzung auf Tod und Leben läuft, ist die zwischen Islamisten und amerikanischem Missionsgebaren. Das ist der einzige zur Zeit laufende tödliche Konflikt, der zahllose Tote jeden Tag produziert. Das ist

1 *Frankfurter Allgemeine Zeitung*, 13.1.2010, Nr. 10: Im November 2005 stellte sich der inzwischen verstorbene Bielefelder Historiker für ein Filmvorhaben unter dem Titel »Krise und Kritik« zur Verfügung. Der Film kam nicht zustande. Zu seinen Materialien gehörte das folgende Gespräch; das Gespräch führte Thomas Martin.

eine echte Krise, die sogar auf Tod und Leben läuft, wenn man diese ursprüngliche Bedeutung von Krise verwenden will. Und die ist auch objektivierbar, unabhängig von unserer Wahrnehmung. Leider. Die können wir als Europäer kaum direkt beeinflussen. Aber die Hoffnung, dass man sie vielleicht doch beeinflussen kann, darf man nicht aufgeben.

T. M.: Welche Situation beziehungsweise welches Ereignis hat Ihr heutiges Verständnis von gesellschaftlichen Krisen geprägt?

R. K.: Die ökonomische Krise, die wir jetzt empirisch wahrnehmen, ist eine Folge der Globalisierung und der vielen Sozialsysteme, die mit der demographischen Kurve nicht übereinstimmend behandelt werden können. Und die ist aus langfristigen sich angebahnt habenden Konfliktlagen entstanden. Das ist keine Krise im Sinne einer kurzfristigen Entscheidungssituation, die so oder so gelöst werden muss. Das sind Vorgänge, die sich seit über dreißig Jahren prognostisch ableiten ließen, ohne dass die Regierungen auf das Sozialsystem reagiert hätten. Es wäre denkbar, dass die Senkung des Lebensstandards vielleicht eine stabilisierende Wirkung haben könnte. Aber das ist natürlich für den Ökonomen unerträglich. Das Standard muss gesteigert werden, um überhaupt stabil zu bleiben, nach ökonomischen Regeln. Das heißt, da haben wir eine Krisenhoffnung, deren Ausgang von der Steigerung der Produktion abhängt. Wenn ich die Produktion nicht steigere, kriege ich die Arbeitslosen nicht weg. Das heißt, die leben von der Hoffnung auf Fortschritt. Das ist der entscheidende Faktor, und es könnte sein, dass diese Hoffnung sich auf Dauer nicht einlösen lässt.

Es gab viele historische Phasen, in denen der ökonomische Fortschritt nicht der stabilisierende Faktor war, sondern Faktoren anderer Art: Überzeugungskräfte, absolutistische Systeme, Terrorsysteme, Ideologien. Da gibt es viele Formen, die Gesellschaft stabil und ruhig zu halten. Durch Terror vieler Art. Und man kann nur hoffen, dass dies nicht der Fall sein wird. Aber die Chance, dass so etwas passieren kann, ist natürlich immer gegeben. Man sieht die unauflösbaren ethnischen Konflikte im alten Jugoslawien, die *mutatis mutandis* in Innerasien auch laufen. Die ganzen religiös motivierten Konflikte können zu katastrophalen Bedingungen führen, die das System der wirtschaftlichen Regenerationskraft immer wieder sprengen.

T. M.: Haben Sie das Kriegsende auch als prägende Krise erlebt?

R. K.: In meiner Erfahrung ist natürlich der Wechsel von der Weimarer Republik zu Hitler schon eine Krise gewesen. Mein Vater flog 1933 aus dem Amt und blieb vier Jahre arbeitslos. Da habe ich schon eine politische Krise erlebt. Erst die Weltwirtschaftskrise als Kind, und dann den Rausschmiss meines Vaters. Die zweite Krise war natürlich die russische Gefangenschaft, da konnte ich nur hoffen, dass ich wieder nach Hause komme. Das war auch alles, was ich wünschte. Mehr Wünsche hatte ich nicht.

Die Weltwirtschaftskrise 1929 habe ich als Kind in Kassel erlebt. Meine Mutter war als Hugenottin eine strenge Calvinistin; sie kam aus einer Flüchtlingsfamilie, die vor zweihundert Jahren eingewandert war. Mein Vater war Direktor der Pädagogischen Akademie in Kassel, die er 1930 dort gegründet hat. Und 1932 war die Lage so, daß die Bettler sich bei bürgerlichen Reichtumswohnungen die Klinke in die Hand reichten. Da wurde in den Höfen gesungen, um einen Groschen zu kriegen. Und da hat meine Mutter sich entschlossen, eine Familie zu unterstützen. Die hieß Michalski, eine Familie mit fünf Kindern. Sie wohnten in einer Betonwohnung, in einer Betoneinzimmerwohnung, alle sieben. Der Einzige, der Geld verdiente, war der vierzehnjährige Malerlehrling, die Eltern waren arbeitslos. Und die Kinder hungerten. Wenn die zu uns zum Essen kamen, kriegten sie was, da hatten wir zu warten. Wer von den Kindern betteln kam, bei uns bekam er was. Das hatte meine Mutter festgelegt, als calvinistische Kontrolleuse. Gleichzeitig hatte sie festgelegt, dass wir Weihnachten aus unseren eigenen Sachen ihnen was schenken. Das heißt nicht etwa Geld kriegen, damit wir für sie was kaufen, das kam nicht in Frage. Wie mussten selber Geschenke basteln oder kaufen, von dem, was wir hatten.

T. M.: Wurde festgelegt, wer was verschenkt?

R. K.: Nein. Wir hatten unsere Freiheit, von unseren eigenen Spielsachen ihnen was zu schenken, damit das ein echtes Geschenk wird und nicht eins mit von den Eltern erborgtem Geld. Das waren ganz sichtbare Vorgänge, die mir tief in Erinnerung sind.

Dann die Feierlichkeiten zur Reichspräsidentenwahl, da gab's in der Volksschule Schlägereien zwischen zwei Parteien. Die einen waren kommunistisch geführt, die anderen nationalsozialistisch, nein, deutschnational. Und ich weiß noch: Die Kommunisten riefen immer: »Hintendurch, hintendurch!« Das war auf Hindenburg gemünzt. Was die Rechten zu Thälmann riefen, habe ich vergessen. Ich weiß nicht, ob das »dämlich« war oder was für eine Abstraktion sonst. Und in der Schule gab es Schlägereien während der Pause. Das gehört sozusagen mit zur Symptomatik der Weltwirtschaftskrise. Da war ich acht, neun Jahre alt. Das ist eine meiner ersten politischen Erinnerungen. Das gehört zu meiner Biographie. Und das Kriegsende natürlich, als ich nicht wusste, wie es überhaupt weitergeht. Wir hatten alles verloren durch einen Volltreffer im Luftkrieg, bei dem mein kleiner Bruder im Keller umkam, mein älterer Bruder war gefallen. Und ob meine Eltern überhaupt noch lebten, wusste ich in Russland ja auch nicht.

T. M.: Die Familie war in Kassel?

R. K.: Die war längst in Saarbrücken. Das war schon eine späte Phase. Und ich habe von meinen Eltern und meine Eltern haben von mir nichts gehört für ein Dreivierteljahr. In der Gefangenschaft habe ich Inschriften im Speisesaal anbringen müssen: »Als Kriegsverbrecher zogen wir aus, als Helden der Wiedergutmachung kehrten wir heim!« Das Heimkehrversprechen war nicht mehr einlösbar für ungefähr ein Drittel von unseren Leuten – die waren schon tot. Insofern war das eine ziemlich zynische Losung. Für diese Malerleistung kriegte ich eine Postkarte, dass ich meinen Eltern schreiben konnte, ich sei am Leben. Da habe ich schon einen Knick in meinem moralischen

Selbstbewußtsein erfahren, denn bloß um den Russen zuliebe diesen Spruch zu malen, hätte ich das nicht getan. Ich hab's getan, weil ich dafür jene Postkarte kriegte.

T. M.: Und dieser Handel war klar?

R. K.: Klar war nur, dass das von der Gnade der Kommission abhing. Aber es war völlig klar, dass, wenn man so etwas tut, man doch als Antifaschist, der Gesinnung nach zumindest, qualifizierbar wird.

T. M.: Sie sind ja auch relativ früh zurückgekommen.

R. K.: Ja. Ganz früh. Durch einen reinen Zufall; denn ich hatte eine tödliche Krankheit, die ein Klassenkamerad, den ich im Lager traf, diagnostizierte. Und der Arzt, der mich operiert hat, war ein Assistenzarzt meines Großvaters gewesen. Das heißt: Eine bildungsbürgerliche Doppelbeziehung hat mir das Leben gerettet. Und dann hat man mich auch nach Hause definiert. Der von den Russen eingesetzte Chefarzt, immerhin, das war ein hervorragender Chirurg. Doktor Wolf hieß er, in Kasachstan war das, in Karaganda. So kam ich als bildungsbürgerlicher Enkel meines Großvaters nach Hause und nicht als Person. So kam ich zurück nach Saarbrücken. Da war noch meine Mutter, in einer anderen Wohnung natürlich, das Haus war ja weg. Und mein Vater war schon aus der Gefangenschaft zurück, der war in Hannover. Und den habe ich dann besucht. Da hat er mich zwar nicht wiedererkannt, als er mich fragte, wie ich heiße – so war das 1946/47 im Herbst. Da sah man natürlich anders aus, wenn man zurückkam aus der Gefangenschaft.

Insofern, wenn Sie nach Krisen fragen: Da war sozusagen die Bedingung relativ auf niederem Niveau. Das Überlebenkönnen war das Einzige, was Interesse und Engagement erregte. Und damit fing es ja wieder an: eben daß man ein neues Leben anfangen konnte. Glücklicherweise.

T. M.: Ein Zwiespalt, der ein in dieser Form gebrochenes Selbstbewußtsein schon anlegt. Kann das ein Vorteil sein, dieser gebrochene Patriotismus?

R. K.: Der Vorteil ist natürlich der, dass man Selbstüberheblichkeit so eher vermeidet. Wenn man sieht, wie Engländer, Franzosen, also die überlebenden Sieger, sich verhalten haben – man kann ja nicht sagen, daß die wirkliche Sieger waren, das waren die, die auf der Siegerseite überlebt haben, Sieger waren natürlich die Russen und die Amerikaner, Engländer und Franzosen waren Mitsieger im Zweiten Weltkrieg –, wenn man diese Art von Überheblichkeit unserer Nachbarn sieht, deren ungebrochenes Selbstbewußtsein, das ist zum Teil makaber und penetrant. Wobei ich sagen würde, dass die Deutschen, wenn sie schon fähig sind, Selbstbewußtsein zu zeigen, zumindest den Vorteil haben, dass sie dann auch sich zurückhaltender zu benehmen gelernt haben.

Was allerdings die Ausländer nicht immer bestätigen. Die Karikatur des Deutschen ist viel wirksamer als das Bild, was die Deutschen tatsächlich abgeben. Denken Sie daran, was Thatcher noch sagte, um zwei Deutschlands zu behalten. Mitterand war noch bis zum Schluss gegen die Wiedervereinigung. Der berühmte Spruch: »Ich habe Deutschland so lieb, dass mir zwei Deutschland lieber sind als eins.« Und da ist dann Brigitte Sauzay, die das geändert hat, die Chefdolmetscherin von Mitterand. Die hat Mitterand davon überzeugt, dass die Vereinigung vielleicht doch besser für uns und für die Europäer sein könne. Da waren die Vorurteile von unglaublicher Durchschlagskraft. Das sind sie immer noch, bis heute.

T. M.: Was kann Kritik heute erreichen, und was erzeugt Ihre Kritik? Sind Sie damit zufrieden?

R. K.: (Lacht.) Ja, das Letzte ist leichter zu beantworten, denn meine Kritik, die ich professionell ausübe, ist die der historischen Methode, bei allen Fragen, die in Seminaren oder Vorlesungen auftauchen. Ich bin ja jetzt nicht mehr aktiv in der Lehre, aber ich kann nur sagen, dass die Hauptaufgabe eines Historikers ist, zunächst einmal davon auszugehen, daß immer alles anders war als gesagt. Und diese Regel trifft fast immer zu. Die zweite Regel ist, daß alles immer anders ist als gedacht. Und wenn man diese Regeln kennt, dann hat man was gelernt. Dann muss man nämlich fragen, wie es dahinter eigentlich aussieht, wenn es anders ist als gesagt und anders als gedacht. Und das habe ich so zeitlos gelehrt. Diejenigen, die bei mir überhaupt was gelernt haben, haben das hoffentlich mitgenommen: Insofern die professionelle Skepsis, die das Selbstbewußtsein mit Selbstkritik verbinden kann. Die hoffentlich eine der wenigen produktiven Leistungen meines Lebens ist.

Die einzige Kritik, die ich ja selber öffentlich versucht habe, wirksam zu machen, die Kritik an diesem elenden Totenkult, den die Deutschen in der Neuen Wache entwickelt haben und auch im Holocaust-Denkmal, ist verpufft. Da hab ich rundum verloren. Insofern kann ich nur sagen, die Hoffnungen, die ich hatte, dass man die Toten gerechter erinnert als nur durch eine Hierarchie der Toten, die wir ja pflegen – damit bin ich gescheitert. In der Öffentlichkeit, in der manipulierten Öffentlichkeit, darf ich schon sagen. Denn da haben sich viele hintenrum als Experten ausgewiesen, die die Diskussion rechtzeitig abgeschnitten haben.

T. M.: Da war die Kunstkritik ja offensichtlich wirkungslos, in künstlerischer Hinsicht wie in politischer. Die Kollwitz-Pietà beispielsweise.

R. K.: Als ich meine Kritikpunkte aufbrachte, war die SPD zum ersten Mal einsichtig geworden. Die hatte vorher gedacht, die ist eine gute Sozialistin, die Kollwitz, das kann gar nicht schlecht sein. Und auf dieser Basis hat Kohl die Plastik etabliert. Damit wurden die Frauen und die Juden ausgeschlossen, denn das Pietà-Motiv ist nun mal ein antijudaisches Motiv, und die überlebende Frau ist für den Zweiten Weltkrieg absurd. Denn von den 2,5 Millionen Flüchtlingen sind die Mehrheit Frauen gewesen, die umkamen, und von der halben Million Fliegertoten sind auch mehrheitlich Frauen die Toten gewesen. Eine überlebende Frau für den Zweiten Weltkrieg da in diesen Tempel zu setzen, ist einfach eine Unverschämtheit.

T.M.: Es ist ja auch eine Plastik, die ein ganz anderes Ereignis verarbeitet. Die Installation der vergrößerten Plastik setzte auch voraus, dass die breite Öffentlichkeit gar nicht weiß, was hinter dem Motiv der Pietà steht, was es kulturhistorisch bedeutet.

R.K.: Natürlich. Die erinnert an den Ersten Weltkrieg, wo die Mehrzahl der Toten Soldaten waren. Ich habe versucht, darüber aufzuklären in meinen kritischen Aufsätzen. Und die haben die SPD zum Teil überzeugt. Das deutsche Selbstbewußtsein nach 1945 leidet natürlich darunter, dass die Deutschen ihre eigenen Toten nicht erinnern dürfen, während sie die von ihnen Ermordeten professionell alleine erinnern müssen. Und das ist natürlich für das Selbstbewußtsein sehr fraglich. Ich kann nicht die von mir Ermordeten erinnern, wenn ich nicht die eigenen Toten erinnern darf. Mein Postulat war, dass man Tote als Tote in gleicher Weise erinnern muss. Dass man politisch verschiedene Felder entstehen ließ, muss offen diskutiert werden. Die Erinnerung abzuschnüren an die eigenen Toten, halte ich für moralische Selbstkastration. Aber damit bin ich nicht durchgekommen. Ich habe an den Berliner Konferenzen, die Lea Rosh veranstaltet hat, teilgenommen, da wurde mein Gutachten nicht verteilt, weil der Leitungsausschuss meinte, das sei überflüssig. Das war ein alter Machtkampf, wo Leute sich in Szene setzten. Was man heute politische Korrektheit nennt, wurde da etabliert.

T.M.: Wie beurteilen Sie Ihre Möglichkeiten, auf die gesellschaftliche Situation einzuwirken?

R.K.: Ich hab natürlich schon die Vorstellung, dass kluge, nüchterne Aufsätze oder Beiträge in der politischen Debatte Wirkung haben können. Aber die Hoffnung, dass man durch nüchterne Art der Diskussion einen politischen Stil herbeiführt, der offene Probleme anzusprechen erlaubt und keine politische Korrektheit züchtet, die ja nichts anderes als Feigheit ist, diese Hoffnung ist eine Chance, die man wahrnehmen kann bei jeder Gelegenheit: dass man offen und frei auch delikate und scheinbar unansprechbare Dinge diskutabel macht, machen muss, rückhaltlos.

Eins der Probleme ist zum Beispiel, ob dieses Vertreibungsdenkmal kommen soll oder nicht. Ich selbst habe mehrere Angehörige in Schlesien und Pommern verloren, ohne zu wissen, wo die geblieben sind. Und ich denke, dass man die eigenen Vertriebenen so zu erinnern verpflichtet ist, wenn man seine moralische Integrität wahren will. Ich kann nicht einfach darauf verzichten, das zu erinnern. Welche Form das einnehmen soll, ist natürlich debattierbar. Ob durch eine internationale Gedenkstätte oder ein Museum für alle oder im Deutschen Historischen Museum allein, wie auch immer.

Das muss man frei und offen diskutieren dürfen. Die Polen haben schließlich ungefähr neun Millionen Deutsche vertrieben, die Tschechen drei Millionen. Von den zwölf Millionen sind auf der Flucht und infolge der Vertreibung eineinhalb bis zwei Millionen umgekommen. Wenn man ganz Osteuropa ins Auge fasst, ist das zu erinnern eine Selbstverständlichkeit für uns. Da kann man nicht sagen, dass wir das nicht machen dürfen. Ich halte das für einen Fall, der offen diskutabel bleiben sollte, weil Trauer um die Toten nicht politisch, quantifizierbar sein darf. Das ist eine Erfahrung aus meinem politischen Leben. Aus der Trauer um die Toten entstehen Verglasungen, die ich auch in meiner eigenen Familie erlebt habe. Das ist ein Element der Selbstwahrung, der eigenen Persönlichkeit, der Familie oder der Gruppe, in der man lebte. Und da sollte man sich nicht herausreden dürfen. Aber wenn man heute darüber spricht, da ist man ein Revisionist, Revanchist und ich weiß nicht, was einem noch alles angehängt wird. Ich bin beides nie gewesen. Ich habe sehr früh die Oder-Neiße-Linie durch eine öffentliche Erklärung akzeptiert, wofür ich mir viel Kritik eingehandelt habe.

T. M.: In welchem Zusammenhang war das?

R. K.: Das war in den 60er Jahren. Die Anerkennung der Oder-Neiße-Linie, für die ich damals manche Schelte bezog, von Kollegen und von Zeitungen, ist ein Element, was einen frei macht, auch die Toten zu erinnern, die in Deutschland, in der Oder-Neiße-Zone geblieben sind. Wenn einem das verboten wird, dann hat man doch zu Recht die Vermutung, dass da jemand ein schlechtes Gewissen hat. Wenn die Polen uns das verbieten wollen, habe ich den Verdacht, dass ihnen nicht ganz wohl in ihrer Haut ist, dass sie verbieten wollen, die Toten zu erinnern, die wir dort zurückgelassen haben. Solche Vertreibungseffekte sind ein Phänomen des 20. Jahrhunderts. Das fing 1919 an, als die Elsässer nach vier Klassen eingeteilt wurden: Vollfranzose, Dreiviertelfranzose, Halbfranzose, Rest raus. Und dieselben vier Kategorien haben die Deutschen idiotischerweise in Polen nachher wieder eingeführt. Das heißt, die Vertreibung als Säuberungsaktion gehört zur Politik seit Versailles.

T. M.: Das ist ja auch ein merkwürdiger Effekt innerhalb der Europäischen Union. Die politischen Grenzen fallen, immer mehr ethnische Grenzen werden gelöscht und verschwinden in der Geschichte. Es hat keine Relevanz mehr, darüber noch zu sprechen. Das hat auch damit zu tun, dass die ganze Kultur mit den Ostgebieten weggefallen ist und dass die östliche, slawische Ausrichtung im deutschen Kulturraum nicht mehr existiert. Während der Schulzeit hatte ich eine ältere Lehrerin, die sprach mit einem schlesischen Akzent. Wenn man gefragt hat: Was ist das, wie die spricht, wo kommt die her? Dann sagte jemand: Die kommt aus Schlesien. Ja, was ist Schlesien? Schlesien gibt es nicht. Es gab kein Schlesien, es gab kein Pommern, keine Rede davon. Es wurde nicht erklärt, ein blinder Fleck, von dem man besser nicht sprach.

R. K.: Aber es gibt natürlich in Polen auch höchst faire Gesprächspartner, die die deutschen Elemente der gesamten Ostgebiete auch in ihrer eigenen Erinnerung pflegen. Die Zeitschrift Borussia zum Beispiel, die preußische Tradition in polnische Geschichte überführt. In der Erinnerung. Also da sind die Hoffnungen, dass man sich mit den Polen verständigen kann, sicher besser als mit den Tschechen zurzeit. Schließlich ist die Tschechoslowakei zu einer Zeit gegründet worden, als es mehr Deutsche dort als Slowaken gab. Das sind Sachen, die man einfach nicht mehr besprechen darf.

T. M.: Umso trauriger, dass diese Themen damit den Vertriebenenverbänden überlassen werden.

R. K.: Weil es nicht normal ist, darüber zu reden, kommen diese hypertrophen Vertriebenenforderungen auf, die natürlich *de facto* sinnlos sind, aber auch im moralischen und argumentativen Zusammenhang nicht das Gewicht haben würden, wenn es selbstverständlich wäre, diese Ostgebiete in unserer Erinnerung zu pflegen, samt den Toten. Aber da das tabuiert ist, haben die natürlich den Freiraum, genau darüber sich zu beschweren. Das ist das Problem. Wenn man darüber frei reden darf, dann können die mitreden.

IV. Geronnene Lava. Autobiographische Notizen

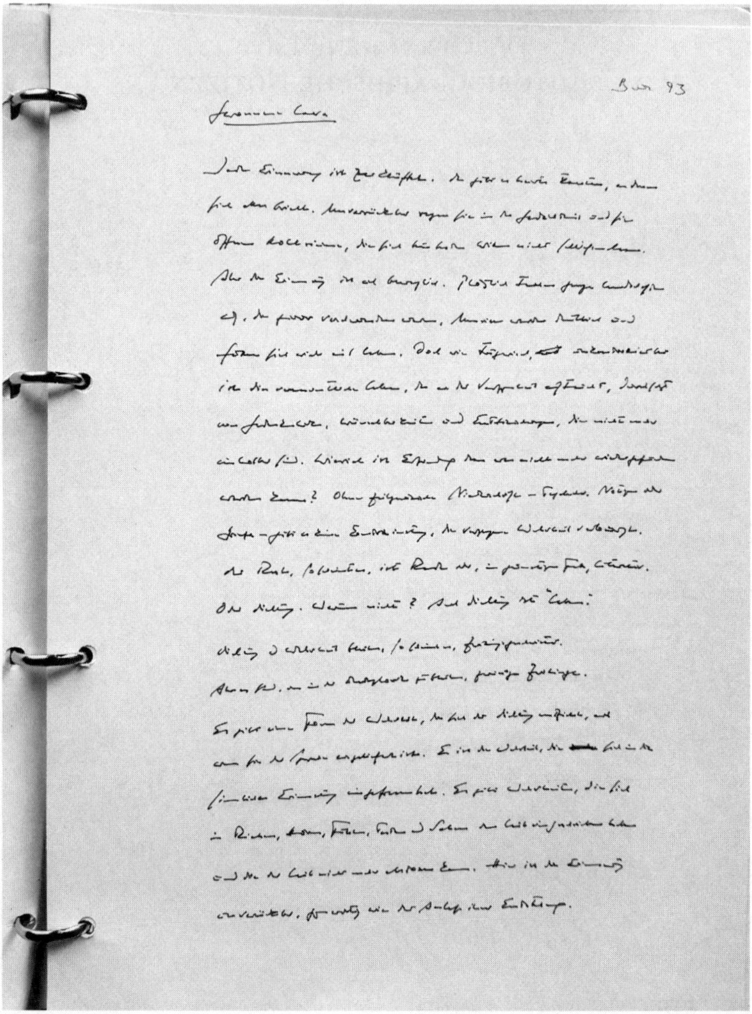

Abb. 1: Faksimile »Geronnene Lava« (in diesem Band S. 454)

[Seit 1965 begann Koselleck, Erinnerungen an den Krieg und vor allem an die Gefangenschaft – thematisch unterteilt – schriftlich festzuhalten. Es handelt sich nicht um Vorarbeiten zu einer Autobiographie oder auch nur zu einem autobiographischen Fragment, sondern um den Versuch, durch das Aufschreiben prägende – auch quälende – Erlebnisse, die nach seinem Verständnis »Primärerfahrungen« darstellten, zu vergegenwärtigen und eine Selbstreflexion und rationale Vergewisserung über diese zu ermöglichen. Diese Texte wurden von ihm nicht für eine spätere Veröffentlichung abgefasst, ob er Teile davon in irgendeiner – dann sicher veränderten – Form publizieren wollte, ist unklar. Der Entstehungszusammenhang findet seinen Niederschlag im episodischen Charakter des Erzählten. Analytische Kategorien, mit denen er immer wieder eine Metaebene der Sortierung, des Vergleichens und möglicher Interpretationsansätze einbezieht, bleiben knapp, werden manchmal eher assoziativ als systematisch verwendet.

Der konkrete Anlaß für den Beginn der Niederschriften waren wiederkehrende Träume – so Koselleck am 20. September 1965 in einem der frühesten Texte. Diese verfolgten ihn mit »beharrlicher Konstanz«, erforderten also eine »Einvernahme«, um den »Außendruck« zu beseitigen, den sie darstellten.[1] Im Zuge dieses Verarbei-

1 Koselleck beschäftige sich mindestens seit den späten 1950er Jahren mit den Spuren von Gewalterfahrungen in Träumen und im psychischen Haushalt von Individuen. Ausführlich oder systematisch aber arbeitete er nicht zur Traumdeutung. Ein früher Impuls war das Buch von Jean Cayrol, *Lazarus unter uns*, Stuttgart 1959, das er direkt nach seinem Erscheinen auf Deutsch intensiv rezipierte. Insgesamt waren für ihn wohl weniger psychoanalytische Texte wichtig als vielmehr literarische, in denen Gewalterlebnisse von NS-

tungsversuchs durch erinnernde Vergegenwärtigung und reflexive Rationalisierung entstanden die mehr als 20 Schriftstücke, die Koselleck in einer schwarzen Ringmappe sammelte, zusammen mit kurzen, handschriftlichen Notizen und – sehr typisch für seine Arbeitsweise – eingelegten, meist kürzeren Texten, die für ihn einen Bezug zu einzelnen Aspekten seines persönlichen »Erinnerungsraumes« hatten. Die Schriftstücke wurden von Koselleck nach thematischen Schwerpunkten gegliedert, nicht nach dem Zeitpunkt der Niederschrift; wann die Unterteilung in die sieben Unterpunkte, von »Krieg« bis »Träume«, von ihm angelegt wurde, ist nicht bekannt. Die letzten mit einem Datum versehenen Einträge stammen aus dem Jahr 2004. Die Mappe befand sich immer in Kosellecks Arbeitszimmer, in Griffnähe zu seinem Schreibtisch – beides Indizien dafür, daß er sich offensichtlich über Jahrzehnte hinweg immer wieder mit diesen persönlichen Erinnerungsschichten auseinandersetzte.

In einigen biographischen Interviews und Erinnerungstexten, die seit den 1990er Jahren entstanden und dann veröffentlicht wurden, tauchen einzelne Episoden und Problemstellungen auf: Doch das Spektrum der Erinnerungen ist hier weit umfassender. Der Großteil der Texte wurde von Koselleck selber getippt, ein kleinerer Teil ist in Handschrift, was ebenso wie die bedachte und strukturierte Sprache, mit zum Teil erzählerischem Charakter, ein hohes Maß an Reflexion belegt, das weit über ein bloßes Notieren von Träumen oder Erinnerungsfragmenten hinausgreift. Dennoch darf man nicht vergessen, daß diese Texte vom Autor nicht für eine Publikation vorgesehen waren. Sie sind damit in doppelter Hinsicht persönlich: Sie thematisieren subjektive Erfahrungen, die sie offen und ungeschützt schildern, und sie wurden nur für ihn selber schriftlich notiert.

Der thematische Schwerpunkt liegt eindeutig auf der Kriegsgefangenschaft. Demgegenüber werden Erfahrungen aus dem direk-

Opfern im Mittelpunkt standen. Ausführlicher dazu Ulrike Jureit, *Erinnern als Überschrift. Reinhart Kosellecks geschichtspolitische Interventionen*, Göttingen 2023.

ten Fronteinsatz in der Zeit zwischen Sommer 1941, der Verwundung im Sommer 1942 sowie aus den letzten Monaten von Ende 1944 bis März 1945 kaum festgehalten. Auch die Ausbildungszeit im Frühjahr 1941 und vor allem die zwei Jahre dazwischen, in denen sich Koselleck nach einer Fußverletzung im Lazarett und zur Rehabilitation – später auch auf Lehrgängen – in verschiedenen Orten in Deutschland aufhielt und danach als Funker in Frankreich stationiert war, finden kaum einen Niederschlag.

Sprachlich wurde der Text nicht überarbeitet. Nur offensichtliche Tippfehler, Satzzeichen- und Syntaxfehler etc. wurden stillschweigend korrigiert. Kosellecks – wenige – handschriftliche Ergänzungen wurden übernommen, ebenso seine Hervorhebungen durch Unterstreichungen oder einen größeren Zeichenabstand durch Kursivierung kenntlich gemacht. Verwendete Abkürzungen wurden jedoch aufgelöst und die alte Rechtschreibung aus Gründen der Einheitlichkeit zu Grunde gelegt: Handschriftlich orientierte sich Koselleck ohnehin daran, aber in den selber getippten Texten gibt es einzelne Abweichungen, etwa eine häufigere – aber nicht durchgehende – Verwendung von »ss« an der Stelle von »ß«, etwa »dass« für »daß«. Die Datumsangaben wurden, sofern sie vorhanden waren, formal vereinheitlicht.]

Krieg

Berlin 1993

Geronnene Lava[1]

Jede Erinnerung ist zerklüftet. Da gibt es harte Kanten, an denen sich alles bricht. Unverrückbar ragen sie in das Gedächtnis, und sie öffnen Hohlräume, die sich beim besten Willen nicht schließen lassen. Aber die Erinnerung ist auch beweglich. Plötzlich treten ganze Landschaften auf, die früher verschwunden waren, Umrisse werden deutlich und füllen sich wieder mit Leben. Doch wie trügerisch, unkontrollierbar ist dies vermeintliche Leben, das aus der Vergessenheit auftaucht, durchsetzt von Gedankenlücken, Wünschbarkeiten und Enttäuschungen, die nicht mehr einholbar sind. Wie viel ist Erfindung dessen, was nicht mehr wiedergefunden werden kann? Ohne zeitgenössische Niederschriften – Tagebücher, Notizen oder Briefe – gibt es keine Kontrollierung, die vergangene Wahrheit ver-

1 [Handschriftlicher Text, es ist anzunehmen, daß dieser Text im Zusammenhang mit den denkmalspolitischen Kontroversen in der Bundesrepublik entstand. 1993 erschienen auch die ersten publizistischen Texte Kosellecks dazu, zur Neuen Wache. Seit den 1990er Jahren hat sich Koselleck zudem nicht nur kritisch über die monumentalen Repräsentationsformen von Krieg und NS-Verbrechen geäußert, sondern wiederholt auf die prinzipielle Differenz zwischen individuellen Erlebnissen und den daraus erwachsenden Erfahrungen sowie möglichen Verallgemeinerungen und Überformungen durch die politischen Kollektive verwiesen. Und nicht zuletzt kritisierte er den Begriff »kollektive Erinnerung« scharf. Dem Text von 1993 kam deshalb wohl in Kosellecks Verständnis die Funktion einer Art Einleitung zu den Erinnerungsepisoden zu, die er in der Mappe gesammelt hatte.]

bürgt. Der Rest, so scheint es, ist Rede oder, im günstigen Fall, Literatur. Oder Dichtung. Warum nicht? Auch Dichtung ist »Leben«.

Dichtung & Wahrheit bleiben, so scheint es, Zwillingsgeschwister. Aber es sind, um in der Metaphorik zu bleiben, zweieiige Zwillinge. Es gibt eine Form der Wahrheit, die sich der Dichtung entzieht, auch wenn sie der Sprache ausgeliefert ist. Es ist die Wahrheit, die sich in die sinnliche Erinnerung eingefroren hat. Es gibt Wahrheiten, die sich im Riechen, Hören, Fühlen, Tasten und Sehen dem Leib eingeschrieben haben und die der Leib nicht mehr abstoßen kann. Hier in der Erinnerung unverrückbar, gegenwärtig wie der Anlaß ihrer Entstehung.

Mag die Erinnerung zerklüftet sein und beweglich, sie ist streckenweise unverrückbar und unüberholbar, einmalig und dauernd. Geronnene Lavamasse, die sich einmal glühend und fließend in den Leib eingegossen hat, um unverschiebbar Schichten festzulegen, auf denen das ganze weitere Leben aufbaut oder sich darum herumstiehlt. Diese Schichten müssen nicht freigelegt werden. Sie sind schlichtweg da, präsent. Wenn man auf sie rekurriert, lassen sich Gerüche, Hören und Sehen, Fühlen und Tasten aktivieren, als sei es Gegenwart. Nein alle Sinne, einmal affiziert, sind gegenwärtige Vergangenheit, nicht vergangene Gegenwart. So lassen sich die Erinnerungen dichotomisch abschichten: es gibt unverrückbare Erfahrungsschichten, die sich durch keine Gegenfrage, durch keine Außendeutung, wenn man so will, durch keine Ideologiekritik verändern. Es ist die leibliche Gegenwart des scheinbar Vergangenen, und nur durch den Tod kommt sie zum Ende. Es sind nur wenige festgeronnene Lavamassen, die ein Leib in sich speichert, Tod – Todesgefahr, tödliche Konflikte, die überstanden wurden, Liebe, scheinbar wiederholbar, doch einmalig, wenn es denn Liebe war, und vielleicht auch Freundschaft und Not, Hilfe und Rettung sind, arg verallgemeinert, die Bezeichnungen jener geronnenen Erfahrungen, die unverändert aus der Erinnerung auftauchen können, oder anders gesagt, die herausragen, wenn das Wesen des Alltags weggespült wird.

Aber es gibt auch zahlreiche Erinnerungen, die gleichwertig fortleben, ohne noch sinnlich überprüft werden zu können.

Wie viele Geschichten kann ich aus der Erinnerung abrufen, die ich mir selber glaube, deren Wahrheit ich aber nicht mehr verbürgen kann: weil die sinnliche Gewißheit fehlt, in der sie einmal verankert waren. Oft erzählt, lösen sich diese Geschichten ab von der spontanen und unveränderbaren Ersterfahrung, sie verselbständigen sich, werden – Literatur, geerdete Literatur. Damit wechselt der Autor die Gattung. Nichts gegen Literatur, in der sich Erinnerung und Erfindung gegenseitig inspirieren, in der Erfindung eine Form der Erfahrung wird. Aber der Status der geronnenen Lavamasse – selbst eine literarische Metapher – bleibt unverändert. Die Randzonen mögen unklar werden, wenn sie erzählt werden, der Kern läßt sich nicht verschieben. So war es, so ist es, so bleibt es, auch wenn es in die Vergessenheit, in die Vergessenheit rutschen wird.

Einige der sinnlich unverrückbaren Erinnerungen, deshalb wahre Geschichten, werden hier erzählt: sie sind nicht außerordentlich, vielmehr sind sie banal, gewöhnlich, sie zeugen nur von Situationen, die tausendfach auftauchen konnten, ungewöhnlich nur insoweit, als die Umstände ungewöhnlich waren, gemessen an der Lage, in der sich der Erzähler heute befindet.

Es ist der Alltag des Krieges, den nur stückweise in tödlichen Gefahrenzonen, gelegentlich und zufällig auch sehr intensiv, erfahren zu haben den Anlaß bietet, Geschichten der Alltäglichkeit zu erzählen.

September 1973

Es gibt Erfahrungsschwellen, über die keine Generation hinwegkommt. Sie sind in das persönliche Leben eingezeichnet, so daß Generationseinheiten entstehen, quer durch alle Fronten, die sie ehedem profiliert haben. Wie wäre es sonst möglich, daß ich mich zwanzig Jahre nach dem Krieg im Elsaß mit einem ehemaligen Häftling des Konzentrationslagers Struthof habe unterhalten können, während seine Frau bösartig schauend dieses Gespräch mit Abwehr verfolgte. Die Kinder, sagte der Elsässer mir, verstünden ihn nicht, zu Hause könne er darüber – französisch – nicht sprechen, sie wollten nichts von diesen Geschichten wissen. Es ist nicht nur Verbrüderung, nein das ist es gar nicht, die mich bei Wein mit dem Elsässer zusammenführte, sondern es ist die Signatur einer Generation, die in den Leib geschrieben ist, wie Kafka in der *Sträflingskolonie* die Prozedur beschrieben hat. Iwan Nagel, Jauß, Kessler, Kesting, Lange – ich nenne scheinbar beliebig Namen, auch Sombart und Hergt –, was verbindet diese völlig außerhalb der individuellen Beziehung Stehenden – auch Armin Mohler muß ich nennen, nicht mehr Habermas oder Wehler oder Conze, um ein paar Jahre hoch oder runter zu rücken, oder gar die Generation der Väter, Schmitt, Gadamer, Kühn, Löwith. Also Erfahrungsschwellen, die sehr eng und präzise umschreibbar sind, lenken die Wege der vergangenen Zukunft.

Daß meine Brüder nicht mehr dazugehören, isoliert mich zudem: nicht nur zeitlich engt sich der Raum des naiv Kommunizierbaren ein, auch die natürlich vorgegebenen Bande sind zerrissen, so daß ich als Generationsglied in extremer Weise geschichtlich zu bestimmen – oder von mir selbst – zu begreifen bin.

Diese Erfahrungsschwelle, hinter die ich nicht mehr zurückkann, mehr noch, über die hinweg ich auch nicht mehr in eine offene Zukunft hineinschreiten kann, ist der Krieg, speziell die Gefangenschaft, die das Ergebnis des Krieges war. Sie hat mich verfolgt, jahrzehntelang in den Träumen und im unausgesprochenen Dialog mit den Toten und Lebenden, das macht hier keinen Unterschied, und mittlerweile in der Reflexion, die ich zu Papier bringe.

Die Erfahrungsschwelle ist unübersteigbar, denn ich weiß nicht, ob sie zu registrieren mir zum Weiterleben hilft oder zum Abschluß des Lebens. Es ist der Knochen, der nicht mehr aus dem Rachen des Hundes rauskommt, in dem er seit – wie viel Jahre sind es denn bloß – fast dreißig Jahren steckt. Der Knochen ist schon ein Teil des Rückgrates geworden. Er läßt sich weder ausspucken noch verschlukken, aber profiliert die Haltung – nicht die Haltung des Barras, sondern die Lebenshaltung meiner Person, die durch keine soziologische Zurechnung mediatisierbar ist.

Es scheint eine Regel zu sein, daß mit wachsendem Abstand von den Ereignissen die Gemeinsamkeit der ehedem daran beteiligten Freunde oder Feinde ebenfalls wächst, daß Spannungen in der Gloriole durchstandener Abenteuer zur gemeinsamen Stimmung beitragen – wie etwa die Frontkämpfer nach dem 1. Weltkrieg scheinbar besonders gute Beziehungen anspinnen konnten.

An dieser Regel mag manches wahr sein. Aber das von mir Gemeinte liegt anders: die Erfahrungseinheit einer Generation ist von Anbeginn an vorhanden, sie braucht nicht zu wachsen oder ihre Betroffenen zusammenwachsen zu lassen. Sie lautet – hinter diese Tür führt kein Weg mehr zurück, um es, wohl mit Dante, für heute pathetisch zu sagen.

Bielefeld 3.11.2000

Dr. Friedrich – so hieß mein Ausbilder und Unteroffizier in Homburg vor der Höhe, von Mai bis August 1941. Er führte alle Befehle persönlich vor, die zu befolgen er uns anhielt: flach auf den Boden legen, Hacken einziehen, um Schüssen auszuweichen und dergleichen. Und er verbot alle antisemitischen Lieder – wie solche, die sich freuten, daß Gott die Wellen am Roten Meer zuschlagen ließ und ähnliche, damals singbare Texte. Mit ihm zusammen machte ich als Rekrut Kameradschaftsabende. Ich zeichnete. Er dichtete, was herauskam, habe ich vergessen.

Damals war ich überzeugter Freiwilliger, absolvierte die Kriegsoffiziersprüfung mit der besten Note, wie mir mein Vater, damals Hauptmann, erzählte, der mich besuchte und den Hauptmann der Batterie sprach. Ich machte versuchsweise einen Klimmzug nach zwölf absolvierten Zügen mehr, um Entschlossenheit oder Zähigkeit zu demonstrieren usw. usf. Und ich wußte, wie den psychologischen Prüfer zu nehmen: fragte ihn erst nach Abschluß der mündlichen Prüfung, ob er Prof. Pflug kenne, der Heerespsychologe in Wiesbaden war, woher die Prüfungskommission kam. Er kannte ihn natürlich (er war übrigens kein NS-Anhänger!).

Kurzum, damals war ich überzeugter großdeutscher Freiheitskämpfer, um es so zu nennen. Aber Dr. Friedrich, der damals Russisch lernte, nahm mich nach dem Einmarsch nach Russland beiseite und sagte mir unter vier Augen, damit sei der Krieg verloren. – An die Front schickte er mir Jeremias Gotthelfs *Schwarze Spinne* – – Kommentar überflüssig. Dann verlor ich seinen Kontakt.

Nach dem Kriege suchte ich ihn auf, in Hofheim im Taunus. Er war inzwischen Prof. der Ethnologie in Mainz geworden, Vorgänger von Mühlmann, mit dem ich nie darüber sprach …!, als Frobenius-Schüler, wovon er mir in Homburg nichts gesagt hatte. Als Ethnologe war er »Irrationalist«, rechnete mit der Glaubwürdigkeit prognostischer Träume Einheimischer vor der Jagd u. ä: entgegen Jensen, dem Frankfurter Nachfolger Frobenius', der »Rationalist« war.

Friedrich hat sich im Krieg konsequent geweigert, Reserveoffizier zu werden, blieb deshalb Oberwachtmeister, überzeugter Anti-NS, dessen Bedeutung ich wohl erst nach 1946 erkannte, als ich ihn besuchte, mehrfach! Er begleitete mein damaliges Frühgeschichtsstudium, um es ethnologisch anzureichern – was damals in HD nicht möglich war. Erst, als Friedrichs Nachfolger Mühlmann aus Mainz nach HD überwechselte. Aber dann studierte ich nicht mehr und schon gar nicht mehr Frühgeschichte. Friedrich starb im Himalaja, weil er sein Gepäck selber schleppte, statt *Sherpas* damit zu belasten … Er war und blieb eben ein Preuße.

Ging zu Hause übrigens barfuß zwischen lauter ethnologischen Fundstücken (wo er noch bei seiner Mutter wohnte, unbeweibt).

4.4.2004

Gestern Nacht sah ich, durch Zufall, mit Fee,[2] den US-amerik. Film *Elmar Gentry*, gedreht 1959. *Text Sinclair Lewis.*

Im August 1942 brachte Johannes Kühn 3 Bücher ins Lazarett zu Arnsdorf, wo ich mit beiden Füßen in Gips lag.

Erstens Romain Rolland *Jean Christophe* in 3 Bänden. Der pazifistische Roman der dt.-franz. Verständigung! Er langweilte mich unendlich.

Zweitens jener *Elmar Gentry*, den ich sofort verschlang. Ob er eine geheime Botschaft Kühns war: das ist Hitler? Oder das ist Roosevelt? Oder so ist US-Amerika? Jedenfalls ist Lewis als Analogie zur Hysterie einer Massenbewegung auf NS-Bewegung anwendbar. Ob ich das damals dachte – wie sicher bei Friedrichs *Schwarzer Spinne*[3]! –, ist schwer zu sagen.

Jedenfalls hat Kühn meine Karikaturen – zwei Monate später, als ich zu laufen wieder anfing – angeschaut und Seite für Seite beiseite geschoben – ohne Kommentar: die stärkste Lektion, die er mir erteilen konnte.

2 [Felicitas Koselleck, Ehefrau.]

3 [Jeremias Gotthelf, *Die schwarze Spinne*. Reinhart Koselleck beschrieb das in einem Interview als »eine Geste von kommentarunbedürftiger Evidenz«. Siehe dazu ders./Carsten Dutt, *Erfahrene Geschichte*, Heidelberg 2013, S. 19. In Gotthelfs Erzählung schließt ein Dorf einen Pakt mit dem Teufel, um die hohen, belastenden Abgaben an den Adel nicht selber erbringen zu müssen. Es leistet dann aber nicht die Gegengabe – das vom Teufel geforderte Menschenopfer. Daraufhin erscheint eine schwarze Spinne, die das Dorf verwüstet. Die Bewohner besiegen die Spinne, »vergessen« den Vorfall und den Zusammenhang und verfallen in ihre alten Laster, indem sie nur an ihren Besitz denken. Deshalb erscheint die Spinne erneut. Sodann opfert sich eine Dorfbewohnerin, indem sie die Spinne besiegt, die aber nicht vernichtet, nicht völlig beseitigt werden kann, sondern nur stillgestellt, gleichsam eingefroren werden kann. Die Spinne wird in einem Holzbalken eingeschlossen. Die Erinnerung wird damit zur Voraussetzung für die Bändigung des Bösen.]

Gefangennahme

20.9.1973

Wo begann die *Gefangennahme*?

Das ist eine Frage der rückwärtsgewandten Sicht. Die Disposition liegt natürlich in den Ereignissen der großen Militärlage sowie in meiner persönlich darin eingeflochtenen Biographie beschlossen. Mein Weg zum Obergefreiten, der auf die Führungsfunktion des Offiziers und die damit verbundene Endlichkeit der Aufgaben verzichten konnte, ist anderwärts zu beschreiben. Jedenfalls bin ich mit dem Weg vom Funkmesstrupp zur Infanterie den Weg in die ausweglos scheinende Schlinge hineingezogen worden. Innert der 4 Wochen von Anfang April bis Anfang Mai im Kampfraum und endlich im Kessel von Mährisch-Ostrau hat sich jedenfalls die Anpassung vollzogen, die mich mit der Gefangennahme hinterrücks vertraut gemacht hat.

Die höhnenden Rufe der Ersatztruppe, der ich zugehörte wie mit mir die zahllosen Marineleute, der Luftnachrichtenmänner und der Angeschlagenen und Krüppel sowie der bisher elegant sich durchgeschlängelt Habenden – deren höhnenden Rufe an den Kompaniechef, der die Ersatzhaufentrümmer an die Front zu geleiten hatte, um dann selber wieder nach Westen, nach »Hause« zu entfleuchen, deren Rufe in der dunklen Nacht, die keine Erkennung möglich machte, sind mir heute noch im Ohr. Ich habe nicht mitgeschrien: »Du hast gut reden, du ziehst heim und wir sollen unsere Knochen hinhalten« usw. Aber sie empörten mich nicht, denn recht hatten sie – funktional zum Geschehen gesprochen. Aber dies Recht zählte nicht. Die Alternative war: Fällst du oder fällst du in die Hand der Russen. Wie sollte man dem entrinnen?

Darüber, luftiger und weniger konkret, aber doch dauerhafter – je nachdem wie man es *ex post* nimmt – stand die alternativenlose Forderung, der sich jeder damals unterwarf: Wie überlebe ich? So redete mein Unteroffizier am Infanteriegeschütz: Ich will doch nicht im letzten Moment fallen, nachdem ich den ganzen Krieg überstanden habe. – Als sei der Krieg schon zu Ende gewesen. Ganz im Gegenteil, gerade jetzt fielen die Opfer in Zahlenreihen, die es vorher gar nicht gab. Und so fiel er auch. Er hatte sich verdrückt, als wir im unmittelbaren Beschuß der Russen, halb schon umzingelt standen, er blieb im Keller, während ich nur einen Gedanken hatte: wie rette ich mein Geschütz, um nicht nach dessen Verlust der kämpfenden vorderen Linie einverleibt zu werden? So schoß ich als Richtschütze, zwei Geschütze hintereinander bedienend, nur um am Geschütz zu bleiben und die Chance für mich zu erhalten, mit diesem Geschütz hinter die erste Linie wieder zurückzukommen – was mir denn auch gelang, nachdem ich im MG-Feuer die Geschütze mit den – offenbar ähnlich gesonnenen »Kameraden« – die ich nicht mehr kenne, ganz und gar nicht, nach den kurzen Wochen gemeinsamer »Arbeit« aus der Feuerlinie zurückholte, um sie wieder mit den überlebenden Pferden zurückzuzerren. Bei der Gelegenheit fällt mir ein, wie ich vom einen zum anderen Geschütz sprang, um sie einzurichten: ein Volltreffer schlug zwischen die beiden Lafetten, die ich gerade verlassen hatte, um das andere zu bedienen. Die Kameraden waren im Keller. Kurzum, ich schoß nach den Feuerbefehlen weiter, während die Russen sich schon in 200 m Entfernung im Straßengraben an uns heranschlichen, was mich, dies sehend, zur rechtzeitigen Aufgabe der Stellung ermächtigte, die anderen aus dem Hauskeller holend, um gerade noch rechtzeitig die Geschütze zurückzuziehen.

So komme ich von einem Detail ins andere – alle stehen mir vor Augen, wenn ich daran zurückdenke, als sei alles erst eben geschehen.

Was ich sagen wollte, war ja nur, daß jener Unteroffizier – er stammte aus Pommern, das er sowieso nicht wiedergesehen hätte, sich dem Einsatz entzog, um zu überleben, ohne zu fragen, wie er am besten überleben könnte. Er fiel in der Nacht des Durchbruchs, der scheiterte. Ich selber handelte nach der Maxime: nur das tun, was dir erlaubt, möglichst wenig mit den Russen in Nahkampf zu kommen, was diese selber ebensowenig wollten, das war offensichtlich. Notfalls auch, wenn man dabei etwas riskiert. Die negative Variante von Schiller »und setzet ihr nicht das Leben ein« usw.

Die Phasen der Reduktion, die schließlich auch die Gefangennahme als Ausweg ansehen ließen, sind nur schwierig zu beschreiben, denn weithin wurden sie uns so oder so vom Ablauf selber aufgezwungen.

Meine Überlegungen, wie durchkommen, zielten in alle Richtungen. So wurde uns angeboten, zur SS überzutreten, als wir hinter der Frontlinie irgendwo in der Nähe des Hultschiner Ländchens als Infanteristen ausgebildet wurden, welcher Hohn darin lag, war jedem klar: in der Ausbildung und in der Aufforderung, es doch bei der SS zu versuchen. Ich überlegte dennoch gründlich, ob dieser Weg nicht der beste sei, um wenigstens in einer verschworenen Gemeinschaft einen Weg in den Westen durchboxen zu können. Aber diese Rationalisierung reichte nicht aus, das, wie ich jetzt weiß – Unsinnige zu tun.

Andererseits hatte ich kurz vor der Gefangennahme (30. April) ein Erlebnis, so darf ich wohl sagen, das mir die komische, das muß ich auch sagen, die komische Gewißheit gab, daß ich überleben werde. Ich erhielt am Vortag vor der Gefangennahme den Befehl, einen Befehl weiterzureichen, der von Generalfeldmarschall Schörner ausging, daß Unteroffiziere – wie selbstredend Offiziere – immer und jedenfalls zu grüßen seien. Weiterzureichen von einem Geschütz an das andere. Dabei war das Wetter sehr schlecht. Besser gesagt, mies, denn es hatte oft geregnet, was einen allgemeinen Matsch zur Folge hatte, an der Oderlinie, die wir halten sollten (ein anderes Kapitel). Ich sprang also mit dem Schriftstück los, als eine Salve russischer Granaten heulend sich anmeldete: hinlegen – aber wohin? In den Matsch, dachte ich, machte mich zu dreckig. Also blieb ich in der Liegestütze hängen, fing mich auf, um nicht im Dreck zu landen. Zwischen meine beiden Hände schlug ein etwa zehn Zentimeter langer Granatsplitter ein, der mir todsicher den Kopf zertrümmert hätte, schwirrend kam er an und spritzte mich voller Dreck, den nicht zu scheuen ich in der Ausbildung gründlich gelernt hatte. Nun, ich scheute ihn und atmete tief auf, in ein Gefühl versetzt, daß mir – nunmehr nichts passieren könne. So mag man lächeln über die soldatische, fast landsknechtische Abergläubigkeit, der ich zu frönen schien. Aber es gab ein Gefühl, das hinterher recht behielt, auf das zu vertrauen mir jedenfalls auch in Aussicht des Kommenden eine gewisse Sicherheit verlieh – ganz im Gegensatz zu jenem oberschlesischen Pieronnje, der mir 1942 offen anvertraute, daß er – nach seiner Verwundung, Wieroczonnek hieß er – nicht mehr nach Hause käme. Er fiel genau durch einen solchen Volltreffer zwischen die beiden Lafetten meines damaligen Geschützes, der der erste »scharfe Schuß« war, den ich erleben sollte – bei Obojan.

7.10.1965

Den *Transport*, den Gefangenentransport nach Innerasien schiebe ich immer in Gedanken vor mir her, obwohl er sicher nach der Gefangennahme selber das dramatischste aller Erlebnisse – sogenannter Erlebnisse – war: dramatisch wegen seiner absoluten Lähmungserscheinungen, die das Gefangenendasein gerade in seiner Passivität während einer permanent monotonen Bewegung kontrastreich herausholten. Es ist sicher kaum ein Zufall, daß der Transport die meisten Erinnerungen wachruft, daß ein runder Bericht gar nicht in einem Zuge möglich ist.

Die mit der zunehmenden Entfernung zunehmende Gewißheit der Entfernung von der Heimat macht es möglich, in dem monotonen Geratter der Viehwagen eine qualitative Veränderung des Zustandes zu beschreiben. Der Weg ins Absurde wurde zum Ereignis. Der Einbruch der Zeitlosigkeit konnte nirgends stärker empfunden werden als gerade auf einem gezielten Wege, der alle Rückwege abschnitt. Das klingt paradox, weil ein Weg immer ein Ziel und damit ein Ende auch in der zeitlichen Erstreckung haben müßte, aber die Zeit ist so sehr an den Ort gebunden – geschichtlich, daß die Entfernung aus der Heimat und von der Heimat weg, auch wenn sie ein Ziel hatte, nämlich Karaganda, wie sich später herausstellte, die Gottlosigkeit herbeiführte, und damit auch den Verlust jeder Zeit. Dieses Geschehen rollte, mit den Umdrehungen der Achsen der Wagen, die in den Ohren ratterten, über die Gefangenen hinweg, indem es sie ins Unbekannte nach sich zog. Die Wendung nach innen, die alle *woina plennyis* zu vollziehen gezwungen wurden, verwies sie auf das Ohr. Es war nicht nur die Wand der Waggons, die eine Barriere zogen zur Außenwelt, daß man sich auf die Interpretation der Geräusche verwiesen sah: die rollende Zelle wurde zum Symbol der vollendeten Abgeschlossenheit, gerade weil sie im Weiterrollen den Fortgang der Zeit penetrant in der Erinnerung wachhielt. Es war unmöglich, sich einzurichten, wie es später, im Lager, auf irgendeine Weise möglich gemacht wurde: so wie das Unwahrscheinliche zum Ereignis werden kann. Kurzum, man wurde auf dem Transport selbst des geschichtlichen Zusammenhangs beraubt, den sich jedermann herstellt, wenn er auch nur ein oder zwei Schritte zu laufen vermag, die von seiner Freiheit – in den Grenzen des Möglichen – abhängen. So waren selbst die Viehwagen, in denen man transportiert wurde, mehr als nur ein technischer Notbehelf, sie waren der *modus vivendi*, der die Überlebenden vom Leben abschnitt und im strengen Sinne des Wortes zu Über-Lebenden machte. Der Tod erschien als *fata morgana*, nach der man lechzte, weil man in das vergangene Leben zurück sich sehnte.

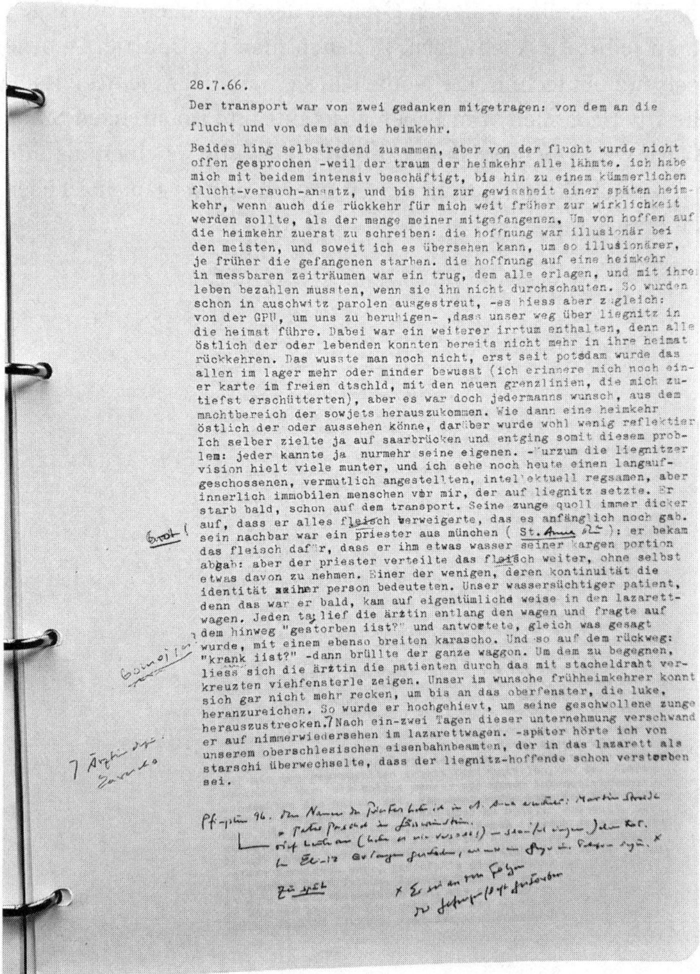
28.7.66.

Der transport war von zwei gedanken mitgetragen: von dem an die
flucht und von dem an die heimkehr.

Beides hing selbstredend zusammen, aber von der flucht wurde nicht
offen gesprochen -weil der traum der heimkehr alle lähmte. ich habe
mich mit beidem intensiv beschäftigt, bis hin zu einem kümmerlichen
flucht-versuch-ansatz, und bis hin zur gewissheit einer späten heim-
kehr, wenn auch die rückkehr für mich weit früher zur wirklichkeit
werden sollte, als der menge meiner mitgefangenen. Um von hoffen auf
die heimkehr zuerst zu schreiben: die hoffnung war illusionär bei
den meisten, und soweit ich es übersehen kann, um so illusionärer,
je früher die gefangenen starben. die hoffnung auf eine heimkehr
in messbaren zeiträumen war ein trug, dem alle erlagen, und mit ihre
leben bezahlen mussten, wenn sie ihn nicht durchschauten. So wurden
schon in auschwitz parolen ausgestreut, -es hiess aber zugleich:
von der GPU, um uns zu beruhigen- ,dass unser weg über liegnitz in
die heimat führe. Dabei war ein weiterer irrtum enthalten, denn alle
östlich der oder lebenden konnten bereits nicht mehr in ihre heimat
rückkehren. Das wusste man noch nicht, erst seit potsdam wurde das
allen im lager mehr oder minder bewusst (ich erinnere mich noch ein-
er karte im freien dtschld, mit den neuen grenzlinien, die mich zu-
tiefst erschütterten), aber es war doch jedermanns wunsch, aus dem
machtbereich der sowjets herauszukommen. Wie dann eine heimkehr
östlich der oder aussehen könne, darüber wurde wohl wenig reflektier
Ich selber zielte ja auf saarbrücken und entging somit diesem prob-
lem: jeder kannte ja nurmehr seine eigenen. -Kurzum die liegnitzer
vision hielt viele munter, und ich sehe noch heute einen langauf-
geschossenen, vermutlich angestellten, intellektuell regsamen, aber
innerlich immobilen menschen vor mir, der auf liegnitz setzte. Er
starb bald, schon auf dem transport. Seine zunge quoll immer dicker
auf, dass er alles fleisch verweigerte, das es anfänglich noch gab.
sein nachbar war ein priester aus münchen (St. Anna): er bekam
das fleisch dafür, dass er ihm etwas wasser seiner kargen portion
abgab: aber der priester verteilte das fleisch weiter, ohne selbst
etwas davon zu nehmen. Einer der wenigen, deren kontinuität die
identität seiner person bedeuteten. Unser wassersüchtiger patient,
denn das war er bald, kam auf eigentümliche weise in den lazarett-
wagen. Jeden tag lief die ärztin entlang den wagen und fragte auf
dem hinweg "gestorben iist?" und antwortete, gleich was gesagt
wurde, mit einem ebenso breiten karascho. Und so auf dem rückweg:
"krank iist?" -dann brüllte der ganze waggon. Um dem zu begegnen,
liess sich die ärztin die patienten durch das mit stacheldraht ver-
kreuzten viehfensterle zeigen. Unser im wunsche frühheimkehrer konnt
sich gar nicht mehr recken, um bis an das oberfenster, die luke,
heranzureichen. So wurde er hochgehievt, um seine geschwollene zunge
herauszustrecken.7 Nach ein-zwei Tagen dieser unternehmung verschwand
er auf nimmerwiedersehen im lazarettwagen. -später hörte ich von
unserem oberschlesischen eisenbahnbeamten, der in das lazarett als
starschi überwechselte, dass der liegnitz-hoffende schon verstorben
sei.

Abb. 2: Faksimile zum Text vom 28.7.1966

28.7.1966

Der Transport war von zwei Gedanken mitgetragen: von dem an die Flucht und von dem an die Heimkehr.

Beides hing selbstredend zusammen, aber von der Flucht wurde nicht offen gesprochen – weil der Traum der Heimkehr alle lähmte. Ich habe mich mit beidem intensiv beschäftigt, bis hin zu einem kümmerlichen Flucht-Versuch-Ansatz und bis hin zur Gewißheit einer späten Heimkehr, wenn auch die Rückkehr für mich weit früher zur Wirklichkeit werden sollte als der Menge meiner Mitgefangenen. Um von hoffen auf die Heimkehr zuerst zu schreiben: die Hoffnung war illusionär bei den meisten, und soweit ich es übersehen kann, um so illusionärer, je früher die Gefangenen starben. Die Hoffnung auf eine Heimkehr in meßbaren Zeiträumen war ein Trug, dem alle erlagen, und mit ihrem Leben bezahlen mußten, wenn sie ihn nicht durchschauten. So wurden schon in Auschwitz Parolen ausgestreut – es hieß aber zugleich: von der GPU, um uns zu beruhigen –, daß unser Weg über Liegnitz in die Heimat führe. Dabei war ein weiterer Irrtum enthalten, denn alle östlich der Oder Lebenden konnten bereits nicht mehr in ihre Heimat rückkehren. Das wußte man noch nicht, erst seit Potsdam wurde das allen im Lager mehr oder minder bewußt (ich erinnere mich noch einer Karte im freien Deutschland, mit den neuen Grenzlinien, die mich zutiefst erschütterten), aber es war doch jedermanns Wunsch, aus dem Machtbereich der Sowjets herauszukommen. Wie dann eine Heimkehr östlich der Oder aussehen könne, darüber wurde wohl wenig reflektiert. Ich selber zielte ja auf Saarbrücken und entging somit diesem Problem: jeder kannte ja nur mehr seine eigenen. – Kurzum die Liegnitzer Vision hielt viele munter, und ich sehe noch heute einen lang aufgeschossenen, vermutlich angestellten, intellektuell regsamen, aber innerlich immobilen Menschen vor mir, der auf Liegnitz setzte. Er starb bald, schon auf dem Transport. Seine Zunge quoll immer dicker auf, daß er alles Brot verweigerte, das es anfänglich noch gab. Sein Nachbar war ein Priester aus München (St. Anna, München), er bekam das Brot dafür, daß er ihm etwas Wasser seiner kargen Portion abgab: aber der Priester verteilte das Brot weiter, ohne selbst etwas davon zu nehmen. Einer der wenigen, deren Kontinuität die Identität ihrer Person bedeutete. Unser wassersüchtiger Patient, denn das war er bald, kam auf eigentümliche Weise in den Lazarettwagen. Jeden Tag lief die Ärztin entlang der Wagen und fragte auf dem Hinweg »gestorben iist?« und antwortete, gleich was gesagt wurde, mit einem ebenso breiten »karascho«. Und so auf dem Rückweg: »krank iist?«, »golnoj jas?«. Dann brüllte der ganze Waggon. Um dem zu begegnen, ließ sich die Ärztin die Patienten durch das mit Stacheldraht verkreuzte Viehfensterle zeigen. Unser im Wunsche Frühheimkehrer konnte sich gar nicht mehr recken, um bis an das Oberfenster, die Luke, heranzureichen. So wurde er hochgehievt, um seine geschwollene Zunge herauszustrecken. Ärztin dazu: »karascho«. Nach ein, zwei Tagen dieser Unternehmung verschwand er auf Nimmerwiedersehen im Lazarettwagen. – Später hörte ich von unserem oberschlesischen Eisenbahnbeamten, der in das Lazarett als Starschi überwechselte, daß der Liegnitz-Hoffende schon verstorben sei.

Pfingsten 1996

Den Namen des Priesters hatte ich in St. Anna ermittelt: Martin Streidl = Pater Perschel in Güssweinstein. Rief heute an (hatte es nie versucht!), schon seit einigen Jahren tot. In Klinik Erlangen gestorben, wie mir ein Bayer ins Telephon sagte. Er sei an den Folgen der Gefangenschaft gestorben.

Zu spät.

September 1973

Roscher – Klycia – Koselleck – Meissner – Brink. Brink – Meissner – Koselleck – Klycia – Roscher. Das sind die Namen, vorwärts und rückwärts oder rückwärts und vorwärts gerufen, die ich heute noch im Ohr habe wie im Juli – oder war's Juni? – 1945. Es waren die Namensrufe, um in dem mit 100 Mann belegten Viehwagen vorzukommen und seinen Schlag Wassersuppe oder seinen Becher der Feldflasche mit Flüssigkeit gefüllt entgegenzunehmen. Die Verteilung hatte der Obmann des Wagenflügels inne. Je eine Hälfte unterstand einem Essensverteiler, der offenbar auch der Sprecher der Wagenhälfte war – gegenüber den Russen. Die Nachbarn waren Sachsen und Schlesier. Meissner traf ich – mit geschwollenen Wasserbeinen im Durchgangslager vor der Heimreise wieder: er dachte nicht, daß ich so gut durchgehalten hätte.

Die Namensfolge ist mir eingeprägt bis in die letzte Faser des Leibes, weil ein Monat Durst und Hunger und Hoffnung und Verzweiflung sich konzentriert haben auf den Moment des Tages oder der Nacht, die vierundzwanzig Stunden mochten auch überzogen worden sein, an dem es jene Brocken und jene Tropfen gab, von denen das Weiterleben abhing.

Einmal war ich selber Wasserholer – die Aufgabe rotierte, und einmal war ich abkommandiert, während des Transportes zum Essenbereiten. Zwei unvergeßliche Momente: Wasser holte ich, als wir schon in Sibirien fuhren und als der Chlorkalk längst ausgegangen war, der uns zu Anfang haufenweise in das Wasser geschüttet wurde, um uns hygienisch vor Krankheiten zu bewahren. Der Chlorkalk war im Wasser, solange wir in Polen noch relativ saubere Brunnen nutzen konnten. In Sibirien mußten wir in einen großen, breiten See, um dessen Wasser in den Kessel abzuschöpfen. Welch ein Genuß, mit der ganzen Uniform ins Wasser untertauchen, mit den Lippen das Wasser schlürfend, immer weiter in den sumpfig-schmutzigen See watend. Vieh watete im See, daß die Wachen uns zurückbrüllten, aber ihrer nicht achtend so weit hinausstapfend, um möglichst klares Wasser von der Oberfläche abzuschöpfen. Nachher war es doch nur eine braune Brühe, die getrunken wurde wie das schönste Quellwasser.

Und das andere Mal mußte ich in den Fleisch-Wagen. Die Russen hatten lauter Rinder geschlachtet, um uns von Auschwitz an mit Nahrung zu versorgen, für 4 Wochen, von denen ich nicht weiß, ob die Russen wußten, daß es vier Wochen würden, bis wir das Ziel erreichten. Jedenfalls wurden, wie ich dann merkte, die Kühe und Rinder in offene Holzfässer gestopft, in denen sie nach etwa 8 Tagen Sommerhitze in Galizien auf der Bahnstrecke nicht mehr wiederzufinden waren: das Fleisch bestand nur aus weißen Maden, die etwa zehn Zentimeter dick über und in dem Etwas krabbelten, was man früher einmal Fleisch hätte nennen können. Meine Aufgabe war, das Fleisch von den Maden zu befreien, d.h. erst einmal mit hochgekrempelten Ärmeln festzustellen, wo das Fleisch überhaupt war. Wir holten Wasser aus einem Lokomotivbrunnen und schwemmten die Maden fort. Der Rest wurde dann der Küche für die nächste Portion übergeben. Was mich am meisten erstaunt, ist, daß ich nicht mehr weiß, ob ich danach Fleisch gegessen habe: vermutlich ja, denn warum sollte ich sonst diese »Leistung« verdrängt haben, heroisch auf Fleisch verzichtet zu haben? Es gab keinen Heroismus mehr, jedenfalls nicht dieser Art jenseits der leiblichen Bedürfnisse. Innerhalb dieser ja, wie der Pfarrer von St. Anna, München bewiesen hat. Wie auch immer, bald darauf gab es sowieso kein Fleisch mehr, und das Essen wurde immer spärlicher nicht zuletzt deshalb, weil der Zugkommandant Riesenportionen auf vielen Wagen mit Panjepferden irgendwo in Sibirien hatte abtransportieren lassen. Wer lebte damals schon nicht vom Schwarzhandel? Die Totenrate unseres Transportes war etwa 60 – von 2000: gering, gemessen an den deutschen Gefangenentransporten, hoch, gemessen an anderen Russentransporten, die kurz vor oder nach uns in Karaganda eintrafen.

[1946, direkt nach der Rückkehr aus der Kriegsgefangenschaft, fertigte Koselleck zwei Aquarellzeichnungen an. Diese dienten ihm, wie er wiederholt betonte, nur zur Dokumentation, zum Festhalten von Erinnerungen.]

Abb. 3: Reinhart Koselleck, Lager in Karaganda, 1, 1946

Abb. 4: Reinhart Koselleck, Lager in Karaganda, 2, 1946

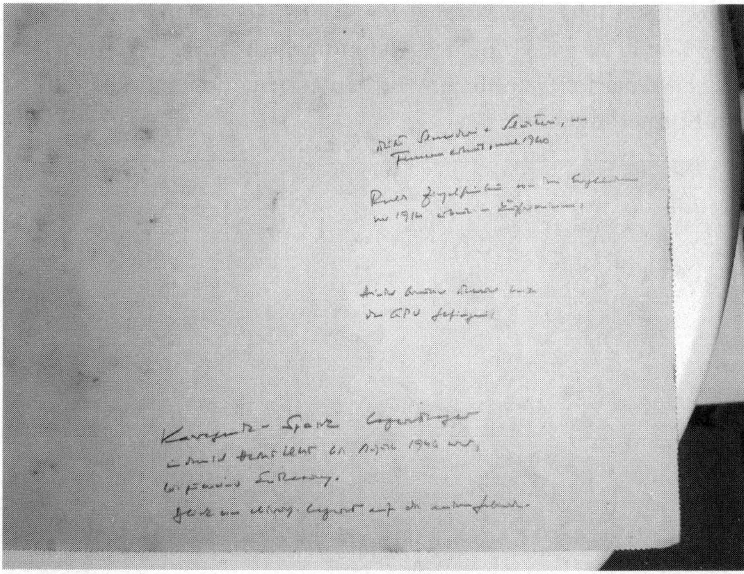

Abb. 5 Rückseite:

Mitte Schneiderei und Schusterei, von
Finnen erbaut, um 1940

Roter Ziegelsteinbau von den Engländern
vor 1914 erbaut – Kupferminen.

Hinter brauner Mauer links
das GPU-Gefängnis

Karaganda-Spassk Lazarettlager
in dem ich Herbst 1945 bis August 1946 war,
bis zu meiner Entlassung.

Blick vom chirurg. Lazarett auf die anderen Gebäude

Juni 1974

Die Geschichte mit dem Löffel: ich las gerade Hilde Domin mit ihrer Löffelsymbolik,[1] die real war.

Mein Wehrmachtsbesteck wurde mir ziemlich bald nach der Gefangennahme abgenommen, weil irgendein Iwan Lust daran fand. Andererseits gab es vom Iwan vorzüglich Wassersuppen: in Auschwitz reine Wassersuppen bis auf einen gelegentlichen Schlag Sauerkraut aus den Wehrmachtsbeständen. Auf dem Transport reinste Wassersuppen, nachdem das von Maden zerfressene Fleisch der frisch geschlachteten Kühe binnen 10 Tagen aufgebraucht war – und nachdem ein Großteil der Verpflegung vom Transportführer irgendwo in Sibirien auf freier Strecke an freundschaftliche Empfänger vermittelt oder verkauft worden war, kurzum es gab weiterhin Wassersuppe, nach kurzer Unterbrechung im Auffanglager in Karaganda, sobald wir ins Arbeitslager gekommen waren, wo dann von rund 600 Leuten binnen dreier Monate etwa 80 starben und rund 120 als Schwerkranke (ok) abtransportiert waren. Also Wassersuppe bedurfte eines Löffels. So nahm ich die mir verbliebene Kennmarke und knickte sie an den durchstanzten Faltstellen leicht ein, so daß ein im Umriß weiterhin ovales, im Querschnitt aber V-förmiges Gebilde entstand, durch dessen Rillen die Suppe immer zum Drittel etwa abfloß, ich erstens immer schnell essen mußte, um etwas in den Mund zu bekommen, zweitens aber dafür auch länger essen konnte, weil immer etwas in den Napf zurückfloß. Das dauerte bis zur Einweisung in das erste Arbeitslager. Im Umkreis des Tors lagerten wir wie üblich Stunden um Stunden, viele Stunden und länger. Dabei kam ich mit einem älteren Mitgefangenen zusammen, der mir einen Löffel schlichtweg schenkte. Er hatte zwei und meinte, nicht ganz zu Unrecht, daß er zwei Löffel sicherlich nicht durch die Filzung des Empfangs hindurchretten könne. Deshalb wolle er mir lieber gleich einen Löffel schenken, ohne Gegengabe, die sonst in jedem Fall fällig gewesen wäre und sicher auch in anderer Lage einge-

1 [Hilde Domin, *Mit leichtem Gepäck* (1962).]

fordert worden wäre. Immerhin, ein großes und ein großzügiges Geschenk, das ich gern und nicht ohne Rührung annahm. Dieser Mann war übrigens SS-Mann. Er wird es im weiteren, mit der Blutgruppe unter der Achsel, nicht leicht gehabt haben. Wie es ihm ergangen sein mag. Ich weiß es nicht. Jedenfalls stammte er aus Siebenbürgen und war zwangsweise zur SS statt zu den Rumänen oder Wehrmacht eingezogen worden. Als Volksdeutscher.

Arbeitslager 1945, Karaganda

26.6.1965

Das *Aufstehen* im Lager – damit könnte ein Bericht anfangen über die Gefangenschaft, denn hier ereignete sich tagtäglich der Einbruch einer gnadenlosen Wirklichkeit in die Traumwelt (wenn überhaupt: aber doch meistens). Die Trostlosigkeit ergriff einen, indem man wach wurde, d.h. indem man geweckt wurde. Die Wiederkehr des Gleichen, hier wurde sie zur Wahrheit, weil die Hoffnung auf Rückkehr eine unbekannte Zukunft avisierte, die zwar zum Tag wie zur Nacht gehörte, aber doch wie eine einzige Irrealität über dem Lager schwebte. Der Tages- und Nachtlauf selber war die unmittelbare Zeit und diese ohne Ausweg. Der Widerstand, der überwunden werden mußte, um aufzustehen, war so groß wie sinnlos. Im Kriege hatte er zur steten Erfahrung gehört, beim Wacheschieben, beim Einsatz, beim Abmarsch, beim Alarm und wann sonst man will, aber jedes Aufstehen hatte seinen Zweck – irgendeinen, er mochte absurd oder vergeblich sein, aber immer einen, und zwar immer einen anderen Zweck, oder Sinn, wenn man so will: der Widerstand gegen das Aufstehen blieb eingebunden in eine Bewegung, die eine Richtung hatte. Nicht so im Lager. Hier wehrte sich der Körper gegen die Anstrengung des Erhebens, weil er nur neue Erschöpfung in sich eingezeichnet spürte, die mit jedem Schritt zunahm, den man tat, bis man abends wieder auf das Holzlager zurücksank. Die Aussichtslosigkeit im Geist und die Erschöpfung des Körpers waren der Morgengruß, mit dem der neue Tag das Bewußtsein imprägnierte. Und doch mußte man gleich darauf achten, d.h. sich jetzt bewußt machen, ob man auch immer darauf geachtet habe, daß der Löffel – bei mir eine eingebogene Erkennungsmarke für lange Zeit – noch da sei und so die

Schuhe, die mit dem Senkel verbunden rechts und links vom Kopf gelegen hatten. Der kleine Nahkampf der Gefangenschaft begann nicht aufs neue, ihn durchgefochten zu haben in Abwehrstellung trat nur wieder in das Verhalten bewußt ein, um ihn aufs neue zu habitualisieren. – Die Seite, auf der man zu lange gelegen hatte, drückte noch, der rote Fleck auf der rechten oder linken Hüfte wurde nicht weiter zur Kenntnis genommen, denn alles Weitere vollzog sich mit großer Eile. Schon sprang ein russischer Wächter fluchend gestikulierend und Fußtritte austeilend in die Baracke und vertrieb die Langsameren von den Pritschen. Das war sicher nicht immer so – vor allem nicht in Spassk, dem Lazarettlager, aber diese Szene hat sich mir als ständig in die Erinnerung eingegraben. Von Waschen war im Arbeitslager morgens keine Rede, teils weil das Wasser aus der Röhre nicht mehr floß, die im Lager über einer verrosteten Kipplore endete – das tat sie nur nachts, teils weil der Appell gleich folgte, dessen Länge wie üblich schwer abzusehen war. Eine Grenze hatte er freilich, den Abmarschtermin. Je länger der Appell mit den stereotypen Zählungen, desto kürzer die Frühstückszeit und desto schneller der Marsch zur Arbeitsstelle, der eine Stunde etwa währte und entsprechend durch Trab verkürzt werden mochte. Das Frühstück selber mußte immer im Stehen eingenommen werden. Ein scheinbar mönchisch asketischer Zug – im Namen der Arbeit, die bevorstand, *de facto* reine Schikane, denn die Holzpritschen ließen Raum zum Sitzen, kaum zum Stehen. Wer dennoch zu setzen sich wagte, oder niedersank, weil die Knie weich wurden oder schon waren, der bekam einen Fußtritt vom Unteroffizier oder Unterleutnant persönlich. Worin das Frühstück bestand, ob in Kaffeewasser oder in einer Wassersuppe, dessen kann ich mich nicht mehr erinnern: für die Substanz bleibt es sich gleich. Der ausgeteilte Kanten wasserhaltigen Brots, das man um ein vielfaches zusammenkneten konnte, war die eigentliche »Substanz«, von der man zehrte, durch Befühlen, Beriechen, Vergleichen, Betasten und Beurteilen: war es ein Randstück mit doppelseitiger Kruste, oder nur mit flacher, einseitiger Kruste; war es grösser oder kleiner als das letzte Stück oder als des Nachbarn (natürlich immer kleiner); sollte es sofort gegessen werden, oder nur in Stücken – oder gar aufgehoben werden für den Weg? Für die Arbeit? Wofür überhaupt! Mit dem einen Stück Brot jedenfalls war das erste Ziel des Tages handgreiflich erreicht worden. Wer aufgestanden war, um noch zu leben, der war um dieses Kanten Brots willen aufgestanden. Wer nicht, der stand schon in der langen Reihe derer, die bald nicht mehr aufstehen sollten.

Lazarettlager Spassk

September 1973

Ein Wort zu den Tieren, die uns begegneten. In meinen ersten Briefen, die ich zahlreich an die Angehörigen der Zurückgebliebenen geschrieben hatte, habe ich intensiv von den Tieren berichtet. Sei es, um abzulenken, sei es, weil die heute sogenannte Umwelt doch tief unter die Haut ging. Die Wanzen waren sicher die Tiere, kaum daß man das Ungeziefer so nennen wollte, die am intensivsten begegneten. Sie zogen in Scharen an den Wänden hoch, um sich von der Decke auf die Kranken oder Gesunden fallenzulassen. Der herbe Geruch dieser Viecher liegt mir noch heute in der Nase, süßlich und scharf. Trotz aller Hygiene, die die Russen großschrieben, blieben sie munter am Leben. Dann kommen – von ihren Folgen her sicher zuerst – die Läuse. Die Scherung aller Haare, an Scham, Brust und Kopf, war der Beginn der Gefangenschaft. Jetzt merke ich, daß die Tiere nicht so zufällig eingestreut werden in die Erzählung, denn hier lag die eigentliche Erniedrigung: daß uns die Haare allerorten wegrasiert wurden, war die tiefste Beschämung, die ich erleben mußte. Der Eingriff in die Person, ihre Egalisierung, auch ihre Anpassung an die kurzgeschorenen Russen, war schmählich, schändlich. So rational diese Schur auch begründet werden mochte. In einer oberschlesischen Schule hockten wir alle im Keller, um uns einer nach dem anderen die Haare mit den wenigen stumpf werdenden Scheren, zunächst am Kopf, abrasieren zu lassen. Die Demütigung war perfekt – woraus erhellt, daß alle Vernunftgründe, die für die Entfernung der Haare sprachen, nichts zählten gegen den Einschnitt in das private Leben, das wir immerhin noch geführt hatten. Ein Zeichen wurde gesetzt, die Signatur des *woinna plennie.*[1]

1 [Woina plennik (russisch) = Kriegsgefangener.]

Ich kann nicht ermessen, wie diese Prozedur von den anderen Gefangenen erfahren wurde – was nur bezeugt, wie privat unsereiner noch als Soldat lebte, oder wie zurückgeworfen auf die pure Existenz.

Die Entlausungen gehörten denn auch zu den Zeremonien, die die Russen an den Gefangenen, medizinisch versiert, vollzogen. Vernünftig – klar oder etwa nicht? Selbst auf dem Transport wurden wir in Kuibyschew ausgeladen, um in einer Entlausungsanstalt, nach etwa zwei Wochen, für die weitere Reise hygienisch präpariert zu werden (in deutscher Gefangenschaft für die Russen unvorstellbar).

Damals blieb ich, wie man so sagt, aus Zufall, von meiner Gruppe zurück, weil meine Kleider noch nicht aus dem Entlausungsofen eintrafen, während alle anderen ihr Zeug packen konnten, um draußen anzutreten. So befand ich mich plötzlich allein mit dem russischen Bewachungssoldaten konfrontiert, der nichts anderes zu tun hatte, als mich nunmehr zu durchlausen (filzen!): so kehrt das Tier auf anderer Ebene wieder. Ich hatte meine Schätze – das Brecheisen war schon aus dem Waggon geworfen worden – in meiner Mütze zurückbehalten, um sie nicht der Entlausungsprozedur zu unterwerfen: nun stürzte sich ein junger Russe drauf: auf das Foto von Eckart, das er einer Krankenschwester schenkte, die es gerührt entgegennahm, auf das Soldbuch, das er mir wiedergab und das ich später zum Zigarettendrehen umfunktionierte, auf meinen Kalender, den er wegwarf. Ich weiß es noch, als sei es eben geschehen, und den ich mir vom Abfallhaufen der gestohlenen Sachen wiederholte, um seine Blätter später ebenfalls in Zigarettenpapier zu verwandeln, und nicht zuletzt auf mein hornumkleidetes Taschenmesser, das freilich steckte er ein, während er mich mit wohl gespielter – ich weiß es nicht – Wut verfolgte, den Gewehrkolben auf mich stoßend, um die leeren Bänke treibend, um das absolut Verbotene, eine Waffe zu besitzen, auszutreiben. Ich sprang wie ein Hase umher, den Stößen entrinnend, bis sich der Russe beruhigt hatte. Dann klaute ich mir die verbliebenen Utensilien – Soldbuch und Kalender – vom konfiszierten Haufen zurück und zog minus Messer und Bild von Eckart davon.

So geht's mit den Tieren, die Geschichte handelt nur von mir und wie ich die Tiere für mich erfahren habe, das also sind die Läuse und Wanzen. In Spassk wurden wir regelmäßig entlaust, und eines Tages bemerkte ich zweierlei: Erstens, daß mir der Rücken wehtat, als ich unter der überhitzten Brause meine Beine von mir schlenkerte. Das war der Schmerz im Rücken, den erst Alfred Kessler diagnostizieren sollte – durch Appell an Dr. Erdmann, meinem Chefarzt im Lazarett 4 – oder war es 6? – Es war jedenfalls eine Nummer. Es war der Vorbote der Paranephritis, die mich heimführen sollte. Und zweitens verlor ich bei dieser Entlausung meine 30 Rubel, die ich – einmalig – ausgezahlt erhielt, nach irgendeiner undefinierbaren Spanne von Arbeit. Der aufsichtführende Sanitäter stahl sie mir aus den Schuhen, in die ich das Geld steckte, um es nicht in der Hand unter der Brause halten zu müssen und um es nicht mit der übrigen Kleidung in den erhitzten Ofen stecken zu müssen. So war ich wegen der Tiere, also der Läuse, meinen erarbeiteten Verdienst los. Wie hätte es anders sein können. Das offizielle Einkommen war zufällig, dessen Verlust den Gefangenenregeln konform.

Wo bleiben die Tiere, von denen ich erzählen wollte? Es gab also, um »zur Sache zu kommen«, Fledermäuse. Sie hingen tagsüber am Dachrand unseres Lazaretts, nachts torkelten sie – in Wirklichkeit wohl gezielt – durch den dunklen Himmel.

Außerdem gab es Pferde, unseren Wasserwagen ziehend, nein es waren Kühe, aber Pferde (Maulesel?), die einmalig – darüber später – den Totenwagen von emigrierten und verfolgten Ungarn zogen. Und schließlich gab es Heuschrecken.

Hier ist wohl die stumme Erinnerung an die *Bibel* angebracht, damals schon, denn die Heuschrecken verdunkelten – nach vorheriger Warnung – den Himmel, die Sonne komplett, zu Hunderttausenden kamen sie angeflattert, um sich auf die kümmerlichen Grün- und Kohlstreifen niederzulassen, die in der Wüste des Ursprungsorts der Indogermanen, wie ich später bei Wahle[2] lernte, niederzulassen. Die

2 [Koselleck besuchte in Heidelberg mehrere Veranstaltungen bei ihm, vgl. Reinhart Koselleck, »Dankrede«, in: *Reinhart Koselleck (1923-2006). Reden*

Russen organisierten die Tötungsaktion: mit Schaufeln und Öl wurden die schwarzlackierten, klebrigen Biester zusammengewürfelt, um ab- und ausgebrannt zu werden. Der Salat war zwar im Nu weggefressen, aber die Heuschrecken folgten diesem Schreck – der freilich lange Folgen zeitigte – schnell in den Flammentod.

Und dann gab's noch Hühner, die den Russen der Bewachungsmannschaft gehörten. Sie gackerten im Abort herum, auf dessen Löchern unsereiner gerne der Ruhe pflegte. So torkelten einige Hühner vor meinen hungrigen Augen, aber sie zu fassen und zu schlachten traute ich mich nicht, um der Strafe zu entgehen, die sicher größer gewesen wäre als der vorübergehende Genuß, ein Huhn zu vertilgen, dessen Verzehr sicher von freundlichen Mitgefangenen der Kommandantur gemeldet worden wäre. Es gab keine Kameradschaft, die ein solches Unternehmen gedeckt und geteilt hätte.

Das wären so alle Tiere, die mir – von den geschlachteten Viechern abgesehen, begegnet wären. Die noblen, oberen Eingeweide der Schlachttiere, Leber, Niere, Lunge, Herz und Hirn, wurden von den Russen aus ich weiß nicht welchen magischen Gründen verabscheut, so daß unsereiner, wenn überhaupt, im Lazarett des öfteren in den Genuß dieser edlen Eingeweide kommen konnte: vorausgesetzt, er war hinreichend krank, um mit – russischem – Abfall aufgepäppelt werden zu dürfen.

Es ist schon »komisch«, daß ich jetzt all dies überhaupt niederschreibe. Aber was ich früher von mir abgestoßen hatte, indem ich dauernd daran dachte, sammle ich jetzt ein, denn diese Erfahrung ist nicht mehr transponierbar, unaufholbar. So mag ich sie abstoßen, um weiterzuleben, ohne meine Identität zu verlieren.

zum 50. Jahrestag seiner Promotion in Heidelberg, hg. von Stefan Weinfurter, Heidelberg 2006, S. 35.]

Des Herrgotts Butter

Der Herrgott, mit bürgerlichem Namen »Hans Weiss«,[3] befand über das Essen, also über Leben oder Tod. Er war der Küchenchef des Lagers in Spassk und entschied darüber, welche Diät ein Nieren- oder ein Leber-Kranker erhalten dürfe – auch wenn die Ärzte, die Überlebenden von Stalingrad, eine andere Diät verordneten. Aber der Herrgott war nun einmal ein dezisionistischer Gott, und er war streng. Als ein Stückchen Fleisch fehlte, ließ er seine Köche antreten und fragte, wer hat es beiseite geschafft und verzehrt? Niemand traute sich zu antworten. Daraufhin ließ er die Magen aushebern, und der Dieb bekannte seine Tat. Wohlgenährt und um ein Stückchen Fleisch bereichert, mußte er ins Arbeitslager zurück, ins Bergwerk. Wer weiß, ob er überlebt hat.

Aber der Herrgott war zuständig auch für die Butter. Zum ersten und zum zweiten Frühstück gab es in den Lazaretten entweder schwarzen Kaffee – woraus er bestand, ist nicht mehr erinnerbar – und ein daumennagelgroßes Stück Butter pro *woina plenni – oder* es gab Milchkaffee, ein geweißter Kaffee also und keine Butter. So war es, als ich Sanitäter im Lazarett, ich glaube Nr. 4 unter Dr. Erdmann aus Hannover, war.

Wie üblich mußten die Sanitäter 5 × am Tag zur Küche ziehen, um abwechselnd Kaffeesuppe oder Suppenwasser zu holen, einmal auch ein Stück Brot dazu – oder eben jene Stücke Butter, die in einer kleinen Schüssel für rund 200 Kranke, wohl geteilt, gestapelt wurden.

So zogen wir eines Tages los, im Schnee, etwa einen halben Kilometer durch das Lager, um am oberen Ende, wo die Küche lag, das Essen in Empfang zu nehmen. Die Kaffeekessel wurden von je zwei Trägern in einer Reihe, so daß rechter Hand und linker Hand ein Kessel zu tragen waren, ins Lazarett geschafft. Unten angekommen, fehlte die kleine Butterschüssel. Wer hat sie in Empfang genommen?

3 [Koselleck und Kessler trafen Weiss später auf einem Karaganda-Heimkehrer-Treffen; vgl. Einlagen in der Mappe.]

Wer hat sie stehenlassen? Ist sie überhaupt ausgeteilt worden? Kurzum, der Blindgänger war ich. Ich hatte sie in Empfang genommen, aber vergessen – vergessen! – Weil die Reihe der Kaffeekesselträger noch eine Hand brauchte. Und der Aufseher der Kolonne hat offenbar auch nicht aufgepaßt. Jedenfalls kamen wir mit schwarzem Kaffee im Lazarett an, ohne jenes Stück Butter für jedermann, der nun auf dieses Stückchen wartete, als Unterpfand des Überlebens, weniger, um den Hunger zu stillen.

Der Fluch von den rund 200 skelettierten Kranken fiel über mich herein. Sofort eilte ich zurück, um die Butter nachzuholen. An der Küche angekommen, fragte ich den Erzengel Michael, der in weißer Kleidung am Küchentor des Herrgotts Wache hielt, ob ich den Herrgott sprechen könne, von wegen der Butter usw. Nach einigem Zögern wurde ich vorgelassen. Der Herrgott empfing mich – mit bürgerlichem Namen hieß er Weiß, er war Sudentendeutscher und konnte offenbar so viel Tschechisch, daß er wohl mit den Russen kommunizieren konnte, jedenfalls hatte er die Sprachgewalt, um göttliche Gewalt ausüben zu können, gestorben ist er als Gastwirt an der Mosel – der Herrgott gewährte mir Zutritt in seine Zentrale.

»Wer bist du denn?«, fragte er mich in dem leiernden Tonfall aller Antifaschisten, der mit dem letzten Wort abfiel. »Wer bist du denn?« »Wer ist denn für die Patienten verantwortlich?« »Wo ist denn der Chefarzt?« »Hat er keine Verantwortung für seine Kranken?« »Warum kommt nicht der Chefarzt?« Und so weiter und so fort. Mutlos stand ich vor dem Angesicht des Herrn. Gedemütigt, wie ich schon zuvor war, wußte ich mir keine Antwort. Aber eine kleine Antwort hatte ich doch, denn der Erzengel Michael hatte mir verraten, daß der rumänische Sanitäter der chirurgischen Abteilung die Butter auf der Rampe – einsam und verloren – entdeckt und – zurückgegeben hatte. Unvorstellbar, aber die Wahrheit. Als Belohnung habe er 2 – daumennagel-große – Stückchen Butter und zwei Stücke Brot erhalten. Der Herrgott war eben nicht nur streng, sondern auch gerecht.

Aber das half mir nicht. Davon wisse er nichts, teilte mir der Herrgott mit, ich solle den Zeugen herbeischaffen. So ward ich entlassen und begab mich auf Zeugensuche. Der Erzengel Michael half mir auf die Spur.

Gegenüber der Küche lag die Chirurgie – ein altes englisches Backsteingebäude aus der Zeit vor dem Ersten Weltkrieg, als die Engländer Kupfer abbauten in Karaganda, ein ehrwürdiges einstöckiges Gebäude, das die in der Erde vergrabene Lazarettbaracke überragte. In dieser Chirurgie, wo mir bald danach Dr. Wolf aus Leipzig das Leben rettete und wo der gesuchte rumänische Sanitäter mich auf seinen zwei Händen ins Bett trug, ohne mich wiederzuerkennen, was ich, immer noch tief beschämt, gefürchtet hatte – hier also gab es den Rumänen, der die Butter gerettet haben sollte. Ich suchte ihn und fand ihn: in der Leichenhalle.

Die Leichenhalle war, mit dem Schweinestall als Zwischenstück, am Ende der Küche. Dort landeten alle Toten, die zuwenig zu essen bekommen hatten. Und sie mußten alle seziert werden, um den korrekten Krankenbericht nach Moskau senden zu können.

Also trat ich in die Leichenhalle ein. Es war Winter, und viele Dutzende von Skeletten lagen aufeinandergestapelt, mit dem Kopf nach vorne, als könnten sie noch einmal herauskriechen aus dem Haufen Elend, das sie bildeten. Aber das war nur das Vorzimmer des Rumänen. Er selber war im Nebenraum tätig, eine gerade sezierte Leiche, die in einem Schweine-Schlachttrog lag, zuzunähen. Ich fragte ihn, ob er die Butter gefunden und zurückgebracht habe. Nein, davon wisse er nichts, und zog die dicke Nadel mit einem Darmfaden durch die Haut des Sezierten, den Arm steil hochreißend. So daß das quietschende Geräusch des Zunähens einem Aufschrei nahekam. Nein, von Butter wisse er nichts, das müsse ein Irrtum sein, versicherte er mir, und ich hörte des Herrgotts Schweigebefehl heraus. Die Leiche war vom Schambein bis zum Hals geöffnet, und der Rumäne mußte zahlreiche Stiche durchziehen, um den Leichnam zu schließen. Dabei gab er in deutschen Stichworten, die er beherrschte, eine klare Auskunft: daß der Schwanz des Toten nie mehr zum Stehen komme, aber von Butter wisse er nichts.

So zog ich denn, um einige Kenntnisse bereichert, trost- und hilflos davon. Ins Lazarett zurückgekehrt, blieb ich der Blindgänger, oder die Unperson, als die ich mich schon einmal erwiesen hatte, ohne Butter in den Händen. Inzwischen war die Zeit gekommen, um das sogenannte zweite Frühstück zu holen. Wieder zogen wir mit unseren, inzwischen ausgespülten Kesseln hoch, um das Kaffeewasser in Empfang zu nehmen. Jede Rückfrage nach der Butter wurde vom Herrgott abgewiesen. Unnahbar stand er hinter der Rampe, und ich konnte keinen Rumänen vorweisen, um die Gegenleistung seiner Belohnung, das gute Werk in Empfang zu nehmen: die Butter, die er zurückgegeben hatte. Des Herrgotts Wege blieben unerforschlich.

Aber Herrgott ließ Gnade walten. Als wir etwa fünfzig Meter von der Küchenrampe entfernt waren, die Kessel schleppend, tief im Schnee stapfend, da sauste plötzlich eine kleine Schüssel einem Diskus gleich flach über die leicht vereiste Oberfläche hinweggleitend, sich drehend, auf uns zu. Und in der Tat, in der Schüssel, die ja dem Lazarett gehörte, war sogar die Butter.

Im Lazarett angekommen, empfing uns ein großes Hallo. Denn es gab zum 2. Frühstück Milchkaffee und Butter. Das war noch nie vorgekommen.

Mai 1995

Eine bürgerliche Beerdigung

Daß in Spassk ein Leichenzug mit Eseln – oder waren es Steppenpferde? – möglich war, die einen Leiterwagen zogen, auf dem ein Holzsarg lag und hinter dem eine Familie in Trauer einherzog – das war wie ein Wunder aus einer anderen Welt. Dieses aus dem Lazarettlagerfenster sehend, brachen Dr. Vierheilig – auszusprechen: Viergeilig – und ich in ein verzweifeltes Lachen aus, aus dem wir, auf den Boden gefallen und mit beiden Händen auf den Holzboden trommelnd, nach Luft japsend nicht mehr herausfanden. »Was ist denn hier los?« fragte sächselnd nüchtern der Chefarzt Dr. Wolf, als er in unser Schreibzimmer eintrat. Der Bann fiel von uns, wir bekamen wieder Luft und suchten den Vorgang Dr. Wolf zu erklären, obwohl die Leichenprozession längst entschwunden war.

Vorausgegangen war die Routine-Arbeit: wir mußten für die Moskauer Statistik der im Lager Gestorbenen – oder der demnächst Sterbenden – die Krankenberichte verfassen, um sie einer wissenschaftlichen Auswertung bzw. einer bürokratischen Kontrolle zuzuführen. Da solcherlei Aspirationen bis zum Sommer 1946 nie kundgetan waren, mußten wir jetzt rückwirkend für die Zeit von 1941 an vorsorglich wenigstens die Krankengeschichten jener Gefangenen erfassen, die nach jahrlangem Siechen vermutlich sterben werden, ohne die Heimat noch erreichen zu können (nach Hause gesandt wurden, wie ich im Herbst 1946, nur solche, die vier Wochen Transport überstünden, aber für ein Jahr arbeitsunfähig wären. In diese Kategorie fiel fast niemand von den dahinsiechenden Dauerpatienten: sie hatten im Schnitt fünf Krankheiten: Diarrhö, Durchfall, Wasser (so daß ein Daumendruck in die Schenkel ein 2 Zentimeter tiefes Loch hinterließ, das erst nach langer Zeit sich wieder mit Wasser auffüllte) – diese Kranken verloren ihr Wasser erst in der Nacht vor dem Tode – plötzlich zum wasserfreien Skelett reduziert. Ferner: Tbc aller Orten, aller Organe; Vereiterungen jeder Sorte – hier sollte Alfred Kessler die Fünferliste auffüllen. – Im Arbeitslager gab es gegen alle diese

Krankheiten nur eine Medizin, eine violette Sauce, zum Einnehmen, zum Gurgeln oder zum Draufschmieren (wie bei einem Geschwür an meiner rechten Unterlippe, das ich noch einmal los wurde, bevor meine Paranephritis später eine Operation nötig machte).

Also fünf Krankheiten standen Dr. Viergeilig zu Verfügung, die rückwirkend in die Krankenpapiere eingetragen werden mußten, um sie demnächst, im Todesfall als wissenschaftlich authentisch nach Moskau zu senden, wenn die Leiche im Massengrab verschwunden war – sein würde. Hinzu kam die Fieberkurve, die zum Krankenverlauf gehörte. Als Schreiber stand mir ein etwa drei Zentimeter breites Morseband zur Verfügung, das ich aus einer Rolle abrollend über den Tisch spannte: fünf Linien von 36 Grad bis 41 Grad darauf einzeichnend. Dann malte ich frei extemporierend die Tages-Wochen-Monats-Jahres-Verläufe der Fieberkurven darauf ein, meine Norm erfüllend. Die tatsächlichen Fieberkurven in unseren Lazaretten wurden auf kleine Holztafeln eingetragen, die eine Woche lang Auskunft gaben, danach folgte die Rückseite. Also insgesamt für 14 Tage exakte Fiebererfassung, bevor eine Glasscherbe das Holz der ersten Woche abraspeln mußte (Papier hatten wir ja nicht, weder für den Hintern noch für die Fieberkurven, nur für den neu eingeführten Krankenbericht nach Moskau, für die zu erfassenden Ursachen der Leichenproduktion), um die dritte Woche exakt zu erfassen – für 14 Tage also, wonach alles in die Versenkung des Vergessens verschwand.

Auf diese so von mir entworfene Fieberkurve mußte also die Krankengeschichte abgestimmt werden, Eiter, Scheißerei, Hungerödeme, Wasser, Tbc, aktuell eine Angina oder weiß der Teufel was, um den jeweils erfundenen Fieberanstieg oder Abfall zu begründen. Dr. Viergeilig erfand zwei Wochen, dann überließ er mir die Erfindung, zur Abwechslung, und so ging es abwechselnd durch die Jahre bzw. Monate für unsere Todeskandidaten. Vierheilig kannte natürlich alle aus dem Lazarett, ich nur die aus meiner Krankenstube, wo eitrige Fälle lagen, während andere Stuben keimfrei gehalten werden sollten. Unter meinen Kandidaten hätte sein können der junge Hablecker aus Österreich, Wiener Gegend. Dr. Wolf holte ihn einmal durch suggestives Händchenhalten, für eine Stunde, aus dem Koma zurück zum Leben – was wir alle bewundert hatten, die wir stille und aufmerksam gespannte Zeugen dieses Vorgangs gewesen waren.

Bei der Erfindung der Vergangenheit also, die sich nur nach Nuancen unterschied, aber im Prinzip richtig war, weil es keine Varianten gab, die unser Wissen gesprengt hätten, bei dieser der Wissenschaft und der Kontrolle und der Bürokratie dienlichen Tätigkeit also entdeckten wir den bürgerlichen Leichenzug: alle anderen Skelette aus unserem Lazarettlager wurden nackt (so noch 1946 jedenfalls) ins Massengrab geworfen, vom Leichenfahrer, der als privilegierter lange Haare tragen durfte, wie der Scheißhausfahrer, der die Scheißhausbrühe einlud und auskippte.

Nachdem die Erfindung der Krankengeschichten für die künftige Skelett-Produktion schon allerhand Lachpotentiale aufgestaut hatte, löste die Ansicht der – offenbar durch Bestechung ermöglichten – bürgerlichen Trauerkaravane jene Explosion aus, die in einem Lachkrampf endete. Die trauernden Bürger waren übrigens Ungarn, die die Russen ebenfalls – als Zivilisten – nach Karaganda entführt hatten.

Diese Geschichte erzählte ich István Hont zweimal, etwa 1980 in New York und 1993 in Budapest, wie er mir hinterher sagte. Sie war offenbar die gleiche Geschichte geblieben. Der Lachkrampf gehört zur Lavamasse, unverändert.

Allgemeines zur Gefangenschaft

27.6.1965

Die *Lektüre* in den Lagern war verschieden. Im Arbeitslager gab es nichts zum Lesen, wohl im Lazarettlager. Die Zeitungen – das Freie Deutschland wurden freilich nicht ausgegeben, weil sie als Zigarettenpapier im Nu verschwunden wären. Die Prawda war gesuchter: als holzigeres, daher besser brennbares Papier, während das Freie Deutschland, auf Glanzpapier gedruckt, vielleicht vornehmer aussehen sollte und mitteleuropäischer, aber dafür auch weniger schmackhaft war zum Papyrossi-Rauchen. Kurzum, das Freie Deutschland wurde nur von den Aktivisten vorgelesen und verraucht und blieb den Kranken auf ihren Pritschen vorenthalten.

Anders die Klassiker: und zwar beiderlei Art: Schiller und die Marx-Engels-Lenin-Stalin. *Demetrius* und die *Braut von Messina* holte ich als Schullektüre während meiner Krankenzeit nach und habe sie ebenso vergessen. Die marxistischen Klassiker studierte ich aus zwei Gründen: weil es sonst nichts gab und weil ich einen gewissen Ehrgeiz entwickelte, mich mit meinen Siegern, denen man den Sieg doch so ganz und gar nicht zugetraut hatte und der immer noch völlig unverständlich blieb, nur die amerikanischen LKWs etc. hatten doch den russischen Sieg ermöglicht! – mich also mit meinen, unseren Siegern und Herren auseinanderzusetzen. Aber dazu war nun die Lektüre ganz und gar nicht geeignet. Die endlosen dogmatischen Streitereien und Schimpfereien, mit denen Stalin seine inneren Gegner bedachte, blieben mir in ihrer verbalen Rabulistik restlos unverständlich. So las ich denn die Texte gegen die Ermüdung an, die sie auslösten, und begann somit indirekt zum ersten Mal die Denkungsart der frommen Kommunisten in meinem Gehirn nachzuvollziehen. Das war der einzige Gewinn, denn alles andere habe ich vergessen und mußte es mir während meines Studiums erst wieder »kritisch« aneignen. Die eigentliche Kritik hatte ich mir freilich in den Leib gelesen. Meine Mitpatienten hatten nebenbei nichts übrig für derartige Lektüre, und ich galt ihnen eben deshalb als Gymnasiast – bzw. als Student, denn im Lazarett schätzte man mein Alter auf 30, als ich 22 war. Aber das gehört auf ein anderes Blatt.

In Frankfurt/Oder wurden wir alle mit einem *Kommunistischen Manifest* bedacht: als ob das irgendeine Wirkung hätte haben können, es sei denn die des sarkastischen Spottes. Aber die Russen wußten sich so überlegen, daß sie den übersahen, oder sie vertrauten eben doch auf die Wirkung ihrer heiligen Schrift, wenn nicht für jetzt, dann für morgen oder übermorgen. Das Exemplar diente mir zu mehreren Übungen inzwischen, mit Kühn, und mit Studenten in Arbeitsgemeinschaften. Ich kann seitdem den deutschen Text auch aus dem Russischen übersetzen, zurück ins Deutsche – aber nur ohne Sprache. Die Lektüre und die Gefangenschaft haben nie zusammengefunden.

Anders auf dem Transport, auf dem ich ein mitgeschlepptes Exemplar von *Emmanuel Quint* las, und neben mir der Münchener Pfarrer von St. Anna, mit dem ich zusammen darüber diskutierte. Er erläuterte mir im Waggon die Analogien und Säkularisate zur *Bibel*. Im Grunde las ich nur die schlesischen Landschafts- und Heimatberichte heraus, weil sie meine Erinnerungsebene besetzten.

An den Hauptmann kam ich durch Tausch in Auschwitz: zuvor besaß ich aus deutschem Flüchtlingshause einen Shaw: *Die heilige Johanna* in einer Prachtausgabe. Die Lektüre war Bildungspflicht für mich gewesen in Auschwitz: aber als Ritual nicht ohne mitgemeinte Lebensabsicht, Überlebensabsicht. Und damit rückt die Lektüre in Auschwitz von Shaw, im Waggon von Hauptmann, im Lazarett von Stalin unter einen gemeinsamen Nenner. Jedes gedruckte Wort hielt mich zum Lesen an, schließlich auch jedes russische, kyrillisch-unverständliche Schriftzeichen. Mein Taschenkalender wurde vor- und rückwärts gelesen, so mein Soldbuch. In Kuibyschew verlor ich alles, bis auf den Kalender, den ich mir wieder erschlich:

er diente mir später Seite für Seite zum Tabakeinhandeln. Pro Seite eine Füllung Tabak für eine andere Seite bzw. für meinen Pfeifenkopf, den ich mir durchgeschmuggelt hatte. So ging denn ein gut Teil meines Lektürestoffes in Rauch auf und diente ebenso dem Überleben, wenn auch nur auf Frist.

Schließlich muß ich auch einmal den *Cornet* von Rilke gelesen haben, denn Alfred Kessler erinnerte mich daran, daß ich ihn auf 2 mal 2 cm Größe oder auf ähnlich kleinem Format für einen anderen Gefangenen illustriert hatte, im Lazarettlager. Das hatte ich völlig vergessen, sei es, weil es Rilke war, zumindest dieser Rilke, denn was hatte er im Lager verloren? – sei es, weil ich kein Brot dafür erhalten hatte: aber das ist eine Vermutung, die unwahrscheinlich ist. Derlei Leistungen wurden im allgemeinen entlöhnt. Daß ich das vergessen haben sollte, bleibt mir allerdings ein Rätsel. So liegt hier eine Lücke vor, die mit Bildung und Kunst als solchen zusammenhängt, vielleicht dadurch erklärbar ist. Bildung blieb eben eine Fata Morgana, der man sich ins Unendliche hinein annähern konnte, ohne ihren täuschenden Charakter aufheben zu können. Dies steht in eigentümlichem Widerspruch zu der lebenserhaltenden Funktion, die der Lektüre auf der anderen Seite zukam.

Ob die *Bibel*, wenn ich eine hätte lesen können, diese beiden offenen Enden zusammengeschlungen hätte, wage ich nicht zu behaupten. – Das Ganze ist freilich auch eine Frage der Vor-Bildung: was hielt stand? Was konnte an irgendeinem beliebigen Text mobilisiert werden, in Bewegung gesetzt werden? Nur das, was schon da war. Was sich wandelte, vollzog sich nicht in Gedanken.

5.11.1965

Die *Scheißerei*: die Scheiße rausrotzen.

Die Scheißer starben so »natürlich« und willenlos wie die Eintagsfliegen. Plötzlich waren sie weg, und nur die Hülle blieb zurück, kaum noch irgendeinen Raum ausfüllend.

5.11.1965

Die *Malerei* im Arbeitslager mißglückte. Ich suchte im Aufnahmelager eine gefahrlose Stelle, um vor Sondereinsätzen verschont zu bleiben, und meldete mich zu einem Malwettbewerb. Aufgabe für etwa acht Gefangene war, russische Marschälle, unsere Besieger, von Fotografien abzuzeichnen. Nur daß wir keine Bleistifte mehr hatten, da sie uns allen fortgenommen worden waren. »Dennoch«. Wir bekamen zum Wettbewerb einige Stifte, deren Herkunft schon eigenartige Reflexionen erweckte: wie jung war man doch noch, über so etwas zu stolpern. Ich erhielt also Marschall Shukow. Realistisch zu zeichnen war *eo ipso* die Aufgabe, aber es mißlang mir. Ich bekam einen ironisch grinsenden Schukow in den Stift, der nicht akzeptiert wurde. Ähnlich erging es den anderen. Zweiter Akt: nach 24 Stunden Neuabgabe von besseren Bildern, zur endgültigen Auswahl der Meister. Aber nur ein Stift für alle. Diesen Stift riß sich ein sudentendeutscher tschechisch-russisch sprechender Handwerksmeister der Malkunst unter den Nagel, und er begann sein *opus majus* zu gestalten, nämlich Stalin persönlich. Er zeichnete mit Quadratnetz zur exakten sozrealistischen Übertragung des Fotos auf das Blatt Papier, und es entstand ein Wunderwerk in der Tat – mit Haut und Spucke wohl lackierte strahlende Speckbacken, die die Gesundheit und den Sieg ausstrahlten. Den Sieg auch unseres Tschechen, denn kurz vor dem Abgabetermin machte der Stift seine Runde, und nur wenige mehr erhielten eine Chance, in die Konkurrenz einzutreten, die eh schon obsolet war, da dieser Stalin bestimmt seinen Preis davontragen mußte. Eine Reihe von uns, darunter ich selber, bekamen den Stift gar nicht mehr in die Finger: und das drohte in der Tat ein böses Nachspiel zu bekommen. Wir waren nämlich Saboteure, am Befehl, am Sozrealismus und ich weiß nicht, woran noch. Und als gar ein anderer Sudetendeutscher, der russischer Brocken mächtig war, wagte darauf hinzuweisen, daß wir ja nur einen Stift gehabt, den wir gar nicht gehabt hätten, ja daß wir unsere eigenen Stifte, Füllbleistifte sogar, kurzerhand von den russischen Soldaten gestohlen bekommen hätten: welche Naivität! Da drohte uns allesamt der Karzer, damals ein offenes, etwa drei Meter tiefes Loch im Steppensand, vor dem ein anderer Gefangener Wache zu stehen hatte, daß man nicht herauskröche – und es war nur sehr schwer gelungen, uns von dieser gerechten Strafe freizuhalten.

Im Arbeitslager selbst hatte ich keine Chance, meine Malfähigkeiten weiterzuentwickeln. Die kam erst im Lazarettlager zu Spassk. Es fing an mit Winnetou, so greift eins ins andere, und beim Erinnern entsteht ein kontinuierlicher Fluß, der alles mit allem zu verbinden weiß. Das gehört zu dem fast statischen, zeitlosen Dasein, das allein auf die Hoffnung der unerreichbaren Zukunft verwiesen wurde, die so zeitlos war wie der Alltag selber. Denn man lebte von einer Hoffnung, die reine Utopie war, das Nirgendwo der Zukunft, zurückgebunden an die Erinnerung des ehemals und Unerreichbaren der Vergangenheit, die nie mehr einzuholen war und die dennoch die Zukunft konstituierte. Dieses Paradox war der Stempel der zeitlosen Gegenwart: so also, das Kontinuum, in dem es damals, wie für die Erinnerung keine wirklichen Zäsuren gab. Winnetou also – ich glaube, so wurde dieser lederne hartgesottene Starschi genannt – war unser Anführer, um uns – ohne Wache, was uns fast unbegreiflich schien – aus dem Lager hinaus in die Steppe zu führen. Dort sollten wir uns aus dem zähen stracken und unzerreißbaren Steppengras Büschel »pflücken«, um daraus Pinsel zu fertigen. Gute Idee, aber das setzte entweder lederne Hände voraus – oder den Besitz eines Messers, der natürlich verboten war. Mehr noch, das setzte voraus, daß man so schnell wie Winnetou durch die Steppe eilen konnte, um die Büschel des Grases zu erreichen. Die ersten waren die Gewinner, ich jedenfalls konnte physisch kaum folgen und machte auch keine Anstrengungen, mich mehr abzurackern, als die Kräfte es zuließen. Immerhin kam ich unter den zornigen und verächtlichen Blicken auch zu meinem Grasbüschel, aus dem ich mir dann einen Pinsel fabrizierte. Denn ich besaß ein Messer, das ich mir im Arbeitslager in 24-stündiger Hämmerei auf einer Eisenbahnschiene aus einem Nagel zurechtgeschlagen hatte. Der Stiel war aus Birkenhartholz, das sehr gesucht war. Wie ich zu ihm gekommen, erinnere ich nicht mehr, wohl aber den Stolz, es erlangt zu haben (die Zwischenlage zwischen den Siegern und den Besiegten des Lagerlebens kommt darin zum Ausdruck: Stolz war überflüssig und insofern ein lebensgefährdender Luxus, aber das Erreichenkönnen war das Erfordernis des Überlebens, das ich hier erfüllte). Kurzum, ich hatte mein Messer und habe ihm auch noch eine Scheide hinzugeschnitzt, durch Kupferdraht zusammengehaltene zwei Hälften, die glatt übergestülpt werden konnten, ohne abzurutschen. Dieses Messer schleuste ich sogar durch alle Filzungen hindurch bis nach Hause – und bis zum Ludwigstein, wo ich es verloren hatte, verlieren sollte: aber das steht auf einem anderen Blatt. So also kam ich in den Besitz eines Pinsels, der praktisch einem Privileg gleichkam. Der Tag der Pinsel-Gras-Suche war mir besonders hart angekommen, da ich in der Nacht zuvor, dem neuen besseren Lageressen zur Folge, zum ersten Mal richtigen Durchfall hatte. Der erste Schritt zum Verfall schien sich anzukünden, wenn man das Alarmsignal nicht zu beachten oder abzustellen wußte. Beim morgendlichen Appell hatte ich also schon eine verschissene Unterhose, aber Winnetou weigerte sich, mir zum Auswaschen Urlaub zu geben. Daher seine spezielle Verachtung, die er mir gegenüber entgegenzubringen schien, als ich seinem Tempo kaum in die Steppe hinein zu folgen fähig war. Daher mein Einverständnis, als ich nach einiger Zeit hörte, daß er in ein Straflager versetzt worden sei: es sei herausgekommen, daß er ein alter SS-Mann oder -Führer gewesen sei. Ob es stimmte oder eine russische Masche war, kam sich im Effekt gleich. Er war jedenfalls ein Schinder gewesen, aber ich war zu meinem Pinsel gekommen.

Nun konnte ich malen und meine Ruhe gewinnen. Zunächst wusch ich meine Unterhose im Bach aus, der durchs Lager floß, bis ein russischer Wachtposten mich durch Urlaute, so klangen immer die russischen Vokabeln in den Kehlen der Soldaten, vom Wasserrand vertrieb. Meine Hose war sauber, und der Winter brach ein. Das war doppelt gut, denn von nun an stieg das Thermometer erst um elf Uhr herum über null, um bald nach drei wieder darunter zu fallen. Das hieß für uns, die wir die Wände der Baracken von außen anzumalen hatten (die Innenmalerei war ein höheres Privileg), daß wir unseren »Achtstundentag« nur zur Hälfte der Norm gemäß erfüllten, zur anderen Hälfte im Innern der Baracken am Ofen verbrachten. Eine schöne Zeit, eine Zeit vieler Erzählungen im Bewußtsein, wieder einmal davongekommen zu sein – um davonzukommen. Das Ästhetische, es war mir nie entschwunden, kam auch zu seinem Recht. Ich suchte mir, wenn irgend möglich, eine violette Farbe, die bei weitem die schönste, aber auch die rarste und teuerste war, die in der »Farbenfabrik« hergestellt wurde. Das war eine Baracke, in der irgendwelche Steppensteine gemahlen, gebrannt und zerrieben wurden, um den Urstoff für die Farben herzugeben. Irgendein Ingenieur, der mir sympathisch schien, war zuständig. Er modellierte auch in seiner Fabrik besonders für – und die – die Russen und Russinnen, trug langes Haar, kurz, er war ein Privilegierter, und ich war froh, wenn nicht immer die violette Farbe, so doch immer ein Gespräch mit ihm zu bekommen, das uns auf dem Rücken der Farbflächen und ihrer Deutung in andere Regionen trug. Als mit zunehmendem Frost die Mahlzeiten immer knapper wurden und die Gefahr anderen Einsatzes anstieg, meldete ich mich zur Küche: was daraus wurde, endend mit neuer Scheißerei und dem Entschluß, als Sanitäter ins Lazarett zu wechseln, gehört wieder auf ein anderes Blatt, obzwar das Kontinuum auch hier gleitend sichtbar würde.

Immerhin führt die letzte Malerei zurück ins Lazarett: der Zusammenhang läßt sich zwingend darstellen, auf allen Ebenen, auch wenn man nur ein Motto, wie die Malerei, verfolgt. Als Sani entwickelte ich kulturelle Interessen, die vom jüdisch-baltischen Kommissar gefordert und gefördert wurden. Auch darüber ein anderes Mal. Jedenfalls sollte vor Weihnachten 1945 eine Wandtafel gefertigt werden, die im Lager von den Agitprop-Menschen herumzureichen sei. Mir fiel zu, Karikaturen zu machen: immerhin ein Indiz des höheren Standards des Lazarettlagers gegenüber dem Schinderlager. Und ich sollte Hitler »Gitler« zeichnen: so tat ich. Der Kopf samt Bürste lag mir noch von früher her im Strich, so fiel es mir leicht, Hitler hinzuwerfen: aber dennoch sah ich heimlich in diesem Akt einen kleinen, wenn auch gerade noch zu duldenden Verrat. Weniger an Hitler als an meinem »Deutschland«, an meiner Lage, um es genau zu sagen, an meiner Lage als eines Besiegten. Die Selbsterniedrigung, die darin lag, für die Russen Hitler zu karikieren und nicht für mich – oder für »uns« –, ging mir entschieden gegen den Strich. Immerhin, meine Lust am Spott blieb oben, und ich bekam auch meinen Lohn. Ich erhielt als einer der ersten und der wenigsten seinerzeit eine Karte, um nach Hause schreiben zu dürfen. Auch hier das Kontinuum: am Tage vor meinem Heimtransport kam die Antwortkarte meiner Mutter. Es war glaube ich Nummer sechs ihrer durchlaufend beschriebenen 25 Antwortkarten (sie liegt z. Z. in Osterwald in meiner Mappe), und auf dieser Antwort stand die wichtigste Nachricht, die ich überhaupt erhalten konnte (ob deshalb von den Russen durchgelassen, wage ich nicht zu entscheiden: manches spricht dafür, daß diese Nachricht gezielt in aller Wurschtelei bis zu mir durchgeschleust worden war): die Nachricht nämlich, daß Wolfram gefallen sei. Mit der also zog ich heimwärts, gewappnet – übrigens kaum überrascht – für das Wiedersehen.

Und das bringt noch ein Letztes zur Malerei ans Licht. Eine Weile habe ich im Lazarettlager das Kasino, oder wie es auch immer hieß, das Kameradschaftshaus oder wie immer, dekorieren müssen. Sprüche mußten an die Wand gepinselt werden: »Als Kriegsverbrecher zogen wir aus, als Helden der Wiedergutmachung kehren wir wieder heim«. Hier war der Kontext zu lesen, warum ich so ungern Hitler karikierte (diese Sprüchemalerei ging dem voran). Denn es war Hohn. Wer schon kehrte überhaupt heim? Die Heimkehr, die von Stalins Gnaden war, gar von dem Schuldbekenntnis abhängig zu machen, war doppelter Hohn. Hohn für uns, nicht für die Russen. Das war der dritte Hohn, freilich kein solcher mehr, nicht als solcher sichtbar: das war Ideologie, Utopie oder wie sonst man es reflektiv benennt. Ein ironisches Verhältnis zu diesem Spruch, der offen bekannt werden mußte, wenn auch schweigend, war nur im Privaten möglich. Aber jeder hatte die unendliche Zahl der verstorbenen Mitgefangenen auf der Seite seines Schweigens – und seiner Ironie. Nun wird auch verständlich, warum ich auch Hitler karikieren konnte, als ich für den Kommissar jene Wandsprüche malen half.

So führt die Runde vom Auffanglager, dem ersten Malwettbewerb, über das farbenblinde Arbeitslager zum Lazarettlager und zur Heimkehr: ideologisch vorweggenommen und mit Post versehen zurück in die andere Wirklichkeit.

Was die japanischen und die rumänischen Maler im chirurgischen Lazarett einander verbessernd angestellt hatten, kommt ein ander Mal. Von der Malerei mit brauner Scheiße habe ich schon berichtet: eine andere Variante desselben Themas unter dem Motto der Hygiene, die dem der ideologischen Spruchmalerei so identisch ist, wie alles sich als ein unendlicher Zusammenhang ohne Grenze der Zeit, nur des Raumes, nämlich des Stacheldrahtes, erweist.

21.7.1965

Die Folgen der *Hygiene*: darüber läßt sich unendlich viel sagen, denn der Vorsatz führt in die Totalität des vermeintlich Menschlichen, wie es alle Fortschrittsbewußten sich substituieren. Alfred Kessler erzählte mir folgende Geschichte. Alle vier Wochen mußten alle Wände des Lazarettlagers neu getüncht werden. Das war so, denn ich selber war zeitweilig als Maler daran beteiligt. Der Zweck des Unternehmens lag wohl in der Beseitigung der Blutspuren an den Wänden, die von dem täglichen Einmarsch und Aufstieg der mit Blut gefüllten, dann abgestochenen Wanzen zeugten. Das nämlich war ein Indiz mangelnder Sauberkeit, wie überhaupt die Hygiene an den Symptomen, nicht an der – vielleicht denkbaren – Grundschicht betrieben wurde. Nun ereignete es sich einmal in einem Lazarettbau, daß bei dem obligaten Farbenwechsel braun drankam, um die Wände zu schmücken. Die Maler kamen herein, stellten ihren Farbtopf neben den Scheißeimer und pinselten darauf los. Kurz danach kam der Sanitäter, um die vollen Scheißeimer zu entleeren: sie bestanden, wie im Lazarett, aus purer Flüssigkeit, und zwar brauner Farbe. So nimmt es nun kein Wunder, daß der Sani den Eimer verwechselte und ihn hurtig in den Zentralabort in der Mitte des Lagers entleerte. Als er zurückkam, pinselten die Maler immer noch weiter jene braune Farbe an die Wand, die ihnen aufgetragen war und deren Geruch man in einer Lazarettbaracke nie von der Luft und dem Duft der Scheißerei unterscheiden konnte. Erst als der Sani seinen Eimer absetzte, und zwar neben den Maleimer, bemerkte er – vermutlich überfiel es ihn, ohne daß er es zu glauben wagte, daß er den Farbeimer, nicht den Scheißeimer entleert hatte. So war denn mittlerweile die Scheiße auf die Wände verstrichen worden: vielleicht ein besseres Abwehrmittel gegen die Wanzen als je zuvor. Wie die Geschichte ausging, weiß ich nicht, jedenfalls war die Scheiße eine dem Zustand adäquate Dekoration gewesen. Unterhalb einer Minimalschwelle hörte die Hygiene sowieso auf, und andere Gesetze traten in Kraft, die für die Hygiene höheren Grades zu wissen vermutlich wichtiger wäre, als jene Befehle zu kennen, die nur Sauberkeit anempfehlen.

Die Scheiße an den Wänden mochte ein Zeichen souveräner Freiheit im Gehege sein und zugleich ein Zeichen für die mangelnde Unterscheidungsfähigkeit, die alle überfiel. Die innere Freiheit hing sowieso an der Gleichgültigkeit in Nebensachen und am Vorwissen der Hauptsachen: was hier vorliegt, wage ich nicht zu entscheiden. Vielleicht war der Sani bereits ein Todeskandidat und so der braune Maler: vielleicht gehörten sie zu den Prädestinierten, zu überleben.

12.11.1965

Die *GPU* – so hieß sie wohl noch zu unseren Zeiten – lastete natürlich überall auf den Lagern, deren Regie in ihrer Hand war. Gestern besuchte ich Alfred Kessler, und wir sprachen über vieles aus Spassk, wo er seine ganze Gefangenschaft verbracht hatte.

Ich selber hatte kaum direkt mit der GPU zu tun, wenn man von den gelegentlichen Befragungen absieht. Dabei fällt mir eine in die Erinnerung: ein Mädchen befragte uns, und sie glaubte mir nicht, daß ich als Oberschüler und Kriegsfreiwilliger (was ich nie bestritten hatte) kein EK II erhalten hätte. Ich suchte ihr das zu erklären, aber sie neigte eher dazu, mich für einen Lügner zu halten, denn das nationale Bewußtsein hinderte sie, in mir einen »Blindgänger« zu sehen. »Du schlechter Soldat«, »Du nix gut«. National zu sein war gut, selbst wenn es ein deutscher Nationalismus war: denn das war eben auch ihr echter Feind – zumindest, wie ihn Stalin damals aufgebaut hatte.

Die eigentlich Betroffenen waren all die, die in die Gefängniszelle der GPU kamen, sie stand zwischen den Lazarettbaracken, etwas zurückgesetzt, als drohendes Mahnmal hinter einem zusätzlichen Bretterzaun, daß niemand sehen konnte, was da passierte, mit Spitzen, daß niemand ihn übersteigen konnte. Was ich erfuhr: der Fall des Trompeters, er blies jeden Morgen uns aus den Betten und abends zum Zapfenstreich. Ein freundlicher Mann, der neben mir sein Quartier in unserem Lazarett hatte. Eines Tages wurde er abgeholt – und kam nach vier Wochen aus der GPU-Baracke zurück, um nach ein oder zwei Tagen zu sterben, oder zu verenden, wie man es nennen will. Was hörte man? Er hatte sich geweigert, standhaft geweigert, jene drei Fragen, die ihm vorgelegt wurden, zu unterschreiben. Sie lauteten stereotyp, entweder daß man Zeuge gewesen sei oder daß man es selber getan hätte: Frauen vergewaltigt, Häuser angezündet, Partisanen (Gefangene?) erschossen. Um diese Antworten zu erpressen, wurden die Männer in den ungeheizten Baracken mit Wasser und Brot – eine warme Suppe nur alle drei Tage – festgehalten, die Unterhose mußten sie ausziehen, daß der eiskalte Boden zur Wirkung käme, und dann wurden [sie] tags oder nachts zu irgendwelchen beliebigen Stunden zum Verhör geholt. Der Trompeter wußte sich unschuldig und unterzeichnete nicht. So wurde er vor dem Ende schnell abgeschoben, daß der Todesfall nicht auf die Statistik der GPU-Baracke, sondern eines Lazaretts zu stehen kam.

Der Fall meines dicken Nachbarn in der Chirurgie. Ein junger Bauer von 18 Jahren aus der Gegend Aschersleben, ich glaube, er hieß Harich. Er war 1944 zur Heeresartillerie eingezogen worden und für eine Weile zu einer Division abkommandiert gewesen, die solcher Verbrechen bezichtigt worden war – aber aus dem Jahr 1942 oder 1943, als unser Dicker – so hieß er in der Stube – noch gar nicht beim Militär, geschweige denn in Russland war. Kurzum, er war auch standhaft und unterzeichnete nicht, bis eines Tages eine Lazarettkommission in die GPU-Baracke kam und feststellte, daß seine Füße bereits erfroren waren. So landete er im Lazarett, wo die Zehen und z. T. der Mittelfuß amputiert wurden. Dann erhielt er Wunschkost von Dr. Wolf, unserem Chirurgen, und wurde unser Dicker (Dicker Nummer eins, als ich Dicker Nummer zwei wurde). Jedesmal, wenn eine Kommission kam, wurde er zunächst der Arbeitssabotage bezichtigt: daß er sich die Füße hätte erfrieren lassen, um nicht in den Schacht zu müssen. Aber Dr. Wolf stellte jedesmal mit wenigen Worten und blitzenden Augen den Tatbestand fest, und die Kommission ging schnell und schweigend weiter – zu mir, der ich nicht wenig Angst hatte, was mir jetzt wohl blühen würde: woran zu ermessen ist, was unser Dicker Nummer eins für Erwartungen hegte für den Fall, daß er wieder herausgeholt würde oder gar entlassen würde aus der schützenden Chirurgie. Obwohl gesund und nicht voll arbeitsfähig, kam er nicht mit auf den nächsten Transport, der mich heimbringen sollte.

Fall drei, eines Mannes aus Saarlouis, der mich unter vier Augen sprach: er hatte unterzeichnet, wußte aber nicht genau was: ob er selber all die Vorwürfe erfüllt habe oder nur Zeuge gewesen sei. Jedenfalls wußte er sich unschuldig und hoffte nur sein Leben zu retten durch die Unterschrift, erwartete aber, demnächst in ein Straflager abtransportiert zu werden.

Hinter all diesem stand sicher die geforderte Normerfüllung nachgewiesener Verbrechen. Daß wir nicht an die Verbrechen selber glaubten, soweit man sie nicht erlebt hatte, wie ich es für meine Russlandzeit mit einer Ausnahme eines erschossenen Kommissars sagen kann, leuchtet bei diesen Verhören von selber ein.

Kessler erzählt von einer zweiten Sorte erzwungener Unterschriften, nämlich Verpflichtungen, Spitzeldienst für die NKWD zu leisten. Diese Fälle waren insofern viel bedrückender, als der Betroffene sein Leben dauernd mit Verrat – ja von wem? eben auch von Unschuldigen, den die Russen verdächtigten, erkaufen mußte. Über die Gewissensqualen solcher Männer, die meist aus Weichheit und Weichherzigkeit unterzeichneten: sie sind doch gegen Verbrechen – oder? Gegen die Faschisten – oder? *Ergo* … weiß Alfred Kessler nach Gesprächen unter vier Augen zu berichten.

Heimkehr

März 1974

Meine Heimkehr

Meine Heimkehr beginnt natürlich mit dem ersten Tag der Gefangennahme, denn seitdem lebte die ganze Existenz von dem Wunsch, vom Wollen, von der Hoffnung, heimzukehren. Es gab keine alternativen Ziele mehr: nur dies eine Ziel zählte, und deshalb war es auch – ganz abgesehen von der völligen Abhängigkeit, in der jeder zu der Gnade der Russen stand, so schwer einzuhalten. Es überflutete alles und jedes, die Gespräche, die stillen Gedanken bei der Arbeit und natürlich in der Nacht, schließlich die Träume. Gelegentlich habe ich von heimatlichen Szenen geträumt, kann mich aber derer nicht erinnern.

Als wir in Auschwitz eingeladen wurden, ging das allgemeine Gerücht umher – niemand wußte, ob von den Russen ausgestreut oder von den Wunschvorstellungen geleitet, gerade das aber wurde immer – und das gilt von allen späteren Lagern ebenso – immer diskutiert – also das Gerücht lief umher, daß wir nach Liegnitz in ein Entlassungslager transportiert würden. Nun gut, das habe ich nie geglaubt, wohl aber weiß ich mich jenes langen unbeholfenen Mitgefangenen zu erinnern, der dies ganz fest zu wissen verkündete. Er starb schon auf dem Transport – mit geschwollener Zunge, jede Nahrung von sich weisend, während der Priester von St. Anna-München ihm seinen Trinkbecher Wasser gegen Brot abgab: wobei er das Brot aber an andere weiterreichte, um keine Geschäfte zu machen. Aber das steht auf einem anderen Blatt – kurzum jener lange Schlackrige, Mittelalterige wurde, nachdem ihn die Ärztin zur Viehluke hochklettern befahl und zunächst nicht in den Krankenwaggon überwies, schließlich überwiesen – irgendwo zwischen Lemberg und dem Ural, und bald darauf war er tot. Diese Weisen des Sterbens waren die üblichen zunächst, so daß weitere Beispiele sich erübrigen. Aber ich bekam im Waggon einigen Krach, weil ich allen sagte: wenn wir vor fünf Jahren nach Hause kommen, haben wir Glück gehabt. Niemand, jedenfalls niemand, der mir als zustimmend in Erinnerung ist, hat dem beigepflichtet. Nun denn: die erste reale Chance, nach Hause zu kommen, bot sich im ersten Arbeitslager in Karaganda, im Herbst 1945, nachdem rund achtzig von uns 600 gestorben waren und etwa 120 schon ins Lazarettlager weitergeschickt worden waren. Eines Abends kam eine der berüchtigten Kommissionen, diesmal ein Arzt, zur Ermittlung von Heimfahrern. Ein Transport werde zusammengestellt. Der Arzt war offenbar ein baltischer Jude, er sprach den entsprechenden Dialekt und schloß mich offenbar gleich in sein Herz. Jedenfalls sprach er lange mit mir, was ganz unüblich war, fragte mich nach meinen Schulinteressen, denn mein Beruf war – so komisch es klingt, eine nie stattgehabte, situative Prüfung als Beruf auszugeben, aber was sonst wäre ich gewesen, wenn nicht »Soldat«? – Also Abiturient war ich ... 30 Mann, für einen Waggon sollten separiert werden, was denn auch geschah, und sie sollten nicht in eines der gefürchteten Sanatorien abgeschoben werden. Der Kommandant gab zur Feier des Abschieds Tabak aus: aber freilich erst nach einem Wortwechsel mit einem hellen, slawisch sprechenden *woina plennyi*: ob es uns denn im Lager gefallen habe? Ja, alles sei wunderbar gewesen, nur daß wir keinen Tabak erhielten, sei schlimm: also nach diesem Gespräch bekamen wir Tabak ausgehändigt, und zwar das ganze Lager und dreißig Rubel: unsere Entlöhnung für die geleistete Arbeit ... freilich nur wir Heimfahrer, und das Geld wurde mir später gestohlen, weil ich nicht heimfuhr: schon am nächsten Morgen, nach ruheloser, von Gefühlen verzehrter Nacht, war es klar, was sich jeder insgeheim gedacht hatte, daß wir nicht fahren sollten: weil ein Waggon zu wenig dagewesen sei. Ein Waggon zu wenig: das stimmte sicher, und zwar für alle. Die Frage nur, warum er zu wenig da war, blieb unbekannt. Kurzum, die Arbeitsunfähigen, die gleichwohl zum Transport fähig sein sollten, kamen ins Lazarettlager nach Spassk.

Nun ging es darum, jene Definition zu erfüllen: transportfähig zu bleiben, für vier Wochen Fahrt, aber ebenso arbeitsunfähig für 1 Jahr, um nicht ins Bergwerk zu kommen. Meine, mehrfach zerschlagene, immer wieder geflickte Brille half mir, übertag zu bleiben. Soldaten hatten sie mir gelegentlich vom Gesicht geschlagen – bei den Transporten in Oberschlesien –, und immer gelang es mir, die Brille, die Gestelle und Gläser zu retten. Ich flickte das Gestell dann mit Kupferdraht, der weich und schmiegsam war, durch Löcher hindurch, die ich mir in das Horn des Gestells gebohrt hatte, um die Brille, die ich nicht unbedingt brauchte, aber die Augen wurden ja nicht untersucht – immer auf der Nase vorzuweisen, wenn die Untersuchungen kamen.

Aber ich will ja nicht von den Konstanten sprechen, die mir die Heimkehr ermöglichten, sondern von der Heimkehr selber. – Grund also war meine Krankheit. Sie fing an, als ich Sanitäter im Lazarett 6 – oder 8? – war. Ich bekam ein enormes Furunkel im Nacken, wie ich es schon im Winter 1941/42 gehabt hatte. Ich mußte mich legen, weil ich den Kopf nicht mehr drehen und wenden konnte, so daß an wirklicher Hilfstätigkeit im Lazarett nicht zu denken war. So lag ich ein, zwei, drei Wochen, und langsam heilte das Furunkel. Derweil las ich Schillers Werke, d.h. den *Demetrius* und den obligaten Stalin, den sich sonst niemand zur Lektüre geben ließ.

Derweil bemerkte ich Läuse an mir, die ich zuvor nicht hatte. Ich jagte sie knackend, aber noch geheim, um nicht aufzufallen. Dann kam endlich einmal eine Entlausung – auf der ich vergeblich hoffte, die Läuse alle loszuwerden – und bei der ich, nackend die Beine schlenkernd, plötzlich merkte, daß ich dabei Druckschmerz im Rücken verspürte. Ich überging dies, denn bei dieser Entlausung wurde mir das Geld aus den Schuhen gestohlen, worinnen ich es naiverweise versteckt hatte, weil ich es nicht in das Dampfbad und nicht in das Brausebad mitgehen lassen wollte.

Dann kam Freund Alfred Kessler, mein Saarbrücker Schulkamerad, und besuchte mich, wie des Öfteren, er war Feldscher in einem anderen Lazarett – und stellte hohes Fieber an mir fest: was zu bemerken ich offenbar auf meinem Strohlager nicht mehr fähig war. Gleich kam der Lazarett-Chefarzt, Erdmann (aus Hannover), untersuchte mich – die Schmerzen im Rücken diagnostizierend, aber noch unsicher, jedenfalls den Chirurgen holend, dem ich dann meine Heimkehr verdankte: Dr. Wolf aus Leipzig, jedenfalls aus Sachsen und ein ehemaliger Assistent meines Großvaters Marchand, der mich dann öfters als doch sehr ähnlich ausschauenden jungen Mann seinen Kollegen vorstellte. Also Dr. Wolf kam, strich mit einem Federhalter über meinen Rücken, die Reflexe als ausbleibende registrierend und mich zur absoluten Stillage verpflichtend: ich habe einen Eiterherd neben der Niere, der aufplatzen könne, wenn ich mich bewege: ob er mir das vorher gesagt hatte, zur Begründung, vermag ich freilich nicht mehr zu erinnern. Jedenfalls kam ich am nächsten Tag ins chirurgische Lazarett, wo ich dann operiert wurde: Alfred Kessler mir die Beine festhaltend, daß ich nicht vom Tisch spränge. Denn die Betäubung war örtlich, mit zig Spritzen Novokain vorgenommen. Äther gab es nur für Operationen oberhalb des Brustkastens, sonst Rückenmark-Spritzen, um die ich glücklicherweise herumkam.

Also ich wurde geschnitten, nachdem ich ächzend die Spritzen in mich hineingejagt bekommen hatte und schon hoffte, damit alles hinter mich gebracht zu haben. Als Wolf den Schnitt, den ersten in die Haut zog und tiefer in die Gewebe stieß, spendete er mir Lob: ob ich Sportler sei, ich habe so festes und durchtrainiertes Fleisch. Wie auch immer motiviert, er faßte mich bei meinem Stolz, denn der war nötig bei den Schmerzen, die er mir nun verursachte. Denn das Novokain mochte die Haut betäubt haben, die Eiterzonen gewiß nicht. Ich glaubte, Wolf stieß mir vorn zum Bauch heraus, er räumte den Eiterherd mit Gummihänden aus – der Umfang war kleinkindskopfgroß, wie mir später Vierheilig, der Assistenzarzt, erzählte, so daß mehrere Nierenschalen mit Eiter vollflossen – und legte zwei Drainagen an, wie ich dann bei jedem Verbandswechsel merken konnte.

Der Sani aus dem bayrischen Wald trug mich dann – ich war federleicht als Ok-Person – auf seinen Händen ins Bett zurück. Dann kam bald heraus, ich sei der Enkel des alten Marchand – ich bekam Wunschkost, ich wurde Schreiber im Lazarett – ich verschwand bei jeder Kommission im Bett als permanent nierenkrank – und das lange und oft genug, daß ich tatsächlich bis zur nächsten Kommission, die eine Heimfahrtgruppe vorbereitete, noch in derselben Position war, so daß ich endlich – als Enkel meines Großvaters heimfuhr.

Als letztes Hindernis muß noch genannt werden die Kontrolle in Brest-Litowsk, wo wir von der Breitspur auf die Schmalspur umgeladen wurden. Dabei holten sich die Russen immer wieder die Gesunden heraus bzw. die sie als gesund definierten. Sie mußten die dorten fälligen Umladearbeiten vornehmen. Und ich war wahrlich dick genug, um der Speckprobe am Hintern nicht unverdächtig entgehen zu können, denn ich hatte sechs Wochen Wunschkost in mir und war aufgeschwemmt, daß später mich mein Vater nicht wiedererkannte: aber das ist die Heimkehr zu Hause – kurzum, ich hockte mit den anderen Heimfahrern im Viehwagen, nächtlich auf Stroh, als die Kontrolle erwartet wurde: aber sie fand nicht statt. Drei Heimkehrzüge wurden nach Gesunden durchsucht, d.h. zwei wurden es, und wir blieben vor dem Bahnhof stehen und wurden nur mit Taschenlampe abgezählt. Welcher Prozedur wir entgangen waren, hörten wir erst in Frankfurt/Oder, wo wir dann die anderen Transportteilnehmer sprachen.

Die Lokführer durch Polen waren schon Deutsche, und die erzählten uns von den immer noch vorkommenden Überfällen des polnischen Widerstands auf russische Züge. Die Nähe der Heimat kündigte sich an, als das Unkraut meterhoch auf den Feldern stand: wir fuhren durch ehemals deutsches Gebiet, aus dem die Deutschen vertrieben, in das die Polen aber noch nicht eingezogen waren. Und dann rollten wir über die Brücke nach Frankfurt/Oder.

Freilich: aufgeatmet, tief aufgeatmet habe ich erst, als der Zug bei Hof über die Grenze rollte, einige Tage später, als wir vom bayrischen Roten Kreuz empfangen und in D-Zug-Wagen übergeleitet wurden.

Von der Heimkehr zu Hause und der Fahrt dorthin ein ander Mal.

Mai 1995

Van der Pot, holl. Historiker, fragte mich bei meiner Einladung nach Holland in Leiden, ob ich auch im KZ gewesen wäre: aufgrund meines Aufsatzes über Terror und Traum.

Für mich stand nur die Erfahrung der russischen Lager hinter meinem Text. Was KZ für die Insassen, mehr noch für die Juden war, läßt sich an den russischen Lagern z. T. ausmessen.

Die absolute Vernichtung als Dauererwartung ist etwas völlig anderes als die Dauererwartung, daß man das Lager nicht werde durchhalten können. Die Juden hatten eine Erfahrung machen müssen, die alle Hoffnung blockierte, die das Überleben zum unwahrscheinlichen Fall des nicht zu Erwartenden machte. Das war so nicht in den russischen Lagern, aber mit einer Ausnahme: wer einmal im Keller der GPU verschwand, hatte kaum eine Überlebenschance: und immer wieder wurde der oder jener in den Sonderkäfig der GPU einbefohlen, hinter Palisadenzaun, aus dem hervorzukommen den Tod bedeutete, weil die GPU die Skelette rechtzeitig auslieferte, um die Toten statistisch den deutschen Ärzten anlasten zu können.

Mein junger Nachbar aus der Altmark (Name: *Harich* ?!) – oder aus dem Halberstädter Vorland des Harzes: so ist es korrekt! – hatte das Glück, daß eine Ärztekommission die GPU-Baracke visitierte, sie fragte: »wieso sind dem Gefangenen die Füße abgefroren?« Und der Gute wurde vorzeitig in die Chirurgie entlassen, wo die Amputation vorgenommen wurde. Er lag wochenlang neben mir, daß ich immer wieder hörte, wie er hinter dem Palisadenzaun behandelt wurde: alle drei Tage warme Suppe, sonst nur Wasser und etwas Brot – in Unterhose bei minus dreißig Grad Kälte auf Beton-Boden: er sollte Kriegsverbrechen bekennen: Frauen vergewaltigt zu haben, Häuser angezündet zu haben und Gefangene umgebracht zu haben – oder bezeugen, daß dies in seiner Division geschehen sei. Ob Täter oder ob Zeuge, das blieb unklar, zumal er ja nicht das russisch geschriebene Protokoll lesen konnte. Hinzu kam, daß er bei der verdächtigten (zu Recht oder nicht) Division im Sommer 1944 abkommandiert war, als Heeresartillerist (er konnte als Landarbeiter mit schweren Pferden umgehen) für rund sechs Wochen – während die zu bezeugenden Verbrechen 1943 begangen worden sein sollten. Zu der Zeit war er noch ein 16 Jahre alter Junge und noch gar nicht eingezogen. Das anzuerkennen, ließ die GPU nicht zu.

Das ganze Verfahren läßt auf tatsächliche Untaten schließen – aber ebenso auf eine Projektion dessen, was die Russen 1945 tatsächlich getan hatten.

Träume

20.9.1965

Die Gefangenschafts-*Träume* sind der Anlaß dieser Niederschrift. Sie verfolgen mich mit beharrlicher Konstanz und fordern somit ihre Einvernahme, um sie als Außendruck zu beseitigen.

Gestern war Kessler hier, der mir von gleicher Erfahrung sprach, aber auch von seinem »Ablösungstraum«, der sein letzter Russentraum war und den er vor einigen Jahren gehabt hätte: Er wechselt von der östlichen zur westlichen Demarkationslinie über, als ihn plötzlich im Niemandsland jemand von hinten packt. Er dreht sich um und erkennt einen Teufel in bäuerlich-spitzbübischer Gestalt, wie ihn Bernanos im *Landleben des Pfarrers*[1] geschildert hat, ohne Hörner, aber eben deswegen doch der Teufel. K. packt ihn bei den Schultern und drückt ihn unter – vermutlich religiösen – Beschwörungsformeln in sich zusammen, dann immer tiefer herunter, schließlich in die Erde hinein, so daß ein kleiner Trichter entsteht. Diesen schüttet er mit beiden Händen zu und klopft ihn mit flacher Hand zu.

Mein letzter Traum vor einigen Tagen, als uns Gerhard Hergt in Osterwald besuchte: Gefangennahme-Traum, der – neben den Flucht-Träumen – den häufigsten Typus darstellt. Flaches, hügelig welliges Gelände. In einem Haus sammeln sich letzte indifferente Soldaten, bis sich in der Ferne schon die Russen zögernd vorsichtig zeigen. Mein Gedanke, wie komme ich in ein Versteck, als ich bemerke, daß ich keine Strümpfe habe: (daß ich mich also nicht mehr »auf

1 [Georges Bernanos, *Journal d'un Curé de Campagne* (dt.: *Tagebuch eines Landpfarrers*), 1936.]

die Socken machen kann«). So ziehe ich mir Strümpfe an. Aber bleibe im Ungewissen verharren.

7.10.1965

»Heimkehr und Wiedergeburt«. So die Überschrift, die ich mitträumte: ich befinde mich im Haus meiner Eltern – nach den Osterwalder Ferien, aber in einer östlich weitgestreckten Schneelandschaft. Die Eltern kehren in einem großen Cadillac hinter halb herabgelassenen Gardinen zurück (aus Italien, wo sie waren) in das Haus, wo ich mich zu Hause weiß. Ein gelbes Papierstück, halb Pappe, führt in meiner Hand die Liste von Gefallenen auf, zuunterst in roter Schrift den gefallenen Oberleutnant Wolfram Koselleck, der sich geopfert habe, um die anderen zu retten. Im Hinblick auf meine Eltern, deren abgeschlossenes Alter unverkennbar ist, weiß ich mich so gerettet wie zu Hause.

29.7.1966

Vor einigen Wochen träumte ich Endkampf. Vor einer rechtwinkligen Mauer sah ich mich zunehmend von Russen bedrängt. Schließlich entwich ich auf die offene Seite hin, hatte aber – weil ich zuvor in Ruhe lag – meine Schuhe zurückgelassen. Schelsky als Offizier verpaßte mir ein paar Schnürschuhe, die mir bei weitem zu groß waren, daß die Zehen von lappigem Leder überwuchert blieben.

28.3.1995

Nach Film über Jünger Antrieb oder Ansporn, mehr festzuhalten. In den späten vierziger oder frühen fünfziger Jahren Traum: Kriegszeit in Etappe, etwa Straßburg, Bahnhof mit einer wirren Vielfalt von Schildern, die in alle Richtungen weisen, um militärische Einheiten oder Dienststellen erreichen zu können. Ich will mich in einen Zug begeben, befinde mich aber plötzlich in einer fliegenden Junkersmaschine aus Wellblech. Sitze allein auf einem Brett in Flugrichtung.

Da öffnet sich die Tür zur Pilotenkabine, und Ulbricht tritt heraus. Blitzartig sage ich mir, den schmeiße ich raus, dann sind wir frei. Aber Bedenken tauchen auf, weil ich bei der Landung als der Täter dingfest gemacht werden kann. Diese Skrupel überwinde ich aber und greife zu einem Dolch, um Ulbricht zu töten. Da tritt er einen Schritt zurück, zückt einen langen Degen, um mich auf Distanz zu halten, und spricht auf gut Sächsisch: Da hamwer ja Ihren Schuldbeweis. – Aufwachen.

F. Schaeffer wollte partout in diesem Traum einen Traum von meinem Vater sehen. Ich hielt und halte an der politischen Deutung fest, die mir seit der russischen Gefangenschaft in den Leib geschrieben bleibt.

Nachwort
Reinhart Kosellecks Analysen zum Nachleben kriegerischer Gewalt im politischen Totenkult

I. Der gewaltsame Tod als politische Herausforderung

Reinhart Koselleck hat sich als Historiker und Theoretiker unterschiedlichsten Fragen und methodischen Zugängen zur Geschichte der europäischen Neuzeit gewidmet. Ein Thema jedoch, das zugleich ein Grundthema dieser Epoche war, berührte ihn auch lebensgeschichtlich und begleitete ihn über Jahrzehnte hinweg als Gegenstand historischer Analyse und Darstellung – das des gewaltsamen Todes. Kriegerdenkmäler photographierte er seit der frühen Nachkriegszeit, Mitte der 1960er Jahre begann er, Erinnerungen an Krieg und Gefangenschaft zu notieren und wiederkehrende Träume an diese Zeit aufzuschreiben, seit den 1970er Jahren veröffentlichte er Arbeiten zum Thema und hielt eine Vielzahl von Vorträgen, in den 1990er Jahren beteiligte er sich an den öffentlichen Debatten über die Umgestaltung der bundesdeutschen Denkmalslandschaft zur Erinnerung an die Weltkriege und den Nationalsozialismus. Sein Interesse an den Vergegenwärtigungen der »gewaltsam Umgebrachten«[1] teilt sich in diesem langen Zeitraum in vier große Problemkomplexe. Der erste berührt eine *politische* Kernfrage. Der Toten zu gedenken gehöre, so Koselleck, zur menschlichen Kultur, der Gefallenen und der im Krieg und Bürgerkrieg oder der durch staatliche Gewalt getöteten Zivilisten zu gedenken indes zur politischen Kultur. An Kämpfe, an kriegerische Auseinandersetzungen zu erinnern sei eines der ältesten Motive, vergangenes Geschehen kultisch zu verehren, bildlich zu tradieren, mündlich zu erzählen – und ›Geschichte zu schreiben‹. Die Erinnerung an die gewaltsam Gestorbenen diene den

1 Reinhart Koselleck, »Der politische Totenkult«, in diesem Band, S. 74.

Nachfahren als politische Selbstvergewisserung. Der politische Totenkult, den Koselleck als Begriff geprägt und den er als wissenschaftliches Forschungsfeld in Deutschland erschlossen hat, sei deshalb »eine anthropologisch zu nennende Vorgabe, ohne die Geschichte nicht denkbar ist«.[2] Eine ebenfalls anthropologische Bedingung ist, zweitens, in der *ästhetischen* Frage enthalten, wie der menschliche Tod dargestellt werden kann. Tote seien zwar in ihrer körperlichen Gegenständlichkeit abbildbar, auch als durch Gewalt Umgekommene – aber der Tod an sich? Er bleibt der menschlichen Erfahrbarkeit entzogen. Der Mensch kann nur den Tod des anderen erleben. Früh fragte Koselleck deshalb, im Dialog mit Kunsthistorikern, »nach den Grenzen der Darstellbarkeit des gewaltsamen Todes im bildlichen Medium«. Wie könne man »aussprechen, was eigentlich unsagbar ist«, und welche Möglichkeiten haben die historisch gewachsenen ästhetischen Ausdrucksformen hierfür gefunden?[3] Die Beschäftigung mit den Vergegenwärtigungen des politischen Totenkultes führte, drittens, geradezu zwangsläufig zu Fragen des *Gedenkens und Erinnerns*. Insbesondere seit den 1990er Jahren hat sich Koselleck in den Denkmalsdebatten der Bundesrepublik leidenschaftlich engagiert – ohne mit seinen Argumenten wirklich Gehör zu finden – und er hat beständig um theoretische und begriffliche Präzisierungen gerungen. Dabei insistierte er auf der unüberwindbaren Differenz zwischen individueller Primärerinnerung und kollektiver Sekundärvermittlung sowie den immanenten Deutungsimplikationen gewählter Symbole, die sich aus ikonographischen und ikonologischen Traditionen und Mustern ergeben, er näherte sich dabei Max Imdahls Begriff der Ikonik. Doch in der moralisch aufgeladenen und allzu oft politisch instrumentalisierten bundesdeutschen »Erin-

2 Ebd.

3 Koselleck an Max Imdahl u.a., 19.9.1980, Deutsches Dokumentationszentrum für Kunstgeschichte – Bildarchiv Foto Marburg (= DDK-BFM), NL Koselleck, M 3, Xi, in der Vorbereitung einer (nicht realisierten) Publikation nach einer gemeinsamen Tagung zur »Politischen Ikonologie«; Koselleck an Anselm Riedl, 5.3.1984, M 7, Xr.

nerungskultur« hatten es diese Differenzierungsversuche schwer. Viertens sei auch ein biographischer Bezug erwähnt, seine eigenen, *individuellen Erlebnisse* von kriegerischer und politischer Gewalt. Koselleck war vier Jahre lang Wehrmachtssoldat im Zweiten Weltkrieg, von Frühjahr 1941 bis zum Frühjahr 1945, anschließend bis Herbst 1946 in russischer Kriegsgefangenschaft in Karaganda. Diese Erlebnisse bildeten seinen persönlichen Erfahrungsraum des permanent möglichen Umgebrachtwerdens und des Umkommens (der anderen). Die Erkenntnisse, die er daraus gewonnen hat, führen jedoch über seine individuelle Erfahrung weit hinaus.

Alle Texte in diesem Band behandeln das Thema des gewaltsamen Todes und seiner Wahrnehmung, seiner Deutung und seiner Memorialisierung durch die *Über*lebenden und die *Nach*lebenden. Kosellecks Interesse zielte dabei auf die Transformationen und Manifestationen der »Erfahrung« des gewaltsamen Todes. Dabei aber handelt es sich immer nur um vermittelte Erfahrungen – um Erfahrungen des Todes der *anderen* bzw. der überlebten eigenen Todes*gefahr*. Er war sich sehr bewußt, wie tief ihn seine eigenen Erlebnisse berührt hatten, ja, er rang ein Leben lang mit diesen. Aber aus dem Erlebnis ist unmittelbar keine Erkenntnis abzuleiten. Man kann vielleicht eine Unterscheidung Helmuth Plessners adaptieren, die jener für die Folgen der Gewalterfahrung des Ersten Weltkriegs vorgenommen hat. Es mag die persönliche Erfahrung des gewaltsamen Todes zwar die »Leidenschaft« der Beschäftigung mit dem Gegenstand erklären, nicht aber das intellektuelle und methodische »Rüstzeug«, das Koselleck zur Analyse des »politischen Totenkults« – politischen und ästhetischen Versuchen, den gewaltsamen Tod darzustellen – entwickelt hat.[4]

Die Gliederung im Band folgt dabei den unterschiedlichen Themenfeldern, und in ihnen weitgehend einer chronologischen Ord-

4 Helmuth Plessner, *Die verspätete Nation. Über die politische Verführbarkeit bürgerlichen Geistes* (*Das Schicksal des deutschen Geistes im Ausgang seiner bürgerlichen Epoche*, 1935), Frankfurt a.M. 1974, S. 30 (Vorwort von 1935).

nung. Das Spektrum seiner Beschäftigung mit dem politischen Totenkult steht am Anfang, es folgen publizistische Texte und Interviews aus den 1990er Jahren zu den beiden großen Denkmalskontroversen in der Bundesrepublik nach der Wiedervereinigung, als es bei der Umgestaltung der Neuen Wache (1993) und beim Holocaust-Denkmal (2005) um eine adäquate monumentale Repräsentation der Kriegstoten und der NS-Opfer im Gedenkhaushalt der Bundesrepublik ging. In diesen Debatten um zentrale Bestandteile einer historisch verorteten nationalen Identität als Deutsche versuchte Koselleck seine Erkenntnisse aus der Beschäftigung mit dem politischen Totenkult in die damalige politische Entscheidungsfindung einzubringen. Mochte der politische Erfolg seinerzeit gering gewesen sein, so haben seine Diagnosen im nachhinein an Plausibilität nur gewonnen, etwa sein Argument, für Deutschland bilde ein »Täterdenkmal« die angemessene monumentale Ausdrucksform, und eben kein »Opfermal«, weil es die Täterschaft in den Hintergrund treten lasse. Im dritten Abschnitt sind bis auf eine Ausnahme Beiträge seit den 1990er Jahren zu finden, in denen Koselleck sich zu theoretischen Fragen im Kontext des »memory booms« und der deutschen sogenannten Erinnerungskultur geäußert und diese zunehmend kritisch beurteilt hat. Der Band schließt mit Erinnerungsnotizen, die Koselleck Mitte der 1960er Jahre aufzuzeichnen begann. Sie waren von Koselleck nicht für eine Veröffentlichung bestimmt, stellen aber bearbeitete Texte insofern dar, als sie ausformuliert, zumeist von ihm selbst abgetippt sowie nach Kategorien geordnet und gesammelt wurden. Es handelt sich um den Versuch, wiederkehrende Träume und tief verwurzelte Erinnerungen – das, was er theoretisch als »Primärerfahrungen« bezeichnet hat – durch die reflexive Vergegenwärtigung und das schriftliche Fixieren rational zu bändigen und so nicht zuletzt auch für die eigene theoretische Arbeit fruchtbar zu machen.

II. Politischer Totenkult

2002, einen Tag vor Heiligabend, schrieb Koselleck eine Episode aus seiner Kriegszeit auf, die er mündlich schon oft erzählt hatte. In ihr verbindet sich das erinnerte Erleben mit Deutungskategorien und kulturell geprägten Vorgaben der kognitiven Erfassung des Wahrgenommenen. Sie wurde ihm zu einem ikonisch verdichteten Erlebnis menschlicher Zerstörungskraft im Krieg, dem er den Titel »Das apokalyptische Pferd« gab. Im Sommer 1942, auf dem Vormarsch in der südrussischen Steppe, sei einmal ein tödlich verwundetes Pferd an seiner Einheit vorbeigaloppiert.

> Ich sah Tote, deren halber Schädel weggerissen war – in Mirgorod nach der Wiedereroberung – aber der Tote war tot.
>
> Dann sah ich das Pferd, dessen halber Schädel weggerissen war – und das Pferd lebte, im Vollgalopp an der marschierenden Kolonne entlang galoppierend, die tödliche Verzweiflung selber – und niemand konnte das Pferd erlösen, weil kein Rennpferd zur Hand war, um das andere zu überholen – und weil ein Schuß aus dem Stand die marschierenden Soldaten tödlich gefährdet hätte. So raste das Pferd mit seinem halben Schädel weiter – eine Inversion der Apokalypse: das Pferd trug nicht den Todesreiter – es war die Inkarnation der menschlichen Selbstvernichtung, die alles Lebende mit sich reißt.[5]

Diese Geschichte führt nicht nur in Kosellecks Erlebnishintergrund seiner Beschäftigung mit dem gewaltsamen Kriegstod ein. In ihr wird auch erkennbar, wie sich sein Erfahrungsraum zusammenfügt aus der Wahrnehmung und Erinnerung von Erlebnissen unter Kategorien, mit Bildern und Begriffen, die ihrerseits bereits Deutungsmöglichkeiten vorgeben. Was Koselleck als Grundtatsache der Arbeit des Historikers bezeichnet hat, behält seine Gültigkeit auch für den Erfahrungsraum kriegerischer Gewalt. »Was als historische Wahrheit gesucht, gefunden und dargestellt wird, hängt nie allein von den Er-

5 NL Koselleck, DDK-BFM, M 169.

fahrungen ab, die ein Historiker macht« – und »ebensowenig allein« von den Methoden, denn beide verweisen aufeinander.[6] Gemachte Erfahrungen und gegebene Begriffe stehen in einem Wechselverhältnis. Jedes Erleben wird mit einem Arsenal vorgeformter Begriffe überhaupt erst sprachlich faßbar, in Erfahrung überführbar. Und jede Erfahrung benötigt wiederum sprachliche und bildliche Kategorien, um verstanden und kommuniziert werden zu können.[7]

Diese Verschränkung von Erfahrung und begrifflichen Kategorien ist nicht nur für jede sprachliche Verständigung über Wirklichkeit, sondern auch für die visuelle Darstellbarkeit von Wirklichkeit konstitutiv. Hier stehen Historik und Ikonologie auf demselben Grund.[8] Daraus erwuchs auch Kosellecks Interesse an bildlichen Todesdarstellungen. Welche Antworten gab es, um das Nichterfahrbare des (eigenen) Todes darzustellen, ihm einen bildlichen Ausdruck zu geben? Immer wieder hat er hervorgehoben, daß die Denkmäler selten den Tod oder noch weniger das Sterben selbst darstellen: »Von den verschwundenen Leichen zu den auf Denkmälern verschwindenden Menschen« hat er dazu einmal notiert.[9] Sein Interesse am »politischen Totenkult« – den Begriff verwendete er seit den 1980er Jahren – zielte dabei sowohl auf diese Frage der Darstellbarkeit, auf das Sichtbarmachen des nicht Sagbaren, wie auch auf die politische Funktion, die jeder Repräsentation des gewaltsamen Todes inne-

6 Reinhart Koselleck, »Erfahrungswandel und Methodenwechsel«, in: ders., *Zeitschichten*, Frankfurt a. M. 2000, S. 27.

7 In der Ankündigung für ein Seminar zur Begriffsgeschichte in Tel Aviv 1998 hat er das einmal prägnant verdichtet. »Speaking with Kant, there is no experience without concepts. Concepts (Begriffe) are the linguistic links between all our experiences, internal or external, and their understanding«; NL Koselleck, DDK-BFM, M 95.

8 Vgl. Hubert Locher/Adriana Markantonatos (Hg.), *Reinhart Koselleck und die politische Ikonologie*, München 2013.

9 NL Koselleck, DDK-BFM, M 246, ein Konvolut von Notizen, Ideen, Gliederungsentwürfen, Exzerpten oder auch – wie hier – prägnanten Formulierungen in der Vorarbeit zum Reiterbuch.

wohnt. Nicht übersehen darf man dabei, daß Koselleck, obwohl er der Erfahrung eine unhintergehbare Bedeutung zumaß, nie einem Reduktionismus unterlag, aus Erfahrungen einfach Wirkungen, Deutungen oder Folgen abzuleiten.

Schon in den 1980er Jahren hat er ein differenziertes Analysemodell entwickelt, um den Einfluß der beiden Weltkriege auf das soziale Bewußtsein untersuchen zu können. Er unterschied dabei synchrone und diachrone Bedingungen für die Bewußtseinsprägung, die sich aus den verschiedenartigen Voraussetzungen, mit denen Menschen in ihre jeweiligen Kriegserlebnisse hineingehen, ergeben: Sprachgemeinschaften, Religionen, politische Handlungseinheiten, Generationen, Geschlecht, Familie, Klasse und Schicht etc. Später verwendete Koselleck dafür den Begriff »Erinnerungsschleusen«.[10] Die begriffliche Verfaßtheit, mit der jeder einzelne Gewalterlebnisse erfährt, ist demnach zwar vorgegeben und typisch analysierbar, zugleich ist sie aber stets individuell und kann durch das Erleben verändert werden.

Umgekehrt hat sich Koselleck seit den 1990er Jahren in kritischer Wendung gegen normative Aufladungen und Kollektivkonstruktionen in der deutschen Gedenkkultur und gegen eine Geringschätzung dieser Erlebnis- und Erfahrungsdimension gewendet. Um eine bekannte Formel aufzugreifen, die er für die Korrekturfunktion des empirischen Materials gegenüber Beliebigkeiten der Interpretation ins Spiel gebracht hat: Erfahrungen besitzen gewissermaßen ein »Vetorecht« gegenüber den Identitätsstiftungen der Überlebenden wie der Nachlebenden. Der Hiatus zwischen der Erfahrung von Gewalt einerseits und ihrer Darstellung andererseits bleibe unüberwindbar. Koselleck hat diese Spannung in seinen Arbeiten, in denen er die Form der bildlichen Darstellungen, die politischen *Ex-post*-Sinnzuschreibungen und die Funktion der Denkmäler untersuchte, stets betont. In späteren Texten, in denen er ausführlicher auf die

10 Reinhart Koselleck, »Erinnerungsschleusen und Erfahrungsschichten. Der Einfluß der beiden Weltkriege auf das soziale Bewußtsein«, in: ders., *Zeitschichten*, S. 265-284.

Veränderungen in den Denkmalslandschaften nach 1945 und den allgemeinen Trend von der Sinnstiftung des gewaltsamen Todes zur Repräsentation der Sinnsuche und der radikalen Infragestellung des Sinns angesichts der Millionen ziviler Toten der Kriege und der Staatsverbrechen einging,[11] trat die von ihm schon früh gestellte Frage nach der Darstellbarkeit der Erfahrung des gewaltsamen Todes wieder mehr in den Vordergrund. In Interviews seit den 1990er Jahren hat er vermehrt auf eigene Erlebnisse und persönliche Erfahrungen Bezug genommen und auf der Unübertragbarkeit subjektiver Erfahrungen insistiert.

Sein historisches Interesse am »politischen Totenkult« findet sich prägnant gebündelt in einer Definition von 1985, die auch erstmals den Begriff an zentraler Stelle verwendet: »Der politische Totenkult gehört zur bürgerlichen Signatur der Neuzeit. In bewußter Opposition zum dynastischen Totenkult des absolutistischen Zeitalters wurde in der Französischen Revolution damit begonnen, für jeden gefallenen Bürger – im Krieg und Bürgerkrieg – eine schriftliche Erinnerung auf Denkmalen zu sichern und durch feste Riten ständig zu memorieren. Parallel zu diesem Vorgang läßt sich seit der Aufklärung eine Transposition christlicher Jenseitsvorstellungen in die politische Zukunft der Staatsnationen aufzeigen.« Seitdem werde, so sein Argument weiter, die Geschichte der Friedhöfe, Denkmäler, Riten zu einem Gradmesser der Verbürgerlichung, schließlich der politischen Demokratisierung.[12] Zwei Forschungsprojekte, Mitte der 1970er und Ende der 1980er Jahre, sowie eine jahrzehntelange Besichtigung von Denkmälern, das eigenhändige Photographieren der Monumente und Sammeln der Bilder bei – salopp gesagt – jedem nur möglichen Anlaß belegen ebenso wie die Vielzahl von Vorträ-

11 Reinhart Koselleck, »Zur politischen Ikonologie des gewaltsamen Todes«, in diesem Band, S. 93-140.

12 Reinhart Koselleck, *Der politische Totenkult. Eine vergleichende Studie zur Geschichte der Krieger- und Bürgerkriegsdenkmäler* (Projektantrag), in: Bielefelder SFB »Sozialgeschichte des neuzeitlichen Bürgertums«, Bielefeld 1985, Antragsband, S. 498.

gen zum Themenfeld des Totenkults, zu einzelnen Denkmälern und Erinnerungsfragen in den letzten zwei Jahrzehnten seines Lebens, wie intensiv er sich diesen Fragen zugewandt hat. Erinnert sei nur daran, daß er über Jahrzehnte hinweg nicht nur zahlreiche Quellen gesammelt, sondern über 30 000 Abbildungen von Denkmälern zusammengetragen hatte.[13]

Seit den 1970er Jahren war seine Arbeit ausgerichtet gewesen auf eine vergleichende Längsschnittstudie zum politischen Totenkult in Deutschland und Frankreich, beginnend mit dem Umbruch im revolutionären Frankreich nach 1789 und im antinapoleonischen Befreiungskrieg nach 1813. »Kriegerdenkmale als Identitätsstiftung der Überlebenden« präsentiert die Grundlinien der diachronen Entwicklung und die Grundkategorien der politischen Sinnzuschreibung, die »Politische Ikonologie des gewaltsamen Todes«, 20 Jahre später verfaßt, bietet eine Kurzform der ursprünglich geplanten, vergleichenden Monographie und enthält die Quintessenz seiner Argumentation. Hier werden intensiver die Gemeinsamkeiten diskutiert, etwa in funktionaler und ästhetischer Hinsicht, zugleich in komprimierter Verdichtung die nationalen Unterschiede zusammengefaßt. Das »Paradox« des politischen Totenkults liege darin, daß die Zeichen und Funktionen zwar analog seien, zumindest analog lesbar, daß deren Botschaften aber für die jeweiligen Handlungseinheiten stets Ausschließlichkeit beanspruchen. Insofern überwiegen die strukturellen Gemeinsamkeiten die nationalen Besonderheiten und Bedingtheiten. Auch darin erweist sich das Spezifische des Totenkults als Signatur der nachfeudalen, auch der nachrevolutionären Zeit, der bürgerlichen Epoche. Dieser neuzeitliche Totenkult verweist mit seiner Konzentration auf den einzelnen Bürger gleichermaßen auf eine

13 Dieser Teil des Nachlasses liegt im DDK-BFM; Kosellecks Arbeit mit Bildern wird inzwischen vermehrt in den Blick genommen; Locher/Markantonatos, *Politische Ikonologie*; Adriana Markantonatos, *Geschichtsdenken zwischen Bild und Text. Reinhart Kosellecks »Suche nach dem (…) Unsichtbaren«*, Diss. Marburg 2018; Bettina Brandt/Britta Hochkirchen (Hg.), *Reinhart Koselleck und das Bild*, Bielefeld 2021.

Nationalisierung der Massen wie auf deren Egalität und die politische Demokratisierung.

Die hier versammelten Aufsätze eröffnen zentrale Interpretationslinien und analytische Unterscheidungen für eine historiographische und wissenschaftliche Beschäftigung mit dem politischen Totenkult in der Moderne. Dessen Neuartigkeit liegt darin, daß der gewaltsame Tod und seine Vergegenwärtigung im Totenkult als Faktor wie als Indikator einer neuartigen politischen Geschlossenheit – als »Volk«, als »Nation« – wirken und die jeweilige Handlungseinheit im Totenkult legitimieren: Die revolutionäre Nation nach 1789 gegen den eigenen wie gegen fremde Monarchen, aber umgekehrt auch die monarchischen Gegner der Revolution (»Mit Gott für König und Vaterland«) gegen diese, und später in gleicher Weise die sozialistischen oder faschistischen Handlungseinheiten. Der Tod wird zu einer Letztinstanz, die diesseitig nicht mehr zu überbieten ist, um die Herrschaft des Volkes – unabhängig von ihrer politischen Verfaßtheit – zu legitimieren. Darin liegt auch die gewissermaßen unvermeidbare ideologische Funktion jedes Totenkults.[14]

Komplementär zur Kollektivfigur des Volkes bzw. der Nation ist mit dem Totenkult der Neuzeit ein individualisierender Bestandteil untrennbar verbunden: die ständische Schranken hinter sich lassende Gleichheit des Bürgers *in* der Nation bedingte es, jeden einzelnen auch als Individuum im Gedenken sichtbar zu machen. Die Namensnennung, die öffentliche Präsentation der konkreten Person durch den Namen auf Tafeln und Denkmälern, bedeutet das Versprechen, daß gleichsam als Gegenleistung des Todes *für* die Handlungseinheit nun jeder einzelne *von dieser* erinnert werde. Diese Erinnerungsgarantie wird als unbegrenzt proklamiert und beansprucht damit eine – nun innerweltliche – Dauerhaftigkeit, die neben bzw. an die Stelle eines christlich-religiösen Unsterblichkeitsversprechens getreten ist.[15] Auch die ritualarme Bundesrepublik, ihr postheroisches Selbstbild pflegend, hat sich nicht vom »ewigen Ruherecht«

14 Koselleck, »Der politische Totenkult«, in diesem Band, S. 74-92.
15 Ebd., S. 78f.

verabschiedet. Dabei allerdings nie konkretisiert, wie lange die Ewigkeit im politischen Diesseits eigentlich andauert.

Koselleck ging es in seinen Arbeiten zum Totenkult immer um zwei Dimensionen. Einerseits um eine Analyse der politischen Legitimationen, andrerseits um die ästhetische Darstellbarkeit, den bildlichen Ausdruck des gewaltsamen Todes. Systematisch sei dabei zu unterscheiden zwischen *erstens* den Entstehungsbedingungen (welche Stifter errichten die Denkmäler – beispielsweise die überlebenden Soldaten – in welchen Organisationsformen; wie erfolgt die Finanzierung; welche Absichten verfolgen die Stifter), *zweitens* den Formen selber, insbesondere auch den ästhetischen Ausprägungen im Kontext ihrer ikonographischen Traditionen und ikonologischen Bedingungen, und *drittens* der Rezeption (sei es rituell etwa im Medium von Festen, Kranzniederlegungen, Aufmärschen etc., oder auch intellektuell in Reden und schriftlichen Bedeutungszuschreibungen). Diese drei Ebenen – Stifterkontext, ästhetische Eigenlogik, Rezeption – habe jede Analyse des politischen Totenkults zu berücksichtigen. Sie sollten erst recht auch in politischen Entscheidungsfindungen Berücksichtigung finden, um sich nicht, wie bei der Neugestaltung der Neuen Wache in den frühen 1990er Jahren, in den Widersprüchen zwischen eigenem Deutungswollen und ästhetischem Deutungspotential zu verfangen.[16]

Die bildliche Ausprägung stand und steht dabei immer in einem Zusammenhang mit dem politischen Sinnangebot. Die Formensprache der Denkmäler zielt darauf, die »Sinnlichkeit« der Betrachter zu erreichen, um eine politische Botschaft zu vermitteln.[17] Dieses unmittelbar sinnlich Vermittelbare bleibt indes an außerästhetische Bedingungen gebunden, etwa an gesellschaftliche Institutionen, ohne deren Unterstützung keine Kontinuierung über generationelle Stu-

16 Deshalb auch verwies Koselleck in dieser Debatte vehement auf Kollwitz' Plastik der trauernden Eltern, welche ohne Rückgriff auf immer partikular bleibende religiöse Symbole Verlust und Trauer darstellt.

17 Vgl. Reinhart Koselleck, »Politische Sinnlichkeit und mancherlei Künste«, in diesem Band, S. 236-249.

fen hinweg stattfinden kann. Ein genereller und durch andere Studien vielfach belegter Befund Kosellecks besteht darin, daß die Denkmalslandschaften zum Gedenken an den gewaltsamen Tod vor allem von den Erlebnisgenerationen, den Überlebenden des kriegerischen Geschehens und den Angehörigen (einschließlich der Kinder) errichtet wurden und werden.[18] Darum verlieren die Denkmalslandschaften meist ihre »Emphase«, wenn deren Stiftergenerationen sterben. Ausnahmen bestätigen diese Regel, sind dann aber an besondere ästhetische Leistungen gebunden. Politische Sinngebote und bildlich-ästhetische Ausprägungen unterliegen dabei gleichermaßen zeitlichen Rhythmen, die aber nicht parallel verlaufen. Auch wenn der politische Deutungsrahmen verblaßt, überdauert doch die Formensprache, sie »veraltet, ohne zu sprechen aufzuhören«.[19] Selbst wenn die Denkmäler nicht mehr politisch begriffen werden, bleiben sie verständlich – auf Grund der ästhetisch vermittelten Aussagemöglichkeiten.[20] Insbesondere jene Signale überdauern den konkreten politischen Anlaß der Stiftung, welche auf Todessymbole verweisen. Man denke etwa beispielsweise an Thorwaldsens sterbenden Löwen in Luzern (1821), ein auch ohne Kenntnis des Kontextes (errichtet von überlebenden Schweizer Gardisten zur Erinnerung ihrer beim Tuileriensturm am 10. August 1792 gefallenen und in den Wochen danach im Gefängnis getöteten Kameraden) noch heute verständliches Symbol für Verlust, Tod, Trauer. Daß es inzwischen für

18 Für Deutschland etwa Christian Fuhrmeister u. a., *Volksbund Deutsche Kriegsgräberfürsorge. Entwicklungslinien und Probleme*, Berlin 2019; zum Holocaustdenkmal Ulrike Jureit, »Generationen als Erinnerungsgemeinschaften. Das ›Denkmal für die ermordeten Juden Europas‹ als Generationsobjekt«, in: dies./Michael Wildt (Hg.), *Generationen. Zur Relevanz eines wissenschaftlichen Grundbegriffs*, Hamburg 2005, S. 244-265.

19 Reinhart Koselleck, »Kriegerdenkmale als Identitätsstiftungen der Überlebenden«, in diesem Band, S. 51.

20 Diese Unterscheidung entstammt dem Historismus des 19. Jahrhunderts; Alois Riegl, *Der moderne Denkmalkultus. Sein Wesen und seine Entstehung*, Wien 1903.

Hunderttausende von chinesischen Besuchern pro Jahr zur touristischen Attraktion geworden ist, dürfte sich nicht erklären lassen, wenn man der Bildlichkeit nicht ein Mindestmaß an zeitübergreifend und interkulturell verstehbarer Aussagekraft zuzusprechen bereit ist. Die Ästhetik verbindet somit die politische Funktionalität der Darstellungen des gewaltsamen Todes mit einer darüber hinausgreifenden anthropologischen Bedingung, nämlich der Nichterfahrbarkeit des eigenen Todes, der eine ständige Herausforderung der eigenen Sinnbezüge bleibt. Koselleck bezog sich in diesem Punkt auch, aber nicht nur, auf seine eigene Primärerfahrung von Todesgefahr in Krieg und Gefangenschaft.[21]

Die politischen Sinnangebote und die ästhetische Formensprache der westlichen Denkmalslandschaften haben in der zweiten Hälfte des 20. Jahrhundert eine signifikante Erweiterung erfahren. Der Wandel von der Sinn*stiftung* zur Sinn*suche* bildet eine zentrale Motivverschiebung der Denkmäler des gewaltsamen Todes nach 1945. Vor allem seit den 1970er Jahren wurden immer mehr Denkmäler für die zivilen Opfer kriegerischer Gewalt bzw. von staatlichen Verbrechen errichtet. Diese prägen in der Bundesrepublik inzwischen die Denkmalslandschaft.[22] In ihnen hat das Ringen um die visuelle Darstellung des gewaltsamen Todes einen besonderen Stellenwert und steht ungleich mehr im Vordergrund als auf den klassischen Kriegerdenkmälern, die eine Sinnhaftigkeit des Sterbens, ein Opfer *für* politische Zwecke symbolisieren. Ob die neuen Denkmäler deshalb leichter als die traditionellen Kriegerdenkmäler das Verschwinden der Erlebnis- und Stiftergeneration überdauern werden, muß sich

21 Die frühe Beschäftigung mit Heideggers *Sein und Zeit* wurde für ihn in dieser Hinsicht prägend; vgl. Steffen Kluck/Richard Pohle, »Koselleck, Heidegger und die Strukturen geschichtlicher Situationen«, in: Manfred Hettling/Wolfgang Schieder (Hg.), *Reinhart Koselleck als Historiker. Zu den Bedingungen möglicher Geschichten*, Göttingen 2021, S. 61-86.

22 Vgl. vor allem Reinhart Koselleck, »Die bildliche Transformation der Gedächtnisstätten in der Neuzeit«, in diesem Band, S. 148-182; ders., »Der Unbekannte Soldat als Nationalsymbol im Blick auf Reiterdenkmale«, in diesem Band, S. 207-235.

indes erst noch zeigen. Vielleicht liegen Gefährdungen einer fortdauernden politischen Lesbarkeit dieser Denkmäler, die der provokativen Frage nach dem Sinn, dem »Wozu?«, verpflichtet sind, ja gerade in der Universalisierung und historischen Entkonkretisierung ihrer Aussage. Dann lösen sich der politisch-soziale Sinnbezug des jeweiligen historischen Kontextes und dessen bildliche Ausprägung voneinander, und die nicht mehr einholbare Sinnlosigkeit führt ästhetisch »in die reine Abstraktion«, die nicht mehr an die jeweils einmalige historische Gegebenheit und die Erfahrungen der konkreten Handlungseinheiten zurückgebunden ist.[23]

Koselleck hat diese Transformation in vielen Vorträgen thematisiert, sich aber seit dem Ende der 1990er Jahre ein neues Thema im Gebiet des politischen Totenkults gewählt. Während eines halbjährigen Aufenthalts am Warburg-Haus in Hamburg entwickelte er in zahlreichen Gesprächen mit Martin Warnke, mit dem er seit den 1970ern in einem intensiven Dialog über Denkmalsfragen stand, die Grundidee eines neuen Vorhabens. Seither arbeitete er bis zu seinem Tod an einer Studie zu Reiterstandbildern, die »als Zeugnisse des politischen Totenkults« gesehen werden können. Dieses »Reiterbuch«, wie er es verkürzt nannte, stand fortan im Mittelpunkt seiner wissenschaftlichen Arbeit, nachdem er die Arbeiten an dem von ihm mitkonzipierten Lexikonprojekt zu den *Geschichtlichen Grundbegriffen* abgeschlossen und er auch früher gehegte Pläne für eine Historik als Theorie geschichtlicher Zeiten aufgegeben hatte. Denn obschon vielfach erwartet, hatte ihn selbst diese schon in den 1980er Jahren »nicht mehr sehr« gereizt.[24]

Neue Leidenschaft entfachte hingegen nun die Zuwendung zu den Reiterstandbildern. Intensiv und konsequent nutze Koselleck Vortragsreisen, um diese Denkmäler zu besichtigen. In Deutschland, und wohl im größeren Teil Europas, gab es nur wenige Reitermale,

23 Koselleck, »Die bildliche Transformation«, in diesem Band, S. 176; Reinhart Koselleck, »Die Demokratisierung des Reiters«, in diesem Band, S. 189.

24 Edoardo Tortarolo, »Interview mit Koselleck«, in: *L'Indice* 1 (1988), hier nach der gekürzten deutschsprachigen Manuskriptfassung, S. 13.

»von dem ich noch kein eigenes Foto gemacht habe«, wie er 2005, ein Jahr vor seinem Tod, einem Bremer Kollegen anläßlich einer Einladung schrieb – und den Vortrag annahm, um das Bremer Denkmal Friedrichs III. von Tuaillon, das er noch nicht eigenhändig photographiert hatte, sehen zu können und bildlich zu erfassen.[25]

Was aber motivierte Koselleck, sich so intensiv den Reiterdenkmälern zuzuwenden? Das schon in der Kindheit vorhandene Interesse an Pferden, bis hin zum Reiten als Sport, den er »immer gerne getrieben hatte« und den er in seiner HJ-Zeit in einer Reitergefolgschaft fortgesetzt hatte, wie er im Lebenslauf seiner Promotionsunterlagen angab, ergibt weder eine hinreichende noch eine notwendige Bedingung für dieses Interesse.[26] Übersehen darf man nicht, daß er auch bei der Konzentration auf die Reitermale an den seit den 1970er Jahren entwickelten grundsätzlichen Fragen nach der Legitimation des gewaltsamen Todes durch die politischen Handlungseinheiten und nach der Visualisierung und Symbolisierung dieses Todes festhielt. Dauerhaft suchte Koselleck nach möglichst prägnanten Wendungen, um diesen Zusammenhang und insbesondere die Aporie zu fassen, daß sich der Tod der eigenen Erfahrbarkeit entziehe. In einer Notiz, als Vorarbeit zum Reiterbuch, vermerkte er, »jedes Denkmal ist ein Schritt in die Ästhetisierung des Todes«, aber kein Denkmal könne diesen Ausdruck »angemessen visualisieren«. Oder, schärfer und pointierter, auf einem Zeitungsartikel über Tatsachenvermittlung in der Öffentlichkeit unterstrich er dick die Wendung »Ersetzung von Fakten durch Inszenierung« und ergänzte am Rand »= Denkmal«.[27] Knapper läßt sich der Ideologiegehalt des monumentalen politischen Totenkults wohl nicht ausdrücken. Und ebenso folgte er auch der schon früher skizzierten Frage nach der zeitlichen Periodisierung in den Legitimationsbezügen des politischen Totenkults und unterschied drei Etappen: Ers-

25 Koselleck an Tassilo Schmitt, 5.1.2005, NL Koselleck, DDK-BFM, M 173.

26 Universitätsarchiv Heidelberg, H-IV-757/56, Promotionsakte Reinhart Koselleck, Lebenslauf.

27 NL Koselleck, DDK-BFM, M 169, M 105.

tens den dynastischen Totenkult der Vormoderne. Zweitens den nationalen, der sich in der Sattelzeit um 1800 herausgebildet und langfristig durchgesetzt hatte und einen wesentlichen Indikator darstellt für die Transformation zur modernen Staatlichkeit, in welcher das »Volk« und die Gleichheit der Bürger den monarchischen Herrscher als Legitimationsträger ablösen. Drittens das Aufkommen der neuartigen, sinn*suchenden* Repräsentationen des Sterbens durch den gewaltsamen Tod. Bezieht man es auf die politische Funktion des Totenkults und die besondere Qualität der auf dem Denkmal symbolisierten Toten, so steht am Anfang ein *herrschaftlicher* Totenkult, der den dynastischen Herrschaftsträger als Regenten zeigt und gerade nicht sein Sterben darstellt. Der nationale Totenkult ist im Unterschied hierzu ein *heroischer*, der das Opfer für die Nation (oder die Revolution) und die Gleichheit aller in diesem Opfer zu einem Versprechen für politische Gleichheit werden läßt und das freiwillige *Sacrificium* als heldenhafte Qualität zum Kern hat. Dieser tritt wiederum seit der zweiten Hälfte des 20. Jahrhunderts in Konkurrenz zu einem *viktimologischen* Totenkult, der auf zivile Kriegstote und Verbrechensopfer fokussiert ist und gekennzeichnet ist durch die Konzentrierung auf die Passivität der zumeist zivilen Opfer.

Die Konzentration auf die Reitermale bedingte hierbei einerseits eine quantitative Reduktion der Objekte und zugleich eine Konzentration auf in der Regel aufwendig und ästhetisch anspruchsvoll ausgeführte Monumente. Andererseits und vor allem führten die Reitermale Koselleck aber tiefer in die Zeit *vor* der Herausbildung des neuzeitlichen Totenkults zurück, dem seit den 1970er Jahren sein Hauptinteresse gegolten hatte. Während bisher der vormoderne Totenkult im Grunde nur als Kontrastfolie für den seit etwa 1800 sich herausbildenden nationalen des bürgerlichen Zeitalters gedient hatte, fragte er nun gewissermaßen umgekehrt nach den überdauernden oder sich ändernden Formen und Funktionen im Übergang vom dynastischen zum nationalen Totenkult. Grundlage hierfür war die umfassende und differenzierte Analyse der Reiterstandbilder von der Antike anfangend und besonders seit ihrem Wiederaufkommen in Europa im Hochmittelalter. Die Transformation des Totenkults in der Neuzeit im Medium des Reiterstandbildes zu untersuchen, von ihm die »Demokratisierung des Reiters« genannt,[28] verdeutlichte dabei die Tragfähigkeit seiner Hypothesen über den Totenkult und den besonderen Charakter des Reiterstandbildes in der europäischen Tradition. Für diese geplante Geschichte der Reiterdenkmale arbeitete er in den Jahren danach zentrale Bedingungen in »Strukturanalysen«, wie er es nannte, heraus. Hierbei betonte er vor allem die besondere Rolle des Pferdes in wirtschaftlicher und sozialer, aber auch militärischer und politischer Hinsicht, die in den Erfahrungshaushalt aller Hochkulturen (außer denen des vorkolumbianischen Amerika) eingegangen sei. Aber nur in der griechisch-römischen Antike und im christlichen Europa sei der »Typus des überlebensgroßen Reiterdenkmals entwickelt« worden, habe das Pferd in die »Symbolsprache der Herrschaft aufrücken« können – gerade dank der »sinnlichen Präsenz« der Pferde im Alltagsleben. Erst in der Moderne habe es sich dann von hier aus global verbreitet. Seine Erklärungshypothese lautet, daß nur im Abendland die Relation der reitenden zu den nichtreitenden Bevölkerungsteilen ein spezifisch herrschaftliches Spannungsverhältnis zu den Untertanen hervorgebracht habe. In anderen Kulturen aber seien, vereinfacht gesagt, entweder Herrscher in Sänften getragen worden und seien nicht selber geritten oder alle seien beritten gewesen: »Wenn alle reiten – kein Reiterdenkmal!«[29] In diesen beiden Fällen kann

28 So der Titel des Hamburger Vortrags im Warburg-Haus 1997, in welchem er die wesentlichen Grundlinien dieses Vorhabens skizzierte, in diesem Band, S. 183-206.

29 »Das Reiterdenkmal als Ausnahmefall der Hochkulturen«, in: NL Koselleck, DDK-BFM, M 167; Koselleck, »Die Demokratisierung des Reiters«, in diesem Band, S. 183-206. In seiner Dankesrede bei der Verleihung des Historikerpreises der Stadt Münster hat Koselleck die immense Rolle des Pferdes als einer meist übersehenen grundlegenden Strukturbedingung für menschliche Gesellschaften skizziert, Reinhart Koselleck, »Der Aufbruch in die Moderne oder das Ende des Pferdezeitalters«, in: Berthold Tillmann (Hg.), *Historikerpreis der Stadt Münster*, Münster 2005, S. 159-72; kongenial aufge-

das Reiterdenkmal keine herrschaftliche Spannung zum Ausdruck bringen.

Nur in der europäischen Tradition konnte das Reiterdenkmal mit seiner durch das Pferd entstehenden Oben-Unten-Relation eine herrschaftliche und damit genuin politische Beziehung symbolisieren. Darin liegt die Erklärung für den besonderen Stellenwert dieser Denkmalsform. Das zu zeigen, und zugleich nach den Veränderungen der »politischen Sinnlichkeit« nach dem Ende der dynastischen Zeit zu fragen, welche sich in Reiterdenkmalen artikulierte, stellte das eigentliche Ziel von Kosellecks Reiterbuch dar.[30] Seine grundsätzliche Frage in Bezug auf den politischen Totenkult verschob sich dabei. Wenn das Reitersymbol gebunden ist an eine herrschaftlich zu deutende Oben-Unten-Relation – können dann die traditionellen Zeichen und Symbole religiösen Heils und politischer Herrschaft so verallgemeinert werden, daß das reiterliche Bild zu einem Zeichen der Gleichheit wird, die für den nationalen Totenkult und die politische Welt Europas seit dem 19. Jahrhundert bestimmend geworden ist? Indem er fragte, wie lange sich die sinnstiftende Kraft reiterlicher Symbolik erhielt, die an den visuellen Ausdruck der herrschaftlichen Hierarchie in der vertikalen Differenz von Reiter auf dem Pferd gegenüber dem ›Fußvolk‹ gebunden war, verwies er auf die Differenz zwischen der Eigenlogik der Symbolsprache mit ihren ikonographischen und ikonologischen Gegebenheiten einerseits und der politischen Verfaßtheit andererseits, die sich von der feudal-ständischen Hierarchie zur bürgerlichen Gleichheit innerhalb der Nation wandelte. Untersuchen wollte seine Studie, ob und wie auch nach dem Ende des Pferdezeitalters und dem Übergang zur politischen Moderne im 19. Jahrhundert Formen und Funktionen des religiös wie feudal-dynastisch eingebundenen Reiterstandbildes im Zeitalter demokratischer Egalität überdauerten. Fertiggestellt wurde indes nur das Kapitel über den Unbekannten Soldaten im Reiterdenkmal, welches

griffen hat das Ulrich Raulff, *Das letzte Jahrhundert der Pferde. Geschichte einer Trennung*, München 2018.

30 Zitat in Koselleck, »Die Demokratisierung des Reiters«, S. 187.

analysierte, ob und wie die gegensätzlichen Symbolisierungen der Oben-Unten-Relation des Reitermals einerseits und der eine Gleichheit zum Ausdruck bringenden Denkmäler für den Unbekannten Soldaten verbunden werden konnten.[31]

Die intellektuelle Herausforderung und zugleich der Reiz dieser die Sattelzeit übergreifenden Fragestellung lag für Koselleck sicherlich darin, die Vielzahl der Einzeldenkmäler und die je nach historischem Kontext unterschiedlichen Erscheinungen der Reiterstandbilder systematisieren zu müssen und wenige, grundlegende Strukturmuster sichtbar zu machen. Ein Beispiel hierfür ist der Wandel der Georgsfigur. Er beschrieb, erneut in einem Dreischritt, den Wandel vom mittelalterlichen Georg als Ritter, der gegen Drachen kämpfend dargestellt wurde, über den frühneuzeitlichen Monarchen, der als Georg gegen Türken siegend inszeniert wurde, hin zum Soldaten, der seit dem späten 19. Jahrhundert auf Denkmälern als Georg präsentiert werden konnte (in Deutschland erstmals in Quedlinburg 1890).[32] Nicht zuletzt wollte er dabei zeigen, wie auch in der Gegenwart hierarchische Verhältnisse im Denkmal symbolischen Ausdruck fanden. Die Notizen zum Georgsmotiv zeigen, wie einerseits die Oben-Unten-Relation etwa im Panzerdenkmal inszeniert werden konnte und andrerseits das Bedürfnis nach Gleichheit auch durch die Parität von Mann und Frau symbolisch Aufnahme fand.[33]

31 Koselleck, »Der Unbekannte Soldat als Nationalsymbol«, in diesem Band, S. 207-235.

32 Wenige Jahre später entwarf ein Vortrag – »Zum Wandel der St. Georgs-Motive auf Reiterstandbildern« – in Düsseldorf vor der Nordrhein-Westfälischen Akademie der Wissenschaften differenziert die Grundlinien dieser Argumentation, erhalten sind ausführliche Vortragsunterlagen, aber kein Vortragsmanuskript; NL Koselleck, DDK-BFM, M 153.

33 Reinhart Koselleck, »Zur Geschichte der Reiterdenkmale. Struktur-Analysen«, NL Koselleck, DDK-BFM, M 173.

III. Diskontinuität der Erinnerung

An politischen und geschichtspolitischen Debatten der alten Bundesrepublik hat sich Reinhart Koselleck kaum beteiligt. Das änderte sich in den frühen 1990er Jahren.[34] In mehreren Zeitungsartikeln intervenierte er öffentlich in die Debatten um die Neugestaltung der Neuen Wache und um die Errichtung eines Denkmals für die ermordeten Juden in Deutschland. In kürzeren Beiträgen nahm er kritisch Stellung zu Begriffen wie »kollektives Gedächtnis« und popularpolitischen Erscheinungen in der bundesdeutschen sogenannten Erinnerungskultur. Er insistierte dabei auf einer scharfen Trennlinie zwischen öffentlichen Sinnproduzenten, die er spöttisch die »sieben großen Ps« (Professoren, Priester, Pfarrer, PR-Spezialisten, Presseleute, Poeten, Politiker) nannte, und dem Historiker in seiner Rolle als Wissenschaftler. »Der Historiker hat die Aufgabe, nicht Identität zu stiften, sondern sie zu vernichten«, erklärte er einmal apodiktisch. Damit zielte er auf die wissenschaftliche Analyse, neudeutsch gesprochen, die Dekonstruktion von ideologisch imprägnierten Identitätsangeboten, von »kollektiven Referenzbestimmungen«, um einen Raum zu schaffen, für eine neue, offene Verständigung. Demgegenüber würden die »Ps« die Identitätsangebote für Kollektivzugehörigkeiten nicht auf empirischen Befunden aufbauen, sondern »durch Homogenisierung, Kollektivierung, Vereinfachung, Verschlichtung und Mediatisierung selber stiften wollen«.[35]

In seinen gedenkpolitischen Stellungnahmen und seinen auf Er-

34 Ausführlicher dazu und zu Kosellecks erinnerungstheoretischen Überlegungen Ulrike Jureit, »Auf dem Dachboden des historischen Bewußtseins. Erinnerungsschichten, Primärerfahrung und Geschichtlichkeit im Werk Reinhart Kosellecks«, in: Manfred Hettling/Wolfgang Schieder (Hg.), *Reinhart Koselleck als Historiker. Zu den Bedingungen möglicher Geschichten*, Göttingen 2021, S. 402-424.

35 Reinhart Koselleck, »Gibt es ein kollektives Gedächtnis?«, in diesem Band, S. 411.

innerungsfragen bezogenen Interviews wandte Koselleck die historischen Erkenntnisse und die theoretischen und methodischen Überlegungen, die er seit den 1970ern in seinen Arbeiten zum »politischen Totenkult« entwickelt hatte, auf die bundesdeutsche Gegenwart der 1990er Jahre an. Der Zusammenbruch der DDR und die Wiedervereinigung 1989/90 als auch der erinnerungspolitische Wandel in Bezug auf die NS-Vergangenheit seit den 1980er Jahren beschleunigten eine Transformation der deutschen Gedenklandschaft in den 1990er Jahren. Die Vergegenwärtigung der Kriegstoten des Zweiten Weltkriegs als auch die der Opfer der nationalsozialistischen Herrschaft wurden in der Öffentlichkeit intensiv diskutiert, und es wurde um neue Symbolisierungen gerungen.

Kosellecks Kritik argumentierte auf zwei Ebenen. Zum einen attackierte er politisch motivierte Versuche, kollektive Identitätsformen im Medium des Gedenkens vorzugeben. Dagegen insistierte er auf der unhintergehbaren Differenz zwischen dem, was er »Primärerfahrungen« nannte, und *ex post* verfaßten, immer schon gedeuteten und überformten »Sekundärerinnerungen«. Diese vereinfachten zwangsläufig und konzentrierten sich auf das jeweils *ex post* politisch Gewünschte, sie könnten der Heterogenität individueller Erlebnisse, auch den komplexen Gemengelagen und der gebrochenen Vielfalt von unterschiedlichen Dimensionen von Opferschaft und Täterschaft in den einzelnen Biographien, nicht gerecht werden. Das begründete er theoretisch und illustrierte es auch mit Verweis auf eigene Erlebnisse. Er hob wiederholt die Bedeutung und Unveränderbarkeit individueller Erlebnisse hervor, die sich wie »Lava« in den Leib des einzelnen einbrennen würden und in verfestigter, »geronnener« Form sich jeglicher nachträglichen Überformung widersetzten. Was ihn interessierte, waren die Erscheinungen kollektiver Sinnstiftungen des gewaltsamen Todes, die er in ihrem historischen Wandel analysierte und bei denen er auf die grundsätzliche Differenz zum Erleben und zur Wahrnehmung der Beteiligten hinwies. Der Titel seines allerersten Aufsatzes zum Thema, »Kriegerdenkmale als Identitätsstiftung der Überlebenden«, bringt das prägnant zum Ausdruck. Seine denkmalspolitischen Texte der 1990er Jahre wenden sich demzufolge gegen die Identitätsstiftungsabsichten der Nachlebenden und legen die Vereinfachungen, Aporien und politischen Dilemmata offen, die ihnen notwendig innewohnen.

Damit verband sich eine zweite Kritik Kosellecks, die auf die vielfach beobachtbare Ignoranz gegenüber der Eigenlogik der ästhetischen Formen zielte. Wenn er in den Analysen zum Totenkult insistiert hatte, zwischen Stifterintention, Eigenlogik der Denkmäler und Rezeption zu unterscheiden, so findet sich das exakt in seiner Kritik etwa an der Umgestaltung der Neuen Wache und der Verwendung der Pietà von Käthe Kollwitz. Nicht nur, daß die Vergrößerung auf das Vierfache den Charakter eines privaten »Intimdenkmals« zerstört habe und auch das kleine Format an sich für das große Monument im öffentlichen Raum unpassend sei. Ein Denkmal, das den Anspruch erhebt, aller gewaltsam zu Tode Gebrachten zu gedenken, Soldaten und zivilen Opfern, Männern und Frauen, Alten und Kindern, ebenso den Christen, Juden, Zeugen Jehovas, Atheisten usw. – das könne, so sein Argument, kein Symbol verwenden, das in seiner ikonographischen Tradition und seiner ikonologischen Bedeutung so eindeutig vorgeprägt und besetzt ist wie das der um ihren Sohn trauernden Mutter, das neben dem Kreuz das zentrale Symbol ist für den Erlösertod Jesu im Christentum – und damit eindeutig für das aktive Opfer (*sacrificium*) steht. Überdies schloß das Symbol selbst die weiblichen Toten aus, weil hier eine Frau um ihren Sohn trauert. Ja, mehr noch, es mutet den jüdischen Betrachtern zu, den von den Deutschen umgebrachten Juden, den Opfern des Holocausts, mit einem zentralen Symbol der christlichen Religion – das zudem die Trauer um Jesus zurückbindet an seine Verurteilung durch den Hohen Rat der Juden – zu gedenken. Auch wenn das nicht in der Stifterintention gelegen haben mag, entrinnt die gedankenlos gutgemeinte, aber gnadenlos ignorante Absicht nicht den konträren Bedeutungen der Ikonographie, die im ästhetischen Abbild enthalten sind und welche der Absicht der Stifter auf Dauer widersprechen. Seine Argumente, obschon vielfach geteilt, blieben dennoch ungehört. Ähnlich verhält es sich mit seiner Kritik an der Errichtung des Denkmals für die ermordeten Juden. Denn ungeachtet der zentralen Bedeutung des Holocausts im nationalsozialistischen Vernichtungsgeschehen führe die herausgehobene Symbolisierung einer Gruppe der Verbrechensopfer zwangsläufig zu einer Pluralisierung der Denkmäler und der Gedenkformen. Die Entwicklung seither hat Kosellecks Kritik bestätigt und läßt seinen Gegenvorschlag eines Täter-Mals – statt eines sich mit den Opfern identifizieren wollenden – heute um so mehr als die bessere Alternative erscheinen für die deutsche Gedenklandschaft.

Trotz der intensiven medialen Diskussion erreichte die wissenschaftlich argumentierende Kritik die politischen Entscheidungsträger nur ausnahmsweise. Die Folge war eine Verbitterung Kosellecks und bisweilen eine Verschärfung seiner sprachlichen Ausdrucksweise. In den Interviews und Texten bemühte er sich um Genauigkeit ebenso wie um ungeschönte Direktheit in der Bezeichnung der Verbrechen. Deshalb plädierte er anfangs für eine Inschrift an der Neuen Wache, welche diesen Vorgang in lakonischer Kürze benenne, »Den Toten – gefallen, ermordet, vergast, umgekommen, vermißt«. Gleichzeitig entzog er sich einem pathetischen Ton und dem Abgleiten in die Beliebigkeit der Phraseologie, wechselte in der Erregung der publizistischen Stellungnahmen und in Vorträgen dafür aber zuweilen in einen stark polemischen Ton. Dieser war zwar nicht gegen das Gedenken gerichtet, sondern gegen die »großen Ps«, die Identitätsstifter, doch führte das in der aufgeladenen Stimmung der späteren 1990er Jahre mehrmals zu Kritik. Die Zurückweisung der Kollwitzschen Pietà als zentralem Symbol für das Gedenken an die deutschen Taten begründete er auch damit, daß gegen dieses Symbol alle Gruppen protestierten, die sich nicht in diesem aktiven Opfer vertreten fühlen können. Deshalb erhalte zwangsläufig als Kompromiß zur Besänftigung der Kritik, als Folge eines politischen »Tauschhandels«,[36] das Denkmal für die ermordeten Juden kompensatorisch die zuvor verweigerte politische Unterstützung. Seine Formulierung »gut, erhalten die Deutschen ihre Kollwitz, dann bekommen die Ju-

36 Reinhart Koselleck, »Ich war weder Opfer noch befreit«, in diesem Band, S. 429-436.

den ihren sogenannten Fußballplatz zwischen Brandenburger Tor und Hitlers Bunker« mag als Beispiel genügen für den polemischen Ton, den Koselleck in diesen Debatten anzuschlagen neigte.[37] Mit der Zeit resignierte er angesichts der Entwicklung der bundesdeutschen Gedenkkultur. Vielleicht war die Zuwendung zu den Reiterstandbildern deshalb auch ein Rückzug aus diesen intellektuell unbefriedigenden und ideologisch überfrachteten Gegenwartsdebatten.

IV. Erinnerungen an Krieg und Gefangenschaft – der Überlebende als Augen- und Ohrenzeuge

Koselleck hat wiederholt Geschichte als »Erfahrungswissenschaft« bezeichnet. Unabhängig davon, was man unter Geschichte als Wissen von Vergangenheit verstehe, verwiesen »Erfahrung und Erkenntnis« aufeinander. »Das eine ist ohne das andere nicht zu haben oder zu machen.« Dennoch insistierte er immer auf einer strikten Unterscheidung. Selbst was »lebensweltlich bis zur Ununterscheidbarkeit zusammenhängt«, bedürfe der analytischen Trennung, und wenn es nur darum gehe, die »gegenseitige Verschränkung von Erfahrung und Forschung ins Licht zu rücken«. Im Rückgriff auf Jacob Grimms Artikel »erfahren« im Wörterbuch der Gebrüder Grimm hob Koselleck die frühere Bedeutungsdimension des Begriffs Erfahrung hervor, der ein aktives Erkunden und Erforschungen gleichermaßen zum Kern habe. In der Neuzeit sei diese aktive Dimension hinter eine passive, rezeptive Bedeutung zurückgetreten. Dadurch sei das Verständnis eingeengt worden, der Begriff Erfahrung sei konzentriert worden auf das »sinnliche Wahrnehmen, auf das Erleben«. Kosellecks eigenes Verständnis des Begriffs Erfahrung lehnte sich explizit an Kant an, jede Erkenntnis fange mit Erfahrung an, aber jede Erfahrung sei wiederum auf Urteilsbildung, auf Begriffe angewiesen, »um

37 Vgl. zur Kritik an Reinhart Kosellecks »Die Diskontinuität der Erinnerung« und von Bubis zu Reinhart Koselleck, »Die falsche Ungeduld«, in diesem Band, S. 370-388 sowie 316-324, die Anm. der Hg., S. 370, 316.

überhaupt gemacht werden zu können«.[38] Damit hat Koselleck in seinem Verständnis von Geschichte als »Erfahrungswissenschaft« sowohl die aktive Seite der Erkenntnisfindung, der Erkundung der Vergangenheit von der Gegenwart aus betont als auch der passiven Seite des Erlebens eine besondere Bedeutung zugemessen. Hierfür stehen seine Begriffe der »Primärerfahrung«, aber auch der »politischen Sinnlichkeit«. Letzterer findet sich schon früh in seinen Texten.[39]

Die den Band abschließenden autobiographischen Notizen Kosellecks, von ihm über Jahrzehnte gesammelt, sprachlich geformt und reflexiv strukturiert, aber nicht für eine Veröffentlichung vorgesehen, bieten erstmals die Chance, über die autobiographisch fragenden Interviews hinaus bisher nicht bekannte Erlebnisspuren des Kriegsteilnehmers und Kriegsgefangenen Koselleck erkunden zu können. Seit Frühjahr 1941 in der Wehrmacht, nahm er nach drei Monaten Grundausbildung als Artillerist am Krieg gegen die Sowjetunion teil. Im Sommer 1942 zerquetschte ihm ein Geschütz beide Füße, dadurch verbrachte er die folgenden Monate im Krankenhaus und in der Rehabilitation. Er war von 1943 bis März 1945 als Funker in Frankreich, danach in Böhmen als Infanterist eingesetzt, wo er am 1. Mai in russische Gefangenschaft geriet. Sein Weg in die Kriegsgefangenschaft führte ihn über Auschwitz, wo er einige Zeit im ehemaligen deutschen KZ untergebracht war, nach Karaganda in Kasachstan, wo er bis zu seiner Entlassung im August 1946 in Gefangenschaft war – im Lager 99, davon die meiste Zeit im Lazarettlager als Schreiber.[40]

38 Koselleck, »Erfahrungswandel und Methodenwechsel«, S. 28, 30.

39 Systematisch entwickelt hat er das Argument in »Politische Sinnlichkeit und mancherlei Künste«, in diesem Band, S. 236-249.

40 Vgl. zu Karaganda Barbara Stelzl, »Alltag in Karaganda. Zur Geschichte des Kriegsgefangenen-Lagers 99 Spasozavodsk«, in: *Problemy voennogo plena: Istorija i sovremennost*, Bd. 2, Vologda 1997, S. 202-225; Stefan Karner, *Im Archipel GUPVI. Kriegsgefangenschaft und Internierung in der Sowjetunion 1941-1956*, München 1995.

Die Notizen sind in der Form, wie er sie sich Jahrzehnte später vergegenwärtigte, erzählerisch geformt und verschriftlich worden. Er sammelte diese Notizen seit Mitte der 1960er Jahre in einer Mappe, die sich immer neben seinem Schreibtisch befand. Sie führen damit in frühe Erlebnisschichten Kosellecks zurück, wie er sie später erinnerte – und sind damit gefiltert durch seine eigenen Erinnerungsschleusen –, sie erschließen zugleich auch seine Versuche, diese Erlebnisse in Erkenntnis zu überführen. Als konkreten Anlaß benannte Koselleck die Belastung durch wiederkehrende Träume von Situationen aus dem Krieg und vor allem der Gefangenschaft in Karaganda, in denen sich Bilder verfestigten, die sich in den Träumen wiederholten. Er hat nicht alle Notizen datiert, doch begann er wohl im Sommer 1965 damit. Am 20.9. schrieb er, »die Gefangenschafts-*Träume* sind der Anlaß dieser Niederschrift. Sie verfolgen mich mit beharrlicher Konstanz und fordern somit ihre Einvernahme, um sie als Außendruck zu beseitigen.« Damit verwies er auch zugleich auf das Verfahren, wenn man so will, das methodische Vorgehen, mit dem er der Last begegnen wollte. Einvernahme durch Rationalisierung und intellektuelle Durchdringung, um der nicht steuerbaren Vergegenwärtigung der Kriegserlebnisse aus der Vergangenheit – von »außen« – zu begegnen, um diese zu beseitigen. Ob und wie ihm das gelungen ist, ist nicht zu beantworten. Wenn er später den Begriff der »Primärerfahrung« verwendete und darunter Erlebnisse verstand, die sich ihrer Überformung entzögen und immer in einem Widerspruch zu den vermittelten Deutungen stünden, so verweist das auf eine Persistenz und Unverwechselbarkeit dieser Erlebnisse im Gedächtnisraum des einzelnen. Mit der bereits erwähnten Lava-Metapher bündelte er die Starrheit und Festheit dieser Erinnerungen in seinen späten Lebensjahren. Dieser »Außendruck«, die Last dieser Lavaschichten, ließ sich nicht beseitigen, vielleicht aber verringern – und fruchtbar machen für Erkenntnis. In diesen Notizen finden sich Schilderungen, Erzählungen von Einzelepisoden, die Beschreibung von Grundmustern des Lagerlebens und Überlegungen zu Gemeinsamkeiten mit und Unterschieden zu den Lagern des Nationalsozialismus sowie schließlich – als sich durchziehendes Motiv – die Erfahrung der Selbstentlarvung der ideologischen Utopie in der Realität des Lagers. Das kann in seiner Bedeutung für Kosellecks spätere Arbeit als Historiker kaum überschätzt werden, von der Kritik der Hypokrisie der Aufklärung bis zur Analyse des politischen Totenkults.[41]

Koselleck hat keine Erinnerungstheorie entwickelt, er hatte das auch nie vor.[42] Seine eigene Erfahrung von Situationen der Todesgefahr in Krieg und Gefangenschaft und sein Bemühen, diese Erlebnisse zu bändigen und die Belastung, die von ihnen ausging, zu »beseitigen«, haben jedoch seine Arbeiten zum politischen Totenkult sicherlich motiviert und die Energie freigesetzt, mit der er diese betrieben hat. Doch wäre es mehr als verkürzt, die gewonnene Erkenntnis des Historikers aus dessen Primärerfahrungen abzuleiten. Denn im Mittelpunkt seiner Beschäftigung mit dem politischen Totenkult und der politischen Ikonologie des gewaltsamen Todes stand immer die Frage nach der *gesellschaftlichen* Deutung des gewaltsamen Todes *ex post*, nach den nachträglichen Identitätsstiftungsversuchen der Überlebenden.[43] In seinen Unterlagen zum Reiterbuch nannte er das dementsprechend einmal »Nachleben« (als einen mög-

41 Vgl. nur Hans Ulrich Gumbrecht, »Die Hypokrisie der Aufklärung. Über die wegweisende Formulierung des Historikers Reinhart Koselleck und ihre Bedeutung für unsere Gegenwart«, in: *NZZ* 3. April 2021.

42 So Ulrike Jureit, *Erinnern als Überschritt. Reinhart Kosellecks geschichtspolitische Interventionen*, Göttingen 2023, die Kosellecks Überlegungen zu Erfahrung und Erinnerung im Kontext seiner Vorstellung von historischer Zeitlichkeit umfassend analysiert und das Scheitern seiner denkmalspolitischen Stellungnahmen nachverfolgt.

43 Prägend für Kosellecks Verständnis des Begriffs war Elias Canetti, *Masse und Macht*, Hamburg 1960, der den Terminus umfassend verstand und nicht auf die KZ-Überlebenden eingrenzte, wie es inzwischen oft geschieht. Dennoch hat sich Koselleck früh für die KZ-Überlebenden, auch ihre Memoiren und Berichte, interessiert. Primo Levi war ein von ihm oft erwähnter Autor, und früh beeinflußte ihn, auch wegen der Thematisierung der Träume von Lagerhäftlingen, die Lektüre von Jean Cayrol, *Lazarus unter uns*, Stuttgart 1959.

lichen Titel für das Buch).[44] Lange vor dem populären Boom dessen, was man heute oft unter dem unpräzisen Begriff »Erinnerungskultur« bündelt, begonnen, inspirieren seine Überlegungen und Studien zu den Denkmälern und zum politischen Totenkult noch heute zu Analysen der monumentalen Vergegenwärtigung von Geschichte. Sie enthalten eine Vielzahl von methodischen Anregungen.

In seinem Aufsatz »Erfahrungswandel und Methodenwechsel«, den man auch als Kurzfassung seiner nicht geschriebenen Historik verstehen kann, hat Koselleck die Geschichte der Sieger von der Historie der Besiegten unterschieden und darauf verwiesen, daß die Verlierer potentiell methodisch innovativere Historiker sein können, weil sie durch die Niederlage provoziert werden zu erklären, warum etwas anders gekommen ist als gedacht. Aus der Differenz zwischen Erwartung und Realität entstehe ein Impuls, neu zu denken, so sein Argument. Auch das hat Koselleck als »Primärerfahrung« bezeichnet.[45] Die Primärerfahrung des Überlebens wiederum, eingebrannt in das individuelle Gedächtnis, bedingt ebenfalls eine Differenz zu jeder nachträglichen Sinnzuschreibung, sensibilisierte ihn gegen jegliche ideologische Zumutung und gegen jede Zumutung eines vermeintlich kollektiven Gedächtnisses. Deshalb hat sich Koselleck lebenslang strikt dagegen verwahrt, der Historie die Aufgabe der Identitätsbildung zuzuteilen. Aber die eigene Differenzerfahrung hat er produktiv gewendet, er hat sie theoretisch fruchtbar und dadurch übertragbar gemacht.

Manfred Hettling

44 NL Koselleck, DDK-BFM, M 246.

45 Koselleck, »Erfahrungswandel und Methodenwechsel«, S. 68; in den »Autobiographischen Notizen« bezeichnet er sich selber auch explizit als »Besiegten«, S. 497.

Editorische Notiz

Grundlage dieser Edition sind in der Regel die Erstdrucke, der jeweilige Publikationsort ist in den Nachweisen angegeben. Die Wiederveröffentlichung hier erfolgt unverändert, nur bei den publizistischen Texten im Kontext der deutschen Denkmalsdebatten in den 1990er Jahren zur Neuen Wache und zum Holocaust-Denkmal wurde jenseits bloß stilistischer Kleinigkeiten jeweils angegeben, welche redaktionellen Kürzungen am Originalmanuskript erfolgten, z. T. ohne Absprache mit Koselleck. Diese gestrichenen Passagen wurden in eckige Klammern gesetzt.

Bei den bisher ungedruckten Texten wurden, sofern erhalten, die handschriftlichen Korrekturen Kosellecks in den getippten Typoskripten mit aufgenommen, bei vom Autor selbst getippten Vorlagen wurden eindeutige Tippfehler und sprachliche Versehen stillschweigend korrigiert. Die von Koselleck vorgenommene Textstrukturierung mit Absatzbildungen wurde beibehalten, sofern eindeutig als solche erkennbar.

Schreibweise und Interpunktion wurde nach den Regeln der alten Orthographie vereinheitlicht. Die Zitierweise wurde vereinheitlicht, eindeutige Fehler wurden stillschweigend verbessert. Wo es notwendig erschien, wurden zu den Texten jeweils am Beginn in einer Anmerkung knappe Hinweise zum Veröffentlichungskontext angefügt. Anmerkungen der Herausgeber sind immer in eckige Klammern gesetzt.

Die Herausgeber danken der Familie Koselleck für die Ermöglichung und Unterstützung dieser Edition. Insbesondere Felicitas Koselleck und Katharina Koselleck haben die Arbeit kontinuierlich mit Rat, Information und auch Lesehilfen bei Handschriftlichem unterstützt. Frau Dilger im DLA Marbach und dem Team des Deutschen

Dokumentationszentrums für Kunstgeschichte – Bildarchiv Foto Marburg ist für die vielfältigen Hilfen bei der Arbeit in den beiden Teilen des Nachlasses von Reinhart Koselleck zu danken. Philipp Hölzing vom Suhrkamp Verlag ist für seine ruhige und konstruktive Betreuung und seinen Rat zu danken. Franziska Ludewig schließlich hat im gesamten Verlauf vielfältige technische, redaktionelle und sprachliche Arbeiten bei der Textbearbeitung übernommen.

M. H., H. L., A. M.

Textnachweise

Kriegerdenkmale als Identitätsstiftungen der Überlebenden, in: Odo Marquard/Karlheinz Stierle (Hg.), Identität, München 1979, S. 255-276.

Daumier und der Tod, in: Gottfried Boehm/Karlheinz Stierle/Gundolf Winter (Hg.), Modernität und Tradition. Festschrift für Max Imdahl, München 1985, S. 163-178.

Der politische Totenkult. Kriegerdenkmäler in der Moderne, in: Reinhart Koselleck/Michael Jeismann (Hg.), Der politische Totenkult. Kriegerdenkmäler in der Moderne. München 1994, S. 9-20.

Zur politischen Ikonologie des gewaltsamen Todes. Ein deutsch-französischer Vergleich, in: Alexandre Escudier (Hg.), Gedenken im Zwiespalt. Konfliktlinien europäischen Erinnerns, Basel 1985.

Anmerkungen zum Totenkult in Wien (Vortrag vor dem Akademischen Senat der Universität Wien, 6.3.1997, NL Koselleck, DDK-BFM, M 375), ungedruckt.

Die bildliche Transformation der Gedächtnisstätten in der Neuzeit, in: La Mémoire. Actes du 35' congrés annuel de l'AGES (Association des Germanistes de l'Enseignement Superieur), Lyon 2003, S. 7-34.

Die Demokratisierung des Reiters. Vom dynastischen zum nationalen Totenkult (Vortrag im Warburghaus Hamburg 1997, NL Koselleck, DDK-BFM, M 170), ungedruckt.

Der Unbekannte Soldat als Nationalsymbol im Blick auf Reiterdenkmale, in: Vorträge aus dem Warburg-Haus 7. 2003, S. 137-166.

Politische Sinnlichkeit und mancherlei Künste, in: Sabine Arnold/Christian Fuhrmeister/Dietmar Schiller (Hg.), Politische Inszenierung im 20. Jahrhundert. Zur Sinnlichkeit der Macht, Wien 1998, S. 25-34.

Bilderverbot. Welches Totengedenken?, in: Frankfurter Allgemeine Zeitung 8. April 1993, S. 33.

Stellen uns die Toten einen Termin?, in: Frankfurter Allgemeine Zeitung 23. August 1993, S. 29.

»Mies, medioker und provinziell«. Der Historiker Reinhart Koselleck kriti-

siert die Gestaltung der »Neuen Wache« als nationale Gedenkstätte der Deutschen, in: taz 13. November 1993, S. 10.

Welches Gedenken?, in: Stadtblatt Bielefeld 11. November 1993, S. 12.

Bundesrepublikanische Kompromisse. Die Deutschen und ihr Denkmalskult. Reiner Metzger sprach mit Reinhart Koselleck, in: Kunstforum 136 (1996), S. 467-468.

Vier Minuten für die Ewigkeit. Das Totenreich vermessen – Fünf Fragen an das Holocaust-Denkmal, in: Frankfurter Allgemeine Zeitung 9. Januar 1997, S. 27.

»Denkmäler sind Stolpersteine«. Der Historiker Reinhart Koselleck zur neu entbrannten Debatte um das geplante Berliner Holocaust Mahnmal, in: Der Spiegel 3. Februar 1997, S. 190-192.

Erschlichener Rollentausch. Das Holocaust-Denkmal im Täterland, in: Frankfurter Allgemeine Zeitung 9. April 1997, S. 33.

Reflexion und Heimatkunde. Interview mit Reinhart Koselleck, in: Falter, 1997, Nr. 14, S. 62f.

Die falsche Ungeduld. Wer darf vergessen werden? Das Holocaust-Mahnmal hierarchisiert die Opfer, in: Die Zeit 19. März 1998, S. 48.

Die Widmung. Es geht um die Totalität des Terrors, in: Frankfurter Allgemeine Zeitung 3. März 1999, S. 45.

Individuelle und kollektive Erinnerung (NL Koselleck, DLA Marbach), ungedruckt.

Nachwort, in: Charlotte Beradt, Das Dritte Reich des Traums, Frankfurt a.M. 1981, S. 117-132.

Vielerlei Abschied vom Krieg, in: Brigitte Sauzay/Heinz Ludwig Arnold/Rudolf von Thadden (Hg.), Vom Vergessen, vom Gedenken. Erinnerungen und Erwartungen in Europa zum 8. Mai 1945, Göttingen 1995, S. 19-24.

Die Diskontinuität der Erinnerung, in: Deutsche Zeitschrift für Philosophie 47 (1999), S. 213-222.

Gebrochene Erinnerung? Deutsche und polnische Erinnerungen zum Beispiel, in: Deutsche Akademie für Sprache und Dichtung, Jahrbuch 2000, Göttingen 2001, S. 19-32.

Gibt es ein kollektives Gedächtnis?, in: Divinatio 19 (2004), S. 23-28.

Erinnerungen an das Dritte Reich, Interview mit Eric Jones (Übersetzt aus dem Englischen: *Recollections of the Third Reich*, in: NIAS-Newsletter 22, 1999, online), ungedruckt.

Ich war weder Opfer noch befreit. Der Historiker Reinhart Koselleck über die

Erinnerung an den Krieg, sein Ende und seine Toten, in: Berliner Zeitung 7./8. Mai 2005, S. 28.

Über Krisenerfahrungen und Kritik, in: Frankfurter Allgemeine Zeitung 13. Januar 2010.

Geronnene Lava. Erinnerungen an Krieg und Gefangenschaft (1965-2004), (NL Koselleck, DLA Marbach), ungedruckt.

Bildnachweise

Kriegerdenkmale als Identitätsstiftungen der Überlebenden

1 Nach: A. Rieth, *Den Opfern der Gewalt*, Tübingen, Wasmuth 1968 (Umschlagbild), Foto Bommer, Straßburg.
2 Bildarchiv DDK-BFM.
3 Foto Hans Naumann.
4, 10 Volksbund Deutsche Kriegsgräberfürsorge e.V.
8, 22 Fritz Abshoff, *Deutschlands Ruhm und Stolz*, Verlagsanstalt Universum, Berlin (kurz nach 1901).
12 Nach: *Gedenkstätten*, Herausgeber: Institut für Denkmalpflege in der DDR, Urania Verlag, Leipzig 1974, Bild 92.
15 Nach: Siegfried Scharfe, *Deutschland über Alles. Ehrenmale des Weltkrieges*, Langewiesche, Königstein 1938, Bild Nr. 58 Foto Mauritius Verlag Berlin.
18 Nach: A. Rieth, Bild 33, Foto Schärfer, Weimar.
23 Nach einer Postkarte: C. A. P., 44 rue Letellier Paris Copyright by S. P. A. D. E. M. Paris.
26 Nach: A. Rieth, Bild 2, Foto Bommer, Straßburg.
Alle anderen Fotos: Gerhard Dohrn-van Rossum, Franz-Josef Keuck, Reinhart Koselleck.

Daumier und der Tod

1, 3, 4, 5, 7, 8 L. u. D. Noack, *Daumier Register*.
2, 6 Bibliothèque nationale de France, Gallica.

Zur politischen Ikonologie des gewaltsamen Todes.
Ein deutsch-französischer Vergleich

7 Volksbund Deutsche Kriegsgräberfürsorge e.V.
9 Staatliche Museen Preußischer Kulturbesitz, Kunstbibliothek, nach: Ulrike Krenzlin, Johann Gottfried Schadow, *Die Quadriga*, Fischer Taschenbuch, Frankfurt a.M. 1991.
10 Bibliothèque nationale de France, Paris, »Victoire et conquêtes des Français«.
25 Siegfried Scharfe, *Deutschland über Alles. Ehrenmale des Weltkrieges*, Königstein 1938.
3, 5, 28, 29 Archiv Warburg-Haus, Hamburg.
Alle anderen Aufnahmen von Reinhart Koselleck.

Die bildliche Transformation der Gedächtnisstätten in der Neuzeit

1 Prag, hl. Georg, Georg und Martin von Klausenburg.
2 Regen, Gemeindedenkmal, Bayrischer Wald.
3 Thiepval, Erster Weltkrieg, Edwin Lutyens.
4 Washington, D.C., Vietnam Veterans Memorial, Maya Lin.
5 Washington, D.C., Vietnam Veterans Memorial, Frederick Hart.
6 München, Hofgartendenkmal, Ferdinand von Miller.
7 Warschau, Denkmal des Unbekannten Soldaten, Thorwaldsen.
8 London, Kenotaph, Edwin Lutyens.
9 Buchenwald, Denkmal für die KZ-Toten, Fritz Cremer.
10 Colmar, Grab, Frédéric Bartholdi.
11 Weimar, Denkmal der Märzgefallenen, Walter Gropius.
12 Arlington, Marine-Corps-Denkmal, Felix de Weldon.
13 Rodin, Das eherne Zeitalter.
14 Vlaslo, Eltern, Käthe Kollwitz.
15 Berlin, Pietà, Käthe Kollwitz.
16 Lehmbruck, Der Gestürzte.
17 Neuengamme, Françoise Salmon.
18 Banyuls-sur-Mer, Maillol.
19 Rotterdam, Zadkine.
20 Mauthausen, slowenisches Denkmal.

21 Zell/Bayrischer Wald, Christian Klepsch.
22 Krakau/Plaszow, Witold Cęckiewicz/Ryszard Szczypczyński.
23 Berlin/Charlottenburg, Vadim Sidur.
24 Göttingen, Conrado Casti.
25, 26 Treblinka, Franciszek Duszenko/Adam Haupt.
27 Berlin, Holocaust-Denkmal, Peter Eisenman.
28 Yad Vashem, Denkmal für die Kinder, Moshe Safdie.
29 Berlin, Jüdisches Museum, Daniel Libeskind.
Aufnahmen von Reinhart Koselleck, Transit/Institut für die Wissenschaften vom Menschen, Wien.

Der Unbekannte Soldat als Nationalsymbol im Blick auf Reiterdenkmale

1 Jean-François Chalgrin, Arc de Triomphe, 1837, Paris.
2 Grabmal des Unbekannten Soldaten, 1920, Paris, Arc de Triomphe.
3 Guiseppe Sacconi, Vittoriano, 1885-1911, Rom.
4 Anton Dominik Fernkorn, Denkmal des Erzherzogs Karl, 1860, Wien.
5 Anton Dominik Fernkorn, Denkmal des Prinzen Eugen, 1860, Wien.
6 Caspar Zumbusch, Denkmal der Maria-Theresia, 1888, Wien, vor dem Burgtor.
7 Albert Schickedanz, Gedenkstätte für die nationalen Helden, 1912, Budapest.
8 Ferdinand von Miller, Reiterdenkmal Otto von Wittelsbach, 1911, München.
9 Heinrich Tessenow, Altarstein, 1931, Berlin, Neue Wache.
10 Lothar Kwasnitza, Plexiglas-Quader, 1968/69, Berlin, Neue Wache.
11 Käthe Kollwitz, Pietà, 1937/38, vergrößerte Fassung von Harald Haacke von 1993, Berlin, Neue Wache.
12 Bertel Thorwaldsen, Reiterstatue des Fürsten Poniatowski, 1832, Warschau.
13, 14 Antoni Wiwulski, Grunwald-Denkmal, 1910, zerstört 1939, wiedererrichtet 1976, Krakau.
15 Edwin Lutyens, Kenotaph für den Unbekannten Soldaten, 1920, London, Whitehall.
16 Alfred Hardiman, Reiterstandbild des General Douglas Haig, 1934, London, Whitehall.

17, 18 Charles Sargeant Jagger und Lionel Pearson, Royal Artillery War Memorial, 1937, London, Hyde Park.

19 Marino Marini, Gigante, Pferd und Reiter, 1953, Rotterdam, © VG Bild-Kunst, Bonn 2022.

Alle weiteren Aufnahmen von Reinhart Koselleck, Warburg-Haus Hamburg.

Geronnene Lava. Autobiographische Notizen

1, 2, 3, 4 Familienbesitz Koselleck.

Begriffs- und Sachregister

Einzeldenkmale wurden mit Ausnahme weniger, von Koselleck oft thematisierter Objekte nicht aufgenommen. Inschriften bzw. inschriftenähnliche Wendungen wurden dann aufgenommen, wenn sie von Koselleck besonders erwähnt wurden.

Ortsregister

Namenregister